民法研究

第3卷

梁 彰 洙 著

博 英 社

序 文

이제『民法硏究』의 제 3 권을 내기로 한다. 제 1 권, 제 2 권을 출간한 1991년 이후에 쓴 글들을 主로 하고, 거기다 그 전에 발표하였던 글을 두 편 덧붙였다. 그리고 이번에는 判例評釋도 한꺼번에 모으기로 하였다.

종전처럼 이 책을 내는 기회에, 원래 발표되었던 내용에다가 현재의 입장에서 필요한 修正을 가하기도 하였다. 판례평석(특히 9. 및 10.) 중에는 꽤 많은 修正 또는 補充을 가한 것도 있다.

그 내용은, 우선 民法典의 成立過程에 관한 것이 상당량을 차지하고 있다. 이는 민법학의 작업을 수행함에 있어서 전제가 되는 어떠한 視角의 獲得을 위한 것이었다고도 할 수 있을 것이다.

나아가 다른 글은 대부분 債權法에 속하는 소재를 다루고 있다. 그러나 민법의 重要制度에 대한 基礎的인 硏究가 적은 것에 대하여는 反省할 필요가 있다고 생각한다.

그 사이에 1993년 초부터 1년 동안 外國에 가서 공부를 하였다. 여러 가지로 배우고 느끼는 바가 많았다. 이를 되새겨 장래의 滋養으로 삼고자 한다.

1994년 11월 17일

서울대학교 법과대학 연구실에서

梁 彰 洙

차 례

1. 民法案에 대한 國會의 審議(Ⅰ)

—法制司法委員會의 審議—

Ⅰ. 序　　說 ………… 1

Ⅱ. 法司委 審議의 經過 槪觀 및 審議方針 등 ………… 3

Ⅲ. 民法案小委에서의 審議의 구체적 內容 ………… 10

1. 序 ………… 10
2. 一部無效인 法律行爲, 無效行爲의 轉換 ………… 10
3. 占　　有 ………… 15
4. 傳 貰 權 ………… 18
5. 抵 當 權 ………… 23
6. 契約法, 특히 賃貸借 ………… 26

Ⅳ. 小　　結 ………… 31

2. 民法案에 대한 國會의 審議(Ⅱ)

—國會本會議의 審議—

Ⅰ. 序　　說 ………… 33

Ⅱ. 國會本會議에서의 審議의 經過 및 審議方式 ………… 35

Ⅲ. 『民法案意見書』 ………… 39

Ⅳ. 玄錫虎修正案의 구체적 검토 ………… 48

1. 序　　說 ………… 48
2. 慣 習 法 ………… 49
3. 權利能力 없는 社團·財團 그리고 共同所有 ………… 53
4. 消滅時效完成의 效果 ………… 63

5. 抵 當 權 ······ 66
6. 契約締結上의 過失責任 ······ 71
7. 買受人과 都給人의 受領義務 ······ 78

V. 기타 本會議에서의 審議 ······ 80

VI. 結 論 ······ 82

[資料] 「法典編纂委員總會議事錄(抄)」 ······ 86

3. 民法의 歷史와 民法學

I. 民法典의 歷史的 成立過程 ······ 117

II. 民法典의 改正 ······ 129

III. 繼受法으로서의 民法典과 民法學의 課題 ······ 141

[附] 指定討論 : 比較法的 視野에서 본 韓國民法典 ······ 149

4. 原始的 不能論

제 1 장 序 論 ······ 159
제 1 절 문제의 제기 ······ 159
제 2 절 대상과 방법 ······ 168

제 2 장 로마法上의 不能法 ······ 174
제 1 절 로마契約法의 발전과정에 대한 概觀 ······ 174
제 2 절 問答契約에 있어서의 不能論 ······ 181
제 3 절 賣買에 있어서의 不能論 ······ 187
제 4 절 로마법상의 原始的 不能論에 대한 평가 ······ 191

제 3 장 普通法學에 있어서의 原始的 不能論 ······ 198
제 1 절 주석학파, 후기주석학파 및 인문주의법학에 있어서의 전개 ······ 198
제 2 절 근대 초기의 법전과 사비니에 있어서의 원시적 불능론 ······ 204
제 1 관 프로이센일반란트법／204
제 2 관 ABGB에 있어서의 원시적 불능론／210

제 3 관 사비니의 不能論／216
제 3 절 몸젠의 不能論 ······ 224
제 4 절 몸젠의 理論에 대한 批判과 그 理論의 純化 ······ 241
제 1 관 브린츠의 批判과 예링의 純化／241
제 2 관 하르트만의 批判／248
제 3 관 빈트샤이트에 의한 純化／252
제 5 절 獨逸民法 制定過程에서의 原始的 不能論 ······ 258

5. 解除의 效果에 관한 學說들에 대한 所感

Ⅰ. 序 說 ······ 267
Ⅱ. 學說의 年代記 ······ 267
Ⅲ. 學說上의 pro 와 contra ······ 270
Ⅳ. 評價 내지 所感 ······ 273
Ⅴ. 小 結 ······ 278

6. 독일民法上 解除排除에 관한 規定의 沿革
—雙務契約에 있어서의 原狀回復關係 一斑—

Ⅰ. 序 說 ······ 279
Ⅱ. 로마法上의 actio redhibitoria ······ 285
Ⅲ. 19세기 普通法學說에 있어서의 Redhibition ······ 287
Ⅳ. 독일民法 制定過程에 있어서의 Redhibition 法理 ······ 294
Ⅴ. 小 結 ······ 303

7. 不法行爲法의 變遷과 可能性
—그 制度目的과 關聯하여—

Ⅰ. 序 說 ······ 307

Ⅱ. 不法行爲法의 現狀 ········· 308
1. 불법행위소송의 現況 ········· 308
2. 불법행위소송의 새로운 樣相 ········· 310
Ⅲ. 不法行爲法의 環境變化 ········· 319
1. 「古典的」 不法行爲法 ········· 319
2. 事情의 變化 ········· 324
3. 損害塡補制度로서의 不法行爲法 ········· 329
Ⅳ. 不法行爲法制度의 새로운 局面 ········· 331
1. 不法行爲法의 새로운 領域 ········· 331
2. 不法行爲法의 새로운 任務 ········· 336
Ⅴ. 結 論 ········· 338

8. 民法 제60조에서 정하는 "第3者"의 範圍
—大法院 1992년 2월 14일 판결 91다24564사건—

Ⅰ. 序 ········· 342
Ⅱ. 民法 제60조에서 정하는 "第3者"의 範圍에 관한
從前의 學說과 判例 ········· 344
1. 學 說 ········· 344
2. 判 例 ········· 345
Ⅲ. "第3者"의 範圍 ········· 350
1. 無制限說의 辨證 ········· 350
2. 최근의 制限說에 대한 反批判 ········· 353
Ⅳ. 小 結 ········· 358

9. 時效利益의 抛棄와 保證關係
—大法院 1991년 1월 29일 판결 89다카1114사건—

Ⅰ. 時效利益의 抛棄에 관하여 ········· 361
Ⅱ. 主債務者의 時效利益抛棄와 保證債務 ········· 368

10. 供託된 土地收用補償金에 대한 物上代位의 實行

—大法院 1992년 7월 10일 결정 92마380등사건—

Ⅰ. 머 리 말 …… 372
Ⅱ. 對象決定의 內容 …… 373
Ⅲ. 物上代位制度의 根據와 民法 제342조 단서의 "押留"에 대한 通說의 理解 …… 374
Ⅳ. 어느 「判例」의 力學 …… 376
Ⅴ. 對象決定의 位置 …… 383

11. 賣買目的土地의 收用과 補償金에 대한 代償請求權

—大法院 1992년 5월 12일 판결 92다4581등사건—

Ⅰ. 序 說 …… 390
Ⅱ. 履行不能의 효과로서의 代償請求權 …… 391
Ⅲ. 代償請求權의 내용적 한계로서의 債權者의 損害 …… 398
Ⅳ. 結 論 …… 403

12. 表見受領權者에의 供託金出給과 不當利得

—大法院 1990년 5월 22일 판결 89다카1121사건—

Ⅰ. 序 說 …… 409
Ⅱ. 辨濟의 表見受領과 不當利得 …… 411
1. 供託物出給과 表見代理 …… 411
2. 給付의 代理受領과 契約上 給付의 原狀回復關係 …… 413
Ⅲ. 小 結 …… 418

13. 1992년 民法 判例 概觀

Ⅰ. 들어가기 전에 ······ 421
Ⅱ. 總 則 ······ 422
1. 信義則 또는 權利濫用 ······ 422
2. 法人 기타 團體 ······ 428
3. 法律行爲 ······ 431
4. 消滅時效 등 ······ 438
Ⅲ. 物 權 ······ 440
1. 物權變動 ······ 440
2. 登 記 ······ 442
3. 取得時效 ······ 443
4. 「假登記擔保 등에 관한 法律」 기타 非典型擔保 ······ 448
Ⅳ. 債 權 ······ 451
1. 債務不履行 기타 ······ 451
2. 保證債務 ······ 454
3. 契約解除 ······ 456
4. 賃 貸 借 ······ 459
5. 不法行爲 ······ 461

14. 1993년 民法 判例 概觀

Ⅰ. 序 ······ 467
Ⅱ. 總 則 ······ 467
1. 信 義 則 ······ 467
2. 法律行爲 ······ 474
3. 消滅時效 ······ 480
Ⅲ. 物 權 ······ 485
1. 土地所有權에 기한 建物撤去請求의 相對方 ······ 485
2. 不動産登記特別措置法과 中間省略登記 ······ 487
3. 名義信託 ······ 488

Ⅳ. 債　　權 ······ 491
1. 債務不履行의 한 유형으로서의 履行拒絶 ······ 491
2. 多數當事者의 債權關係 ······ 493
3. 被押留債權을 受動債權으로 한 제3채무자의 相計 ······ 494
4. 賣　　買 ······ 498
5. 賃 貸 借 ······ 502
6. 不當利得 ······ 507
7. 不法行爲 ······ 513

索引(條文・判例・事項) ······ 517

1. 民法案에 대한 國會의 審議(I)
—法制司法委員會의 審議—

I. 序　　說

(1) 本稿는 우리 民法의 制定過程을 살펴 봄으로써 민법의 역사적 성격을 구명하고자 하는 필자의 연구 중에서 두 번째의 것이다. 前稿[1]에서는 1945년 8월 일본의 압제로부터 벗어난 후 民法案이 성립되어 1954년 10월 정부의 법률안으로서 국회에 제안되기까지의 과정을 다루었었다. 本稿는 이에 이어서 국회에서 그 民法案이 심의되는 과정을 고찰하기로 한다.

民法案에 대한 국회의 심의와 관련하여서는 대략 세 가지의 흐름으로 나누어서 살펴 볼 수 있다. 하나는 法制司法委員會(이하 단지 「法司委」라고 부르기로 한다)에서의 審議 및 그 결과로서의 修正案(이하 단지 「法司委修正案」이라고만 부르기로 한다)이고, 또 하나는 ──法司委修正案 외에── 국회의원들이 개별적으로 제기한 여러 수정안들인데, 그 중에서 民法의 前3編, 즉 總則, 物權, 債權의 各編에 대하여는 玄錫虎 의원 외 19인이 제기한 수정안이 압도적으로 중요하다. 마지막으로 民法案(原案)과 이러한 修正案들을 놓고 이루어진 본회의에서의 심의이다. 本稿는 그 가운데에서 주로 앞의 것, 즉 法司委에서의 심의를 대상으로 한다.

---

1) 梁彰洙, 民法案의 成立過程에 관한 小考, 서울대 「法學」 30권 3·4호(1989), 186면 이하(同, 「民法硏究」, 1권, 1991, 61면 이하 再收錄)(이하 단지 前稿라고 부르기로 한다).

이 法司委에서의 심의과정은 여러 가지 점에서 독자적인 의미가 있는 것이어서 별도의 論稿의 대상으로 삼을 만하다고 생각된다. 첫째, 法司委는 그 심의의 결과로 무려 343개항에 달하는 수정안을 제기하고 있는데, 그 거의 전부가 본회의에서 채택되었다(前3編에 관한 모두 157개의 修正案 중 採擇되지 아니한 것은 特別失踪期間에 관한 同修正案 제6항뿐이다). 따라서 이는 우리 민법이 현재와 같은 모습을 가지게 되는 데 결정적으로 중요한 요소의 하나라고 할 수 있다는 점이다. 둘째, 民法案에 있어서는 그 個別條文이 형성되기까지의 과정에 대하여는 극히 예외적인 경우를 제외하고는 아직 별다른 資料가 발견되지 않음에 반하여,[2] 法司委의 심의과정에 대하여는 ——물론 충분하다고는 할 수 없으나—— 그 論議의 概要를 전하는 資料[3]가 공간되어 있다. 그러므로 현재의 시점에서 입법자들의 태도를 객관적으로 추측해 볼 수 있는 바탕이 서는 것이다.

(2) 本稿의 敍述의 순서는 다음과 같다. 우선 民法案이 국회에 제기되어 法司委의 심의를 거쳐 그 수정안과 함께 본회의에 회부되기까지의 외적인 경과를 개관하고, 나아가 法司委에서의 審議를 실행한 法司委 民法案審議小委員會(이하 단지 「民法案小委」 또는 「小委」라고 부르기로 한다)의 심의방법을 간략하게 묘사한다(아래 II). 이에 대하여는 이미 연구가 발표되어 있으므로[4] 후의 서술을 전개하는 데 필요한 범위 내에서 간략하게 윤곽을 제시하는 정도로 그치고자 한다. 그리고 이어서 法司委, 보다 정확하게 말하면 그 民法案小委에서의 실질적인 심의내용을 살펴보기로 한다(아래 III). 그에 있어서는 모든 개별조문의 심의내용 전부를

2) 다만 "民法典編纂要綱"(前稿, 211면 이하[「民法研究」 I, 97면 이하]에 再收錄)은 예외이다.

3) 그 구체적인 내용은 뒤의 敍述에서 스스로 밝혀진다.

4) 우선 鄭鍾休, 韓國民法典의 制定過程, 「郭潤直 교수 華甲紀念論文集」, 1985, 1면 이하(후에 수정하여, 同, 「韓國民法典の比較法的研究」, 1989, 145면 이하에 日文으로 재수록)를 들 수 있을 것이다. 그러나 이미 민법 제정 당시의 교과서에서도 그 외적 경과가 약술되어 있었다. 가령 金曾漢·安二濬 編著, 「新民法總則」, 1969, 28면 이하 참조.

일일이 들어 밝힐 여유도 없고, 또 그렇게 하는 것은 뒤에서 보는 問題關心에서 보아 별로 의미가 없다고 생각된다. 그러므로 그 심의과정에서 많은 논의가 이루어졌다고 생각되는 제도 내지 조문 중에서 그 심의의 역사적 성격을 파악하는 데 있어서 주목할 만하다고 생각되는 몇 개의 制度 내지 條文에 초점을 모으기로 한다.

(3) 本稿가 民法 중에서 앞의 3編에 그 고찰을 한정함은 前稿에서와 마찬가지이다.[5] 민법의 제정과정에 관한 종전의 연구는 주로 그 外的, 客觀的 經過를 보다 세밀하게 서술하고 또 그에 槪括的 性格을 付與하려고 시도한 데 그친 아쉬움이 있었다.[6] 필자는 민법의 역사적 성격을 보다 정확하게 그리고 현재를 사는 민법학자의 입장에서 보다 설득력 있게 파악할 수 있기 위하여는 民法의 個別制度에 들어 가서 그 구체적인 형성의 과정을 음미하는 작업이 필수적이라고 생각한다. 이러한 作業이 전제되어야만 우리 民法의 '形成'을 규정짓는 여러 要素들을 올바로 제시할 수 있으며, 어떠한 선입견에 사로잡힌 공허한 抽象論을 면할 수 있을 것이다. 이러한 입장은 前稿에서와 마찬가지로 本稿에서도 변함 없이 유지되고 있다.

Ⅱ. 法司委 審議의 經過 槪觀 및 審議方針 등

(1) 民法案은 6.25전란이 끝난 후 1년 남짓 경과한 1954년 10월 26일[7] 정부의 법률안으로서 국회에 제출되었다. 당시는 制憲憲法에 대

5) 그 이유에 대하여는 前稿, 187면 이하(「民法硏究」Ⅰ, 63면) 참조.

6) 위의 註 4에서 본 鄭鍾休의 日語文獻이 그러하다. 그 성격에 대한 구체적 내용도 수긍하기 어려운 점을 다분히 내포하고 있다. 이에 대하여는 1990년 6월에 있었던 "韓國民法史의 探究"를 주제로 한 韓國法史學會의 제12회 심포지엄에서의 鄭鍾休 敎授의 발표에 대한 筆者의 討論內容(「法史學硏究」, 12호(1991), 139면 이하. 本書 149면 이하에 再收錄) 참조.

7) 鄭鍾休(주 4), 12면은 1954년 10월 13일에 국회에 제출되었다고 하나, 誤謬이다.

하여 1952년 7월 이미 제1차 개헌이 이루어져, 헌법은 애초 單院制로 되어 있었던 국회를 民議院과 參議院의 兩院으로 구성할 것을 정하고 있었다(당시 헌법 제31조 이하 참조). 그러나 參議院은 아직 구성 자체가 되지 못하고 있었으므로, 民議院의 의결만으로 국회의 의결이 있는 것으로 간주되었다(당시 헌법 부칙 제3항). 당시의 민의원은 1954년 5월 20일의 선거에 의하여 구성된 제3대 국회로서, 自由黨이 절대 다수의 의석을 차지하고 있었다.[8)]

당시 民議院에는 初代 大統領에 한하여 重任制限規定의 적용을 배제한다는 것을 포함하는 憲法改正案이 同年 9월 8일자로 제출되어 있는 어수선한 상황이었다(이 改憲案은 동년 11월 말에 소위 「四捨五入」에 의하여 언필칭 '可決'되었다). 民法案은 同年 10월 28일 法司委에 회부되었다. 법사위는 11월 6일 민법안의 심의를 위하여 그 안에 民法案審議小委員會를 설치하였다. 그 위원장에는 張暻根 의원이, 위원에는 尹亨南(1956년 2월 27일부터는 申泰權 의원으로 교체[9)]), 金聲浩 의원이 각기 선출되었다.[10)] 또한 "審査에 필요한 資料調査와 審議錄 作成을 위하여"[11)] 법사위 전문위원인 李泰俊과 劉民相이 시종 관여하였고, 또 당시 延禧大學 교수이던 張庚鶴이 臨時囑託으로 임명되어 그와 함께 처음부터 1956년 8월까지[12)] 마찬가지의 작업에 종사하였다.[13)]

民議院 法司委民法案小委 編, 「民法案審議錄」, 上卷, 1957(이하 단지 「審議錄」이라고 한다), 머리말, 1면 상단; 同, 下卷, 1957, 232면 하단("民法案審査報告書") 참조.

8) 金哲洙, 「新稿 憲法學概論」, 1988, 52면.

9) 「審議錄」, 1면 상단 참조.

10) 장경근, 김성호 두 의원은 당시 집권당이던 自由黨 소속이고, 윤형남 의원은 護憲同志會, 신태권 의원은 政友會의 각 소속이었다. 「審議錄」, 1면 상단 참조.

11) 「審議錄」, 머리말, 2면 하단. 한편 同書, 1면 상단은 이들이 "民法案 전체에 대한 資料, 立法例의 豫備調査와 整理"를 담당하였다고 한다.

12) 張庚鶴이 1956년 7월 미국의 국무부 초청으로 유학을 떠났기 때문이다. 民法案小委 編, 「民法案審議資料集」, 1957(이하 「審議資料集」이라고 부르기로 한다), 77면 중단의 張暻根 발언 및 張庚鶴, 지나온 70년〈義堂 張庚鶴 博士 略傳〉, 「張庚鶴 博士 古稀紀念論文集」, 下卷, 1987, 979면 참조.

13) 「審議錄」, 1면 상단. 同書, 머리말 2면 하단에는 張庚鶴이 "當初의 6개월간" 관여하였다는 기록이 있다.

民法案小委는 1955년 3월 15일의 제1차 회의부터[14] 1957년 9월 2일까지 약 2년 6개월에 걸쳐 도합 65회의 회의를 열어 民法案 全條文에 대한 逐條審議를 행하였다. 그 심의를 진행하는 한편으로 1956년 9월에는 우선 前 3編만에 대한 그 동안의 審議結果와 修正案을 발표했다.[15] 그리고 1957년 4월 6일과 7일에는 민법안에 대한 公聽會를 개최하였다.[16] 그런데 1957년 5월 3일 국회 제24회 임시회가 일체의 안건을 폐기하고 폐회함으로써 민법안도 일단 폐기되는 장면이 연출된 바 있다. 그러나 정부는 同年 6월 17일 전과 동일한 내용의 민법안을 다시 제출하였고, 국회에서의 심의는 法司委 또는 民法案小委에서의 활동을 포함하여 그 안이 폐기되지 아니하였던 것과 마찬가지로 연속선상에서 전과 다름 없이 진행되었다.[17]

하나의 법률안이 法司委에서 이와 같이 장기간에 걸쳐 심의된 것은 달리 예를 찾아 보기 힘드는데, 이는 아마도 "私法關係의 基本法인 民法典"[18]의 심의가 "이 제3대 국회로서 가장 중대한 법안의 하나"를 다루는 것이라는 의식[19]이 국회의원들에 의해서 공유된 데서 비롯된 것이라고 추측된다. 小委는 그 심의의 결과를 343개항의 修正案(본문에 대하

---

14) 民法案小委이 편성되어 제1차 회의를 하기까지 이와 같이 시일이 소요된 것은 조문에 대한 제안설명서를 정부에 구하였기 때문이라고 한다. 이 요구에 대하여 정부에서는 "法制室에서 간단한 제안설명서"를 보냈으나 소상한 것은 되지 못하였다고 한다. 「審議資料集」, 78면 중단 所載의 民法案公聽會에서의 張暻根 발언 참조. 이 '提案說明書'는 아직 발견하지 못하였으나, 아마도 위 公聽會에서 法制室長 康明玉이 한 '提案說明'과 대동소이한 것이 아닐까 억측되기도 한다. 그러나 물론 단언할 수는 없다.

15) 이 심의결과의 발표를 계기로 그 동안 잠잠하였던 민법안에 대한 관심이 높아지고, 특히 민법학교수들의 민법안에 대한 공동연구가 시작되었다. 民事法硏究會, 「民法案意見書」, 1957, 序文, 1면 참조.

16) 그 公聽會의 내용은 「審議資料集」, 74면 이하에 수록되어 있다.

17) 「審議錄」, 2면 상단에 의하면, "法司委는 동년[1957년을 말한다] 6월 20일 다시 接受하고 7월 2일 종전과 동일한 의원을 소위원으로 선출하고 새 民法小委員會는 종전의 小委員會審議經過를 그대로 채택하였다."

18) 「審議錄」, 머리말 1면 상단.

19) 당시 國會副議長 李在鶴이 民法案을 本會議에 上程하면서 한 말. 「第3代 國會 第26回 國會定期會議 速記錄」, 1957(이하 단지 「速記錄」이라고 부르기로 한다), 29호 1면 하단. 또한 「審議錄」, 머리말, 2면 하단의 民法案小委 委員長 張暻根의 말: "확실히 제3대 국회의 최대의 盛事."

여 323개항,[20] 부칙에 대하여 20개항)으로 집약하고, 아울러 『民法案審議錄』 2권을 公刊하였다.[21]

法司委는 1957년 9월 11일 수정안을 포함한 民法案小委의 심사결과를 수   없이 채택하여, 그 다음날 민법안을 위 수정안과 함께 本會議에 회부하였다.

(2) 民法案小委는 그 審議作業에 착수함에 있어서 다음과 같은 審議方針을 채택하였다.

우선, 심의는 民法案을 "일응 시인하고 … 특히 수정을 가하여야 할 적극적 이유가 없는 한 소위원회는 가급적 수정을 하는 것을 피하기로" (점선부분은 引用者가 생략한 부분. 이하 같다. 이하 立法資料로부터의 引用에 있어서는 가능한 한 표준말로 바꾸었으며, 기타 補充이나 修正이 필요하다고 생각되는 부분은 꺾음괄호 안에 이를 표시하였다) 하였다.[22]

나아가, "民法案 각 조문을 축차적으로 빠짐 없이 起草者에 대신하여 그 起草理由를 검토하는 동시에 조문마다 … 외국입법례와 판례 학설을 조사검토하는 동시에 現行法과 우리 나라의 현 사회실정과의 부합성 등을 비교고찰" 하였다.[23] 여기서 "기초자를 대신하여 기초이유를 검토" 하였다는 ―― 문면 그대로라면 僭越한 일이라고도 해석될 수 있는 ―― 敍述은 小委側의 고충의 하나, 즉 "정부 제출의 민법안에는 제안이유서 또는 그 기초에 관한 회의록 등 원안 기초자측의 기초견해를 窺知할 자료가 전연 없었기 때문에 소위원회로서는 원안이 어떠한 기본적 견해 하에서 작성되었는가를 파악"할 필요가 있었다는 사정[24]과 관련이 있는 것

20) 그 중에서 前3編에 대한 것은 도합 157개항이다.

21) 그 외에 民法案小委는 民法案에 대한 各界의 意見과 新聞社說 등 및 위의 공청회기록 등을 모은 『民法案審議資料集』도 편찬·공간하였다.

22) 「審議錄」, 머리말, 2면 상단. 이 점은 뒤의 註 32에서 보는 敎授들과의 회합에서도 小委 委員長 張暻根이 강조한 것이다("起草하는 입장과 審議하는 입장이 다르기 때문에 될 수 있는 대로 原案을 살리려는 立場을 취하였던 것").

23) 「審議錄」, 머리말, 2면 상단.

24) 「審議錄」, 머리말, 1면 하단.

으로 생각된다. 또 "우리 나라의 현 사회실정과의 부합성"을 고려하였다는 점은 강조할 만한 것이다.[25] 그리고 外國立法例로서는 독일민법, 프랑스민법, 스위스민법(채무법 포함), "영국민법",[26] 중화민국민법, 만주국민법, 일본민법 등이 참고되었다.[27] 그런데 이들 외국의 민법전들의 譯文은 "法務部 발행 法務資料"를 그대로 『民法案審議錄』에 수록하였으나, 이에 대하여는 小委 내부에서는 "상당한 의견"이 있었다고 하여[28] 그 번역의 適否에 관하여 논의가 있었음을 추측하게 한다. 실제로 『民法案審議錄』의 각 조문마다 "外國立法例"로 실려 있는 外國民法典의 번역에는 상당한 문제점이 있는 것이어서, 이 점은 民法案小委의 명예를 위하여도 명확하게 되어야 할 것이다. 또한 民法案小委의 심의내용에 대한 불만으로서 1940 년에 공포된 그리스민법이나 1942 년의 改正이태리민법을 참고하지 않았음을 지적하는 견해도 있다.[29]

또한 小委는 ——초안작성과정에서 행하여지지 못한 것을 메우기 위하여—— "學界 기타 民間"으로부터 널리 민법안에 대한 의견을 들어 이를 심의에 반영할 생각이었다. 그리하여 "학계, 법조계, 언론계, 교육계 기타 사회단체에 초안을 인쇄하여 배부하는 동시에 이에 대한 의견을 요청"하였다고 한다.[30] 그러나 "이 요청에 대한 반응은 별로 없었"고 그나

---

25) 「審議資料集」, 78 면 상단의 공청회에서의 張暻根의 발언 : "최소한도로 現行法[依用民法을 말한다]과의 차이와 그 결과 어떻게 된다. 새 民法을 발포하면 어떠한 結果가 생기고 利害得失이 어떤가 [하는] 現行法과의 對照에 첫째로 重點"을 두었다.

26) 이는 Edward Jenks, *A Digest of English Civil Law*, 3rd ed., 1938 을 말한다. 이 문헌은 金曾漢과 朱宰璜이 그 一部(總制 · 契約 · 準契約 · 不法行爲)를 번역하여, 『英國民法彙纂』이라는 이름 아래 法務部에서 法務資料 16, 24, 26, 27 집의 4 권으로 1948 년부터 1955 년까지 사이에 출간하였었다.

27) 그런데 이들 외국법에 관하여도 어느 시점의 것이 참고되었는가는 별다른 언급이 없다. 그 중 일본민법에 대하여는 전후의 1947 년에 "大改正"된 것을 참고하였음을 명언하고 있다. 「審議錄」, 1 면 하단 참조. 그러나 그 이외의 민법전들은 반드시 최신의 것을 참고하지는 못한 듯하다. 가령 독일민법 중 1951 년의 失踪法(Verschollenheitsgesetz)에 의하여 삭제된 제13조 내지 제20조의 규정들이 失踪宣告 및 同時死亡의 推定과 관련하여 인용되고 있다.

28) 「審議錄」, 凡例, 1 면 상단.

29) 金曾漢 · 安二濬(주 4), 33 면 참조.

30) 「審議錄」, 머리말, 1 면 하단 이하.

마 제출된 意見書들도[31] 小委가 "민법안의 심의를 거의 완료할 무렵"에서야 제출되어서[32] 심의에 반영되지 못하였다.[33] 실제로 『民法案審議錄』의 "4. 國內立法意見"의 欄은 전부 공란으로 되어 있다.

마지막으로 小委는 심의결과를 모아 공간하기로 하였다. 이는 "民法案審議資料로서 국회의원에게 배부"될 뿐만 아니라, "학계 기타 각 방면의 참고문헌으로 供"하기 위한 것이다.[34] 이 방침에 기하여 간행된 『民法案審議錄』은, 각 조문마다 1. 提案理由, 2. 現行法 및 判例學說, 3. 外國立法例, 4. 國內立法意見, 5. 批判, 6. 審議經過, 7. 結論의 일곱 부분을 두고 있다. 그러나 그 중 1, 4의 각 項은 위에서 말한 이유로 모두 완전히 비어 있다.[35] 그리고 이와 아울러 依用民法에 존재하는 제도나 조문으로서 民法案에서 채택되지 아니한 것의 當否를 별개의 항을 마련하여 따져 보고, 기타 특별히 논의된 事項에 대하여 별도로 그 概要를 적시하고 있다.

(3) 民法案小委의 審議進行에 관하여 몇 가지 흥미 있는 점을 추려 보기로 한다.

첫째, 적어도 『民法案審議錄』의 記述에 의하는 한, 초기에는 심의가 보다 느리게 또는 신중하게 진행되었다는 인상을 받게 된다. 가령 개별 조문의 심의에 착수한 제 2 회 회의에서는[36] 민법안 제 1 조와 제 2 조, 다음의 제 3 회는 그 제 3 조 내지 제 8 조, 제 4 회는 제 8 조 내지 제16조,

---

31) 가령 학계의 民事法硏究會, 또 大韓辯護士會, 女性問題硏究院, 儒道會 등이 의견서를 제출하였다고 한다. 이들 의견서는 『民法案審議資料集』에 수록되어 있다.

32) 가령 가장 중요한 학계의 『民法案意見書』는 1957 년 3 월에 가서야 출간되었다.

33) 民事法硏究會의 『民法案意見書』의 내용이 법사위 수정안에 반영되지 않았음에 대하여 후에 비판이 제기되었다. 가령, 金曾漢, 民法案上程에 대한 異議—法司委의 修正案을 보고—, 「法政」 1957 년 10 월호, 18 면 이하 참조. 그러나 小委 委員長 張暻根은 民事法硏究會의 몇몇 교수를 만난 자리에서 "民法案意見書의 의견을 반영시키지 못한 것은 그것을 무시한 것이 아니라 시간관계로 부득이하였던 것"이라고 발언하였다고 한다. 金曾漢, 民法案財産編 修正提議, 「大學新聞」 203 호(1957 년 11 월 18 일), 3 면 참조.

34) 「審議錄」, 머리말, 2 면 상단.

35) 그리고 "5. 批判"의 난도 극히 적은 예외를 제외하고는 거의 비어 있다.

36) 제 1 회 회의에서는 업무의 분담과 진행방식 등이 결정되었다.

제5회는 제17조 내지 제25조, 제6회는 제26조 내지 제30조가 각기 심의되었는데, 이들 조문에 대하여는 거의 빠짐 없이 그 "6. 審議經過"의 난이 상세하게 기재되어 있고, 뒤의 조문에서는 거의 채워지지 못하고 있는 "5. 批判"欄의 기재도 드물지 않게 보인다.[37] 그러나 뒤로 가면서 점점 이와 같이 심의과정에서의 논의의 내용에 관한 정보는 상대적으로 드물게 된다.[38]

둘째, 심의의 진행을 실질적으로 주도한 위원을 알기는 쉽지 않다. 그러나 추측컨대, 그것은 위원장 張暻根이 아닌가 한다. 몇 가지 傍證이 있다. 가령 臨時囑託으로 심의에 관여한 張庚鶴은 그 심의와 관련하여, "특히 장경근 위원은 법률지식이 풍부"하고 "심의에 대단한 熱意"를 보였음을 증언하고 있다.[39] 나아가 『民法案審議錄』에서 기재되어 있는 심의내용은 모두 익명으로 되어 있고, 그 의견의 주체를 밝히지 않으나, 단 하나 예외가 있다. 그것은 傳貰權에 관한 한 조문에 대한 장경근의 의견이고, 이는 채택되었다(이에 대하여는 전세권에 관한 뒤의 Ⅲ.4.(2).1) 참조), 또한 張暻根은 小委의 委員長으로서 국회 본회의에서의 심의과정에서 小委의 입장을 정확하고 또 강력하게 대변하고 있다.[40] 뿐만 아니

37) 가령 成年期를 정한 제4조에 대한 "5. 批判"과 "6. 審議經過"는 다음과 같다. "5. 批判 : 일반적으로 성년연령저하의 경향에 있으나 만 20세는 외국예에 비추어 적절하다고 인정되므로 異議 없다." "6. 審議經過 : 법률상 미성년이라고 혼인하여 가족을 가질 수 있는 이상 그것을 미성년자와 동일하게 무능력자로 취급함은 矛盾이므로 瑞民 제14조의 예에 따라 혼인한 자를 성년자로 함이 가하다는 意見이 있었으나, 본래 미성년자를 무능력자로 규정함은 그 본인의 이익을 위한 것인바 아무리 혼인하였다 하더라도 미성년자에게는 그 財産管理에 위험성이 있고 또 成年이 되기 위하여 혼인하는 부자연한 事例가 발생하여 미성년자 보호에 이상이 발생할 수 있을 뿐 아니라 혼인 해소 시에는 다시 미성년자로 되돌아가야 할 것인바, 이를 방지하자면 논리상 거북한 立法을 하지 않으면 안 될 것이므로 획일적인 未成年制의 완화제도로서의 婚姻成年制, 自治産制, 成年宣告制 등은 이를 채택하지 않고, 現行法과 草案의 營業許可制 정도가 현실에 부합하는 것이라 하겠다."

38) 또한 傳貰權에 관한 심의를 한 第34回 會議 이후에는 각 會議의 일자와 審議對象이 된 條文을 알리는 기재가 없다. 물론 그 전에도 그 記載는 누락된 일이 있으나, 적어도 초기에는 그것이 정확하게 표기되어 있다.

39) 張庚鶴(주 12), 979면. 그리고 이것이 증언의 전부이다.

40) 이에 대하여는 梁彰洙, 民法典의 制定過程에 관한 硏究—民法案에 대한 國會本會議의 審議, 서울대 「法學」 33권 2호(1992.9), 146면 이하(本書 38면 이하) 참조.

라, 張暻根은 卓拔한 법률지식을 가진 사람으로서[41] 그의 학력[42]이나 경력,[43] 그리고 집권당 내의 정치적 비중 등으로 보아 그가 民法案小委에서 가장 큰 '목소리'를 가지고 있었음은 부인할 수 없으리라고 생각된다.

Ⅲ. 民法案小委에서의 審議의 구체적 內容

1. 序

民法案小委에서의 구체적인 심의내용 중에서 우리 민법의 역사적 성격을 이해하는 데 의미가 있다고 생각되는 몇 개의 중요한 제도를 이하에서 살펴 보기로 한다. 이와 관련하여서 필자는 이미 약간의 제도에 관하여 고찰해 둔 바가 있다. 가령 法人理事의 代表權 制限,[44] 不動產物權變動에 관한 登記主義,[45] 和解의 錯誤를 이유로 하는 取消[46] 등이 그것이다. 이들에 대하여는 여기서 다시 반복하지 않기로 하되, 필요한 한에서 인용하기로 한다.

2. 一部無效인 法律行爲, 無效行爲의 轉換

(1) 民法案의 제 1 편 제 5 장에서 정하고 있는 법률행위에 관한 규

41) 주지하는 대로 그는 1960년의 소위 3·15不正選擧 당시 內務部長官으로서 4·19혁명이 일어나자 日本으로 도피하였다. 그는 그곳에서 『戰後日本의 民事判例動向』이라는 책을 저술하여 1982년 국내에서 출간하였다.

42) 그는 東京帝大 法學部를 수료하였다.

43) 日帝 하에서 京城地方法院 판사를 지내다가 해방 직후 「京城地方法院長」을 역임하였다. 前稿, 202면 註 57(「民法硏究」 I, 85면 註 60)의 談話文도 참조.

44) 梁彰洙, 法人理事의 代表權 制限에 관한 약간의 問題, 「金斗熙 博士 華甲紀念論文集」, 1986, 5면 이하(「民法硏究」 I, 111면 이하) 참조.

45) 梁彰洙, 不動產物權變動에 관한 判例의 動向, 「民事判例硏究」 10집(1988), 350면 이하(「民法硏究」 I, 195면 이하) 참조.

46) 梁彰洙, 民法 제633조에 관한 斷片, 「考試界」 1988년 9월호, 87면 이하 참조.

정은 특히 滿洲國民法에의 경사가 두드러지게 나타나는 부분의 하나이다. 가령 그 제 1 절 "總則"의 冒頭를 장식하는 제98조(현행 제103조)부터 제 4 절 "無效와 取消"의 마지막인 제139조(현행 제146조)까지의 도합 42개의 조항 중 暴利行爲에 관한 제99조(현행 제104조)를 제외한 나머지 41개의 조항은 滿洲國民法 제100조부터 제140조까지의 41개 조항과 그 규율의 대상 및 순서가 완전히 일치한다. 그리고 그 내용에 있어서도 거의 차이가 없으며,[47] 나아가서는 용어에 이르기까지 대동소이하다.

이에 대하여 民法案小委는 제 4 절 "無效와 取消"의 심의에 들어 가서 法律行爲의 無效와 관련한 다음 두 개의 조문을 그 節의 冒頭에 신설할 것을 제안하였다(法司委修正案 제27항. 현행 제137조·제138조).

> "法律行爲의 一部分이 無效인 때에는 그 全部를 無效로 한다. 그러나 그 無效部分이 없더라도 法律行爲를 하였을 것이라고 認定될 때에는 나머지 部分은 無效가 되지 아니한다."
>
> "無效인 法律行爲가 다른 法律行爲의 要件을 具備하고 當事者가 그 無效를 알았더라면 다른 法律行爲를 하는 것을 意慾하였으리라고 認定될 때에는 다른 法律行爲로서 效力을 가진다."

즉, 법률행위의 일부무효가 그 법률행위 전체에 미치는 효력에 관한 규정과 무효인 법률행위의 전환에 관한 규정이 그것이다.

(2) 이 新設 提案의 理由는 무엇인가?

이에 대하여 입법자는 다음과 같이 설명한다.

> "法律行爲의 一部가 不能, 不法, 反社會性 기타의 이유로 無效인 때에는 그 法律行爲 全部를 무효로 할 것인가?
>
> 個人意思絶對의 理論에 의하면 當事者가 그 無效의 부분을 제외하고도 그 法律行爲를 하였으리라고 인정될 때 以外에는 原則的으로 전부를 무효로 할 것으로 될 것이다(獨民 제139조, 瑞債 제40조 참조).

47) 가령 제 2 절의 "意思表示"에 관한 규정 중에서 두드러지는 善意의 제 3 자를 보호하기 위한 규정들, 가령 民法案 제102조·제103조·제104조의 각 제 2 항, 제105조 제 3 항(현행 제107조·제108조·제109조의 각 제 2 항, 제110조 제 3 항)은 모두 滿洲國民法 제103조·제104조·제105조의 각 제 2 항, 제106조 제 3 항에 先取되어 있다.

그러나 法律行爲는 法律이 個人의 意思를 한 개의 要素로서 個人 간의 私法關係를 規律하려고 하는 制度라고 생각하고 그 內容은 表示가 가진 客觀的인 合理的 意義인 것이라는 理論을 취할 때에는 右記 態度는 너무나 偏狹한 것이다. 그러므로 먼저 無效部分을 法律의 規定, 慣習, 條理 등에 의하여 補充하여 合理的인 內容으로 改造하여 然後에 그 合理的인 內容을 강제하는 것이 當事者의 目的에 명백히 반하는 境遇에만 全部를 無效로 하는 것이 좋다고 생각되는 것이다."[48]

이상이 위 두 條文을 신설하는 이유의 전부이다. 이 說明은 일단 다음과 같이 이해되기도 한다. 즉, 그 중 첫번째 문단은 일부무효인 법률행위의 효력에 관한 조문을 두는 데 대한 설명이고, 두 번째 문단("그러나 法律行爲는…" 이하)은 무효인 법률행위의 전환에 관한 조문을 두는 데 대한 설명이라는 것이다.

위와 같은 이해를 전제로 위 설명을 음미하여 보면, 立法者는 법률행위가 一部無效인 경우 그 법률행위의 내용 또는 효력에 관하여 다음과 같은 것을 명하는 것이 아닌가 하는 생각도 들게 된다. 즉, 우선 그 무효인 부분을 유효한 행위로 轉換시킬 여지가 있는지를 위 後者의 규정에 의하여 우선 음미하여 보고, 그 전환이 허용되지 않는 경우에 비로소 위 前者의 규정에 의하여 전부무효냐 아니면 일부무효인 채로 남느냐를 판단하여야 한다는 것이다.

그리고 만일 이러한 이해를 전제로 한다면, 무효인 법률행위의 전환에 관한 위 설명은 다음과 같은 점에 대하여 示唆를 준다고 할 수 있을는지도 모른다. 즉, 無效行爲의 轉換(Konversion des nichtigen Rechtsgeschäfts)의 법적 성질에 관하여 독일에서는 그것이 法律行爲의 解釋인가 아니면 단순한 法律(즉 독일민법 제140조)의 적용인가 하는 점에 관하여 다툼이 있다.[49] 그런데 입법자는 "無效部分을 法律의 規定, 慣習, 條理 등에 의하여 보충하여 합리적인 내용으로 개조하여"라고 하고 있는

48) 「審議錄」, 89면 하단.

49) 이에 대하여는 우선 Christoph Krampe, *Die Konversion des Rechtsgeschäfts*, 1980 참조.

데, 이 설명이 바로 無效行爲의 轉換에 대한 것이라고 한다면, 위와 같은 문제에 대하여 일정한 시사를 주는 것이 아닌가 하는 것이다.

(3) 그러나 그렇게 이해하면 다음과 같은 의문이 생긴다.

첫째, 여기서 명백히 입법자는 "個人意思絶對의 理論"에 기하였다는 태도를 거부하고 있는 것이 아니라 결과적으로 이를 채택하고 있다. 그러나 이미 "絶對"라고 하는 용어 자체에서 이 이론에 대한 거부감이 바탕에 깔려 있음을 알 수 있다.[50] 뿐만 아니라 "個人意思絶對의 理論"에 대한 부정적인 평가는 이미 민법안에 대한 정부측의 "提案說明"에서 財產編에 관한 기본태도로서 채택되고 있는 바이었다.[51] 그럼에도 불구하고 이러한 태도를 취한 이유는 무엇일까? 오히려 제 1 문단의 설명은 제 2 문단의 설명을 끌어 오기 위하여 前置한 것에 불과하지 않을까?

둘째, 위 설명은 "個人意思絶對의 理論"에 입각한 외국의 입법례로서 독일민법 제139조와 스위스채무법 제20조(보다 정확하게는 同條 제 2 항)를 들고 있다.[52] 그러나 前者는 위에서 신설이 제안된 조문과 동일한 내용이나, 後者는 오히려 반대로 법률행위의 일부무효는 원칙적으로 다른 부분에 영향을 미치지 않으며 단지 "無效인 부분이 없으면 애초 계약을 체결하지 않았을 경우"에만 예외적으로 全部가 무효가 된다고 정하고 있다. 이와 같이 서로 태도를 달리 하는 立法例들이 竝記되어서는 안 될 것이다.

(4) 이러한 의문을 천착하기 위하여, 입법 당시의 문헌을 검색하여 보면 다음과 같은 사실이 확인된다. 위와 같은 서술은 당시의 대표적인 일본학자인 我妻榮이 一部無效인 法律行爲에 관하여 하고 있는 것이

50) 일반적으로 독일에서도 법률행위의 일부무효가 원칙적으로 전부무효를 가져온다는 독일민법의 입법태도에 대하여 의문이 제기되고 있다("유효한 것은 무효인 것에 의하여 하자 있는 것이 되지 않는다[Utile per inutil non v tiatur]"!). 우선 MünchKomm/Mayer, §139 Rdnr. 1(Bd. 1, 2. Aufl., 1984, S. 1055) 참조.

51) 「速記錄」 29호, 15 면 중단 이하 : "둘째 極端한 個人主義思想의 止揚 發展입니다."

52) 또한 「審議錄」, 89 면 상단 참조.

다.[53] 그런데 어떻게 해서 이것이 無效인 法律行爲의 轉換을 정하는 규정에 관한 설명으로 원용되고 있을까?

이 점은 전혀 이해될 수 없는 것도 아니다. 왜냐하면 我妻는 무효행위의 전환도 "一部無效의 특수한 態樣"으로 이해하고[54] 이 문제를 "의사표시의 내용을 합리적으로 해석하고, 행위자가 그 목적을 달성할 수 있도록 조력"한다는 법률행위제도의 目的의 관점에서 무효행위의 전환도 허용된다고 하고 있기 때문에,[55] 만일 일단 법률행위의 일부무효에 관하여 我妻의 입장을 수용하기로 결단하였다면, 앞서 본 "무효부분을 법률의 규정, 관습, 조리 등에 의하여 보충하여 합리적인 내용으로 改造"한다는 설명은 바로 無效行爲의 轉換에도 적용될 수 있는 것이기 때문이다.

(5) 문제는 위와 같은 法律行爲의 一部無效에 관한, 나아가 法律行爲制度에 관한 我妻의 태도가 과연 설득력 있는 것이어서 한 立法의 기초로 삼을 만한 것인가[56] 하는 데 있는 것이 아니라, 民法案에 대한 심의에 있어서 我妻라는 개인의 법학이[57] 전적으로 채용되고 있다는 점이라고 생각된다. 물론 이 점은 단지 입법이유를 설명함에 있어서 我妻를 원용하는 데 불과한 것이고, 그러한 입법을 할 것인지 여부 자체는 입법자 고유의 결단이 있었던 것이라고 이해하여야 할 것이다.

---

53) 我妻榮, 「民法總則」, 1951, 220면. 이미 同, 「民法總則」, 1933, 288면 이하도 마찬가지이다.

54) 我妻(주 53. 1951), 309면.

55) 그 외에 獨逸民法 제140조도 인용되고 있다. 我妻(주 53. 1951), 309면.

56) 法律行爲制度에 대한 我妻의 把握은 偏向된 바가 있다고 생각된다. 이 점과 관련하여 흥미로운 것은 그가 연구생활의 극히 초기(1923년)에 소위 助手論文으로 발표한 "ダンツの「裁判官の解釋的作用」"(「法學協學雜誌」 41권 1호 내지 3호)이라는 장편의 논문이다. 이 논문은 극단적인 表示主義者인 독일의 법관 단츠(Danz)의 법률행위의 해석에 관한 著作을 열정적으로 수용한 흔적을 생생하게 전하여 주고 있다.

57) 我妻民法學은 우리 民法典의 制定作業이 진행되던 1950년대 초반까지도 日本民法學의 "最高의 存在"이었고, 그 이전의 民法學을 총결집한 것이었다. 이 점 우선 星野英一, 日本民法學史(2), 「法學敎室」 9호(1981.6), 15면 이하 참조. 따라서 我妻에 좇았다는 것은 곧 日本民法學에 좇았다는 것 이외의 아무것도 아니다.

3. 占　有

(1) 民法案小委가 民法案에 대하여 다양한 측면에서 수정, 보충을 행한 대표적인 예의 하나는 제 2 편 제 2 장의 "占有"에 관한 규정이다.

占有에 대한 법적 규율은 다음과 같은 몇 개의 관점에서 이루어질 수 있다. 먼저, 占有에는 다양한 법률효과가 결합되는데, 그 법률효과 귀속의 정리를 위하여 우선 占有의 개념, 占有者의 範圍 및 占有의 種類, 나아가 占有取得의 方法을 정하는 것이다. 이와 관련하여 民法案은 점유의 개념에 관하여 依用民法이 취하던 소위 意思主義(제180조 : "自己를 위하여 하는 意思로서 物件을 所持")를 버리고 "객관주의"를 취하였고 (제183조 제 1 항 : "物件을 事實上 支配". 현행 제192조 제 1 항), 또한 代理占有의 개념(依用民法 제181조 : "占有權은 代理人에 의하여 이를 취득할 수 있다")을 버리고 間接占有를 정하였다(제184조. 현행 제194조). 그리고 占有權의 양도에 관하여는 점유물의 현실인도 외에 간접점유의 양도에 관하여서만 정할 뿐이다(제185조).

이에 대하여 民法案小委는 (i) 相續으로 인한 占有의 當然承繼를 정하고(법사위수정안 제45항. 현행 제193조), (ii) 占有補助者에 관한 규정을 신설하며(법사위수정안 제46항. 현행 제195조), (iii) 占有權의 讓渡方式으로 占有改定과 簡易引渡를 아울러 인정하도록(법사위수정안 제47항. 현행 제196조 제 2 항) 수정하였다.

첫째, 상속으로 인한 점유의 당연승계에 관하여는 "從來 學說上(相續法)" 인정되고 있는 바에 대하여 명문을 두는 것이 필요하다고 하였다.[58] 이러한 규정은 독일민법 제857조를 직접 수용한 것으로 추측된다.

둘째, 占有補助者에 관하여도 "從來 學說上" 인정되던 것을 주로 독일민법 제855조의 文言을 참고로 하여 규정한 것이다.[59]

58) 「審議錄」, 123 면 상당.
59) 「審議錄」, 124 면 상단.

셋째, 占有權의 讓渡方式에 관하여는, 동산물권의 양도에 요구되는 인도요건에 관하여 정한 내용을 "體制上 均衡"을 위하여 점유권의 양도에도 인정하여야 한다는 것이다.[60]

이들은 결론적으로 "종래의 학설", 즉 일본의 학설을 명문화하되, 그 文言의 選擇에 있어서는 주로 독일민법을 참고로 한 것이라고 할 수 있다.

(2) 나아가 占有 자체의 보호를 위한 것으로서 이를 위하여 법은 占有保護請求權이라는 제도를 인정하고 있다. 민법안은 그 제193조부터 제197조까지에서 이를 규정하고 있는데, 이에 대하여는 民法案小委는 아무런 수정을 제안하고 있지 않다(현행 제204조 내지 제208조). 그런데 小委는 그 末尾에 自力救濟에 관한 다음과 같은 새로운 조항을 하나 추가할 것을 제안하고 있다(법사위수정안 제49항. 현행 제209조).

> "占有者는 그 占有를 不正히 侵奪 또는 妨害하는 行爲에 대하여 自力으로써 이를 防衛할 수 있다. 占有物이 侵奪되었을 경우에 不動産일 때에는 占有者는 侵奪 후 즉시 加害者를 배제하여 이를 奪還할 수 있고 動産일 때에는 占有者는 現場에서 또는 追跡하여 加害者로부터 이를 奪還할 수 있다."

이에 대한 심의의 과정에서는 다음의 점이 고려되었다.[61] 첫째, 일반적으로 "自力救濟에 관하여서는 前記 各立法例도 있고, 학설도 자력구제를 인정하는 것이 통설이므로 自力救濟規定新設은 필요하다." 둘째, 독일민법이나 중국민법과 같이 총칙편에 권리의 행사 일반과 관련하여 自力救濟行爲의 위법성조각을 일반적으로 규율하는 규정(獨民 제229조 이하,[62]

60) 「審議錄」, 124면 하단. 그러나 이 점은 立法論上으로서는 문제가 있다고 생각된다. 占有는 '事實'上의 支配를 핵심으로 하는 것인데, 가령 당사자들이 단지 占有改定의 合意를 하였다고 하여 물건에 대하여 아무런 '事實上 支配'도 하지 않고 있는 讓受人이 이를 취득한다고 하여야 할까. 이를 인정하는 立法例도 없다. 立法者의 태도는 동산물권변동을 일으키는 인도요건이라는 관점과 점유권 그 자체의 양도방식이라는 관점을 혼동한 것으로 생각된다.

61) 이하에 대하여는 「審議錄」, 131면 하단 이하 참조.

62) 이에 대하여는 우선 Wolfgang Schünemann, *Selbsthilfe im Rechtssystem*, 1985 참조.

中民 제151조)은 두지 않기로 하고, 단지 占有妨害에 대하여만 규정을 두기로 하였다(스위스민법의 태도를 원용하고 있다). 일반적인 규정을 두지 않는 이유는 명백하지 않으나, "占有 이외의 일반 권리의 침해에 대한 자력구제와는 달라서 객관적으로 명백한 사실상 支配狀態인 占有를 보호하기 위한 自力救濟…"라는 문구로부터 추론하여 보면, 결국 요건의 명확성을 얻을 필요와 관련되는 것이 아닌가 추측되기도 한다. 셋째, 그 요건을 구체적으로 어떻게 정할 것인가와 관련하여서 보자. 우선 독일민법 제859조와 이를 본뜬 중국민법 제960조에 좇아 "不正한 侵害", "卽時", "現場에서 또는 追跡하여"라는 構成要件徵表를 채택할 것이 정하여졌다. 나아가 "官의 援助를 기다릴 여유가 없다"는 요건(독일민법 제229조와 중국민법 제151조는 자력구제 일반에 관하여 이 요건을 내걸고 있다)은 부인되었다. 그 이유는 "占有侵奪을 당한 자는 官의 保護援助를 기다릴 필요 없이 각자가 자력방위하라는 것이 自力防衛의 근본취지인 것이다. 사실적 지배상태인 점유를 보호함으로써 사회의 평화 질서를 유지하자는 이념일 것이다"라고 한다.[63]

문제는 그러한 규정을 두는 것이 다른 권리의 침해에 대한 自力救濟의 許否 및 그 요건에 관하여 어떠한 영향을 미치는가 하는 점이다. 가령 위 규정은 반대해석하여 그 이외의 경우에는 자력구제가 허용되지 않는다는 취지인가 하는 등의 문제가 그것이다.[64] 그러나 입법자들은 이러한 점에 대하여는 전혀 언급하고 있지 않다.

---

63) 이 설명은 일반적인 자력구제의 허용 여부 및 요건과 "약간 다른 각도에서 고찰되어야 한다"고 하고, "攪亂의 狀態가 존재한다고 보여지는 동안에 占有狀態의 유지회복을 하는 것은 바로 사회의 평화·질서의 유지"라고 하여 "일반의 경우의 자력구제에 비하여 훨씬 광범위한 점유의 자력구제를 인정"하여야 한다는 我妻榮, 「物權法」, 1952, 341면 이하의 설명을 상기시킨다.

64) 이에 대하여는 가령 郭潤直, 「民法總則」, 新訂版, 1990, 129면 이하 참조.

4. 傳 貰 權

(1) 民法案이 정하는 특징적인 제도 중의 하나는 바로 傳貰權制度이다(제290조 이하). 그 立法의 經過에 관하여는 이미 상당히 상세한 연구가 있다.[65] 그러나 개별조문의 성립과정을 구체적으로 음미하는 데까지는 아직 미치지 않는 바가 많은 것으로 생각된다. 이하의 서술은 위 기존의 연구에 連接하여 이루어지는 것이라고 할 수 있다.

民法案小委는 기본적으로 傳貰를 하나의 物權法上의 制度로 규정하는 데 대하여 찬성한다. 그 이유는 매우 흥미로운 바 있다.

> "종래에 관행되어 왔던 傳貰權은 채권의 일종인 賃貸借와 消費貸借의 결합체에 불과한 것이며, 登記가 勵行되지 아니하는 한국의 실정으로서는 物權인 本章의 傳貰權制度가 충분히 이용될는지는 다소 의문이나, 賃貸權[賃借權의 오류인 듯하다]에 物權的 效力을 부여할 필요를 느꼈던 과거의 실정으로 보나, 또는 家屋과 金錢의 相互貸借라는 庶民層의 有無相通의 관행에 관한 법률관계를 명확히 하여 법률제도화하는 의미에서, 本章의 新設은 타당하다고 본다."[66]

이와 같이 傳貰權制度는, 한편으로 不動産의 利用關係를 가능하면 물권적으로 파악하려는 종래의 指向(「不動産賃借權의 物權化」!)을 실현함과 아울러, 다른 한편으로 관행으로 행하여지던 생활관계의 법적 내용[67]을 實定法에 의하여 명확화하려는 요구에 기하여 民法案小委에서 긍정적으로 평가된 것이다.[68]

---

65) 우선 尹大成, 「韓國傳貰權法硏究」, 1988, 182면 이하 참조.

66) 「審議錄」, 183면 상단.

67) 그 생활관계를 "家屋과 金錢의 相互貸借"라고 파악하는 점도 흥미롭다. 여기서 민법안은 전세권의 객체로 "부동산" 일반을 들고 있으나, 그 주안은 역시 "家屋", 즉 住宅이고, 이를 확장한다고 해야 결국 建物이 될 것이다.

68) 이와 관련하여 지금까지 별로 그 내용이 알려져 있지 않았던 法典編纂委員會에서의 民法起草作業의 한 모퉁이를 들여다 볼 수 있는 자료가 있다. 「速記錄」, 48호 5면 상단의 金達鎬 의원(法律家로서 法典編纂委員會의 委員이었다. 「官報」 1948년 9월 15일자, 1면 참조) 발언 : "傳貰權을 새로 물권으로 신설하느냐 안 하느냐 하는 문제에 대

그러나 이와 같은 物權으로서의 전세권제도에 대하여는 다음과 같은 의문이 제기되기도 하였다. 우선 그러한 전세권의 설정에는 등기가 요구되는데, 국민들이 종전의 행대대로 등기를 하지 아니하면 이 제도는 空文에 불과하다는 것이다.[69] 나아가 더욱 문제가 된 것은 債權的 傳貰와 物權으로서의 傳貰權과의 관계이다. 즉, 전세에 관하여 등기가 행하여지지 아니한 경우에는 그 전세계약은 결국 효력이 없게 되어 오히려 당사자들에게 불편을 주는 것이 아닌가 하는 점이다.[70] 이에 대하여 民法案小委의 견해는 다음과 같다.

"傳貰權者가 [채권적 효력만을 가지는] 賃貸借로 하고 싶으면 賃貸借로 할 수 있고, 좀더 강하게 物權으로 만들고 싶을 것 같으면 傳貰權으로 할 수 있고, 이렇게 두 가지 形態로 만들어서 設置해 놓아 가지고, 契約當事者들이 어떤 것을 하나 選擇하도록" 한다는 것이다.[71]

"所有者가 바뀌더라도 追及을 시키려고 하며는 傳貰權이라는 物權設定契約을 하는 것이고, 만일 그것이 좋지 않다고 하며는 이것은 賃貸借契約으로 하거나 賃貸借契約에 유사한 無名契約을 할 수가 있는 것입니다."[72]

(2) 傳貰權의 지위 강화와 관련된 내용을 살펴 본다.

(a) 우선 중요한 것은 傳貰權을 物權으로 인정하게 되면 그에 對世

해서는 지금 국회에 나와 계시는 李仁 의원이라든지 本議員도 법전편찬위원회에서 여러 전문가와 같이 장시일 동안 검토를 했던 것입니다. 그 논의한 내용으로 말하면 … 당사자의 의사에 좇아 가지고 채권적 성격을 띠게 하려면 그렇게 해 두는 것이고 좀더 나아가서 강력한 물권적 보호를 받기 위해서는 이와 같은 전세권이라고 하는 물권을 신설하는 것이 借家人 등으로 하여금 더 보호할 수 있다, 이렇게 예견해 가지고 이것을 초안에 집어 넣었던 것입니다."

69) 「速記錄」, 48호 2면 중단의 玄錫虎 의원 발언. 이와 아울러 전세는 주택 중의 방 한 칸과 같이 건물의 일부에만 행하여지는 경우가 많은데, 이 경우에는 등기가 불가능하다는 주장도 있었다. 가령 「民法案意見書」, 184면(朱宰璜 집필). 그러나 후에 부동산의 일부에 대한 전세권등기가 가능하게 되었음은 주지하는 대로이다.

70) 가령 「速記錄」, 31호 12면 하단의 蘇宜奎 의원 발언: "전세하는 마당에 있어서 일일이 등기를 해야만 효력을 발생한다, 이렇게 된다고 할 것 같으면 … 우리 서민들이 이것을 이용하고 거래하고 있는 마당에 있어서 상당한 지장이 생긴다 나는 이렇게 보고 있어요."

71) 「速記錄」, 47호 11면 중단의 張暻根 의원 발언.

72) 「速記錄」, 48호 3면 상단 이하의 張暻根 의원 발언.

的인 효력이 생기므로, 목적물의 소유관계가 변동되더라도 이를 그 양수인에게 대항할 수 있다는 것이다. 이 점을 民法案小委 위원장이던 張暻根은 "登記를 하면 傳貰不動產의 소유자가 변경되더라도 새 소유자에 대하여 傳貰權을 미치게 … 함으로써 전세하고 있는 조그마한 小市民들의 보호를 기한 것"이라고 설명하고 있다.[73]

이 점과 관련하여서는 전세권을 물권으로 정하는 데 대하여 반대하는 입장에서 다음과 같은 주장이 제기되었다. 전세계약은 그 법적 성질이 채권계약인데, 그 성질을 고쳐 가면서까지 물권으로 정할 필요는 없으며,[74] 또 전세권을 물권으로 하여 위와 같은 對世的 效力을 부여하면 소유자가 애초 전세를 주지 않을 것이기 때문에 오히려 전세를 얻으려는 자에게 불리한 결과가 된다는 것이다.[75] 이러한 입장에서는 債權編에 이에 관한 항목을 신설하여 거기서 傳貰人을 보호하는 규정, 즉 傳貰金返還債權에 기한 留置權을 인정하는 强行規定을 두면 된다는 것이다(이에 대하여는 뒤에서 보기로 한다).

또한 위와 같은 對世的 效力과 관련하여, 민법안은 전세권설정자가 전세목적물을 타인에게 양도하는 경우에는 이를 미리 전세권자에게 통지하도록 하고, 이에 대하여 전세권자는 매수청구를 할 수 있다는 규정

73) 「速記錄」, 29 호 8 면.

74) 「速記錄」, 32 호 19 면 상단의 玄錫虎 의원 발언 참조. 또한 이러한 입장과 관련되어 전세권을 물권으로 인정하는 것은 소유권에 대한 부당한 제약이 된다는 주장도 국회본회의에서 행하여졌다. 가령 「速記錄」, 33 호 17 면 상단의 孫文璟 의원 발언 : "權利 중에는 가장 중요한 권리는 소유권입니다. 그 소유권을 제약을 시키고 또한 그것을 침해할 만한 이러한 조항을 넣었다고 한[하는] 것은 사실상 곤란한 것입니다."

75) 「速記錄」, 47 호 12 면 하단 내지 13 면 상단의 玄錫虎 의원 발언. 이러한 우려에 내하여 法司委의 입장을 대표한 張暻根 의원은 "가옥소유자보다 전세권[자]만 옹호하는 그런 규정은 많이 삭제하고 수정을 했읍니다"라고 보고하고 있다. 「速記錄」, 47 호 11 면 중단. 그러나 실제로는 그러한 방향의 수정안은 뒤에서 보는 대로 전세권자의 買受請求權을 부인한 것과 그 외에 傳貰權의 消滅을 請求할 수 있는 전세권설정자의 권리(민법안 제300조 제 1 항)를 보다 넓게 인정한 것(法司委修正案 제76항. 현행 제311조) 이외에는 보이지 않는다. 오히려 전세목적물의 管理費用 및 公課金을 전세권자에게 부담시키는 민법안 제298조를 삭제하고(법사위수정안 제74항), 전세금의 반환에 갈음하여 전세목적물을 전세권자가 취득하기로 하는 약정을 금지하는 민법안 제305조를 삭제하도록 하여(법사위수정안 제79항), 전세권설정자, 즉 소유자에게 불리한 방향으로 수정하는 내용도 보인다. 또한 바로 뒤 本文의 買受請求에 관한 記述도 참조.

을 두었다(제296조). 그러나 民法案小委는 이 규정의 삭제를 제안하였다(법사위수정안 제73항). 그 이유는 "傳貰權은 物權的 效力이 있으므로 그 목적물이 타인에게 양도되더라도 전세권도 그대로 進及하여 효력을 지속하므로 本條는 불필요하다. 또 滿民[즉, 滿洲國民法 제311조, 제268조]이 本條와 같은 買收[買受]請求權의 규정을 가진 것은 地上權에 관하여 동일한 취지의 규정을 가졌으므로 균형상 그렇게 한 것이며, 本草案에서는 地上權에 관하여 이러한 買受請求權을 규정하지 아니하였으므로 전세권에만 이러한 買收[買受]請求權을 인정할 이유는 더욱 없다"는 것이다.[76]

(b) 다음, 전세는 주로 건물을 목적물로 하여 행하여지므로, 垈地所有者와의 이해조정이 중요한 문제가 된다. 이 점에 관하여는 民法案은 (i) 建物所有者가 그 대지에 관하여 地上權, 賃借權 등의 사용권을 가지고 있는 경우에는 建物傳貰權의 효력이 그 사용권에 미치게 하고(제290조. 현행 제304조), (ii) 垈地와 建物이 동일한 소유자에 속하고 그 중 건물에 대하여 전세권을 설정한 경우에는 그 전세권은 "垈地所有權의 特別承繼人에 대하여도" 효력이 있는 것으로 정하였다(제292조 제1항).

(i)에 대하여 小委는 별다른 異見이 없었으나, (ii)에 대하여는 이를 전면적으로 수정하여 그 경우에 건물소유자를 위한 法定地上權을 인정하는 것이 제안되었다(법사위수정안 제69항. 현행 제305조 제1항). 그 이유는 "건물에 대한 물권인 전세권이 토지소유자에게 그 효력이 미친다는 것은 입법의 문언상 부당할 뿐더러, 대지의 특별승계인, 즉 토지소유자는 간접적으로 전세건물의 존립을 忍容하면서 地代 기타 청구권도 없고 또 어떠한 법률관계로써 그러한 忍容을 하여야 하는 것인지 그 법률관계를 규율한 규준이 없으므로, 建物所有者와 垈地所有者 간에 法定地上權을 인정함으로써 법률관계의 명확을 기하는 滿民 제296조의 입법

76) 「審議錄」, 187면 상단 이하. 이는 '張暻根'이라는 小委 委員의 이름을 구체적으로 서명하여 그 의견이 제시된 드문 예이다.

태도가 오히려 타당하다고 본다"는 것이다.[77] 그러한 수정안이 채택됨으로써 우리 民法은 제366조의 경우와 아울러 法定地上權이 인정되는 또 하나의 예를 가지게 되었다.

(3) 傳貰와 관련하여 중요한 문제의 하나는 그 전세금의 반환을 확보하는 것이다.[78] 그런데 民法案은 傳貰權을 用益物權의 하나로 보는 태도를 취하고 있었으므로,[79] 전세관계의 종료 후에는 傳貰金返還債權을 가질 뿐이라는 결론이 된다. 그 이행의 확보를 위하여 民法案은 傳貰關係의 原狀回復에 同時履行關係를 인정하고(제307조. 현행 제317조), 나아가 競賣請求權을 인정하는 데 그친다(제308조. 현행 제318조). 특히 후자의 競賣請求權은 전세권에 관한 규정을 마련함에 있어서 일부 참고로 한 滿洲國民法이나 中國民法의 典權制度에서는 인정되지 아니한 것으로 극히 유니크한 것이다.[80] 民法案小委는 이 경매청구권이 인정된 것을 들어 "경매청구에 관한 한 담보물권과 유사하다"는 이해를 보이고 있으나,[81] 담보물권은 오히려 優先辨濟權을 그 핵심적인 내용으로 보아야 할 것이다.[82]

民法案小委는 전세금반환채권을 확보하기 위하여 민법안이 정하는 수단 이상의 것을 인정하지 않고 있다.[83] 이 점과 관련하여서는, 傳貰權

77) 「審議錄」, 184면 하단.

78) 뒤의 민법 개정에 있어서 이 점이 쟁점의 하나가 된 것은 주지하는 대로이다. 결국 1984년 4월 10일의 민법 개정으로 제303조 제1항 후단이 추가됨으로써 전세금의 우선변제가 인정되기에 이르렀다.

79) 「速記錄」, 29호 16면 하단의 정부측 제안설명 : "종래 임대차의 일종으로 취급되던 전세권을 用益物權의 일종으로 신설".

80) 尹大成(주 65), 174면은 "滿洲國民法典의 典權制度가 우리 民法典의 傳貰權制度의 內容面에 있어서도 전면적으로 직접 또는 간접으로 영향을 주었음을 알 수 있다"고 결론짓고 있으나, 그 제도의 내용을 상세히 대비하여 보면 이러한 주장에 동의할 수 없다.

81) 「審議錄」, 335면 하단 참조. 단 이 이해는 전세권의 행사로 인한 매도인의 담보책임에 관한 규정(제565조. 현행 제576조)을 심의하는 과정에서 표출된 것이다.

82) 그러나 1962년 1월 15일 공포된 競賣法이 그 제34조 제3항에서 전세권자에게 우선변제권이 있음을 전제로 한 규정을 두었음은 주지하는 대로이다.

83) 가령 「審議議」, 193면 하단은, 경매청구권에 대하여 "本條는 전세권 신설의 특징인 것으로 원안은 타당하다"고 할 뿐이다.

을 物權으로 인정할 필요가 없다는 입장에서 다음의 修正案이 제안된 바 있다(소위 '玄錫虎修正案' 제34항).

"傳貰의 借主는 期限에 借用不動產을 반환하고 貸主는 傳貰金을 반환하여야 한다.

傳貰金에 관한 前項의 權利는 그 不動產에 관하여 생긴 債權으로 본다. 이에 반하는 약정은 그 효력이 없다."

즉, 傳貰金返還請求權에 기하여 목적물에 대한 留置權을 인정하는 강행규정을 두자는 것이다.[84] 그 이유에 대하여는 다음과 같은 흥미 있는 설명을 주고 있다.

"判例는 그 請求權[즉, 傳貰金返還請求權]은 目的物에 관하여 발생한 債權이라고는 볼 수 없다고 하여 借主의 留置權을 인정하지 않고 있으나(이 점은 이론상 검토의 여지가 있다), 借主는 目的物의 價格의 半額 이상의 代金을 傳貰金으로 지급하고 있는 만큼, 그 자에게 留置權을 부여함으로써 資金回收를 보장하여 주는 것이 사회정책상 필요한 것으로 생각되는 고로, 留置權을 명시하는 규정을 두고자 하는 바이다."[85]

그러나 이러한 흥미 있는 제안은 傳貰에 관한 규율을 債權編에 둔다는 위 수정안의 기본적 태도가 받아들여지지 아니함으로써[86] 이와 함께 채택되지 아니하였다.

5. 抵當權

(1) 抵當權은 근대의 不動產擔保物權制度의 중핵을 이루는 것으로서, 그 제도 내용의 적절 여부와 운용 여하에 따라서 금융제도에 중대

84) 현행법상 전세금반환청구권을 포함하는 임차보증금반환청구권에 기하여 유치권이 인정되는가에 관하여는 梁彰洙, 留置權의 發生要件으로서의「債權과 物件 간의 牽連關係」,「劉基天 博士 古稀紀念論文集」, 1988, 410면 이하(「民法硏究」Ⅰ, 248면 이하) 참조.

85)「民法案意見書」, 185면(朱宰璜 집필).

86) 이 玄錫虎修正案은 국회본회의에서 在席 102인에 可 28표로 부결되었고, 그 대신 전세권을 물권으로 신설한다는 정부의 原案이 재석 105인에 可 66표로 가결되었다. 그리고 이와 아울러 法司委修正案이 그대로 채택되었다.「速記錄」, 48호 5면 중단 이하.

한 영향을 미친다.

民法案은 종래 판례와 학설에 의하여 시인되고 있던 根抵當에 관하여 명문을 두고(제346조. 현행 제357조),[87] 抵當物의 보충에 관한 규정을 신설하며(제352조. 현행 제362조), 流抵當契約을 금지하도록 새롭게 규정하였다(제351조). 그리고 依用民法에서 정하고 있던 對價辨濟와 滌除의 각 제도(동법 제377조 이하)[88]와 短期賃貸借의 보호에 관한 규정(동법 제395조)[89]을 폐지하였다.

(2) 民法案小委는 우선 저당권이 미치는 범위에 관한 규정에 중요한 변경을 가하였다. 이에 관한 민법안 제347조는 저당권은 "抵當不動產에 부합된 物件"에 미친다고만 정하고 있었다. 이에 대하여 小委는 "附合物에만 저당권이 미치고, 從物 특히 抵當權 설정 후 從物이 된 物件에 대하여는 저당권이 미치지 않는 것으로 해석될 염려가 있으므로" 다른 나라의 입법례에 좇아 從物에도 저당권이 미치는 것으로 하는 수정안을 제시하였다(법사위수정안 제86항).[90] 이와 아울러 果實에 대한 저당권의 효력(제348조. 현행 제348조)에 대하여는, 오늘날의 학설에 비추어 볼 때 흥미 있는 이해를 보이고 있다. 즉, 이 때 果實에는 天然果實만이 포함되고, 法定果實은 포함되지 않는다는 것이다.[91] 그러나 오늘날의 通說은 法定果實도 포함된다고 한다.[92]

87) 이에 대하여 民法案小委는 "입법상 명확"을 기하기 위하여 "그[피담보채무가] 확정될 때까지의 채무의 소멸 또는 이전은 저당권에 영향이 없다"는 문언을 추가할 것을 제안하였다(법사위수정안 제85항. 현행 제357조 제2문).

88) 그에 대신하여 민법안은 제3취득자가 피담보채권을 만족시키는 변제를 하고 저당권의 소멸을 청구할 수 있다는 규정(제354조. 현행 제357조 제2문)을 두었다.

89) 小委는 이 폐지에 찬성하면서, 그 이유로 "초안 제610조[현행 제621조 제1항]에 의하면 임차권자가 등기를 요구할 수 있고, 또 초안은 전세권을 물권으로 창설하였으므로 단기임차권의 보호에 관한 규정은 불필요한 것으로 사료된다. 뿐만 아니라 현행법 제395조는 저당권자를 詐害하는 데에 악용될 우려가 있는 것"이라고 설명한다. 「審議錄」, 223면 하단 참조.

90) 「審議錄」, 214면 상단 이하.

91) 「審議錄」, 215면 상단. 법정과실은 物上代位의 법리에 좇아 이를 압류하여야 한다는 것이다.

92) 이에 대하여는 우선 郭潤直, 「物權法」, 再全訂版, 1990, 561면 참조.

(3) 民法案은 저당권의 실행으로 인하여 法定地上權이 인정되는 범위를 依用民法에 비하여 현저하게 확장하였다(제356조). 즉, 의용민법은 "토지와 그 위에 존재하는 건물이 동일한 소유자에 속하는 경우에 그 토지 또는 건물만을 저당으로 한 때"에 그 저당권의 실행으로 말미암아 토지와 건물의 소유자가 달라지게 되면, 그 建物所有者가 法定地上權을 취득하는 것으로 정하였었다(제388조). 그런데 이것을 民法案은 "抵當物의 競賣로 인하여 土地와 그 地上建物이 각 所有者에 속한 경우"라고 확장하였다. 따라서 의용민법에서와 같이 "토지와 건물 중 하나만에 대하여 저당권을 설정한 경우"에만 법정지상권이 인정된다고 해석할 여지는 없게 되었다.[93)]

그런데 民法案은 그 경우 法定地上權은 자동적으로 성립하는 것이 아니라, 건물소유자가 "지상권의 설정을 청구할 수 있다"고 하였다. 이에 대하여 小委는 그 경우에 "建物所有者가 土地所有者에 대하여 地上權을 설정한 것으로 본다"고 하는 수정안을 제기하였다(법사위수정안 제91항. 현행 제366조).[94)] 그 이유는 "이것은 청구에 의하여 지상권설정의 효과를 발생하는 形成權이라고 생각되므로 결과에 있어서는 같으나 形成權行使의 불편한 절차만 더하는 것이 되고, 건물소유자와 토지소유자간의 법률관계에 불명확한 상태를 계속시킴은 타당치 않다"는 것이다.[95)]

(4) 流抵當契約을 금지하도록 하자는 중요한 의미를 가지는 민법안 제351조는 民法案小委에서는 별다른 반대에 부딪히지 않았으나, 다른 방면에서 이를 삭제하자는 수정안이 제출되었다(玄錫虎修正案 제23항). 이 수정안의 이유는 "초안과 같은 입법례가 없는 바는 아니되, 流質契約의 금지까지도 그 타당성이 문제시되고 있는 오늘날 현행민법에서 금지되

93) 이는 이미 의용민법에 대하여도 판례나 학설에 의하여 인정되는 바이었다. 가령 柚木馨/高木多喜男, 「擔保物權法」, 新版, 1973, 378면 이하 참조.

94) 이와 아울러 "그러나 地代는 당사자의 청구에 의하여 법원이 이를 정한다"는 단서를 붙이도록 하였다.

95) 「審議錄」, 220면 상단 이하.

지 아니하고 오히려 판례법에 의하여 그 유효성이 확인되고 있는 抵當直流契約을 초안이 금지하려고 하고 있는 것은 하나의 시대착오"라는 것이다.[96]

이 全文削除하자는 수정안에 대하여 국회본회의에서 民法案小委, 나아가 法司委를 대표한 張暻根 의원은 "이것은 … 해도 좋고 안 하더라도 큰 관계는 없습니다"라고 발언하였다.[97] 이로써 위 원안을 삭제하자는 수정안이 채택되고, 流抵當契約은 허용되게 되었다.

그러나 流抵當契約의 허용 여부는 소위 流擔保約定에 대한 법의 태도를 정함에 있어서 극히 중요한 의미를 가지는 것으로서, 이와 같이 해도 좋고 안 해도 그만이라는 식으로 처리될 문제가 아니었다고 생각된다. 다른 한편 민법안 제596조, 제597조(현행 제607조, 제608조)는 소비대차와 관련하여 소위 '代物辨濟의 豫約'을 일정한 경우에 금지하여 그 한도에서 流擔保約定을 무효라고 한다.[98] 이러한 法의 태도에는 반드시 일관되지 아니한 점이 있는 것으로 생각된다.

6. 契約法, 특히 賃貸借

(1) 우선 賃貸借를 제외한 契約法에 대한 民法案小委의 修正案 중 중요한 것을 이하에서 살펴 보기로 한다.

(a) 契約解除의 효과에 관하여 민법안은 단지 원상회복의 의무가 있음을 정할 뿐이다(제537조 제1항). 이에 대하여 民法案小委는 "그러나 제3자의 권리를 해하지 못한다"는 단서를 붙일 것을 제안하였다(법사위수정안 제121항. 현행 제548조 제1항 단서). 그 이유는 "草案이 현행법 제545조 제1항 단서는 物權變動의 公示의 原則이 있는 관계로 거의 불필요

96) 「民法案意見書」, 129면(金曾漢 집필).
97) 「速記錄」, 48호 8면 하단.
98) 이 규정들의 立法目的에 대하여는 梁彰洙, 「假登記擔保 등에 관한 法律」의 現況과 問題點, 「民事判例研究」 12집(1990), 412면 이하(「民法研究」 I, 324면 이하) 참조.

한 것으로 본 결과라고 사료되나, 그렇다고 하면 前記 草案 제128조[但書. 無權代理의 追認의 遡及效 制限], 제377조 단서[選擇債權에서 選擇의 遡及效 制限]도 같이 규정하지 아니하였어야 할 것일 뿐 아니라, 채권에 관계되는 解除의 遡及效에 관하여는 前記 但書와 같은 규정이 적용될 事例가 있을 수도 있다"고 한다.[99]

이러한 수정안의 취지는 결국 해제의 소급효를 긍정하고 이를 명백히 하려는 것으로 보인다(특히 解止의 效果에 관한 民法案 제539조[현행 제550조] 참조).[100]

(b) 契約金 기타 매매계약 체결 당시 授受된 金錢 등에 관하여 민법안은 의용민법이 이를 解約金으로 추정하는 것(동법 제557조)과는 달리 이를 違約金의 約定으로 본다고 정하였다(제554조).[101] 그리고 민법안은 위약금의 약정은 손해배상액의 예정으로 추정한다는 태도를 취하고 있으므로(제389조 제 4 항. 현행 제398조 제 4 항), 결국 계약금 등의 지급은 손해배상액의 예정으로 추정되는 결과가 된다.

그러나 民法案小委는 이를 依用民法과 같은 태도로 돌려 놓았다. 다음과 같은 이유제시는 흥미로운 바 있다.

> "우리 나라의 매매거래의 실제가 이미 계약금·보증금 등의 명목으로 매매 당시 수수한 경우에는 이를 拋棄 또는 倍額償還함으로써 계약을 해제할 수 있는 約定解除權 留保를 의미하는 것으로 관습에 익어졌기 때문에 現行法과 同趣旨로 本條를 수정함이 가하다."[102]

去來의 慣行을 고려하여 立法態度를 정한 드문 예라고 할 것이다.

(c) 賣渡人의 瑕疵擔保責任에 관하여 民法案은 단지 "賣買의 目的物

99) 「審議錄」, 320 면 상단.

100) 同旨 : 金旭坤, 解除의 效果에 관한 法理 小考, 「黃迪仁 博士 華甲紀念論文集」, 1990, 743 면.

101) 民法案 제554조 : "매매의 당사자 일방이 계약 당시에 금전 기타 물건을 상대방에게 교부한 때에는 이를 계약금 또는 보증금으로 추정한다. 계약금 또는 보증금은 위약금의 약정으로 본다."

102) 「審議錄」, 329 면 하단.

에 瑕疵가 있는 때에는 제564조 제 1 항[현행 제575조 제 1 항]의 규정을 준용한다"고만 정할 뿐이다(제569조 제 1 항). 이는 依用民法이 ──프랑스民法의 분류[103]에 좇아── "숨은 瑕疵 있는 때"라고 하였던 것을 수정한 것이다.

民法案小委는 그에, "그러나 買主가 瑕疵 있는 것을 알았거나 과실로 인하여 이를 알지 못한 때에는 그러하지 아니하다"라는 但書를 붙일 것을 제안하였다(법사위수정안 제127항. 현행 제580조 제 1 항 단서). 그 이유는 "이러한 규정으로써는 買主가 그 瑕疵를 알았거나 또는 과실로 인하여 알지 못한 경우도 本條를 적용할 수 있는 것으로 잘못 해석될 염려가 不無하므로 現行法 또는 滿民 제560조와 같이 요건을 상세히 규정하도록" 하자는 것이다.[104]

買受人이 과실로 하자를 알지 못한 경우에는 瑕疵擔保責任을 배제하는 立法例로서는 스위스債務法이 있다(동법 제200조 제 2 항).[105]

(2) 賃貸借에 대하여는 賃借人을 보호하기 위한 규정들 중의 일부를 삭제 또는 수정하는 방향의 제안이 이루어졌다.

(a) 우선 賃借人의 債務不履行을 이유로 賃貸人의 解止權이 부여되는 요건이 완화되었다. 民法案은 借賃의 延滯를 이유로 하는 賃貸人의 解止權은 (i) "건물 기타 공작물의 임대차"의 경우에는 그 연체액이 3期의 借賃額에 달한 때에, (ii) "건물 기타 공작물의 소유 또는 植木採鹽, 牧畜을 목적으로 한 土地賃貸借"에 있어서는 차임을 매월 지급하는 경우에는 1년, 기타의 경우에는 2년 이상의 借賃이 支給되지 아니한 때에

103) 프랑스민법 제1642조는 "賣渡人은 매수인이 스스로 확인할 수 있었던 명백한 하자(vices apparents)에 대하여는 책임을 지지 않는다"고 규정하고, 다른 한편 그 제1641조는 "숨은 하자(défauts cachés)"에 대하여만 책임을 진다고 정한다.

104) 「審議錄」, 338조 상단.

105) 스위스채무법 제200조 제 2 항 : "매도인은 매수인이 통상의 주의를 하였으면 알았어야 했을 하자에 대하여는 그 하자 없음을 보증한 경우에만 책임을 진다." 또한 프랑스에서도, 정상적인 사람이라면 조사를 하였을 것이고 조사하였다면 알 수 있었을 하자는 "명백한 하자"라고 해석되고 있다. 가령 Mazeaud/Mazeaud/Juglart, *Leçons de droit civil*, T. 3 V. 2, 6e éd., 1984, n° 983 (p. 299) 참조.

각기 발생한다고 정하였다(제630조, 제631조). 그러나 民法案小委는 (i), (ii)의 경우를 일률적으로 延滯額이 "2期의 借賃額"에 달하는 때로 하는 수정안을 제안하였다(법사위수정안 제134항, 제135항). 그 이유는 "本條에서 「3期」 延滯한 후에 비로소 解止할 수 있게 함은 임대인에게 가혹하고, 따라서 주택임대를 회피하는 경향을 조성할 염려가 있을 뿐 아니라, 賃借人의 借賃不履行의 악폐를 시인 조성할 염려가 있으므로 獨民, 中民, 滿民의 立法例에 따라 「2期」의 延滯로 수정함이 가하다"는 것이다.[106]

또한 賃貸借의 法定更新의 경우에 관하여도 民法案 제628조는 그 효과를 단지 "前賃貸借와 동일한 조건으로 다시 임대차한 것으로 본다"고만 정하였다. 이에 대하여 民法案小委는 새로운 임대차는 기간의 약정이 없는 것임을 명백히 하여, "그러나 當事者는 제624조[현행 제635조]의 규정에 의하여 해지의 통고를 할 수 있다"는 但書를 붙일 것을 제안하였다(법사위수정안 제143항. 현행 제639조 제1항 단서). 따라서 당사자들은 언제라도 해지를 할 수 있게 되었다.

한편 期間의 約定이 없는 賃貸借契約은 兩當事者가 이를 언제라도 "解止通告"할 수 있는데(민법안 제624조. 현행 제635조), 民法案 제629조는 法定更新에 관한 제628조가 이 경우에도 준용되는 것으로 규정하였다. 그러나 民法案小委는 이를 삭제한다는 내용의 修正案을 제출하였다(제133항). 그 이유는, "解止의 通告까지 한 당사자에 대하여 默認制度를 인정하는 것은 모순될 뿐 아니라, 해지통고한 당사자에게 너무나 苛酷한 규정"이라는 것이다.[107]

(b) 다른 한편 賃貸借의 存續期間의 보장에 관하여도 그 기간을 단축하는 등의 수정을 제안하였다.

---

106) 民法案 제630조에 대하여 「審議錄」, 372면 하단. 民法案 제631조에 대하여서 「審議錄」, 373면 상단도 유사하다: "本條는 賃貸人에게 너무 가혹하며 매월 借賃支給을 약정한 당사자의 본래의 계약취지에도 거리가 멀어지므로."

107) 「審議錄」, 372면 상단.

民法案 제641조 내지 제643조는 이에 대하여 土地賃貸借에 있어서 (i) 植木, 採鹽을 목적으로 하거나 石造 등 견고한 工作物의 소유를 목적으로 하는 경우에는 30년, (ii) 기타의 건물의 소유를 목적으로 하는 경우에는 15년, (iii) 牧畜을 목적으로 하는 경우에는 10년, (iv) 기타의 공작물의 소유를 목적으로 하는 경우에는 5년보다 짧은 기간을 정하여 계약을 체결하여서는 안 된다고 정하고, 또 이 규정들을 賃借人을 위한 片面的 强行規定으로 하였다(제644조).

그러나 民法案小委는 이들 규정을 대폭 제한 또는 삭제하자는 태도를 취하였다. 그리하여 위 (i)의 경우를 제외하고는 賃貸借期間은 20년을 넘지 못하며, 그 이상의 기간을 정하였더라도 이를 20년으로 하되,[108] 다만 更新을 할 수 있도록 한다는 규정을 둘 것을 제안하였다(법사위수정안 제139항 내지 제141항. 현행 제651조). 그 이유는, 이들 규정은 "地上權에 있어서의 존속기간에 관한 규정과 유사하여 지상권에 비하여 短期間性을 가진 임대차의 성질에 적합치 아니할 뿐 아니라, 이러한 규정을 設하면 賃貸人에 대한 불이익과 구속이 過大하여 토지를 용이히 타인에게 임대하지 않는 경향을 조성할 염려가 있으므로, 특히 장기간을 요하는 경우에는 당사자가 地上權設定의 방법을 취할 것이라는 실정을 고려"한다는 것이다.[109]

(c) 이와 같이 賃貸借規定에 대한 수정안들은 임대인에게 가혹한 결과를 회피한다는 관점에서 제기된 것으로서, 앞서 傳貰權에 관하여 논의되었던 바와 맥을 같이 하는 것이라고 생각된다. 이처럼 賃貸人, 즉 토지나 건물소유자의 이익을 옹호하는 방향으로 입법을 하는 배경에는 국회의원들의 出身階層이나 經濟的 背景을 암시하는 바가 있으나, 이 점은 별도의 觀點에서의 연구가 필요하다.

108) 따라서 民法案과 같이 존속기간에 관한 규정들을 편면적 강행규정으로 정하는 것도 삭제하도록 하였다(法司委修正案 제142항).

109) 「審議錄」, 378면 하단 이하.

Ⅳ. 小　結

이상의 제도에 대한 民法案小委의 審議經過를 살펴 보면, 그 심의에 있어서 주목할 만한 몇 가지 경향을 간취할 수 있다.

첫째, 입법 당시, 즉 1950년대 중반의 우리 사회에서 구체적으로 제기되는 문제들에 대한 立法者의 現實感覺이다. 이는 傳貰나 賃貸借, 그리고 契約金에 대한 접근에서 엿볼 수 있다. 그들은 끊임없이 立法이 우리 사회의 실상에 어떠한 영향을 미칠 것인가를 고려하였고, 그에 대한 평가를 입법에 반영하기를 게을리하지 않았다.

둘째, 近代的 制度에 대한 執念이 두드러진다는 점이다. 다른 글에서 살펴 본 바 있는 法人理事의 代表權 制限과 不動産物權變動에 관한 각 논의[110]에서도 그러하거니와, 가령 抵當權에 관한 입법에 있어서 이 점이 현저히 드러난다. 물론 이러한 指向은 경우에 따라서는 현실적합성의 관점에서는 문제를 낳을는지도 모르나, 근대적 국가의 法的 骨格을 만들어야 한다는 당시의 역사적 좌표에 비추어서 이 점은 오히려 수긍할 수 있으리라고 생각된다.

셋째, 역시 日本民法學에의 傾斜는 부인될 수 없다. 예를 들면 一部無效의 法律行爲나 무효인 法律行爲의 轉換에 관한 심의에서, 그리고 수많은 "學說"의 援用에서 이를 엿볼 수 있다. 그러나 前稿에서 살핀 대로[111] 大法典의 編纂에 있어서 불가결한 道具, 즉 체계적인 法槪念과 法命題를 제공해 주는 知的 蓄積이 없고, 우리의 民法學界가 막 걸음마를 시작한 당시의 상황에서는 이 역시 불가피한 것이 아니었을까. 그리고 이 점은 현재의 우리 民法學에 대하여도 크나큰 課題를 제기하는 經驗이라고 할 것이다.

---

110) 이에 대하여는 앞의 註 44, 45의 拙稿 참조.
111) 前稿, 204면 이하(「民法硏究」Ⅰ, 85면 이하) 참조.

(「韓國法史學論叢」: 朴秉濠 敎授 還甲紀念論文集(Ⅱ), 1991, 461면 이하 所載)

[後　　記]

원래 위 紀念論文集의 編輯委員會로부터 筆者에게 맡겨진 글의 제목은 「制定過程에서 본 民法典의 歷史的 性格」이라고 하는 것이었다. 물론 이러한 테마에 대하여는 약간의 構想이 없었던 것이 아니므로, 이를 선불리 引受하였었다. 그러나 글을 써 가는 도중에 아직 民法典의 '歷史的 性格'을 충분히 성숙한 형태로 논하기에는 아직 그 구체적인 制定過程에 대한 實證的인 硏究가 매우 부족하다는 것을 切感하게 되었다. 그러한 연구의 부족으로 말미암아, '역사적 성격'에 관한 論旨가 무의식중에 내용 없는 一般化와 근거가 희박한 斷定으로 흐르고 있음을 발견하였던 것이다. 그리하여 대체로 '法의 繼受'라는 세계의 法史에서 보편적인 현상을 축으로 놓고 거기서 얻어진 일반적인 認識을 우리 民法典에 적용하거나 또는 새로운 형태의 法繼受의 한 現象으로 서술하는 것을 내용으로 하여 진행하여 가던 執筆은 이를 중단하지 않을 수 없었다. 그리고 그러한 實證的인 硏究로서 작성하여 본 것이 本稿이다.

2. 民法案에 대한 國會의 審議(Ⅱ)
—國會本會議의 審議—

Ⅰ. 序　說

(1) 本稿는 民法典의 제정과정을 살펴 봄으로써 우리 민법의 역사적인 성격을 구명하여 보고자 하는 저자의 연구의 一環을 이루는 것이다. 저자는 이와 관련하여 두 개의 글을 발표하였는데, 그 第1稿에서는 1945년 8월 日本의 壓制로부터 해방된 후 民法案(당시는 국회의원들 사이에서나 법률가 또는 법학교수들 사이에서 통상 「民法草案」이라고 불리우고 있었다)이 성립되어 1954년 10월 政府의 법률안으로 국회에 제안되기까지의 과정을 다루었고,[1] 다음의 第2稿에서는 國會의 審議중 주로 法司委(보다 정확하게는 그 民法案審議小委員會)에서의 심의 및 그 결과로서의 修正案(이하 「法司委修正案」이라고 부르기로 한다)에 대하여 살펴 보았다.[2] 本稿는 그에 이어 國會本會議에서의 심의를 살펴 보려는 것이다.

국회 본회의에서는 民法案과 이에 대한 각종의 修正案을 놓고, 이에 대한 討議와 表決이 행하여졌다. 그 중에서 민법전의 前3編에 대하

---

1) 梁彰洙, 民法案의 成立過程에 관한 小考, 서울대 「法學」 30권 3·4호(1989), 186면 이하(同, 「民法硏究」, 1권, 1991, 61면 이하에 再收錄. 이하 「第1稿」라고 부르기로 한다).

2) 梁彰洙, 民法案에 대한 國會의 審議(Ⅰ), 「韓國法史學論叢」: 朴秉濠 敎授 還甲紀念論文集(Ⅱ), 1991, 461면 이하(本書, 1면 이하에 再收錄. 이하 「第2稿」라고 부르기로 한다).

여는, 民法案과 法司委修正案 외에도, 玄錫虎 의원 외 19인이 제기한 37項目에 달하는 修正案(이하 「玄錫虎修正案」이라고 부르기로 한다)이 압도적으로 중요하다. 그런데 현석호수정안의 내용은 국회의원들 자신의 主動으로 成案된 것이 아니었다. 당시 民法學敎授들은 민법안 및 법사위수정안에[3] 대한 검토를 위하여 「民法草案硏究會」를 결성하였는데, 현석호수정안은 거기서 연구・토론한 결과를 정리한 『民法案意見書』에 입각한 것이었다. 그러므로 현석호수정안의 내용의 各項目이 民法草案硏究會에서 어떠한 이유에 기하여 마련되었는가를 아는 것은, 당시의 民法學의 경향을 파악하는데 대단히 유용한 素材가 된다. 그것은, 당시 민법초안연구회에서 활약한 분들이 말하자면 우리 민법학의 제 1 세대로서 그 礎石을 쌓았던 것이므로, 그들이 어떠한 指向과 思考方式을 가지고 어떠한 내용의 「民法」을 구상하였던가 하는 것이 그 후의 민법학의 展開에 심대한 영향을 미쳤다는 의미에서도 중요하고 또한 흥미로운 문제이다.

(2) 本稿에서는 처음에 國會本會議의 審議의 외적인 경과와 심의방식을 간략하게 살펴 본다(아래 Ⅱ). 이어서 현석호수정안에 대하여 보기로 하는데, 거기서는 우선 그 바탕이 된 『民法案意見書』에 대하여 그 성립과정 등을 본 다음(아래 Ⅲ), 현석호수정안의 個別項目 중 중요한 것을 구체적으로 검토한다(아래 Ⅳ). 그리고 本會議에서 논의된 다른 문제에 대하여도 살펴 보고자 한다(아래 Ⅴ).

그런데 현석호수정안의 개별항목 중 法律行爲에 기한 物權變動(玄錫虎修正案 제 7 항 내지 제11항),[4] 傳貰權(同案 제19항),[5] 動產債權에 기한 物

---

3) 『민법안의견서』는 法司委修正案도 검토의 대상으로 하고 있다. 이 점에 대하여는 後述한다.
4) 梁彰洙, 不動產物權變動에 관한 判例의 動向, 「民事判例硏究」 10집(1988), 350면 이하(「民法硏究」 Ⅰ, 195면 이하).
5) 第 2 稿, 473면 이하(本書, 22 면 이하) 참조.

權的 請求權(同案 제21항),[6] 債權者遲滯(同案 제26항)[7] 등에 대하여는 別稿에서 이미.다룬 바 있다. 그러므로 여기서는 이들 項目에 대하여는 서술을 省略한다. 다만 뒤에서 『민법안의견서』나 현석호수정안의 전체적인 성격을 생각하여 보는 부분에서는 이들 別稿에서 살펴 본 바도 고려에 넣었음은 물론이다.

Ⅱ. 國會本會議에서의 審議의 經過 및 審議方式

(1) 법사위의 심의를 거친 民法案은 드디어 1957년 9월 12일 본회의에 회부되었다. 정부의 법률안으로 민법안이 국회에 제출된 1954년 10월 26일로부터 거의 3년이 지난 뒤였다. 이와 같이 本會議에의 上程이 늦어지자, 1957년의 定期會議가 개회된 1957년 9월 3일 당일 本會議에서 李仁 의원이 法司委의 위원장에게 그 이유를 묻기도 하였다. 이 질문 중에는 당시의 立法事業에 대한 法典起草者들의 생각의 一端이 잘 드러나 있다고 생각되므로,[8] 다소 장황하더라도 인용하여 두기로 한다.

"解放이 된 지 滿 12년이 지났고 우리가 獨立이 된 지 滿 9년 5개월이나 되었습니다. 함에도 불구하고 여전히 倭놈 때 쓰던 殘滓法律을 그대로 우리가 쓰고 있습니다. 法典編纂委員會에서 民法과 民事訴訟法案을 기초해서 政府로 이송한 지가 벌써 釜山에 있을 때의 얘기입니다. 그러니 벌써 정부로 이송해서 法制室[현재의 法制處]로 넘어서 우리 國會로 돌아온 지가 상당한

6) 梁彰洙, 動産質權에 관한 약간의 問題—民法學方法에 대한 疑問提起를 겸하여, 「저스티스」 20권(1987), 70면 이하(「民法研究」 I, 265면 이하).

7) 梁彰洙, 民法 제401조와 제461조의 境界劃定, 「考試界」 1986년 5월호, 205면 이하(「民法研究」 I, 358면 이하).

8) 李仁은 정부수립 이전 1947년에 설치된 法典起草委의 위원 3인 중의 1인이었고(이 점에 대하여는 第1稿, 192면[「民法研究」 I, 70면] 참조), 정부수립 후에는 法典編纂委의 副委員長으로서 主要法典의 起草에 적극적으로 관여하였다(이 점에 대하여는 우선 第1稿, 196면 註 46[「民法研究」 I, 76면 註 48]에서 인용된 高在鎬의 증언 참조).

시간을 경과했습니다. 時間이라기보다는 연조를 경과했습니다. 했음에도 불구하고 오늘날 이때까지 우리 本會議에 내놓지 않습니다. 이 民法이라는 것은 여러분이 다 아실테니 더 말씀을 드리지 않습니다만 三千萬國民의 日常生活… 그리고 基本法律입니다. 이 基本法律에 대해서 적용을 하고 운영하는 또 법률… 節次法인 民事訴訟法이 역시 倭놈때 쓰던 법률을 그대로 쓰고 있습니다. 一種 屈辱이라고 할 수 있습니다. 外國사람에 대하여도 면목이 없"다는 것이다(점선부분 原文대로. 꺾음괄호 안은 引用者).[9)]

이에 대하여 法司委 위원장(朴世俓)은, 이번 국회가 "本格的으로" 가동될 때까지는 본회의에 上程될 것이라고 답변하고 있다. 그 답변대로 1957년 11월 5일 제29차 本會議에 민법안이 상정되었다.

(2) 그 후의 外的인 經過의 輪廓에 대하여는 이미 정리된 글이 있으므로[10)] 우선 이를 원용하기로 하고, 여기서는 다만 本稿에서 논의를 진행하는 데 필요한 事項만을 들어 두기로 한다.

당시의 國會法에 의하면, 法律案의 議決에는 3회의 讀會가 요구되었다. 우선 제1독회는 11월 5일부터 11일까지 진행되었다. 그 사이에 法司委의 위원장 朴世俓과 법사위의 民法案小委 위원장 張暻根의 각 審査結果報告, 법무부장관(실제로는 次官 裵泳鎬)의 민법안제안이유설명, 법전편찬위의 위원장 자격으로 金炳魯의 입법취지설명 등이 있었다. 그리고 여러 議員들의 大體討論이 있었다. 이들 대체토론의 내용은 그 후 수정안으로 제출된 것을 先取하는 점이 있다(특히 玄錫虎, 鄭一亨, 李泳熙의 발언이 그러하다).[11)] 그 討論의 대상은 대개 家族法에 집중되어 있는데,[12)] 그러나 財産法에 대하여도 논의가 없었던 것은 아니다. 주로 문

---

9) 「第3代 國會 第26回 國會定期會議 速記錄」, 1957(이하 단지 「速記錄」이라고만 하여 인용한다), 1호 22면 중단.

10) 鄭鍾休, 韓國民法典의 制定過程, 「郭潤直 교수 華甲紀念論文集」, 1985, 21면 이하.

11) 이 중에서 鄭一亨 의원의 修正案은 전적으로 親族編과 相續編에 대한 것이다. 나머지 修正案들에 대하여는 뒤에서 각 修正案의 개별내용에 대하여 살펴 보는 자리에서 한꺼번에 다루고자 한다.

12) 이들 討論의 내용은 鄭光鉉, 「韓國家族法硏究」, 1967, 附錄編 제5부 282면 이하에 정

제된 것은 법률행위에 기한 물권변동에 관한 소위 形式主義로의 轉換이다.[13] 기타 外國法人에 대한 규정을 삭제한 것,[14] 時效規定을 소멸시효와 취득시효로 나누어 前者만을 총칙편에 남겨 둔 것,[15] 物權으로서의 傳貰權을 새로이 인정한 것,[16] 민법의 시행시기를 늦게 잡은 것[17] 그리고 약간의 用語問題[18] 등에 대하여도 발언이 있었다.

제 2 독회는 11월 21일부터 시작되어 12월 17일까지 계속되었다. 前 3編에 대하여는 11월 28일까지 행하여졌는데, 그 동안에 審議方式에 변화가 생겼다. 애초에는 修正案이 나오지 않는 민법안에 대하여도 일일이 이를 낭독하고 개별적으로 통과 여부를 정하는 방식을 취하였으나, 11월 25일의 심의 도중에 이를 변경하여, 修正案이 제기된 條項과 그에 대응하는 民法案에 대하여만 개별적으로 심의하고, 나머지는 이를 一括하여 表決하는 방식을 택하기로 한 것이었다.[19] 그리하여 민법안 제

리 · 수록되어 있다.

13) 「速記錄」, 30호 21면 하단 이하 및 31호 12면 상단 이하의 각 蘇宣奎 발언("時期尙早") 등. 이에 대하여는 張暻根이 민법안의 태도를 옹호하면서 한 발언에 흥미로운 바가 있다.

14) 「速記錄」, 33호 16면 하단 이하의 孫文璟 발언.

15) 「速記錄」, 30호 25면 중단 이하의 蘇宣奎 발언.

16) 「速記錄」, 33호 17면 상단 이하의 孫文璟 발언 : "[물권으로서의 傳貰權을 인정한 규정은] 所有權을 침해하는 그러한 條文 같아요. …권리 중에는 가장 중요한 권리는 所有權입니다. 그러한 制約을 시키고 또한 그것을 침해할 만한 그러한 條項을 넣었다고 한 것은 이것은 사실상 困難할 것입니다."(점선부분은 引用者가 생략한 것. 꺾음괄호 안은 引用者가 부가한 것. 이하 각 같다) 傳貰權은 그에 대한 국회의원들의 발언을 통하여 그들의 민법전 제정에 있어서의 社會意識을 간취할 수 있는 좋은 素材이다. 이 점 우선 第2稿, 475면(本書, 20면)을 보라. 독일민법전의 제정과정을 이와 같은 관점에서 재구성한 역사학자의 연구로서 Michael John, *Politics and the Law in Late Nineteenth-Century Germany. The Origins of the Civil Code*, 1989 참조.

17) 「速記錄」, 30호 15면 중단의 崔秉國 발언.

18) 「速記錄」, 33호 17면 상단 이하의 孫文璟 발언("人"); 「速記錄」, 34호 9면 하단 이하의 邊鎭甲 발언("人", "心身耗弱", "胞胎", "그러하나"와 "但", "相計" 등). 用語의 점과 관련하여 한꺼번에 말하자면, 본회의에서의 심의가 진행되던 도중, 宋暻燮 의원 외 24인이 修正案을 제출하여, 民法案 중 「姻族」이라는 말을 「姻戚」으로 바꿀 것을 제안하였다. 張暻根은 이 용어의 채택에 반대하였으나("戚字는 外親에 대해서도 쓸 수 있는 文句이기 때문"), 表決에 부친 결과 在席 108인 중 可 56표 否 1표로 이 수정안이 채택되었다. 그 경과에 대하여는 「速記錄」, 51호 5면 하단 이하, 52호 7면 중단 이하 참조.

19) 제 2 독회의 始初에 당시 司會를 맡았던 趙瓊奎 부의장으로부터 이미 이러한 심의방식

92조(현행 제97조)까지는 민법안의 個個條文이 수정안과 함께 심의되었으나, 그 후로는 後者의 방식으로 심의가 진행되었다.

그와 같이 진행된 審議에 있어서는 前後를 막론하고 全過程을 통하여, 절차의 형식적인 진행이 그때그때의 司會者에게 맡겨진 것을 제외하고는 張暻根이 主役을 담당하였다. 그는 제2독회의 처음에, "必要에 따라서 修正案이 없는 것도 立法趣旨가 지금까지 쓰던 現行民法, 즉 日本民法과는 다른 점에 대해서 다소 修正案이 없는 거라도 설명을 드릴 것도 있을지도 모르겠"고, 또 "說明을 요구하시는 것에 있어서는 그 立法趣旨와 그 審議經過도 말씀드리겠"다는 이유에 기하여[20] 「法司委 위원장대리」의 자격으로 민법안심의의 실질적인 측면을 主宰하기에 이르렀다. 그리고 그 이래 始終하여, 議員들에게 민법안의 입법이유라고 스스로 이해하고 있는 바를 설명·제시하고, 각종의 修正案을 검토하여 민법안과 각종 수정안의 각 태도의 利害得失을 논하여 그 採否의 결론을 거의 獨斷하고 있다.[21] 그 결과로 그가 小委員會의 위원장으로 제시하였던 修正案, 즉 法司委修正案은, 적어도 前3編에 관한 한, 하나의 例外(後述하는 실종선고기간에 관한 것)를 제외하고서는 모두 본회의에서 채택되었고, 또한 현석호수정안도 그가 同意한 한에서만 채택되었던 것이다.[22] 이것은 그가 당시 與黨인 自由黨 내에서 가지고 있던 政治的 比重과도

이 제안되었으나, "3대 국회가 민법을 심의하는 데 소홀히 취급하지 않았다고 하는 것을 後代에 남기기 위하여"(李忠煥 발언) 前者의 방식을 취하기로 하였었던 것이다. 이상에 대하여는 「速記錄」, 42호 9면 중단 이하 참조.

20) 「速記錄」, 42호 11면 상단.

21) 張暻根은 법사위수정안 이외의 修正案에 대하여 "저희 法司委로서는 反對意見이 없습니다" 등으로 발언하고 있다. 가령 「速記錄」, 48호 10면 상단(抵當權에 물권적 청구권을 인정하자는 현석호수정안 제24항에 대하여); 同所 11면 중단(原始的 不能의 경우에 계약체결상의 과실책임에 대한 규정을 두자는 玄錫虎修正案 제29항에 대하여) 참조. 그런데 法司委에서 그러한 提案에 대하여 검토한 자료를 찾을 수 없으므로, 그것이 과연 法司委의 공식견해인지, 아니면 張暻根 개인의 견해인지 確言할 수 없다. 아마도 後者일 것이다.

22) 따라서 『민법안의견서』에서 제기된 의견 중 법사위수정안에 반대하는 것은 모두 채택되지 않았다.

관련이 있을 것이나,[23] 그보다도 당시의 국회의원들 중에서 最善의 法學的 背景을 가졌던 사람의 하나였다는 데에 중요한 이유가 있다고 추측된다.[24]

(3) 1957년 12월 17일에 이르러, "民法案을 第3讀會는 생략하고, 字句修正, 각 條文의 題目 붙이는 것, 또 條文의 配列 整理" 등을 法司委에 일임하고 "여기서 全文 通過시키"기로 表決로 결정됨으로써,[25] 民法案은 국회를 통과하게 되었다. 이는 1958년 2월 7일 政府에 이송되었고, 정부는 같은 달 22일 法律 제471호로 公布하였다. 이렇게 해서 本文 1111개조와 附則 28개조로 된 民法典이 제정되었고, 그 附則 제1조에 따라 1960년 1월 1일부터 시행되었다.

Ⅲ. 『民法案意見書』

(1) 民法案을 작성함에 관여한 사람들은 대개 旣成의 法律家이었고, 그 중에서도 實務家들이 大宗을 이루고 있었다. 이미 第1稿에서 밝힌 대로 民法案編纂作業은 1945년 8월의 解放 직후부터 개시되었는데, 그 당시에는 大學이 정비되지 아니하였고 또 法學界라고 하여도 "도저히 獨立한 單位를 가진 學界라고는 볼 수 없는 형편"이었기 때문에,[26] 그렇게 될 수밖에 없는 客觀的 事情이 있다고 할 것이다.[27]

---

23) 어느 國會議員은 민법안에 대한 심의과정을 다음과 같이 관찰하고 있다. "意見의 一致라고 할만치 모두 손 올라가는 것[表決의 內容]이 與黨과 野黨이 구별되고 마는 것입니다. … 修正案을 낸 野黨의 案이 통과가 잘 안되고 지금 小委員會에서 심의한 그 조항이 통과가 되는 것" 운운. 「速記錄」, 44호 3면 상단의 金東郁 발언.

24) 실제로 그는 뒤에서 보는 것처럼, 자신의 입장을 정당화하는 데 필요한 실질적인 論據를 비록 최소한에서이기는 하지만 비교적 정확하게 제시하고 있으며, 다른 많은 發言議員과는 달리, 支離滅裂한 발언은 거의 하지 않는다. 그의 法律觀 등에 대하여는 보다 상세한 검토를 요한다.

25) 「速記錄」, 62호 11면 중단.

26) 兪鎭午, 韓國法學界의 回顧와 展望, 「高大新聞」 60호(1954년 11월 24일자), 3면.

27) 이 점에 대하여는 第1稿, 205면 이하(「民法硏究」 I, 89면 이하) 참조.

그러나 民法案이 국회에 제기된 1954년과 그 후를 보면, 적어도 일정수의 民法學敎授들이 大學에서 연구와 교육에 종사하고 있었다. 그들은 민법안의 기초작업(1947년에서 1953년까지) 당시에는 "새로이 法學敎授로 등장한 新人들"로서[28] "아직 그 眞價를 발휘할 時間的 餘裕를 얻지 못하였"을지도 모르나,[29] 民法案이 공표된 단계에서는 "意氣는 높았고 意慾이 왕성"하였던 "젊은 學者"들이[30] 民法의 制定이라고 하는 重大한 사업에 대하여 反應이 없을 수 없을 것이었다.

(2) 이들의 民法制定作業에 대한 發言은 다음의 두 줄기로 파악될 수 있다.

(a) 하나는 民法의 새로운 制定 그 자체 또는 그 作業方式에 반대하는 입장이다.

가령 서울대학교 법과대학의 민법학교수인 金基善[31]은 1955년에 "民法典制定 時期尙早論"을 주장하였다.[32] 그 이유는 다음과 같다. 첫째, 방대한 民法典의 제정에는 長久한 시일과 준비가 필요하며, 단기간 내에 拙速으로 서두르다 보면 체계가 서지 않고 현실과 유리되기 쉽다는 것이다. 따라서 우선 慣行부터 조사함으로써 "法規가 현실로부터 遊離되어 空文으로 化할 憂慮"를 없애야 한다. 둘째, 南北統一問題와 같은

28) 이 점에 관한 陳述로서는 또한 金箕斗, 刑事法學界의 回顧, 서울대 「法學」 19권 1호(1978), 169면 : "大學敎授란 몇 사람을 제외하고는 거의 日本人이 독점하고 있었기 때문에 解放 후의 大學敎授란 거의 새출발하는 人士들이었다. 즉 大學을 갓 졸업한 青年學者들 또는 判事, 檢事, 辯護士의 法曹實務에 종사하던 人士들, 이것도 본인이 원한다는 것보다는 敎授資格 있는 사람들이 없기 때문에 거의 강제로 徵用하다시피 하여 敎授 또는 講師가 되었던 것이다."

29) 兪鎭午(註 26), 同所.

30) 金曾漢, 韓國民法學 30年의 回顧, 서울대 「法學」 19권 1호(1978), 76면.

31) 그는 1918년 생으로 1942년 日本의 九州帝國大學에 입학하였다가 1944년 그 대학을 中退하고 1946년 京城大學을 졸업하였다. 그리고 1948년 2월부터 서울대 법대의 專任講師로 재직하였고, 1955년에는 同大學 助敎授이었다. 이상 「金基善 博士 古稀紀念論文集」(1987), V면 所載의 "年譜" 참조.

32) 金基善, 民法改正에 대하여, 「大學新聞」 116호(1955년 6월 30일자), 2면. 이에 대하여는 이미 第1稿, 203면 및 註 61(「民法硏究」 I, 87면 및 註 64)에서 간략하게 본 바 있다.

國家重大事가 있는 때에 國會가 民法案을 토의하게 되면 "時間 制約으로" "草案을 소홀히 취급할 우려"가 있다는 것이다. 셋째, 당시 의용되고 있던 日本民法은 "公法과 달라서 個人의 自由平等을 기본으로 하였기 때문에 대체적으로 民主主義的 制度에도 적합"하여, "日本民法이기 때문에 단연코 이것을 廢止하여야 한다는 政治的 見解는 부당하다"는 것이다. 물론 그도 "36년간 소위 植民地人으로 학대를 받을 대로 받은 韓國人치고 그 어느 누구가 倭法의 承繼를 찬성하랴"라고 하면서도, "民法을 다른 법률과 같이 短時日 내에 제정하자는 일부 인사들의 견해는 民法典編纂事業이 國家百年之大計라는 것을 이해하지 못하고 오직 政治的 見地에서만 주장"함에 그친다는 것이다. 그리하여 그는 "名實 공히 우수한 法律을 제정하여 그것에 代置할 수가 있을 때까지는 遺憾이나마 日本民法을 존속시키는 수밖에 별 도리가 없다"고 결론짓는다.

그러나 오히려 용감하다고 할까, 당시 이미 民法案이 국회에 제안된 단계이었다는 점에서 보면 대담한 또는 시대착오적인 이 見解는 즉각 다른 學者의 반대를 받았다. 第2稿의 Ⅱ.(1)에서 본 대로 당시 民法案小委에서 民法案審議作業에 臨時囑託으로 관여하고 있던 張庚鶴은 위의 時機尙早論의 논거를 다음과 같이 반박하였다.[33] 첫째, 분량이 방대하다는 것은 改正의 可否를 정하는 표준이 되지 못하며, 民法의 제정을 위한 作業은 이미 美軍政時代부터 있어 왔으므로, "時日과 準備"가 더 필요하다는 주장도 부당하다. 오히려 "法生活의 일본적인 것에서의 離脫感"을 위해서도 하루빨리 새로운 民法이 제정되어야 한다. 慣習을 조사한다고 하나, 이미 "완비된 成文民法"을 가지고 생활해 온 바에야 慣行 속에서 "살아 있는 法"을 캐어낸다는 것은 "결코 繼續的인 일은 되지 못한다." 또 慣習에 대하여는 이미 民法案에서도 일정한 고려가 베풀어지고 있는 것이다. 둘째, 統一課業과 民法典編纂과는 무관하다. 오

33) 張庚鶴, 民法典編纂의 現代的 意義, 「大學新聞」 118호(1955년 6월 27일자), 2면; 119호(동년 7월 4일자) 2면.

히려 "국민의 일상생활을 규율하는 市民法의 체계의 改編整備"가 우선적인 과제이다. 셋째, "形式的인 個人自由主義"에 입각한 日本民法을 "20세기 새로운 法思想의 조명 밑에 치밀히 재검토하여 오늘날의 法思想이 요구하는 바 方向에 발길을 맞추어서 개정해야 된다." 결국 이와 같이 위 時期尙早論을 논박하는 견해는 "하나의 나라가 성립한 곳에 반드시 중요한 입법이 뒤따라서 갖추어"졌다는 사실을 지적함으로써 끝맺고 있다.

이와 같은 時機尙早論이 대세를 차지하기 못하였음은 주지하는 대로이다. 앞서 본 金基善의 주장내용 그 자체는 一理가 있다고 생각되기도 한다. 그러나 그러한 順理論은 민법의 제정이 建國 후에도 외국, 그것도 日本의 법률을 사용하고 있다는 「恥辱」을 하루빨리 벗어나야 한다는, 이 역시 수긍되는 時代的인 要請에 입각하고 있다는 것을[34] 過小評價한 점이 있지 않았나 생각된다.

(b) 이와 아울러 大學敎授들이 회합하여 民法案 및 民法案小委의 修正案에 대하여 직접 그들의 견해를 집약하고, 그 결과(『民法案意見書』)를 발표하기에 이르렀다. 그 경과에 알 수 있는 자료로서는 우선 『民法案意見書』의 序文이 있다.

> "국회에서의 심의가 이 단계에 이르렀을 무렵[즉, 1956년 9월 法司委의 民法案小委가 前3編에 대한 修正案을 완성할 무렵], 서울을 중심으로 한 國內 각 大學에서 민법을 담당하고 있는 敎授 다수와 소수의 商法 또는 國際私法 담당교수가 4289년[西紀 1956년] 9월 25일에 會合하여 「民法草案委員會」를 구성하고 民法草案과 同 修正案 및 親族相續法審議要綱에 대한 연구와 검토를 개시하였다. 먼저 總則, 物權, 債權, 身分의 4分科로 나누어 同年 11월 9일에 이르는 동안에 各分科別로 豫備討議를 한 후, 同年 11월 9일부터 翌年 1월 19일에 이르는 동안에 12차에 걸친 全體會議에서 다시 검토를 거듭하였다. 그 결과로 작성된 것이 이 意見書이며 最終回 全體會議는 이 회의 명칭을 「民事法硏究會」로 부르기로 결의하였으므로, 이에 그 이름

34) 이 점에 대하여는 第1稿, 202면 이하(「民法硏究」I, 85면 이하) 및 위의 註 9 本文의 李仁 발언 참조.

으로 이 意見書를 발표하는 것이다."(꺾음괄호 안은 引用者가 부가한 것. 이하 같다.)[35]

애초의 「민법초안연구회」는 회장 高秉國, 부회장 李熙鳳, 간사 金曾漢·安二濬으로 하고, 각 회원은 다음과 같이 分科別로 소속되었다.[36]

總則 : 高秉國, 方順元, 安二濬, 李恒寧, 李丙浩
物權 : 金曾漢, 金振雄, 李宗洽, 崔栻
債權 : 金基善, 金顯泰, 李榮郁, 朱宰璜, 玄勝鍾
身分 : 鄭光鉉, 方順元, 李熙鳳

그 후 朴昌根, 徐燉珏, 鄭範錫, 鄭熙喆, 車洛勳, 黃山德 등이 이에 가세하여 그 구성원은 모두 22인이었다.[37] 이들의 면모를 살펴보면, 그들은 거의 예외 없이 1956년 당시 30대 초반에서 40대 초반의 나이로서[38] 解放 후에 "새로이 法學敎授로 등장한 新人들"인 점이 우선 눈에 뜨인다. 그 예외는 아마도 高秉國[39]과 鄭光鉉[40] 정도일 것이다.

35) 民事法硏究會, 「民法案意見書」, 1957(이하 단지 「意見書」라고만 하여 인용한다), 序文 1면.

36) 「大學新聞」 160호(1956년 10월 1일자), 1면 기사. 이에 의하면 그 結成의 장소는 서울대 법대 學長室인데, "長時間의 討議의 결과" 그 모임을 조직하기로 하였다고 한다. 그 記事는, 민법안이 "權利濫用禁止의 成文化, 妻의 無能力의 全廢 등 民事生活部面의 進步的 立法精神이 충분히 발현되었다고 볼 수 있으나, 矛盾性도 不少하여 아직 검토의 여지가 허다함에도 불구하고 學界의 反應이 閑散하였음에 비추어 晩時之歎은 있으나… 期待"되는 바 있다고 한다.

37) 「意見書」, 序文 말미의 "共同硏究參與者 名單" 참조.

38) 가령 朱宰璜은 1918년생으로 당시 38세, 玄勝鍾은 1919년생으로 37세, 安二濬은 1926년생으로 31세이었다. 기타 金基善에 대하여는 위의 註 31, 金曾漢에 대하여는 뒤의 註 49 참조. 이들 회원 중에서 비교적 年長者라고 생각되는 方順元은 1914년생, 李熙鳳, 李恒寧은 각 1915년생, 李丙浩는 1916년생으로 당시 40대 초반의 나이이었다. 이들의 年譜에 대하여는, 「法思想과 民事法」: 玄勝鍾 박사 華甲紀念論文集, 1984, 567면 이하; 「民事法과 環境法의 諸問題」: 安二濬 박사 華甲紀念論文集, v면 이하; 「民事法의 諸問題」: 方順元 선생 古稀紀念論文集, 1974, 601면 이하; 李熙鳳, 「韓國家族法上의 諸問題」, 1976, 5면 이하; 法律新聞社 편, 「韓國法曹人大觀」, 1982, 336면, 386면 등 참조.

39) 高秉國은 1909년생으로 앞서 본 金基善이나 金曾漢보다 약 10년 年上일 뿐 아니라, 이미 1938년부터 延禧專門學校에서 法學을 교수하였다. 民事法硏究會 당시 그는 서울대학교 법과대학의 學長職에 있었다. 이상 「高秉國 博士 還曆紀念論文集」, 1969, 663면 이하의 "年譜" 참조.

40) 鄭光鉉은 1902년생으로 일찍이 1930년부터 1938년 면직될 때까지 延禧專門學校에서 민법 등을 교수하였다. 그리고 1957년 당시에는 서울대학교 법과대학 교수로 있었다. 이상 鄭光鉉, 「韓國家族法硏究」, 1967, 655면 이하의 "年譜" 참조.

따라서 그들의 『民法案意見書』는 旣成世代의 민법 또한 法律實務家의 민법에 대하여 새로운 世代의 민법 또한 大學敎授의 민법을 제시하였다는 의미를 가지고 있다고 할 수 있다. 다시 말하면, 民法案이, 또는 아마도 法司委修正案이 우리 나라의 建國과 더불어 이미 法曹各界의 중추를 차지한 1948년 당시 대개 40대 이상이 되었던 實務法律家들의 손에서 나온 것이라고 한다면,[41] 『民法案意見書』는 해방 당시 대개 20대 후반 내지 30대 초반의 나이로서 그 후 大學敎授의 職業을 택한 이들이 작성하여 낸 것이다. 이는 종래에 별로 지적되지 않은 것이나, 우리의 民法史 또는 民法學史를 생각함에 있어서는 매우 중요한 점이라고 생각된다.[42]

(c) 『民法案意見書』는 同書의 刊記에 의하면 1957년 3월 10일에 발행되었다.[43] 同書는 前3編에 한정하여 검토의 결과를 수록하고 있는데,[44] 그 내용은 "民法案全體(財産編)에 대한 總評"[45]을 제외하고는, 모두 168개 項目의 意見으로 되어 있다. 그에는 「附見」이라고 하여,[46] 民

41) 法典編纂委員會의 民法分科委員會의 위원들의 面面(鄭鍾休(註 10), 7면 참조)을 보면, 이 점이 명백하게 눈에 띈다. 그 중 가장 年少한 이는 아마도 尹吉重이라고 할 것인데, 그는 1916년생으로 法典編纂委員會 조직 당시 32세이었다. 그러나 그 이외에는 그 당시 이미 40대 이상으로서, 대개 法曹樞要의 職에 있었다. 梁彰洙, 資料「法典編纂委員總會議事錄(抄)」, 서울대 「法學」 35권 2호(1994), 298면 이하(本書, 86면 이하)도 참조.

42) 그리고 뒤에는 보는 바와 같이 이들은 이 문제에 있어서 서로 反目의 태도를 취하였다. 이러한 민법전의 제정과정에서의 一場이 그 후에 實務와 大學 간의 關係의 전개에 좋은 영향을 주지는 않았을 것이다.

43) 이 날짜는 아마도 정확할 것이다. 「法律新聞」 238호(1957년 2월 25일자), 2면은, 「民事法硏究會」에서 민법안을 연구한 끝에 "學界로서의 意見書를 처음으로 작성, 國會에 제출준비 중에 있다"고 하고, 그 意見書의 내용을 요약하여 揭載하고 있다.

44) 親族編·相續編에 대한 意見書를 포함하지 아니하게 된 사정에 대하여 「意見書」, 序文 2면은, "身分法의 심의에 있어서는 各者의 見解는 토의를 통하여 용이하게 접근할 수 있는 것이 아니었다. 그래서 本會는 會로서의 公的 意見에 도달하기를 단념하고, 너무 急進的인 改革을 반대하는 의견과 근본적인 革新을 단행하여야 한다는 의견을 대표하는 사람이 각각 따로 의견서를 작성하여 이것을 倂記하기로 하였"으나 그것이 作成擔當者의 개인적인 사정 등으로 이에 이르지 못하였다고 한다. 이러한 意見對立에 대하여는, 法律新聞(註 43), 2면의 기사도 참조.

45) 이는 李恒寧에 의하여 집필되어, 同書 2면에서 18면까지에 수록되어 있다.

46) 가령 민법안이 先取特權制度와 抵當權에서의 滌除制度를 폐지한 데 대하여 다수의견은 이를 찬성하였으나(金曾漢이 이 의견을 집필하였다), 소수의견은 이에 반대하였다

法草案硏究會 내의 少數意見을 반영하는 견해도 아울러 표시되어 있다.[47] 또 同書에는 비단 民法案 자체뿐만 아니라, 이에 대한 法司委修正案에 대한 의견도 군데군데 실려 있다.[48] 이들 168개의 항목 중 민법안 또는 법사위수정안에 찬성하는 것이 94項目으로 다수를 차지한다. 그러나 경우에 따라서는 그것들에 정면으로 반대하여 削除 또는 修正을 제안하거나 새로운 조문의 新設을 요구하는 見解도 많다.

그런데 이 「수정의견」은 法司委의 심의과정에서는 전혀 고려되지 않았다. 물론 이미 法司委의 民法案小委에서 前 3 編에 대한 심의를 마치고 그 결과에 따른 修正案을 발표한 후이기는 하였으나, 아직 法司委 本會議의 심의를 거치지는 않았던 때이었으므로 고려의 여지가 전혀 없었다고는 할 수 없을 것이다. 그리하여 이 점에 대하여 불만을 토로하는 견해도 제기되었다. 즉 당시 서울대학교 법과대학의 민법학교수인 金曾漢은[49] 法司委가 1957년 9월 民法案小委의 審議結果를 그대로 채택하고, 民法案小委의 民法案 財産編에 대한 심의결과가 발표된 1956년 9월 이후 제기된 각종의 民法案에 대한 意見들, 특히 『民法案意見書』를 고려하지 아니한 데 대하여 비난하고 있다.

> "도대체 法制司委員들이 民事法硏究會의 意見書나 新聞雜誌에 발표된 論稿들을 한 번씩이나마 읽어 보았는지 지극히 의심스럽다. 읽어 보았다면 明

(金基善이 이 의견을 집필하였다). 「意見書」, 113면 이하, 122면 이하 참조.

47) 「意見書」, 序文 1면 이하 : "전원일치에 도달하지 못한 경우에는 多數決에 의하여 本會로서의 公式意見을 결정하였다. 그러나 그 경우에도 소수의견을 대표하는 사람이 그 의견을 附記할 수 있을 것으로 하였다. 이 意見書에 「附見」이라고 한 것이 그것이다."

48) 가령 法司委修正案 제 1 항(현행 민법 제 7 조에 해당하는 條文의 신설), 제 4 항(현행 민법 제18조 제 2 항에 해당하는 條文의 신설)에의 각 反對意見, 제 7 항(현행 민법 제29조 제 2 항에 해당하는 民法案 제28조 제 2 항의 수정)에의 贊成意見 등. 「意見書」 27면, 31면, 33면 각 참조(모두 李恒寧 집필).

49) 그는 1920년생으로 1944년 京城帝國大學 法學科를 졸업하고 1946년 9월 이래 서울대학고 법과대학에서 講義하여 왔고, 1955년 당시에는 동대학 助教授이었다. 이상 「金曾漢 博士 華甲紀念論文集」, 1981, 867면 이하의 "年譜" 참조. 그는 「민법초안연구회」, 나아가 「민사법연구회」에서도 매우 적극적으로 활동하였고, 대체로 그 모임의 機關車의 역할을 맡지 않았는가 추측된다.

白한 誤謬까지를 訂正하지 않고 남겨 두지는 않았을 것이다. … 내가 알기에는 民法草案이 國會에 제출된 후 民法審議小委員會가 民法案의 심의에 종사한 기간은 前後 합하여 1개월 반에 불과하다. 5인의 委員이 1개월 반에 작성한 案을 고집하고 10여년 간 民法學을 전공하였다는 사람들 20여인이 4개월 간 심의하여 작성한 意見書나 기타 많은 學者들의 조예 깊은 論說에 대하여 一顧도 던지지 않았음은 어떠한 心思에서인지 도저히 이해할 수 없다. 적어도 獨善과 無誠意의 소치라는 공격을 면치 못하리라."(점선부분은 引用者가 생략한 것. 이하 같다.)[50]

뒤에 우리 民法學의 형성과정에서 중요한 역할을 하는 이 學者의 民法案審議過程에 대한 이러한 非難은 그의 民法 解釋에도 미묘한 영향을 미치는 바가 있다고 생각된다.[51]

이러한 非難에 대하여 法司委側을 대변하는 張暻根은 후에 본회의의 심의과정에서[52] 다음과 같이 응답하고 있다.[53] 우선 "민법안의견서에 나온 의견은 별로 새로운, 從前에 있던 學說과 [다른] 새로운 것은 없었"다고 하고, 그 예로 「物權變動에 있어서의 意思主義와 形式主義」를 든 다음 그 長短을 법사위에서 이미 다 검토한 결과 의사주의보다는 형식주의가 좋다는 民法案의 立場을 법사위에서 採擇한 것으로서 "미리 學說의 檢討를 지내 가지고 채택한 것이기 때문에 變更 안한 것이지 以前에는 몰랐던 것이 나왔는데 이것을 검토하지 않은 것은 아"니라는 것이다. 그러나 民法案小委는 "될 수 있는 대로 起草者立場을 존중하자는

50) 金曾漢, 民法案의 本會議 上程을 앞두고—法司委의 獨善과 無誠意를 駁한다, 「大學新聞」 195호(1957년 9월 23일자) 2면.
51) 가령 명백한 立法者意思에 반하는 解釋 등. 그 하나의 예로 質權에 기한 物權的 請求權을 인정하는 것을 들 수 있을 것이다. 이에 대하여는 梁彰洙(註 6), 69면 이하, 특히 72면(「民法硏究」Ⅰ, 263면 이하, 특히 267면 이하) 참조. 또한 뒤의 Ⅳ.2.(2)(a)의 말미에서 보는 慣習法의 效力에 관하여도 마찬가지이다.
52) 이 答辯은, 金東郁 의원이, 『민법안의견서』에 비교적 많은 修正意見이 제시되어 있는데 법사위의 民法案小委에서 이를 參酌하지 아니하였으니, 『민법안의견서』를 기초로 제출한 野黨側과 民法案小委側이 한 자리에서 "協商討議를 해 가지고 될 수 있으면 단일한 案을 내놓는 것이 좋지 않은가" 하는 의견을 제시한 데 대하여 이루어진 것이다. 「速記錄」, 44호 2면 하단 이하 참조.
53) 「速記錄」, 44호 4면 중단 이하.

입장에서" 근본적으로 손을 대지는 않았었는데,[54] "이제 學者들의 의견이 나오고 玄錫虎 의원이 정식으로 修正案을 낸 이상에는" 그 중에서 좋은 것을 逐條的으로 심의하여 가는 기회에 채택하겠다는 것이다.[55]

이러한 張暻根의 응답은 「기성세대」들이 金曾漢 등의 「새로운」 세대의 민법에 대하여 어떠한 생각을 가지고 있었는가를 엿보게 해 준다. 그들은, 당시의 新進大學敎授들에게 「從前에 있던 學說」, 다시 말하면 2 차대전 전에 기성세대들이 배운 日本民法學과 별다르게 "새로운 것"이 없다고 평가하고 있는 것이다.[56]

이러한 評價에 대하여 「민법초안연구회」의 또 하나의 驍將인 玄勝鍾은 즉각적으로 반발하였다.[57] 그는 "學說上 새로운 것이 없음은 自認"한다.[58] 그러나 "그 學說에 대한 理解力이 부족한 데서 생기는 誤謬 내지 缺陷을 지적하고 그 是正을 촉구한 점에 있어서는 … 民法案의 審議者들보다는 적어도 一日의 長은 있다고 보는 것은 결코 自畵自讚은 아닐 것"이라고 한다. 그리고 나아가 外國, 아마도 獨逸法과 관련하여 말한다. "大學敎授들의 立場은, 先進國家에도 없는 무슨 새로운 독특한 학설을 전개하자는 데 있는 것이 아니라, 적어도 다른 나라의 수준에까지라도 올려 놓자는 데 있는 것이다. 뻔히 남이 가지고 있는 훌륭한 民法典을 보면서도, 또 그것을 導入採擇하는 것이 우리 나라의 實情에도 적합한 데도 불구하고, 그것을 채택하지 않겠다고 固執할 필요는 어디

54) 이것이 民法案小委의 심의방침이었음에 대하여는, 第2稿, 456면(本書, 6면) 참조.

55) 한편 張暻根은 이에 앞서서, "약 1주일 전에 수정안을 내신 玄錫虎 의원과 민법안의견서를 내신 各學者들과 우리 민법안심의소위원회 위원들의 合席이 두 차례 있었습니다. 그래서 그분들[學者들]의 의견을 많이 청취했습니다"라고 전하고 있다. 이 발언은 1957년 11월 23일에 행하여진 것이다. 金曾漢, 民法案財産編 修正提議, 「大學新聞」 203호(1957년 11월 18일자), 3면에 의하면, 이 「連席會議」는 1957년 11월 14일 국회의 法制司法委員會室에서 행하여졌다. 이 회합에서의 張暻根의 발언내용 중 金曾漢이 전하는 것에 대하여는, 뒤의 註 62 외에 第2稿, 465면 註 22 및 466면 註 32(本書, 6면 註 22 및 8면 註 33)도 각 참조.

56) 玄勝鍾, 民法案審議에 한 마디 한다, 「高大新聞」 162호(1957년 12월 9일자), 1면. 여기서는 張暻根의 위에서 인용한 발언이 직접 인용되고 있다.

57) 여기서 말하는 「學說」이란 어느 나라의 학설을 가리키는 것일까.

에 있는지 궁금하다."

우리 나라의 立法, 그 중에서도 民法典의 제정에 처하는 「大學敎授」의 입장에 대한 이러한 自己理解는 흥미로운 바 있다. 『민법안의견서』가 어떤 점에서 「學說에 대한 보다 나은 理解力」을 제시하였다고 스스로 생각하였고 또 다른 나라의 民法典이 가지는 美點을 어디서 구하였으며 또는 어느 것을 우리 나라의 實情에 적합한 것으로 보았는지, 그리고 이에 대하여 立法者들은 어떠한 이유로 이러한 提案들을 取捨하였는지를 알기 위하여, 우리는 『민법안의견서』 자체(그 중에서도 삭제, 수정, 신설을 제안한 부분)을 검토하고, 또 이에 기하여 제기된 玄錫虎修正案을 둘러싼 本會議에서의 論議를 살펴 보지 않으면 안 된다.[58]

Ⅳ. 玄錫虎修正案의 구체적 검토

1. 序 說

『民法案意見書』가 제시한 民法案에 대한 修正意見 중 "특히 중요한 것"[59]은 玄錫虎 의원[60] 외 19인의 修正案으로 제안되어,[61] 國會本會議의 심의를 기다리게 되었다.[62] 이 修正案에 대한 本會議의 심의과정에서 玄錫虎 의원은 그 貫徹을 위하여 거의 孤軍奮鬪하다시피 하면서, 수정안의 이유를 설명하고 반대의견을 반박하는 발언을 하고 있다. 그러

58) 이러한 부분의 중요한 것은 玄錫虎修正案의 내용이 되었으므로, 이하에서는 현석호수정안의 내용과 그 이유를 중심으로 살펴 보기로 한다.

59) 金曾漢(註 55), 同所 참조.

60) 그는 당시 野黨인 民主黨 소속으로, 법률가 출신이다.

61) 「速記錄」, 42호 附錄 102면 하단 이하에 수록되어 있다.

62) 1957년 11월 14일에는 이 修正案에 관한 會合이 國會의 法司委 會議室에서 있었다. 거기에는 民法案小委의 각 위원과 玄錫虎 의원, 그리고 民事法硏究會의 "몇몇 敎授들"이 참석하였다고 한다. 이 자리에서 小委 委員長 張暻根 의원은 "[民法案小委의 審議에] 民法案意見書의 의견을 반영시키지 못한 것은 그것을 無視하여서가 아니라 時間關係로 부득이하였다"는 등의 말을 하였다고 한다. 金曾漢(註 55), 同所 참조.

한 의미에서 이 修正案은 「玄錫虎修正案」이라고 불러도 무리가 없으리라고 생각된다. 이하 그 주요한 내용과 그를 둘러싼 국회본회의에서의 심의경과를 살펴 보기로 한다.

2. 慣習法

(1) 民法案은 그 제 1 조에서 慣習法에 成文法에 대하여 補充的 效力만을 인정하고 있다. 그리고 慣習法의 효력이 논의되는 또 하나의 문제, 즉 物權法定主義와 관련하여서도, 民法案은 "物權은 法律에 정한 것 외에 임의로 創設하지 못한다"고 정할 뿐이고[63] 慣習法에 의한 物權의 創設은 인정하지 않고 있다(제176조).[64]

이에 대하여 民法案小委는 별다른 異見을 제시하지 않았다.[65] 이는 아마도 여러 立法例가 그러할 뿐 아니라,[66] 의용민법 시행 당시에도 그러한 태도가 취하여져 왔기 때문일 것이다.

玄錫虎修正案은 우선 慣習法의 일반적 효력에 대하여, 慣習法에 성문법과 대등한 효력을 부여할 것을 제안하였다(同 제 1 항 : "民事에 관하여는 法律 또는 慣習法이 없으면 條理에 의한다"). 그 이유는 두 가지이다.[67] 첫째, 아무리 成文法優先主義를 택한다 하더라도 成文法의 고유한 한계로 인하여 성질상 당연히 慣習法에 의한 成文法의 改廢를 인정하지 아

---

63) 이는 日本民法 제175조와 동일한 내용이다. 이 규정은 우리 나라에 依用되지 않았다. 이에 관하여 朝鮮民事令은 그 제12조에서 "不動產에 관한 物權의 種類 및 效力에 대하여는 [日本民法 등] 제 1 조의 법률에서 정한 物權을 제한 외에 慣習에 의한다"고 하여, 우리 나라의 慣習에 의한 物權을 명문으로 인정하고 있었다.

64) 물론 規定이 그와 같이 되어 있는 日本民法에서도 학설이나 판례는 가령 溫泉權과 같은 慣習에 의한 物權을 인정하고 있었다.

65) 단지 "法源에 條理를 포함시킨 데" 대한 "약간의 異議"에 대하여 논의하였을 뿐이다. 즉 이에 대하여는 "裁判官은 법률 또는 관습법이 없다고 하여 재판을 거부할 수 없으므로" 條理를 재판의 기준으로 법문상 명시한 民法案의 태도를 지지한다. 이상 民議院 法制司法委員會 民法案審議小委員會 編, 「民法案審議錄」, 上卷, 1957(이하 단지 「審議錄」이라고만 하여 인용한다), 3 면 하단 참조.

66) 「審議錄」, 3 면 상단은 스위스民法, 中國民法, 滿州國民法 등을 동일한 취지의 입법례로 들고 있다.

67) 「意見書」, 20면 이하(方順元 집필).

니할 수 없다는 것이다.[68] "이는 아직 成文法萬能思想, 환원하면 法規範形成에 있어서의 國家主權絶對의 思想을 탈각치 못한 規定"이다. 둘째, 실제로 그 때까지 慣習法에 의한 成文法의 수정은 여러 방면에서 일어났다는 것이다. 가령 依用民法 제175조는 물권은 법률이 정하는 바에 의하여서만 창설할 수 있다고 정하나, 公有河川의 流水使用權이나 墳墓基地權과 같이 慣習法에 의한 物權의 창설이 인정되어 왔다는 것이다.

또 玄錫虎修正案은 慣習法에 의한 물권의 창설을 正面으로 인정하는 규정을 두어야 한다는 태도를 취하였다(同 제 7 항 : "物權은 法律 또는 慣習法에 의하는 외에는 임의로 創設하지 못한다"). 그 이유로서는 民法案은 依用民法과 그 태도를 같이 하는 것인데, 依用民法의 해석으로도 慣習法에 의한 物權의 創設이 긍정되고 있는 바에("物權의 種類를 成文의 法律이 인정하는 것에 限定하는 것이 불가능하다") 이미 우리 나라에서는 朝鮮民事令에 의하여 그것이 명문으로 인정되고 있으므로, 차제에 이를 민법에 정함이 타당하다는 것이다.[69]

(2) 이와 관련한 本會議에서의 토론은 (i) 관습법의 효력을 어떻게 정할 것인가 하는 점과 아울러, (ii) 민법안 제 1 조와 제101조(현행 제106조)와의 관계는 어떠한가 하는 점, (iii) "관습법"이라고 하는 대신 "관습"이라고 하는 것으로 충분하지 않은가 하는 점을 둘러싸고 전개되었다.

(a) 우선 慣習法의 효력 일반에 대한 立場의 차이는 다음과 같이 설명되고 있다.

> "成文法이 없는 경우에 관습법을 적용하는 데 대해서는 政府原案이나 玄錫虎 의원의 修正案이나 다름이 없습니다. 다만 성문법과 관습법이 … 같은 사항에 대해서 저촉되는 경우에는 동등하게 하자. 그것은 어떠한 결과가 생

68) 金曾漢(註 55), 同所는, 가령 스위스民法에서도 학설은 慣習法에 대등한 효력을 인정한다고 주장한다. 그러나 이 점 檢證을 요한다.
69) 「意見書」, 66면 이하(金曾漢 집필).

기는고 하니, 지금 … 法律이 생겼는데 종전부터의 관습이 있다고 하면 成文法에 의하여 改廢된다고 하는 것은 어느 태도에 있어서나 마찬가지입니다. 그러나 나중에 성문법과 저촉되는 관습법이 생기는 경우에는 後法이 先法에 우선하게 되므로 … 成文法이 개폐되는 것입니다."[70]

그리고 張暻根은 관습법의 효력을 어떻게 정할 것인가에 관하여 學說, 주로 19세기 獨逸普通法學의 학설의 대립이 있음을 말하고 나서, 民法案의 태도를 지지하는 이유로, 첫째, 스위스民法, 中國民法, 일본의 法例 등이 이와 같은 태도를 취하고 있으며, 둘째, 이렇게 하는 것이 法律關係가 명료하다는 점을 들고 있다.[71]

그런데 玄錫虎는, 지금 당장에는 관습법과 성문법이 크게 다를 것이 없으므로 "금방 중요한 현저한 차이는 없"다고 하고서, 그러나 첫째 "현재 그 실정으로 봐서 … 관습법을 그 法源으로는 인정하면서도 그 보충적인 효력만을 인정할 필요가 어디 있는가" 하는 점, 둘째 최신의 민법전인 希臘民法은 修正案과 같은 태도를 취하고 있다는 것, 셋째 "일본 민법에 있어서 이러한 것이 되지 못한 것을 우리 한걸음 더 나아가서 革新을" 함으로써 "본때"를 보여 주자는 것을 들어 修正案의 이유를 설명하고 있다.[72]

결국 修正案은 在席 105인에 찬성 27표, 반대 0표로 부결되고, 民法案이 在席 105인에 찬성 64표, 반대 0표로 채택되었다.[73] 이와 같이 관습법에 성문법과 대등한 효력을 부여하자는 修正案이 국회에서 부결되고 보충적 효력만을 인정하는 原案이 채택되었고, 또 그 經緯를 여실히 알고 있을 것이라고 추측됨에도 불구하고, 민법 시행 후에 관습법에 成文法改廢의 효력이 인정된다고 주장하는 見解가 있었음은[74] 그 法學

70) 「速記錄」, 42호 11면 중단 이하의 張暻根 발언.
71) 「速記錄」, 42호 11면 하단 참조.
72) 「速記錄」, 42호 13면 중단 이하.
73) 「速記錄」, 42호 17면 하단.
74) 金曾漢, 「新民法總則」, 1961, 39면 이하 참조. 慣習法을 보충적 관습법과 대등적 관습법으로 나누고, 後者는 "新法은 舊法에 우선한다"는 원칙에 따라 成文法에 우선할 수

方法論에 있어서 흥미로운 점이 있다.

(b) 李忠煥은 修正案에 찬성하면서, 民法案 제101조(현행 제106조)에 의하게 되면 설사 成文法이 있다고 해도 慣習法이 우선하는 경우가 생긴다. 그러므로 성문법이 관습법에 우선한다고 제 1 조에 정하게 되면 제101조와의 관계에 있어서 "좀 거북한 경우"가 생기지 않는가 하는 취지의 質疑를 하였다.[75] 이에 대하여는 다음과 같은 應待가 행하여지고 있다. 제101조의 「慣習」은 法인 관습이 아니고 事實인 관습이다. 兩者는 "국민이 이것은 법이다 하는 法的 確信을 가질 만한" 정도에 이르렀는가 여부에 의하여 구별되는데, 결국 관습법은 법원에서 인정됨으로써 비로소 裁判規範으로서 적용이 된다는 것이다.[76]

(c) 邊鎭甲은 原案에 찬성하면서 다음과 같은 이유로 제 1 조의 "慣習法"을 그냥 "慣習"이라고 하면 충분하지 않은가 하는 의견을 開陳하였다.[77] 이에 대하여도 張暻根은 法인 慣習, 즉 "國民이 法的 拘束力을 확신해 가지고 遂行한다 하는, 그런 확신이 된 정도"의 관습은 관습법이라고 하여 事實인 慣習과 구별해서 쓰지 않으면 "대단히 곤란"하다고 應答하고 있다.[78]

(3) 한편 慣習法에 의한 物權에 관하여 명문을 두자는 玄錫虎修正案은 본회의에서 채택되었다. 張暻根은 이 修正案에 대하여 反對意見이 없음을 말하고 이 이유로, "草案을 法制司法委員會에서 수정하지 않은 것은 이 法律이라 하는 안에는 당연히 慣習法이 들어 있는 것으로 해석

있다고 한다.

75) 「速記錄」, 42호 14면 하단 이하.

76) 「速記錄」, 42호 15면 하단 이하의 張暻根 발언.

77) 「速記錄」, 42호 16면 하단 이하 : "慣習은 法院에서 이를 인용하여 판결을 내렸다든지 하면 혹 慣習法이 된다고 할지 모르나, 이는 어디까지나 判決例이올시다. 국민이 법률과 같이 준행하고 있는 관습이라고 하면 우리가 관습법이라고 할 망정 여기에다 법률과 같이 관습법이라고 꼭 '法'자를 넣지 않으면 안 되겠는가. 만약 그것을 그대로 확대해 간다면, '條理에 의한다'는 것도 '條理法에 의한다'라고 될 것입니다."

78) 「速記錄」, 42호 17면 중단.

하기 때문"이었다고 한다.[79] 이는 아마도 『민법안의견서』의 주장에 동의함을 전제로 하는 설명일 것이다.

3. 權利能力 없는 社團·財團 그리고 共同所有

(1) 현석호수정안 제 4 항은 "法人 아닌 社團 또는 財團에 관하여는 本章의 規定을 準用한다"는 것이었다. 「법인 아닌 사단」 등에 대하여 依用民法은 아무런 규정을 두지 않았고, 民法案에서도 이는 마찬가지였다. 이 점은, 民法案에 대한 民法草案硏究會의 「總評」에서도, 결점으로 지적되고 있다.[80]

법인 아닌 사단 등에 대한 民法規定이 필요한 이유를 『민법안의견서』는 다음과 같이 주장하고 있다.

> "법인의 설립에 관하여 자유설립주의를 취하지 않는 한, 권리능력 없는 사단의 성립은 불가피한 것이고, 또 법이 배척하려고 할 하등의 필요가 없는 것이다. …결국 단체의 殆半은 권리능력없는 社團으로 머무를 것이다.… 이와 같이 권리능력 없는 사단은 결코 예외적 존재가 아니라 실로 무수히 존재하는 것인 만큼 그 準據法規를 밝혀 두는 것이 좋을 것이며, 준거법규가 없으면 더욱 紛糾를 조장할 것이다. 종래 宗中財產을 위요한 訴訟事件이 많았던 것도 종중의 성격과 종중이 종중재산을 소유하는 관계가 어떠한 類型의 共同所有냐의 문제가 명확치 않았던 데에 基因하는 바도 적지 않았으리라고 생각된다. 그리고 또 이미 民事訴訟法과 朝鮮不動產登記令이 권리능력 없는 사단에 대하여 각각 當事者能力 및 登記能力을 부여하고 있는데 가장 基本的 法典인 민법이 이에 관하여 아무런 규정을 두지 않는 것은 不備라는 비난을 면치 못할 것이다."[81]

79) 「速記錄」, 45호 18면 하단. 그런데 그 전에 "이것은 왜 그러냐 하면 法律과 동등한 慣習法에 의해서도 物權이 발생한다고 해석하기 때문입니다. 現行法에 저촉되지 않는 한에는 발생한다고 인정하기 때문입니다"라고 발언하고 있다. 여기서 "現行法에 저촉되지 않는 한에는" 운운하는 부분은 檢討의 필요가 있다고 생각된다.

80) 李恒寧, 民法草案 全體의 總評, 「意見書」, 7면.

81) 「意見書」, 102면 이하(金曾漢 집필).

이러한 주장은 本會議에서도 거의 그대로 반복되었다.[82] 나아가서는 獨逸民法에도 이러한 준용규정(同法 제54조)이[83] 있다는 점이 附加的으로 주장되고 있다. 그러나 法司委 위원장대리를 맡고 있던 張暻根은 이러한 修正案에 대하여, "[法人에 관한 규정을] 準用을 한다 하면 이 準用의 범위가 이렇게 漠然하게 되면 대단히 문제가" 된다는 이유를 들어 반대하고 있다.[84] 그리고 表決 결과, 張暻根에 의하여 반대된 玄錫虎修正案의 다른 항목들과 마찬가지로, 이 項目은 否決되었다.

(2) 이와 같이 법인 아닌 사단 등에 관하여 민법에 準據法規를 두자는 이유로, 다른 理由들과 아울러, 宗中財產을 둘러싼 다툼이 많은데[85] 이에 대한 法的인 對應이 필요하다는 점을 들고 있는 점이 흥미를 끈다. 宗中은 우리 민법의 制定過程에서, 특히 前3編 중에서는 國會의 심의과정에서 關心을 끈 몇 안 되는 主題의 하나이었다고 생각된다.[86]

우선 民法典編纂要綱은 物權法要綱의 하나로 "共有의 規定에 있어서 共有에 관한 규정을 左와 如히 세울 것. 「地方의 주민, 親族團體(宗中) 기타 慣習上 總合體를 이루고 있는 數人이 그 관계에 있어서 物權[原文대로이다]을 소유할 때에는 이를 總有라 한다.」"는 것을 정하고 있

82) 「速記錄」, 44호 11면(玄錫虎 발언).

83) 獨逸民法 제54조 : "권리능력 없는 社團에 대하여는 組合(Gesellschaft)에 관한 규정이 適用된다. 그러한 社團의 이름으로 제3자에 대하여 행하여진 법률행위에 관하여는 그 行爲者가 개인적으로 책임을 지며, 多數人이 행위한 경우에는 그들은 연대하여 책임을 진다."

84) 「速記錄」, 11면 상단. 이러한 주장에 대하여 玄錫虎는 "이 準用이라고 하는 말을 쓰는 것은 그 전체 중에서 이것은 性質上 적용할 수 없다 이것은 性質이 비슷하니까 이것은 適用할 수 있다, 이럴 때에 準用이라는 말을 쓰는 것"이고, "民法典이라는 大法典을 만드는 데에 있어서는 이러한 정도의 原則은 명시해 두는 것이 옳"다고 反論하고 있다.

85) 金曾漢은 이러한 주장을 하면서, 1932년 8월부터 1940년 6월에 이르는 8年間의 朝鮮高等法院判決 중에 宗中(또는 門中)을 당사자로 하는 事件의 수가 117件이었다는 日本人의 報告를 인용하고 있다(「意見書」, 105면 註 5).

86) 李泳熙 의원 외 21人이 제출한 修正案은, 本稿의 주된 대상인 玄錫虎修正案과 그 내용이 전적으로 親族編·相續編에 관한 것인 鄭一亨 의원 외 33人의 수정안 이외에는, 민법안과 함께 본회의에서 심의된 유일한 修正案이다. 그런데 이 李泳熙修正案의 내용은 전적으로 宗中에 관한 것이다. 이에 대하여는 後述 V.(1) 참조.

었다(同要綱 五. ㅁ항). 이를 받아 民法案에서는 宗中 자체에 대하여는 아무런 규정을 두지 않고, 다만 종중의 物件所有關係에 대하여는 제262조가 "어느 地域의 住民, 親族團體, 기타 慣習上 集合體로서 數人이 물건을 소유하는 때에는 合有로 한다"고 정하였다(同條 제 1 항).[87] 이 규정에서 주목을 끄는 것은, 起草者들이 여기서 그 규율의 대상으로 염두에 둔 團體가 통상의 「법인 아닌 사단」이 아니라 地域住民이나 宗中과 같은 관습상의 단체를 염두에 두었다는 점이다.[88] 그리하여 이 점은 우리 민법의 起草者들이 종래의 전통적인 법률관계 중에서 어떠한 것에 대하여 規律을 두려 하였던가, 또 그것을 어떠한 법개념 또는 법제도를 가지고 어떠한 내용으로 규율하려고 하였는가 하는 극히 의미 있는 問題와 관련하여서도 흥미로운 바 있다.

그런데 민법안 제262조는 종중 등의 소유관계를, 앞서 본 物權法編纂要綱이 「總有」라고 하기로 정하였던 것과는 달리, 「合有」라고 정하고 있다. 그 간의 經緯를 알 수 있는 資料는 발견하지 못하였으나, 그것은 朝鮮高等法院이 1927년 9 월 23일 판결(判決錄 14권 321면)[89] 이래 종중재

87) 한편 「地方의 住民」에 대하여는, 共同所有 이외에도, 地役權에 대한 規定의 말미에서 特殊地役權이라는 表題 아래 1個條를 두었다(民法案 제289조. 현행 제302조). 이는 物權編纂要綱 八.에 따른 것이다. 同條는 "어느 地域의 住民이 集合體의 관계로…"라고 정한다. 여기서 「集合體」라는 용어는 본문에서 본 物權法編纂要綱 중의 「總合體」와 연결되는 것이라고 추측된다. 物權法編纂要綱에서 「總合體」라고 하였던 말은 위에서 본 대로 공동소유와 특수지역권의 두 곳에서 사용되었는데, 이는 民法案에서는 모두 「집합체」로 바뀌었던 것이다(본문의 직후에서 보는 民法案 제262조, 그리고 제289조 참조). 그런데 이 두 민법안규정 중 前者는 뒤의 본문에서 보는 대로 공동소유에 관한 규정 전체가 玄錫虎修正案에 좇아 대폭 수정되는 과정에서 삭제되면서, 合有에 대하여는 「組合體」로, 總有에 대하여는 「集合體」로 분화되었다.

88) 바로 그렇기 때문에, 同案 제262조 제 2 항은 "합유물에 대한 권리의 得失變更 및 合有者의 권리, 의무에 관하여는" 일단 慣習에 의하도록 정하였던 것이다.

89) 이 판결은 소위 「聯合部判決」로서, 종전에 종중재산이 共有라는 판례의 견해를 변경하여, "門中 또는 그 一派가 先祖의 墓地 또는 祭位土를 공동소유하는 경우에 있어서는 慣習上 항상 이른바 合有의 法律關係이고 共有의 법률관계가 존재하지 아니한다.… 합유는 공유자 전원의 목적을 수행하기 위하여 발생한 것이라 공유와 달라서 목적물에 대한 各人各個의 持分이라는 것은 존재하지 아니한다. 그 목적물에 대한 各人各個의 권리는 이것을 임의로 처분할 수 없다"고 판시하였다. 이에 대하여는 우선 許奎 등, 宗中·宗中財産에 관한 諸考察, 「司法論集」 4 집(1973), 59면 이하 참조.

산은 종중의 「合有」에 속한다고 줄곧 판시하여 온 것과 관련이 있지 않은가 추측된다. 나아가 민법안은 그 「合有」의 구체적인 법률관계에 대하여, 慣習에 의하는 외에(同案 제262조 제2항 참조), 제263조, 제264조의 2個條에 의하도록 하였다.[90] 그런데 그 내용은, "合有者는 全員의 同意 없으면 合有物을 처분하거나 변경하지 못한다"고 정하는 제264조에서 보듯이, 얼핏 보더라도 宗中 등의 재산관계를 규율하는 데 적절하지 못한 것을 포함하고 있었다.[91] 따라서 이에 대하여 뒤의 V.(1)에서 보는 대로 李泳熙 의원의 수정안이 나온 것도 무리는 아니라고 할 것이다.

(3) 그러나 『민법안의견서』는 民法案의 이러한 「合有」에 관한 규정에 대하여 정면에서 異議를 제기하고, 法人을 제외한 團體에 관한 규정, 특히 그 所有形態에 관하여 전적으로 새로운 규정을 제안하고 있다. 이는 앞의 (1)에서 본 「법인 없는 사단」 등에 대하여 준용규정을 두는 것이나 組合에 관한 규정에 이르기까지 광범위한 범위에 미치는 중요한 내용을 포함하고 있다. 그리고 이 提案은 玄錫虎修正案의 한 항목으로 本會議에 제기되었고, 거기서 아무런 修正 없이 그대로 채택됨으로써 결국 우리 민법의 내용을 이루게 되었다. 張暻根은 本會議의 심의과정에서 "이것[현석호수정안]은 지금 本草案에 비하여 대단히 정확합니다. … 法制司法委員會에서는 草案의 규정이 좀 不滿足하지만 草案을 전부 다 뜯어고치는 것은 무엇하다 해서 그대로 뒀는데 지금 玄錫虎 議員으로부터 더 정확하게 규정한 이러한 修正案이 나온 이상에는 … 이것을 통과시키는 것이 좋을 것 같습니다"라고 발언하였던 것이다.[92] 아마도 이것은 法司委修正案을 포함하여 民法案에 대하여 가하여진 최대의 修正이라고

90) 그 내용은 滿州國民法 제253조, 제254조와 동일하다. 다만 同法에서는 「合有」라고 하지 않고, 「總有」라고 하였다.

91) 이미 朝鮮高等法院은, 宗中財產의 관리 및 처분은 慣習 또는 宗規에 의하되 종규에 정함이 없고 관습이 불분명한 때에는 宗會를 열어 출석자의 過半數의 결의에 의하여 이를 처리하여야 한다고 판시하였다. 이에 대하여는 우선 許奎 등(註 89), 34면 이하, 85면. 다만 初期에는 공유자 全員의 동의를 요한다는 판례도 있었다고 한다.

92) 「速記錄」, 47호 7면 상단.

할 것이기 때문에, 민법전의 성격을 이해하는 데도 端緖를 제공하는 점이 없지 않다.

이 提案의 主唱者는 金曾漢인데, 그는 이미 1950년에(그는 1920년 5월 6일생으로 당시 만 24세의 젊은 나이이었다) 「共同所有形態의 類型論」이라는 논문을 발표하여[93] 이 提案을 학문적으로 先取한 바 있었다.[94] 그는 "人的 結合形態나 共同所有形態는 千態萬樣"이라고 하면서도 "그 各類型의 理想型"을 찾아야 한다고 하면서, 우선 「人的 結合體」, 즉 團體는 法人, 權利能力 없는 社團, 合手的 組合, 組合의 네 類型으로 나누어진다고 하고, 그 각각의 단체의 所有形態는 單獨所有, 總有, 合有, 共有라고[95] 한다. 그리고 이 각 소유형태의 내용은 서로 原理的인 차이를 가지는 것으로 서술된다. 그 중에서 단독소유와 공유("持分的 共有")는 로마法上의 개념이나, "이러한 개념강제가 결국은 무리한 것임을 깨닫고, 로마법상의 개념으로 파악할 수 없는 게르만法上의 人的結合形態 및 共同所有形態를 별개의 개념으로 설명하려고 노력하게" 되어 그 결과 기르케가 "게르만法 고유의 團體法論 및 共同所有理論을 완성"하였다.[96] 기르케가 파악한 Genossenschaft, Gemeinschaft zur gesamten Hand라는 團體類型과 이에 대응하는 Gesamteigentum, Eigentum zur gesamten Hand라는 共同所有의 각 形態는 그 후 거의 모든 獨逸私法學者들 간에 通說이 되었고,[97] 日本에서도 "共同所有의 類型으로는 … 그대로 통용되고 있다고 하여도 過言이 아니다"라는 것이다.[98]

이러한 관점에서 보면, 民法案이 공동소유의 형태로 共有 외에 「合

93) 金曾漢, 共同所有形態의 類型論, 「法曹協會雜誌」 2권 3호(1950.2), 10면 이하.
94) 「意見書」, 96면부터 106면까지에 이르는 그의 提案理由는 이 논문의 要約을 포함하고 있다.
95) 「意見書」, 96면 : "共同所有의 유형은 그 주체인 人的 結合의 유형에 따라 결정된다."
96) 獨逸民法이 總有·合有의 구별을 공동소유의 형태로 규정하고 있지 않은 이유도 그 法典이 기르케의 共同所有理論이 널리 보급되기 전에 제정되었기 때문이라고 한다. 「意見書」, 98면.
97) 그는 Hübner, Schwerin, Planitz 등을 든다.
98) 그는 石田文次郎, 我妻榮, 末川博 등을 든다.

有」만을 규정하고 「總有」에 관한 규정을 두지 않는 것은 불충분하다. 뿐만 아니라 그 내용도 위와 같이 원리적인 차이가 있는 合有와 總有를 서로 "混同"하여서, 總有概念에 의하여 처리되어야 할 地域住民이나 親族團體(종중) 등의 所有形態에 민법안 제264조에서 정하는 바의 合手性의 原則(이는 合有에만 타당하다)을 적용하는 등의 잘못을 범하고 있다는 것이다. 그리하여 —「법인 아닌 사단」 등에 대한 규정을 둠과 동시에— 共同所有에 관한 규정에 總有도 포함하여 규율하는 등 전면적으로 修正할 것을 제안하는 것이다. 그 내용은 현행민법 제271조 이하에서 보는 바와 같다.

이러한 主張이 民法案이 합유와 총유를 「혼동」하고 있는 점을 지적하고, 나아가 합유와 총유를 구분하여 각기 따로 규정을 둘 것을[99] 제창한 것은 극히 예리한 眼目에 기한 것이라고 생각된다.[100] 그런데 이러한 主張에서 주목을 끄는 것은, 우선 團體나 共同所有의 類型把握 및 그 類型의 內容說明이 거의 先驗的으로 전개되고 있고 우리 사회에서의 團體의 구성이나 운영의 실제에 대한 언급은 거의 이루어지지 않고 있다는 점이다. 기르케의 理論이 로마法의 「概念强制」에 반발하여 게르만法에 대한 학문적 硏究에서 얻어진 것이라면, 그것으로써 우리 나라의 각종 團體의 소유형태를 규율하려는 것은 또 다른 「概念强制」라고 부를 수 있는 점은 혹시 없을까 하는 의문이 즉각적으로 제기되는 것이다.[101]

99) 이에 대하여는 李恒寧도 "[狹義의 共有 이외의] 공동소유형태는 현재에도 상당히 많을 뿐 아니라 將來에도 상당히 늘어가리라고 예상되는데, 草案이 이에 대하여 共有 외에 다만 「合有」에 관한 몇 條文을 신설한 데 그친 것은 賢明한 태도라고는 할 수 없다. 적어도 「總有」에 관하여서도 規定을 두는 것이 당연하다"고 있다. 李恒寧(註 80), 10면 이하.

100) 위의 註 92의 本文에서 본 張暻根 발언도 참조.

101) 이러한 의문과 관련하여 金曾漢은 민법 시행의 當年에 출간된 物權法敎科書(「新物權法」, 上卷, 1960, 171면)에서 다음과 같이 말하고 있다: "總有·合有의 개념은, 中世게르만의 團體法의 연구를 통하여 밝혀진 것임은 사실이다. 그러나, 그것은, 總有·合有가 중세게르만의 社會에만 또는 그와 비슷한 發達段階에 있는 사회에서만 존재할 수 있다는 것을 의미하는 것은 아니고, 現代에 있어서도 어느 나라에 있어서나 總有 또는 合有의 개념으로 파악되지 않으면 안 될 共同所有形態가 부단히 창조되고 있음을 잊어서는

그러므로 後에 이르러, 만일 總有의 법리를 宗中에 적용하는 것에 대하여, 중세게르만과 같이 居住·移轉의 자유가 원칙적으로 인정되지 않아서 그 構成員의 파악·소집이 용이한 사회를 염두에 두고 파악된 總有概念을 "構成員들이 全國에 산재하여 생활하고 있기 때문에 그 構成員의 변동을 확인하기 어"려운 宗中과 같은 血緣團體에 적용하여 총유물의 처분관리를 總會의 決議에 의하도록 하는 것(민법 제276조 제1항)의 타당성에 의문이 제시되는 것도[102] 당연한 일이라고 할지 모른다. 이와 같이 기르케의 概念과 理論이 당연시되었다는 점은 당시의 우리 民法學이 그 理論의 準據를 획득하기 위하여 苦鬪하는 과정에서 獨逸民法學에 의존하였다는 점 또는 독일민법학의 「權威」로써만 설명될 수 있을 것이다.[103]

그런데 이러한 의문과 관련하여 看過하여서는 안 되는 것은, 金曾漢이 위와 같은 提案을 하면서 염두에 두었던 團體는 ─起草者가 그 「合有」에 관한 규정의 1차적인 대상으로 상정하였던─ 「慣習上」의 집합체가 아니었고, 「人爲的인 團體」이었던 것이 아닌가 추측된다는 점이다.

> "오히려 草案 262조 2항이 규정하는 바와 같이 慣習上의 共同所有는 제1차로 慣習의 규율을 받으며 그 관습의 내용은 비교적 明確하기 때문에, 민법이 이것을 규정할 필요는 거의 없는 것이 아닐까. 민법이 규정할 필요가 있는 것은 人爲的으로 성립하는 共同所有關係이다. 인위적인 단체에 權利能力 없는 社團과 合手的 組合의 두 유형이 있음에 相應하여 인위적으로 성립하는 共同所有形態도 총유와 합유의 두 유형으로 나누어짐은 前述한 바이다.[104]

아니된다. 요컨대 오늘날에 있어서는 多數人이 모여서 단체를 결성하는 趨勢는 더욱 늘어가고 있으며, 그 단체가 法人格을 취득하는 경우를 제외하고는, 그 財產關係는 필연적으로 總有 또는 合有의 개념으로 파악되지 않으면 안 되는 것이다."

102) 李好珽, 우리 民法上의 共同所有制度에 대한 약간의 疑問, 서울대 「法學」 27권 2·3호(1983), 116면 이하 참조.

103) 김증한은 한참 뒤에 다음과 같이 말한 바 있다. 金曾漢, 韓國民法學의 進路, 서울대 「法學」 26권 2·3호(1985), 11면 : "요컨대 日本法學의 굴레에서 벗어나서 우리 자신의 獨自的 理論을 개척해 나가야 한다. 그것을 하는 데 있어서는 獨逸法學이 가장 손쉬운 依據處가 되지 않을 수 없다."

104) 「意見書」, 103면.

그렇게 보면, 민법 제275조 제 2 항이 "總有에 관하여는 社團의 定款 기타 規約에 의하는 외에 다음 2條의 규정에 의한다"고 정하여 「定款 기타 規約」만을 1차적인 基準으로 내세우고 있는 점이 새로운 관점에서 이해될 素地도 있지 않은가 생각된다. 가령 民法案 제289조(현행 제302조)——이 규정은 적어도 민법의 제정과정에서는 종중 등에 대한 소유관계에 관한 규율과 평행되는 것으로 이해되었다[105]——에서 特殊地役權에 대하여 "慣習에 의하는 외에 本章의 규정을 준용한다"는 것이나 또 民法案 제262조 제 2 항에서 「合有」에 대하여 "慣習에 의하는 외에는…" 운운하는 것과는 달리 위 제275조 제 2 항이 「慣習」을 1차적인 기준으로 내세우지 않는 것은, 적어도 그 성립의 당초에는 그러한 定款 등이 있을 수 없고 慣習에 의할 수밖에 없는 宗中 등의 법률문제에 대하여는 總有에 관한 규정이 적용될 여지가 아예 없는 것으로 생각되었기 때문이 아닐까 하는 것이다. 그러나 뒤의 學說(金曾漢을 포함하여)이나 判例가 종중 등 관습법상의 단체에 대하여도 總有規定의 적용이 있다는 태도를 취하고 있음은 周知하는 대로이다.

그리고 이와 같은 共同所有規定, 특히 제273조(현행)가 채택된 결과로 民法案 제696조("組合員의 出資 및 기타 組合財產은 조합원의 공유에 속한다") 중의 「공유」는, 현석호수정안 제36항에 따라 「合有」로 수정되었다.[106] 또한 組合財產에 대한 組合員의 持分의 處分에 관한 民法案 제706조("組合員은 조합원 전원의 同意 없이 組合財產에 대한 持分을 처분하지 못한다. 組合員은 조합의 청산 전에 조합재산의 分割을 청구하지 못한다")가 삭제되었다.[107]

105) 이 점에 대하여는 위의 (2) 참조.
106) 「速記錄」, 48호 15면 하단의 張暻根 발언 : "요전에 그 共有와 合有와 總有를 나눈 玄錫虎 의원의 修正案을 통과시켜 주셨습니다. 따라서 이것도 玄錫虎 의원의 수정안을 통과시켜 주셔야 되겠습니다."
107) 현석호수정안 제37항. 이에 대하여는 「意見書」, 190면(玄勝鍾 집필); 106면 註 13(金曾漢 집필) 참조.

(4) 민법이 시행된 뒤에 발견된 難問과 관련하여서 그 문제의 淵源을 입법과정 중에서 찾아보는 것도 의미있는 일일 것이다. 그 難問이란 다름 아니라 민법 제272조 본문과 同 제706조 제 2 항과의 關係 여하이다. 즉, 前者는 "合有物을 處分 또는 變更함에는 合有者 전원의 同意가 있어야 한다"고 정하는데, 後者는 "組合의 業務執行은 조합원의 過半數로써 결정한다. 業務執行者가 數人인 때에는 그 過半數로써 결정한다"고 정하고 있다. 만일 組合이 그 소유의 물건을 處分하려고 하는 경우를 생각하여 보자. 그 물건은 組合員들이 「組合體로서」 소유하는 것이므로 合有物이고(민법 제704조도 組合財産은 조합원의 합유로 한다고 정하고 있다), 또 합유물의 처분은 명백히 「組合의 業務執行」에 속한다. 그렇다면 그 處分에는 前者의 규정에 따라 조합원 전원의 동의가 있어야 할 것인가, 아니면 後者의 규정에 따라 조합원(또는 업무집행자)의 過半數의 결정으로 족할 것인가. 이에 대하여 見解의 對立이 있음은 주지하는 대로이다.[108]

민법 제706조 제 2 항은 의용민법 제670조 제 1 항과 제 2 항을 합한 것으로서, 民法案 제698조 제 2 항이 국회의 심의과정 전체를 통하여 아무런 修正을 받음이 없이 채택된 결과이다. 그리고 民法案에서 共有 이외의 공동소유에 관한 규정은 위에서 본 대로 「合有」에 대하여서만 정하고 있었고, 그 중에는 현행민법 제272조와 전적으로 같은 규정이 포함되어 있었다(同案 제264조). 그런데 이 규정들은 "어느 地域의 住民, 親族團體 기타 慣習上 集合體로서 數人이 물건을 소유하는 때"의 물건 소유관계에 대한 것이므로, 玄錫虎修正案의 입장에 의한다면 이들은 總有規定에 의하여 규율되어야 할 것이었다.[109] 이 점은 위에서 본 대로 民法案이 組合에 관한 규정에서 조합재산을 「合有」가 아니라 「共有」로

108) 우선 李好珽(註 102), 106면 이하 참조.

109) 참고로 말하면, 민법안의 「合有」규정과 동일한 내용을 정하는 滿洲國民法 제252조 이하의 규정은 이를 「總有」라고 부르고 있다. 위의 註 90도 참조.

한다고 정하고 있는 데서도 명백하게 드러난다. 즉 民法案은 원래 위의 「合有」에 대한 규정들은 組合財産에는 적용이 없는 것으로 예정하고 있었던 것이다.[110] 그것은 아마도 組合財産, 즉 合有物(본래의 의미의)에 대한 규율이 組合에 관한 규정(위에서 본 民法案 제698조 제 2 항을 포함하여)에서 이루어지고 있음을 고려하였기 때문이 아니었을까.

그런데도 그 규정들의 내용은 玄錫虎修正案에서는 合有에 관한 것으로 그대로 남겨져 현행민법이 되었다. 즉 민법안 제263조 제 1 항은 민법 제271조 제 1 항 제 2 문으로, 同案 제263조 제 2 항은 민법 제273조 제 2 항으로, 同案 제264조는 민법 제272조로 된 것이다.[111] 바로 여기서 위와 같은 難問이 연원하는 것이라고 추측된다. 玄錫虎修正案의 합유에 관한 규정들은 위에서 본 대로 金曾漢이 수행한 게르만法上의 共同所有形態에 대한 研究에 기초를 둔 것인데, 그 규정들은 역사적으로 일정한 사회에 존재하는 공동소유형태를 類型化한 것을 沒歷史的으로 先驗的인 論理範疇로 절대화한 점이 없지 않았다.[112] 그렇기 때문에 과연 合有에 관한 규정들이 우리 사회에서 존재하는 「組合體」의 재산소유관계(그 대표로서는 아무래도 組合財産關係를 들어야 할 것이다)를 어떻게 규율할 것인가 하는 관점에서의 검토가 소홀하게 되었던 것이다. 그리하여 뒤에 "합유에 관한 제272조는 우리 민법이 명문으로 合有로(民 704조) 인정하고 있는 유일한 케이스인 組合財産의 합유에는 適用되지 않는다는 허망한

110) 위에서 본 대로 民法案의 「合有」에 관한 규정은 滿洲國民法의 「總有」에 관한 규정과 동일한데, 거기서는 後者는 組合財産 기타 合有物에 대하여는 적용이 없는 것으로 이해되고 있었다. 가령 石田文次郎 · 村教三, 「滿洲民法(物權)」, 1942, 106면 : "滿洲에 있어서는 多數所有關係에 있어서도 特異의 형태가 존재하는 터인데, 그 진상은 천명되어 있지 않다. 단지 總有權의 존재가 認證되어 있을 뿐이다. 그러나 한편으로 個人 및 法人의 단독소유권이 있고, 다른 한편으로 法人格이 부여되지 않은 社團의 總有權이 있음과 동시에, 그 中間에 共有權과 조합의 合有權과 같은 소유권의 형태를 인정하지 않을 수 없을 것이다."

111) 나머지의 現行規定 중 제273조 제 1 항은 組合에 대한 民法案의 제706조에서 가져온 것이다. 그리고 제274조(合有의 終了)만이 진정한 의미에서 新設된 것이다.

112) 「注釋民法(7)」, 1968, 303면(川井健 집필)이 "처음부터 總有의 概念을 예정하고 그로부터 演繹的으로 법률관계[법률문제]를 해결한다는 태도는 정당하지 않다고 생각된다"고 하는 批判과도 통한다.

事實이 입증되게 된다. 우리는 이러한 시니칼한 結果를 솔직이 인정하여야 한다. 그렇다면 제272조는 민법 안에서는 適用의 機會가 없는 無用한 規定이라고 하지 않을 수 없다"는 과감한 發言[113]이 행하여질 수 있는 素地가 생겼던 것이다.

4. 消滅時效完成의 效果

(1) 의용민법 아래서 消滅時效完成의 효과와 관련하여서, 특히 「援用」의 법적 성질을 둘러싸고 錯雜한 견해의 대립이 있었음은[114] 周知하는 대로이다. 민법의 제정과정에서 이러한 對立을 입법적으로 해결하려는 움직임이 있었을 것임은 용이하게 추측할 수 있다. 실제로 民法典編纂要綱은 總則編 제14항에서 "消滅時效完成의 효과는 권리를 소멸시킬 수 있는 一種의 抗辯權을 발생하도록 할 것"이라고 하여, 소위 相對的消滅說의 입장으로 해결할 것을 정하고 있었다.

그러나 民法案은 이 점에 관한 明文의 規定을 두지 않았다. 뿐만 아니라, 민법안은 相對的 消滅說의 근거의 하나로 인용되어 왔던 時效의 援用에 관한 규정(依用民法 제145조 : "時效는 당사자가 이를 援用하지 않으면 法院이 이에 의하여 재판을 할 수 없다")을 채택하지 아니하였다. 그간의 經緯에 대하여는 이를 알 수 없으나, 法司委의 심의과정에서는 오히려 민법안의 태도를 "時效에 관하여서는 금후 絕對消滅說이 확정"된 것이라는 이해가 표명되고 있다.[115] 그리고 張暻根도 本會議에서 "이렇게 학설상 대단히 錯雜한 關係가 있기 때문에 草案은 이것을 한 번 簡

113) 李好珽(註 102), 109면. 물론 이 글의 필자가 스스로 지적하는 바대로, 이러한 「허망한 事實」을 회피하기 위하여 다른 解釋論이 성립할 여지가 전혀 없는 것은 아니다.

114) 이에 대하여는 우선 松久三四彦, 時效制度, 「民法講座」 I : 總則, 1984, 577면 이하 참조.

115) 「審議錄」, 103면 하단. 그리고 이어서 "援用은 하나의 抗辯權으로 化하게 한 것"이라고 덧붙이고 있다. 이는, 이제 「원용」은 시효완성으로 인한 권리소멸을 訴訟上으로 抗辯하는 장치가 되었다는 의미로 이해된다.

素化하자 해서 일응 消滅時效만 완성될 것 같으면 그 자체로서 絶對消滅된다 하는 그런 學說을 취하는 견지에서" 시효의 원용에 관한 규정을 다 없애버린 것이라고 발언하고 있다.[116]

(2) 그러나 玄錫虎修正案의 제 6 항은 다시 相對的 消滅說의 입장에서서 "권리의 소멸시효가 완성한 때에는 그 권리의 소멸로 인하여 이익을 받는 當事者는 권리의 소멸을 주장할 수 있다"는 규정을 新設할 것을 주장하고 있다.[117]

이를 뒷받침하는 民法案意見書의 論據를 보면,[118] 우선 立法例를 따지는 일부터 시작된다. 그리고 그 「共通點」은 "어떠한 形式에 있어서든지 時效의 利益을 받게 되는 者의 主張을 요건으로 하여" 權利消滅의 효과가 생긴다는 점뿐이다. 그런데 스위스民法으나 依用民法처럼, 한편으로 권리가 소멸한다고 하면서, 다른 한편으로 援用이 필요하다고 하는 規定方式을 취하면, "理論的 解明 내지 展開에 一大難點"이 제기된다. 이렇게 보면, 결국 獨逸民法의 태도가 "훨씬 論理의 要請에도 適合되고, 따라서 學說의 紛糾도 止揚할 수 있다"는 것이다. 玄錫虎도 본회의에서 유사한 취지로 주장하고 있다. 그리고 이에 덧붙여 「實質問題」로서, 시효완성 후에 채무자가 변제하려고 하면 非債辨濟가 되므로, 贈與의 형식을 취할 수밖에 없다고 주장한다.[119]

이에 대하여 張暻根은, 法司委는 「援用」을 둘러싼 문제를 해결하고

116) 「速記錄」, 44호 16면 하단 이하. 또한 「速記錄」, 3 호 11면 하단에서도 張暻根은 의용민법의 규정 아래서 착잡한 見解의 대립이 있음을 말하고, "그렇기 때문에 이것을 立法的으로 해결하자, 아주 絕對效力發生說로 하자 이것이 그것입니다. 그러니까 裁判할 적에 시효에 걸려서 다 消滅이 된다 이렇게 하면 됩니다. 다못 裁判所에서 抗議[抗辯?]로만 하면 되기로 만들어 왔습니다"라고 발언하고 있다.

117) 이는 滿洲國民法 제173조와 그 文言에 있어서도 일치하고 있다.

118) 「意見書」, 60면 이하(安二濬 집필).

119) 「速記錄」, 44호 17면 상단 이하. 非債辨濟 운운하는 것은 同所 18면 상단. 절대적 소멸의 입장에서는, 이 경우의 辨濟는 "道義觀念에 적합한" 것이기 때문에 비록 贈與가 아니라도 변제자는 그 반환을 청구하지 못한다는(민법 제744조 참조) 마찬가지의 결과에 도달한다고 보는 것이 보통이다. 가령 郭潤直, 「民法總則」, 新訂版, 1992, 583면 참조.

자 하는 民法案의 태도가 "대단히 좋다고 [생각]해서 이 政府의 草案을 지지했다"고 보고하고 있다.[120] 그 후 위와 같은 玄錫虎修正案은 다시 2차에 걸쳐 表決에 붙여졌다. 결국 이는 在席 104인 중 可 31표 否 0표, 그리고 在席 104인 중 可 32표 否 0표로 廢棄되었다.

이와 같이 보면, 소멸시효완성의 효과에 대하여 民法은 적어도 그 立法者의 意思로서는 소위 絶對的 消滅說의 입장에 섰다는 것이라는 쪽으로 기울어진다. 그러나 이 점을 단정할 수 없는 것은, 민법의 다른 규정이 그러한 傾斜에 약간의 주저를 느끼게 하기 때문이다. 가령 民法案 제175조(현행 제184조 제1항)는 "消滅時效의 利益은 미리 抛棄하지 못한다"라고 정하였고, 이에 대하여는 法司委의 심의과정에서도 아무런 異議가 없었다. 그리고 그 反對解釋으로 시효완성 후에는 시효이익을 포기할 수 있다고 별다른 異論 없이 인정되고 있다. 그런데 그와 같이 포기할 수 있는 「시효이익」이란 무엇이며, 누가 그러한 시효이익을 가지는가? 가령 채무자에 대한 어느 한 債權者의 債權에 대하여 소멸시효가 완성된 경우에 그에 대한 다른 一般債權者는 이를 포기할 「시효이익」을 가지는가. 도대체 시효이익의 포기란 시효이익원용 또는 그냥 시효원용의 反面이라고 이해될 수 있지 않을까. 그러므로 포기할 수 있는 사람은 시효이익을 원용할 수 있는 사람에 한정된다고 하여야 되고, 그렇다면 援用의 問題는 한번 解消(解決이 아니라)된 것처럼 보여도 메두사의 머리와 같이—다른 모습으로— 다시 提起되지 않는가 하는 점이다.[121]

120) 「速記錄」, 44호 17면 상단. 위의 註 115의 발언도 참조.
121) 그러한 의미에서 高翔龍, 「民法總則」, 1990, 763면이, 다른 이유에서이기는 하나, "援用規定을 삭제하였다고 하여 學說이 정리되고 絶對的 消滅說로 확정되었다고 보기에는 어렵다"고 結論짓는 것에는 수긍할 만한 점이 있다.

5. 抵當權

(1) 저당권에 대하여 玄錫虎修正案은 3個 項目의 수정을 제안하고 있다.

하나는, 抵當權에도 물권적 청구권을 인정하는 것인데(同條 제24항), 民法案意見書는 민법안이 이를 누락한 것은 "明白한 失手"라고 지적하고 있다.[122] 本會議에서 張暻根도 별다른 異議가 없다는 의견을 피력함으로써[123] 이는 그대로 받아들여졌다(현행 제370조에 의한 제214조 準用).

다른 하나는, 流抵當契約에 대한 것이다. 민법안 제351조는 "抵當債權의 辨濟期前의 契約으로 그 변제에 갈음하여 抵當權者에게 抵當物의 所有權을 취득하게 하거나 競賣 이외의 방법으로 저당물을 처분하게 하지 못한다. 동일한 目的物에 타인의 물권이 설정된 경우에는 抵當債權의 辨濟期後에도 前段과 같다"고 정하고 있었다. 依用民法은 流質約定을 금지하는 규정(제349조)을 두었던 데 반하여, 民法案은 질권의 경우에 한하지 아니하고 일반적으로 流擔保約定을 거의 전면적으로 억압하는 엄격한 태도를 취하고 있다. 즉, 위의 제351조 이외에도 流質約定도 제328조에서 금지되어 典型約定擔保權에 있어서의 유담보약정을 일체 금지하고 있으며, 非典型擔保에 대하여 제596조, 제597조(현행 제607조, 제608조)에서 현실적으로 가장 중요한 消費貸借에 관하여 元利金을 넘는 가치의 代物로 返還할 것을 미리 약정하는 것(소위 「代物辨濟의 豫約」)을 금지하고 있는 것이다.[124] 이러한 起草者의 태도는, 유담보약정을 광범위하게 금지하는 「가등기담보 등에 관한 법률」이 後代에 제정된 사실 등과 관련지어 볼 때에도 극히 흥미로운 바 있다.

---

122) 「意見書」, 128면(金曾漢 집필).

123) 「速記錄」, 48호 10면 상단.

124) 민법 제607조, 제608조의 規律意圖 등에 대하여는 梁彰洙, 「假登記擔保 등에 관한 法律」의 現況과 問題點, 「民事判例硏究」 12집(1990), 412면 이하(「民法硏究」 Ⅰ, 324면 이하) 참조.

法司委에서는 원칙적으로 起草者의 이러한 意圖를 존중하여, 이들 규정에 대하여 실질적으로 의미있는 修正案을 제시하지 않았다. 다만 앞서 본 民法案 제351조의 제 2 문을 削除할 것과[125] 同 제587조에서 "讓渡擔保"라는 문구를 삭제할 것을[126] 제안하였을 뿐인데, 그 이유는 불필요하다거나 체계상 조화롭지 못하다는 등에 있고 立法政策 자체를 달리하기 때문은 아니었다.

이에 대하여 玄錫虎修正案은 유담보약정을 금지하는 민법안의 여러 규정 중 제351조의 삭제만을 제안하고 있다(同案 제23항). 民法案意見書는, 유질약정에 대한 제328조에 대하여도 "유질계약을 형식적·일률적으로 무효로 하는 것이 타당하냐는 매우 疑問"이라고 하면서도, 이는 "로마法 이래의 원칙이고 佛·獨·瑞의 민법이 모두 계승하고 있는 것인 만큼, 窮迫한 채무자가 폭리행위의 희생이 되는 것을 방지하려는 精神을 존중하여 이 규정을 存置하는 데에 일응 贊成"한다는 의견을 제시하고 있다.[127] 이러한 견해의 배경에는 아마도 動產의 讓渡擔保가 허용되고 있으므로 同條는 거의 實效性이 없을 것이라는 점 및 의용민법과의 連續性에 대한 고려가 틀림없이 존재하였을 것으로 추측되는데, 아울러 외국의 立法例에 비중을 둔 점이 눈에 띈다.[128] 그러나 그러한 고려가 인정될 여지없는 소위 「代物辨濟의 豫約」의 禁壓에 대하여도 민법

125) 「審議錄」, 217면 상단 이하 : "本條 後段의 規定은 동일한 저당부동산에 대하여 … 地上權이 설정되어 있는 경우에 그 地上權者를 보호코저 하는 취지인 듯하나, 地上權이 抵當權보다 後順位인 때에는 競賣에 의하여 지상권이 소멸되어 경락인의 소유에 歸하는 것이며 지상권이 저당권보다 선순위에 설정된 때에는 저당권은 지상권의 제약을 받음으로써 경매되더라도 지상권이 붙어서 경락인의 소유권에 追及하는 것 즉 물권으로서 추급하는 것이므로 本條 後段은 불필요한 규정이라고 생각된다."

126) 「審議錄」, 352면 상단 : "草案은 讓渡擔保에 관한 규정을 設하지 아니하였으므로 이러한 用語를 돌연 사용하는 것은 概念의 明確을 결한다."

127) 「意見書」, 121면(金曾漢 집필).

128) 民法典編纂要綱의 冒頭에서 통칙적으로 "現行民法總則篇의 규정을 기초로 하되, 現下世界文明各國의 立法 및 學說과 우리 나라의 實情에 鑑하여 爲先 필요한 限度에 있어서…"라고 하는 부분은 비단 起草者만의 태도는 아니었던 것이다. 다만 외국의 立法例를 고려하는 그 程度에 있어서 차이가 있을 뿐이었다고 할까.

안의견서는 이에 "일응 贊成"한다는 결론을 내리고 있다. 그러나 이 理由에 있어서는 오히려 그러한 規律이 가지는 실제상 문제점을 지적하는 데 치중하고 있는 느낌이다. 즉 "本條는, 소비대차에 있어서 借主의 궁박한 상태를 이용한 貸主로부터 借主를 보호하려고 하는 데 그 立法趣旨가 있을 것이나, … 事實上에 있어서 消費貸借에 있어 편의한 담보적 기능을 지니고 있는 代物辨濟의 豫約이 성립될 길을 봉쇄하여 버리는 結果를 가져 올 것이며, 그러한 것은 나아가서는 消費貸借의 성립에 장애를 이루고 그런 의미에서 [오히려] 借主에 불리한 것이 되지 않을까 憂慮한다."[129]

나아가 민법안의견서는 流抵當約定의 금지를 정하는 民法案 제351조를 제 1 문, 제 2 문 모두 삭제할 것을 주장하고 있다.[130]

> "草案과 같은 입법례가 없는 바는 아니되, 流質契約의 禁止까지도 그 妥當性이 문제시되고 있는 오늘날, 現行民法[의용민법]에도 금지되지 아니하고 오히려 判例法에 의하여 그 有效性이 확인되고 있는 抵當直流契約을 草案이 금지하려고 하고 있는 것은 하나의 時代錯誤라 아니할 수 없다."[131]

이 강한 語調 속에는, 起草者와는 달리, 유담보약정을 일반적으로 有效한 것으로 보는 태도가 담겨져 있는 것으로 생각된다. 이러한 태도와 앞서 본 대로 流質契約과 소위 「代物辨濟의 豫約」을 금압하는 民法案의 규정에 "일응 贊成"하는 결론을 취한 것이 서로 首尾一貫한 것이라고 할 수 있을지는 의문이다. 그리고 여기서 「立法例」라고 하는 것은 아마도 流抵當約定을 금지하는 독일민법 제1149조, 스위스민법 제816조 제 2 항, 중화민국민법 제873조 제 2 항 등을 가리키는 것이리라 추측된다. 流質約定의 경우와는 달리, 이와 같은 立法例에도 불구하고 "現行

129) 「意見書」, 175면(朱宰璜 집필).
130) 李恒寧도 "讓渡擔保가 공공연히 인정되는 이 때에 이[유저당약정의 금지]로 인하여 抵當金融을 阻害하지 않을까" 하는 우려를 표명하고 있다. 李恒寧(註 80), 12면.
131) 「意見書」, 129면(金曾漢 집필).

法대로" 유저당약정을 有效라고 정하여야 한다고 주장하는 데서 『民法案意見書』 전체의 특징의 하나를 看取할 수 있다.

本會議에서 張暻根은 "제351조 前段과 같은 규정을 해도 좋고 안 하더라도 큰 關係는 없"다고 하여, 현석호수정안에 대하여 "反對意見이 없"다고 하였다.[132] 여기서 「큰 關係는 없다」는 것이 무엇을 의미하는가는 명백하지 않다. 아마도 抵當權이 실제로는 金融機關으로부터의 融資의 경우에만 이용되는데, 그 去來에 있어서 流抵當特約이 행하여지는 일이 거의 없음을 염두에 둔 것일지도 모른다.

(2) 玄錫虎修正案 제22항은 저당권의 부종성을 완화하는 것과 관련되어 있다. 그리고 이에 대한 『民法案意見書』의 이유제시는 위에서도 본 바 있는 現實(그것이 「현재 행하여지고 있는 法」이든, 객관적인 社會現實이든)에의 近接性 내지 適應性의 追求가 드러나는 또 하나의 예이다.

民法案 제350조(현행 제361조)는 "抵當權은 그 담보한 채권과 분리하여 他人에게 讓渡하거나 다른 債權의 담보로 하지 못한다"는 것이었다.[133] 이는 抵當權의 양도 기타 처분에 있어서 被擔保債權과의 결합, 즉 그 채권에의 附從性을 강화함으로써 抵當權의 處分의 自由를 제한하는 규정으로 이해되고 있다.[134] 그런데 依用民法에 있어서는 어느 정도까지는 저당권을 피담보채권과 분리하여 處分하는 것을 인정하고 있었다. 즉, 소위 轉抵當이 인정되어 저당권을 저당권자의 채무를 담보하기 위하여 제공할 수 있었고, 또 채무자에 대한 다른 債權者를 위하여 저당권 또는 그 순위를 양도하거나 이를 포기할 수 있었다(同法 제375조).

法司委는 민법안의 태도에 찬성하였다.[135] 그러나 『민법안의견서』는

132) 「速記錄」, 48호 8면 하단.

133) 이는 중화민국민법 제870조와 같은 내용이다. 그러나 滿洲國民法은 의용민법 제375조와 같은 태도를 취하고 있다.

134) 가령 郭潤直, 「物權法」, 新訂版, 1992, 640면 참조.

135) 「審議錄」, 216면 후단 : "擔保債權과 抵當權을 같이 이전할 수 있는 것과 債權과 분리하여 抵當權만 移轉할 수 없다는 두 가지 點을 立法으로 해결하는 의미에서 本草案은 타당하다.

이에 반대하고 依用民法 제375조를 부활시켜야 한다는 견해를 제시하였다. 그 理由에는 주목할 만한 점이 있다.[136] 同書는 우선 "우리 經濟界의 實情을 무시하고 外國의 발달한 抵當法을 본받을 수는 없"으며, 가령 順位確定의 原則과[137] 같은 것은 채용되어서는 안 된다고 주장한다. 왜냐하면 "順位上昇의 原則을 전통으로 가지고 있는 우리 나라에 있어서는 後順位抵當權의 설정은 조만간 그 순위가 상승할 것이 예정되어 있기 때문에 가능한 것이라 함이 實情"이어서, 만일 순위확정의 원칙을 채용하면 "우리 經濟界에 혼란을 야기하고 또 後順位抵當權의 設定을—따라서 不動產이 가지는 擔保價値의 충분한 活用을— 막아 버리는 결과가 되기" 쉽기 때문이라는 것이다. 이러한 견해는 타당한 것으로 것으로 생각된다.[138] 同意見書는 나아가, 그러나 依用民法 제375조에서 인정되고 있는 정도의 附從性緩和까지 막아 버리는 것은 부당하다고 하는 것이다.

본회의에서 張暻根은 이에 반대하였다. 그 이유는 "우리의 지금 經濟實情으로 보아서는 抵當權의 獨立性을 이렇게 인정할 필요는 없"다는 것이었다.[139] 玄錫虎는 修正案의 이유를 설명하고 나서,[140] 결국 이 항목의 修正案을 철회하였다.[141]

---

136) 「意見書」, 124면 이하(金曾漢 집필).

137) 그 내용에 대하여는 우선 郭潤直(註 134), 582면 이하 참조.

138) 郭潤直(註 134), 584면도, 소위 「近代的 抵當制度」의 내용을 설명한 다음, 우리 抵當法은 이와 차이가 있기는 하지만 현재 우리 나라의 經濟狀態로 보아서 "債權擔保의 手段으로서 저당권을 파악하는 現行民法의 태도는 立法論的으로 볼 때에 이를 크게 修正할 필요는 없"다고 결론짓는다.

139) 「速記錄」, 48호 8면 상단.

140) 「速記錄」, 48호 8면 중단: "이 抵當權이 많이 행사가 되는 이 마당에 있어서는 차라리 저당권에 이 獨立性을 차츰차츰 賦與해 가는 게 옳지 않느냐 이렇게 정반대로 생각하는 것입니다.… 抵當權의 附從性을 철저히 하는 것보다는 이 사회의 經濟狀態에 비추어 보아서 이만한 程度의 저당권 자체로서의 독립성을 좀 부여해 주는 것이 實際에 타당하다. 이러한 見解입니다."

141) 「速記錄」, 48호 8면 하단. 이후로 玄錫虎는 張暻根이 수정안에 반대하면 그 案을 철회하고 있다. 이는 아마도 지금까지의 表決結果로 보아 張暻根이 반대한 자신의 修正案이 표결에 의하여 통과된 예가 없기 때문일 것이다. 이에 대하여는 위의 註 23의 金東郁 의원 발언도 참조. 그러한 철회의 예로는 買受人과 都給人의 수령의무에 관한 同案

6. 契約締結上의 過失責任

(1) 民法典編纂要綱은 債權編 總則 제18항에서 "소위 契約締結上의 過失의 責任에 관한 규정을 둘 것"이라고 정하고 있었다. 그러나 民法案에는 그러한 규정이 전혀 포함되지 않았다. 그 經緯는 이를 알 수 있는 資料를 아직 발견하지 못하였다.

그런데 玄錫虎修正案은 이를 (i) 錯誤로 인한 取消의 경우와 (ii) 原始的 不能의 경우에 명문으로 인정할 것을 제안하였다. 그리고 本會議에서는 錯誤를 이유로 法律行爲가 취소된 경우에 대하여는 錯誤者에게 輕過失이 있더라도 그에 대하여 契約締結上의 過失責任을 묻지 못한다는 태도를 채택하였다. 그러나 원시적으로 불능인 급부를 목적으로 하기 때문에 無效인 契約이 체결된 경우에 대하여는 反對로 이를 인정하기에 이르렀다.

(2) 玄錫虎修正案 제 5 항은 錯誤에 대한 民法案 제104조에 제 3 항을 新設하여, "法律行爲가 錯誤로 인하여 취소되었을 경우에 表意者에게 輕過失이 있을 때에도 그 법률행위를 유효하다고 믿음으로써 損害를 받은 자에게 그 손해를 배상하여야 한다. 그러나 그 損害는 그 法律行爲가 유효함으로써 가질 利益을 超過할 수 없다"는 규정을 두자는 내용이다. 그 이유에 대하여 『民法案意見書』는, 첫째, 그렇게 함으로써 "取消權者에게 彼此의 利害關係를 비교교량케 하여, 가능한 한 損害의 합리적인 分擔과 법률행위의 確定을 꾀하는 것이 財産法에 있어서의 動的 安全의 理想을 한층 더 指向하는 것"이라는 점, 둘째, 스위스, 독일, 중국의 각 민법이 이러한 규정을 두는 점을 들고 있다.[142)]

제30항의 후술하는 部分(「速記錄」, 48호 13면 중단 참조) 및 제35항(同所 15면 중단), 그리고 賃借人의 附屬物買受請求權 인정에 관한 제32항(同所 14면 중단 참조) 등을 들 수 있다.

142) 「意見書」, 52면(李丙浩 집필).

이 修正案이 後에도 解釋論[143] 또는 立法論으로서[144] 주장된 바 있는 錯誤를 이유로 하는 取消者의 손해배상책임에 관한 것임에는 의문의 여지가 없다. 여기서 주목을 끄는 것은, 위 修正案이 스위스채무법 제26조 제1항 단서나 독일민법 제122조 제2항, 중국민법 제91조 단서와 같은 "相對方이 표의자의 착오를 알았거나 알았어야 했을 때"에는 取消者가 손해배상책임을 지지 않는다는 규율을 缺하고 있는 점이다. 이는 가령 뒤에서 보는 原始的 不能의 경우에 대한 玄錫虎修正案(同 제29항)의 내용과도 다른 것이다.

民法案은 우선 고려되는 錯誤의 효과를 의용민법과 같이 無效라고 정하지 아니하고, 取消權이 발생하는 것으로 정하였다. 이는 이미 民法典編纂要綱에서 總則編 제11항에서 "意思表示에 있어서는 表示主義에 置重하여 상대방의 이익을 보호하기 위하여 錯誤에 의한 의사표시를 취소할 수 있도록 할 것"이라고 정한 것이 민법안에 반영된 것이다. 그러나 그 取消와 결합된 다른 效果에 대하여는 編纂要綱에도 별다른 언급이 없었고, 法司委의 심의과정에서도 위와 같은 손해배상책임의 인정與否가 논의된 흔적은 찾을 수 없다.[145]

本會議에서 이 修正案에 대하여 일정한 論議가 있었다. 먼저 玄錫虎는 "우리 民法制定案에 있어서 過失이 없는 사람도 책임을 진다 역시 無過失責任者다[無過失責任을 지운다?] 이까지 가야만 去來의 安全이라든지 動的安全을 保護할 수 있다. 이러한 원칙을 우리가 늘 가지고 있는

143) 이에 대하여는 우선, 「民法注解(Ⅱ)」, 1992, 510면 이하(宋德洙 집필) 참조. 필자는 계약체결상의 과실을 이유로 그러한 損害賠償責任을 인정하는 데 반대한다. 이 점 梁彰洙, 契約締結上의 過失, 「考試界」 1986년 1월호 47면 이하(「民法硏究」 I, 391면 이하) 참조. 同旨 : 金曾漢·安二濬 編著, 「債權各論(上)」, 1961, 46면.

144) 郭潤直, 民法改正論—總則編, 서울대 「法學」 24권 4호(1983), 18면 이하 참조. 그러나 그는 解釋論으로서도 輕過失 있는 取消者에게 契約締結上의 過失을 이유로 손해배상책임을 인정하여야 한다고 주장한다. 同, 「債權各論」, 再全訂版, 1990, 89면 참조.

145) 「審議錄」, 74면 하단은, 의사표시의 착오에 관한 제104조에 대하여 表示機關의 錯誤에 관한 별도의 규정을 둘 것인지를 논의하고 결국 이를 두지 않기로 결론지었다는 經過를 알려주고 있다. 만일 取消者의 손해배상책임에 관한 論議가 있었다고 하면, 이러한 內容이 同所에 기재되었을 것이라고 추측된다.

데, 이러한 境遇에 있어서 過失이 있으면서도 責任을 지지 않고 … 相對方의 損害를 물어주지 않는다. 이것은 損害를 양쪽으로 負擔하는[分擔시키는?] 데 있어 均衡을 잃어버린 것"이라고 아울러 주장하여, 修正案의 이유를 밝힌다.146) 그러나 여기서 無過失責任 운운하는 것은 반드시 적절한 이유제시라고는 생각되지 않는다.

그러나 張暻根은 위와 같은 수정안에 반대하였다. 우선 그는, 민법안이 종래와는 달리 착오의 효과를 무효가 아니라 取消로 정한 것은 進一步한 것인데, 이에서 더 나아가서 過失 있는 取消者에게 손해배상책임을 매기는 것은 "相對方을 보호하는 데는 아주 충분하지만 그 대신에 이 錯誤로 인해서 意思表示한 사람에게 너무 苛酷하지 않은가, 그래서 우리는 아주 즉 尖端을 걷는 大進步的인 입법보다도 中間的인 진보적 입법을 한 이 草案의 입장이 좋"다는 것이다.147) 그러면서 그는 獨逸民法과 希臘民法이 민법안과 같은 태도를 취하고 있다고 이를 援用하였으나, 독일민법의 태도와 관련하여서는 즉각 異議가 있었다.148)

이어 張暻根은, 만일 錯誤로 인한 取消에 대하여 이러한 규정을 둔다면 다른 條文과의 균형을 상실하게 된다고 주장한다. "이런 경우가 많이 있는데 그것을 다 規定을 해야 均衡的으로 됩니다. … 이것이 대단히 錯雜하게" 된다는 것이다.149) 이는 아마도 계약체결상의 과실책임이 인정되는 다른 경우, 적어도 다른 나라의 民法典에서 明文으로 정하고 있는 가령 强行法規 위반의 경우(독일민법 제309조), 소위 眞摯하지 아니한 意思表示(諧謔表示)의 경우(同法 제118조, 제122조), 原始的으로 不能인 給付를 목적으로 하는 契約의 경우(同法 제307조) 등을 염두에 두고 하는 말인 것으로 추측된다. 그러나 本會議의 토론과정에서 그가 실제로 예로 든 것은 부적절하게도, 詐欺·强迫의 경우이었다. 그리하여

146) 「速記錄」, 45호 9면 상단.
147) 「速記錄」, 45호 8면 상단.
148) 「速記錄」, 45호 9면 중단(玄錫虎 발언).
149) 「速記錄」, 45호 9면 중단 이하.

이 점에 대하여도 다른 議員으로부터 異議가 제기되었다.[150]

이러한 경위 끝에 위의 玄錫虎修正案에 대한 2차에 걸친 表決이 있었다. 그런데 이는 在席 115인 중 可 28표 否 0표, 그리고 在席 106인 중 可 28표 否 0표로 부결되었다. 이상과 같은 立法過程을 배경으로 할 때에, 과연 다수설과 같이 착오를 이유로 하는 취소에 있어서 取消者에게 계약체결상의 과실을 이유로 손해배상책임을 해석론상으로 인정하는 것이 허용되는 것인지 아닌지는 論議의 餘地가 있는 문제라고 생각된다.

(3) 그러나 原始的 不能의 경우에 대한 玄錫虎修正案(제29항)은 채택되었다.

『민법안의견서』는, 원시적 불능의 경우에 대하여 "契約締結上의 過失(culpa in contrahendo)의 규정을" 현행 민법 제535조와 같은 내용으로 둘 것을 제안하고, 그 이유를 다음과 같이 설명한다.

> "이 契約締結上의 過失에 關하여는, 일찌기 예에링이 提唱하였으며, 그 後의 學者들의 贊同을 얻게 된 것이다. 契約의 內容이 契約締結의 當初부터 客觀的으로 不能한 境遇, 다시 말하면, 原始的 不能의 境遇에 關한 規定이다. 賣買 其他의 有償契約에서는, 契約의 內容의 一部가 原始的으로 不能한 境遇에도, 契約은 全部에 걸쳐서 有效하게 成立하며, 다만 問題는 擔保責任으로 處理되는 일도 있지만(案 第五六三條 參照), 契約의 內容의 全部가 不能한 境遇에는 그것을 目的으로 하는 債務는 成立할 수 없으며, 그 契約은 無效가 되지 않을 수 없다. 따라서, 當事者는 損害賠償債務도 負擔하지 않게 된다. 그러나, 그와 같이 無效한 契約을 締結하는 데 過失이 있는 者는, 相對方에 對하여 그 契約을 有效하다고 誤信하였기 때문에 입은 損害를 賠償할 義務만이라도 負擔시키지 않는다면, 衡平을 甚히 잃는 結果가 된다. 무릇, 社會에서 살고 있는 數많은 사람 가운데서, 特히 特定의 사람을 골라서 契約關係에 들어가려고 하는 以上, 社會의 一般人에 對한 責任 卽 不法行爲上의 責任보다는 훨씬 무거운 責任을 질머지게 되는 것도 當然한 일이라고 하여야 할 것이다. 그렇다고 하면, 過失로 因하여 無效한 契約을 締結

150) 「速記錄」, 45호 10면 중단 이하(金善太 발언).

한 者는, 相對方이 그 契約을 有效한 것이라고 誤信하였기 때문에 입은 損害를 賠償할 責任이 있다는 理論이 생기게 될 것이다. 現行 民法에는 이것에 關한 規定이 없지만, 近者의 學說은, 去來에 있어서의 信義誠實의 原則을 理由로 하여, 契約締結上의 過失이 있는 者에게 損害賠償義務를 負擔시키는데 거의 一致하고 있다. 勿論, 이 責任을 묻는 데 不法行爲의 理論을 適用할 수도 있을 것이다. 더우기 案 第七四三條가 不法行爲의 要件으로 違法行爲를 들고 있으니, 不法行爲의 成立을 認定할 수 있을 것이다. 그러나 信義誠實의 原則을 理由로 하는 契約上의 責任으로 하여, 그 擧證責任, 履行補助者의 責任 等에 關하여도, 一般의 不法行爲보다 무거운 責任을 지우는 것이 훨씬 더 適切하리라고 생각된다."151)

이 설명은 민법안의견서에 나타난 言明 중에서는 특히 풍부하고 착실한 내용을 담고 있는 것 중의 하나로서, 우리 민법에 있어서의 「契約締結上의 過失責任」의 문제를 생각하려면 반드시 熟讀하여 볼 필요가 있다고 생각된다. 이 설명에서 주위를 끄는 것은 우선, 그것이 原始的 不能의 경우에 한정된 것이 아니라 소위 「契約的 接觸」이 있는 경우 일반에 대하여 적용되는 理由를 대고 있다는 것이다. 가령 "무릇 社會에서 살고 있는 수많은 사람 가운데서, 특히 特定의 사람은 골라서 契約關係에 들어가려고 하는 이상, 社會의 一般人에 대한 責任 즉 不法行爲上의 責任보다는 훨씬 무거운 책임을 짊어지게 되는 것도 當然한 일"이라고 하는 것이 그러하다. 그렇다면 원시적 불능의 경우에 한정하여 그러한 규정을 두자고 提案하는 이유는 무엇일까. 그것은, 『민법안의견서』의 입장에서는, 將次의 판례나 학설이 다른 경우에도 계약체결상의 과실책임을 形成하여 갈 수 있는 발판을 이것으로써 마련하는 것으로 自足하였기 ―또는 自足할 수밖에 없었기― 때문일까. 그러므로 일반적인 계약체결상의 과실책임을 긍정하는 그 후의 學說의 展開는 이러한 기대에 相應하는 것으로서 정당화될 수 있을까. 그렇다고 한다면, 앞서 (2)에서 본 대로 입법자가 錯誤로 인한 取消의 경우에 대하여 계약체결

151) 「意見書」, 161면(玄勝鍾 집필).

상의 과실책임을 정면으로 否認한 것은 어떻게 이해되어야 할까.

나아가 위의 설명은, 민법상의 다른 制度에 의한 處理에 대하여도 언급하고 있다. 하나는, 原始的 一部不能의 경우, 즉 매매목적물의 일부멸실 등에 대한 擔保責任規定(민법안 제563조. 현행 제574조)이고, 다른 하나는, 일반의 不法行爲法(민법안 제743조. 현행 제750조)이다. 아마도 前者는 의용민법 아래서 일부의 學說이 매매목적물의 일부멸실 등의 경우에 대한 매도인의 담보책임을 契約締結上의 過失責任으로 설명한 바 있고, 나아가 이를 原始的 全部不能의 경우에도 類推適用하여 당사자에게 과실 있는 것을 요건으로 하여 이를 긍정하여야 한다고 주장되고 있었던 것과[152] 연관되는 것이라고 추측된다. 또한 後者와 관련하여서는 그 立論이 적합한 것인지에는 약간의 의문이 있다. 위의 설명은, 문제를 不法行爲法에 의하여 처리하는 것과 契約締結上의 過失責任으로 처리하는 것과의 구체적인 차이로서 「擧證責任」과 「履行補助者의 責任」을 들고 있으나,[153] 적어도 原始的 不能의 경우에 관한 한 어느 것이나 이 兩者의 처리에 있어서 실제로는 별다른 차이가 없다고 할 것이다. 우선 立證責任에 관하여 보면, 민법 제535조에 의하더라도 被告가 原始的 不能을 알았거나 알 수 있었다는 사실을 原告가 입증하여야 하므로, 不法行爲責任의 경우와 다를 바 없다. 나아가 履行補助者(여기서는 오로지 締約補助者(Verhandlungsgehilfe)가 문제될 것이다)의 責任에 관하여 보면, 불법행위법상의 使用者責任에 의하더라도 실제로는 使用者側의 免責主張(민법

152) 鳩山秀夫, 債權法に於ける信義誠實の原則, 「民法研究」, 3卷, 1926, 98면 이하(원래는 「法學協會雜誌」 42권[1924]) 참조. 그는 그러한 유추적용의 根據를 「信義則」에서 구하고 있다. 이러한 담보책임과 제약체결상의 과실책임과의 連結이 일본민법학의 담보책임이론에 "하나의 커다란 混亂"을 야기한 점에 대하여는, 圓谷峻, 瑕疵擔保責任, 「民法講座 5: 契約, 1985, 213면, 252면 이하 참조.

153) 그 외에도, 同案에 의하면 原告가 그 不能을 알았거나 알 수 있었을 경우에는 被告의 責任이 발생하지 않는다고 정하여져 있는데(제 2 항. 현행 제535조 제 2 항), 불법행위법을 적용한 경우에는 被害者에게 그러한 事由가 있다고 하여 당연히 責任이 전면적으로 排除되는 것은 아니고 단지 過失相計의 法理에 좇아 원칙적으로는 책임이 減輕될 뿐이라는 差異도 생각하여 볼 수 있을 것이나.

제756조 제 1 항 단서)은 독일에서와는 달리 우리 나라에서는 일체 인정되지 않고 있고, 나아가 문제될 여지가 있는 獨立된 締約補助者(대부분의 경우에 이는 代理權을 가질 것이다)에 관하여는 애초 이와 같이 本人의 指揮監督을 받음이 없이 독자적인 판단 아래 契約을 체결하는 사람의 行爲(契約締結上의 過失 있는)에 대하여 본인에게 책임을 돌린다는 것의 妥當性 자체가 문제될 수 있는 것이다.[154]

국회의 본회의에서는 張暻根이, 중요한 의미를 가질 소지가 있는 이 修正案에 대하여, 단지 "이것은 「예―링」이 提唱한 以後에 學說上으로서도 그러한 解釋이 나옵니다. 여기에도 法制司法委員會의 異議가 없습니다"고 코멘트한 데 좇아서, 간단하게 同案이 채택되었다.[155]

그러나 나아가 이에 좇아 다른 關聯規定의 적정한 調整이 행하여졌는지는 앞의 4. (4)에서 본 共同所有規定의 경우와 마찬가지로 이 경우에도 의문이다. 위에서 잠깐 살펴본 바 있는 民法案 제563조(현행 제574조)는 원시적 일부불능에 해당하는 目的物의 一部滅失이나 數量指定賣買에 있어서의 數量不足의 경우에 대하여 賣渡人의 擔保責任을 정하고 있다. 그 내용은, (i) 善意의 買受人은 (ii) 매도인의 善意·惡意를 불문하고 (iii) 대금감액·손해배상의 청구 또는 계약해제를 할 수 있다는 것이다. 그런데 위의 修正案은, 원시적 전부불능의 경우에 매수인이 매도인에게 계약체결상의 과실책임을 묻기 위하여는,[156] (i) 매수인은 善意이며 無過失이어야 하고, (ii) 매도인은 惡意이거나 過失이어야 하는데, 나아가 그 책임의 내용은 (iii) 信頼利益의 賠償, 그것도 履行利益의 한도 내의 배상에 그친다. 즉 兩者를 비교하여 보면, 後者가 全部不能으로서 훨씬 큰 缺陷을 지닌 계약이 체결된 경우임에도 불구하고, 그 책임발생의 요

154) 이에 대한 독일에서의 論議에 대하여는, 우선 C.-W. Canaris, Schutzgesetze-Verkehrspflichten-Schutzpflichten, in: *Festschrift für K. Larenz*, 1983, S. 87ff. 참조.

155) 「速記錄」, 48호 11면 중단.

156) 그 경우에 賣渡人이 買受人에게 계약체결상의 과실책임을 물을 수 있는 경우란 想定하기 어렵다.

건은 훨씬 무거워서 그 책임을 인정하기가 어렵게 되어 있고, 또한 책임이 성립한다고 하더라도 그 효과는 가벼운 것이다. 이것이야말로 하나의 法典 내에 존재하는 評價矛盾(Wertungswiderspruch)이라고 할 수 있지 않을까.

7. 買受人과 都給人의 受領義務

(1) 玄錫虎修正案 제30항은, 다른 사항과 함께,[157] "買受人은 賣買의 目的物을 受領할 義務가 있다"는 규정을, 同案 제35항은 "都給人은 契約에 따라 완성된 목적물을 수령할 의무가 있다. 그러나 일의 性質上 수령을 요하지 아니하는 경우에는 그러하지 아니하다"는 규정을 각기 신설할 것을 제안하고 있다.

이와 같이 受領義務를 민법에서 명문으로 규정하자는 제안은 우선 債權者遲滯에 대한 規律과 관련하여 제기되었다.[158] 민법안의견서는, 채권자지체에 대한 "現行 民法下에서의 支配的인 學說"의 태도를 "채권을 행사한다는 것은 채권자의 권리이며 그 의무가 아니라는 前提下에 債權者의 受領義務를 원칙적으로 인정할 수는 없다"는 것이라고 정리한다. 그리고 民法案의 채권자지체에 대한 규정(同案 제391조 내지 제394조. 현행 제400조 내지 제403조)[159]에는 "종래의 通說이 수립한 채권자지체의 효과를

157) 이는 민법안의 「賣主」, 「買主」라는 用語를 「賣渡人」, 「買受人」으로 각기 바꾸자는 것이다. 이는 "賣主 買主하면[발음이 동일하여] 판 사람인지 산 사람인지 잘 알기가 어려우니까" 바꾸자는 것이라는 張暻根의 理解에 뒷받침되어, 本會議에서 채택되었다. 「速記錄」, 48호 13면 중단 참조. 이로부터, 그 다음의 「借主」, 「貸主」가 수정되지 아니한 것은 이 경우에는 發音의 同一이 없기 때문이었다고 추정할 수 있다. 다른 한편 玄錫虎修正案 제27항은 민법안이 쓰는 계약의 「要請」이라는 용어를 「請約」이라고 바꿀 것을 제안하고 있는데, 이에 대하여 張暻根은 "이전에는 契約의 申込이라는 것인데 … 적당한 용어가 없어서 [민법안의 용어인] 要請으로 그대로 되었는데 이 請約이라는 용어를 만드는 것이 대단히 便利합니다. 그래서 이 玄錫虎 의원의 修正案에 적극 찬성합니다"고 하여, 본회의에서 채택되었다. 張暻根이 법사위수정안 이외의 다른 修正案에 「적극」 찬성한 예외적인 경우이다.

158) 「意見書」, 146면 이하(朱宰璜 집필).

159) 단, 民法案 제392조는 玄錫虎修正案 제26항에 의하여 수정되어 현행의 제401조와 갈

成文化한 것"이라는 성격을 부여한다. 그러나 『민법안의견서』의 생각에 의하면, "우리의 慾心을 말한다면, 新民法을 제정하는 此際에 民法典 속에 원칙적으로 債權者의 受領義務를 인정하는 규정을 신설하고 싶"다는 것이다. 그러면 누구에게 그러한 受領義務를 인정할 것인가? 이에 대하여는 "受領義務를 인정하는 규정을 賣買나 都給의 부분에 개별적으로 설치하자는 것은 獨民法의 입법례에 따르는 것"이라고 한다.

(2) 그리하여 買受人의 受領義務에 관한 명문의 규정을 둘 것을 제한하면서, 그 이유에 대하여는 다음과 같이 말한다.

> "賣買는 매도인과 매수인의 信賴에 입각한 일종의 協同體를 구성하는 것이며, 그 내용의 실현도 대개는 兩當事者가 협력하지 않으면 완성할 수 없는 것이니까, 買受人에게도 信義誠實의 原則이 요구하는 정도로 給與의 실현에 협력하여야 할 法律上의 義務가 있다고 생각하여야 할 것이다. … 獨逸民法 제433조 2항도 이것을 規定化하고 있다."[160]

그와 같은 수령의무가 인정되면, "그 不受領은 마치 매도인이 이행하지 않는 경우와 마찬가지로, 債務不履行이라고 보아야 할 것"이라고 한다. 都給人에 대하여도 이와 유사한 취지의 이유가("信義誠實의 원칙에 입각하여") 제시되고 있다. 또 여기서도 독일민법의 규정(제640조 제1항)이 인용되고 있는 점도 다를 바 없다.[161]

위에서 인용한 言明은 무엇보다도 我妻榮의 「債權關係」論을 연상시킨다. 그에 의하면, 채권자와 채무자 사이에는 하나의 채권만이 존재하는 것이 아니라 이것을 포섭하는 하나의 債權關係로 파악되어야 하는데, 그 관계는 "당해 契約에 의하여 企圖된 共同의 目的 또는 當該債權發生의 目的에 향하여 서로 협력하여야 할 緊密한, 말하자면 하나의 有

이 되었는데, 그 經過 등에 대하여는 梁彰洙(註 7), 205면 이하(「民法研究」 I, 358면 이하) 참조.

160) 「意見書」, 170면(玄勝鍾 집필).

161) 「意見書」, 186면(玄勝鍾 집필).

機的인 關係"를 구성하며, 이로써 "채권자와 채무자와의 사이를 단지 형식적인 권리의무의 대립으로 보지 않고, 信義誠實의 原則에 의하여 지배되는 一個의 協同體로 볼 수 있다."[162] 이러한 理論을 철저하게 하면, 채권자는 信義則이 요구하는 정도의 協力, 즉 給付의 受領을 할 義務를 부담하고 그 不受領은 채무불이행이 된다고 함이 정당하다고 한다.[163]

그러나 본회의에서 玄錫虎는 張暻根의 철회종용을 받고 이 두 개의 項目을 철회하였다.[164] 아마도 다름아닌 張暻根이 철회를 종용하는 이상, 이 修正案도 본회의에서 채택될 가능성은 없다고 보았기 때문일 것이다.

V. 기타 本會議에서의 審議

(1) 국회본회의의 심의과정에서 前 3 編에 대한 修正案으로서는 위에서 본 玄錫虎修正案 외에는 李泳熙 의원 외 22인의 수정안이 있을 뿐이다.[165] 이 수정안은, 첫째로 「合有」에 관한 民法案 제264조의 단서("그러나 保存行爲는 各自가 할 수 있다")에 "그 集合體의 규약이 있는 때에는 그 규약에 의하여 合有物을 처분할 수 있다"는 것을 덧붙이자는 내용이고, 둘째로 民法案 第 4 編 第 6 章("親族會") 중에 宗中에 관한 규정을[166] 신설하자는 것이다.

---

162) 我妻榮, 「債權總論」, 1940, 9면 이하. 이러한 서술은 2차대전이 끝난 지 오랜 1964년에 나온 同書의 新訂版, 6면에서 그대로 반복되고 있다.

163) 我妻榮(前註. 1940), 188면.

164) 「速記錄」, 48호 13면 상단 이하 ; 15면 중단.

165) 그 全文은 「速記錄」, 42호 附錄 109면 하단 이하에 수록되어 있다.

166) 그 내용은 다음과 같다 : "제 1 조 共同先祖의 子孫은 宗中을 조직할 수 있다. 제 2 조 宗員은 戶主에 한한다. 제 3 조 宗中은 宗員名簿와 다음 사항을 기재한 規約을 작성하여 宗員 3 분지 2 이상이 記名捺印한 후 公證人의 認證을 받음으로써 성립된다. 1 목적.

여기서는 前者에 한정하여 보면, 이 수정안이 제기된 이유는 "종중에서 어떤 先山의 祠堂을 모시기 위하여 合有의 재산을 처분하려는 경우에 合有라고 해서 總意를 가지지 않으면 안 된다고 規定을 지었다고 하면 이 물건에 대해서는 어디까지라도 處分을 할 수 없"게 되므로, 宗中의 規約이 정하는 바에 따라 全員의 동의가 없더라도 종중재산을 처분할 수 있게 되어야 한다는 데 있었다.[167] 그러나 결국 李泳熙는 이 수정안을 철회하였다. 그것은, 합유 기타 공동소유관계에 관한 玄錫虎修正案이 채택되면서, 玄錫虎로부터 "宗中財產은 判例上으로 반드시 全體가 同意를 하지 않더라도 過半數의 決議를 할 수 있는 것이므로 그 문제는 자연히 해결된다"는 설명이 있었기 때문이었다.[168]

(2) 그런데 본회의의 진행 도중에 失踪宣告期間에 관하여 法司委修正案이 부결되고 民法案의 태도가 채택되었다. 이는 前3編에 관한 한 法司委修正案이 채택되지 아니한 유일한 예이다.

보통실종기간과 특별실종기간에 대하여, 민법안 제26조는 각기 7년, 3년으로 정하고 있었다.[169] 法司委修正案은 "現在의 交通, 通信, 施設 등의 발달을 참작하여"[170] 이를 각기 5년, 2년으로 단축할 것을 제안하였다.[171] 그런데 本會議에서 李泳熙는 日帝에 징용되어 가서 2次大戰이 끝난 후에도 孤島에 혼자 있다가 늦게야 귀국한 사람의 實例를

---

2. 명칭, 3. 事務所의 所在地, 4. 宗會에 관한 규정, 5. 財產에 관한 규정, 6. 理事의 任免 및 權限에 관한 사항."

167) 「速記錄」, 47호 9면 상단의 李泳熙 발언.

168) 「速記錄」, 47호 9면 중단. 이에 이어서 張暻根도 현석호수정안 중 1조문(현행 제274조 제1항)을 들어 "합유물에 대한 持分은 처분할 수 없어도 합유물 자체의 양도는 가능하고 그 양도는 規約이나 慣習에 의해서 할 수 있는 것이므로, 그와 같은 念慮는 할 필요가 없다"고 발언하고 있다.

169) 이는 依用民法과 같은 기간이다. 그 후 日本民法은 1962년 개정되어, 특별실종기간이 1년으로 단축되었다.

170) 「審議錄」, 24면 상단.

171) 依用民法 아래서도 이미 "오늘날의 交通機關의 발달"을 들어 이 期間이 지나치게 길다는 의견이 있었다. 가령 我妻榮, 「民法總則」, 1933, 111면 참조.

들면서 法司委修正案에 반대하는 발언을 하였다.[172] 그러자 민법안도 법사위수정안도 모두 부결되는 사태가 벌어졌다. 이에 蘇宣奎가 나서서 "우리 나라에 있어서는 6·25動亂을 겪어 가지고 여러 가지로 戰爭狀態로 말미암은 行方不明者가 많이 있"다는 것 등을 들어, 특히 특별실종기간을 2년으로 하는 것은 짧은 감이 있다고 하고, 보통실종기간과 특별실종기간을 나누어 표결하자는 제안을 하였다. 그리하여 分離表決의 결과, 보통실종기간에 대하여는 법사위수정안대로 5년이(在席 103인 중 可 54표), 특별실종기간에 대하여는 민법안대로 3년이(在席 106인 중 可 79표) 각각 채택되었다.

이는 우리 민법에 제정 당시의 社會狀況이 여실히 반영된 하나의 예라고 할 수 있겠다. 1984년의 민법개정에서는, 특별실종의 사유로 航空機失踪을 추가함과 아울러, 여전히 "오늘날 交通·通信手段의 高度의 發達"을 이유로 특별실종기간을 1년으로 단축하였다.[173] 물론 이는 그 자체 타당한 입법이라고 하겠으나, 그 과정에서 민법이 애초에 그와 같이 異例的으로 장기의 특별실종기간을 정하였던 이유가 여전히 타당한가에 대한 ―― 歷史的 意識에 입각한 ―― 검토는 별로 행하여지지 않았다고 생각된다.

Ⅵ. 結　論

이상을 종합하여 보면, 玄錫虎修正案 그리고 그 배경을 이루는 『民法案意見書』는, 다른 「선진국」, 특히 독일의 法制度나 法理論으로의 근

172) 「速記錄」, 44호 6면 하단. 그는 이미 第1讀會의 大體討論에서도 동일한 취지의 발언을 한 바 있다. 「速記錄」, 34호 11면 하단 이하 참조.

173) 黃迪仁, 民法中 改正法律 解說, 韓國民事法學會 편, 「改正民事法解說」, 1985, 38면; 金容漢, 民法一部改正의 背景과 內容, 同書, 46면.

점에의 指向과 우리 사회의 現實에 대한 考慮가 불안한 균형을 잡고 있는 것이라고 할 수 있겠다. 그러나 이것을 無定見한 雜居에 불과하다고 볼 것은 아니고, 거기에는 일관된 흐름이 있다고 생각된다.

『민법안의견서』는 당시의 우리 사회에서 실제로 중요한 기능을 수행하고 있던 기존의 제도에 대하여는 대부분 依用民法의 태도를 유지할 것을 주장하고 있고, 이 점에서는 오히려 保守的이라고 불리울 수 있다.[174] 그 대표적인 예로는 法律行爲에 의한 物權變動에 관하여 意思主義의 存續을 주장하고 民法案의 태도에 반대한 것, 物權으로서의 傳貰權制度의 신설에 반대한 것을 들 수 있을 것이다. 그 외에도 抵當權에 있어서 流抵當約定의 유효를 주장하거나 順位確定의 原則의 채택을 반대하는 것에서도 이러한 태도가 나타나고 있다.[175]

그러나 어떠한 제도가 우리 나라의 현실에서 수행하는 실제적 기능의 점에서 별로 중요하지 않다고 생각되는 事項에 대하여는 外國制度, 특히 獨逸民法上의 制度나 獨逸民法學理論에의 傾斜가 두드러진다. 이 점은 특히 共同所有에 관한 規定이나 契約締結上의 過失責任 등에서 현저하거니와, 그 외에도 위에서 본 受領義務 등 일일이 예를 들 필요가 없을 만큼 독일의 규정과 경우에 따라서는 그 이론이 到處에서 원용되고 있다. 여기서는 그것이 現行의 制度 또는 ―그 스스로도 반대하지 않는― 民法案의 태도와 整合的인가, 또 그것이 어떠한 現實問題에 적용될 가능성이 있으며 그 적용의 결과는 과연 合當한가 하는 점에 대하여는 별로 착안하지 않는다. 어떠한 점에서는 "갑자기 盲目的이 된다"고까지 표현할 수 있을 정도이다.

나아가 依用民法 아래서도 外國制度로써 제대로 처리될 수 없었던

---

174) 이러한 保守的인 態度가 張暻根으로 하여금 「從前의 學說에 대하여 새로운 것이 없다」고 발언하게 한 것은 아닌지 모르겠다.

175) 이에 대한 예외로서, 소위 「代物辨濟의 豫約」을 금압하는 태도에 "일응 찬성"한 것을 들 수 있을 것이다. 그러나 위의 Ⅳ.5.(1)에서 본 대로, 그 이유 설명에서는 오히려 그 규정을 둠으로 인한 副作用에 대한 「憂慮」를 앞세우고 있다.

말하자면 우리 固有의 法問題에 대하여는 의식적으로 침묵한다. 이는 宗中에 대하여도 마찬가지인데,[176] 가령 玄勝鍾은 민법안이 稧에 대하여 규정을 두지 아니한 것에 찬성하면서, 다음과 같이 말하고 있다.

> "近年에 조합에 유사한 것에 稧라는 私法上의 특수한 契約關係가 盛行되어일시는 社會的·經濟的으로 심상치 않은 문제를 일으키고 있었으며, 현재에도 그냥 存續하고 있다. 그러니 이 稧에 관한 규정을 민법전에 둘 것인가에 관하여는 우선 한번은 생각하여 볼 수 있는 문제이다. …그러나 稧가 大盛行을 이루었음은 사실이지만, 그것이 都會地를 主舞臺로 하여 행하여지고 있는가 또는 農村에까지도 일반적으로 침투되어 행하여지고 있는가가 첫째로 좀더 調査하여 보아야 할 문제이고, 둘째로는 그 종류가 一·二에 그치지 않고 상당히 다수이며, 또 현재에도 계속 발달하는 과정 중에 있어, 多樣의 발전을 보이고 있으므로, 그 典型的類型을 파악하기가 지극히 곤란한 현상이다. …永久性을 가지게 될 民法典 안에 그것에 관한 규정을 둠은 적합하지 않을 뿐더러 時機尙早라고 하겠다."[177]

물론 이 發言은 그 자체 타당성이 없지 않으나, 그것은 그 전에 "그 典型的 類型을 把握"하려는 구체적인 學問的 努力이 실제로 행하여진 바 없었기 때문에 空虛하게 들린다. 그것은 어쨌거나 간에, 당시의 民法學의 현상 아래서는 이러한 沈默에 정당성이 없다고 하기는 어려울 것이다.

이렇게 보면, 張暻根의 말대로 "민법안의견서에 나온 의견은 별로 새로운, 從前에 있던 學說과 [다른] 새로운 것은 없었"다고 할 수 있을지도 모른다. 특히 만에 하나 거기에 나타날 外國制度에의 指向이 이미 「從前에 있던 學說」, 즉 日本民法學에 의하여 그 방향이 정하여진 것이고, 나아가 그 외국제도의 내용 자체도 이미 日本民法學에 의하여 탐구되었거나 적어도 示唆된 바 있는 것이라고 한다면, 더욱 그러할 것이

176) 이 점에 대하여는 위의 註 104에서 인용한 金曾漢의 「慣習上의 共同所有」에 관한 言明 참조.

177) 「意見書」, 193면. 이러한 發言은 오늘날의 많은 언필칭 「새로운」 민법문제, 가령 製造物責任 등에 대하여도 충분히 유효하게 행하여질 수 있지 않을까.

다. 그렇다고 하면 大學教授들은 오히려 장차에라도 立法을 指導할 수 있을 능력을 배양하여 주는 學問에 전념할 것이었고, 時代的·政治的인 要請에 의하여 추진되어 가는 民法典의 제정작업에 대하여는, 時機尙早라는 주장 이외에는, 입을 다물고 있는 것이 마땅한 태도였을까.

그러나 그것은 올바른 태도가 아니며, 적어도 職分에 책임을 지는 태도는 아니라고 하여야 하지 않을까. 그렇다면 「大學教授」들이 "學說上 새로운 것이 없더라도 그 學說에 대한 理解力이 부족한 데서 생긴 誤謬 내지 缺陷을 능력껏 指摘"하고 "우리 나라의 實情에 비추어서도 도입하는 것이 타당하다고 생각되는 外國制度의 採擇을 주장하는 것"은 가능한 最善의 現實參與이었다고 평가되어야 할 것이다. 문제는 그 指摘과 主張의 內容인 것이다.

(서울대 「法學」 33권 2호(1992.9), 143면 이하 所載)

[後　　記]

이 글은 원래 "民法典의 制定過程에 관한 硏究——民法案에 대한 國會本會議의 審議"라는 이름으로 발표되었었다. 本書에 수록하는 機會에 第1論文에 맞추어 題目을 바꾸었다.

[資　　料]

「法典編纂委員總會議事錄(抄)」

I. 解　　題

1. 여기에 紹介하는 資料는 「法典編纂委員總會議事錄(抄)」이다.

이는 6·25 전쟁 전에 발간되고 있던 법률전문 정기간행물의 하나인 『法律評論』이라는 雜誌의 제 1 권 제 1 호(創刊號)로부터 同卷 제 3 호까지에 실려 있다. 同雜誌는 「大韓法理研究會」라는 단체가 "責任編纂"하였다고 되어 있다. 그 團體의 住所가 "서울시 忠正路 中央廳 法制處 法制調査局 內"라고 되어 있는 것으로 미루어 보면, 혹시 그 研究會라는 것이 公的인 성격을 가진 機關이든가 官邊團體인지도 모른다. 그러나 公機關이 명백히 상업적 성격을 띠고 있는 위와 같은 雜誌를 편집하였으리라고는 생각되지 않으므로, 오히려 단지 住所만을 거기에 두었던 것이 아닐까 추측하여 본다.

刊記에 의하면 그 창간호는 1949 년 4 월에, 제 2 호는 동년 6 월에, 제 3 호는 동년 10 월에 각기 발행되었다. 여기에 옮긴 資料는 창간호의 35 면과 36 면, 제 2 호의 37 면과 38 면, 제 3 호의 36 면부터 40 면까지에 收錄되어 있었던 것이다.

2. 法典編纂委員會는, 여기서 길게 설명할 필요도 없이, 建國 초기에 重要法律案의 기초를 담당한 機關이다.

이미 정부가 수립되기 전인 1947 년 6 월 30 일자로 공포된 「南朝鮮過渡政府」의 行政命令 제 3 호에 의하여 法典起草委員會(혹은 「法制編纂委

員會」라고도 하였다)가 설치되어서, 民法案의 起草와 관련하여서도 약간의 作業을 하였었다. 그 작업의 성과로서 우리가 지금까지 알 수 있는 것은 「朝鮮臨時民法典編纂要綱」 정도가 아니었는가 생각된다. 그 全文은 본인의 論文 "民法案의 成立過程에 관한 小考"(아래에서는 「前稿」라고 부르기로 한다)[1] 중에 소개되어 있다.

법전편찬위원회는 정부 수립 후 1948년 9월 15일의 大統領令 제 4 호 「法典編纂委員會職制」에 의하여 "民事·商事 및 刑事의 基礎法典과 기타 訴訟, 行刑 등 司法法規의 자료를 蒐集調査하며 그 草案을 起草, 審議"하는 것을 목적으로 하여 설치된 기관이다(同令 제 2 조). 그러나 그 作業은 本資料에서도 보는 대로 앞의 法典起草委員會의 작업성과를 바탕으로 하여 그 연장으로서 행하여졌다. 그러한 의미에서 이는 법전기초위원회의 後身이라고 하여도 큰 잘못은 아닐 것이다.

3. 법전편찬위원회(이하 「法編委」라고 부르기로 한다) 및 그 前身으로서의 법전기초위원회가 구체적으로 어떠한 절차와 내용으로 작업을 하였는가에 대하여 그 동안 별로 알려지지 않았다. 그 가장 중요한 이유는 이를 알 수 있는 資料를 쉽사리 찾을 수 없다는 데 있었다.

法編委에서 「會議錄」이 작성되었다는 사실은 전부터 알려져 있었다. 가령 張厚永, 『現行民法總論』(1950), 307면 이하에는 「民法典編纂要綱」이 실려 있는데,[2] 그 제목에는 괄호 안에 "이 要綱은 法典編纂委員會의 會議錄에서 轉載한 것임"이라고 附記되어 있다.

그러나 그 現物은 아직 발견되지 않고 있다. 筆者는 大法院과 法制處 등 몇 군데 수소문하여 보았는데, 이를 찾을 수 없었다.

다만 여기에 수록하는 資料에 의하여 그 한 斷片을 어렴풋이 알 수 있을 뿐이다. 필자는 年前에 이 資料를 서울대학교 도서관의 「雪松文庫」

1) 서울大 「法學」 30권 3·4호(1989), 186면 이하(「民法硏究」, 1권, 1991, 61면 이하 再收錄).

2) 이는 前稿, 211면 이하(「民法硏究」 I, 100면 이하)에 그대로 수록되어 있다.

를 뒤지다가 찾아냈다. 同文庫는 주지하는 대로 故 鄭光鉉 教授의 藏書 중 일부로써 구성되어 있다(나머지는 家庭法律相談所에서 보관하고 있다). 그리고 이 중 제 3 호의 40면(親族編에 대한 審議를 하고 있는 부분이다)에는 아마도 그 분의 肉筆로 보이는 欄外註記가 두 군데 있다.

4. 本資料上의 會議日字에는 月日("2월 19일"부터)이 있을 뿐 年은 지시되고 있지 않다. 그러나 이들 會議는 1949년에 있었던 것이라고 斷定할 수 있다. 法編委가 구성된 것이 앞서 본 대로 1948년 9월이고, 本資料가 실린 『法律評論』이 간행된 것이 1949년 4월 이후이니, 이 會議는 1949년의 일일 수밖에 없다. 그리고 이는 뒤에서 보는 친족상속편에 대한 「編纂要綱」이 확정된 경과에 대한 張暻根의 發言(後述 5.(2) 및 5.(3)(b) 등)에 비추어 보아도 그러하다.

5. 本資料는 주로 앞서 본 「朝鮮臨時民法典編纂要綱」을 기초로 하여 심의한 결과로 「民法典編纂要綱」이 확정되어 가는 과정을 알게 한다. 따라서 後者가 前者와 차이가 나는 점은 本資料에서 보는 法編委의 심의과정에서 생기게 되었음을 확인할 수 있다. 그리하여 우리 민법의 制定作業이 이미 美軍政時代부터 이루어졌다는 점은 다시 한 번 명백하여졌다.

그러나 그 이외에도 몇 가지 주목되는 점이 있다.

(1) 우선 法編委의 構成에 대하여서이다.

종전에 法編委의 民法分科委員會의 委員으로는 「責任委員」으로 高秉國(담당 : 총칙편), 姜柄順(물권편), 權承烈(채권편), 張暻根(친족·상속편 主責任委員), 張承斗(친족·상속편 責任委員補)가, 그 외에 「一般委員」으로 金用茂, 梁大卿, 趙鎭滿, 張厚永, 王瑨珍, 崔丙柱, 白漢成, 尹吉重(이상 財産編), 閔瞳植, 金瓚泳, 高秉國, 崔奎東, 李天祥, 金甲洙, 李根祥, 朴承俊, 安潤出(이상 身分編)이 있었던 것으로 알려져 있다. 이는

1957년 4월에 있은 民法案公聽會에서 法制室長이 행한「民法案國會提出經過報告」에 기한 것이다.

그러나 本資料를 보면, 여기서 든 委員 중에서 실제로 심의에 참가한 것으로 확인할 수 있는 사람은 法編委의 위원장 金炳魯, 그리고「責任委員」또는 "起草委員"으로서 高秉國, 姜柄順의 두 사람과「一般委員」으로서 崔丙柱, 閔瞳植의 두 사람뿐이다. 그리고 그 동안 알려져 있지 않았던 鄭文謨, 梁元一, 元澤淵, 盧鎭卨, 金準枰, 金泰瑛, 申泰益, 金埈源, 徐相權 등과 같은 사람들이 위원으로 발언하고 있다.

그것은 아마 다음과 같은 事情에 기한 것이 아닌가 추측된다. 이들은 비록「民法分科委員會」에 속한 것은 아니나, 역시 法編委의 위원이기는 하였던 것이다.[3] 그리고 이 자료가「法典編纂委員總會議事錄(抄)」라는 제목을 달고 있는 데서도 알 수 있는 것처럼, 本資料는 法編委의 위원들 전원이 모인 總會에서 각종 법률의「編纂要綱」을 심의, 확정하는 모임에 대한 것이 아니었나 하는 것이다. 이를 推斷하게 하는 또 하나의 사정은, 제 6 회에서 제12회에 이르기까지 결쳐 심의한 결과「民法典編纂要綱」을 심의, 확정하기에 앞서서 제 5 회([1949년] 1월 8일이라고 日附가 되어 있다)에서는「刑事訴訟法要綱」(그 起算委員으로 나선 사람은 李澔이다)이 심의되고 있다는 점이다.

그러므로 각 위원은 자신이 비록「민법분과위원회」에 속하지 아니

3) 官報 1948년 9월 15일자 1면에 의하면, 法編委가 처음 구성될 당시의 委員은 다음의 52人이었다. 이 중 *印을 붙인 12人은 뒤에서 보는「法制編纂委員會 分科委員會 構成表」에 揭記되어 있지 않다.

金炳魯(委員長) 李仁(副委員長) 權承烈 金用茂 姜柄順 金甲洙 閔復基
洪璡基 李相基 金瓚泳 梁大卿 盧鎭卨 李明燮 金又說 韓格晩 金潤根
鄭潤煥 張暻根 梁元一 林漢璟* 金泰瑛 閔瞳植 嚴祥燮 李 澔 金闓鎬*
鄭文謨 李炳瑢 朴宗根 玉璿珍 金溶燦 金潤壽 金寧在 申彦瀚 元澤淵*
兪鎭午 李天祥 權寧旭* 趙鎭滿* 申泰益* 金準枰 崔秉錫 崔丙柱 高秉國
張厚永 裵廷鉉 金溶植 尹容燮* 玄相允* 崔奎東* 李順鐸* 崔泰永* 張利郁*

本資料에 나타난 發言者 중 金埈源과 徐相權([1949년] 6월 11일자의 제11회)은 여기에는 나타나지 않는다. 그 사이에 새로이 任命된 것으로 추측된다.「法律新聞」226호(1956년 11월 12일자), 1면에 실린 法編委 委員名單에는 이들의 이름이 들어 있다.

하였더라도 자유롭게 發言할 수 있었던 것이다.

(2) 本資料는 앞서 본 「朝鮮臨時民法典編纂要綱」을 보충하여 준다.

앞서 설명한 바에 의하면 本資料에 나타나는 總會가 행하여지기 전까지는 이미 「編纂要綱(案)」이라고 한 것이 마련되어 있어야 할 것이다. 그리고 앞서 본 「朝鮮臨時民法典編纂要綱」은 적어도 總則編 전부와 物權編의 總論 부분에 관한 한 여기서 심의의 대상이 되고 있는 「편찬요강(안)」과 완전히 一致한다. 그리고 그 이외의 부분에 대한 「編纂要綱(案)」중에는 친족편・상속편에 대한 것이 張暻根, "親族相續法立法方針及 親族相續法起草要綱私案"이라는 이름으로 1948년 9월에 발표되어 있어서,[4] 그 全貌를 알 수 있다.

그런데 本資料를 통하여 物權編의 나머지 부분을 알 수 있다. 이는 제10회 會議에서 「起草委員」 姜柄順에 의하여 낭독되고 있다. 그러므로 債權編을 제외하고는 「편찬요강(안)」의 내용을 알 수 있게 되었다. 이하에서는 起草委員들이 마련한 것을 일괄적으로 「編纂要綱案」이라고 부르고(前稿에서는 「起草要綱」이라고 불렀었다), 그것을 심의한 결과로 확정된 「민법전편찬요강」은 이를 단지 「編纂要綱」이라고만 부르기로 한다.

(3) 나아가 法編委의 作業方式에 대하여서이다.

(a) 우선 本資料에 나타난 바에 의하면, 法編委는 每月 1회씩 정규적으로 大法院會議室에서 「總會」를 개최하였음을 알 수 있다. 이는 적어도 本資料에 나타난 1949년 1월 8일의 제5회부터 同年 7월 9일의 제12회까지는 빠짐이 없었다. 이로부터 逆算하여 보면, 앞서 말한 「법전편찬위원회직제」가 공포된 1948년 9월 15일부터 그 달(1948년 9월)을 포함하여 매월 1회씩 총회가 소집된 것이 아닐까 짐작하여 볼 수 있음직도 하다. 그리고 아마 그 후에도 그러한 템포는 1950년 6월의 戰爭

4) 「法政」 3권 9호(1948.9) 所載. 鄭光鉉, 「韓國家族法研究」, 1967, 附錄編 1면 이하에 轉載되어 있다.

이 勃發하기까지는 계속되지 않았을까?

이러한 法編委의 立法作業의 템포는 그 前身인 法典起草委員會의 그것과는 현저한 대조를 이룬다. 법전기초위원회는 앞서 본 대로 1947년 6월 30일의 行政命令으로 편성되었는데, 同年 10월 20일에 제 2 차 회합이 있었다(그 이전의 제 1 차 회합에서는 "별무소득"이었다고 한다). 거기서 分科委員이 결정되고 그 處務規定이 마련되었다고 한다. 필자가 찾아낸 資料에 의하면,[5] 그 위원의 명단 및 그 분과위원회 소속은 다음과 같다.[6]

《法制編纂委員會 分科委員會 構成表》

分科 \ 委員		司法部 及 法院	檢察廳	辯護士 其他
憲法	行政訴訟 選擧訴訟	*黃聖秀(憲法) 韓根祖 *鄭潤煥(行政訴訟)	鄭文謨	*張厚永(選擧訴訟) 兪鎭午 申翼熙
民法 1	總則 財産法	*張暻根(總則) *姜柄順(物權) *權承烈(債權) 梁大卿 柳瑛	玉璿珍	崔丙柱
民法 2	身分法	*張暻根(親族) 金瓚泳 朴彛淳	金永烈	*高秉國(相續)
民事手續法	民訴·人訴·非訟·和議·破産	*金潤根(民訴, 人訴) *金甲洙(破産, 和議) *閔復基(强制執行, 競賣, 非訟) 李相基		裵廷鉉
商法 1	總則·商行爲·海商·保險	李相基	申彦瀚	*金準枰(總則, 商行爲) *崔丙柱(海商, 保險)

5) 法制編纂委員會 分委 設置, 「法政」 2권 11호(1947. 11), 36면.

6) 이 중 黃聖秀, 韓根祖, 申翼熙, 柳瑛, 朴彛淳, 金永烈, 曺在千, 金光根, 陳泰龜, 金完燮, 徐載元의 11人은 후의 1948년 9월 15일에 임명된 法典編纂委員(앞의 註 3 참조)에서 제외되고 있다.

商法 2　會社法	*洪璡基　李相基	申彦瀚	金準枰
民　事　不動產登記 附屬法　法・戶籍法	*金泰瑛　鄭潤煥 金又說　韓格晩 李明燮		
刑法	*梁元一(前半) 李天祥　金瓚泳	*嚴詳燮(後半) 曺在千	金光根
刑事手續法	*鄭潤煥(前半) 陳泰龜　張暻根 李相基　盧鎭卨	*李　澔(後半) 金溶璨 金潤壽	金溶植
監獄法	*崔秉錫	李炳瑢 金完燮	
國際私法	*洪璡基　金泰瑛		徐載元
各種處罰法令	李天祥　閔瞳植	*朴宗根 金潤壽	金寧在

*印은 起草委員, 連絡委員 겸 組織小委員에 해당한 자

그러나 제 3 차 회합은 그로부터 半年이 지난 1948년 4 월 20일에야 열렸고, 이 회합에서는 "司法當局으로부터 法典編纂事業의 急速進展을 [이] 力說"(꺾음괄호 안은 引用者가 附記한 것이다. 이하 같다)되었다는 보고가 있다.[7]

아마도 政府의 樹立이 이러한 작업의 가속화를 가능하게 한 것이 아니었을까 생각하여 본다. 그러나 돌이켜 생각하면, 法編委가 그것이 성립된 지 얼마 되지 아니한 때에 「編纂要綱」으로 確定시킬 수 있었던 것은 바로 그 審議의 對象이 되는 「編纂要綱案」이 법전기초위원회에서 임명된 「起草委員」들에 의하여 이미 작성되어 있었기 때문일 것이다. 그러한 의미에서 법전기초위원회가 그 제 2 차 회합 이후 "冬眠狀態"에 있었다는 指摘은[8] 그 外面만을 본 것이 아닌가 여겨진다.

(b) 이렇게 보면, 法編委는 우선 「起草委員」들로 하여금 「編纂要綱案」을 작성하여 제출하게 하고, 나아가 이를 심의하여 일단 「編纂要綱」을

7) 이에 대하여는 前稿, 193면(「民法研究」 I, 71면」) 참조.
8) 가령 曉堂學人, 法典編纂에 대하여, 「法政」 3권 6 호(1948.6), 10면.

정한 다음, 다시 「起草委員」들로 하여금 그 「편찬요강」에 따라 民法案을 起草하도록 하는 방식으로 작업을 진행하려 하였던 것으로 추측된다.

그리하여 本資料에서 보는 대로 1949년 7월 9일의 제12회 총회까지는 적어도 총칙편, 물권편, 친족편의 「편찬요강」은 일단 확정되었다. 그리고 이어서 상속편의 「편찬요강」도 확정된 것으로 보인다. 이는, 親族編·相續編의 起草委員인 張暻根이 張承斗와 함께 작성하여 1949년 10월부터 발표한 "民法親族相續編 要綱解說"[9]의 序頭에서, "그 後 同私案[앞서 본 同人의 「親族相續編編纂要綱案」을 가리킨다]에 대하여 이 法典編纂委員會의 審議를 거쳐 修正되어 「民法親族相續編要綱」으로서 公的으로 確定을 보게 되었다. 이 要綱은 繼續하여 起草될 民法親族相續編 자체의 確固不動한 骨格이 되는 것으로서 중요한 事項이므로 이를 逐條 解說하여 …" 운운하는 데서 알 수 있다. 그러므로 상속편의 편찬요강도 적어도 同年 9월까지는 확정되었을 것이다.

(4) 한편 審議의 內容에 대하여 간단히 살핀다.

起草委員이 제시한 「편찬요강안」에 대하여는 ① 全員의 同意로 이를 그대로 채택한 것도 많으나, ② 그렇게 하면서도 "成文後 [다시] 檢討하기로" 한 것도 드물지 않고, 나아가 ③ 表決에 부쳐 原案의 可否를 정한 것이나, ④ 全員의 同意로 또는 表決로 修正提案을 채택한 것이나 또는 ⑤ 全員의 同意로 削除(否決)한 것도 있다.

(a) 그 중에서 흥미로운 것은, 法律行爲로 인한 不動產物權變動에 관하여 登記主義를 취할 것인지 여부를 놓고 벌린 論議의 內容과 表決結果이다. 다른 항목에 대하여는 "全員의 同意로" 또는 "異議 없이" 결정이 이루어졌거나, 表決이 있더라도 결과적으로는 항상 "絕對多數"가 형성되었다. 그러나 이 문제에 대하여는 단지 "表決한 結果 原案을 通過시키다"라는 드라이한 敍述이 행하여지고 있을 뿐이다.

9) 「法政」 4권 10호(1949.10) 내지 12호(1949.12) 所載. 鄭光鉉(註 4), 附錄編 12면 이하에 轉載되어 있다.

(b) 그리고 不動產에 대한 先取特權을 없애기로 하는 原案에 대하여는 表決의 결과 可否同數가 되어 결국 위원장이 이에 반대함으로써 否決되었다. 이와 같이 이 단계에서는 아직 先取特權을 폐지한다는 입법적인 決斷은 내려지지 아니하였으며, 오히려 그 存置를 전제로 "先取特權의 種類와 內容을 時代의 需用과 實情에 適應토록 是正할 것"이라는 原案이 채택되고 있다.

그럼에도 불구하고 후에 마련된 民法草案에서는 先取特權制度가 아예 폐지되고 있다. 이는 「편찬요강」이 장래의 民法案을 마련하는 데 拘束的인 效力을 가지는 것이 아니었음을 말하여 준다. 이는 그 외에도,

① 準禁治產者의 保佐人을 법정대리인으로 하는 原案을 修正하여 그에게 단지 取消權을 부여하기로 편찬요강을 정하였었는데, 民法案에서는 준금치산자의 보좌인에 해당하는 한정치산의 후견인을 法定代理人으로 한 것

② 暴利行爲를 무효로 한다는 原案을 수정하여 취소할 수 있는 것으로 하였으나 민법안에서는 다시 無效로 한 것

③ 消滅時效完成의 效果로서 일종의 抗辯權을 발생하도록 한 것을 민법안에서는 오히려 時效援用에 관한 규정을 削除함으로써 소위 絶對的 消滅說로 전환하였다고 이해된 것

④ 소위 法律의 規定에 의한 부동산물권변동에 관하여 「編纂要綱案」은 "判決, 競賣, 公用徵收, 相續 기타 법률의 규정에 因한 부동산에 관한 物權의 取得은 …" 운운하는 것이었는데(민법 제187조 참조) 그 중 앞의 判決, 競賣, 公用徵收의 셋은 「편찬요강」에서는 삭제되었으나, 민법안에서는 그 중 公用徵收가 다시 살아난 것[10] 등에서도 나타난다.

---

10) 그리고 法司委修正案에 의하여 判決과 競賣도 다시 삽입되었다. 「民法案審議錄」, 上卷, 1957, 119면 하단 참조. 그 이유는 "1. 瑞民, 中民, 滿民 모두 포함시키고 있는데 草案에서는 揷入하지 않았다. 2. 判決, 競賣(임의경매, 강제경매 兩者 포함)의 경우 등은 草案의 「법률의 규정에 의한 부동산에 관한 물권의 취득」 중에 포함되는 것이라고 解釋될 수도 있으나 이것을 明瞭히 하기 위하여서는 포함시키는 것이 可하다"는 데 있다.

요컨대 「편찬요강」은 金炳魯가 후에 말한 대로 "그저 나중에 變更할 수 있고 또는 다시 몇 차례라도 會議를 거듭해서 검토할 여유를 둔 要綱"이었던 것이다.[11)]

(c) 그런데 「편찬요강」이 채택하지 아니한 原案의 내용이 民法案에는 반영되지 아니하였으나, 후에 민법에 되살아난 것도 있다. 가령 「편찬요강안」은 점유보조자에 관하여 "家事上 又는 營業上 등의 關係에 있어서 他人의 指示下에 有體物을 所持하는 者는 占有補助者이며, 그에 대한 占有權은 그 他人에게 속한다"는 내용의 규정을 두는 것을 제안하였다. 그러나 法編委는 이를 삭제하기로 결의하였다. 그리고 民法案에도 이러한 규정은 마련되지 않았었다. 그러나 후에 國會의 審議過程에서 法司委修正案으로 점유보조자에 대한 규정을 둘 것이 제안되어, 오늘날의 민법 제195조("家事上, 營業上 기타 類似한 關係에 의하여 他人의 指示를 받아 物件에 대한 事實上의 支配를 하는 때에는 그 타인만을 占有者로 한다.")가 된 것이다.[12)] 그 文言이 위 「편찬요강안」과 유사한 것은 印象的이다.

(d) 한편 「편찬요강안」을 심의함에 있어서는 다른 委員이 전적으로 새로운 提案을 하여 이를 놓고 論議를 벌린 흔적은 전혀 보이지 않는다. 당시는 「편찬요강」을 확정함으로써, 起草委員이 장차 마련할 각編의 草案에 대하여 指針을 마련하는 段階이었으므로, 민법안의 구체적인 내용을 어떻게 할 것인가를 놓고 굳이 미리부터 論難을 벌릴 필요가 없었기 때문이었다고 설명할 수도 있을 것이다. 그러나 이러한 소극적인 태도에는 무언가 만족스럽지 못한 점이 없지 않다.

(5) 本資料에 나타난 바의 法編委의 「編纂要綱案」審議는 우리 민법의 모습에 어떠한 영향을 미쳤는가? 몇 가지 중요한 점에 대한 立法的

11) 「第3代 國會 第26回 國會定期會議 速記錄」, 1957, 30호 4면 하단.

12) 이러한 규정은 滿洲國民法 등에는 보이지 않으며, 獨逸民法 제855조에서 직접 영향을 받은 것으로 생각된다. 「民法案審議錄」(註 10), 124면 상단 참조.

決斷은 이미 이 段階에서 내려진 것으로 보인다.

(a) 姜柄順의 物權編에 대한 「編纂要綱案」에는 不動產物權變動과 관련하여 다음과 같은 項目이 포함되어 있었다. 즉 등기주의의 채택과 「법률의 규정으로 인한 부동산물권변동」에 관하여 정한 다음에, "不動產에 관한 物權의 得喪變更을 목적으로 하는 法律行爲는 書面으로 함을 要함. 但 遺言에 의할 時는 그러하지 않다"고 한다.[13] 그러나 法編委는 "全員의 意見으로 이를 削除키로" 결정하였다.

민법이 시행된 후에 登記原因證書의 公證을 둘러싼 論議가 주로 입법론적인 관점에서 활발하게 이루어진 것을 고려하여 볼 때,[14] 당시 위와 같은 項目을 채택하지 아니한 것은 흥미로운 점이다. 그러나 그 不採擇의 理由가 무엇이었는가는 유감스럽게도 드러나지 않는다.

(b) 또한 물권편의 「編纂要綱案」에는 登記에 公信力을 인정할 것인지 與否가 논의되어야 함을 示唆하는 項目이 있었다. 이것은 「保留事項」이라는 제목 밑에 "登記簿에 記載된 權利關係는 그 權利에 關하여 法律行爲를 한 者의 利益을 위하여 眞正한 것으로 看做함. 但 그 眞正함에 異議가 있다는 登記가 있을 때 또는 眞正치 않음을 알거나 또는 알 수 있었을 때에는 그러하지 아니함"이라는 것이었다.[15] 그러나 이 項目도 "全員의 意見으로 削除하기로" 결정되었다. 그리하여 民法에서 등기의 공신력은 의식적으로 排除되었던 것이다.

---

13) 그 本文部分은 滿洲國民法 제180조와 일치하는 것이다. 또 中華民國民法 제760조도 "부동산물권의 이전 또는 설정은 書面으로써 이를 할 것을 요한다"고 정한다. 한편 獨逸民法 제313조 제 1 항 제 1 문은 일방 당사자가 부동산소유권을 양도하거나 취득할 의무를 부담하는 내용의 계약은 공정증서에 의하여 체결하여야 한다고 정한다. 스위스債務法 제216조 제 1 항도 부동산을 목적물로 하는 계약은 공정증서에 의하여야 한다고 한다.

14) 金容漢, 登記原因證書의 公證, 韓國民事法學會 編, 「不動產登記法의 改正에 관한 研究」, 1978, 12면 이하; 金曾漢, 登記原因證書의 公證, 韓國民事法學會 編, 「民事法改正意見書」, 1982, 1 면 이하; 金滉植, 物權法의 改正方向, 「民事判例研究」 7 집(1985), 285면 이하; 郭潤直, 登記原因證書의 公證, 서울대 「法學」 27권 2·3 호(1986), 1 면 이하 등 참조.

15) 동일한 文言은 滿洲國民法 제179조에도 보인다. 그 외에 獨逸民法, 스위스民法, 오스트리아民法이 모두 등기에 공신력을 인정함은 周知하는 대로이다.

이상과 같이 우리 민법에 영향을 미친 주요한 外國의 立法例가 하나 같이 택하고 있는 제도들이 우리 立法者들에 의하여 명백하게 거부되고 있는 것은 우리 民法典을 단순한 模倣이라고 할 수 없게 하는 重要한 要素라고 생각된다.

6. 本資料를 소개함에 있어서는 띄어쓰기를 가하는 것을 제외하고는 原文을 그대로 轉載함을 원칙으로 하였다(예외적으로 명백한 오류는 바로 잡았다). 이에 대하여 설명하거나 부가할 것이 있으면 脚註로 달았다.

또한 親族編의 編纂要綱을 심의한 第11回와 第12回의 「議事錄(抄)」도 아울러 실었다. 이는 親族編·相續編에 대한 制定資料를 거의 망라한 것으로 생각되는 鄭光鉉, 『韓國家族法硏究』, 1967, 附錄編에도 수록되어 있지 않다.

Ⅱ. 資　料

法典編纂委員總會議事錄(抄)

第七回　二月十九日 於大法院會議室

○ 高秉國 起草委員

우리는 大陸法系의 시스템을 取하여 主로 獨逸民法에 依據한 現行民法總則篇의 規定을 基礎로 하되[1] 爲先 必要한 限度에 있어서 從來의[2] 規定을 改正 又는 新設함이 必要할 것이다. 그러면 以下 民法總則要綱을 朗讀하기로 한다.

民法總則要綱

(一) 民法 全體를 通한 大原則으로서

1) 「朝鮮臨時民法典編纂要綱」에는 이 다음에 "現下 世界文明各國의 立法 及 學說과 우리나라의 實情에 鑑하여"라는 文句가 들어 있고, 이는 「民法典編纂要綱」에도 마찬가지이다.
2) 「朝鮮臨時民法典編纂要綱」에는 "從來의"가 아니라 "左와 如히"라고 되어 있고, 이는 「民法典編纂要綱」에도 마찬가지이다.

(A) 慣習法 及 條理의 補充的 效力을 規定하고(法例 第二條 參照)

(B) 權利의 行使에 關하여 權利濫用의 法理를 成文化하며 同時에 義務의 履行에 關하여 信義誠實의 原則을 一般的으로 宣明하는 規定을 세울 것

○ 鄭文模 委員[3)]

法例 第二條와 같은 內容은 民法에 限한 것이 아니고 全般的인 것인데 이것을 民法總則에 規定하고 全般을 支配할 수 있을까가 疑問이다

○ 姜柄順 委員[4)]

民事에 關한 範圍에서 法例 第二條의 內容을 民法總則에 規定함은 可能하며 何等 支障이 없을 것이다

全委員 異議 없으므로 原案을 成文 後 檢討하기로 可決하다

(二) 行爲無能力者로서는 未成年者 禁治産者 準禁治産者의 三者만을 認定하고 妻는 無能力者에 關한 總則의 規定에서 分離하여 그에 대한 適切한 能力制限은 婚姻의 效果로서 親族篇에 適當히 規定할 것

全委員 異議 없으므로 右 原案대로 可決하다

(三) 準禁治産者의 行爲能力의 範圍를 適當히 考慮하며 그 保佐機關을 法定代理人으로 할 것

○ 梁元一 委員[5)]

準禁治産者에 대한 制度는 現行法대로 두고 다만 保佐人에 대하여 取消權만을 주게 하도록 改議한다

○ 元澤淵 委員[6)]

準禁治産者의 利益을 適當히 考慮하는 것도 좋으나 그보다도 去來의 安全性 즉 第三者의 利益도 考慮되어야 할 것이므로 그런 角度에서 法定代理人制度나 取消權賦與問題는 愼重히 考慮하여야 한 것이다

---

3) 鄭文模는 鄭文謨의 잘못이다(이하 같다). 通譯生, 1925년 3월 釜山地法晋州支廳 검사, 1945년 10월 淸州地方法院 檢事長, 1946년 5월 大法院 次席檢事. 이상은 法院行政處 편, 「韓國法官史」, 1976, 216면, 239면에 의하였다.

4) 姜柄順: 1945년 10월 京城地方裁判所 副首席判事[副院長에 해당]. 韓國法官史(註 3), 227면. 한편 金炳華, 「韓國司法史」, 1979, 14면 및 15면 註 17에 의하면, 그는 1946년 5월 24일자 司法部(뒤의 註 8에서 보는 法務局의 後身) 任命辭令 제2호로 同部의 辯護士局長으로 임명되었고, 이는 1947년 5월 6일에도 변함 없다.

5) 梁元一: 日本高等文官試驗 司法科 합격, 1941년 1월 咸興地法 판사, 1943년 3월 咸興地法 元山支廳 판사, 1948년 1월 서울高法 부장판사, 1949년 3월 死亡. 이상은「韓國法官史」(註 3), 205면, 251면. 한편 [解題] 1.에서 본「法律評論」1권 1호(1949.4), 38면에 의하면, 同人은 軍步哨의 銃擊으로 死亡하였다고 한다.

6) 元澤淵: 1931년 朝鮮辯護士試驗 합격, 1945년 京城地方裁判所 검사, 1960년 퇴직. 이상은「서울地方檢察史」, 1985, 506면.

表決에 붙인 結果 改議가 絶對多數로 可決通過되다

(四) 無能力者가 한 契約은 그 追認이 있을 때까지는 相對方이 撤回할 수 있도록 할 것

全委員 異議 없이 原案을 成文 後 檢討하기로 可決하다

(五) 同死의 境遇에 있어서[7] 同時死亡推定의 規定을 둘 것

○ 鄭文模 委員

年長者가 먼저 사망하였다고 보는 것도 相續關係에 있어서는 좋을 것이다

絶對多數로 原案대로 可決하다

(六) 社團法人을 非營利法人, 非營利法人으로 分類하여 營利도 公益도 目的으로 하지 않는 團體를 民法上 法人으로서 成立할 수 있게 할 것

(七) 法人의 設立登記를 對抗要件으로 하지 않고 成立要件으로 할 것

(八) 理事의 法人에 대한 連帶責任을 規定할 것

(九) 財團法人의 寄附行爲의 變更方法을 規定할 것

(一〇) 他人의 窮迫 輕卒 無經驗을 利用한 暴利行爲는 無效로 할 것을 全委員의 發議로 原案 中「無效로 할 것」을「取消할 수 있도록 할 것」으로 修改하여 可決하다

(一一) 法律行爲의 總則的 規定으로서 法律行爲의 解釋은 信義誠實의 原則에 의하여 할 것을 規定 宣明할 것

全員의 發議로 原案을 削除하다

(一二) 意思表示에 있어서는 表示主義에 置重하여 相對方의 利益을 保護하기 爲하여 錯誤에 의한 意思表示를 取消할 수 있도록 할 것

(一三) 數人의 代理人이 있을 때의 各自代理의 原則을 宣明할 것

(一四) 消滅時效 完成의 效果는 權利를 消滅시킬 수 있는 一種의 抗辯權을 發生한도록 할 것

(一五) 取得時效의 規定은 總則篇에서 除外하고 物權篇 所有權取得에 規定할 것

全員贊成으로 各 原案대로 可決하다

第八回　三月十二日 於大法院會議室

○ 姜柄順 起草委員

以下 物權法要綱을 朗讀하기로 한다

---

7) 「조선임시민법전편찬요강」에는 "同死의 境遇에 있어서"가 "共同의 危難에 遭遇하여 死亡한 境遇에 있어서"로 되어 있었다. 이는「민법전편찬요강」의 경우도 마찬가지이다.

物權法要綱

第1章　總則

一. 物權法定主義

物權은 本法 기타의 法律에 規定한 것 以外에 이를 創設할 수 없음

原案대로 可決하다

二. 物權行爲

(一) 不動産에 관하여

(1) 不動産에 관한 物權의 法律行爲에 인한 得喪變更은 登記를 함으로써 其效力을 發生함

(2) 判決, 競賣, 公用徵收, 相續 其他 法律의 規定에 因한 不動産에 關한 物權의 取得은 登記를 하지 아니하여도 그 效力을 發生함. 但 그를 登記한 後가 아니면 第三者에 對抗할 수 없음

(3) 不動産에 관한 物權의 得喪變更을 目的으로 하는 法律行爲는 書面으로 함을 要함. 但 遺言에 의할 時는 그리하지 않다

○ 崔丙柱 委員[8)]

從來의 實情에서 볼 때에 法律關係는 迅速을 要하며 書面去來도 있고 口頭去來도 있으며 또 形式主義에는 登記所 設置의 完備를 要하는바 이는 現下의 實際에 適合되지 않으므로 善意 惡意를 莫論하고 現行대로 意思主義를 採用함이 可하며 不法登記者에 對하여서는 登記가 있드라도 對抗치 못하게 하였으면 可할 것이다

○ 盧鎭卨 委員[9)]

亦是 公的 明確性과 實際의 紛爭防止를 圖하는 觀點에서 登記로서 效力을 發生케 함이 可하므로 原案에 贊同한다

○ 議長(金炳魯 委員長)

從前 意思主義에 있어서 對抗要件에 關하여 善意의 第三者를 如何히 規定하느냐에 論議가 많았으므로 이런 點에 關하여 論議하여 주기를 바란다

○ 金準枰 委員[10)]

---

8) 崔丙柱: 日本高等文官試驗 司法科 합격, 1935년 7월 淸津地法 豫備判事, 1948년 11월 大法官, 1950년 2월 依願免職. 이상은 「韓國法官史」(註 3), 251면. 한편 金炳華(註 4), 12면에 의하면, 그는 해방 직후에 法務局(현재의 法務部와 法院行政處를 합한 것에 해당한다)의 民事課長을 지냈다.

9) 盧鎭卨: 朝鮮辯護士試驗 합격, 1945년 12월 서울控訴院[서울高法의 前身] 판사, 1946년 5월 大法官, 1949년 6월 監察委員長. 이상은 「韓國法官史」(註 3), 255면.

10) 金準枰: 總督府 司法官試補, 1929년 12월 全州地方法院 판사, 1931년 10월 大邱覆審法院 판사, 1945년 10월 서울控訴院 판사. 이상은 「韓國法官史」(註 3), 194면, 227면.

意思主義는 代金支拂 如何를 莫論하고 物件을 取得케 하는 데서 問題가 생겼으므로 代金支拂이 完了되지 못한 때에는 意思表示를 取消할 수 있도록 하면 可할 것이다

○ 金泰瑛 委員[11)]

結論은 形式主義의[에] 反對인데 우리의 社會實情은 아직 形式主義를 採用함에는 멀다고 본다. 例示하면 아직 山間草屋에 이르러서는 家屋台帳이 完備되어 있지 않은 것 같은데 實際에 있어서는 이들이 意思表示만으로 物權行爲를 하여 完全히 去來가 履行되여 있는데 이를 形式主義에 依據하여 效力을 發生치 못하게 함은 矛盾이며 實際에 適合치 않으므로 意思主義가 可할 것이다

表決한 結果 原案을 通過시키다

○ 盧鎭卨 委員

原案(2)에 있어서 「判決, 競賣, 公用徵收」를 削除하고 原案(2)를 相續 其他 法律의 規定에 依한 不動產에 關한 物權의 取得은 登記를 하지 아니하여도 그 效力을 發生함. 但 그를 登記한 後가 아니면 第三者에 對抗할 수가 없음으로 修正할 것을 動議한다

絕對多數로 右 修正動議를 採擇하고 條文成案 後 다시 檢討하기로 한다

原案(3)은 全員의 意見으로 이를 削除키로 決定하다

(二) 動產에 관하여

(1) 動產에 관한 物權의 讓渡는 그 動產을 引渡함으로써 그 效力을 發生함 但 讓受人이 이미 그 動產을 占有하고 있을 때에는 讓渡의 意思表示만으로써 그 效力을 發生함

(2) 動產에 관한 物權을 讓渡하는 경우에 있어서 讓渡人 이 그 動產의 占有를 繼續할 때에는 讓受人이 間接占有權을 取得할 契約을 締結함으로써 動產의 引渡에 갈음할 수 있음

(3) 第三者가 占有하는 動產에 關한 物權을 讓渡하는 경우에 있어서는 讓渡人이 그 第三者에 대하여 가진 返還請求權을 讓受人에게 讓渡함으로써 動產의 引渡에 갈음할수 있음

---

11) 金泰瑛: 總督府 司法官試補, 1942년 3월 釜山地法 豫備判事, 1945년 京城地方裁判所 판사, 1948년 12월 서울地方法院 부장판사, 1950년 5월 依願免職. 이상은 「韓國法官史」(註 3), 205면, 227면, 252면. 同人은 「法曹協會雜誌」 1권 2호(1949년 5월 1일 발행)에 "反致主義에 대한 是非"라는 글을 발표하였다. 同旨의 「筆者紹介」에 의하면 그는 당시 「서울地方法院部長判事」의 職에 있었다(71면). 그런데 그 글의 序頭에는 다음과 같은 설명이 붙어 있다. "일즉이 國際私法의 起草委員에 拜命된 筆者는 國際私法私案을 發表하여 反致主義에 반대하여 反致에 관한 한 日本의 法例를 그대로 踏襲함이 不當한 것을 주장하였다."(1면) 이 역시 法編委의 활동의 一端을 보여 준다고 하겠다.

原案대로 可決通過하다[12]

○ 姜 起草委員

保留事項

登記簿에 記載된 權利關係는 그 權利에 關하여 法律行爲를 한 者의 利益을 爲하여 眞正한 것으로 看做함. 但 그 眞正함에 異議가 있다는 登記가 있을 때 또는 眞正치 않음을 알거나 또는 알 수 있었을 때에는 그리하지 아니함

全員의 意見으로 右 保留事項을 削除하기로 決定하다

第九回　四月十六日 於大法院會議室

○ 姜柄順 起草委員

第四. 占有權

(一)「有體物에 對하여 事實上의 支配力을 갖는 者는 占有權을 取得한다」

(二)「地上權, 質權, 賃貸借, 寄託, 其他의 關係로 他人으로 하여금 有權物[有體物]을 占有케 한 者는 間接占有者라 한다」

(三) 間接占有權을 가진 者에게도 占有訴權을 認定할 것

○ 崔丙柱 委員

(二)(三)에 關하여 現在도 條文上 特히 間接占有라는 文句를 使用치 않았는데 特別히 이같이 할 必要가 있는지 疑問이다

○ 金炳魯 議長

地上權, 質權, 賃貸借, 寄託, 其他의 關係로 他人으로 하여금 有體物을 占有케 한 者도 또한 같다고 하는 것이 어떨까

○ 元澤淵 委員

原案 (一)(二)(三)을 合하여 原則으로 有體物에 對하여 事實上의 支配力을 가진 者는 占有者이다. 그러나 地上權, 質權賃貸借, 寄託, 其他의 關係로 他人으로 하여금 有體物을 占有케 한 境遇에도 占有者이다 라고 함이 可하다

○ 申泰益 委員[13]

---

12) 「朝鮮臨時民法典編纂要綱」에는 이에 이어서 「三. 混同」에 관한 項目이 있고, 이는 후에 확정된 「民法典編纂要綱」에서도 마찬가지이다. 그러나 本資料에는 이 항목에 대하여 審議한 흔적을 찾을 수 없다.

13) 申泰益: 1898년생. 1923년 日本大學 專門部 法科 졸업. 1934년 朝鮮辯護士試驗 합격. 1934년 辯護士 개업(咸興), 1946년 辯護士 개업(서울), 1948년 辯護士試驗委員, 1949년 反民特別裁判所 재판장, 1949년 法制處長(제 2 대). 이상 법률신문사 편, 「韓國法曹人大觀」, 1982, 258면. 한편 1949년 5월 1일자 발행의 『法曹協會雜誌』 1권 2호의 背紙 속면에 있는 「법조협회임원」 명단에 의하면 그는 당시 光州地方檢察廳 檢事長의 직에 있다.

右 動議案에 再請한다

修正動議案 可決通過되다

○ 姜柄順 起草委員

(四)「家事上 又는 營業上 等의 關係에 있어서 他人의 指示下에 有體物을 所持하는 者는 占有補助者이며 그에 對한 占有權은 그 他人에 屬한다」

○ 閔腫植 委員[14]

本項은 修正動議案과 趣旨가 同一하므로 削除하기로 動議한다

削除動議案이 可決通過되다

○ 姜柄順 起草委員

第五. 所有權[15]

(一)「所有者는 法令의 範圍 內에서 그 所有物을 使用, 收益, 處分할 權利를 가진다 所有權의 行使는 公共의 福利에 適合하도록 하여야 하며 所有權의 主張은 正當한 利益이 있는 範圍 內에서 行하여야 한다」

原案대로 可決通過되다

○ 姜柄順 起草委員

(1) 所有物返還請求權

(2) 所有物妨害除去請求權

(3) 所有物妨害豫防請求權

(三)「相隣者는 國民共同生活의 圓滑한 經營을 爲하여 以下 數條의 權利를 享有하며 負擔과 義務를 다하여야 한다」 이것은 例를 들면 土地의 所有者가 故意 또는 重大한 過失 없이 彊界를 넘어 工作物을 築造한 境遇에 있어서 隣地의 所有者가 이를 認識하였음에도 不拘하고 直時로 異議를 하지 않았을 때에는 그 工作物의 除去 또는 變更을 請求하지 못하고 土地의 買上請求 또는 損害賠償의 請求만을 할 수 있게 하는 것 等이다

14) 閔腫植은 閔瞳植의 잘못이다. 1912년생, 1939년 朝鮮辯護士試驗 합격, 1940년 辯護士 개업(서울), 1945년 10월 서울地方審理院[서울地法의 前身] 판사, 1947년 1월 同院 부장판사, 1949년 11월 依願免職. 이상은 「韓國法官史」(註 3), 252면; 「韓國法曹人大觀」(註 13), 172면.

15) 이하 所有權에 관한 각 項目에 대하여 「민법전편찬요강」은 다음과 같은 導入文들을 붙이고 있다. 그러나 이는 本資料에서는 전혀 나타나지 않는다.

(一) 所有權의 限界를 左와 如히 規定할 것

(二) 所有權에 依한 物上請求權에 關하여 左와 如히 規定할 것

(三) 相隣權에 關한 現行法을 國民共同生活의 圓滑을 期하기에 一層 適合하도록 修正할 것

(四) 所有權의 取得에 있어서 時效에 의한 所有權의 取得에 關한 規定을 左와 如히 세울 것

右 原案을 可決通過하다

○姜柄順 起草委員

(四) 一. 二十年間 所有의 意思로써 平隱[平穩. 이하 같다]하고 公然하게 他人의 不動産을 占有한 者가 公示催告節次에 依하여 法院의 除權判決을 얻어 登記를 한 때에는 時效로 因하여 그 不動産의 所有를 取得한다

二. 正當한 權利 없이 所有者로서 登記된 者가 十年間 所有의 意思로써 平隱하고 公然하게 그 不動産을 占有하고 그 占有가 惡意 없고 過失이 없이 始作한 때에는 時效로 因하여 그 不動産의 所有權을 取得한다

三. 十年間 所有의 意思로써 平隱하고 公然하게 他人의 動産을 占有한 者는 時效로 因하여 그 動産의 所有權을 取得한다

四. 五年間 所有의 意思로써 平隱하고 公然하게 他人의 動産을 占有한 者 始初에 있어서 惡意 없고 過失이 없을 때에는 時效로 因하여 所有權을 取得한다

右 原案을 可決通過하다

○姜柄順 起草委員

(五)[16] 「地方의 住民 親族團體(宗中) 其他 慣習上 總合體를 이루고 있는 數人이 그 關係에 있어서 物件을 所有할 때에 이를 總有라 한다

共有物의 分割에 있어서 國家重要産業이나 其他 公共使用에 害가 있을 때에는 適當한 制限을 加할 것」(追加)

右 原案을 可決通過하다

○姜柄順 起草委員

第六. 地上權

(一) 地上權의 存續期間을 建築物 其他 工作物의 利用에 適當한 期間을 保障하도록 修正할 것(强行規定)

(二) 地上權者에게 契約更新請求權, 工作物買收[買受]請求權을 認定하는 規定을 세울 것

工作物買收請求權은 地上權設定者에게도 認定할 것

(三) 地上權의 當事者 雙方에게 地代增減請求權을 認定할 것

右 可決通過하다

---

16) 「민법전편찬요강」에서 이 項目은 그 앞의 "時效에 의한 所有權의 取得에 관한 規定"에 대한 項目(앞의 註 15의(四) 참조) 일부로 다루어지고 있다. 그러나 本資料에서는 정당하게도 별도의 項目으로 취급되고 있다. 이것이 별도의 項目으로 다루어져야 한다는 것은 內容의 點 외에도 「민법전편찬요강」 자체에 이 項目에 대하여 별도의 導入文("共有의 規定에 있어서 共有에 관한 規定을 左와 如히 세울 것")이 붙어 있다는 점에 비추어서 그러하다.

○姜柄順 起草委員

第七. 永小作權

土地改革의 精神에 비추어 永小作權에 關한 規定은 全部 이를 削除할 것

右 可決通過하다

○姜柄順 起草委員

第八. 地役權[17)]

「地方住民이 總合的으로 他人의 土地에서 草木 野生物 또는 土砂의 採取 放牧 其他의 收益을 하는 權利를 가진 境遇에는 慣習에 依하는 外에 本章의 規定을 準用한다」

本件에 關하여서는 成文 後에 適宜 再檢討하기로 하다

第一〇回　五月一四日 於大法院會議室

○姜柄順 起草委員

第九. 留置權

(一) 有價證券에 對하여도 有體物에 있어서와 같이 留置權의 成立을 認定할 것

(二) 留置權者에게 留置物의 果實에 對한 競賣請求權을 認定할 것

原案대로 可決하다

第十. 先取特權

(一) 先取特權의 種類와 內容을 時代의 需用과 實情에 適應토록 是正할 것

條文作成 後 再檢討키로 決議하다

(二) 不動産에 對한 民法上의 先取特權은 이를 削除할 것

表決한 結果 可否同數이므로 議長이 否로 決定하여 可決하다[18)]

第十一. 質權

(一) 質權에 關한 總則의 節 中에 動産質權에만 該當하는 條項은 이를 動産質權의 節에 옮길 것

原案대로 可決하다

(二) 質權은 將來의 債權을 擔保하기 爲하여 이를 設定할 수 있다는 規定을 세울 것

○元澤淵 委員

經濟的 活動을 阻害하므로 不可하다

---

17) 이에도 「민법전편찬요강」에는 다음과 같은 導入句가 붙어 있다. 즉 "總有의 性質을 띠지 아니한 收益權(入會權)에 關하여 左와 如히 規定할 것"

18) 原文에는 "可決하다"라고 되어 있으나, 이는 그 내용에 비추어 "否決하다"의 誤記임이 명백하다. 「민법전편찬요강」에도 이 (二)의 項目은 보이지 않는다.

表決 結果 原案 否決되다

(三) 法定質權에 關한 規定을 세울 것

表決 結果 原案 否決되다

(四) 轉質의 對抗要件에 關하여 規定을 세울 것

「轉質을 한 境遇에는 債務者에게 對하여 轉質의 事實을 通知하거나 또는 그 債務者가 이를 承認하지 아니하면 그 債務者, 保證人, 質權設定者 및 그 承繼人에 對하여 轉質의 事實을 對抗할 수 없다

民法 第四百六十八條의 規定은 前項의 境遇에 이를 準用한다

債務者가 第一次의 通知를 받았거나 또는 承認을 한 때에 轉質權者의 同意없이 債權者에게 辨濟하드라도 이를 轉質權者에게 對抗하지 못한다」

原案대로 可決하다

(五) 權利質權에 있어서 아래와 같은 規定을 세울 것

가 指名債權者에 對하여 質權을 設定한 境遇에 그 債權에 抵當權이 附隨된 때에는 質權者가 그 抵當權의 登記에 質權設定의 附記登記를 하여야만 質權의 效力이 抵當權에도 미친다

나 指圖式의 證券債權을 質權의 目的으로 하는 境遇에 있어서 質權의 設定은 그 證券에 裏書를 한 後 이를 質權者에게 交付함으로써 그 效力을 發生한다

다 無記名式의 證券債權을 質權의 目的으로 하는 境遇에 있어서 質權의 設定은 質權者에게 그 證券을 交付함으로써 그 效力을 發生한다

原案대로 可決하다

라 其他의 財産權을 質權의 目的으로 하는 境遇에 있어서는 다른 法令에 別段의 規定이 없는 限 그 權利의 讓渡에 關한 規定에 依하여 質權을 設定함으로써 그 效力을 發生한다

條文作成 後 再檢討키로 決定하다

마 質權設定者는 質權者의 同意 없이는 質權의 目的이 된 權利를 消滅 또는 變更할 수 없다

原案대로 可決하다

(六) 株式에 對한 質權에 關한 規定은 改正商法에 取扱되어 있으므로 民法에서는 이를 削除할 것

原案대로 可決하다

第十二. 抵當權

(一) 抵當權의 效力은 抵當物에 附加하여 一體된 物件에 미칠 뿐만 아니라 그 從物에도 미친다는 規定을 세울 것

(二) 法定地上權이 適用되는 範圍를 擴張할 것

例 同一所有者에 屬한 土地 及 建物에 對하여 抵當權을 設定한 境遇에 있어서 競賣의 結果 그 土地와 建物이 各各 競落人을 달리하게 된 때에도 建物의 競落人은 地上權을 取得한다

原案대로 可決하다

(三) 根抵當權에 關한 規定을 세울 것

「抵當權은 其 擔保할 最高全額만을 定하고 債權의 確定은 將來에 保留하여 이를 設定할 수 있다

債權의 設定에 이르기까지의 期間에 있어서의 債權의 消滅 또는 移轉은 抵當權의 效力에 影響을 미치지 아니한다

債權의 利子는 第一項의 最高全額 中에 이를 算入한다」

「債權의 利息附인 때에는 그 利息은 第一項의 最高全額 中에 算入한다」고 修正하고 爾餘는 原案대로 可決하다

(四) 滌除의 制度는 이를 削除할 것

原案대로 可決하다

(五) 法定抵當權에 關한 規定을 세울 것

例「本章의 規定은 法律의 規定에 依하여 生한 抵當權에 이를 準用한다」

原案을 撤回하다

第十一回　六月十一日 於前記同所

○張承斗 臨時委員

第二. 親族編의 要綱

(一) 親族은 現行의 로오마法主義로 하고 世數를 寸數로서 計算할 것

原案대로 可決하다

(二) 親族의 範圍

① 八寸 以內의 宗親(本宗親)(男系血族)

○元澤淵 委員

宗親은 四親等까지를 親族으로 하기를 改議한다

○李仁 委員

宗親은 六寸까지를 親族으로 하기를 再改議한다

○議長(金炳魯 委員長)

親族間의 扶養義務關係는 그 關係를 規定할 때에 適切하게 하면 될 것이므로 親族의 範圍를 廣汎하게 立法하더라도 實際로 弊害가 없을 것이며 또 더욱이

그렇게 親族의 範圍를 狹少하게 認定하는 것이 우리의 親族觀念 乃至 民族感情에 適合하며 이를 支配할 수 있을까가 置疑[致疑]되므로 좀더 愼重히 考慮하자

○ 金竣源 議員[委員]

實際問題의 一例를 보더라도 親族會議招集申請에 있어서 四寸까지의 範圍를 가지고는 會員定數가 不足될 때가 많을 뿐만 아니라 未成年者의 正當한 利益을 擁護하려는 五寸 以下의 親族은 除外되고 親族者인 年少한 寡婦와 通牒하는 冒稱緣故者가 親族會員이 되어 挾雜할 可能性이 頗多하므로 原案을 極力支持한다

表決 結果 原案대로 可決되다

② 四寸 以內의 外親(女系血族)

③ 夫의 ①②(夫族, 姻族)

原案대로 可決하다

④ 妻의 父母(妻族姻族)

○ 元澤淵 委員

妻의 父母만으로는 狹少하므로 一. 妻의 直系尊屬 二. 妻의 兄弟姉妹 및 그 配偶者로 하기를 改議한다

改議를 表決한 結果 可否同數이므로 議長이 可로 決定하다[19)]

⑤ 配偶者

原案대로 可決하다

(三) 繼親子

繼母子間에 限하여 親子關係를 認定하고 繼母의 血族과 繼子間 又는 繼父子間은 親族關係를 認定치 않을 것

○ 姜柄順 委員

起草委員은 原案이 現行慣習이라고 하나 本人調査에 依하면 이와 反對이므로 繼父繼母와 繼子間, 또는 繼母의 血族과 繼子間에도 各各 親族關係를 認定할 것을 改議한다

改議를 表決한 結果 可決되다[20)]

(四) 宗中族譜, 祭位土 等에 關한 規定을 두지 않을 것

原案대로 可決하다

---

19) 張暻根/張承斗, 民法親族相續編 要綱解說(一), 「法政」 4권 10호(1949.10), 4면에 의하면, 이 중 "妻의 直系尊屬"은 "妻의 父母, 祖父母"로 되어 있다.

20) 그러나 張暻根(註 19), 4면에 의하면, "繼父子間에는 親族關係를 인정하지 않을 것"으로 되어 있다.

(五) 家族의 範圍와 移動

家族의 範圍는 同一戶籍內에 在한 者로 하되 可及的 戶籍을 現實的 共同生活體에 符合토록 하기 위하여

① 直系尊屬이 아닌 成年의 男子로서 獨立한 生計를 할 수 있는 家族은 戶主가 此를 分家(配偶者 및 直系卑屬 隨伴)시킬 수 있도록 할 것

② 成年의 男子로서 獨立한 生計를 할 수 있는 家族은 戶主의 同意 없이 分家(配偶者 及 直系卑屬 隨伴)할 수 있도록 할 것

③ 戶主의 直系長男은 宗家(本家) 相續 及 父祖에 隨伴하여 去家하는 境遇 以外에는 分家 其他 去家할 수 없도록 할 것

原案대로 可決 通過

④ 庶子는 妻의 同意가 있는 境遇에는 父의 家에 入할 수 있도록 할 것

○金準枰 委員

原案은 自己의 親子인데도 不拘하고 妻의 同意가 없으면 入家할 수 없게 되어 人倫에 어긋나므로, 妻의 所生이 아닌 子는 妻의 同意가 없어도 入家할 수 있도록 할 것으로 改議한다

表決 結果 改議대로 可決되다

⑤ 戶主는 家族의 居所를 指定할 수 있고 此에 不應하는 家族은 離籍 또는 扶養하지 않을 수 있도록 할 것

○元澤淵 委員

原案은 우리의 人倫과 實情에 背馳되므로 削除함이 可하다

表決 結果 原案 否決되다[21]

(六) 家財團, 家宅 等의 家産制度를 創設하여 이 運營을 戶主의 主要한 權利義務로 할 것

○元澤淵 委員

原案 削除함이 可하다

表決 結果 原案 否決되다

(七) 戶主權은 左記의 內容으로 할 것

① 特定한 入家, 去家에 對한 同意

② 家族의 居所指定

③ 家族의 離籍

④ 家族의 禁治産 準禁治産 請求權 及 宣告取消請求權

⑤ 後見人이 될 權利 及 親族會에 關한 權利

---

21) 그러나 張暻根(註 19), 5면에 의하면, 原案 중 "離籍 또는"의 부분만이 삭제되었을 뿐이다.

⑥ 家財團 家宅의 運營 其他 家政의 主宰

表決 結果 ③⑥을 削除하고 爾餘는 原案대로 可決하다

(八) 戶主權 濫用禁止의 規定을 置할 것

條文作成 後 再檢討키로 決定하다

(九) 戶主의 扶養義務를 第一順位로 하지 않을 것(財産相續의 關係, 家財團及 家宅制度의 創設과의 關係를 考慮)

表決 結果 原案 否決되다

(一〇) 戶主의 隱居制度는 採用치 않고 戶主權의 代行制度를 設할 것

條文作成 後 再檢討키로 決定

(一一) 戶主의 居所指定權과 親權者 夫의 居所指定權과 相互 牴觸하는 境遇의 調整規定을 세울 것

原案대로 可決하다

(一二) 婚姻은 兩性의 合意에 基하여 成立하고 成年者는 父母의 同意를 要하지 않는 것으로 할 것, 未成年者가 婚姻을 함에는 父母의 同意를 要하나 父母 中 어느 一方이 同意를 얻을 수 없을 때에는 다른 一方의 同意만으로 좋을 것으로 할 것

婚姻에 戶主의 同意를 要하지 않는 것으로 할 것

○ 姜柄順 委員

右 原案 中 「父母 中 어느 一方의 同意를 얻을 수 없을 때」라 하면 未成年者의 父母 中 一方이 그 婚姻을 不適當하다고 認定하고 同意치 않는 境遇도 包含되어 同意를 要한다는 原則에 違反하므로 「父母 中 어느 一方이 同意權을 行使할 수 없을 때」로 修正하기를 改議한다

表決 結果 改議와 같이 可決하다

(一三) 婚姻年齡을 男子 十九歲 女子 十五歲 以上으로 하되 兩方이 婚姻年齡에 達한 境遇에는 婚姻을 取消할 수 없도록 할 것

○ 議長(金炳魯 委員長)

只今 우리 社會에는 早婚의 弊가 있는데 적어도 法制上으로는 이런 點을 考慮하지 않을 수 없을 것이며 따라서 男子 二十歲, 女子 十七歲 程度가 適當할 것이다

○ 元澤淵 委員

原案 後半에 있어서와 같은 取消權을 認定한다면 假令 四, 五十歲된 男性이 婚姻年齡에 未達한 女性과 適當한 手段方法으로 結婚하였다가 幾月後에 女性이 婚姻年齡의 未達을 惡用하여 恣意로 婚姻取消를 할 수 있게 되고 이같은 行動이 幾十番이고 反覆될 수 있어 結局 色漢의 跋扈를 助長하는 結果를 招來

할 것이므로 原案을 「婚姻年齡을 男子 二十歲 女子 十七歲로 한다」라고 修正하여 取消權에 關한 것을 削除하기를 改議한다

表決 結果 改議와 같이 可決되다

(一四) 同姓不婚(同姓不娶)의 慣習을 廢하고 親族 又는 親族이었던 者 間의 婚姻을 禁止할 것

○ 徐相權 委員

一次 離婚하였다가 同一人間에 다시 結婚할 境遇도 있는바 이것을 禁止할 必要가 無하므로 原案을 「親族 또는 親族이었던 者 間의 婚姻을 禁止한다. 但 配偶者였던 境遇에는 그러하지 않다」로 改議한다

表決 結果 改議대로 可決하다

(一五) 婚姻의 形式

① 婚姻은 公共의 儀式을 擧行함으로써 그 效力을 生하되 二人 以上의 成年者의 立會를 要할 것으로 할 것

② 儀式을 擧行치 않을 境遇에는 婚姻은 戶籍吏에 對한 屆出로써 그 效力을 生하도록 할 것

○ 元澤淵 委員

原案의 第一項을 削除하고 現行法과 같이 屆出主義를 採用하기로 改議한다

表決 結果 改議대로 可決하다

(一六) 夫 又는 妻가 婚姻 前부터 가진 財產 及 婚姻 中 自己의 名義로서 얻은 財產은 其 特有財產으로 하고 夫婦의 어느 便에 屬하는지 分明치 않은 財產은 夫의 權利에 屬하는 것으로 推定할 것

夫婦別產主義로부터 招來하는 强制執行廻避의 弊害를 防止하는 規定을 設置할 것

表決 結果 原案 中 第二項을 削除하고 一項만을 可決하다

(一七) 夫婦의 一方이 日常의 家事에 關하여 第三者와 法律行爲를 한 때는 다른 一方은 이에 依하여 發生한 債務에 對하여 連帶하여 그 責任을 질 것

條文作成 後 再檢討키로 決定되다

(一八) 妻의 特有財產에 對한 夫의 管理 使用 收益權을 認定하지 않을 것

(一九) 夫婦는 同居하여 서로 協力 扶助할 義務가 있고 同居場所는 夫가 指定하는 것으로 할 것, 夫가 妻와 同居하지 않는 境遇에는 妻의 居所를 指定할 權利가 없도록 할 것

原案대로 可決하다

第十二回 七月九日 於前記同所

○張承斗 委員

(二〇) 妻의 行爲能力

① 妻는 自己의 特有財產에 關한 行爲 及 訴訟行爲에 關하여 夫의 同意를 要하지 않도록 할 것

原案대로 可決하다

② 身體의 羈束을 받을 契約 또는 營業을 함에는 夫의 同意를 要하는 것으로 할 것

○姜柄順 委員

身體羈束에 關한 것과 營業에 關한 것을 區別하여 前者에 있어서는 身體羈束이란 말을 쓰지 않고 「夫婦共同生活에 顯著한 支障을 줄 影響이 있을 境遇에 限하여 夫의 同意를 要한다」 함이 可하다

○元澤淵 委員

身體羈束에 關한 것만을 두고 營業에 關한 것은 除外함이 可하다

成條 後 討議하기로 決定하다

(二一) 婚約不履行으로 因한 損害賠償에 關한 規定을 設할 것

原案대로 可決하다

(二二) 協議에 依한 離婚에 關하여는 十二에 準할 것 戶籍吏에 對한 屆出로써 그 效力을 生하도록 할 것

原案대로 可決하다

(二三) 詐欺 又는 强迫에 依한 離婚의 取消에 關한 規定을 設定할 것

原案대로 可決하다

(二四) 裁判上의 離婚原因을 다음과 같이 定할 것

① 配偶者에게 不貞한 行爲가 있을 때

「顯著한」 行爲로 修正하여 可決하다

② 配偶者 又는 直系尊屬으로부터 甚히 不當한 待遇를 받았을 때

原案 否決되다

③ 自己의 直系尊屬이 配偶者로부터 甚히 不當한 待遇를 받았을 때

④ 配偶者의 生死가 三年 以上 分明하지 않을 때

⑤ 其他 婚姻을 繼續하기 어려운 重大事由가 있을 때

裁判所는 前項의 事由가 있을 때라도 一切의 事情을 斟酌하여 婚姻의 繼續을 相當하다고 認定하는 때는 離婚의 請求를 棄却할 수 있도록 할 것[22]

---

22) 그러나 張暻根/張承斗, 民法親族相續編 要綱解說(二), 「法政」 4권 11호(1949.11), 14면에 의하면, 法院에 의한 裁量棄却을 허용하는 이 "第2項을 濫用될 憂慮가 있다고

以上 原案대로 可決하다

(二五) 父母가 離婚하는 때는 子의 保護者 其他 監護에 關하여 必要한 事項을 協議에 依하여 이를 定하고 協議가 不調하는 때에는 裁判所가 이를 定할 것

原案대로 可決하다

(二六) 離婚한 者의 一方은 相對方에 對하여 相當한 生計를 維持함에 足한 財產의 分與를 請求할 수 있게 하고 裁判所는 當事者 雙方의 資力 其他 一切의 事情을 斟酌하여 分與 與否와 分與의 額 及 方法을 定할 것으로 할 것 但 離婚의 原因이 專혀 又는 主로 其者의 責에 歸한 事由에 因한 境遇를 除外할 것

原案대로 可決하다

(二七) 父가 認知를 할 境遇에는 子의 保護者 其他 監護에 關하여 必要한 事項은 父母의 協議에 依하여 이를 定하되 協議가 不調하는 때에는 裁判所가 이를 定할 것으로 할 것

原案대로 可決하다

(二八) 認知의 無效 及 取消

① 子의 認知를 한 父 又는 母는 反對의 事實을 안 때에는 認知한 때로부터 起算하여 一定한 期間 內에 其認知를 取消할 수 있도록 할 것

② 子 其他의 利害關係人의 認知의 無效 又는 取消의 主張에 關하여서는 前項에 準하도록 할 것

右 ①項은 原案대로 可決 ②項 成條 後 討議키로 決定하다

(二九) 認知는 屆出에 依하여 하되 養育한 境遇에는 認知한 것으로 看做할 것

原案을「認知는 屆出에 依하여 할 것」으로 改正 可決하다

(三〇)「家의 繼續을 爲한 養子」만 認定하는 現行慣習法을 修正하여「親을 爲한 養子」「子를 爲한 養子」도 認知하도록 養子制度를 擴張하여 左[아래]와 如히 規定할 것

原案 全文 次回까지 討議保留하다

三一項 乃至 三三項 亦是 次回까지 保留하다[23)]

하여 總會에서 削除되었다"고 한다. 그러므로 本資料의 敍述은 그 한도에서 不正確하거나 아니면 그 후 이 점이 再論되었거나 할 것이다. 한편 파탄주의에 입각한 이혼법을 가지는 나라에서 인정되는 소위 苛酷條項(Härteklausel. 獨民 제1568조 등 참조)을 연상시키는 규정은 그 原案의 입안자에 의하여, "그러나 相對的 離婚原因을 認定하는 한 이를 存置할 必要가 있을 것이다. 裁判官의 妥當한 法運營을 信賴하여 千變萬化의 實情에 適應하는 法的 解決을 기대하는 것이 賢策이 아닐까 思料되는 바이다"(同所)라고 옹호되고 있다.

23) 제30항의 구체적 내용과 제31항 내지 제33항 및 제36항의 全文은 鄭光鉉,「韓國家族法研究」, 1967, 附錄編 9면 참조.

(三四) 親權은 未成年의 子에 對한 것으로 할 것

原案대로 可決하다

(三五) 親權은 第一次로 父가 行使하고 第二次로 母가 行使하도록 할 것

原案대로 可決하다

三六項은 成條 後 檢討키로 決定하다

(三七) 扶養權利義務者

① 左記 親族間에는 相互 扶養義務를 認定할 것

(가) 直系血族間

(나) 夫婦의 一方이 他의 一方의 直系血族과 生計를 같이하는 境遇 其 相互間

(다) 兄弟姉妹間

(라) 戶主家族間

(마) 家族間

② 裁判所가 特別한 事情이 있다고 認定할 때에는 右 以外의 親族間에도 扶養할 것을 命할 수 있도록 할 것

右 第一項은 保留, 第二項은 否決되다

(三八) 扶養의 順序

① 扶養할 者 又는 扶養을 받을 者 二人 以上 있는 境遇에 있어서 扶養의 順序에 關하여서는 原則으로 當事者間의 協議에 맡기고 法文에 煩雜한 規定을 設하지 않을 것

② 協議가 되지 않을 때는 비로소 裁判所가 親族關係의 親疎, 尊卑, 男女의 別, 同一家籍에 在한 與否 及 其他 一切의 事情을 斟酌하여 扶養의 順序를 定하도록 할 것

原案대로 可決하다

(三九) 扶養의 程度 及 方法

扶養의 程度 方法에 關하여서도 扶養의 順序의 境遇와 同樣의 趣旨로 規定할 것

原案대로 可決하다

(四〇) 扶養義務의 免除

父母의 居所指定에 應치 않거나 未成年者가 婚姻, 離婚, 養子緣組 又는 離婚하는 데 있어서 父母의 同意를 얻지 않은 境遇에는 父母는 其子에 對하여 扶養하지 않을 수 있도록 할 것

原案을 再考하기 爲하여 保留하다

(四一) 家事審判所의 設置는 保留하고 身分關係에 關한 事件은 普通 一般裁判

所에서 管轄할 것

原案을 再考하기 爲하여 保留하다

(四二) 親族會

① 親族會員의 員數 及 選任에 關하여는 申請人 以外의 親族 及 利害關係人으로부터 意見書를 提出할 수 있도록 하고 親族會員 選任 及 招集申請에 當하여 親族 其他 會員될 資格을 故意로 裁判所에 報告하지 아니한 申請人 又는 其代理人의 處罰規定을 設置할 것

右 ①에 있어서 處罰規定만은 成條 後 檢討키로 하고 爾餘는 原案대로 可決하다

② 無能力者를 爲한 常設親族會에 關하여는 裁判所가 會員을[24] 改任 또는 增員選任할 수 있도록 할 것

③ 親族會의 構成이 不能 또는 困難한 境遇에는 裁判所의 決定으로써 그 決議에 代할 수 있도록 할 것

④ 親族會에는 그 代表者를 두고 且 親族會의 訴訟當事者能力을 認定할 것

⑤ 親族會의 決議에 關하여는 適當한 範圍 內에서 書面決議의 效力을 認定할 것

⑥ 親族會가 決議를 하지 않거나 此를 할 수 없는 境遇에는 裁判所는 會員을 改任 또는 增員選任하거나 決定으로써 그 決議에 代할 수 있도록 할 것

右 ② 乃至 ⑥ 原案대로 可決하다

---

24) 張暻根/張承斗, 民法親族相續編 要綱解說(三), 「法政」 4권 12호(1949.12), 29면에 의하면, 이 부분은 "裁判所가 申請 又는 職權에 의하여 會員을"로 수정되고 있다.

3. 民法의 歷史와 民法學

I. 民法典의 歷史的 成立過程

1. 우리가 오늘날 쓰고 있는 의미로 「民法」이라는 말이 우리 나라에서 처음으로 쓰인 것이 언제인지는 쉽사리 斷定할 수 없다. 그러나 늦어도 1894년 7월부터 시작된 甲午更張[1]에 있어서는 民法의 制定을 지향하는 일련의 움직임이 명백하게 나타나는데,[2] 거기서 「民法」이라고 함은 오늘날과 마찬가지로 民事紛爭의 一般的 解決規準을 포괄적으로 정하는 實定法律로서의 民法典을 의미하고 있었다. 가령 당시의 군주 高宗은 1894년 12월 12일(陰曆)에 宗廟에 나아가 國政의 새로운 綱領으로서 洪範十四條를 誓告하고 개혁의 추진을 약속하였다. 그 중에서 第13條는 "民法과 刑法을 嚴明하게 作定하고 汎濫히 사람을 가두거나 罰하지 아니하여서 이로써 人民의 목숨과 財產을 保全"할 것을 선언하고 있는 것이다.[3] 아마도 이것이 적어도 公的인 次元에서 「民法」이라는 용

---

1) 甲午更張 또는 甲午改革은 광의로는 高宗 31년 7월부터 32년 12월까지(이상 陰曆) 있었던 일련의 近代化를 위한 改革措置를 의미하나, 제1차 갑오개혁이라고 하면 高宗 31년 6월 25일(양력 1894년 7월 27일)에 설치된 軍國機務處가 同年 11월 21일(양력 同年 12월 17일) 폐지되기까지 추진한 개혁을 가리킨다. 李光麟, 「韓國史講座」, V, 2版, 1984, 322면 참조.

2) 朴秉濠, 開化期의 法制, 「鄭範錫 博士 華甲紀念論文集」, 1977, 199면은 "개화기를 사상사적인 면에서 볼 때에는 가깝게는 1870년대 前後에로 소급할 수 있으나, 法制史的인 면에서 특히 實定法的으로는 역시 1894년의 甲午更張에 의한 改革부터 開化期의 起點을 설정하는 것이 타당"하다고 한다.

3) 국회도서관 편, 「韓末近代法令資料集」, 1권, 1970(이하 이 문헌은 "「韓末法令集」 I" 등으로 인용한다), 137면의 國文本에서 인용.

어가 사용된 최초의 예가 아닌가 한다.

그리고 이듬해인 1895년 6월에는 法部 안에 法律起草委員會를 설치하여[4] "刑法, 民法, 商法, 治罪法, 訴訟法 등을 詳査하여 改正 또는 制定하는 法案을 起草"하도록 하였다(1895년 6월 15일 法部令 제 7 호 「法律起草委員會規程」 제 2 조). 이 委員會規程 중에는 "그 法律을 起草함에 있어 舊慣, 故俗의 調査를 必要로 하는 때에는 각 衙門 및 地方官廳 등에 照會하고 또 사람을 派遣할 수 있다"고 정하고 있는 것이 흥미를 끈다(제 7 조).[5]

또한 敎育의 면에서도 「民法」이 敎授되었다. 1985년 3월 새로운 법률지식을 갖춘 인재의 양성을 위하여 法官養成所가 설치되었는데(약 1년 후 폐소되었다가 다시 1903년에 개소하여, 1909년 統監部法學校의 설치와 동시에 폐지되기까지 계속 法律家를 배출해 냈다), 그 敎科課程 속에는 애초부터 「民法」이 형법이나 민사소송법, 형사소송법과 아울러 포함되어 있었다.[6] 이렇게 보면 1890년대 중반에는 오늘날과 같은 의미의 「民法」이라는 말이 한정된 制度改革의 범위 안에서이기는 해도 상당히 널리 쓰여지고 있었던 것이 아닌가 생각된다. 그러나 1986년의 소위 俄館播遷을 계기로 갑오경장을 주도해 온 開化派 內閣이 전복되고 親露派 내각이 들어섬으로써, 民法을 제정하고자 하는 위와 같은 일련의 움직임은 더 이상 진척을 보지 못하였다.

이와 같이 民法典을 편찬하려는 첫번째 試圖가 실패하게 된 이유로서는 다음의 두 가지 사실이 지적된다.[7] 첫째, 당시의 改革은 주로 獨立國家로서의 面貌를 유지하기 위하여 國家의 統治와 관련된 사항에 대하여 정책적으로 행하여진 데 그쳤다. 따라서 그 새로운 法令들은 대부

4) 法律起草委員會의 法的 根據, 構成, 委員 등에 대하여는 鄭肯植, 韓末法律起草機關에 관한 小考, 「韓國法史學論叢」: 朴秉濠 敎授 還甲紀念論文集 (Ⅱ), 1991, 254면 이하 참조.
5) 이상 「韓末法令集」 Ⅰ, 492면 이하.
6) 서울대학교 법과대학 동창회 편, 「서울法大百年史資料集」 Ⅰ(光復前 50年), 1987, 33면 참조. 또한 朴秉濠(註 2), 204면도 참조.
7) 李相旭, 韓國相續法의 成文化過程, 1987년 慶北大 博士學位論文, 26면 이하.

분 官制와 官規, 財政 등 행정법령에 관한 것과 刑罰體制의 정비에 관한 것이고, 民法과 같이 私人 간의 법률관계를 규율하여 統治作用과는 무관한 법률에까지 손을 쓰지 못하였다는 것이다. 둘째, 당시의 개혁조치에는 日本의 영향이 강하였다. 그런데 일본의 최대의 관심은 우리 나라에서 經濟的 利權을 차지하는 데 있었으므로, 商事 그 중에서도 經濟體制에 관한 法令[8]에 중점이 놓여졌다는 것이다. 그리하여 民事와 관련하여서는 「牽養에 관한 件」, 「早婚을 금하는 件」, 「寡女의 再嫁를 그 自由에 맡기는 件」 등 가족법의 일부에 관련된 것이 거의 전부였다.[9]

2. 약 10년이 지난 1905년에 다시 민법을 제정하려는 움직임이 역시 정부안에서 일어났다.[10] 즉, 同年 5월 31일 "法部에 法律起草委員會를 설치하여 民法을 制定하고자 하는" 法部大臣의 奏請이 裁可되었다. 그 주청은 민법 제정의 필요를, "法律을 갖추지 못하면 政治를 잘 할 수 없는 것인바, 刑法大典은 이미 頒布하였으나 民法에 이르러서는 아직까지 일정한 條規가 없어서 有司의 臣이 聽理할 때 左右에 현혹되고 있고, 人民들의 無知蒙寐는 더욱 심하다"라고 설명하고 있다.[11] 이는 요컨대 裁判이나 일반인의 民事生活에 명백한 基準을 제시함으로써 법적인 安定性을 도모할 필요가 있다는, 그 자체 극히 타당한 취지를 밝힌 것으로 이해된다. 당시에는 이미 1895년 3월 25일의 裁判所構成法 이래 부분적으로 근대적인 裁判制度가 도입되어 있었다. 즉, 위 法律은 地方裁判所, 漢城及開港場裁判所, 巡廻裁判所 및 高等裁判所(그 명칭은 1899년 이래 平理院으로 바뀌었다) 등을 둘 것을 규정하였고, 그 중에서 종심법원인 平理院과 제1심법원에 해당하는 漢城裁判所는 실제로 개설되었다

8) 그 예에 대하여는 李相旭(註 7), 註 28 152면 참조.

9) 모두 「韓末法令集」 Ⅰ, 15면에 所載.

10) 한편 獨立新聞은 1899년 8월 12일, 同 14일자의 論說 "민법론"에서 민법전의 제정과 특히 시행을 역설하고 독일민법의 편찬체계를 설명하였다.

11) 「韓末法令集」 Ⅳ, 237면 이하.

(그 외의 재판소는 각 道의 監營이나 府·郡廳에 附置하였고, 判事도 觀察使 또는 府尹·郡守로 하여금 겸임하게 하였다).[12] 따라서 그 중 民事裁判에 대하여도 그 실체적인 準則에 제시할 필요가 있었던 것이다.[13]

法部는 위 재가된 奏請에 따라 동년 7월 18일 法部令 제2호로 法律起草委員會規程을 마련하였다.[14] 이에 의하면 그 위원회는 위원장 1인과 위원 8인 및 書記 2인으로 구성되며(제3조), 앞서 본 1895년 6월의 法律起草委員會와 같은 法律起草의 임무가 주어졌다.[15] 이 새로운 法律起草委員會에는 "근대법학을 공부한 법률기초위원들이 많이 등장한다. 이러한 사실은 陸軍法律과 刑法大全의 제정을 비롯한 입법과정에 참여하여 얻은 실무적 경험을 바탕으로 하고 일본유학과 法官養成所를 통해 얻은 근대법학지식을 축적하여 한국에 자생적으로 법조인을 양성할 수 있는 기반이 조성되었음을 반영한다"는 견해도 있다.[16] 다른 한편 1907년을 전후하여서는 民法典 편찬의 필요를 역설하는 民間의 主張이 대두되었다고 한다.[17]

그러나 이러한 민법 제정에의 독자적인 움직임은 日本이 朝鮮의 國權을 점차 강탈하여 감에 따라 그 結實을 맺지 못하였다. 日本은 그들 자신의 目的을 위하여 이 땅 위에 시행할 별도의 民法典을 만들기 위하여 慣行調査 등의 준비를 하였다고 한다. 그러나 결국 그러한 民法典도 제정, 시행에까지는 이르지 못하였다.[18]

12) 開化期의 裁判制度에 대하여는 우선 朴秉濠(註 2), 202면 이하 참조.
13) 한편 刑事에 대하여는 1905년 4월 29일 법률 제2호로 위 奏請에서도 언급하고 있는 刑法大典이 공포되었다. 그 내용 중에는 民事에 관한 규율도 포함되어 있다. 이에 대하여는 鄭鍾休, 「韓國民法典の比較法的研究」, 1989, 28면 이하를 보라.
14) 「韓末法令集」 Ⅳ, 311면 이하 所載.
15) 이 새로운 法律起草委員會는 法部官制 등에 그 근거가 없이 法部大臣의 奏請에 대한 裁可로 설치된 것이므로 "權設"이라는 接頭語를 붙였다고 한다. 이 점 및 그 구성 등에 대하여는 鄭肯植(註 4), 257면 참조. 또한 金孝全, 近代韓國의 憲法思想—立法의 近代化를 中心으로, 東亞法學 14호(1992), 20면 이하도 참조.
16) 鄭肯植(註 4), 258면.
17) 石鎭衡, 「債權法 第一部」(京城 : 普成專門學校, 1907년 推定), 緖言 2면; 兪珏兼, 私法典編纂의 必要, 「法政學界」 1호(1907.4), 13면 이하 등 참조.
18) 日本의 慣行調査 등 韓國民法典 편찬을 위한 준비작업에 대하여는 鄭鍾休(註 13), 34

3. 1910년 9월 29일 우리의 國權을 강탈한 일본은 당시 韓國强占에 즈음하여 발포한 勅令 제324호의 「朝鮮에 시행할 法令에 관한 件」에 의하여 우리 나라에 있어서의 立法事項에 관한 法令을 제정할 權限(소위 制令權)을 朝鮮總督에게 부여하였다. 이러한 내용의 조선총독의 命令은 「制令」이라고 불리웠다(同 勅令 제 6 조).[19] 그리고 바로 그 날 조선총독은 "당시 效力을 가지고 있던 韓國法令 및 統監府令"이 당분간 효력을 가진다는 내용의 制令 제 1 호 「朝鮮에 있어서의 法令의 效力에 관한 件」을 발포하였다. 그리고 1912년 3월 18일에는 일본 점령 하의 우리 나라에 있어서의 民事基本法에 해당하는 「朝鮮民事令」이 制令 제 7 호로 발포되었다. 그 제 1 조는 "朝鮮人의 民事에 관한 事項은 本令 기타의 법령에 특별한 규정이 있는 경우를 제외하고 다음의 法律에 依한다"고 하고, 그와 같이 「依用」되는 법률의 맨처음에 "民法", 즉 日本民法을 들고 있다. 그리고 그 제11조는 "朝鮮人의 親族 및 相續"에 관하여는 원칙적으로 우리의 慣習에 의한다고 정하였다.[20] 이로써 우리 나라 사람 사이의 民事紛爭은 적어도 財産法에 관한 한 日本民法을 적용하는 소위 「依用民法」의 시대가 개시되었다.

그러나 여기서 주의할 것은 日本民法의 財産編 규정 중에서도 우리 나라에 「依用」되지 아니한 것이 있다는 점이다. 가령 朝鮮民事令 제10조는 "朝鮮人 상호 간의 法律行爲에 대하여는 法令 중 公의 秩序에 관한 것이 아닌 규정과 다른 慣習이 있는 경우에는 그 慣習에 의한다"고 정한다.[21] 이로써 日本民法 제92조(이에 의하면 그러한 慣習은 "법률행위의

면 이하; 鄭肯植(註 4), 259면 이하; 金孝全(註 15), 37면 이하 등 참조.

19) 이 制令權의 부여를 둘러싼 일본 내의 論議에 대하여는 鄭鍾休(註 13), 93면 이하 참조.

20) 그러나 그 후 이 규정을 여러 차례 改正하여 日本民法 중의 親族相續에 관한 규정에 의하는 範圍를 점차 확대하여 가서, 1945년 8월의 光復 직전에는 親族相續에 대하여도 상당수의 일본민법 규정이 "依用"되었다. 그 經過에 대하여는 鄭光鉉, 「韓國親族相續法」, 上卷, 1955, 부록 3면 이하 참조.

21) 우리 民法 제106조는 명백히 이 朝鮮民事令 규정과의 連續線 위에서 정하여진 것이다. 「民法案審議錄」, 上卷, 1957, 72면 참조.

當事者가 이에 의할 意思를 가진다고 인정될 때"에만 그 慣習에 의한다고 한다)[22]는 그 적용이 배제되었다고 볼 것이다. 또 제13조는 "不動產에 관한 物權의 得失 및 變更에 대하여 朝鮮不動產登記令에 登記의 규정을 둔 것은 그 登記를 받지 아니하면 이를 第三者에게 對抗할 수 없다"고 하는데,[23] 이 역시 不動產登記에 대항력을 인정하는 日本民法 제177조의 적용을 배제하는 취지라고 생각된다.[24]

이와 같이 우리가 植民地의 상태에서 그 强占國에 강요되어 처음으로 근대적인 民法에 접하게 되었다는 사실은 후의 民法生活에도 여러 가지의 부정적인 영향을 남겼다. 그 법이 外來의 權力에 의하여 억압적으로 시행되었음으로 말미암아 受範者들이 받은 각종의 苦痛과 그에 의하여 그 후 장기간에 걸쳐 남은 ―오늘날까지도 전혀 부인할 수는 없는― 법에 대한 부정적인 印象은 차치하고서라도, 법 자체의 內容이 정상적으로 형성·발생되지 못하였다는 점도 결코 작다고는 할 수 없다. 그 예를 親族相續 등 家族에 관한 法에서 찾아 보기로 하자. 앞에서 본 대로, 그에 관하여는 우리의 慣習에 의하도록 정하였었다. 그러나 최근의 연구에 의하면, "그 중 相當한 部分이 일본의 政略的 同化政策의 목표 하에서 歪曲되었음"이 밝혀지고 있다.[25] 그 주요한 점은 다음과 같다. 첫째, 일본의 家 및 戶主權의 관념을 전제로 하여 戶主相續制度를 우리의 「慣習」으로 인정하였다. 그러나 실제로 우리 나라의 전통적인 家族制度上 家長은 법상으로나 실제상으로 강한 權限이 부여된 바 없고, 그 지위의 승계도 독자적인 發展을 보지 못하고 祭祀相續에 흡수되어 承重子

22) 이 기묘한 내용의 규정의 立法過程에 대하여는 星野英一, 編纂過程からみた民法拾遺, 「民法論集」, 1卷, 1970, 162면 이하 참조. 요컨대 日本民法의 起草者들 사이에 존재하는 慣習法에 대한 서로 다른 입장을 타협한 결과라고 한다.

23) 이는 1929년 制令 제6호로 개정된 후의 文言인데, 애초에는 "朝鮮不動產登記令에 의한 登記" 외에 "朝鮮不動產證明令에 의한 證明"에 의하여서도 대항력이 발생하는 것으로 규정되어 있었다.

24) 同旨 : 鄭光鉉(註 20), 24면; 郭潤直, 「物權法」, 新訂版, 1992, 74면 이하.

25) 李相旭(註 7), 79면. 이하에 대하여는 同, 日帝下 傳統家族法의 歪曲, 「韓國法史學論叢」: 朴秉濠 教授 還甲紀念論文集(Ⅱ), 1991, 371면 이하도 참조.

의 지위로 대치되었었다. 둘째, 그 戶主相續에 일본의 家督相續制를 결합시켜서, 戶主가 사망한 경우의 財產相續에 관한 한, 長子單獨相續制를 확립하였다. 그러나 원래 朝鮮朝에 있어서의 재산상속은 直系卑屬인 子女가 均分相續하는 것이 원칙이었고, 다만 承重子에 대하여 5분의 1이 「加給」될 뿐이었다(經國大典 刑典 私賤條).[26] 이는 적어도 17세기 초까지는 유지되어 왔으나, 그 후로는 점차 承重子를 우대하는 경향이 두드러져서 祖先의 奉祭祀를 위한 몫이 늘어갔다.[27] 그러나 子女均分相續制는 그러한 變容에도 불구하고 "우리의 家族制度를 특징지우는 가장 본질적 要素"이었고[28] 日帝가 행한 慣習調査에서도 적어도 長子單獨相續은 우리의 관습이 아님을 인정하고 있었다.[29] 셋째, 우리 상속법에서 극히 중요한 祭祀相續이 전혀 시인되지 아니하였다.[30]

4. 1945년 8월 15일 日本이 제2차 세계대전에서 무조건 降伏을 하고, 북위 38도 이남에는 美國에 의한 軍政이 실시되었다. 그리고 미군정 당국은 8·15해방 당시 시행 중이던 법률적 효력을 가지는 規則, 命令, 告示 기타 文書(documents)는 美軍政廳에서 특별한 명령으로 이를 폐지할 때까지는 완전히 효력을 가진다는 태도를 취하였다.[31] 이것은 곧 日帝 치하에서 한반도에서 효력을 가지던 法令의 대부분이 그대로 美軍政 아래서도 효력을 유지함을 의미하는 것이다. 따라서 日本民法은 朝鮮民事令에 의하여 「依用」되고 있는 한에서는 여전히 우리 나라에서 효력을 가지고 있었다. 그리고 美軍政 당국은 우리 나라의 정부가

26) 朴秉濠, 韓國의 傳統社會와 法, 서울대 「法學」 15권 1호(1974) 96면 이하; 同, 「韓國의 傳統社會와 法」, 1985, 134면 이하 등 참조.
27) 金容圭, 李朝社會의 土地相續法, 「徐燉珏 博士 華甲紀念 現代法學의 諸問題」, 1981, 247면 이하; 朴秉濠(註 26. 「法學」), 98면 등 참조.
28) 朴秉濠(註 26. 「法學」), 98면.
29) 李相旭(註 7), 72면 이하 참조.
30) 李相旭(註 7), 82면 이하 참조.
31) 1945년 11월 2일 美軍政法令 제21호.

수립될 때까지 약 3년에 걸쳐 法令이 효력을 가지는 각종의 布告 등을 발포하였는데, 그 중에 民事에 관하여 중요한 것으로는 創氏改名에 관한 日帝의 法令을 폐지한 軍政法令 제122호(「朝鮮姓名復舊令」) 등이 있다. 이와 같이 미군정 아래서 효력을 가지는 法令들은 우리 정부가 수립된 후에도 制憲憲法 제100조("現行法令은 이 憲法에 저촉되지 아니하는 한 效力을 가진다")에 의하여 대부분 그대로 그 효력을 유지하였다. 헌법에 저촉된다고 하여 效力을 상실한 法令 또는 法規定은 실제에 있어서는 극소수에 불과하였던 것이다.[32] 그리고 위에서 본 대로 '現行法令'의 절대 다수는 日帝下에서의 法令이었기 때문에, 가령 1951년에 간행된 「法學通論」 교과서는 "法學工夫를 하려면은 日政時代의 六法全書가 절대로 필요하다"고 한다.[33]

外國의 法令이 그대로 自國의 법령으로 효력을 가진다고 하는 것은 獨立國家로서의 체면을 현저히 손상하는 것이 아닐 수 없다. 그 법령들은 外國語로 쓰여진 것일 뿐만 아니라, 우리 國民의 意思에 기하여 만들어진 것이 아니었다. 그리하여 특히 國民의 일상생활과 밀접한 관계가 있고 빈번하게 裁判에서 적용되는 基本法律인 民法은 ―刑法이나 각 訴訟法 등의 다른 기본적 법률들과 마찬가지로― 하루빨리 우리의 것으로 대체되지 않으면 안 되었다.

5. 民法을 제정하는 작업은 이미 美軍政 시대부터 시작되었다. 미국은 점차 軍政에 한국인들을 참여시키는 정책을 취하여서, 1946년 12월에는 한국인들만으로 구성된 立法議院을 창설하여 당면한 제반 法令을

32) 가령 데릴사위제도의 무효를 선언한 大法院 1949년 3월 26일 판결에 의하여 朝鮮民事令 제11조 중의 일부와 동 제11조의 2 기타 婿養子制度에 관한 규정은 폐지 내지 수정되었다. 한편 妻의 행위무능력을 정한 依用民法 제14조 내지 제18조는 이미 美軍政 아래서 大法院 1947년 9월 2일 판결에 의하여 폐지된 바 있다. 이는 憲法 시행 후에도 변함이 없을 것이었다.

33) 金曾漢, 「法學通論」, 1951, 56면.

제정하도록 하였다. 또 다음해인 1947년 2월에는 행정의 최고책임자인 民政長官의 자리에 安在鴻이 취임하였으며, 그 해 6월부터는 미군정청의 이들 "朝鮮人機關"은 「南朝鮮過渡政府」라고 지칭되었다(물론 최종적인 권력은 미국이 가지고 있었다). 이 남조선과도정부가 1947년 6월 30일에 공포한 行政命令 제3호는 그 조직의 일부인 司法部 안에 "數個月에 亘하야 각 審理院審判官 及 檢察官의 基礎法典의 起草事業을 총괄, 조정, 촉진하여 朝鮮 在來의 司法行政을 현대화하여 민주주의화하기 위하여 法典起草委員會를 설치"할 것을 정하였다. 현재까지 확인된 바에 의하면, 同 委員會는 1948년 4월까지는 民法起草要綱의 일부를 완성하였다.[34]

그리고 1948년 8월에 정부가 수립된 지 얼마 되지 아니한 9월 15일에는 대통령령 제4호 「法典編纂委員會職制」가 공포되어, 그 委員會를 중심으로 하는 "基礎法典 … 의 草案을 起草, 審議"(同令 제2조. 점선은 인용자가 생략한 부분을 가리킨다)하는 작업이 진행되었다. 이 法典編纂委員會는 앞서 法典起草委員會의 연장임은 그 人的 構成의 면에서도 확연하고, 또 앞서 본 民法起草要綱과 후에 법전편찬위원회가 ―적어도 1950년 4월까지는― 완성한 「民法案編纂要綱」[35]을 대비하여 보아도 바로 알 수 있다.

이 民法編纂要綱은 財産法에 관한 사항만을 포함하고 있는데, 그 내용을 보면 이 要綱이 실제로 그 후의 民法起草作業의 대체적인 줄거리를 이미 결정한 것이라고 할 수 있다.

法典編纂委員會가 구체적으로 어떠한 방식으로 作業하였는가에 대한 상세한 研究는 아직 이루어지지 않고 있다.[36] 그러나 그 위원회의

34) 그 활동 및 起草要綱의 내용에 대하여는 梁彰洙, 民法案의 成立過程에 관한 小考, 서울대 「法學」 30권 3·4호(1989), 190면 이하(「民法研究」 I, 67면 이하) 참조.

35) 그 내용은 梁彰洙(註 34), 211면 이하(「民法研究」 I, 100면 이하)를 보라.

36) 필자는 그 중에 民法案編纂要綱의 審議過程이 포함되어 있는 法典編纂委의 議事錄 일부를 발견하였다. 그러나 이에 대한 분석은 梁彰洙, 資料 「法典編纂委員總會議事錄(抄)」, 서울대 「法學」 35권 2호(1994), 298면 이하(本書, 86면 이하) 참조. 그러나

長이었던 당시 대법원장 金炳魯의 기여가 매우 크다는 것,[37] 당시의 大法官들이 그 초안의 내용을 논의함에 있어서 많은 의견을 개진하였다는 것[38] 등이 알려져 있을 뿐이다. 어쨌거나 법전편찬위원회는 草案을 완성하여 1953년 9월 30일 정부에 이송하였다. 이 草案은 정부의 法制室(현재의 法制處의 前身)에서 "用語의 통일 기타 條文 정리" 정도의 修正을 거쳐, 1954년 9월 30일 國務會議를 통과하였다. 그리고 같은 해 10월 13일 大統領의 裁可를 얻어 같은 달 26일 정부의 法律案으로서 國會에 제출되었다. 이 民法案은 본문 1118조, 附則 32조로 되어 있었다.

당시는 制憲憲法에 대하여 1952년 7월에 이미 제1차 개헌이 이루어진 때이어서, 憲法은 애초 單院制로 되어 있던 國會를 民議院과 參議院의 兩院으로 구성할 것을 정하고 있었다(당시 憲法 제31조 이하 참조). 그러나 참의원은 아직 구성 자체가 되지 못하고 있었으므로, 民議院의 의결만으로 國會의 의결이 있는 것으로 간주되었다(당시 憲法의 附則 제3항). 당시의 民議院은 1954년 5월 20일의 總選에 의하여 구성된 제3대 국회로서, 집권 自由黨이 절대 다수의 의석을 차지하고 있었다. 民法案은 1954년 10월 28일 法司委에 회부되었다. 法司委는 11월 6일 民法案의 심의를 위하여 그 안에 民法案審議小委員會를 설치하였다. 民法案小委는 1955년 3월 15일의 제1차 회의부터 1957년 9월 2일까지 약 2년 6개월에 걸쳐 도합 65회의 회의를 열어 民法案 全條文에 대한 逐條審議를 행하였다. 그리고 그 심의를 진행하는 한편으로, 1956년 9월에는 前 3編에 대한 그 동안의 審議結果와 修正案을 발표하였다. 그리고 1957년 4월 6일과 7일에는 民法案에 대한 公聽會를 개최하였다. 民法案小委는 그 심의의 결과를 343개 항의 修正案(本文에 대하여 323

이로써도 그 활동의 全貌가 完全히 명료하여지지는 않는다.

37) 이에 대하여는 梁彰洙(註 34), 195면 이하(「民法硏究」 I, 75면 이하) 참조.

38) 李仁, 「半世紀의 證言」, 1974, 206면: "이렇게 하여 5법과 그 부속법전을 차례로 완성하여 국회에 넘기니 민법 중 친족법 일부의 약간 수정이 있었을 뿐 거의 모두가 原案대로 통과가 됐다. 법학도로서 다소간 自慰하는 바이고 당시에 大法官들의 노고가 적지 않았던 것이다."

개 항, 附則에 대하여 20개 항)으로 집약하고, 아울러 『民法案審議錄』 상·하권을 공간하였다.[39] 그리고 法司委는 1957년 9월 11일 修正案을 포함한 民法案小委의 심사결과를 수정 없이 채택하여, 그 다음 날 民法案을 위 修正案과 함께 本會議에 회부하였다.[40]

특히 위의 民法案小委의 前3편에 대한 심의결과와 수정안이 발표되자, 그 동안 잠잠하였던 民法案에 대한 관심이 높아지고, 특히 民法學敎授들의 民法案에 대한 공동연구가 시작되었다.[41] 민법안의 작성에 관여한 사람들, 즉 法典編纂委의 위원들은 대개 旣成의 법률가이었고, 그 중에서도 實務家들이 주류를 이루고 있었다. 위에서 본 대로 민법안편찬작업은 이미 1947년부터 개시되었는데, 그 당시에는 大學이 정비되지 아니하였고 또 法學界라고 하여도 "도저히 독립한 單位를 가진 學界라고는 볼 수 없는 형편"이었기 때문에,[42] 그렇게 될 수밖에 없는 객관적인 사정이 있다고 할 것이다. 그러나 民法案이 국회에 제기된 1954년과 그 후를 보면, 적어도 일정한 수의 민법학교수들이 대학에서 연구와 교육에 종사하고 있었다. 그들은 민법안편찬작업 당시에는 "새로이 法學敎授로 등장한 新人들"로서[43] "아직 眞價를 발휘할 시간적 餘裕를 얻지 못하였"을지도 모르나,[44] 이제 민법안이 공표된 단계에서는 "意氣는 높았고 意慾이 왕성"하였던 "젊은 學者"들이[45] 民法의 제정이

39) 그 외에 民法案小委는 民法案에 대한 各界의 意見과 新聞社說 등 및 위의 公聽會記錄 등을 모은 『民法案審議資料集』도 편찬, 공간하였다.

40) 民法案小委 및 法司委에서의 民法案審議의 內容 등에 대하여는 梁彰洙, 民法案에 대한 國會의 審議(I), 「韓國法史學論叢」: 朴秉濠 敎授 還甲紀念論文集(II), 1991, 461면 이하(本書, 1면 이하) 참조.

41) 民事法硏究會, 「民法案意見書」, 1957, 序文 1면 참조.

42) 兪鎭午, 韓國法學界의 回顧와 展望, 「高大新聞」 60호(1954년 11월 24일자), 3면.

43) 이 점에 대한 陳述로서는 또한 金箕斗, 刑事法學界의 回顧, 서울대 「法學」 19권 1호(1978), 169면: "大學敎授란 몇 사람을 제외하고는 거의 日本人이 독점하고 있었기 때문에 解放 후의 大學敎授란 거의 새출발하는 人士들이었다. 즉, 大學을 갓 졸업한 靑年學者들 또는 判事, 檢事, 辯護士의 법조실무에 종사하던 人士들, 이것도 본인이 원한다는 것보다는 敎授資格 있는 사람들이 없기 때문에 거의 강제로 徵用하다시피 하여 敎授 또는 講師가 되었던 것이다."

44) 兪鎭午(註 42), 同所.

45) 金曾漢, 韓國民法學 30년의 顧回, 서울대 「法學」 19권 1호(1978), 76면.

라는 중대한 사업에 대하여 반응이 없을 수 없었다. 이들 민법학교수들은 「民法草案研究會」를 결성하여, 民法案 및 앞서 본 대로 1956월 9월에 공표된 前3編에 대한 民法案小委의 심의결과와 수정안에 대한 研究와 檢討를 시작하였다. 이들은 總則, 物權, 債權, 身分의 4분과로 나누어 같은 해 11월 9일까지 예비토의를 한 후, 그 날부터 다음 해(1957) 1월 19일까지는 全體會議를 열어 다시 검토를 하고 그 결과를 같은 해 3월에 『民法案意見書』라는 이름으로 공표하였다.[46] 이 의견서는 既成世代의 민법안에 대하여 민법에 대한 새로운 세대의 識見을 제시하였다는 의미를 가지고 있다고 할 수 있다.[47] 그러나 이 의견서는 民法案小委의 심의에서는 별로 고려되지 못하였다.[48] 다만 거기서 개진된 民法案에 대한 修正意見 중 "특히 중요한 것"[49]은 玄錫虎 의원 외 19인의 修正案[50]으로 本會議에 제안되었다.

정부가 제출한 民法案과 그에 대한 법사위의 修正案은 1957년 11월 5일 제3대 국회본회의에 상정되었다.[51] 같은 날 第1讀會가 개시되어, 같은 달 11일까지 質疑 및 全體討論이 있었는데, 그 대부분은 家族編의 문제에 관한 것이었고, 그 중에서도 同姓同本禁婚制에 집중되었다. 같은 달 21일부터 제2讀會가 개시되어 逐條審議에 들어가서 민법안 제92

46) 이상에 대하여는 民事法研究會(註 41), 序文 1면 참조.

47) 『民法案意見書』의 구체적 내용과 소위 「玄錫虎修正案」에 대한 國會本會議에서의 심의 등에 대하여는 우선 梁彰洙, 民法典의 制定過程에 관한 研究—民法案에 대한 國會本會議의 審議, 서울대 「法學」 33권 2호(1992), 143면 이하(本書, 33면 이하) 참조.

48) 1957년 11월 14일에 뒤에서 보는 玄錫虎 의원 등의 修正案에 관한 회합이 국회의 法司委 회의실에서 있었다. 거기에는 民法案小委의 각 위원과 玄錫虎 의원, 그리고 民事法研究會의 "몇몇 教授들"이 참석하였다고 한다. 이 자리에서 民法案小委의 위원장인 張暻根 위원은 "「民法案小委의 심의」에 民法案意見書의 의견을 반영시키지 못한 것은 그것을 無視하여서가 아니라 時間關係로 부득이하였다"는 등의 말을 하였다고 한다. 金曾漢, 民法案財產編 修正提議, 「大學新聞」 203호(1957년 11월 18일자), 3면.

49) 金曾漢(註 48), 同所 참조.

50) 「제3대 國會 제26회 國會定期會議 速記錄」, 42號 附錄 102면 하단 이하에 수록되어 있다.

51) 국회본회의에서의 審議의 外的 經過에 대하여는 鄭鍾休, 韓國民法典의 制定過程, 「郭潤直 教授 華甲紀念論文集」, 1985, 21면 이하 참조.

조까지는 조문마다 심의를 하였으나, 11월 25일부터는 심의의 신속을 위하여 우선 수정안이 제기된 민법안 및 그 수정안 또는 조문의 신설을 내용으로 하는 수정안을 다루기로 하였다. 그리하여 11월 28일에는 前 3編의 그러한 항목들에 대한 심의를 끝내고, 11월 29일부터는 後 2編에 대한 심의에 들어갔다. 그리고 우여곡절 끝에 12월 17일 그 審議를 종결하였다.[52] 그 결과를 보면, 法司委修正案은 거의 채택되었고(특히 前 3編에 관한 모두 157개의 法司委修正案 중 本會議에서 채택되지 아니한 것은 特別失踪期間에 관한 同修正案 제 6 항 하나뿐이다), 현석호 의원 등의 修正案은 법사위의 반대가 없는 한에서 부분적으로 채택되었다. 그리고 女性團體側의 의견을 반영하여 親族編·相續編에 대하여 제기되었던 鄭一亨 의원 등의 修正案은 거의 받아들여지지 않았다.

이와 같이 하여 국회에서 통과된 民法案은 1958년 2월 7일 政府에 이송되었고, 정부는 이를 같은 달 22일 法律 제471호로 공포하였다. 이렇게 해서 本文 1111조와 附則 28조로 된 民法典이 제정되었고, 그 附則 제 1 조에 의하여 1960년 1월 1일부터 시행되었다.

Ⅱ. 民法典의 改正

1. 민법전은 그 施行 이후에 현재에 이르기까지 모두 7 차례 改正되었다.[53] 민법이 법체계 전체에서 차지하는 비중과 그 규율대상의 다양함, 그리고 그 간의 우리 사회의 격심한 변화에 비추어 볼 때, 이 개정의 回數는 오히려 지나치게 적은 것이라고 할 수 있다. 특히 앞의 3編, 즉 總則編, 物權編, 債權編은 1984년과 1990년에 약간 개정되었을 뿐이

52) 第 3 讀會는 생략되었다. 「速記錄」(註 50), 62호, 11면 참조.

53) 민법의 개정경과와 내용에 대하여는 우선 金曾漢, 韓國民法의 發展, 서울대 「法學」 24권 2·3호(1985), 4면 이하(다만 敍述은 제 6 차 개정까지에 한정되고 있다); 同, 民事法改正의 背景과 立法過程, 民法改正의 要點, 韓國民事法學會 編, 「改正民事法解說」, 1985, 21면 이하 참조.

고, 그나마 특히 중요한 내용을 포함하고 있는 것이라고는 보기 어렵다. 재산법의 분야에서는 오히려 「住宅賃貸借保護法」, 「假登記擔保 등에 관한 法律」, 「集合建物의 소유 및 관리에 관한 法律」, 「約款의 規制에 관한 法律」 등 각종의 民事特別法에 의하여 그나마 그 개정에의 수요 내지 압력이 근근히 그 대응을 얻어 왔다고 할 수 있을 것이다.

그러나 뒤의 2編, 즉 親族編과 相續編은 1977년 12월에 1차로 일부의 개정이 있었고, 특히 1990년 1월에는 가족법의 면모를 새롭게 하는 대대적인 개정이 있었다(그 改正法律은 1991년 1월 1일부터 시행되었다).

2. 우선 1970년까지 4차례의 斷片的인 改正에 관하여 보기로 한다.

(1) 민법에 대한 제1차의 개정은 婚姻에 의한 法定分家制度를 도입하는 것을 내용으로 하였다.[54)]

즉, 1962년 12월 29일의 법률 제1237호로써 "家族은 婚姻하면 당연히 分家된다"는 民法 제789조 제I항이 신설되어, 1963년 3월 1일부터 시행되었다. 그 전에는 家族이 혼인하더라도 본인이 任意分家(제788조 제1항)를 하거나 戶主가 强制分家(1990년 개정 전의 제789조 제2항)를 시키지 않는 한, 戶主 밑의 「가족」으로 남게 되어 있었다. 당시에 실제로는 婚姻을 한 가족 중에는 戶主로부터 독립하여 그 생계를 영위하는 경우가 많았다. 그러나 그들이 任意分家를 하여 分家申告를 하는 일은 많지 않았기 때문에, 戶籍의 기재와 生活共同體의 현실과의 사이에 불일치가 있게 되었다. "이와 같은 사실은 호주제도를 더욱 觀念化시킬 뿐

54) 그 이전에 家族法에 영향을 줄 수 있는 改正檢討가 있었다는 다음의 보고는 흥미를 끈다. 金曾漢(註 53. 「法學」), 5면 및 同(註 53. 「改正民事法解說」), 22면에 의하면, 5·16 사건 직후 소위 「國家再建最高會議」의 法制司法委員會는 "「本籍」制度를 없애는 방안을 관계자들에게 연구시켰다"고 한다. 그러나 위의 法司委·法務部·法院行政處 관계자들이 "약 1年半의 연구 끝에 얻은 결론은 우리 나라의 實情으로는 아직 戶籍 내지 本籍制度를 폐지하는 것은 妥當치 않다"는 것이었다고 한다.

만 아니라, 우리 나라 封建的 家族制度의 이데올로기를 더욱 조장시킴으로써 家庭의 민주화에 브레이크作用을 하고 있었던 것이다."[55] 그리하여 위의 개정법률로 婚姻으로 당연히 分家가 되는 制度를 도입한 것이다.[56] 이 개정은 당시의 소위 「國家再建最高會議」의 법제사법위원회가 주도한 것이라고 한다.[57] 그런데 그 개정의 이유 중에는 나아가 이로써 "戶籍의 소재지(본적지)를 固定시킴으로써 일어나는 地方色을 되도록 拂拭하고자 하였다"는 설명도 있는 것은[58] 現今에도 논의되고 있는 地方主義의 청산과 관련하여서도 흥미를 끈다.

실제로 이 제 1 차의 개정에는 일정한 前史가 있다. 최근에 발견한 資料에 의하면,[59] 法務部가 1962년 7월 이전에 「韓國民事法研究會」에[60] "현행민법 중 개정을 요하는 부분"에 관한 의견을 구한 듯하다. 이에 응하여 그 研究會는 1962년 7월 13일부터 그 달 25일까지 4 차에 걸친 會合을 가졌고, 그 달 31일의 定期總會에서 「民法改正案의 成案報告 및 採擇」이 있었다. 이 「民法改正案」은[61] 財產編 7개 항목, '身分編' 13개 항목의 도합 20개 항목으로 되어 있는데, 그 중 제10항이 바로 法定分家制度의 도입을 제안한 것이었다. 아마도 이 20개의 개정안 중에서 이것만이 법무부에 의하여 입법화된 것으로 추측된다.

(2) 민법의 제 2 차, 제 3 차의 개정은 모두 附則 제10조 제 1 항에 대한 것이다.[62] 민법이 法律行爲로 인한 不動產物權變動의 효력발생에 관

55) 金疇洙, 「註釋 親族·相續法」, 1984, 85면.
56) 그리고 이와 아울러 戶籍法도 개정되었다(戶籍法 제19조의 2 신설).
57) 金曾漢(註 53. 「法學」), 5면 참조. 앞의 註 54에서 본 대로 戶籍制度 자체는 폐지하지 않기로 하되, 이와 같은 "民法改正에 그치기로 하였다"고 한다.
58) 金曾漢(註 53. 「法學」), 5면.
59) 이하에 대하여는 1962년 12월에 발간된 「저스티스」 6권 2호, 26면 이하에 수록된 "彙報" 참조.
60) 이 모임은 앞의 Ⅰ. 5에서 본 「民法草案研究會」가 改稱된 것이다. 이에 대하여는 「民法案意見書」(註 41), 序文, 1면을 보라.
61) 그 내용은 韓國民事法研究會, 民法改正案, 「저스티스」 6권 2호(1962), 24면 이하에 수록되어 있다.
62) 한편 動產物權이 讓渡된 경우에는 민법 시행일로부터 1년 내에 引渡를 받지 못하면

하여 등기를 요구하는 입법주의, 즉 登記主義를 취함(제186조)에 따라, 애초의 附則 제10조 제1항은 그 법 시행일 전에 행하여진 법률행위로 인한 부동산물권변동은 민법 시행일부터 3년 내, 즉 1962년 12월 31일까지 사이에 등기를 하지 아니하면 그 物權變動의 효력을 잃는다고 규정하있었다.[63] 그러나 국민들이 그 3년의 기간 동안에 등기를 勵行하지 아니하므로, 1962년 12월 31일의 법률 제1250호로 우선 그 기간을 5년으로 延長하였다. 이 기간은 1964년 12월 31일의 법률 제168호에 의하여 다시 1년이 연장되어, 1965년 12월 31일까지 등기를 하여야 그 物權變動의 효력이 유지되는 것으로 규정되었다.

(3) 민법의 제4차 개정(1970년 6월 18일 법률 제2200호)은 附則 제3조 제3항에서 정하는 書面에 日字의 確定을 청구하는 경우의 費用負擔에 대한 것이다.

종전에는 10圓의 印紙를 첩부하도록 되어 있었는데, 이번 개정으로 그 手數料를 청구를 받는 자에 따라 法務部令이나 大法院規則이 정하는 바에 의하여 납부하도록 바꾸어졌다.

3. 이상의 4차례에 걸친 개정은, 말하자면 單發的으로 개별적인 제도의 어느 하나의 구체적인 문제점을 처리한 것이라고 할 수 있다. 이에 반하여 제5차 이후의 개정은 그 대상이 보다 광범위하고, 특히 家族法에 대하여는 근본적인 변화를 가져 오는 내용을 가진 것이었다.

(1) 민법의 제정 이후로 특히 가족법에 대하여는 꾸준히 그 개정을 요구하는 움직임이 있어 왔다. 그것은 결국, 民法案에 대한 심의 당시 女性界의 요구를 반영하였던 鄭一亨 의원 등의 修正案이 거의 받아들여

그 효력을 상실한다는 附則 제10조 제2항은 전혀 개정되지 않았다.

63) 이 규정에 대하여는 함부로 국민의 財產權을 침해하는 것이어서 違憲이라는 主張이 있다. 이러한 주장 및 그 附則規定에 대한 학설과 판례에 관하여는 郭潤直, 「不動產物權變動의 研究」, 1968, 228면 이하 참조.

지지 아니한 데(앞의 Ⅰ.5 말미 참조) 대한 당연한 反應이었다고 할 수 있을 것이다.

이러한 가족법 개정의 요구는 1973년에는 현실적인 모습으로 나타나서, 61개의 여성단체가 연합하여 「汎女性·家族法改正促進會」를 결성하고, 法學敎授들을[64] 자문위원으로 위촉하여 家族法改正私案 및 이에 대한 해설을 작성하도록 하였다. 그 작업의 결과는 1974년 여름에 발표되었다.[65] 이 개정사안은 附則에 대한 것을 제외하고도 무려 77개의 항목에 이르는 개정안을 포함하고 있고,[66] 이 후 행하여진 가족법에 대한 개정의 움직임에 있어서 결정적인 指針的 意味가 있다고 생각된다.[67] 이 私案은 적어도 그 당장으로서는 실정법이 되기까지에는 이르지 못하였다.

그러나 이 개정제안 중의 일부는[68] 우여곡절 끝에[69] 政府가 제출한

64) 金容漢, 金疇洙, 朴秉濠, 李根植, 韓琫熙의 5인이 그들이다.

65) 汎女性·家族法改正促進會, 「民法 第4編 親族·第5編 相續 改正法案 및 理由書」, 1974.8. 이 法案은 金容漢, 金疇洙, 朴秉濠, 李兌榮, 韓琫熙의 5인의 "작성위원"에 의하여 작성되었다.

66) 이 私案은 가령 戶主制度를 완전히 폐지하고 同姓同本간의 혼인을 허용하는 등의 혁신적인 내용을 담고 있었다.

67) 1990년 1월에 있었던 개정내용을 이와 비교하여 보면, 그 중 대부분이 이미 이 改正私案에 포함되었던 것임을 알 수 있다. 서로 다른 것 중에 중요한 것은, ① 친족의 범위에 있어서 1974년의 私案은 父系·母系의 血族을 4촌 이내로, 姻戚은 3촌 이내로 한 데 대하여 1990년의 개정법률에서는 이를 각각 8촌, 4촌 이내로 보나 넓게 定하였고, ② 前者에서는 姉妹의 直系卑屬만을 혈족의 범위 안에 넣은 데 대하여 後者에서는 그 외에 直系尊屬의 자매의 직계비속도 포함시켰고, ③ 前者에서는 養子는 養父 또는 養母의 姓과 本을 따르도록 하였는데 後者에서는 이 점을 정하지 아니하였으며, ④ 前者에서는 부모가 이혼한 경우 양육하지 아니하는 부모의 子에 대한 面接交涉權에 관한 규정을 두지 않았는데 後者는 이를 인정하고 있는 점 등이다. 한편 金疇洙, 「親族·相續法」, 1991, 第4全訂版, 5면은, 1990년 1월의 가족법개정에 대하여, 앞서의 1977년 개정안의 경우에는 그 작성에 그를 포함한 여러 사람이 참여하였지만, "이번 改正案作成은 내가 擔當하였다"고 하고 있다.

68) 이에 대하여는 金容漢, 民法一部改正의 背景과 問題點, 「法曹」 28권(1979) 9호, 6면 이하, 同 11호 1면 이하 참조.

69) 이 私案은 여성국회의원들을 통하여 국회에 제안되었으나, 그 혁신적인 내용으로 말미암아 많은 反對에 부딪히게 되었다. 그리하여 그 중에서 호주제도와 동성동본금혼제도를 폐지하는 내용은 일단 철회되었다. 그러나 1975년 4월에는 原案대로 다시 제출되었었다.

民法改正案에 수용되었고, 결국 이 정부안이 1977년 12월 31일의 법률 제3051호로써 채택되어 1979년 1월 1일부터 시행되었다. 그리하여 민법의 제5차 개정은 친족편과 상속편만에 한정하여서이기는 하나 그것에 상당히 중요한 改正을 가하였다. 그 내용은 다음과 같다.

① 종전에는 男子 27세, 女子 23세 미만의 자가 婚姻하려면 부모의 동의를 얻어야 하였으나, 未成年者를 제외하고는 이를 不要인 것으로 하였다(제808조).

② 혼인에 의한 成年擬制制度를 도입하였다(제826조의2).[70]

③ 부부재산 중에 어느 당사자에 속하는지가 불명한 재산은 夫의 特有財産으로 추정하던 것을, 夫婦의 공유재산으로 추정하도록 하였다(제830조 제2항).

④ 協議離婚의 경우에는 그 意思의 眞正함을 가정법원으로부터 확인받도록 하였다(제836조 제1항 신설).[71]

⑤ 종전에는 母가 있는 경우에도 父만이 親權을 행사하도록 하였던 것을 이제는 父母가 공동으로 행사하도록 하였다(제909조). 그러나 "父母의 意見이 일치하지 아니하는 경우에는 父가 행사한다"고 하여(同條 제1항 但書), 여전히 친권행사에 있어서의 父의 우월성은 인정되고 있다.

⑥ 特別受益者는 그 수익이 상속분을 초과하여도 이를 반환하지 않아도 된다고 하는 제1008조 但書를 삭제하였다.

⑦ 종전에는 여자의 상속분은 일반적으로 남자의 2분의 1이던 것

70) 그러나 이와 같은 成年擬制制度를 둠으로써 반드시 정리되어야 할 것이 그대로 방치된 흠이 있다. 가령 民法 제932조는 부모의 유언에 의한 未成年者의 後見人指定이 없는 경우의 후견인의 순위에 관하여, "미성년자의 배우자"를 들고 있다. 그러나 미성년자에게 배우자가 생기면, 즉 혼인하면 이로써 성년으로 의제되고, 그렇다면 이미 後見이란 있을 수 없으므로, 이 조문은 정리되어야 했다. 후의 1990년 1월의 제7차 개정에서 이 부분은 삭제되었다. 이 점은 제5차 개정이 "매우 졸속적"이었다고 평가하게 되는 傍證으로 인용되고 있다. 가령 윤철홍, 한국 민법학의 문제점과 개선방향, 「법과 사회」 3호(1990), 212면 주 34 참조.

71) 이에 따라 戶籍法도 개정되어, 제79조의 2가 新設되었다.

을 同等한 것으로 고쳤다(제1009조 제1항). 그러나 同一家籍 내에 없는 女子의 상속분은 남자의 4분의 1로 하여(제1009조 제2항), 부분적으로는 여전히 차별이 남아 있었다.

⑧ 妻의 상속분을 종전에는 男子의 2분의 1로 하였던 것을 호주상속남자와 동일하게 하고, 직계존속과 함께 상속하는 경우에는 그 2분의 1을 가산하도록 하였다(제1009조 제3항). 그러나 다른 한편으로 그와 같은 相續分上의 우대는 妻에게만 인정되고, 夫에게는 인정되지 않고 있어서, 오히려 逆差別이 제도화되었다.

⑨ 그리고 중요한 것으로 遺留分制度가 신설되었다(제1112조 내지 제1118조).

(2) 1980년 10월 공포된 소위 제5공화국헌법에 따라 새로운 정부가 出帆한 직후인 1981년 5월에 법무부에서 「法令整備作業自體計劃」을 수립하였는데, 그 목적은 "법과 현실의 괴리를 제거하고 새로운 가치관을 수립함으로써 준법풍토를 조성하고 성장발전의 기반을 강화"하는 데 있었다. 그 계획에 의하면, 民法典 기타 민사특별법을 포함한 실질적 의미의 민법은 "법과 현실의 괴리현상이 심각"하여 "정비대상으로 선정"되었다. 그 후 법무부는 "성장발전저해법령 정비의 차원에서" 1981년안에 민법과 상법을 개정한다는 목표를 세워 그 작업을 추진하였다. 그 후 同年 12월 11일 대통령령 제10643호로 「민법·상법개정특별심의위원회규정」이 공포되어 그 위원회가 設置運營되었다.[72] 이 위원회는 그 심의과정에서, 假登記擔保와 集合建物에 대하여는 각기 별도의 법률을 새로이 제정하기로 하고 민법, 주택임대차보호법 및 부동산등기법은 이를 개정하기로 하였다. 그리고 그 作業을 구체적으로 수행함에 있어서는 "現行條文을 가지고는 도저히 正義로운 裁判을 할 수 없다는 것이 아니

72) 이상에 대하여는 우선 梁彰洙, 「假登記擔保 등에 관한 法律」의 現況과 問題點, 「民事判例硏究」 12집(1990), 383면 이하(「民法硏究」 Ⅰ, 290면 이하) 참조.

면 되도록 改正하지 않기로 하였다."[73] 이 위원회는 민법의 개정안을 이미 1982년 8월 26일에 확정하였고 그것이 政府案으로 국회에 제출된 것은 同年 12월 말이었다. 그리고 1984년 4월 10일의 법률 제3723호로 공포되었다.

이 법률은 1984년 9월 1일부터 시행되었는데, 그것은 오직 總則編과 物權編의 개정만을 내용으로 하였다. 그 구체적인 내용은 다음과 같다.[74] 그 중 ①, ②를 제외하고는 모두 傳貰權에 대한 것이다.

① 特別失踪期間을 3년에서 1년으로 단축하고, 아울러 특별실종사유 중에 航空機失踪("추락한 항공기중에 있던 자")을 추가하였다(제27조 제2항).[75]

② 區分地上權에 관한 규정을 신설하였다(제289조의2, 제290조 제2항).

③ 전세권에 우선변제적 효력을 인정하는 명문의 규정을 민법에 두기에 이르렀다(제303조 제1항 後段).

④ 건물전세권의 최단존속기간을 1년으로 정하였다(제312조 제2항).

⑤ 건물전세권의 法定更新을 임차권의 법정갱신(제639조)과 나란히 새롭게 인정하였다(제312조 제4항 신설).

---

73) 金曾漢(註 53.「改正民事法解說」), 30면 이하.

74) 이에 대한 解說은 우선 黃迪仁, 民法中 改正法律 解說,「改正民事法解說」(註 53), 36면 이하; 金容漢, 民法一部改正의 背景과 內容, 同書, 45면 이하 각 참조.

75) 원래 民法案에는 보통실종기간이 7년, 특별실종기간이 3년으로 정하여져 있었다(제26조). 그러나 民法案에 대한 심의과정에서, 法司委는 이를 각각 5년, 2년으로 단축하는 修正案을 제출하였다(법사위수정안 제6항). 그 이유는 "現在의 交通, 通信施設 등의 發達을 참작하여 失踪期間은 이를 장기화할 필요가 없다"는 데 있다.「民法案審議錄」, 上卷, 1957, 24면 참조. 그러나 本會議에서의 심의에서, 日帝에 징용당한 사람들이나 특히 6·25 事變 등을 고려할 때에는 이와 같이 실종기간을 단기로 하는 것은 적절하지 아니하다는 國會議員들의 의견이 있었다. 그리하여 이 각각에 대하여 표결한 결과, 보통실종에 대하여는 법사위수정안이 채택되어 5년으로, 특별실종에 대하여는 原案이 채택되어 3년으로 각각 확정되었었다. 이러한 經過에 대하여는,「速記錄」(註 50), 제44호 6면 이하 참조.

⑥ 당사자에게 傳貰金增減請求權을 인정하되 특히 증액의 경우에 대하여는 특별한 제한을 정할 수 있도록 하였다(제312조의2).

(3) 앞에서 본 대로 1977년의 제 4 차 개정은 가족법을 대상으로 한 것이었으나, 그 내용은 아직 憲法이 요구하고 있는 "個人의 尊嚴과 兩性의 平等"이라는 理想(憲法 제36조 제 1 항)을[76] 충분히 구현하고 있는가에 대하여는 異見이 있을 수 있었다.[77] 그리하여 1981년에 있었던 앞서 본 民法改正의 論議에서도 가족법에 대한 획기적인 개정이 주장된 바 있었다.[78] 그러나 당시는 "家族法은 傳統的, 慣習的 色彩가 강하여 이의 조속한 大變革은 가족생활의 심한 動搖를 초래할 염려가 있고, 價値觀의 相異로 論難이 극심하여 國論分裂의 우려가 있다"는 등의 흥미로운 이유로[79] 가족법에 대한 개정은 보류되었었다.[80]

그러자 1984년에는 「가족법개정을 위한 여성연합회」가 결성되고 83개의 회원단체가 이에 가입하여, 서명 등 각종의 改正運動을 전개하였

76) 또한 정부는 1983년에 國際聯合의 「여성차별의 철폐에 관한 협약」에 가입하였다.

77) 가령 金曾漢, 머리말, 韓國民事法學會 編, 「民事法改正意見書」, 1982, i 면은 "그러나 개정[1977년의 개정을 말한다]으로는 女性團體에서 건의한 내용 중 절반 정도밖에 貫徹되지 못하고, 아직도 많은 未洽한 점을 남기고 있는 實情이다. 兩性의 平等이 우리 나라 憲法의 基本精神일진대, 이 미흡한 점은 마땅히 是正되는 것이 헌법의 정신을 살리는 것이 된다고 하는 것은 두말할 나위도 없다"고 한다(꺾음괄호 안은 인용자가 부가한 것이다).

78) 즉, 金疇洙는 1981년 8월 31일에 韓國民事法學會가 당시 민법개정작업을 추진 중이던 법무부 등의 후원을 얻어 개최한 「民事法改正問題에 관한 심포지엄」에서, 앞의 (1) 및 註 65에서 본 改正私案 및 그 理由書에 입각하여 「家族法改正案」을 제시하였다. 그 내용에 대하여는 「民事法改正意見書」(註 77), 109면 이하를 보라. 이에 의하면 이 때 제기된 「개정안」은 "1974년 金容漢 교수, 朴秉濠 교수, 李兌榮 박사, 韓琫熙 교수(가나다順) 및 金疇洙 교수가 共同으로 작성한 草案을 토대로 하여 金疇洙 교수가 整理作成한 것"이라고 한다(同書, 109면).

79) 金曾漢(註 53. 「法學」), 11면. 그 외에 "민법제정 후 法定分家·相續分 등에 관하여 2회의 改正으로 긴급한 문제는 우선 解決되었으며, 同姓同本禁婚規定 위반자는 特例法으로 구제가 가능하여 78년에 4,233쌍이 이미 구제되었다"는 이유를 들고 있다. 여기서 말하는 '特例法'에 대하여는 뒤의 註 82도 참조.

80) 그러나 당시도 이 문제는 후로 유보되었을 뿐이다. 金曾漢(註 53. 「改正民事法解說」), 39면: "민법 중 家族法의 개정은 계속 연구하기로 하고 今回의 개정에서는 일단 보류하였다."

다.[81] 그것이 1989년에 이르서는 결실을 맺어서 政黨들이 '가족법'의 개정을 黨論으로 확정하기에 이르렀다. 그리하여 1990년 1월 13일의 법률 제4119호로 친족편과 상속편을 대상으로 하는 민법의 개정법률이 공포되었고, 이는 1991년 1월 1일부터 시행되었다. 그 내용은 그 동안 「個人의 尊嚴과 兩性의 平等」이라는 관점에서 의문이 제기되어 왔던 각종의 문제를 거의 해결한 것이었다. 물론 戶主制度는 ──비록 그 의미가 현저히 감소되기는 하였지만── 여전히 존속하고 있고 또 同姓同本禁婚制度도 그대로 남아 있었으나,[82] "그 밖에 문제되었던 男女不平等條項"은[83] 모두 손질되었다. "그러한 의미에서 이번 家族法改正은 일대 획기적인 개혁이라고 해도 지나친 말은 아닐 것이다."[84] 한편 이 改正民法에 대하여는, 그 개정의 내용이 지나치게 男女平等의 달성에 치중하여 "成人중심으로부터 未成熟子女의 보호강화"라는 또 하나의 중요한 家族法의 과제를 해결하는 데는 소홀하였다는 무시할 수 없는 批判도 있다.[85]

그 개정의 주요한 내용을 보면 다음과 같다.

(a) 親族의 範圍를 조정하였다. ① 父系와 母系를 동일하게 8촌 이내로 하고, 姻戚은 4촌 이내로 하였다(제777조). ② 姉妹의 直系卑屬, 그리고 直系尊屬의 자매의 직계비속을 혈족에 포함시켰다(제768조). ③ 配偶者의 일방이 사망한 후 생존배우자가 재혼하면 姻戚關係가 소멸하도록 하였다(제775조 제2항).

(b) 戶主制度에 대폭적인 손질을 가하였다.

① 戶主相續制度를 戶主承繼制度로 바꾸고(제980조 이하), 나아가 호

81) 이에 대하여는 이태영, 「가족법개정운동 37년사」, 1992, 222면 이하 참조.

82) 한편 1978년에는 「婚姻에 관한 特例法」(법률 제3052호)이 시행되어서, 同姓同本의 血族으로서 실제로 夫婦生活을 하고 있는 경우에는 그 1년 사이에 婚姻申告를 할 수 있도록 하고, 혼인신고를 한 자에 대하여는 民法 제809조에 의한 婚姻의 取消를 청구할 수 없도록 하여, 限時的으로 특례를 인정하였다. 그리고 1988년에도 마찬가지의 내용을 가진 같은 이름의 법률(법률 제3971호)이 시행되었다.

83) 金疇洙(註 67), 683면.

84) 金疇洙(註 67), 683면.

85) 徐廷友, 改正民法의 문제점, 「考試界」 1990년 4월호, 167면 이하 참조.

주상속비용(제983조), 호주상속에 있어서의 胎兒의 지위(제988조), 代襲相續(제990조), 호주상속인의 분묘 등의 승계규정(제996조)을 삭제하였다. 또한 호주승계권은 포기할 수 있도록 하고(제991조), 女戶主의 家에 그 가의 계통을 승계할 남자가 入籍하면 그 여호주는 가족이 되고 호주상속이 개시되던 제도를 없앴다(제792조, 제980조 제 4 항 각 삭제).

② 호주의 限定治產·禁治產宣告請求權(제 9 조, 제12조), 入籍同意權(제784조 제 1 항), 가족에 대한 居所指定權(제798조) 및 扶養義務(제797조)를 부인하고, 호주의 直系卑屬長男子의 去家를 금지하던 규정(제799조)을 삭제하였다. 이로써 戶主가 가지는 권리나 의무는 대폭 축소되었다.

(c) 당사자의 의사와는 관계 없이 親子關係가 인정되던 繼母子 및 嫡母庶子 간에도 법률상 당연히 親子關係가 생기지는 않는 것으로 하고 인척관계로 하였다(제773조, 제774조 각 삭제).

(d) 婚姻關係에 있어서,[86] ① 부부의 同居場所는 부부의 협의에 의하여 정하도록 하고, 협의가 성립하지 않으면 가정법원이 정하도록 하였고(제826조 제 2 항), ② 共同生活費用은 특약이 없는 한 공동부담하도록 하였다(제833조). 또한 ③ 기혼자가 금치산 또는 한정치산의 선고를 받은 경우에는 配偶者가 후견인이 되도록 후견인이 될 사람의 순위를 바꾸었다(제934조).

(e) 離婚하는 경우의 여러 사항에 관하여 새로운 규율이 도입되었다. ① 子의 養育에 관한 사항은 부모가 협의하여 정하도록 하였다(제837조 제 1 항). ② 그에 따라 子를 양육하지 않는 부모는 面接交涉權을 가지되, 경우에 따라서는 이를 제한 또는 배제할 수 있도록 하였다(제837조의2). ③ 이혼배우자의 財產分割請求權을 새로이 인정하였다(제839조의2, 제843조).

86) 約婚解除事由에도 약간의 변경이 있었다. 즉, 종전의 "肺病" 대신에 "不治의 精神病"을 삽입하였으며, "2 년 이상의 생사불명"을 "1 년 이상"으로 하였다(제804조 제 3 항, 4 항).

(f) 入養制度에도 많은 변화가 일어났다. ① 우선 家를 위한 養子制度를 폐지하여, 死後養子, 婿養子, 遺言養子의 각 제도는 폐지되었다(제874조, 제876조, 제880조). ② 또한 호주의 직계비속장남자도 양자가 될 수 있게 되었다(제875조 삭제). ③ 미성년자가 양자가 됨에 대하여 後見人이 동의하는 경우 또는 후견인이 피후견인을 입양하는 경우에는 가정법원의 허가를 얻도록 하였다(제871조 但書, 제872조). ④ 夫婦共同入養制度를 부부평등하게 하고, 부부의 일방이 양자가 될 때에는 다른 일방의 동의를 얻도록 하였다(제874조).

(g) 親權의 행사에 있어서 부모의 평등을 보장하였다. 즉, 부모가 친권을 공동으로 행사하는 중에 의견이 일치하지 않으면 가정법원이 정하도록 하였다(제909조 제2항 단서). 또 婚姻外의 出生子가 인지되거나 부모가 離婚한 경우에는 부모의 협의로 친권을 행사할 자를 정하고, 협의가 이루어지지 않으면 가정법원이 정하도록 하였다(제909조 제4항).

(h) 財產相續에서의 모든 차별을 없애고, 그 내용을 합리적으로 만들었다. ① 상속인의 범위를 4촌 이내의 傍系血族으로 제한하고(제1000조 제1항), 配偶者가 사망하였는데 직계비속이 없는 경우에 생존배우자는 그 망인의 직계존속과 공동상속하도록 하였다(제1003조 제1항). ② 직계비속 간에 相續分의 차등을 완전히 없애고,[87] 단지 配偶者만은 5할을 가산하도록 하였다(제1009조 제1항, 제2항). ③ 공동상속인 중에 피상속인의 재산의 유지 또는 증가에 특별히 寄與한 자가 있으면 상속개시 당시의 재산가액에서 그 기여분을 공제한 것을 相續財產으로 보도록 하였다(제1008조의2). ④ 상속인이 없는 財產의 清算에 있어서 일정한 기간 내에 상속권을 주장하는 자가 없으면, 家庭法院이 피상속인과 생계를 같이하고 있던 자의 청구에 의하여 상속재산을 分與할 수 있도록 하였다(제1057조의2).

87) 재산상속을 하는 戶主相續人에게 5할을 가산하도록 하는 것도 없어졌다.

Ⅲ. 繼受法으로서의 民法典과 民法學의 課題

1. 우리 민법전의 역사적인 성격은 이를 繼受法이라는 관점에서 찾아 볼 수도 있을 것이다.[88]

한 나라의 法이 다른 나라의 法에 의하여 여러 가지 影響을 받는다는 사실은 모든 나라의 法史에서 관찰되는 바이고, 이는 일반적으로 인류생활에 보편적으로 보이는 문화의 傳播現象 중의 하나라고 할 수도 있다. 그러나 우리 민법전은 그러한 일반적인 「影響」의 범주로만 다룰 수 없는 특이한 점을 가지고 있다.

法의 繼受는 그 原因, 展開過程, 結果 등 모든 측면에 대하여 아직 구명되지 아니한 점이 매우 많아서 하나의 問題群을 이루고 있는 상황이고, 따라서 그 槪念에 대하여서조차도 공통적인 理解가 성립한 상태라고는 말하기 어렵다. 특히 개별적인 繼受現象에 대한 연구가 집적되지 아니한 상황에서는 성급하게 법의 계수 일반에 관하여 포괄적인 명제를 설정하는 것은 피하지 않으면 안 될 것이다. 그러나 일단 논의의 대상을 확정한다는 의미에서라도, 外國의 ―현존하는 또한 이미 효력을 상실한― 法 중에서 그 주요한 構成部分을 다른 나라가 採用하는 것을 「繼受」라고 부르기로 하자. 이와 같은 限定的 定義의 범위 내에서도 법의 계수는 그 개별현상에 따라 서로 다른 점이 많고, 또한 논의를 한 나라에 한정하여 보더라도 그 樣相의 전개는 극히 多面的이라고 하는 것이 일반적으로 인정되고 있다. 여기서 지금까지의 법의 계수에 관한 論議를 전제로 하여,[89] 우리 민법전의 계수법적 성격을 나름대로 설

88) 우리 民法典의 역사적인 성격을 究明하려면, 우선 그 제정과정에 관한 세밀하고도 종합적인 實證的 硏究가 필요할 것이다. 그러나 이러한 작업은 현재까지는 이루어지지 않고 있다. 그러므로 이하의 敍述은 하나의 試論에 불과한 것임을 미리 밝혀 둔다.

89) 필자가 참조한 繼受에 관한 문헌을 일괄적으로 들어 두기로 한다. Ernst Hirsch, *Rezeption als sozialer Prozeß, erläutert am Beispiel der Türkei*, 1981; Michel

명하여 보기로 한다.

첫째로, 우리 민법전에 의한 외국법 계수는 異質的 繼受이었다. 말하자면 전적으로 文化的인 土壤 내지 背景을 달리 하고, 나아가 계수된 法과는 기본이념과 내용을 달리 하는 法이 엄존하고 있던 나라에 새로운 法이 도입된 것이다. 이와는 달리 가령 佛蘭西民法典이 벨기에에 시행된 것과 같이 한 나라의 법률이 동일한 法文化를 가지는 다른 나라에 계수되는 소위 同質的 繼受의 경우도 있다. 그러나 우리 나라는 19세기 후반기에 극히 현실적인 모습으로 强打한 西勢東漸(western impact)의 세계사적 運動에 휩쓸려서 西歐文物을 수용하지 않을 수 없었던 것이다.[90] 이와 같은 이질적 계수의 경우에는 그 계수된 법이 새로운 토양 위에서 뿌리를 내리고 실질적인 規範으로의 기능을 충족할 수 있는가 하는 대규모적인 同化(Assimilation)의 문제가 본격적으로 제기된다.

둘째로, 그 계수는 法典繼受이었다. 이는 어떠한 법분야를 포괄적으로 규율하는 成文法典이 한 나라에서 제정된 경우에, 다른 나라에서 동일한 법분야에 대하여 法典을 제정하면서 그 旣成의 法典內容을 차용하는 것을 말한다. 그러나 계수는 반드시 법전계수의 형태로만 이루어지는 것은 아니며, 가령 영국법의 미국에의 계수나, 로마법의 독일에의 계수와 같이 法學의 교수를 통하여서나 慣習法의 형태로 계수가 이루어질 수도 있다. 우리 민법전은 외국법, 즉 유럽大陸法을 民法典의 편찬을 계기로 하여서 「단숨에」 계수한 것이다. 그리고 거기서 중요한 契機

Alliot, Über die Arten des "Rechts-Transfers," in: W. Fikentscher et al.(Hrsg.), ***Entstehung und Wandel rechtlicher Tradition***, 1980, S. 161ff.; Imre Zaytay, Die Rezeption fremder Rechte und die Rechtsvergleichung, in: *AcP* 156(1957), S. 361ff.; ders., Zum Begriff der Gesamtrezeption fremder Rechte, in: *AcP* 170(1970), S. 251 ff.; Wang Tzechien, Die Aufnahme des europaischen Rechts in China, in: *AcP* 166 (1966), S. 343ff.; A. Schnitzer, Ist massive Rezeption fremden Rechts gerechtfertigt?, in: ***Problèmes contemporaines de droit comparé***, T. 1, 1962, p. 115 et suiv.; 澤木敬郎, 法の繼受, 伊藤正己 編, 「外國法と日本法」(岩波講座 現代法 14), 1966, 113면 이하.

90) 이러한 「西歐의 衝擊」에 대한 19세기 후반기 이래의 다양한 對應形態에 대하여서는 우선 崔昌圭, 「近代韓國政治思想史」, 1972 所載의 각 논문 참조.

를 이룬 것은 무엇보다도 新生國의 국가체제의 일부로서의 법체제를 정비함으로써 독립국으로서의 면모를 세우려고 한 극히 國內政治的인 事情이라고 생각된다.[91]

셋째로, 우리 민법전은 어느 하나의 외국의 民法典을 그대로 모방한 것이 아니라, 유럽대륙의 유력한 여러 나라의 각 民法典으로부터 여러 제도를 混合繼受(synthetische Rezeption)하였다. 가령 터키가 스위스民法과 스위스債務法을 그대로 번역한 경우와는 다른 것이다.[92] 우리 민법전에 대하여는 그것이 獨逸民法을 그대로 계수한 것이라는 誤解도 없지 않으나, 이는 단지 日本民法에 비하여 獨逸法이나 스위스法의 영향이 상대적으로 더 현저하다는 것일 뿐이고, 전체적으로 보면 프랑스法의 영향 역시 두드러진다고 하지 않을 수 없다. 이러한 混合繼受의 경우에는 하나의 법전 내에 이질적인 요소가 공존할 가능성이 있고, 兩者를 체계적으로 조화시키는 부담이 法學 또는 實務에 지워지게 된다.

넷째로, 우리 민법이 외국의 민법전을 계수한 것은 일종의 2次繼受이다.

이 「2次繼受」라는 개념의 내용은 다음과 같다.[93] 우리 민법전이 여러 외국의 민법을 일단 계수하여 제정된 日本民法과 그것을 학문적으로 가공한 日本民法學을 기초로 한 점은 부인할 수 없고,[94] 따라서 우리 민법이 유럽대륙법을 직접으로 계수하였다고 말하는 것은 事態의 眞相을 가리는 점이 있다고 생각된다. 우리 나라는 일단 일본의 植民地가 됨으로써 강제적으로 일본민법의 적용을 받게 되었고, 이로써 유럽대륙의

91) 이 점에 대하여는 우선 梁彰洙(註 34), 189면(「民法研究」 I, 66면); 同(註 47), 144면 이하(本書 35면 이하)의 李仁 發言 등 참조.

92) 터키의 스위스民法 계수에 대하여는 우선 Hirsch(註 86) 및 Funfzig Jahre Türkisches Zivilgesetzbuch, in: *Zeitschrift für Schweizerisches Recht*, Bd. 95(N.F., 1976), 2. Heft 所載의 E. Hirsch(S. 223ff.); M. Zwahlen(S. 249ff.); Z. Gören-Ataysoy(S. 256ff.); H. Krüger(S. 287ff.) 등의 論文 참조.

93) 이에 대하여 別稿가 필요할 것이다.

94) 이 점은 우선 梁彰洙(註 34), 202면 이하(「民法研究」 I, 85면 이하); 同(註 40), 468면 이하(本書, 13면 이하) 참조.

민법전 그 자체가 아니라 이미 1차적으로 繼受된 형태로서의 그것에 처음으로 服하게 되었다. 이 상태는 식민 내지 정복에 의하여 식민자 내지 피정복국에 본국의 법률이 시행된다는 強制的 繼受(oktroyierte od erzwungene Rezeption)의 한 형태라고 할 수 있다. 그러므로 우리 나라가 식민지로 남아 있는 한에는, 그 强占國法의 繼受法的 性格을 강제로 들씌어져 가지고 있어서 이에 의하여 유럽대륙법이 직접 계수되고 있었다고 할 수 있을는지도 모른다. 그런데 그 식민지가 독립을 획득하여 이제 독자적으로 민법전을 제정하는 과정에서는, 식민지가 되기 이전의 法狀態를 회복하지 아니하고 그 强占國法을 그대로 —또는 약간 변형된 형태로— 유지하는 경우는 결코 드물지 않다. 가령 인도가 영국으로부터 독립한 경우에도 그러하였으며, 나폴레옹에 의하여 점령되었던 독일의 바덴公國의 경우도 그러하다. 우리의 경우를 이들과 아주 같다고 할 수는 없을지 모르는데, 우리 나라의 경우에 특이한 것은 그 강점국법 자체가 繼受法, 그것도 異質的 繼受法이라는 사실이다. 이와 같은 경우에는 일종의 重疊的인 계수현상이 일어난다고 할 수 있다. 그 내용 자체로만 보면, 우리 민법전은 유럽대륙법을 계수한 것이다. 그러나 거기서 「유럽대륙법」이라고 하는 것은 일본민법 또는 일본민법학의 안경을 끼고 본 유럽대륙법인 것이다. 그러한 의미에서 우리 민법은 유럽대륙을 「2차계수」하였다고 볼 수 있는 것이다. 가령 스페인이나 포르투갈의 지배를 받은 南美의 여러 나라가 19세기 초에 독립을 획득하였을 때, 그들은 강점국 스페인 등의 민법을 거부하고, 오히려 프랑스民法 자체를 지향하였었다.[95] 그러나 우리 민법의 경우에는 일본민법의 母法인 유럽대륙법 자체를 지향한 점이 없다고는 할 수 없어도, 기본적으로는 오히려 앞서 본 바와 같은 유럽대륙법의 日本版에 의존하였고, 또한

95) Zweigert/Kötz, *Einführung in die Rechtsvergleichung*, Bd. 1, 2. Aufl., 1984, S. 133f.; Dietrich Neile, *Entstehung und Ausstrahlungswirkung des chilenischen Zivilgesetzbuchs von Andres Bello. Ein Beitrag zum lateinamerikanischen Zivilrecht*, 1988. S. 217ff. 참조.

당시에 獨立國家로서의 體制를 갖추는 課題가 시급하게 해결되어야 함에도 「우리」의 민법을 마련할 學問的인 蓄積이 없었던 상황으로서는[96] 이에 의존할 수밖에 없었다고 할 수 있는 것이다.

다섯째로, 민법이 스스로를 결국 유럽대륙의 여러 민법전들에 연결한 것은 이를 통하여 近代的 民主國家를 창설하려고 하는 政治的 動機가 그 저변에 깔려 있었다고 생각된다. 법의 계수에 있어서의 정치적 동기의 중요성은 특히 로마法의 繼受를 연구한 학자들 사이에서 강조되고 있는 바이다. 우리 나라는 1948년에 나라를 세움에 있어서 立憲的 民主主義國家를 건설한다는 기본적인 決斷을 내렸고, 이는 19세기말적인 君主專制主義로부터 명확하게 결별한다는 것을 의미한다. 이것을 법적인 문맥에서 다시 말하여 보면, 식민지시대 이전의 법, 즉 조선 말기의 법과 결별하고 西歐의 법을 채용한다는 데 귀착된다. 말하자면, 그것은 近代化 내지 西歐化에의 한 지향을 의미하는 것 이상도 이하도 아닌 것이다. 이러한 흐름은 특히 제 2 차 세계대전 후에 종전의 植民地諸國이 일제히 독립하는 과정에서 뚜렷히 드러나는 것으로서, 우리 나라도 그 예외는 아니다.

2. 이상과 같이 우리 민법전의 성격을 파악하여 볼 때, 그것은 우리 민법학에 다음과 같은 課題를 부과한다고 생각된다.

첫째는, 우리 민법에 규정되어 있는 각종의 制度나 規定들의 淵源을 유럽대륙법 등에서 탐색하여 그 제도나 규정이 그 「母法」에서 어떠한 배경 아래서 어떠한 내용을 가졌는가, 또 가지고 있는가를 역사적 흐름에 좇아 그리고 사회 경제적·사상적 배경 아래서 확인하여야 한다. 특히 강조하고 싶은 것은 우리 민법에 존재하는 유럽대륙법에 대한 日本的 偏差를 돌파하여야 한다는 것이고 그러한 작업의 중요성은 아무리 강조하여도 지나치지 않다.

---

96) 이에 대하여는 梁彰洙(註 34), 204면 이하(「民法硏究」 I, 89면 이하) 참조.

그런데 여기서 우리가 항상 念頭에 두어야 할 점을 指摘하여 두고자 한다. 그것은 단지 현재의 「母國」에 있어서의 그 제도내용이나 규정내용을 파악하여 그 직접적인 「도입」을 주장함으로써 가능하게 되는 것은 아니라고 생각된다. 우리 民法典의 내용이 된 유럽대륙법이 日本民法學의 어느 시점에서, 어떠한 관점에서 파악된 유럽대륙법인가, 왜 그렇게 파악되어야 했던가를 먼저 明確하게 하지 않으면 안 된다. 이 점을 분명하게 하지 않고서 유럽대륙법을 연구하는 것은, 이미 일본에 의하여 파악된 ――따라서 불가피하게 歷史的인 偶然에 의하여 외국법 인식의 困難에 따르는 당연한 한계로 말미암아, 또는 자기 문제의 해결을 위하여 부득이하게 또는 고의적으로 행하여진 歪曲에 의하여, 일정하게 變色된―― 일정 시점의 유럽대륙법이 우리 民法典의 내용으로 實定化되어버린 이상, 우리 민법과의 接點을 상실한 한낮 비교법적 資料로서의 의미밖에 없을 수도 있으며, 따라서 그것을 무차별적으로 우리 民法의 解釋에 직접 「導入」하고자 하는 것은 새로운 異質物의 강제를 의미할 수도 있다. 결국 우리는 이와 같은 이중의 짐을 짊어지게 되었다고 할 것이고, 이야말로 植民地時代의 바람직하지 못한 遺產이라고 하겠다.

둘째, 특히 法典繼受의 경우에 어디서나 문제되는 「同化」(Assimilation), 즉 계수된 외국법의 우리에의 適應을 어떻게 이룩하는가이다. 일반적으로 법전계수는 다른 나라의 법을 하루 아침에 전격적으로 移植하는 것으로서 "하나의 진정한 法的 革命"(eine wahre juristische Revolution)이다.[97] 그러나 법전계수가 법의 계수인 것은 아니다. 自國의 그 입법자가 입법단계에서 면밀한 관찰에 의하여 외국의 법을 自國의 제반 사정에 적응시키지 않은 한은, 그러한 適應의 과정은 매우 느리게, 한 걸음씩 이루어지는 것이다. 이러한 適應의 과정은 두 단계로 나누어 살펴

97) A. Schwarz, Rezeption und Assimilation ausländischer Rechte, in: *Rechtsgeschichte und Gegenwart*, 1960, S. 153.

보는 것이 합리적이다.[98] 하나는 法專門家가 계수된 법의 내용을 제대로 이해하고 또 自國의 사정에 맞게 적용하여 가는 과정이고, 다른 하나는 법의 受範者, 즉 국민들이 그 법이 요구하는 行態모델을 내면화하여 가는 과정이다. 兩者는 물론 서로 연관되어 있어서 서로 영향을 미칠 것이나, 특히 後者의 과정은 주로 法社會學的 관찰과 서술의 대상이 될 것으로 생각되므로, 여기서는 따로 언급하지 않기로 한다.

前者의 과정에 대하여 보면, 슈바르츠는 일반적으로 同化를 소극적 동화(negative A.)와 적극적 동화(positive A.)로 나누고 있는데, 이 구분은 유용한 것으로 생각된다.[99] 消極的 同化에 있어서 문제되는 것은, 계수된 법제도 또는 법명제 중에서 실제로 어떠한 것이 當地에서 생명력을 유지하여 ―경우에 따라서는 母國에서는 전혀 기대되지 않고 있는― 중요성을 획득하고, 어떠한 것이 별다른 기능을 하지 못하고 있는가 하는 점이다. 이는 법계수의 결과를 주로 사실적인 관찰에 의하여 확정하는 작업이 된다. 積極的 同化는 법을 운용하는 사람들이 적극적으로 외래법을 현지의 사정에 적응시키려고 노력하는 것을 말한다. 슈바르츠는 그 主體로서 셋을 든다. 하나는 법원실무이고, 다른 하나는 임의규정과 다른 내용으로 체결되는 당사자들의 契約이며, 마지막으로 法學이다. 우선 法院實務에 관하여 보면 법원은 법률의 해석, 裁量判斷 그리고 法形成을 통하여 외래법을 실제의 사정에 적응시킬 수 있다. 슈바르츠는 그 중에서도 뒤의 둘에 주목한다. 법률이 명확한 要件을 정하는 것이 아니라 단지 일반적인 指針만을 제시하여 실제의 사건을 처리함에 있어서 법관이 개별적인 事案의 구체적인 事情들을 고려할 수 있는 裁量의 여지를 애초부터 인정하는 경우가 있다. 예를 들면 "善良한 風俗 기타 社會秩序"에 반하는 법률행위는 무효로 하는 규정이나, 信義

98) 이는 M. Rehbinder, Die Rezeption fremden Rechts in soziologischer Sicht, 「韓獨法學」 4호(1983), 9면 이하에서 힌트를 얻었다.
99) Schwarz(註 97), S. 154ff. 참조.

誠實의 원칙을 정하는 규정 등이 그러하다. 이러한 「一般條項」은 법관으로 하여금 외래의 법을 自國의 사정에 적응시킬 수 있는 絶好의 手段을 부여한다.[100] 또한 법률에 欠缺이 있는 경우에도 법관은 판례를 통한 法形成에 의하여 마찬가지의 기능을 수행할 수 있다. 가령 우리 民法 제 1 조가 스위스민법 제 1 조에서와 같이 '條理'에 의한 법률흠결의 보충을 명문으로 인정하는 경우에, '條理'는 바로 그러한 役割을 할 것이 처음부터 예정되어 있다고 할 것이다. 또한 법률행위의 當事者가 법률이 정하는 규정에 반하는 의사표시를 하는 것도 그들 사이의 구체적인 事情 내지 利益狀況을 법의 측면에 끌어들이는 일이라고 할 수 있다. 특히 거래유형(매매・임대차 등)마다 통상적으로 쓰여지는 契約書의 전형적인 條項들은 중요한 의미가 있다고 하겠다. 그리고 마지막으로 法學이 법적용의 대상인 생활관계의 본질적인 내용을 포착하여 개념화하고 이를 법률규정과 적절하게 연결시킴으로써, 또한 법률규정이 예정하고 있는 생활관계와 실제와의 동일성 내지 유사성과 함께 차이를 드러냄으로써 「同化」에 기여할 수 있음은 명백하다.

이러한 同化의 과정은 물론 오랜 時間과 刻苦의 努力을 요구하는 것이다. 그러나 보다 중요한 것은 우리 민법이 그 탄생과정을 통하여 부득이하게 안게 된 이러한 問題들을 명료하게 의식하면서 작업을 수행하여야 한다는 점이라고 생각된다.

(韓國民事法學會 編, 「民法學의 回顧와 展望」, 1993, 11면 이하 所載)

100) 그러나 슈바르츠는 一般條項을 단지 "불가피한 경우에만" 동원하며, 이를 법률규정보다 優位에 두지 말도록 권고한다. 이렇게 하지 않으면, 私法의 명확한 原則들이 희생되고 그 대신에 불분명하고 유동적인 指針이 들어서게 될 것이라고 한다. Schwarz (註 97), S. 156.

【附】

指定討論 : 比較法的 視野에서 본 韓國民法典

양창수 저는 오늘 주제발표에 대한 「討論者」로서의 역할을 하고자 이 자리에 나왔습니다. 그 동안 몇 차례 각종의 학회에 참석해 보았습니다마는, 그 과정에서 얻은 느낌은 참가자들이 보다 논쟁적인, 폴레미슈한 立場展開를 행하여도 좋지 않은가 하는 것입니다. 다시 말하면, 의문이나 부족하다 싶은 것을 보다 명확하게, 직선적으로 표현하는 것이, 물론 인간관계에서는 손해를 볼지 모르겠습니다마는, 적어도 「토론」을 위하여는 思考의 발동을 촉구하는 장점이 있지 않을까 하는 것입니다. 그래서 오늘은 그러한 입장에서 폴레믹을 전개해 볼까 생각합니다.

우선 저는 法史學이 아닌 民法解釋學을 전공하는 사람의 입장에서 논의하고자 함을 밝혀 두고 싶습니다. 그러니까 1차적으로 역사적 사실의 인식을 목표로 하는 것과는 달리 저는 우리 나라의 현상황에서 민법해석학을 어떤 문제의식을 가지고 해야 하는가의 관점에서 토론하려고 합니다. 나아가 오늘 발표하신 글이 결국 鄭 교수님이 일본어로 저술, 출판한 『한국민법전의 비교법적 연구』의 요약이므로, 오히려 이 著書를 토론의 대상으로 삼는 것도 허용되지 않을까 생각합니다.

제가 보기에는 그 책은 크게 주로 1장에서 4장까지의 실증부분과 제5장의 해석부분 내지 평가부분의 둘로 구성되어 있습니다. 세밀한 자료를 수집하여 정리하신 實證部分의 획기적 의의에 대해서는 굳이 논할 필요가 없습니다. 이에 대하여 정 교수님은 현재 민법전편찬에 관하여는 아주 기초적인 부분을 제외하고는 거의 연구가 되어 있지 않다고 하십니다. 즉 전통의 민사법규와 서구법의 수용과정, 현행법률용어의 형성과정, 민법전의 비교법적 특징 그리고 관습법의 문제 등은 그 연구 안 된 領域의 예입니다. 민법학을 연구하기 위해서는 민법전에 대한 연구가 선행과제이며, 또 민법전을 역사적·비교법적으로 이해해야 한다는 정 교수님의 의견에는 저도 전적으로 동감입니다. 이에 대한 정 교수님의 연구는 선구적인 것입니다. 그렇지만 이러한 기초적인 연구가 日本語로 발표된 것에 대해서는 우리 민법학의 貧困을 찔린 서글픔을 가집니다. 다만 독일에서든 일본에서든 민법전의 제정과정을 직접 경험한 세대가 퇴장하기 전까지는 민법전에 대한 비교법적·역사적 논의가 없었습니다. 이것으로 이에 대한 辯明이 될까요.

나아가 評價部分에 대하여 보기로 하겠습니다. 정 교수님의 연구는 한국민법학의 성과라기보다는 일본민법학의 성과가 아닌가 생각합니다. 즉 원래 계수법인 일본법이 다시 他國의 법생활에 미친 영향에 대해서 언급하는 점에서 그렇습니다. 이 책은 일본에서 평가를 받았고 또 독일법이 일본법을 매개로 하여 아시아에 전파된 것에 대한 구체적인 연구로 北川善太郎 교수에 의해 독일에도 소개되었습니다.[1] 바로 이 점에서 이 책은 우리 문화의 일본과의 관계에 관한 전반적인 문제, 즉 近代化와 植民地淸算의 문제를 민법전을 소재로 하여 제기하였다고 생각합니다. 식민지청산의 문제를 논할 때 중요한 것은 역사적 사실을 냉엄하게 객관적으로 인식함과 아울러 그러한 질곡으로부터 벗어나기 위한

---

1) Zentaro Kitagawa, Ein Jahrhundert Deutsch-Japanische Rechtswissenschaft, Vortrag gehalten bei der Verleihung der Ehrendoktorwürde am 12.7.1989, hrsg. von H.G. Leser, Institut für Rechtsvergleichung, Univ. Marburg, S.13ff.(北川善太郎 日獨法學の一世紀, 「法學論叢」 126권 4·5·6호(1990), 63면 이하에 그 日本語譯이 발표되어 있다. 이하 필자가 소장하고 있는 그 講演原稿에 의하여 인용한다). 이에 의하면 "강조할 필요가 있는 것은, 日本法을 매개로 하여 독일법이 아시아에 널리 보급된 것입니다. 그러한 독일법의 「移植(Verpflanzung)」의 중요한 예는, 中國, 臺灣 그리고 韓國에서 찾을 수 있습니다. 아시아법과 서양법과의 비교법적 연구, 특히 독일법이 이들 나라에 간접적으로 영향을 미치게 한 담당자로서 일본법이 한 기능(Funktion des japanischen Rechts als Träger des mittelbaren Einflusses des deutschen Rechts)에 대한 비교법적 연구는 아직 극히 한정된 범위에서밖에 이루어져 있지 않습니다"고 한다(S.21; 譯, 78면 이하). 그리고 그 註에 鄭 교수의 저서가 "한국민법전의 성립에 있어서의 日本法의 役割에 관한 劃期的인(grundlegend) 硏究"로서 인용되어 있다(S.30 Fn.49; 譯, 84면 註 52).

力量과 條件의 발견이라는 問題意識을 가지는 것이라고 생각합니다.

이러한 관점에서 제가 오늘 토론의 소재로 하고 싶은 것은 세 가지로 집약됩니다. 하나는 이 저서에 의하여 우리 민법전의 「역사적·비교법적 의의」가 적절하고도 충분하게 해명되었다고는 하기 어렵지 않은가 하는 점이고, 다른 하나는 우리 민법의 독자적인 제도나 성격에 대한 보다 많은 성찰이 포함되었어야 하지 않는가 하는 점이며, 마지막으로 이 저서에는 민법전에 대한 비판적 평가의 관점, 바꾸어 말하면 과거를 통하여 우리 민법학의 장래를 내다보는 문제의식이 아쉽다는 것입니다. 물론 이들 論點은 서로 관련되어 있습니다.

우선 정 교수님은 민법전의 역사적·비교법적 해명을 연구의 목적으로 하였습니다. 정 교수님의 연구의 골간을 이루는 것은, 첫째, 그 지도교수인 北川의 學說繼受라는 개념이고, 둘째, 이것도 北川의 것인데, 일본민법전과 독일민법학의 학설계수에 연유하는 일본민법학체계 사이에서 오는 일본민법의 二重構造理論입니다.[2] 그리고 우리 민법전은 일본민법의 이러한 이중구조를 극복하기 위한 입법적 노력의 結晶으로 보고 계십니다.

저는 이러한 접근방식과 위의 결론에 대해 근본적인 의문을 제기합니다. 우리 민법의 기초자들은 그러한 노력을 하지 않았습니다. 예를 들면 채무불이행에 대한 민법 제390조와 일본민법 제415조, 손해배상의 범위에 관한 민법 제393조와 일본민법 제416조는 거의 유사합니다. 그리고 이들 조문에 대하여 학설은 독일민법학의 영향으로 채무불이행유형 三分說과 相當因果關係로 각기 설명하고 北川도 이를 日本民法의 二重構造의 대표적인 예의 하나로 들고 있지만,[3] 우리 민법은 이를 입법화하지 않았습니다. 일본민법과 다른 우리 민법전의 규정 일부는 어느 단계의 일본민법학의 영향 아래서 독일민법학의 결론을 수용한 것을 인

2) 기본적으로 北川善太郎, 「日本法學の歷史と理論」, 1968 참조.
3) 北川(註 2), 34면 이하, 63면 이하.

정하더라도, 이러한 사실 즉 독일민법학의 수용은 일본민법의 이중구조를 우리 나라에서 입법적으로 해결하려는 노력의 결과로 된 것이 아닙니다. 北川의 이론은 일본민법에 대한 분석틀로는 가능하지만, 한국민법전의 역사적·비교법적 위치를 규정하는 분석틀로는 될 수 없습니다.

일반적으로 우리 나라의 민법교과서는 우리 민법전을 日獨混合繼受法典으로 설명하고 있습니다.[4] 정 교수님의 결론대로 하면 그 설명에서의 독일민법이 일본민법학으로 대치됩니다. 즉 일본민법전과 어느 단계의 일본민법학이 결합된 것이 바로 우리 민법전의 역사적·비교법적 위치라는 것입니다. 이것이 정당한가요. 우선 저는 이 자체에 대해서 의문이고, 나아가 앞서 본 문제의식과 견주어 보면 이러한 결론은 아무런 소득 없는 것이라고 말씀드리고 싶습니다.

민법전 제정 당시에 제정자들이 일본민법전을 기본으로 하였고, 또 일본의 민법학설에 힘입은 바 큰 것은 인정되어야 할 것입니다. 그렇지만 민법전에는 독자성이 있는 규정이 많이 있습니다. 예를 들면 물권변동에서 形式主義를 채택하면서 부동산물권에 대해서는 公信의 원칙을 배제한 것은 일본민법과 滿洲民法으로는 설명할 수 없습니다. 이는 정 교수님의 결론으로는 설명할 수 없습니다. 또 공동소유의 삼형태를 입법연혁적으로 고찰하면 일본의 石田文次郞의 이론이 아닌 故 金曾漢 교수님께서 石田을 비판하면서 나름대로 이해한 것에 연유한다고 생각합니다.[5] 그 외에도 傳貰權制度, 消滅時效完成의 절대적 효과, 민법 제607조·제608조 등이 있습니다. 민법전의 개별규정 가운데는 일본민법과 일본학설의 수용만으로 설명하기 어려운 부분이 많이 있는 것입니다.

다른 한편 우리 민법전의 성격에 대한 일반적인 결론은 독일민법전의 영향이 많다는 것입니다. 정 교수님은 그것은 일본민법학의 영향 때

4) 가령 郭潤直, 「民法總則」, 新訂版, 1992, 60면 참조.

5) 이에 대하여는 梁彰洙, 民法典의 制定過程에 관한 研究—民法案에 대한 國會本會議의 審議—, 서울대 「法學」 33권 2호(1992), 159면 이하(本書, 57면 이하) 참조.

문이며, 우리 민법전이 또 일본민법보다 더 많이 독일민법적이라고 하는 이러한 한일 양국의 민법전의 차이는 실은 일본의 학설이 일본민법전을 독일민법식으로 해석한 것을 우리 민법이 수용한 것에서 연유하고, 따라서 한일 양국의 민법전은 외면적 유사성에다가 내면적 관련성까지 지니고 있다고 합니다. 그러나 저로서는 우리 민법이 일본민법과 다르게 정하고 있는 여러 규정들이 '보다 더 독일민법적'이라는 수식으로 커버될 수 있을지 의문입니다. 가령 물권변동의 형식주의는 獨法主義라고 하지만, 우리 민법의 태도는 독일민법과는 다르며 또 이는 金炳魯 선생의 國會發言에서도 분명합니다.[6] 제186조와 제187조를 함께 본다면 스위스민법전과 더 유사합니다. 그리고 계약체결상의 과실은 독일민법과는 달리 원시적 불능인 경우에만 인정하고 있습니다. 또 독일민법전과 스위스민법전을 모두 독일민법적이라고 할 수 있겠습니까. 정 교수님께서 예로 든 非營利法人 등은 양자에 모두 있고, 실제 입법과정에서도 양자가 모두 참조된 것입니다.[7] 이러한 것들을 독일민법적이라고 할 수 있겠습니까. 민법전의 역사적·비교법적 위치를 규명하기 위해서는 그에 앞서 개별규정의 연혁에 대한 구체적이고도 실증적 연구가 필요하다고 생각합니다.

그리고 문제가 되는 조항을 일본민법학적으로 바꾸지 않은 이유에 대하여 생각을 하여야겠습니다. 이것은 일본민법학이 이에 대해서 침묵하였기 때문에 그러한 것이라고는 생각하지 않습니다. 민법을 제정할 때에 민법기초자들 앞에는 제한된 범위이기는 하지만 몇 가지의 選擇肢가 있습니다. 이는 일본민법, 독일민법, 스위스민법, 중화민국민법 등

6) 「제 3 대 국회 第26回 國會定期會議 速記錄」, 30호 4면 이하 참조: "우리의 민법이 취한 것은 形式主義를 취하는 동시에 그렇다고 해서 그 原因이 無效 아주 효력 없는 당사자에 대하여 전연 효력 없는 이런 경우에는 아무리 형식주의라도 신빙력을 주지 아니한다. 이런, 즉 절충적 의미가 이 속에 되어 있습니다. 그래서 사실상으로 이 우리 민법이 취한 주의가 佛蘭西主義, 즉 일본의 민법이나 또 독일의 絶對的 形式主義나 그보다 오히려 우수하다고 나는 혼자 믿기 때문에 이 법안을 이와 같이 편찬을 하게 된 것입니다."(현재의 맞춤법에 따라 수정하였다)

7) 「民法案審議錄」, 上卷, 1957, 28면 참조.

입니다. 실제 개별조문을 비교해 보면 상당부분이 일본민법, 중화민국민법과 유사합니다. 제가 묻고 싶은 것은 어떤 경우에는 일본민법을 어떤 경우에는 중화민국민법을 選擇했는가입니다. 起草者들이 수행한 作業의 創造的인 性格은 이와 같이 제한된 범위 내에서이기는 해도 바로 이 선택을 하는 데 있다고 생각합니다. 이러한 선택과정을 면밀히 해부해 봄으로써 우리 민법전에 숨어 있는 力量을 찾아낼 수 있을 것입니다. 기초자들이 단순히 일본민법을 선호해서 또는 일본학설의 영향만에 의하여서 그렇게 된 것이라고는 생각하지 않습니다. 이와 같은 選擇이 어떻게 이루어지는가에 대해서 고민을 하여야 할 것입니다. 역사의 제약을 강하게 받아 제한된 선택의 가능성밖에 없었기는 하였지만 우리 민법전이 일본민법전과 민법학의 이중구조를 청산하기 위한 입법적 노력의 결정으로 된 것은 아닙니다. 또 단순히 일본민법학의 성과를 수용한 것이 아니라고 생각합니다.

또한 정 교수님의 著書에는 민법전에 대한 비판적인 평가, 즉 과거를 통해서 우리 민법의 장래를 내다보는 문제의식이 아쉽습니다. 비교법적 연구가 가지는 의미의 하나는 批判的 視角을 提供하는 데 있음은 주지의 사실인데, 이러한 측면이 지나치게 소홀하게 다루어진 것이 아닌가 하는 것입니다. 가령 이런 문제는 어떻겠습니까. 宗中이나 稧의 예에서 보듯이 일본민법학의 성과를 수용하는 것만으로는 어차피 만족할 만한 민법전이 만들어질 수 없는데, 그럼에도 우리는 그 단계에서 왜 하필 일본민법학의 성과의 수용에 그치지 않으면 안 되었는가. 우리에게 모자란 것은 무엇이었던가. 또 일본민법학을 수용하였다고 하더라도 그러한 사실의 확인이 우리 민법학이 앞으로 수행하여야 할 작업에 어떠한 시사를 주는가. 가령 민법상 제도의 연구에 있어서 일본민법학의 성과를 조사함으로써 족하고, 독일, 프랑스, 스위스 등의 그 母國法을 탐색하지 않아도 좋은가. 이러한 문제의식은 민법전의 제정과정이라는 과거의 문제를 바라보는 데도 의미있는, 보다 넓은 시야를 제공해 줄 수 있다고 생각합니다.

결국 이는 우리와 外國, 특히 19세기 말 이래 우리의 行動은 아닐지라도 思考 또는 思考道具를 규정해 온 歐美와의 관계를 어떻게 볼 것인가 하는 보다 심중한 문제로 우리를 이끌어 간다고 생각됩니다. 이와 관련하여 민법해석학을 수행하는 과정에서 느끼는 개인적인 感想을 짧막하게 말씀드리고자 합니다.

저는 지금 우리 민법학이 양쪽으로부터 협공을 당하고 있다는 느낌을 곧잘 가집니다. 그 하나는 '좋은 옛법' (gutes altes Recht)에 대한 향수입니다. 즉 본래 우리 법은 좋은 것이었는데, 그만 서구법이 들어와서 변질되어 버렸다는 전통지향의 思考입니다. 그리고 또 하나는, 우리 민법의 규정은 서구, 특히 독일에서 온 것이므로 독일에서의 운영 등을 정확히 인식하여 이를 우리 나라에 그대로 재현하는 것이 민법학의 임무이다, 지금까지의 학문은 서양것을 피상적으로 이해하였을 뿐이고 실무는 구체적 타당성과 형평감만으로 결단을 내려 법을 해석해 온 것이라고 생각하고, '진정한' 법 또는 법학은 서구에 있다고 여기는 서구지향의 사고입니다. 이러한 상반된 두 입장 사이를 헤집고 나가야 하는 것이 민법해석학의 현실입니다.

저는 민법해석학의 출발점은 민법전이고, 민법전이 민법학의 지탱점이어야 한다고 생각합니다. 그래서 저는 민법전에 대한 애정을 가지고 민법전의 제정과정에서부터 논의를 시작하는 것이, 완벽한 것은 아닐지 몰라도 가능한 한 방법이라고 생각합니다. 정의관념에 맞는 체계적인 이론틀을 만드는 것이 민법학의 임무라고 한다면, 정의관념은 현재의 것만이 아닌 앞으로 우리가 지향해야 할 사회에서의 그것도 포함하는 것이어야 할 것입니다. 민법해석학이 이러한 과업을 수행할 수 있기 위해서는 오히려 민법전에 대한 역사적인 이해가 필요하고 그래서 민법전의 개별규정에 대한 연구를 하여 보았고 정 교수님의 저서가 이에 대한 갈증을 해소해 줄 것이라고 여겨 기대와 관심을 가지고 정 교수님의 저서를 접한 것입니다. 수준 높은 연구를 하신 정 교수님과 토론을 경청해 주신 여러분께 감사를 드립니다.

(「法史學硏究」 12호(1991. 12), 139면 이하 所載)

[後　　記]

1. 제 3 논문 「民法의 歷史와 民法學」은, 韓國民事法學會가 民法典施行 30주년을 기념하여 기획한 『民法學의 回顧와 展望』이라는 논문집에 첫 글로 실린 것이다. 원래 필자에게 주어진 제목은 「韓國民法史」라는 것이었고, 이 글은 위 논문집에 그러한 제목으로 실렸었다. 그러나 그 내용은 주로 민법전이 제정되기까지의 과정과 그 후의 개정내용 등을 외면적·객관적으로 서술한 것이고, 거기다가 '우리 民法이 繼受法이라는 데서 제기되는 民法學의 課題'라고 할 것에 대한 짧은 글을 덧붙였다. 서로 관련이 없는 事項을 억지로 이어붙여 하나의 글로 엮었다는 느낌이 없지 않다.

2. [附]로 덧붙인 「指定討論 : 比較法的 視野에서 본 韓國民法典」은, 1990년 6월 29일에 春川에서 있은 韓國法史學會의 여름학술대회에 참가하여 지정토론자로서 토론한 내용을 錄取한 것에 註를 붙이는 등 약간 손질한 것이다. 당시 主題發表는 鄭鍾休 교수가 「比較法的 視野에서 본 韓國民法典」이라는 제목으로 하였는데, 그것은 그의 저서 『韓國民法典の比較法的硏究』(日本 創文社, 1989)를 요약한 것이었다. 위 주제논문과 토론 등의 全貌는 「法史學硏究」 12호, 133면 이하에 수록되어 있다.

이러한 전후의 맥락을 무시하고 필자의 討論內容만을 여기에 옮기는 것에 대하여는 주저가 없지 않다. 그러나 민법전의 제정과정에서의 日本民法(그 민법전과 민법학을 포함한 의미에서의) 역할을 어떻게 볼 것인가 한는 점에 대한 나의 생각을 이러한 形態로라도 提示하여 둘 필요가 있다고 생각되었다. 그래서 민법전의 제정과정을 다룬 일련의 글에 이어서 이에 수록하기로 하였다.

4. 原始的 不能論

제 1 장 序　　論

제 1 절　문제의 제기

1. 給付의 실현가능성의 문제는 우리 民法學의 체계에 있어서 현저한 지위를 차지하고 있다.

우선 '目的의 可能'은 법률행위의 有效要件의 하나라고 일치하여 지적되고 있다.[1] 즉 法律行爲의 목적[2]을 실현하는 것이 불가능하면 그와 같은 "목적의 실현에 법률이 조력한다는 것은 무의미"하므로[3] 그 法律行爲는 無效라고 한다. 그러나 이 때 법률행위를 무효로 하는 '不能'(이 개념은 민법 제535조 제 1 항[4]에 의하여 실정법에 채택되었다)은 법률행위의 성립 당시에 이미 존재하는 것, 즉 소위 原始的 不能에 한정되며, 그 법률

1) 郭潤直, 「民法總則」, 再全訂版, 1985, 344면 이하; 金容漢, 「民法總則論」, 全訂版, 1986, 251면 이하; 金曾漢, 「新稿 民法總則」, 1983, 225면 이하; 張庚鶴, 「民法總則」, 1985, 432면 이하; 黃迪仁, 「現代民法論 I」, 增補版, 1985, 155면 이하 참조.

2) 이 때 法律行爲의 目的이란 법률행위에 의하여 발생시키려고 하는 法律效果를 말한다고 이해되고 있다. 따라서 給付의 實現可能性의 문제는, 당해 法律行爲의 目的—위와 같은 의미로 이해된 바의—이 給付를 내용으로 하는 경우에는 法律行爲의 有效 여부를 결정하게 된다.

3) 郭潤直(註 1), 344면. 또 金容漢(註 1), 251면은 "실현이 불가능한 사항을 내용으로 하는 法律行爲는, 國家機關의 조력에 의하더라도 문제된 사항을 강제 실현할 길이 없고, 따라서 法的 效果를 인정한다 하더라도 무의미하기 때문에 無效"라고 하고, 金曾漢(註 1), 226면도 동일한 취지의 설명을 한다. 張庚鶴(註 1), 432면은 "目的이 불능한 法律行爲에 효과를 부여한다는 것은 不可能"하다고 하나, 아마도 같은 의미라고 생각된다.

4) 이하의 民法의 條項은 그 法名을 지시함이 없이 인용한다.

행위의 성립 당시에는 그 목적이 실현가능하였으나 그 후에 불능하게 된 경우, 즉 소위 後發的 不能은 법률행위의 有·無效와는 관계가 없고 다만 債務不履行의 문제 또는 危險負擔의 문제가 될 뿐이라고 한다. 또한 이 때 법률행위의 목적을 실현하는 것이 가능한가 아니면 불능인가는 결국 사회관념에 의하여 정하여지는 것으로서,[5] 物理的 不能에 한정되지 않고 사회관념상 불능이라고 볼 수 있는 것, 가령 한강에 빠진 보석 한 알을 찾아내기로 하는 것도 불능이라고 설명된다.[6]

이러한 설명은 債權의 目的의 요건의 하나로서의 「給付의 實現可能性」에 관하여 그대로 반복된다.[7] 즉 채권의 목적 ―이것은 곧 '給付' 이다― 은 실현가능한 것이어야 하며, 불가능한 급부를 목적으로 하는 채권은 무효라는 것이다. 다만 이 경우에는 채권의 성립에 영향을 미치는 바의 原始的 不能은 법률행위의 성립시가 아니라 債權의 성립시를 기준으로 정하여진다는 설명이 부가될 뿐이다. 그런데 채무불이행에 관한 설명으로 넘어가면 거기에서 또 급부의 실현가능성의 문제가 보다 상세히 다루어진다. 즉 통설은 일치하여 채무불이행의 요건을 履行遲滯, 履行不能 그리고 不完全履行(내지 積極的 債權侵害)로 나누고 있는데[8] 그 중 "履行不能"(이 개념은 契約解除權 발생의 요건에 관한 제546조에 의하여 실정화되었다. 그런데 제546조에서 규정하는 "履行不能"과 가령 제390조 단서, 제537조 이하 등에서 "… 이행할 수 없게 된 때"라고 정하고 있는 것이 전

5) 法의 解釋에 있어서 法律概念의 意味內容을 적극적인 徵表로써 밝히지 않고, 가령 不能概念 외에도 不當利得의 발생요건으로서의 "利得과 損害와의 因果關係"의 판단에서도 그러한 것처럼, "社會觀念" 또는 "去來觀念"에 따라 정하여진다는 식으로 미루는 것은 건전한 方法은 아닐 것이다. 적어도 그러한 態度는 法律的 價値評價라는, 法의 解釋에 있어서 극히 중요한 시각을 놓치는 결과가 되기 때문이다. 실제에 있어서, 그와 같은 態度는 法의 意味內容의 究明을, 個別事件을 다루는 實務家, 특히 法官의 衡平感覺에 맡기는 기능을 한다고 할 것이다. 이 점은 李好珽 선생님으로부터 敎示를 받았다.

6) 註 1의 文獻 참조.

7) 郭潤直, 「債權總論」, 再全訂版, 1983, 40면; 金容漢, 「債權法總論」, 1983, 35면 이하; 金曾漢, 「債權總論」, 1979, 15면 이하; 金亨培, 「債權總論(上)」, 1984, 70면 참조.

8) 이와 관련하여 제400조 내지 제403조에서 정하는 債權者遲滯를 債務不履行으로 이해할 것이냐에 관하여는 의견의 對立이 있다. 이에 대하여는 우선 李銀榮, 債權者遲滯, 「郭潤直 敎授 華甲紀念論文集」, 1985, 370면, 특히 379면 이하 참조.

적으로 같은 의미라고 보아야 할 것인가는 보다 엄밀한 검토를 요한다고 생각한다[9])에 관한 설명에서, '履行不能'의 의미, 종류 등이 보다 구체적으로 제시되고 있다.[10] 그리고 가령 이 경우의 履行不能은 독일민법상의 개념과 대비되어서 독일민법이 채택하고 있는 客觀的 不能(Unmöglichkeit)[11]과 主觀的 不能(Unvermögen)[12]의 구분과는 일치하지 않는 것으로서, 그러한 區分은 무의미하고 실익이 없으며 오히려 "思考上의 혼란"을 일으킬 뿐이라고 한다.[13]

나아가서 「給付의 實現可能性」은 계약의 일반적 효력발생요건의 하나로 契約總論의 설명에 다시 등장한다.[14] 이 때에도 소위 사회관념에 따른 不能 여부의 판단과 原始的·後發的 不能의 구분이 중요한 포인트가 된다. 이 때에 원사적 불능의 여부가 계약 성립시를 기준으로 하여 정하여짐은 물론이다.

이와 같이 우리 나라의 학설은 원시적으로 그 실현이 불능인 급부를 목적으로 하는 계약(위에서 본 대로 법률행위 및 채권 일반에 관하여도 문제가 되나 여기서는 논의를 주로 계약에 한정하기로 한다)이 무효라는 점(이하에서 「原始的 不能論」이라고 하면 이 法命題를 말한다)에 대하여 異論이 없다.[15] 그리고 이와 같이 원시적 불능의 급부에 관한 계약이 체결된 경우는 단지 '契約締結上의 過失'(제535조)의 문제가 될 뿐이며[16] 채무불이행은

9) 여기에서는 다만 이 문제가 소위 附隨義務(Nebenpflichten)에 관한 논의를 債務不履行法에 어떻게 수용할 것인가 하는 중대한 문제와 맞물려 있다는 것만을 지적하여 둔다.

10) 郭潤直(註 7), 136면 이하; 金容漢(註 7), 140면 이하; 金曾漢(註 7), 54면 이하; 金亨培(註 7), 221면 이하 참조.

11) 독일民法(이하 BGB라고 한다) 제275조 제 1 항, 제280조, 제306조 등 참조.

12) BGB 제275조 제 2 항, 제279조 등 참조.

13) 郭潤直(註 7), 137면; 金容漢(註 7), 143면("概念의 混亂을 일으킬 염려조차 있다.") 참조.

14) 郭潤直, 「債權各論」, 再全訂版, 1984, 91면 이하; 金曾漢, 「債權各論(上)」, 1984, 49면 이하 참조.

15) 단지 金容漢(註 1), 251면만이 "契約 자체의 有效論은 있다"고 덧붙일 뿐, 이는 당연한 法理로서 전제되고 있다.

16) 他人의 權利에 관하여 賣買契約이 締結된 경우에 대한 제569조 이하의 규정들과 原始的 不能論과의 관계도 당연히 문제되어야 하리라고 생각되나, 위의 규정들은 단순히 有償契約의 特性에 의거하여 인정되는 擔保責任制度의 內容이라는 觀點에서만 이해되

주로 事後的으로 발생한 급부장애[17](Leistungshindernisse)를 둘러싸고 논의를 진행하고 있는 형편이다.

2. 위와 같이 '안정된' 학설상황에도 불구하고 原始的 不能論의 근거는 무엇인가를 따져보면, 적어도 위의 학설들이 제시하는 근거는 별로 설득력이 없어 보인다.

(1) 위에서 본 바와 같이 학설은 原始的 不能論의 근거에 대하여, 그러한 給付의 實現에 법률이 조력하는 것은 무의미하기 때문이라고 한다.[18] 즉 實現可能性이 없는 給付에 관한 계약은 유효라고 해 보아야, 다시 말하면 그 給付에 관한 契約上 義務를 인정해 보아야, 그 의무의 내용을 실현시키는 것은 불가능하므로 아예 給付義務의 존재를 인정하지 않고 나아가서 계약을 유효로 인정할 수 없다는 것이다.

그러나 이러한 주장은 왜 原始的 不能의 경우에만 그 계약을 무효로 하는가를 충분히 설명할 수 없다고 생각된다. 급부 그 자체를 실현하는 것이 불가능한 것은 後發的 不能의 경우에도 마찬가지이다. 가령 特定物에 관하여 매매계약이 체결된 후 그 목적물이 滅失되었다면, 그 급부의 실현은 불가능하다. 그렇다면 이 경우에도 그 급부에 관한 계약상 의무를 인정하는 것이 무의미한가? 누구도 이 물음에 대하여 긍정적으로 答하지 않을 것이다. 그리고 필경 각 경우에는 유효하게 존재하는 급부청구권이 "이행에 갈음한 손해배상"(제395조), 즉 塡補賠償請求權으로 ―동일성을 유지하면서― 變形되어 존속하는 것이므로,[19] 계약은 유효한 것이라고 설명할 것이다.

고 있다. 또 이와 관련하여 無權利者의 處分行爲의 무효와 原始的 不能論과의 관계도 선명하지 못한 점이 있다.

17) Rabel, *Das Recht des Warenkaufs*, Bd. I, 1936, S. 118은 이 개념을 채무불이행의 요건에 관한 比較法學上의 準據點으로 한다.

18) 註 3 및 그 본문 참조.

19) 물론 이것은 賣渡人에게 歸責事由가 없다는 것이 증명되는 한도에는 그러하지 아니하다.

그렇다면 原始的 不能의 경우에 대하여도, 給付請求權은 유효하게 성립하는데 단지 애초부터 塡補賠償請求權의 형태를 취할 뿐이라고 하지 못할 이유는 무엇인가? 이러한 주장도 논리적으로 불가능한 것은 아니다. 결국, 不能한 給付의 實現에 법률이 조력하는 것은 무의미하다는 논거는 原始的 不能論을 정당화하기에 충분하지 못하다고 생각된다.

이와 같은 原始的 不能論의 근거에 대한 의문은, 그 法理는 역사적으로 어떠한 과정을 통하여 형성되었는가, 그 형성을 뒷받침하는 법적 논리 내지 평가는 어떠한 것이었는가, 이러한 논리 내지 평가는 현재 우리 민법에 어떠한 모습으로 나타나 있는가 하는 의문에 연결된다.

(2) 관점을 바꾸어서, 原始的 不能論이 우리 민법의 전체 체계나 전제적 또는 기본적인 논리와 내적으로 조화될 수 있는지에 대하여도 의문이 없지 않다.

(a) 우선 우리 계약법에 있어서는 要物契約이 아니라 諾成契約이 그 기본적인 형태로 인정되고 있다.[20] 즉, 계약 당사자의 의사의 합치가 계약 성립의 필요조건인 동시에 충분조건이고, 당사자의 합의 이외에 물건의 인도 기타 급부를 하여야만 계약이 성립하는 것은 아니다. 그렇다면 물건의 인도 기타의 給付가 가능한지 여부의 사정은 계약의 成立과는 아무런 관련이 없다고 할 것이다. 반면 要物契約에서는 給付의 實現이 不能하면 그 계약이 성립할 여지가 없고, 가령 그러한 契約의 豫約 등도 효력이 부인되어야 할 것이다.[21]

---

20) 예를 들어, 民法上의 典型契約은 懸賞廣告(제675조)를 제외하고는 모두 諾成契約이다. 그러나 懸賞廣告에 대하여는, 廣告가 있었음을 알지 못하고 指定行爲를 한 사람에게도 報酬請求權을 부여하는 제677조나 廣告의 撤回를 인정하는 제679조 등을 이유로, 이를 契約이 아니라 指定行爲의 完了를 정지조건으로 하는 債務負擔單獨行爲라고 하는 少數說이 있다. 이에 대하여는 郭潤直(註 14), 433면 이하 참조.

21) 이러한 豫約에 있어서 豫約完結權者가 豫約完結의 意思表示를 하면, 相對方에게 承諾한 義務가 발생한다고 하더라도, 이 承諾義務는 단순히 承諾의 意思表示를 하는 것이 아니라, 契約의 대상인 權利 그 자체를 移轉하는 것을 내용으로 한다. 이에 관하여는 우선 郭潤直(註 7), 466면 참조. 그런데 이 權利의 移轉이 불가능한 경우, 相對方의 承諾義務가 여전히 存在한다고 볼 것이냐가 문제이다. 이 점에 대하여는 별로 論議

학설은 給付가 可能하다는 것은 계약의 성립요건이 아니라, 위에서 본 바와 같이 그 성립을 전제로 계약이 效力을 發生하기 위한 要件이라고 설명하므로,[22] 역시 給付의 實現可能性의 문제는 논의의 차원을 달리하여 일정한 의미를 가질 수 있지 않는가 하고 생각될지도 모른다. 그러나 일단 給付의 實現可能 여부를 불문하고 계약의 성립을 인정하는 것으로 하는 이상에는, 給付의 實現可能 여부를 불문하고 계약의 유효를 인정하는 방향으로 해석하여야 한다고 볼 여지는 없을까? 이러한 점에서 給付의 實現可能性은 계약의 다른 효력 발생요건, 즉 가령 內容의 適法性이나 社會的 妥當性 등의 문제와는 동일하게 취급할 수 없다고 생각된다. 즉 이 후자의 점들은 給付의 實現可能性의 문제와는 달리, 계약 성립의 차원에서 이미 논의되는 一定한 前提的 論理와는 전혀 무관한 것이다.[23]

(b) 나아가 契約法이 「信義誠實의 原則」이 특히 강조되는 영역임은 일반적으로 인정되고 있다.[24] 그리고 그와 관련하여 契約法의 역사는 主觀的 要素의 擴張過程이라고도 이해될 수 있다.[25] 이러한 시각에서 볼

된 바가 없으나, 그러한 경우에는 不能한 停止條件이 붙은 法律行爲에 관한 제151조 제3항 후단을 類推適用하여, 그 豫約의 效力을 부인함으로써 相對方의 承諾義務를 부정함이 타당하다고 생각된다. 왜냐하면 契約締結에의 拘束, 즉 契約의 成立이라는 豫約制度의 本來의 目的은 要物契約에 있어서는 그 引渡 기타의 給付의 不能으로 인하여 영구히 달성할 수 없게 되었고, 그러한 의미에서는 不能한 條件이 停止條件이어서 法律行爲의 效力이 발생할 가능성이 영구히 저지된 경우와 마찬가지로 평가할 수 있기 때문이다.

22) 註 13의 文獻 참조.

23) 그 외에도, 後者의 契約效力發生要件은 法이 契約의 效力發生, 즉 契約上 義務의 발생을 용인하는 것이 法秩序 내부에 모순을 승인하는 결과가 되기 때문에 契約에 대한 內容統制(Inhaltskontrolle)를 행하는 것이다. 이에 반하여 前者의 給付의 實現可能性의 문제는 그러한 契約內容에 관한 吟味와는 관계 없이 단순히 契約內容의 실현에 장애가 되는 일정한 客觀的 事情의 存在 여부만을 확인한다. 이는 法秩序 내부의 모순발생과는 전혀 관계 없는 것이다. 兩者에 대한 이러한 區別은 뒤에 논의하는 소위 法的 不能(juristische Unmöglichkeit)의 취급에 있어서도 의미를 획득한다.

24) 郭潤直(註 7), 14면 이하; 金容漢(註 7), 29면 이하; 金曾漢(註 7), 12면 이하; 金亨培(註 7), 39면 이하 참조. 이들 文獻은 債權法 一般의 特質로 信義則의 支配를 드나, 그 근거로 제시하는 "債權者와 債務者 사이의 信賴關係"는 契約關係를 염두에 둔 것이다. 이러한 信義則은 契約關係의 形成의 段階에서부터 적용됨은 이론의 여지가 없다. 그렇다면 자신이 의무를 부담하는 給付의 實現不能을 알거나 알 수 있었던 사람이 給付의 不能을 내세워 契約의 效力不發生을 주장하는 것이 허용되어야 할 것인가?

25) Jörs-Kunkel-Wenger, *Römisches Privatrecht*, 3. Aufl., 1949, S. 172f. 참조.

때, 계약 체결시를 基準으로 하여 급부의 불능이라는 客觀的 要件의 존재만으로 계약의 효과에 그와 같이 커다란 差異를 둘 合理的인 理由는 과연 무엇일까? 가령 다음과 같은 경우를 생각해 보자.[26)]

① 甲은 자기 소유의 건물에 불을 질러 다 타게 한 다음, 이 건물에 관하여 乙과의 사이에 매매계약을 체결하였다.

② 甲은 자기 소유의 건물에 관하여 乙과의 사이에 매매계약을 체결한 다음, 이 건물에 불을 질러 다 타게 하였다.

과연 위의 두 경우 사이에 제535조 제 1 항과 제390조의 본문이 각 정하는 바와 같은 효과의 차이를 인정할 만한 법적 평가상의 차이가 있다고 할 수 있는지 의문이다.

이에 대하여는 위 ①의 경우에 甲은 契約의 무효에도 불구하고 不法行爲로 인한 손해배상의무를 부담하므로[27)] 두 경우 사이에 실제의 결과에 큰 차이는 없다는 反論을 상정할 수 있나. 그러나 우선 일반적으로 契約上 請求權과 不法行爲로 인한 損害賠償請求權의 사이에는 요건과 효과 양면에 걸쳐 여러 가지의 차이가 존재한다. 그래도 결국 이익실현의 실제에서는 큰 효과가 없는 것이라고 주장할지도 모른다(필자의 생각으로는 이들은 중대한 차이이다). 또 原始的 不能의 경우에 문제되는 소위 契約締結上의 過失責任에 관하여는 이를 인정함에 따르는 여러 가지 문제, 가령 原始的 一部不能의 한 예인 매매목적물의 일부 멸실 등에 관한 제574조의 규정과의 평가상의 모순[28)](Wertugswiderspruch)이나,

26) 이 例는 Medicus, Zur Funktion der Leistungsunmöglichkeit im römischen Recht, in: *SavZ(Rom)* 86, 1969, S. 71에서 약간 변형하여 인용하였다.

27) 이와 같은 경우에 과연 어떠한 事情 아래서 甲의 不法行爲가 성립하느냐 하는 것 자체가 하나의 문제이다. 또 甲의 不法行爲가 성립한다고 하더라도 乙이 배상 받을 수 있는 損害의 項目이 무엇이며, 나아가 그 算定을 어떻게 할 것이냐—가령 基準時의 문제 등—도 어려운 문제이다. 그러나 여기서는 더 이상 論하지 않기로 한다.

28) 제574조의 경우에는 제535조와 비교할 때 그 보호를 받기 위한 要件은 가볍게 되었으면서도 그 效果는 보다 무겁도록 되어 있다. 즉, 要件·效果의 兩面에서 買受人에게 유리하게 되어 있다. 보다 상세히 말하면, 제574조는 (i) 賣買目的物의 一部만이 계약당시에 이미 滅失되어 있는 경우에 대하여 (ii) 買受人이 이를 알지 못하였으면—알지 못한 데 대하여 無過失일 필요도 없다—, 買受人에게 同條에 의한 保護가 주어진다고 정한다. 이에 비하여 제535조는 (i) 目的이 전부 不能이어야 할 뿐 아니라, (ii) 約束者가

제535조 제2항의 규정에 의하여 상대방이 그 불능을 알았거나 알 수 있었을 경우에는 信頼利益의 賠償마저 받을 수 없게 된다는 점 등도 실정법의 "우연한 사정"(Zufälligkeiten)[29]에 속하는 것이라고 하면 그만일 것이다(이 중 뒤의 문제점에 대하여는 그러한 경우에는 상대방을 보호할 필요가 없지 않은가 하는 주장도 예상할 수 있다).

그러나 무엇보다도 중요한 것은 契約的 法理의 效力範圍를 바로 認識하는 일, 나아가서는 계약법의 復權을 이룩하는 일이다.[30] 위의 두 경우에 법적 평가에 있어서 양자를 구별할 만한 것이 없다고 한다면, 따라서 原始的 不能의 給付를 목적으로 하는 계약은 무효라는 도그마가 청산된다면, 계약 상대방에게 보다 분명하고 알기 쉬운 法的 救濟手段이 주어지는 것이다. 그리고 이것이 바로 소위 계약적 법리의 특유한 성격을 이루는 것임은 물론이다. 즉 "약속을 한 자는 이를 지켜야 한다"(pacta sunt servanda)는 法原理를 배경으로 하여 독자적인 영역을 형성하고 있

이 사실을 알거나 알 수 있어야 하며, 동시에 (iii) 相對方이 그 原始的 不能에 대하여 善意·無過失이어야만 同條에 의한 權利가 부여된다. 또 效果면에서 보면, 제574조에 의하면 買受人에게 代金減額請求權, 즉 契約의 一部解除權과 아울러, 경우에 따라서는 契約全部解除權이 부여되며, 그 외에 損害賠償請求權—물론 통설은 이를 信頼利益에 대한 것이라고 한다—이 부여되나, 제535조에 의하면 信頼利益에 대한 손해배상청구권만이 부여된다. 이러한 評價上의 矛盾과 아울러 흥미를 끄는 것은, 제535조와 같은 규정을 두지 않은 日本民法의 해석으로 '契約締結上의 過失'을 인정할 것을 처음 주장한 것은 鳩山秀夫, 債權法における信義誠實の原則, 「民法研究」第三卷(1926), 103면 이하에서, 同人은, 우리 民法 제 574조에 해당하는 日本民法 제565조와의 균형상 全部不能의 경우에도 同條를 유추하여 배상책임의 인정을 주장하였다는 것이다.

29) von Caemmerer, Das deutsche Schuldrecht und die Rechtsvergleichung, in: *Gesammelte Schriften*, Bd. I, 1968, S. 5 참조: "이제 學問의 任務는, 法이 변천하는 時代와 實務의 다양한 要求에 따라 갈 수 있도록 法을 발전시키는 것, 무엇보다도 世上(Umwelt)과의 연결을 獲得하는 것이다. 法典을 편찬하는 것은, 언제나 法의 발전을 얼어붙게 하고, 일정한 時代狀況을 배경으로 하여서만 설명될 수 있는 偶然的인 것, 不完全한 規定을 영구화하며, 그러한 것에 계속 붙잡혀 있게 됨으로 말미암아 隣近의 法文化에 공통적으로 일어난 法發展에 대하여 주의를 기울이지 못하게 할 危險을 내포하고 있다."(머리점은 引用者. 이하 같다)

30) 契約法의 全體法秩序內에서의 地位에 관한 國內文獻으로서는 우선 權五乘, 私的 自治의 基礎理論, 「安二濬 博士 華甲紀念論文集」, 1986, 3면 이하를 참조. 이에 관한 獨逸文獻은 同 論文의 脚註에 충실히 인용되어 있다. 이에 관련한 最近의 英美의 論議에 관하여는, '契約法의 죽음'을 주장하는 견해의 頂點을 이루는 Atiyah, *The Rise and Fall of Freedom of Contract*, 1979 및 이에 대한 反批判, 가령 Fried, *Contract as Promise*, 1981 참조.

는 契約法은 그에 알맞는 고유한 법리(우리 민법전의 체계에 있어서 이것들은 총칙의 법률행위규정, 계약총칙법 및 매매에 관한 규정 등에 포함되어 있다)를 관철하고 있다. 특히 不法行爲法의 비정상적인 肥大現象이 논하여지고 있는[31] 우리 민법의 운용에 있어서 계약적 규율의 특성과 효력범위를 인식하는 일은 극히 중요한 전제적 작업에 속한다고 하겠다.

3. 물론 이러한 의문에 대하여는, 原始的 不能論은 우리 민법이 제535조에서 이미 이를 채택하여 실정법이 된 바이므로, 적어도 해석론의 차원에서는 논의의 여지가 없는 것이 아닌가 하는 견해도 있을 수 있을 것이다. 과연 제535조 제 1 항은 "目的이 不能한 契約을 체결한 때…"라고 규정하고 있으며, 同條의 입법과정을 통하여서도 분명히 드러나듯이,[32] 原始的 不能論이 민법에 실정화되어 있음은 부인할 수 없다. 그러나 그렇다고 하여 이를 논의할 여지가 없다고는 할 수 없다. 그것은 대개 다음과 같은 이유에 의하여서이다.

(i) 입법론의 차원에서는 原始的 不能論의 타당성의 여부 내지 한계를 논의할 의미가 있음은 누구도 부인할 수 없을 것이다.

(ii) 일정한 법명제에 입법론적으로 만족스럽지 못한 점이 있다고 판단된다면 비록 그것이 실정화되어 있다고 하더라도 그 해석작업을 통하여 그 만족스럽지 못한 점의 緩和 내지 解決을 꾀하는 예는 종종 발견된다. 그러한 경우에는 그러한 방향의 해석작업은 ―물론 "解釋"의 한계 내에서― 오히려 요구되는 것이라고 해야 할 것이다. 왜냐하면 법의

---

31) 曺圭昌, 債務不履行과 不法行爲, 高麗大學校 法學硏究所 「判例硏究」 第 3 輯(1984), 43면 이하; 同, 擔保責任과 不法行爲, 「考試硏究」, 1984년 5 월호, 55면 이하 참조. 그 이유로 첫째, 近代市民社會의 法發展過程을 체험한 바 없어 意思自治, 契約責任의 原則을 기초로 한 法律生活의 경험이 없다는 것, 둘째, 法益侵害를 모두 不法行爲로 보는 規範生活의 未分化, 셋째, 복잡한 논리적 장치인 契約理論의 操作을 혐오하고 단순하고 포괄적인 一般規定인 不法行爲法으로 도피하는 法的 思考의 包括的 單純性과 經驗的 直觀性 등이 제시되고 있다(위 「判例硏究」 第 3 輯, 63면 이하).

32) 우선 梁彰洙, 民法典의 制定過程에 관한 硏究―民法案에 대한 國會本會議의 審議―, 서울대 「法學」 33권 2 호(1992), 168면 이하(本書 33면 이하) 참조.

해석은 실질적인 가치판단을 내재적으로 포함하는 것이므로, 그 작업에 있어서는 항상 그 판단의 과정 및 결과를 자각적으로 일정한 가치들의 위상 내지 좌표에 맞추는 것이 하나의 作業倫理로서 요구되기 때문이다.

그리고 원시적 불능론에 대한 입법론적 평가는 제535조의 이해에 일정한 영향을 미칠 수 있으며, 그러한 영향은 여전히 '해석'의 틀 안에서 그 열매를 맺는 것이다.

(iii) 특히 문제되는 것은 제535조의 표제가 "契約締結上의 過失"이라는 사실이다. 통설은 제535조를 실정법상의 근거로 하여 책임법의 제3의 영역으로서의 '契約締結上의 過失'論, 즉 "사회생활상의 접촉으로 인한 신뢰의 발생"을 징표로 하여 契約法과 不法行爲法의 중간에 자리잡는 일반적 책임법으로서의 '契約締結上의 過失'論을 인정하고 있다.[33] 과연 우리 민법—독일 민법이 아니라—의 체계 아래서 이러한 새로운 일반적 책임영역을 인정할 필요가 있을까?[34] 이 문제에 접근하는 가능한 한 가지 방법은 "契約締結上의 過失"이라는 표제를 단 위 제535조의 역사를 훑어 보면 그 형성의 여러 契機의 특수성과 일반성을 음미하여,—만일 그러한 것이 있다면— 그 일반성의 내용과 한계를 명확하게 하는 일이다. 이러한 점에서도 원시적 불능론을 논의할 의미가 충분히 존재하는 것이다.

제 2 절 대상과 방법

1. 우리 나라의 민법학은 적어도 채무불이행의 책임에 관한 한 일본 민법학을 그대로 수용한 것이라고 할 수 있다.[35] 우리 민법 제390조

33) 가령 郭潤直(註 14), 81면 이하; 金曾漢(註 14), 45면 이하 참조.

34) 이러한 의문의 一端을 극히 疎略하게 표출한 것으로서, 拙稿, 契約締結上의 過失, 「考試界」 1986년 1월호, 47면 이하(「民法硏究」 I, 381면 이하) 참조.

35) 이에 대하여는 郭潤直, 韓國民法學의 現代的 課題, 「'法과 社會'硏究」 第3輯(1984),

는 그 본문에서 債務不履行으로 인한 損害賠償請求權 발생의 요건으로서 단지 "채무자가 채무의 내용에 좇은 이행을 하지 아니한 때"라고 일반적으로 규정하고 있고, 채무불이행이 유형적으로 어떠한 경우에 발생하느냐에 대하여는 이를 간접적으로 시사하는 규정[36]이 산재할 뿐이다. 이는 依用民法, 즉 日本民法 제415조의 규정을 그대로 이어받은 것이다.[37] 위 제390조 본문의 규정 자체만으로 본다면 우리 민법의 해석으로는 채무가 전혀 이행되지 않았거나, 이행되었더라도 그것이 채무의 내용에 좇지 아니한 것이면 債務不履行을 인정할 수 있을 것이고[38] 특히 "債務의 內容"의 이해 여하에 따라서는 매우 탄력 있는 운용이 가능할 것이다.[39]

57면 이하가 示唆的이다. 즉 우리 民法學을 歷史的으로 槪觀하면서, "1957年까지는 日本民法學을 理解·吸收하고 消化하는 데 보냈다고 해도 좋을 것입니다"(58면), "民法典이 公布된 후 60年代가 경과하는 10餘年 동안은 한국 民法學은 종래 使用되었던 日本民法과 새로 制定된 韓國民法과의 差異點을 밝히고, 새로이 시행된 民法下에서 問題點을 부각시키고 그 解決策을 찾는 데 집중되었읍니다. 이들 제기된 문제들은 70年代가 경과하는 동안에 나름대로의 해결을 보고 정리되어 갑니다"(59면). 그런데 債務不履行의 體系에 관하여는 뒤에서 보는 대로 우리 民法과 日本民法 간에 '差異點'이 없었던 것이다.

36) 제387조의 "遲滯責任"이라는 표현, 제546조의 "履行이 不能하게 된 때" 등.

37) 民議院 法制司法委員會 民法案審議小委員會 編, 「民法案審議錄」 上卷, 1958, 233면은 民法案 제381조("債務者가 債務의 內容에 適合한 履行을 하지 아니하면 債務者는 損害賠償을 請求할 수 있다")에 대하여 "現行法[依用民法을 말한다] 제415조와 동일한 취지이다"(꺾음괄호 안은 引用者가 가한 것이나. 이하 같다)라는 理解를 보이고 있다.

38) 金亨培, 우리 民法의 債務不履行法體系, 「郭潤直 敎授 華甲紀念論文集」, 1985, 303면 이하는 日本民法 제415조의 立法經過와 프랑스, 스위스 等 外國의 制度를 살핀 후 "債務의 내용에 좇지 않은 履行이라 함은 '債務不履行의 類型'을 의미하는 것이 아니라, 그 유형의 종류와는 관계 없이 債務의 發生原因인 구체적 契約上의 債務를 제대로 履行하지 않는 것을 의미한다"는 결론에 도달하였다. 鄭煥淡·徐達周, 독일民法上의 積極的 債權侵害論, 「全南大學校論文集」 30집(法·行政學篇)(1985), 109면 이하, 138면은 "제390조[는]…어떠한 형태의 채무불이행도 그의 구성요건에 포섭하여 규율하기에 적합하다.… 따라서 우리 民法上의 채무불이행법 체계는 모든 불이행형태들을 포섭하기에 적합한 완전한 Text이고, PFV[=적극적 채권침해]는 물론 그 외의 여하한 불이행형태에도 法의 欠缺은 존재하지 않는다"고 결론짓는다. 星野英一, 民法の解釋の方法について, 「書研所報」 26호(1976), 5면 이하, 8면 이하도 日本民法 제415조와 관련하여, 債務不履行 三分法에 대하여 解釋方法論의 관점에서 비판하고 있다.

39) 가령 "債務의 內容"을 독일民法理論이 말하는 소위 主된 義務(Hauptpflicht), 즉 給付義務(Leistungspflicht)에 한정할 필요는 없을 것이다. 독일民法 第2編 債務關係法의 冒頭를 장식하는 同 제241조는 "債務關係에 기하여 債權者는 債務者로부터 給付(Leistung)를 청구할 권한을 가진다"고 규정한다. 그러므로 독일에서는, 債權의 反面으로서의 債務라고 하면 給付義務를 가리키고, 給付義務를 이행하는 것이 債務履行이며, 반대로 債務不履行이란 給付義務의 不履行으로 파악되었다. 그리고 채무불이행의

이는 가령 不法行爲에 관한 일반규정인 제750조의 운용을 상기하면 쉽게 이해할 수 있을 것이다. 그런데도 우리 나라의 통설은 債務不履行의 요건을 履行遲滯·履行不能 그리고 不完全履行(또는 積極的 債權侵害)라는 세 개의 유형에 폐쇄적으로 한정시키고 있다. 물론 불완전이행을 "이행지체와 이행불능을 제외한 모든 채무불이행"이라고 관념하면 채무불이행의 사례를 빠뜨리는 일은 없을 것이다. 그러나 그와 같은 식의 법개념이 과연 법률문제를 해결하는 데 어느 만큼 봉사할 수 있는가가 문제인 것이다.[40] 이러한 소위 三分法은 일본 민법학[41]의 압도적 영향이라는 사실 이외의 것으로는 설명할 수 없다.

그런데 일본 민법학의 歷史에 관한 설명을 보면, 누구나[42] 그들의 연호로 明治末年頃부터 大正年間에 걸쳐, 즉 1900년경부터 1920년경까지 사이에는, "정비된 법전을 독일 법학의 영향 아래 해석 적용한" 소위 法學的 攝取의 時代를 거쳤다고 인정하고 있다. 그 시기에는 "독일 법학이 거의 압도적으로 법학자의 사고방식을 지배하여 독일 민법의 해석이론을 거의 기계적으로 차용하였다"고 하며,[43] 학자에 따라서는 이

態樣도, 급부가 가능한데도 이루어지지 않고 있는 履行遲滯(Verzug. BGB 제284조)와, 給付가 실현불가능한 履行不能(Leistungsunmöglichkeit. BGB 제275조)의 兩者만이 규정되었다. 그러나 그 후 슈타우프의 積極的 契約侵害論의 제창 이후로, 이러한 債務不履行體系에 虛點이 있다는 것은 學界·實務界의 공통된 인식이 되었고, 소위 附隨義務(Nebenpflichten)論은 이를 보충하는 機能을 가진 것임은 周知하는 대로이다. "債務의 內容"의 의미와 附隨義務와의 관계에 대한 筆者의 견해에 대하여는, 우선 梁彰洙(註 34), 52면 이하(「民法硏究」 I, 387면 이하) 참조.

40) 曺圭昌, 民法 제390조와 積極的 債權侵害, 「郭潤直 敎授 華甲紀念論文集」(1985), 344면 이하 참조.

41) 가령 我妻榮, 「新訂 債權總論」, 1964, 99면 이하; 於保不二雄, 「債權總論」 新版, 1972, 89면 이하; 抽木馨, 「判例債權法總論」, 1971, 83면 이하; 奧田昌道, 「債權總論(上)」, 1982, 122면 이하 참조. 그러나 最近의 平井宜雄, 「債權總論」, 1985, 39면 이하는, 통설은 독일 民法의 해석론을 기초로 하는 데 日本民法의 규정은 독일民法과 구조를 달리하므로, 이를 채택할 의미가 없다고 하여 이러한 三分法을 부인한다.

42) 星野英一, 日本の民法解釋學, 「早稻田法學」 58卷 3號(1983) 312면 이하("독일民法學 또는 독일民法의 體系에 좇아 日本民法典의 制度나 規定을 이해, 해석, 체계화하려고 한 時代"); 同, 日本民法學史(1), 「法學敎室」 1호(1981.5), 39면 이하; 奧田昌道, 日本における外國法の攝取—ドイツ法, 「日本法と外國法」(岩波講座 現代法 14), 1966, 236면 이하 참조.

43) 野田良之, 日本における外國法の攝取—序說, 「日本法と外國法」(岩波講座 現代法

시기를 "일본 민법학의 生成期" 또는 "原型"에 해당한다고 파악하기도 한다.[44] 그리고 위와 같은 일본 민법학에 있어서의 채무불이행의 체계도 기실은 독일의 민법이론을 도입한 결과 형성된 것이라고 인정되고 있다.[45]

原始的 不能論에 대하여도 이러한 설명은 타당한 것으로 생각된다.[46] 왜냐하면, 일본 민법학, 따라서 우리 민법학에서 논의되고 있는 원시적 불능의 개념과 법리는 독일 민법전에서는 존재하나 일본 민법전에는 존재하지 않는 것을 일본 민법학이 자신의 民法生活을 "學問化"(Verwissenschaftlichung)[47]하는 과정에서 독일의 민법이론으로부터 수입한 것이기 때문이다.[48](우리 민법제정과정에 있어서의 原始的 不能論에 관하여는 특히 제535조의 제정과정과 관련하여 뒤에서 논하기로 한다).

그러므로 原始的 不能論에 관한 앞의 節에서 본 의문을 해명하기 위하여는 그 법리가 독일의 민법이론, 특히 債務不履行體系에 관한 이론 내에서 어떠한 위치를 차지하고 있으며 또 그 법리가 어떻게 형성 발전되어 있는가를 살펴 볼 필요가 있다.[49] 그에 있어서는 原始的 不能論이

---

14), 1966, 164면 및 172면 이하.

44) 北川善太郎,「日本法學の歷史と理論」, 1968, 12면 참조. 이에 반하여 星野英一, 日本民法學の出發點,「明治・大正の學者たち」, 1978, 181면 이하는 그 이전에 日本民法의 起草者, 즉 穗積陳重, 富井政章, 梅謙次郎 등이 활약한 時期를 일본 民法學의 出發點으로 파악한다.

45) 北川(註 44), 34면 이하, 특히 42면 이하 참조.

46) 北川(註 44), 40면 이하, 44면 이하 참조.

47) Wieacker, *Privatrechtsgeschichte der Neuzeit*, 2. Aufl., 1967, S. 131 참조: "繼受의 歷史的인 全體意味(Gesamtsinn)를 묘사하려는 叙述은, 그 목적상, 普通法(ius commune)의 여러 學說命題의 受容에 대하여보다는 그 중점적인 展開過程, 즉 독일 法制度와 專門的 擔當者의 學問化의 經過에 초점을 맞추게 된다."

48) 北川(註 44), 25면 이하는 이러한 현상은 "學說繼受"라는 개념으로 파악한다.

49) 이러한 作業을 함에 있어서 필자는, 길모어가 유명한 Holmes, *The Common Law*, 1881에 대하여 가한 코멘트에서 지적한 擬似歷史(pseudo-history)의 叙述에 빠지지 않으려고 노력하였다. Gilmore, *The Ages of American Law*, 1977, p. 52 참조: "[홈즈의 커먼 로에 대한] 講義는 커먼 로의 일련의 基本原則의 發展을 역사적으로 고찰하는 것 같은 外觀을 하고 있다.… 그런데, 실제로는, 故意로 왜곡한 것은 아니라고 해도, 그 歷史的인 說明은 분명히 妥當性이 없다. 본인은, 홈즈가 무능한 歷史家이었고 자신이 무엇을 하고 있는지 몰랐다고 말하려는 것은 아니다. 그는 훌륭한 歷史家이며 자신이 무엇을 하고 있는가를 다른 누구보다도 잘 알고 있었다. 그는 法의 性質에 관하여

독일민법 제306조("불능한 급부를 목적으로 하는 계약은 무효이다")에 의하여 정면에서 실정화된 시점을 기준으로 전후로 나누어, 우선 독일민법 제정에 이르기까지 주로 보통법학에서의 原始的 不能論에 관한 논의를 살펴 보기로 한다(제 3 장). 그리고 나아가 독일민법 시행 직후부터 나타난 原始的 不能論에 대한 비판적인 이론이 최근의 채권법개정예비작업에 이르기까지 구체적으로 어떠한 논지를 전개하고 있는지를 살펴 보기로 한다(제 4 장). 또한 이와 같은 독일의 原始的 不能論이 어떠한 모습으로 일본에 수입되었으며 일본 민법학이 그를 어떻게 수용하였는가에 관하여도 고찰할 필요가 있을 것이다(제 5 장).

2. 독일 민법이론에서 不能槪念, 나아가 原始的 不能論이 확정적인 도습을 획득한 것은 後期 普通法學 時代, 보다 정확히 말하면 프리드리히 몸젠[50]이 그의 『債權法論』 제 1 권[51]을 발표한 때(1853년)부터이다. 독일의 보통법학자들은 주로 로마法源 특히 유스티니아누스帝法을, 理性法論이 제공한 일반이론의 도움을 받아 체계화함으로써 빈틈없는 私法理論을 구성하려 하였다.[52] 그들이 로마법원으로부터 도출한 原始的 不能論을 검토하는 기초로서 로마법에 있어서의 不能法의 실상 및 그것이 형성되기에 이른 사회경제적 배경 또는 사상적 배경을 알아 보는 것이 긴요할 것이다. 이는 로마법상의 不能法이 현재의 계약법 이념 아래서도 유지될 수 있을 것인가, 과연 그러하다면 어떠한 부분이 어떠한 범위에서 그러한가 하는 문제에 대한 전망을 얻는 데 도움이 될 것으

매우 독창적인, 근본적으로는 哲學的인 주장을 하고 있는 것이다.… 홈즈는 자신의 說明에, 사람을 오해시키는 擬似歷史의 外觀을 부여할 것을 택하였다. 이 扮裝은 아마도, 藥에다 사탕으로 外皮를 씌우는 것과 같은 것일 것이다. 즉 新奇하고 낯선 것을 전부터 낯익은 것으로 보이게 하는 方便이었다고 생각된다."

50) 그는 歷史學者 테오도르 몸젠의 동생이 아니다. 이 점에서 Landsberg, *Geschichte der deutschen Rechtswissenschaft*, 3. Abt. 2. Halbbd., 1910, S. 493의 記述은 오류이다.

51) Mommsen, *Unmöglichkeit der Leistung in ihrem Einfluß auf obligatorische Verhältnisse*, Beiträge zum Obligationenrecht, 1. Abt., 1853.

52) Wieacker(註 47), S. 430ff. 참조.

로 생각된다. 그러나 이 부분은 필자의 연구 부족으로 앞으로의 논의를 전개하는 데 필요한 최소한의 범위에서 극히 피상적인 서술밖에는 할 수 없음을 밝혀 두고자 한다.

3. 본고는 위에서 본 바와 같은 학설의 전개과정을 더듬어 감으로써 우리 민법이론에 있어서 原始的 不能論의 법리가 자리잡아야 할 位相에 대한 '하나의' 관점을 제공하려는 것이다. 그러므로 본고는 주로 學說史的(dogmengeschichtlich) 作業을 수행하게 된다. 그리고 그와 같은 作業을 기초로 하여, 우리 민법생활에 있어서의 원시적 불능론의 실제적 기능에 관하여 ―필요하다면 후발적 불능의 경우를 다룬 예도 포함하여― 주로 판례를 중심으로 살펴 보고, 나아가 위와 같은 작업의 성과를 종합한 해석론적 제안을 함으로써 동시에 우리의 법률문제와의 연관을 잃지 않으려고 한다(제 6 장).

새삼스럽게 말할 필요조차 없는 일이나, 「法의 解釋」은 대략적으로 말하면, 일정한 사회적인 價値評價 내지 利益衡量을 法律構成이라는 형식으로 표현하는 것으로써 성립하는 것이다. 그 과정에서 사회적인 가치평가는 법률구성의 단계에서 다소간 變容을 받는다(시간적인 선후관계를 문제삼는 것은 아니다). 이러한 변용은 특히 우리 민법과 같이 거기에 규정된 법명제가 그것이 효력을 발휘할 사회의 현실적 필요에 답하는 방식으로 얻어진 것이 아니라, 외국법, 보다 구체적으로 말하면 로마법에 연원을 가진 유럽 대륙법에서 '輸入'된 것인 경우에는 특히 현저할 것이다. 이와 같은 法文化를 가진 나라에서 일어나는, 법에 대한 여러 가지의 부정적인 반응을 청산하는 방법의 하나는, '輸入'된 법명제나 이것을 바탕으로 구축된 법체계를, 사회에서 발생하는 실제의 법적 문제의 해결방식이라는 관점에서 내재적으로 끊임없이 재음미하여 개선하여 가는 일일 것이다.[53]

53) 마르크스는 독일의 經濟學에 관하여 다음과 같이 묘사하고 있다. "經濟學은 지금까

그와 같은 「재음미」의 작업과정에서 바탕이 되는 인식은, 가치평가의 형식으로서의 法律構成은, 그 내용을 이루는 價値評價 그 자체와 마찬가지로, 언제까지나 고정적인 것이 아니라 역사적인 여러 조건에 제약되는 것이라고 하는 사실이다. 이러한 인식은, 법률구성의 논리구조를 역사적인 조명 아래서 파악하는 작업에로 우리를 향하게 한다. '우리'의 민법학이 긴박하게 요구하는 시점에서 학설사적 작업, 특히 우리 민법학이 가지고 있는 법률구성의 많은 부분이 그에서 연원하고 있는 독일 普通法學의 학설을 역사적으로 파악할 것이 요청되는 이유도 여기에 있을 것이다.

제 2 장 로마法上의 不能法

제 1 절 로마契約法의 발전과정에 대한 概觀

1. 古로마의 사람들은 법적으로 구속력 있는 關係는 形式을 갖춘 儀式的 行爲를 통하여 형성된다는 관념을 가지고 있었다. 이러한 관념은 고대인들의 법관념에 특유한 實物性(Veranschaulichung)에의 요구에서 연유한 것으로 추측되고 있다. 그리하여 로마 초기의 법적 행위는 呪文的 性格을 가진 일정한 문언을 祭儀的으로 진술해야만 성립하였고, 이

지는 하나의 外國製 科學이다. 구스타프 폰 귈리히(Gustav von Gülich)는 그의 「商業과 產業에 대한 歷史的 硏究」, 특히 1830년에 간행된 최초의 두 권에서, 독일에서 자본주의적 生產樣式의 발전, 따라서 近代資本主義社會의 발전을 저지한 歷史的인 背景을 자세히 서술하고 있다. 따라서 經濟學을 낳는 실제의 地盤이 결여되어 있었던 것이다. 經濟學은 完製品으로서 영국과 프랑스로부터 수입되어야 했다. 독일인 敎授들은 學生에 불과하였다. 外國의 現實에 대한 理論的 表現이 그들에 의하여 敎義集으로 轉化되고, 그들을 둘러싼 小商業世界에 비추어 解釋됨으로써 誤解되었다. 學問的 無力感과, 그들과는 無緣한 現實에서 발생하는 문제를 다루어야만 한다는 不安한 自覺 …"(「資本論」, 獨語 第2版 後記). 여기서 '독일'을 '韓國'으로, '경제학'을 '法學' 내지 '法命題'로 바꾸어 읽으면, 우리가 재음미하여야 한 對象을 말해 준다고 할 수 있지 않을까?

에 대한 구속력이 부여되었다.[54] 이와 같이 古로마의 법적 행위는 모두 口頭方式에 의한 것이었고,[55] 이러한 口頭方式은 때로는 實物에의 접촉 —握取行爲(mancipatio)에서는 손에 의한, 所有物返還訴訟(rei vindicatio)에서는 곤봉에 의한—에 의하여, 또는 —가령 銅衡行爲(negotia per aes et libram)에서와 같이— 儀式證人의 참가에 의하여, 또는 —法廷讓渡(in iure cessio)에서와 같이— 政務官의 현존에 의하여 강조된다. 또 이러한 형식의 창조에 있어서는 기존의 형식을 에른스트 라벨의 유명한 표현대로 "모방하여"(nachformen)[56] —변형을 가하거나 또는 가하지 않고— 새로운 목적을 위하여 사용하였다.[57] 이러한 의미의 형식은 오늘날과 같이 행위의 본질적인 내용인 意思에 대하여 단순한 외적 부가물로서 증명력의 확보나 당사자의 신중한 태도에 대한 요구를 충족하기 위한 기능적 수단으로서의 의미를 가지는 데 그치지 않고, 그 자체 법적 구속의 근거로서 그 내용 자체를 형성하고 화체하는 實體形式(Realformen) 또는 效力形式(Wirkformen)이었다.[58]

이러한 법적 구속력과 일정한 형식과의 통일이라는 관념은 로마인의 보수적 성격에 상응하여[59] 매우 오랜 기간 동안 로마의 법생활에 현저한 영향을 미쳤다.[60] 그러나 所有權讓渡나 所有物에 대한 負擔設定行爲, 노예해방, 債務履行의 引受 등과 같이 직접 권리를 양도하고 변경하고 소멸시키는 행위, 즉 오늘날의 관념으로 말하면 處分行爲가 아니

54) Kaser, *Römisches Privatrecht*. Ein Studienbuch, 8. Aufl., 1974, S. 34f. 참조.
55) Jörs-Kunkel-Wenger(註 25), S. 89f.; Kaser(註 54), S. 35 참조. 原田俊彥, 古ローマ法における形式主義にかんする一試論, 「早稲田法學」 61卷 1號(1985), 145면 이하에 의하면, 알려진 古로마의 形式行爲는 모두 25種에 이른다.
56) Rabel, Nachgeformte Rechtsgeschäfte, *SavZ(Rom)* 27(1906), S. 290-335; 28(1907), S. 311-379 참조.
57) 가령 法廷讓渡는, 그 본질적인 부분에 있어서 被告가 原告의 權利主張을 認定한다는 訴訟節次를 模倣하는 등.
58) Kaser, *Das Römische Privatrecht*, 1. Abschnitt, 2. Aufl., 1971, S. 39 참조.
59) Schulz, *Prinzipien des römischen Rechts*, 1934, S. 65는 "私法에 있어서의 [로마인들의] 保守主義는 이를 설명할 필요조차 없다. 그것은 거의 모든 法理에서 간취할 수 있다"고 한다.
60) Kaser(註 58), S. 230 참조.

라, 채무관계의 설정을 목적으로 하는 義務負擔行爲——물론 개별사건의 해결을 최우선의 과제로 삼는 로마법학자가 이러한 개념적 구별을 한 일은 없다——에 한정하여 말하면, 로마가 이탈리아반도를 통일하여 강대한 국가를 형성함으로써 화폐제도의 정비와 아울러 局地的이기는 하나 商去來가 활발해지면서 번거로운 형식을 요하는 법적 행위는 기피의 대상이 되지 않을 수 없었다.[61] 그리하여 보다 간편한 의무부담행위로서 널리 이용된 법적 행위가 이미 古로마시대에도 인정된[62] 問答契約(stipulatio)[63]이었다.[64]

2. 問答契約은 要約者(stipulator)가 "… spondesne?"(당신은 …을 서약하는가)라고 물음에 대하여 諾約者(promissor)가 "… spondeo."(나는 …을 서약한다)라고 대답하는 문답형식을 그 특징으로 한다.[65] 이 계약이 유효하게 성립하기 위하여는 兩當事者[66]가 출석하여[67] 물음과 대답이 口頭로 교환되어야 하고,[68] 서로 바로 이어서 문답하여야 하였다(行爲의 一體性 unitas actus). 또 대답은 물음에 정확하게 일치하여야 한다. 가령 요약자가 라틴어로 물으면 라틴어로 대답하여야 하며 그리스어로 대답

61) 廣中俊雄, 「契約とその法的保護」, 1974, 135면 이하 참조. 同書 91면 이하는 로마契約法의 歷史를 社會經濟的 變動과의 관련에서 흥미 있게 叙述하고 있다.

62) 問答契約의 起源에 대하여는, 不明이라는 것이 오히려 定說인 듯하다. Jörs-Kunkel-Wenger(註 25), S. 96; Schulz, *Classical Roman Law*, 1951, p. 474 참조. Kaser(註 58), S. 168f.는 宗教的 制裁를 수반하는——즉 民事訴訟으로서는 追求할 수 없는——宣誓에 의한 約束, 즉 誓約(sponsio)이 世俗化하고, 다른 한편 이것이 古로마訴訟에 있어서의 出頭約束과 융합함으로써 法的 制裁를 수반하는 問答契約이 인정된 것이 아닐까 추측한다.

63) 이 말의 起源에 관한 論議에 관하여는 우선 廣中(註 61), 99면 註 13 참조.

64) 그 외의 形式的 債務負擔行爲인 拘束行爲(nexum)에 관하여는 Kaser(註 58), S. 166ff. 참조. 이 形式行爲는 일찍이 자취를 감추었다.

65) 이하의 叙述은 주로 Schulz(註 62), p. 473ff.; Kaser(註 54), S. 40f.에 의하였다.

66) 당사자는 반드시 로마인일 필요는 없었다. 문답계약의 外人에의 擴張에 관하여는 Kaser(註 58), S. 171 참조.

67) 따라서 使者나 文書의 交換에 의하여는 문답계약을 체결할 수 없다.

68) 따라서 벙어리나 귀머거리는 문답계약을 체결할 수 없다. Schulz(註 62), p. 473 참조.

하면 효력이 없었다.[69] 또 요약자가 "… spondesne?" 하고 물은 데 대하여 낙약자가 "… promitto."(나는 …을 약속한다)라고 대답해서도 안 되었다. 그러나 이미 키케로의 시대[70]에 낙약자가 대답을 함에 있어서 서약의 내용을 반복할 필요는 없고 단지 한 마디로 "spondeo."라고 하면 유효하였다. 또 古典期에는 spondesne?—spondeo 의 방식(이 방식의 문답계약은 sponsio 라고 불리웠다)[71] 이외에도, promittisne?—promitto(약속하는가? 약속한다)의 방식, dabisne?—dabo(공여할 것인가? 공여한다)의 방식, faciesne?—faciam(행위할 것인가? 행위한다) 등의 방식도 허용되었다.

問答契約은 "로마인의 正確, 簡潔 그리고 平明에 대한 진실한 애호"를 나타내는, 다른 법체계에는 볼 수 없는 "로마적 창조물"이라고 평가되고 있다.[72] 허용된 모든 조건 아래서, 허용된 모든 급부가 이로써 訴求可能한 약속의 내용이 될 수 있었기 때문에 문답계약은 그 적용영역이 극히 넓었다. 따라서 이는 매우 광범위하게 이용되어 로마인의 법생활에 있어서 不可缺의 規制者(Regulator)로서의 역할을 하였다.[73]

3. 그러나 이 문답계약의 한계는 문답의 형식에 흠이 있으면 설사 의사의 합치가 있어도 법적인 보호가 주어지지 않으며, 또 隔地者(inter absentes) 사이에는 성립될 수 없다는 점에 있었다. 이러한 한계는 로마인의 경제거래가 이탈리아반도 내에서 주로 이루어지고 상공업이 로마경제의 중심적인 위치를 차지하기에 이르지 아니한 단계에서는 아직 명료히 의식되지 않았다. 그러나 포에니戰爭에서 승리하여 지중해의 패

69) 그러나 問答이 모두 그리스語로 이루어지는 것은 상관없었다.
70) Cicero, *pro Caecina*, 3.7: "만일 어떤 사람이, 그 일에 대하여 한 마디 말로 자신을 拘束함으로써 誓約한 것을…"(si quis, quod spopondit, qua in re verbo se obligavit uno ….)
71) 이 방식은 로마인 사이에서만 사용될 수 있었다.
72) Schulz(註 62), p. 474 참조.
73) Jörs-Kunkel-Wenger(註 25), S. 97 참조. Schulz(註 62), p. 524는 無名契約(이에 관하여는 아래 註 84 이하 및 그 본문 참조)에 대한 說明을 한 후, "古典期 法學者들이라면 이러한 경우에 당사자들에게, '당신들이 拘束力 있는 契約을 체결하고자 한다면, 당신들은 問答契約을 했어야 했다'고 말할 것이다"라고 한다.

권을 장악함으로써 급속도로 상업활동이 팽창하여, 거래가 넓은 지역에 걸쳐 활발하게 전개되고, 외래 노예에 대한 라티푼디움 경영으로 제고된 토지의 생산성을 배경으로 내외무역이 활발하게 이루어지기에 이르자, 이러한 限界는 하나의 질곡으로 의식되기에 이르렀다.[74] 이러한 질곡의 돌파구를 형성한 것이 공화정 말기에 등장한 要物契約과 諾成契約이었다(소위 contractus[75] 체계[76]의 형성).

특히 諾成契約(contractus consensu)은 合意[77] 이외에는 증서도 증인도 상징행위도 방식도 또 要物契約에서와 같은 물건의 인도도 필요로 하지 않는, "로마인의 信義"(fides Romana)의 소산이었다.[78] 고전기의 로마법은 이러한 계약으로서 넷을 인정하고 있다. 즉, 賣買(emptio venditio), 賃約(locatio conductio),[79] 組合(societas) 및 委任(mandatum)이 그것이다. 이것들은 당사자의 合意만으로 訴權이 발생하는 계약유형으로서 "단순한 無方式의 合意[80]만으로부터는, 로마인 사이에서는 訴權이 발생하지 아니한다"(ex nudo pacto inter cives Romanos actio non nascitur: Pauli sent. 2. 14. 1)는 원칙의 예외를 이루는 것이었다.

---

74) 廣中(註 61), 142면 이하 참조.

75) 이 用語에 대하여는 Schulz(註 62), p. 465ff. 참조. 결론으로 슐츠는 "contractus는 古典時代의 最盛期의 유력한 法學者의 慣用語로서는, '契約', 즉 債權關係를 발생시키기 위하여 當事者들에 의하여 이루어진 市民法에 의하여 승인된 合意를 의미하였다" (p. 468)고 한다. Kaser(註 54), S. 523 도 同旨.

76) 가이우스는 契約을, (i) 要物契約(物件에 의하여 拘束이 발생한다. re contrahitur obligatio), (ii) 言語契約(言語에 의하여 拘束이 발생한다. verbis c.o.), (iii) 文書契約(文書에 의하여 拘束이 발생한다. litteris c.o.), (iv) 諾成契約(合意에 의하여 拘束이 발생한다 consensu c.o.)의 넷으로 구분하였다(Gai. 3. 89). 이 4種의 契約은 古典期에 인정된 契約形態를 망라하는 것이다. 이에 대하여는 Schulz(註 62), p. 468f. 참조.

77) 合意가 訴求可能한 契約들에 不可缺한 하나의 要素임은 로마法學者들에게 이미 인식되어 있었다. 가령 페디우스는 "그 자체 合意를 포함하지 않는 것은 어떠한 것도 契約이 아니다"(nullum esse contractum qui non habet in se conventionem: Ulp. D. 2. 14. 1. 3)라고 한다.

78) Schulz(註 62), p. 525 참조.

79) 이를 다시 賃貸借(l.c. rei), 雇傭(l.c. operarum), 都給(l.c. operis)으로 三分하는 것이 傳統的인 分類이다.

80) 여기서 무방식의 合意(pacta nuda)란, 로마法學者의 用語로서는, 앞서 본 의미(註 75 참조)의 contractus, 특히 問答契約과 대비되어, 訴求할 수 없는 合意를 강조하여 의미하는 것이다. pactum 라는 말의 用法에 대하여는 Kaser(註 58), S. 527 참조.

이 계약유형들이 위 원칙에 대한 예외가 되는 근거는 무엇인가? 우선 賣買와 賃約은 상업거래의 발전에 좇아 발전되어 온 것으로서, 당사자 간의 호의적 신뢰관계로부터 출발한 것이 아니라 서로 대립하는 독립의 주체적 당사자의 利己的 打算에 기하여 성립하는 거래상의 의욕의 합치에서 발단된 거래유형이다. 따라서 이들 계약에 있어서는 그 구속력은 각 당사자의 행위가 다른 당사자의 행위의 條件이 되는 것에 기하여, 즉 有償性에 기하여 인정될 수 있는 것이다. 다음 組合과 委任은 공동체 내부의 好意關係에서 비롯된 관계가 상업거래의 발달에 따라 생긴 사회의 새로운 요구에 응하여 새로운 機能을 담당하기에 이른 것이다. 이 경우에는 그와 같은 공동체 내부의 호의관계 내지는 신뢰관계가 구속력을 인정하게 되는 계기로서 작용한다. 이러한 구속력 인정의 모멘트가 인정되기 때문에 달리 특별한 형식의 준수가 없어도 이러한 계기를 통하여 당사자의 信義(fides)를 기대할 수 있게 되었던 것이라고 설명되고 있다.[81)]

카저는 이 계약들의 認定에 대하여 다음과 같은 評價를 주고 있으며 이 평가는 우리의 입장에서 시사하는 바가 크다. 즉, "로마인이 무방식으로 체결되는 이들 4개의 계약을 訴求可能한 것으로 만든 것은, 그들의 가장 훌륭한 법적 業績 중의 하나이고, 또 그 후의 법 발전에 가장 크게 영향을 미친 것 중의 하나이다. 그리스法이나 게르만法은, 무방식으로 표시된 합의에 채무를 부담시키는 효력을 인정하는 데까지는 나아가지 못하였고, 先履行(적어도 계약금 arrha의 형식으로) 또는 형식을 갖춘 責任設定行爲를 요구하였다.… 信義(fides)만에 기하여 의무를 부담하도록 하는 諾成契約이 고전기 초기 이래 市民法(ius civile)에 포함됨으로써 의사합치적인 요소를 要物契約·言語契約 또는 文書契約에 의하여 형성된 債務關係에 끌어들이도록 자극한 것이다."[82)]

81) 廣中(註 61), 158면 이하 참조.
82) Kaser(註 54), S. 156. 또한 ders.(註 58), S. 526 참조.

4. 고전기를 경과하면서 問答契約은 서서히 古來의 엄격성을 완화하였고, 기원 후 3세기 이후에는 그리스의 證書慣習의 영향을 받아 일종의 文書契約으로 거의 완전히 해소되었다.[83] 그리하여 유스티니아누스帝法에서는 증서에 의한 문답계약의 성립을 인정하는 원칙이 수립된 한편, 당사자 일방이 상대방에게 약속된 급부를 실행함으로써 그 상대방이 반대급부를 할 의무를 부담하게 되는[84] 소위 無名契約(contractus innominatus)[85]이 일반적으로[86] 승인되기에 이르렀다. 이 새로운 계약유형은 일체의 雙務的 契約關係를 망라하는 것으로서 形式主義로부터 일탈하여 계약의 자유로 일보 전진한 것이었다.[87]

5. 이와 같이 로마 契約法의 발전을 극히 간략하게나마 개관하여 볼 때 형식주의[88]—그 실행자(Träger)는 문답계약이라고 할 수 있다—

83) Schulz(註 62), p. 476; Kaser(註 54), S. 41 참조.

84) 이 때 給付와 反對給付는 (i) do ut des(네가 주기 때문에 내가 준다), (ii) do ut facias(네가 하기 때문에 내가 준다), (iii) facio ut des(네가 주기 때문에 내가 한다), (iv) facio ut facias(네가 하기 때문에 내가 한다)의 네 가지 형태가 포함되었다. Schulz(註 62), p. 522 참조.

85) 이 말은 이 契約類型이 소위 contractus의 體系(註 75 참조)에 속하지 않는다는 데 착안하여, 近代의 로마法學者들에 의하여 붙여진 것이다.

86) 古典期에는 이미 말한 대로, 合意만으로써는, 그것이 諸成契約의 類型에 속하지 않는 한 履行을 구하는 訴權은 인정되지 않았다. 그 경우, 이 合意에 기하여 物件을 양도한 當事者는 소위 原因에 기하여 주어진 것의 返還請求訴權(condictio ob causam datorum)에 의하여 그 물건의 반환을 청구할 수 있을 뿐이었다. 유스티니아누스帝法에 이르러서는 合意가 諸成契約이 아니더라도 자기의 給付를 이행한 限 反對給付를 청구할 수 있게 된 것이다.

87) Schulz(註 62), p. 524는, 무명계약의 發展은 問答契約에 대한 古典期 後의 鬪爭의 一段階라고 이해하여야 한다고 주장한다.

88) 이 때 形式主義란, 法的 行爲를 함에 있어서 일정한 말, 정하여진 形式을 사용하여야 한다는, 行爲의 外形에 구속되는 형식주의를 말한다. 이는 슐츠의 aktionaler Formalismus(행위상의 형식주의)에 대응하는 것이다. Schulz, *Geschichte der römischen Rechtswissenschaft*, 1961, S. 29 N. 1 참조. 이와 아울러 文書解釋에 관한 形式主義 소위 슐츠의 interpretativer Formalismus(해석상의 형식주의. 위 책, S. 35 N. 4 참조)에 대하여는 뒤의 註 119 및 그 本文 부분 참조. 또 兩者의 形式主義에 관하여는 崔秉祚, 로마時代의 法律理解와 法律解釋, 서울大「法學」제27권 1호(1986), 186면 이하 참조. 이에 대하는 이미 Jhering, *Geist des römischen Rechts auf den verschiedenen Stufen seiner Entwicklung*, 2. Teil 2. Abt., 1. Aufl., 1858, S. 469f. 이하의 指摘이 있다.

는 완화 내지 쇠퇴되어 갔고, 특히 상업거래의 진전에 따라 有償性 내지 雙務性을 매개로 하여 信義를 구속력의 근거로 하는 계약, 즉 誠意契約(contractus bonae fidei)[89]이 전면으로 진출하여 온 것을 확인할 수 있다. 그리하여 우리가 신의성실의 원칙을 특히 강조하고 또한 의사의 합치만으로 의무의 발생을 인정하는 諾成契約이 기본적인 계약형태로 인정되는 근대 계약법의 先行典範을 찾는다면 그것은 誠意契約, 특히 賣買(emptio venditio)가 될 것이라고 생각된다.

제 2 절 問答契約에 있어서의 不能論[90]

1. 로마법상 不能論에 관련하여 언급된 최초의 법명제들은 共和政期에 供與(dare)를 목적으로 하는 問答契約에 대한 것이었다. 애초 로마인들은 ―古代的 契約에 고유한 原始的 法槪念에 좇아― 계약의 對象으로 감각적으로 認知할 수 있는 客體 이외의 것을 생각하지 않았다. 그리하여 이 명제들은 단순히 계약의 목적물은 外界에 實存하는 것이어야 한다는 내용의 것이었다.[91] 즉 이미 멸실하여 존재하지 아니하는 물건(예를 들면 이미 죽은 노예)이나 일반적으로 세상에 존재할 수 없는 물건(예를 들면 상상의 동물인 半人半馬) 등은 계약의 목적물이 될 수 없고,[92]

89) 賣買 등의 諾成契約에 기한 訴權은 誠意訴訟(bonae fidei iudicium)에 의하여 訴求할 수 있었다. 問答契約에 기한 訴權은, 誠意訴訟의 對를 이루는 嚴格訴訟(stricti iuris-iudicium)에 의하여 訴求할 수 있었다. 이에 대하여는 Kaser(註 58), S. 485f. 참조. 또한 아래 註 117 이하 및 그 本文 부분 참조.

90) 本節 및 第3節의 叙述은 기본적으로, Rabel, Die Unmöglichkeit der Leistung. Eine kritische Studie zum Bürgerlichen Gesetzbuch, *Gesammelte Aufsätze*, Bd. I, 1965, S. 1-55, 특히 S. 18-26(애초는 *Festschrift für E.I. Bekker*, 1907, S. 171-237에 발표); Wollschläger, *Die Entstehung der Unmöglichkeitslehre. Zur Dogmengeschichte des Rechts der Leistungssörungen*, 1970, S. 7-18; Medicus(註 26), S. 67-104; Kaser(註 58), S. 489-490 등에 의하였다.

91) Rabel(註 90), S. 19 참조.

92) 이에 대한 例外는 가령 장래의 果實(fructus)이나 女奴隷의 子이고 또는 소위 投機賣買 등에 있어서이다(Pomp. D. 18.1. 8 pr. u. 1 참조).

그러한 問答契約은 효력이 없다(inutilis)는 것이다.

이와 같은 법명제는 나아가서 遺贈(legatum) 그리고 賣買에 대하여도 적용되는 것이었다. 가령 후에 폼포니우스는 사비누스를 인용하여 매매에 관하여 다음과 같이 말한다. "賣渡되는 물건이 없이는 買受도 賣渡도 인정될 수 없다"(Nec emptio nec venditio sine re, quae veneat, potest intelligi: Pomp. D. 18. 1. 8 pr.). 여기서 res는 현존하는 유체물을 의미한다. 그리고 위와 같은 명제가 問答契約에도 해당되는 것임에는 의문의 여지가 없다.

2. 위와 같은 법리를, 후에 給付의 實現不能에 관한 법문으로 다루어진 명제에서 로마법학자들은 rerum natura(自然界)라는 말로써 표현하였다. 원래 이는 철학적인 개념으로서 적어도 루크레티우스[93] 이래 빈번히 사용되던 말이었다. 이 새로운 표현을 언제부터 법학자들이 사용하기 시작하였는지는 명확하지 않으나, 적어도 라베오(기원 전 1세기 말엽부터 기원 후 1세기 초엽)는 이를 사용하고 있다(Javolen. D.33. 6. 7. 1. 참조).[94] 그리하여 가령 유스티니아누스帝의 法學提要는 다음과 같이 말한다. 즉 "어떤 사람이 자연계에 존재하지 않거나 존재할 수 없는 물건의 供與를 要約한 경우, 예를 들면 살아 있다고 믿고 이미 사망한 노예 또는 존재할 수 없는 반인반마(hippocentaurus)의 供與를 要約한 경우에는 그 問答契約은 무효이다"(Inst. 3. 19. 1). 여기서 자연계란 有體界를 의미하는 것이다. 이와 같은 내용의 법리를 가이우스의 법학제요는 다음과 같이 말한다. 즉 "우리에 供與될 것으로 要約한 물건이 供與될 수 없는(dari non possit) 경우에는 그 問答契約은 無效이다"(G. 3. 97).

이와 같이 特定物에 관한 問答契約에 있어서는 그 대상이 유체계에 현존할 것이 요구되며 그렇지 못하면 그것은 "공여될 수 없는"(dari non

93) 루크레티우스(ca. 96?—55 B.C.)의 유명한 哲學的 敎訓詩는 "De Rerum Natura"라는 제목을 달고 있다.

94) Rabel(註 90), S. 19 참조.

potest) 것으로서 그에 관한 계약은 무효이다. 그리고 이러한 요구는 種類物에 관한 문답계약—로마법에서 이는 한정적으로만 인정되었다—에 대하여도 마찬가지로 적용되는 것이었다.

그런데 이와 같은 법리는 그 사유가 原始的으로 존재하는 경우뿐만 아니라 계약이 성립한 후에 後發的으로 발생한 경우에 대하여도 인정되었다. 그리하여 유스티니아누스帝의 법학제요는 다음과 같이 말한다. 즉 "어떤 사람이 人法物(res humani iuris)이라고 생각하고 신성물이나 종교물을, 또는 국민의 使用에 영구히 제공된 公物, 예를 들면 시장이나 극장을, 또는 노예라고 생각하고 자유인을, 또는 거래되지 않는 물건을 또는 자기 자신의 물건을 공여 받기로 요약한 경우에도 그 문답계약은 무효이다.… 물건이 애초에는 문답계약의 유효한 대상이었는데 나중에 諾約者의 관여 없이 위와 같은 관계에 이른 경우도 마찬가지로 무효가 된다"(Inst. 3. 19. 2). 이 법문은 뒤에서 보는 소위 法的 不能(juristische Unmöglichkeit)에 관련된 것이나 소위 물리적 불능의 경우에도 이는 마찬가지였다. 즉 가령 方式書訴訟[95]에 있어서 쟁점 결정(litis contestatio)이 되어 方式書가 교부되기 이전에 계약 목적물인 特定物이 멸실되면 원칙적으로 방식서의 교부는 거절되었고 따라서 그에 대한 법률상의 구제는 주어지지 않는 것이다.[96]

그러나 後發的 不能의 경우에는 共和政期 이래 일정한 요건 아래 소위 債務의 永久化(perpetuatio obligationis)가 인정되었다. 즉 채무자가 그 적극적 행위에 의하여 목적물을 멸실시키거나 또는 채무자의 지체 중에 목적물이 멸실된 경우에는 채무자가 공여하지 않는 것이 그의 歸責事由에 의한 것이어서(per debitorem stetit, quo minus daret), 마치 그

95) 로마의 民事訴訟에 있어서 方式書에 의한(per formulas) 爭訟節次, 즉 方式書訴訟節次가 중심적인 지위를 차지함은 周知의 사실이다. 方式書訴訟의 실제 절차에 관하여는 Kaser, *Das römische Zivilprozeßrecht*, 1966, S. 162ff. 참조. 간략하게는 Kaser(註 54), S. 317ff. 참조.

96) Kaser(註 58), S. 513f. 참조.

물건이 쟁점결정시에 現存하여 供與될 수 있는 것으로 간주된다. 따라서 그와 같이 債務의 永久化가 인정되는 경우에는 계약 목적물의 부존재에도 불구하고 방식서의 교부가 인정되는 것이다.[97]

3. 위와 같이 '物理的 不能'의 경우, 즉 계약 목적물의 부존재의 경우 ―로마법상의 불능법은 이러한 경우에 연하여 발달하였다― 이외에도 이미 공화정기부터 후에 '法的 不能'으로 이해된 경우에 대하여도 그 문답계약의 무효가 시인되었다. 위의 Inst. 3. 19. 2에서도 본 대로 계약의 목적물은 법률이나 사회관습에 의하여 거래로부터 배제된 물건, 즉 不融通物(res extra commercium)이어서는 안 된다. 그러므로 신성물, 종교물, 공용물(res sacra, religiosa, publico usui destinata), 적의 토지 또는―이것이 중요한 예인데― 自由人(homo liber)에 관한 문답계약은 무효이다(G. 3. 97; Gai. D. 44. 7. 1. 9; Ulp. 45. 1. 34; Paul. D. 45. 1. 91. 1 참조). 그러나 이 경우에도 계약 목적물의 객관적 성질에만 착안하고 있음은 주목을 요한다.

또한 給付의 實現不能이 問答契約의 효력에 영향을 미치는 예로서 供與의 목적물이 이미 要約者, 즉 채권자의 소유인 경우를 들고 있다(Gai. D. 44. 7. 1. 10; G. 3. 99; Paul. D. 45. 1. 87 등 참조). "왜냐하면 어떤 사람의 소유물을 그 자신에게 공여할 수는 없기 때문이다"(G. 3. 99).

4. 비교적 후기에 이와 같은 法理는 行爲(facere)를 목적으로 하는 문답계약에도 類比的으로 인정되었다. 가령 파울루스는 "만일 자연이 할 수 없는(natura fieri non concedit) 것을 할 것을 내가 要約한 경우에는 이로부터 아무런 채무가 발생하지 아니한다. 마치 나에게 공여될 수 없는 것의 공여가 요약된 경우와 같이"(D. 45. 1. 35 pr.).[98] 이 표현은 不

97) Schulz(註 62), p. 482; Kaser(註 58), S. 514 참조.

98) 그 외에 Ulp. D. 13. 4. 2. 6은 로마에 있는 사람들 사이에 오늘 카르타고에서 공여한다고 약속하는 것은 무효라고 한다. 그러나 이것은 供與場所에 관한 法文으로서, 이를 給

能條件(conditio impossibilis)에 관련하여 의미를 획득한다.[99] 즉 不能條件은 "rerum natura에 비추어 받아들일 수 없는 조건"(Pauli sent. 3. 4b. 1)이라고 정의되었다. 이 때 rerum natura는 이제 유체계만을 의미하는 것이 아니고 유체계의 法則, 즉 인간이 이에 거역할 수 없는 절대적인 장애를 의미하기에 이르렀다. 바로 이러한 의미에서 켈수스는 "자연(rerum natura)에 있어서 금지되는 것은 법에 의하여 容認되지 아니한다"(D. 50. 17. 188. 1)라고 하였다. 라벨에 의하면 이와 같은 의미의 rerum natura 개념은 그리스 哲學에서 유래한 것으로서, 이는 古代哲學의 인식론에서 비실재적인 것, 절대로 존재할 수 없는 것의 대표적인 예인 반인반마의 괴물이 위에서 본 바와 같이 로마법학자들에 의하여 in rerum natura하지 않은 것의 전형으로 인용되고 있는 것으로부터, 추측할 수 있는 것이라고 한다.[100]

5. 이와 같이 누구에게나 絶對的으로 實現이 不可能한 경우와 대비하여 가령 베눌레이우스는 "다른 사람에게는 가능하나 諾約者는 할 수 없는 것(efficere non possit)을 要約 받은 경우에는 사비누스가 말한 대로 채무는 적법하게 발생한다"고 한다(D. 45. 1. 137. 5). 이 法文은 주로 行爲債務를 염두에 둔 것이라고 이해하고 있으나, 가령 供與債務에 관하여도 위 法文 직전의 法文(D. 45. 1. 137. 4 in fine)이 마찬가지로 말하고 있다.

이 법문은 不能에 관한 理論의 역사에서 매우 중요한 의미가 있으므로 보다 상세히 소개하기로 한다. 여기서 베눌레이우스는 3개의 예를 들어 설명하고 있다. 맨 먼저 그는 금전의 공여를 약속한 사람이 이를 이행하지 못하는 경우에 그 자는 즉시 책임을 지는가 아니면 그 자

付의 實現不能에 관한 것이라고 할 것인지에 대하여는 의문이 있을 수 있다. Wollschläger(註 90), S. 9는 이를 給付期日이 지나치게 여유 없이 정하여진 경우로서, 不能의 一例로 이해한다.

99) Rabel(註 90), S. 24 참조.

100) Rabel(註 90), S. 21f. 참조.

가 지불할 능력을 가지게 될 때까지 책임이 休止狀態에 들어가는가를 문제삼는다. 그는 뒤의 문제를 부정적으로 답하면서 다음과 같이 그 이유를 말한다. "그러나 이것은 自然的 障碍(impedimentum naturale)에 의한 것이 아니고, 供與의 能力(facultas dandi)에 관한 것이다." 즉 베눌레이우스에 의하면, 자연적 성질에 기한 給付障碍는 問答契約을 무효로 하는 데 반하여 給付能力의 흠결은 그 급부를 약속한 자의 不利益으로 돌아간다는 것이다. 두 번째의 예는, 단순히 給付의 實現을 어렵게 하는 事情(difficultas)에 관한 것이다. 즉 인도할 노예가 이행장소에 있지 않은 경우에도 그로 인한 불이익은 채무자가 부담한다. 마지막으로 타인의 노예를 공여하기로 諾約한 경우 노예의 소유자가 이를 처분할 의사가 없는 경우에도 마찬가지이다. 후에 소위 "主觀的 不能"의 범주에 포함되는 이러한 경우들이 앞서 본 여러 가지의 경우와 구별되는 징표에 관하여는, 폼포니우스의 다음 法文이 극히 시사적이다. 즉 "매도된 또는 낙약된 노예가 적의 手中(potestas)에 있는 경우에 대하여 옥타베누스는 賣買 또는 問答契約이 有效라고 한다. 왜냐하면 매수인과 매도인 사이에 通商權(commercium)이 있기 때문이다. 障碍事由는 급부하는 것에 존재하고, 自然(성질)에 존재하는 것은 아니다"(potius enim difficultatem in praestando eo inesse, quam in natura: D. 19. 1. 55).

6. 이렇게 볼 때 問答契約에 있어서는 물리적 내지 법적으로 이행이 불능한 또는 후발적으로 그렇게 되는 ──'債務의 永久化'가 발생하는 경우를 제외하고는── 급부를 목적으로 하는 계약은 무효로서, 이에 대하여 문답계약에 기한 법적인 구제가 거부된다는 法理가 관철되어 있다고 할 것이다.[101] 이 때 不能은 주로 계약의 목적물의 존재 또는 객관적 성질에 착안하여 논의되었고, 履行이라는 관점에서 그 실현을 방해하는 障碍事由라는 관점에서는 관념되지 않았다는 것이 주목된다.

101) Kaser(註 58), S. 545ff. 참조.

제 3 절 賣買에 있어서의 不能論

1. 로마법 발전의 초기 단계에는 매매는 주로 現實賣買의 형태로 이루어졌으나, 이미 12表法 시대에 賣買代金支給의 猶豫—및 이와 결합된 대금지급의 보증행위—가 인정되었다. 그 후 상공업 및 무역의 발달로 인하여 기원 전 2세기경에는 目的物의 給付도 계약 체결 자체와 분리됨으로써 信義에 기하여 그 구속력이 인정되는 諾成契約(無方式의 合意)으로서의 賣買가 인정되었다. 이 계약은 그 후 古典期에 걸쳐 사회경제적으로 매우 중요한 지위를 점하고 있었는데 기원 후 3세기부터 로마경제가 쇠퇴하여 일종의 자연경제로 복귀함에 따라 다시 현실매매의 단계로 후퇴하였다.[102]

2. 계약의 목적물이 自然界에 實在(in rerum natura)하여야 한다는 관념은 매매에 있어서도 동일하였다. 앞서 본 폼포니우스의 명제(D. 18. 1. 8. pr.)도 그러하거니와 가령 파울루스는 "계약의 대상에 관하여 합의가 있었으나 그것이 賣渡 이전에 자연계에서 소멸한(in rerum natura ante venditionem esse desierit) 경우에는 아무런 買受도 없다"(D. 18. 1. 15 pr.)고 한다. 이와 같은 觀念에 기하여 재산의 집합으로서의 相續財産(hereditas)의 매매에 관하여도[103] 그 推定上의 被相續人이 현재 살아 있거나 그 相續財産이 전혀 존재하지 않는 경우에는 그 계약의 대상이 "자연계에 현존하지 않기 때문에" 그 매매는 무효이다(Pomp. D. 18. 4. 1). 그러나 야볼레누스는 상속재산이 존재하기는 하나 그것이 매도인에게 속하지 않는 경우와 상속재산이 애초 존재하지 않는 경우를 나누어, 매수인

102) Kaser(註 58), S. 489f.; Medicus(註 26), S. 71; Wollschläger(註 90), S. 8 참조.

103) 이에 대하여는 Choe(崔秉祚), *Culpa in contrahendo bei Rudolph von Jhering*, 1988, S. 15 Fn. 4의 문헌, 즉 Kaser, BIDR 74(1971), S. 45-59; F. Peters, FS Kaser(1976), S. 285-307, 296ff. m.w.N. 참조.

에게 주어져야 할 賠償額을 각기 고찰한다. 즉 前者의 경우는 "상속재산의 가치"가, 後者의 경우는 지급한 대금의 반환 이외에는 "지출한 비용의 배상"만이 인정된다고 한다(D. 18. 4. 8).[104][105]

그러나 債權의 賣買의 경우에는 이와는 달랐다. 즉 매매의 대상이 된 채권이 전혀 존재하지 않는 경우에도 매수인은 매도인에 대하여 손해의 배상을[106] 청구할 수 있었다(Ulp. D. 18. 4. 4; Paul. D. 18. 4. 5 참조). 즉 채권의 매도인은 債權의 存在에 대하여 ―그러나 채무자의 資力까지는 아니다― 擔保責任을 부담하는 것이다.[107] 이것은, 고전기에 있어서 매매의 목적물이 부존재하는 경우에는 매매가 무효라고 하는 경직된 법리가 損害賠償責任을 매개로 하여 극복되고 있음을 나타내 주고 있는 것이다.[108]

3. 不融通物의 경우에는 그에 관한 규율이 착종되어 있다.

自由人을 노예로 매매한 경우에 있어서는 이미 고전기에 買受人의 善意를 전제로 그 계약이 유효하다는 법리가 확정되었다. 즉 問答契約에 있어서는 그 목적물이 자유인이면 무조건 무효임에 반하여(가령 Modestin. D. 45. 1. 103 참조. 특히 Inst. 3. 19. 2는 "가령 'Lucius Titius(자유인)가 만약 노예가 된다면 그를 나에게 공여할 것을 약속하는가?'라는 문답계약은 처음부터 무효이다. 왜냐하면 성질상 자유인은 소유권의 대상이 될 수 없기 때문에 절대로 채무의 대상이 될 수 없다"고 한다), 매매의 경우에는 매수인이 그 목적물을 노예로 잘못 알고 계약을 체결하였다면 이에 관한 履行利益의 賠償이 인정되었던 것이다(Licinnius Rufinus D. 18. 1. 70; Paul. D.

104) 또한 Paul. D. 18. 4. 13은 前者의 경우에 대하여, 賣渡人의 相續人인 것을 담보한 것과 마찬가지로(heredem se esse praestare) 책임을 진다고 한다. Kaser(註 58), S. 490은 이 경우에 賣買는 "아마도" 유효일 것이라고 이해한다.

105) 이 경우에 인정되는 訴權에 관하여는 Choe(註 103), S. 15 참조(事實訴權과 확정된 買受訴權(actio in factum und die erweiterte actio empti)).

106) Honsell, *Quod Interest in bonae-fidei-iudicium*, 1969, S. 112는 이에 손해액의 산정은 債權額이 기준이 된다고 한다.

107) BGB 제447조가 이를 이어받아 규정하고 있다.

108) Honsell(註 106), S. 112 참조.

40. 13. 4; Paul. D. 18. 1. 34. 2; Pomp. D. 18. 1, 4 u. 6 pr. 참조).[109] 노예시장에 매매대상으로 나온 사람이 자유인인가 노예인가를 구별하기 어려운 일이므로(Paul. D. 18. 1. 5) 그러한 외관을 신뢰한 자는 보호되어야 하는 것이다. 따라서 이러한 경우 賣渡人은 權利瑕疵擔保에 있어서와 마찬가지의 책임을 진다. 즉 追奪擔保訴權(actio auctoritatis)이나 2倍額問答契約(stipulatio duplae)에 의하여 매매대금의 배액을 배상하거나, 또는 買受訴權(actio empti)에 의하여 애초의 履行利益을 배상하여야 하는 것이다.[110]

신성물이나 종교물 등의 매매는 역시 무효이었으나 이에 관하여 전혀 보호가 없는 것은 아니었다. 즉 비록 市民法上의 訴權은 인정되지 않더라도 法務官法上의 訴權(actio in factum)은 개별적으로 인정되었고(Ulp. D. 11. 7. 8. 1 참조),[111] 고전기 후기에 들어와서는 적어도 선의의 매수인에게 일반적으로 買受訴權(actio ex empto)이 인정되었다. 가령 모데스티누스는 "신에게 헌납된 토지, 묘지 또는 공공용지를 선의로 사유지라고 하여 매수한 자는 매매의 무효에도 불구하고 매도인을 상대로 買受訴權으로써 사기당하지 않음에 관한 이익의 배상을 청구할 수 있다"(D. 18. 1. 62. 1)고 한다. 종래 이 법문에서의 "'사기' 당하지 않음에 관한 이익"(quod interfuit eius, ne deciperetur)[112]은 소위 信賴利益을 가리키는 것이라고 이해되어 왔으나(가령 예링은 위의 법문과 앞서 본 Javolen. D. 18. 4. 8 등에 기하여 유명한 契約締結上의 過失의 법리를 도출하였던 것이다. 이에 관하여는 뒤에 언급한다), 최근 위의 법문의 취지는 오히려 賣買目的物의 取得에 관한 利益을 배상하여야 한다는 데 있다고 이해되고 있다.[113]

---

109) 이에 관련한 문헌 및 反對說, 즉 自由人의 賣買에 있어서도 契約은 항상 무효라고 하는 견해(Haymann의)에 대하여는 Medicus(註 90), S. 96 N. 105 참조.

110) Medicus, *Id quod interest. Studien zum römischen Rechts des Schadensersatzes* 1962, S. 163, 53ff. 참조.

111) 이 法文에 관하여 Dernburg, *Pandekten*, 2. Bd., 1894, S. 47 N. 13 참조.

112) 뒤에서 보는 Inst. 3. 23. 5는 이와 매우 유사한 표현, 즉 quod sua interest deceptum eum non esse 라는 표현을 쓰고 있다.

113) Honsell(註 106), S. 108f.는 이에 관하여 다음과 같이 논한다. 즉, 예링에 의하면, 이 경우에 배상하여야 할 손해를 산정함에 있어서는 단지 詐欺의 사실만을 제외하고 생각하여야 한다는 것이다. 다시 말하면, 買受人이 사기를 당하지 아니하였다면 매매

이와 같이 불융통물의 매매에 있어서는, 선의의 매수인에 대한 보호는 점차 광범위하게 인정되어서, 유스티니아누스帝法에 이르러서는 自由人의 賣買에 관한 古典로마法上의 規律이 모든 불융통물에 擴張되었다 (Inst. 3.23.5). 카저는 이러한 과정을 다음과 같이 요약하고 있다. "점차 선의의 매수인은 事實訴權 또는 나아가서는 買受訴權에 의한 보호를 받는다는 견해가 관철되었다."[114)]

4. 또한 매매에 있어서는 위에서 본 바와 같은 '不能'의 관념은 그 중요성을 상실하여 갔다. 매매를 포함하는 誠意契約에 있어서는 '債務의 永久化'가 작용되는 범위가 후에 현저하게 확장되어 채무자의 積極的 行爲(factum debitoris)에 의한 목적물 멸실 및 지체의 경우에만 인정되었던 것이 점차 일반적으로 채무자에게 요구되는 성실한 태도(diligentia)에 반하는 일체의 過失(culpa)에 대하여 인정되었던 것이다.

그리하여 유스티니아누스帝法에 이르면 契約責任은 이와 같은 diligentia-culpa의 개념을 중심으로 구성되었고 따라서 채권을 유책하게 침해하는 채무자의 모든 태도에 대하여 債務不履行責任이 인정되었다.[115)]

거래는 이루어지지 않았을 것이다. 따라서 買受人은 계약이 유효하게 체결되지 않은 것에 관한 利益만을 배상 받을 수 있고, 履行利益의 배상을 구할 수는 없다. 즉, 前者는 계약의 무효를, 後者는 계약의 유효를 전제로 한다는 것이다. 그러나 이러한 예링의 이해는, 惡意의 賣渡人에 대하여 嚴한 責任을 부과하는 로마法의 一般的인 규율태도와 부합하지 않는다고 혼젤은 주장한다. 또한 利益(interest) 개념이 위와 같이 구별되는 예는 그 이외에는 전혀 존재하지 않으며, 나아가 위 法文(Modestin. D. 18.1.62.1; Inst. 3.23.5)의 표현으로부터 信賴利益에의 제한을 도출할 필요성도 없다. 즉, 금전에 의한 目的物價額의 賠償을 통하여, 前提되었던 사정이 실제로 존재하였다면—즉 사기당하지 않았다면—買受人이 놓였을 상태에 놓이도록 할 수도 있는 것이다. 마지막으로 이와 같은 예링의 해석은 다른 不融通物의 賣買와 사정이 별로 다를 바 없는 自由人의 賣買에 대한 앞서 본 바와 같은 규율과도 일관되지 않는다는 것이다. 그리하여 혼젤은, 불융통물의 경우에도 quod interest의 배상이 인정되었다고 보아야 한다고 주장한다. Kaser(註 58), S.549 N.42도 賣買訴權으로써 소구할 수 있는 利益은 "사기당하지 않음에 관한 利益"이라는 위 法文의 變型에도 불구하고, 매매목적물의 取得에 관한 利益이라고 한다. 그러나 Choe(註 103), S.22 Anm.23은 이러한 혼젤의 견해에 대하여 비판적이다.

114) Kaser(註 58), S.549 참조.

115) Jörs-Kunkel-Wenger(註 25), S.179f.; Kaser, *Das Römische Privatrecht*, 2. Absch-

그리하여 위에서 본 바와 같이 계약의 物的인 對象에 착안하는 불능의 개념은 이러한 過失의 관점에서 평가되어 그 과실의 객관적 측면에 흡수되었고, 따라서 誠意契約責任의 體系에 있어서 2차적인 의미밖에 획득하지 못하였다.[116]

제 4 절 로마법상의 原始的 不能論에 대한 평가

1. 이상과 같이 로마법에 있어서의 원시적 불능에 관한 법리를 問答契約과 賣買로 나누어 살펴 볼 때, 우리는 전자에서는 이를 매우 일률적으로 무효로 하고 있음에 반하여, 후자에서는 비교적 다양한 효과가 그에 따르고 있음을 알 수 있다. 이러한 차이는 어디서 오는 것일까?

대부분의 학자들은 給付의 實現不能이 문답계약에 있어서 위와 같이 중대한 의미를 가지게 되는 이유를, 문답계약에 있어서 形式이 차지하는 비중과, 문답계약에 기한 채무관계를 강제로 실현하는 嚴正訴訟[117] (또는 嚴格法의 訴訟 : iudicia stricti iuris)의 특수한 구조에서 발견한다.[118] 문답계약에 기한 소권은 고전기에 있어서는 嚴格法上의 訴權으로 생각되었다. 이러한 訴權에 대하여는 그 의무의 내용에 관하여 엄격한 해석의 원칙이 적용되었다.[119] 따라서 문답계약에 기한 소권을 행사하여 方

nitt, 2. Aufl., 1975, S. 347ff. 참조.

116) Rabel(註 90), S. 25 참조.

117) Schulz(註 62), p. 478은, 문답계약을 嚴正契約이라고 부르고 또 그에 기한 訴訟을 嚴正訴訟이라고 부르는 데 反對한다. 이 용어는 古典期 法學者들에 의하여 사용된 일이 없으며, 또 그에는 상당한 理由—즉 被告가 惡意의 抗辯(exceptio doli)을 방식서에 삽입할 것을 항상 요구할 수 있으며, 또 일단 삽입되면 審判人은 信義(bona fides)를 상당한 범위에서 고려하지 않으면 안 되었다는 이유—가 있다는 것이다. 그러나 슐츠 자신도, 심판인의 裁量이 誠意訴訟에 있어서 보다 컸다는 것은 인정하는 바이다(p. 478).

118) Siber, *Römisches Recht II. Römisches Privatrecht*, 1928, S. 250; Kaser(註 58), S. 513; von Lübtow, *Beiträge zur Lehre von der Condictio nach römischem und geltendem Recht*, 1952, S. 81; Wieacker, Leistungshandlung und Leistungserfolg im bürgerlichen Schuldrecht, in: *Festschrift für Nipperdey*, Bd. I, 1965, S. 801f.; Wollschläger(註 90), S. 11 참조.

119) 로마法에 있어서 文言解釋(Wortinterpretation)의 形式主義(앞의 註 88 참조)가 法

式書[120]의 교부를 요구함에 있어서는 그 방식서의 請求表示(intentio)에서 공여의 대상으로 정하고 있는 確定物(확정금전이나 종류에 따라 정하여지는 물건에 대하여는 급부가 항상 가능한 것이기 때문에 특히 문제될 여지가 없다)이 現存하여야 한다. 왜냐하면 그 청구표시의 고정적 문구인 "…을 공여할 것을 요한다"(dare oportere)는 말은 이를 문언대로 엄격히 해석하면 그 공여의 대상이 현존하고 있는 것을 당연한 전제로 하고 있기 때문이다. 따라서 "현존하지 아니하는 물건의 공여는 논리적으로 불가능"하므로,[121] 그에 대한 방식서 교부의 拒否, 나아가 訴權 認定의 拒否는 "方式의 [요구에서 생기는] 당연한 논리"[122](Sachlogik der Formel)인 것이다.

이러한 통설의 견해에 대하여는 다음과 같은 補充說이 있다.[123] 즉 메디쿠스는, 이러한 견해에 따른다면 불능한 급부를 목적으로 하는 계약을 무효로 하는 것은 단지 계약이나 소송관계서류상의 文言을 "엄격하게 문언대로 해석함에 기인하는, 의도하지 않은 反射的 效果"일 뿐인 것이 되고, 따라서 그것은 일정한 목적을 추구하는 것은 아니라는 결론에 도달하게 된다고 한다. 메디쿠스는 이러한 부득이한 拙手로서만 불능법리를 이해하는 데 반대하고[124] 그 법리는 訴訟物評價(litis aestimatio)에 관

律行爲와 訴訟行爲의 경우에도 支配的이었음에 대하여는, 崔秉祚(註 88), 188면 참조.

120) 문답계약에 기한 訴權에 대하여 부여되는 3종의 方式書, 즉 確定貸金方式書, 不確定物 ―그러나 特定量의―의 供與에 관한 方式書 및 確定物의 供與에 관한 方式書에 대하여는, Schulz(註 62), p. 476f. 참조. 가령 最後者의 方式書는 "만일 被告가 原告에게 奴隸 스티쿠스를 供與할 것을 요함이 명백하다면, 審判人이여, 그것이 가지는 價額에 상당하는 金錢에 대하여 被告는 原告에게 책임이 있다고 判決하라"(Si paret Nm Nm A° A° servum Stichum dare oportere, iudex, quanti ea res est, tantam pecuniam Nm Nm A° A° condemna etc.)는 식으로 되어 있다.

121) von Lübtow(註 118), S. 81.

122) Wieacker(註 118), S. 802.

123) Medicus(註 26), S. 70 이하 참조. 그는 위와 같은 通說의 설명이 "補充"을 요한다는 입장에 서서, 이를 검토한다.

124) 그가 通說의 설명에 대하여 가하는 批判은 다음과 같다. 첫째, 債權關係는 歷史的으로, 人的 責任 ―이것은 그 책임을 지는 자가 不正行爲를 함으로써 발생하고, 相對方은 그의 身體 등에 대한 攻取權을 취득한다―으로부터 해방되기 위하여 이루어지는 償金約束에 기원을 가진다고 한다. 따라서 그 合意된 給付가 불가능하다고 하더라도 人的 責任은 소멸하는 일은 없고, 오히려 그 解放만이 불가능해질 뿐이다. 그런데 그 給付의 實現이 불가능하게 되었다는 事情에 대하여 일정한 法的 效果가 부여된다는 것은 그 급부의 실현가능성이 責任의 '前提'로 高揚되었음을 의미한다. 이러한 결과는 '方式

련하여 의미를 가진다고 한다.[125] 즉, 方式書訴訟에 있어서는 판결에서 피고가 자신의 채무를 면하려면 지급하여야 하는 금전액이 명시되어야 하고[126] 그 액은 裁判人의 평가(소송물평가)에 의하여 조사되어야 한다. 그 평가의 기준은 전적으로 방식서를 기준으로 하는데 확정물의 급부가 문제되는 경우에는 그 물건의 객관적 가치를 기준으로 한다.[127] 그런데 메디쿠스에 의하면 로마法源上 급부의 실현 불능이 문제되어 문답계약이 무효가 되는 경우는 이와 같은 소송물평가가 불가능한 경우 또는 유의미한 평가가 불가능한 경우(가액산정이 가능한 가까운 과거의 市場價格이 존재하지 않는 경우)라고 하여[128] 따라서 그와 같은 경우에 대하여는 權利의 救濟가 거부된 것이라고 한다. 이는 通說의 把握에 대하여 중대한 補充을 하는 것으로 평가할 수 있을 것이다.[129]

2. 그에 반하여 賣買에 기한 소송은 誠意訴訟(bonae fidei iudicium)으로서 그 방식서는 "… 信義에 좇아 공여하고 행위하는 것을 요한다"(dare facere oportet ex fide bona)는 문구를 포함하고 있었다.[130] 따라서

의 論理'(Logik der Formel)로써는 설명할 수 없다. 둘째, '債務의 永久化'가 後發的 不能에만 한정된다는 통설의 이해는, 衡平 등의 이유로는 설명될 수 없다. 그러므로 그것이 原始的 不能의 경우에는 인정될 수 없음을 설명하는 其他의 理由가 필요하다는것이다.

125) Medicus(註 26), S. 75ff. 참조.

126) 로마法上 方式書訴訟에 있어서는 金錢判決(condemnatio pecuniaria)의 原則이 관철되어, 그 判決에서는 항상, 즉 第1次的 給付가 可能하고 또 바람직한 경우에까지도 金錢의 給付를 대상으로 하였다. 이에 대하여는 Kaser(註 95), S. 286f. 참조.

127) 로마法에 있어서의 金錢評價의 基準의 문제는, 극히 난해한 분야이다. 우선, Kaser(註 54), S. 143 참조. 보다 상세히는 Medicus(註 110) 및 Honsell(註 106) 등 참조.

128) 각 不能의 경우에 대한, 이러한 관점에서의 접근의 상세는 Medicus(註 26), S. 75ff 참조.

129) 메디쿠스는 현행 독일 債權法의 改正準備作業의 一環으로 이루어진, "契約締結上의 過失" 法理에 대한 鑑定意見에서도, 이러한 觀點에서 현행 BGB 제306조의 개정을 제안하고 있다. 즉 제306조를 "契約은, 그 약속된 給付가 실현될 수 없고 또한 그 給付의 金錢的 價値(Geldwert)를 산정할 수 없는 경우에는 무효이다"라고 새로이 정하여야 한다는 것이다. 이에 관하여는 뒤에서 논하기로 하나, 우선 Medicus, Verschulden bei Vertragsverhandlungen, in: Bundesminister der Justiz (hrsg.), *Gutachten und Vorschläge zur Überarbeitung des Schuldrechts*, Bd. I, 1981, S. 510f., 549 참조.

130) Kaser(註 95), S. 250f. 참조.

심판인도 그 재판을 함에 있어서 당사자의 묵시적 의사나 그 계약관계의 全展開過程에서 나타나는 당사자의 태도 또는 거래관행 등 그 거래에 관련되는 일체의 사정을 평가하여 구체적으로 타당성 있는 결과의 도출을——상대적으로 보다 강하게—— 꾀할 수 있었다.[131] 그러므로 가령 奴隸나 債權의 賣買에 있어서처럼 그 목적물이 자유인이냐 노예냐, 또는 그 채권이 실제 존재하는가 아닌가 여부를 외관상 용이하게 알 수 없는 경우에는 이러한 사정을 고려하면서 타당한 결과를 얻어 낼 수 있었던 것이다.

그러므로 매매에 있어서 不能한 給付를 目的으로 하여도 그 계약이 유효인 경우는 단순히 뒤에 보는 "不能한 것에 대하여는 債務가 성립되지 아니한다"는 원칙에 대한 예외가 아니라, 이와는 전혀 차원을 달리하는 契約의 誠意性을 기초로 하는 자유로운 利益衡量에서 우러나온 원칙이라고 할 것이다.[132] 사비니는 매매에 있어서의 原始的 不能에 관한 규율을 서술한 후 다음과 같은 意味深長한 코멘트를 덧붙였다. "우리가 이러한 규율을 問答契約에 있어서의 전혀 상이한, 무조건적인 규율과 비교할 때, 우리는 그 根據와 限界로서 매매와 이에 유사한 契約의 誠意性(bonae-fidei-Charakter)과 雙務性(Zweiseitigkeit)을 인정하여야 할 것이다."[133]

3. 그러나 위와 같은 설명만으로 原始的 不能論이 로마법에서 차지하는 중요한 지위가 만족스럽게 설명된다고 하기에는 부족한 것이 있는 것으로 생각된다. 가령 誠意訴訟으로 권리구제를 구할 수 있는 매매에 있어서도 목적물이 이미 소멸하였거나 부존재하는 경우에는 그 계약

131) Kaser(註 58), S. 485ff. 참조.

132) Mommsen(註 51), S. 128은, 自由人의 賣買에 있어서 買受人이 善意이면 契約이 有效한 것으로 인정된 것은, 奴隸賣買에 있어서 빈번하게 일어났던 不正直한 行爲에 대하여 信賴利益의 賠償으로는 충분한 응징이 될 수 없기 때문에 契約의 유효를 인정하여 買受人에게 더욱 확실한 保障을 부여한 것이라고 한다. 이러한 說明은, 賣買가 給付의 不能에도 유효가 되는 경우를 "例外"에 불과한 것으로서 파악하는 것을 전제로 한다고 할 수 있을 것이다.

133) Savigny, *Obligationenrecht*, Bd. 2, 1853, S. 291.

이 무효가 되는 이유는 무엇일까. 일부의 학설은 이것을 로마법상 매매거래의 발달의 초기 단계를 형성하는 現實賣買에 고유한 관념이 후에도 영향을 미친 것이라고 한다.[134] 즉 現實賣買에서 요구되는, 매매목적물의 현존과 특정가능성의 필요가 시민법상의 원칙으로 고양되어서 매매 일반을 규율하는 법리가 되었다는 것이다. 로마법의 형성에 있어서 傳統이 중요한 위치를 차지함은 의문이 없는 것으로서 위와 같은 설명도 어느 정도까지는 타당할 것이다. 그러나 그것이 로마법의 위와 같은 규율의 유일한 이유라고 하기에는 미흡한 느낌을 받는다.

이에 관하여 많은 시사를 주는 것이 라벨의 說明이다. 그는 다음과 같이 말한다. "로마인들에게는, 目的物이 자연계에 존재하여야 한다는 오래된 명제나, 불가능한 것에 대하여는 債務가 성립하지 않는다는 명제는, 고려되어야 할 다양한 사정들을 타당하게 평가하는 단순한 수단이었다. 그들이 중요한 여러 경우에 편하게 입을 수 있게 헐렁하게 만든 옷을, 制服으로 날을 세워 재단한 것이 우리의 잘못(culpa nostra)이다."[135]

고려되는 다양한 사정들이란 라벨에 의하면, "詐欺, 弄言, 贈與, 錯誤, 過責事由, 善良한 風俗 違反, 賠償되어야 할 損害의 不存在"이다.[136] 무엇보다도 원시적 불능의 경우에는 대부분 쌍방 또는 일방 당사자에게 착오가 있다. 로마인들이 이러한 사정을 고려하였음은 가이우스가 給付의 實現不能의 예를 거의 망라하여 다루고 있는 그의 법학제요의 설명[137]의 방식을 보면 명백하다. 즉 거의 모든 경우에 요약자가 給付가 實現可能하다고 잘못 알고 있음을 밝히고 있는 것이다.[138] 한편 만

134) Wieacker(註 118), S. 801 N. 43 참조.

135) Rabel(註 90), S. 46.

136) Rabel, Grundzüge des römischen Privatrechts, Holtzendorff-Kohler(hrsg.), *Enzyklopädie der Rechtswissenschaft*, 1. Bd., 7. Aufl., 1915, S. 472. 또한 Rabel(註 90), S. 746f. 참조.

137) Gai. 3, 97: 99 참조.

138) Gai. 3. 97: "어떤 사람이 노예라고 믿고 自由人의, 生存하고 있다고 믿고 죽은 奴隷의, 人法物이라고 믿고 神聖地 또는 宗教地의 供與를 要約한 때는…." Gai. 3. 99: "어떤 사람이 자신의 所有物임을 모르고 그 물건의 供與를 要約한 때는…." 그러나

일 要約者가 이와 같은 실현 불능의 사정을 알고 있으면서 계약을 체결한 경우에는 그의 眞摯性을 의심하지 않을 수 없다. 또는 要約者가 공여의 목적물이 자기의 소유인 줄을 알고 있으면서 반대급부를 諾約한 경우에는 隱秘된 贈與가 존재하는 것이다. 나아가서 불융통물의 거래에 있어서 당사자가 그러한 사정을 알고 있는 경우에는 强行法規 違反 내지는 善良한 風俗 違反이 문제되지 않을 수 없다. 또한 半人半馬의 거래의 경우에는 당사자들의 精神能力이 의심되는 것이다.[139]

물론 로마法源은 이러한 별개의 평가요소들에 대하여 명백하게 언급하는 일은 거의 없다. 그러나 주목하지 않으면 안 되는 것은 로마법에 있어서는 가령 假裝行爲에 관한 법리가 거의 발달하지 않았다는 것이다.[140] 그것은 행위의 구속적 효력은 祭儀的인 義務負擔行爲의 要式을 거쳤다는 사실과 불가분하게 결합하는 고래의 법관념에 그 이유가 있을 것이다.

4. 유스티니아누스帝의 학설휘찬(Digesta)의 제50장 제17절은 "De diversis regulis iuris antiqui"(古法의 여러 規則)이라는 제목 아래 주로 추상적인 법적 명제를 모아 놓고 있다. 그 하나가 바로 켈수스의 "不可能한 것에 대하여는 債務가 성립하지 아니한다"(Impossibilium nulla obligatio est: D. 50. 17. 185)는 법문이다. 이 법문은 보통법학의 原始的 不能論에 중대한 영향을 미쳤으므로 그 의미를 보다 상세히 파헤쳐 볼 필요가 있다.[141]

우선 주목하여야 할 것은 위 제50장 제17절의 冒頭에 내걸고 있는

Gai. 3. 97에서 들고 있는 다른 경우, 즉 自然界에 존재할 수 없는 物件의 供與에 관한 問答契約의 경우에 대하여는 그러한 귀절이 없다.

139) Rabel(註 90), S. 47는 이와 같이 당사자들이 진정으로 의욕한, 그러나 不條理한(absurd) 계약의 경우에만 원시적 불능론이 '그 자체에 있어서' 타당하다고 한다. 이러한 경우에 契約은 "高度의 愚鈍이라는 債務障碍"(Obligationshindernis der höheren Dummheit)로 인하여 효력을 취득하지 못한다는 것이다.

140) Jörs-Kunkel-Wenger(註 25), S. 107; Kaser(註 58), S. 242f. 참조.

141) Wollschläger(註 90), S. 13ff. 참조. 한편 可能(possibilis) 또는 不能(impossibilis) 개념의 起源 ―특히 그리스哲學으로부터의―에 대하여는 Rabel(註 90), S. 21f. 참조.

파울루스의 명제이다. 그에 의하면 一般規則(regula)으로부터 法(ius)을 도출하여서는 안 되며, 一般規則은 대상을 요약하여 기술하는 것에 그치는 것으로서 어떠한 구체적인 사안에서 그 타당하지 못함이 증명되면 그 역할은 이제 종료한다는 것이다(D. 50. 17. 1). 이 법문은 고전기 로마법학자의 問題指向的 思考를 잘 드러내는 것으로서, 이는 위의 켈수스의 명제에도 해당된다고 할 것이다. 그 명제는 不能法體系의 원칙을 표현한 것이 아니고, 하물며 바로 구체적인 경우에 적용할 수 있는 법명제도 아닌 것이다.

라벨은 위의 명제는 단순히 問答契約과 賣買에 있어서 목적물이 현존해야 함을 말하는 것뿐이라고 이해한다.[142] 이에 대하여는 그것은 問答契約에 대하여만 타당하고, 켈수스의 일반적인 용어법 등에 비추어 賣買의 경우에까지 적용되는 언명은 아니라는 反對의 見解가 있다.[143] 문제는, 위에서 본 대로 켈수스의 위 명제는 問答契約이나 賣買에 있어서 목적물이 이미 물리적으로 멸실한 경우, 존재할 수 없는 경우, 채권자의 소유물인 경우에만 타당하고 불융통물의 경우에는 광범위한 예외가 존재하므로 그와 같은 일반적인 형태로서는 타당성을 주장할 수 없다는 것이다.

한편 울피아누스가 "불가능한 것은 無方式의 合意나 問答契約의 대상이 될 수 없다"(D. 50. 17. 31)고 한 것도 그 문언만에 의한다면 위의 켈수스의 명제와 같이 광범위한 내용을 가지는 것으로 생각된다. 그러나 그 법문의 문맥으로 보면 이는 瑕疵擔保의 問答契約[144]에 관한 것으로 인정되고 있다.[145] 즉, 이미 瑕疵가 존재하는 목적물에 대하여 瑕疵가 없음을 擔保하는 問答契約을 해 보아도 그 瑕疵를 치유하는 것은 불가능하므로 그와 같은 問答契約는 무효라는 주장을, 울피아누스는 물리

142) Rabel(註 90), S. 22 참조.
143) Wollschläger(註 90), S. 14f. 참조. Medicus(註 26), S. 94 N. 96에 의하면 위의 法文은 瑕疵擔保의 問答契約에 관한 것일 수도 있다고 한다.
144) 이에 관하여는 Kaser(註 58), S. 558 참조.
145) Medicus(註 26), S. 94f; Wollschläger(註 90), S. 15 참조.

치고, 비록 無方式의 合意나 問答契約이 事實을 변경할 수는 없으나 그럼에도 불구하고 그러한 문답계약은 의미가 있다고 주장하고 있다는 것이다. 즉 위의 법문은 瑕疵擔保의 問答契約에 관한 D. 21.2.31과 연결하여야만 이해할 수 있으며,[146] 이러한 원래의 문맥을 고려하지 않음으로써 위의 법문은 울피아누스가 전혀 의도하지 않은 일반적인 效力範圍를 얻기에 이른 것이라고 한다.

제 3 장 普通法學에 있어서의 原始的 不能論

제 1 절 주석학파, 후기주석학파 및 인문주의법학에 있어서의 전개[147]

1. 중세보통법(Ius Commune)[148]의 법률가들은, 로마법대전에 나타난 대로의 原始的 不能에 관한 법리를 祖述하였을 뿐이었다. 즉, 그들은 불가능한 것을 목적으로 하는 債務는 無效라는 외견상 일반적으로 적용되는 듯한 명제를 인정하였으나, 그것을 問答契約 이외의 다른 계약유형에 관철하려고는 하지 않았다.

로마법의 여러 法文을 정합적으로 이해하려고 하였던 그들의 지향

146) Lenel, *Palingenesia Iuris Civilis*, Ulp. Nr. 2886 참조.

147) 본절의 서술은 Christian Wollschläger(註 90), S. 18-33; Hermann Dilcher, *Die Theorie der Leistungsstörungen bei Glossatoren, Kommentatoren und Kanonisten*, S. 259-276에 전적으로 의존하였다. 이하 위의 문헌들에 대하여는 특별한 사정이 없는 한 그 인용소개를 일일이 지시하지 않는다.

148) 이 말은 가령 Helmut Coing, *Europäisches Privatrecht*, Bd. 1: Älteres Gemeines Recht(1500 bis 1800), S. 4에 의하여 "볼로냐 이래 유럽의 법학에 의하여 형성되고 적용된 바의 로마-카논법"이라는 의미로 쓰여지고 있다. 中世普通法(Ius Commune)의 개념에 관한 문제상황에 관하여는 佐佐木有司, 中世イタリアにおける普通法(ius commune)の研究(一)—(三・完), 法學協會雜誌 84卷(1967) 1號 1面 以下, 同 4號 1面 以下, 同 8號 12面 以下 참조.

에서 보면, 일반적이고 포괄적인 표현을 담은 學說彙纂 제50장 제17절의 여러 명제는 매우 매력 있는 것이었을 것이다. 그리하여 가령 발두스(Baldus de Ubaldis)는 그 명제들을 많은 個別事案들을 일반화하여 종합화한 것으로 이해하였고, 그 전에 12세기 후반의 바시아누스(Johannes Bassianus)는 이를 더욱 나아가 共通의 理致(ratio), 즉 基本的인 判斷原理라고 하였다. 이러한 지향에서 보면, 그들은 켈수스의 법문(D. 50. 17. 185)을 모든 契約類型에 적용하였을 법도 하나, 실제로는 그 법문은 단지 問答契約의 경우와 결합될 뿐이었다. 또 울피아누스의 일반적인 법문(D. 50. 17. 31)도 이미 주석학파의 학자들에 의하여 瑕疵擔保의 問答契約에 관한 D. 21. 2. 31과의 관련 아래서 이해되고 있었다.

그리고 賣買契約에 관련하여서 불능법리가 인용되는 일은 없었으며, 단지 그 계약이 유효하기 위하여는 目的物의 존재가 요구된다고 할 뿐이었다. 오히려 프랑스의 後期註釋學派에 속하는 14세기 초엽의 화버(Johannes Faber)는 유스티니아누스帝法상 매매계약에 기하여 인정되는 "'詐欺' 당하지 않음에 관한 利益"의 배상을 청구하는 訴權을 有償의 문답계약에 확장하려고 하였다. 그러나 이탈리아의 後期註釋學派는 이에 따르지 않았고, 유스티니아누스帝法에 나타난 법리대로 賣買의 경우에만 그와 같은 소권이 인정된다고 이해하였다.

2. 그러나 후의 原始的 不能에 관한 法理의 展開에 있어서 의미있는 몇 가지의 중요한 일이 일어났다.

(1) 우선 "不能"(impossibilitas)이라는 말이 하나의 專門用語(terminus technicus)로서 확립되었다. 고전로마법상 "불가능하다"(impossibilis)는 형용사는 ―많은 경우에는 不能條件(conditio impossibilis)과 관련하여[149]―

149) 라벨에 의하면 로마법대전에서 "불가능하다"(impossibilis)는 말이 쓰여진 것은 모두 40개소인데 그 중 25개소가 불능조건에 관한 것이다. Rabel, Origine de la Règle: Impossibilium nulla obligatio, in: *Mélanges Gerardin*, 1907, p. 491 참조.

이미 쓰여지고 있었으나, "불능"이라는 名詞는 단 한번, 그것도 유스티니아누스帝法에서 비술어적으로 사용되었을 뿐이었다.[150] 그런데 이제 이 명사는 법률학의 술어로 완전히 자리를 잡게 되었다.

그러나 이 때 "불능"은 불능조건과 관련되어[151] 그에 포함된 障碍事由를 말하는 것으로 이해되었고, 심지어는 켈수스의 법문도 불능조건이 계약을 무효로 한다는 法理(소위 "불능은 해한다." impossiblitas vitiat)의 基礎라는 관점에서 이해되기도 하였다.

이와 같이 "불능"이라는 말이 법학술어로서 자리잡게 되면서, 베눌레이누스의 법문(D. 45. 1. 137. 4)상의 "自然的 障碍"와 "供與의 能力"과의 구별은 "불능" 개념과 그에 대비되는 "단순히 給付의 실현을 어렵게 하는 사정"(difficultas)이라는 개념을 명백히 구별하도록 하였다.[152] 그러나 兩者를 구별하는 기준에 관하여는 思考의 혼란이 보여진다고 한다.[153]

(2) 다른 한편으로 "自然的 不能"(impossibilis de natura)과 "法的 不能"(impossibilis de iure)의 구별이 ―문답계약의 범위 내에서― 관철되었다. 그 구별의 근거가 된 로마法源은 베눌레이우스의 D. 45. 1. 137. 6이었다. 거기서 베눌레이우스는 신성물 또는 종교물 등을 賣渡한다는 "법에 의하여 그 充足이 차단된"(condicio iure impleri non potest) 조건에 관하여, 그러한 조건은 "마치 自然에 의하여 불능인 조건이 그 계약에 포

150) C. 7. 47. 1. 1(이는 損害의 算定에 관한 유스티니아누스帝의 칙령이다) : "산정이 무한정으로 행해짐으로써 그 자체의 불가능함으로 말미암아 적용이 배제되는 일이 없도록…" (ne, dem in infinitum computatio reducitur, pro sua impossibilitate cadat).

151) 주석학파의 완성자 ―標準註釋(Glossa ordinaria)!― 아쿠르시우스(Accursius)도, 후기주석학파의 최고봉 바르톨루스(Bartolus)도, "불능"의 종류와 효과를 條件法의 문제로서만 다룬다고 한다.

152) 가령 프랑스 주석학파의 학자 벨라페르티카(Bellapertica: 1308년 沒)는 "불능"을 給付對象(res) 自體에 근거한 장애사유이고, difficultas는 債務者의 一身에 근거한 장애라고 하여 이를 구분한다("Impossilbilitas ex parte rei, … difficultas est ex parte personae").

153) 이는 카논법의 당시의 도덕신학의 영향으로 "불능한 것"을 ―그 이유의 여하를 막론하고― 당사자가 이를 "할 수 없다"는 의미라고 이해하려는 主觀主義的 傾向과, 베눌레이우스의 법문에 명시적으로 나타난, 당사자가 "할 수 없게" 된 이유 중 일정한 부분을 법적으로 유의미한 "불능"으로부터 배제하는 法的 處理와의 충돌이라는 관점에서 설명된다.

합된 것처럼"(proinde ac si ea condicio, quae natura impossilis est, inserta esset) 그 문답계약을 무효로 만든다고 하였다. 이 법문은 일반적으로 法的 不能이라는 카테고리가 고전로마법에서 인정되었다는 證據가 될 수 없다고 이해되고 있다.[154] 그럼에도 불구하고 이 법문을 근거로 주석학파나 후기주석학파의 학자들은 "자연적 불능"에 대비되는 "법적 불능"이라는 범주를 일반적으로 인정하였다.[155] 이로써 '불능' 개념의 適用範圍는 현저히 擴張되기에 이르렀다.

3. 후기주석학파의 뒤를 이은 소위 人文主義 法學의 시대에 있어서 주목할 것은 嚴正契約인 문답계약과 誠意契約인 매매에 따라 분열되어 있던 로마법상의 원시적 불능에 관한 규율을 통일하려는 움직임이 나타났다는 것이다. 이러한 움직임은 두 방향으로 전개되었다.

첫째는, 16세기 후반 독일에서 활약한 네덜란드인 베젠베크(Matthäus Wesenbeck)처럼 로마법상의 매매에 관한 규율을 모든 계약에 확장하려는 것이다. 그는 인문주의 법학의 일반적인 지향에 좇아,[156] 그 전의 학파가 로마법문을 個別的으로 주석하려고 했던 경향을 극복하고 로마법대전의 법문 전체를 하나의 關聯體系 안에 —물론 그 法文配列의 順序(소위 Legalordnung)에 좇아— 넣으려고 시도하였다. 그에 있어서 그는 아리스토텔레스의 4원인, 즉 作用因, 質料因, 形相因 그리고 目的因(causa efficiens, materia, forma, finis atque effectus)에 따라 모든 대상을 다루었다. 그리고 債務의 "질료"(materia)에 관련하여서, 그는 불능한 것은 그 대상이 될 수 없음을 비단 문답계약에 대하여서뿐만 아니라, 일반적인 계약(contractus)에 대하여도 밝히고 있다. 따라서 "不能한

154) 특히 不能條件과 不法條件을 동일시할 수 없음은 양자를 소송상 별도로 취급함에 의하여도 분명하다. Kaser(註 58), §61 I 2 (S. 253f.) 참조.

155) 그에 관한 문헌에 대하여는 Wollschläger(註 90), S. 22 N. 84 참조.

156) 이는 통상 mos Italicus와 mos Gallicus의 대비에 의하여 표현되는 로마법에 대한 접근방식의 차이이다. 이에 관하여는 Klaus Luig, Mos gallicus, mos italicus, in: *Handwörterbuch zur deutschen Rechtsgeschichte*, 19. Lieferung, 1980, S. 691ff. 참조.

것에 대하여는 債務가 성립되지 않는다."는 명제는 이제 일반적으로 통용되는 體系的 地位를 차지하게 된 것이다. 그러나 다른 한편으로는 不融通物에 대하여는 로마법상의 매매에 관하여 인정된 법리가 문답계약에 대하여도 일반적으로 인정되었다. 베젠베크는 목적물의 성질을 오해한 당사자는 아무런 의무도 부담하지 않으나, 이를 알고 있던 당사자는 상대방에 대하여 損害 ──그 내용에 대하여는 상론하는 바 없다──를 배상하여야 한다고 이해한다. 이는 Inst. 3. 23. 5이 善意의 買受人에 대하여는 賣渡人의 선의·악의를 불문하고 買受訴權을 부여하였음에 대하여(제 2 장 제 3 절 3. 말미 참조), 賣渡人이 선의인 경우에는 그와 같은 권리를 인정하지 않는다는 점에서 매도인의 책임을 완화함을 의미한다. 그러나 이는 문답계약상의 책임과 관련하여서는 획기적인 의미를 가진다고 할 수 있을 것이다. 베젠베크는 ──의미심장하게도── 그러한 법리를 信義誠實(bona fides)이 모든 계약에서 존중되어야 한다는 이유에 기하여 설명하고 있다.

둘째로, 問答契約에 관한 법리를 일반화하는 방향이다. 프랑스의 인문주의 법학자 후고 도넬루스(Hugo Donellus)는 로마법대전의 법문배열의 순서에 좇지 않고 가이우스의 法學提要의 編序에 따라 법재료에 새로운 체계를 부여하는 작업 ──"法의 術"(ars iuris)── 을 수행하였다. 그는 여러 가지의 계약유형에 특유한(distincte) 것과 그것들 모두에 공통된(commune) 것을 동시에 다룸으로써, 의식적으로 契約法 總論(communes praeceptiones)을 창출하였다. 도넬루스는 이 체계에서 "不能한 것에 대하여는 債務가 성립하지 아니한다."는 명제가 현저한 지위를 차지하도록 하였다. 그럼으로써 그 명제는 모든 계약에 적용되는 一般的 效力을 획득하게 되었다. 따라서 로마법 이래 원시적 불능에 관한 법리의 역사적 전개과정이라는 관점에서 보면 도넬루스야말로 "原始的 不能論"의 原祖라고 할 수 있다.

그에 의하면 계약의 질료(materia)는 給付對象(res promissa)인데, 최고의 원칙은 어떠한 채무도 對象(res) 없이는 성립할 수 없다는 것이다.

이것은 古로마의 現實賣買에 유래하는 목적물의 現存이라는 요건을 극도로 추상화・일반화한 것이다. "어떤 사람으로부터 그가 給付할 수 없는 것——그것이 양도될 수 없는 물건의 讓渡이든 그가 할 수 없는 어떠한 일의 處理이든——을 청구하는 것은 옳지 않을 뿐 아니라, 분명 부조리하다. 그러므로 채무내용의 두 종류 모두에 대하여, 불능한 것에 대하여는 아무런 의무도 성립하지 않는다는 규칙이 타당하다."[157]

나아가서 그는 만일 不能한 給付에 대하여는 債務가 성립할 수 없다는 명제는 너무나 자명한 것이어서, 그 법률효과가 價額賠償(aestimatio) 또는 違約罰(poena)도 발생하지 않는다는 것이 아니라면 의미가 없다고 한다. 이와 같이 하여 원래의 급부와 이에 갈음하는 塡補賠償이라는 개념은 사고형식상으로는 선명하게 구별되면서도, 동시에 前者의 불성립은 後者의 불성립으로 이어져 실제적으로는 다시 결합된다.

이러한 법리는 給付目的物의 不存在의 경우에는 로마法源에 의하여 명쾌하게 증명된다(특히 소실된 집의 매도인이 그 사실을 알았어도 면책된다는 D. 18. 1. 57. 1에 의하여). 한편 不融通物의 賣買의 경우는 매도인은 선의의 매수인에 대하여 책임을 진다. "그 매매는 적어도 그 한도에서는 유효이다." 그리고 "'詐欺' 당하지 않음에 관한 利益"이란, "만약 그 물건이 融通物이라면 가졌을 가치와 그 외에 매수인이 그로부터 취득할 수 있을 이익", 즉 현대적 의미에서의 履行利益을 말하는 것으로 이해된다. 이러한 취급은, 매도인이 물건의 급부뿐만 아니라 ——하자담보책임의 경우와 유사하게—— 물건의 성질에 관한 陳述의 正當性을 보증하여야 한다(quid affirmavit de re, quod non erat, id praestet)는 것에 의하여 정당화된다. 이와 같이 誠意訴訟에 있어서의 取扱의 진보적 요소는 분명히 인식되고 있었음에도 불구하고, 이는 단지 예외로서 제 2 차적인 의미밖에 가지지 못하는 것이다.

157) Donellus, *Commentarii de iure civilii*, Ed. Bucher-König, XII 20 § 4. Wollschläger (註 90), S. 28f.에서 재인용.

한편 行爲債務에 대하여는 법적 불능 또는 도덕적 불능의 범주가 유지된다. 법률이나 선량한 풍속에 반하는 행위에 관한 계약은 물론 무효이므로, 결과적으로 켈수스의 명제(D. 50. 17. 185)는 모든 계약의 대상에 대하여 그 지배력을 유지하게 된다.

도넬루스는, 이와 같이 법명제를 非歷史的으로 이해하고, 모든 계약유형에 대하여 하나의 명제를 조화적으로 적용하며, 선별된 법문을 일반화한다는 점에서 "19세기 역사법학파의 체계론의 정신적 아버지"인 것이고,[158] 이는 原始的 不能論에 관련하여서도 다름이 없는 것이다.

제 2 절 근대 초기의 법전과 사비니에 있어서의 원시적 불능론

제 1 관 프로이센일반란트법

1. 독일에 있어서 "로마法의 繼受"라고 불리우는 현상은 15세기 중엽부터 로마법, 특히 유스티니아누스帝法을 "包括的으로"(in complexu) 독일의 여러 領邦에 도입시켰다. 이 로마법은 16, 17세기를 거치면서 독일 고유의 법관념과 융합되어 소위 "판덱텐의 현대적 관용"(usus modernus pandectarum)을 이루었다. 그 후 17세기경부터 유럽의 정신적 풍토에 새 바람을 몰아온 啓蒙主義는 법학에 대하여도 비상한 영향을 주어서, 계몽주의의 법학적 변형인 理性法論은 역사적으로 발전하여 지방적으로 존재하던 판덱텐의 현대적 관용의 잡다한 형태를 비판적으로 해

158) Wollschläger(註 90), S. 31. 이어서 볼쉴레거는 다음과 같이 도넬루스를 평한다. "순수한 이론—'法의 術'—의 산물로서의 그의 저술은, 가령 다음과 같은 공박, 즉 문답계약과 매매의 우선순위를 실제에 맞지 않게 뒤바꾸고 信義(bona fides)를 후퇴시킴으로써 만족스럽지 못한 결론에 도달하였다는 공박에 대하여 초연하다. 도넬루스가 당시의 好古的인 人文主義者들과는 달리 로마법학자의 문제지향적인 사고와는 거리가 먼 태도를 취하였다는 것을 로마法史家는 흠으로 지적할 수 있을 것이다. 그러나 이러한 결점은 로마법의 발전에 대한 공헌, 즉 로마법대전을 그 체계화에 의하여 카주이스틱의 無定形한 집합—그것은 18세기에는 이와 같은 모습을 하고 있었다—으로부터 이끌어냈다는 공헌에 의하여 상쇄된다."

명하고, 이것을 舊式의 法的 諸制度로부터 순화하여 체계적으로 새롭게 정리하기 위한 발판을 주었다. 그리하여 유럽 각국에서는 계몽적 전제군주의 후견 하에 이성법론이 제공한 개념적 체계에 素材的으로는 판덱텐의 현대적 관용에 의하여 다듬어진 로마법, 특히 채권법이 법전의 형태로 結晶되었다. 그 대표적인 것으로는 "프로이센諸領邦을 위한 일반란트법"(1794년. 아래에서는 ALR 이라고 부르기로 한다)과 나폴레옹民法典(1804년), 그리고 오스트리아 一般民法典(1811년. 아래에서는 ABGB 라고 부르기로 한다)이 있다.

이하에서는 주로 ALR 과 ABGB 를 중심으로 하여 이 여러 법전에 있어서 原始的 不能論이 어떠한 모습으로 수용, 전개되었는가를 살펴 보기로 한다. 이 때 우리는 19세기 후반 이후 위의 두 법전, 특히 후자에 있어서의 해석이론은 당시의 普通法學의 지배적 학설의 영향을 받아 그 履行不能論, 특히 客觀的·主觀的 不能의 카테고리로서 그 법전의 불능론을 이해하려는 경향이 있었다는 점을 주의하지 않으면 안 된다.[159] 여기서 문제 삼는 것은 이러한 실용적인 해석이론이 아니라 법전 자체가 예정 내지 묘출하고 있는 歷史的 모습으로서의 불능론이다.

2. 근대에 있어서 私法에 관한 법전편찬의 선구를 이루는 바바리아의 막시밀리안民法典(Codex Maximilianeus Bavaricus Civilis)은 계약의 대상에 관한 규정의 맨앞에 "모든 有形·無形의, 또 現在·將來의 물건(Sachen)에 관하여 합의가 이루어질 수 있다"(Ⅳ, 1 § 15)고 하고, 다만 특별한 정함이 있는 경우에는 그렇지 않다고 한다. 그 특별한 경우란 무엇보다도 다음과 같은 것이다(§ 16).

"1. 自然上 또는 法上 不能(Natura vel Lege impossibiles)인 것. 그것은 자-

159) 특히 Rabel, Zur Lehre von der Unmöglichkeit der Leistung nach österreichischem Recht, in: *Festschrift zur Jahrhundertfeier des Allgemeinen Bürgerlichen Gesetzbuches vom 1. Juni 1911*, Bd. 2, 1911, S. 821-848(이하에서는 Rabel, *Gesammelte Aufsätze*, Bd. 1, 1965, S. 79ff.에서 인용한다) 참조.

연이나 또는 존엄, 법률 및 질서에 반하거나 제 3 자에게 손해를 가하는 것 등이다.
2. 不確定된 對象
3. 타인의 물건 또는 不融通物
4. 約束者 자신의 물건
5. 장래의 相續財産."

이는 로마법상 法律行爲가 무효가 되는 경우의 대부분을 망라한 것이다. 다만 로마법상으로는 유효이었던 타인 소유의 물건에 관한 계약을 理性法論에 좇아 무효라고 하였고, 또 "法的 不能"의 개념이 중세보통법으로부터 차용되었을 뿐이다. 그 외에 법전은 불능인 급부의 약속에 대하여 아무런 배상책임을 인정하지 않는다.

그러나 그 법전의 公式註釋者인 크라이트마이르(Kreittmayr)는 消滅한 물건의 급부를 惡意로 약속한 자는 契約上(ex contractu) 惡意責任을 진다고 한다. 또 대상이 없는 약속이라도 약속자가 過失(culpa)이거나 遲滯(mora)에 빠져 있을 때에는 價額賠償을 하여야 한다고 한다. 이는 로마법의 「채무의 永久化」 法理의 재현이라고 할 것이다.

3. ALR은 계약의 일반적인 유효요건을 다루는 곳에서 原始的 履行不能을 ―무조건이 아니라!― 일정한 요건 아래 계약의 무효원인으로 규정하고 있다. 그 규정은 다음과 같다. "절대적으로 불능한(absolut unmöglich) 행위 내지 급부를 목적으로 하는 계약은 無效(nichtig)이다" (I, 5 §51). "條件的(假定的) 不能(bedingte (hypothetische) Unmöglichkeit)의 경우에 계약체결 당시 양 당사자 모두가 惡意이거나 善意인 때에도 마찬가지이다"(§52). 또한 "조건적 불능이 그 불능한 행위 내지 급부의 의무 있는 자에게만 알려져 있는 때에는 그는 상대방에게 完全한 賠償을 하여야 한다"(§53). 이 규정들을 요약하면, 原始的絕對的 給付不能에 관한 계약은 무조건 무효이고, 條件的 不能의 경우에는 당사자 쌍방이 모두 악의이거나 모두 선의이면 역시 무효인데 給付義務者만이 악의

이면 계약은 유효로서 履行利益의 배상책임을 인정한다는 것이다.[160)]

또한 급부의 相對方만이 악의인 경우에도 계약은 구속력이 없으며(§54), 그가 이미 반대급부를 이행한 때에는 이는 贈與로 간주되어 그 반환을 청구할 수 없다고 한다(§55). 그러므로 ALR에 있어서는 "絕對的 不能"과 "條件的 不能"의 개념의 구별이 불능에 대한 법적 규율의 핵심적 요소이다.

이 개념들의 의미에 관하여 후기 보통법이론의 영향을 받은 해석이론은 후기 보통법이론상의 客觀的·主觀的 不能 및 終局的·一時的 不能의 구별을 도입하여, 절대적 불능을 객관적 종국적 불능이라고 이해하고, 조건적 불능을 기타의 불능, 특히 일시적 불능을 말하는 것이라고 이해한다.[161)] 그러나 이러한 이해방식은 후에 말하는 바와 같이 ALR의 체계적 구조에 대한 오해에 근간한 것이다. 이 개념들은 오히려 18세기 보통법학자들에서 인정되었던 "絕對的"·"相對的"(absolut/relativ) 불능 개념의 法典的 表現이라고 하여야 할 것이다.

ALR에 대한 최초의 주석자 중의 한 사람으로서 이성법론의 영향을 강하게 받았던 지베르트(Sievert)는 ALR에 있어서의 절대적 불능과 상대적 불능의 구별은 초기 보통법에서 自然的 不能(impossibilitas naturalis)을 절대적인(absolute) 불능과 "어떤 한정된 점에 있어서의"(secundum quid) 불능으로 나누는 것[162)]을 계승하였을 뿐이라고 한다.[163)] 그 이전에 이미 볼프(Ch. Wolff)의 제자인 다리에스[164)](Daries)는 그 구별을

160) 가령 Windmüller, Rechtliche Bedenken gegen die Theorie der culpa in contrahendo, in: *Gruchots Archiv*, 10(1866), S. 166 참조.

161) 가령 Förster-Eccius, *Preussisches Privatrecht*, Bd. 1, 7. Aufl., 1896, S. 389f. 참조. 또한 Rabel(註 159), S. 83ff. 참조.

162) 이에 관하여는 Wollschläger(註 90), S. 25f. 참조.

163) Sievert, *Kommentarischer Versuch. Materialien zur wissenschaflichen Erklärung der neuesten allgemeinen Landesgesetze*, Heft 8, 1807, S. 74ff. Wollschläger(註 90), S. 95에서 재인용.

164) 그에 관하여는 Wieacker(註 47), S. 321f. m.w.N. 참조. ALR의 起草者인 수아레츠(Francesco Suarez)는 프랑크푸르트(Frankfurt an der Oder) 대학에서 다리에스의 강의를 들었고, 그에게서 강한 영향을 받았다. 이에 대하여는 Ernst Wolf, *Grosse Rechts-*

스콜라학에서 흔히 쓰이는 "그 자체에 있어서"(per se)와 "어떤 한정된 점에 있어서"라는 개념 구별[165]에 상응하여 설명하고 있다고 한다.[166] 초기 보통법에 있어서는 자연에 반하는 것, 가령 半人半馬의 인도는 절대적 불능의 예로, 단순히 개인적인 무능력은 "어떤 한정된 점에 있어서의" 불능의 예로 빈번히 인용되었으며, 이미 滅失한 물건의 인도는 단지 자시우스(Zasius)에 의하여 절대적 불능의 예로 인용되었을 뿐이라고 한다. 볼쉴레거의 이해에 의하면, 스콜라학상으로는 이미 멸실한 물건의 인도도 구체적인 給付目的物에 관한 "한정된 점"에 있어서의 불능이라고 이해될 수 있을 것이라고 한다. 왜냐하면, 神은 가령 사망한 노예라도 부활시킬 수 있고, 따라서 그 인도가 "절대적으로" 불능하다고는 볼 수 없기 때문이라고 한다.[167] 이렇게 본다면, 우리는 라벨에 좇아 ALR에 있어서의 絶對的 不能—相對的(條件的) 不能의 구별이 원래 후에 사비니에 의하여 강조되어 후기 보통법학에 일반적으로 받아들여진 客觀的 不能—主觀的 不能의 구별에 대응하는 것이 아니며, 계약을 예외 없이 무효로 하는 "절대적" 불능은 객관적 불능보다는 훨씬 좁은 개념임을 추측할 수 있다.

한편 사비니에 의하여서도, 絶對的 不能이란 그 자체 "自然法則上 일어날 수 없는 것"으로서 "그 불능의 원인이 급부 그 자체의 본성에 존재하고 있어서 구체적인 경우의 개별적인 정황과는 관계 없이 애당초부터 그리고 어떤 경우에라도 불가능한 것, 즉 생각조차 할 수 없는 경우(das Undenkbare)"를 의미하고, 相對的 不能이란 "그 자체 생각은 할 수 있으나 그 이행 가능성이 그 구체적인 경우와 연관된 사정에 의하여

---

denker, 4. Aufl., 1963, S. 431 참조.

165) 그 외에 simpliciter/ex suppositione(무조건으로—가정 아래서) 또는 absolute/secundum quid(절대적으로—어떤 한정된 점에 있어서) 등의 구별도 이에 상응하는 것이라고 한다. Wollschläger(註 90), S. 25 참조.

166) Daries, *Institutiones Iurisprudentiae Universalis*, 2. ed., 1745, §91 cor. Wollschläger(註 90), S. 95에서 재인용.

167) Wollschläger(註 90), S. 96.

소멸한 경우(das bloss in concreto Unmögliche)"를 말한다.[168] 半人半馬의 인도나 鍊金術師의 약속, 또는 이미 죽은 사람을 되살리겠다는 降神術師의 약속 등은 前者의 예이다. 그러나 이미 죽은 말의 급부(만일 그 경우에 말이 이미 죽어 있지 않았다면 그 급부는 가능하다), 이미 결혼한 사람과 다시 결혼하는 것 등은 後者의 예이다. 이 구별은 크리스티안 볼프에 있어서도 확연하게 인식되어 있었고 초기의 보통법이론은 이를 받아들였던 것이다.

4. 이와 같이 ALR에서 말하는 "절대적 불능"이란 자연법칙에 반하는, 누구에게나 명백히 불합리한 급부의 경우를 말하는 것이고, 후기 보통법이론에서 말하는 객관적 종국적 불능으로 이해하여서는 안 된다는 것은, 나아가 ALR의 계약책임의 체계, 즉 계약의 一般的 無效規定과 滅失物의 賣買에 관한 규정과의 체계적 연관으로부터도 설명될 수 있다.

ALR은 멸실물의 매매에 관하여 다음과 같이 규정한다. "매매의 목적물이 계약 체결시에 이미 존재하지 않는 때(nicht mehr vorhanden)에는 兩當事者가 선의인 경우에는 매매계약은 체결되지 아니한 것으로 간주된다"(I, 11 §39). "賣渡人만이 그 물건이 더 이상 존재하지 아니함을 알고 있는 경우에는 매수인에게 利益(das Interesse)[169]을 급부하여야 한다"(§40).[170]

만일 계약목적물의 멸실—객관적 종국적 불능의 전형적인 예이다—

168) Savigny, *System des heutigen römischen Rechts*, Bd. 3, 1840, S. 164(불능조건에 관하여). 이러한 구별은 후기 보통법이론에서도 인정되고 있는 바이다. 가령 Mommsen(註 51), S. 4f.; Hartmann, *Die Obligation*, 1875, S. 172; Titze, *Die Unmöglichkeit der Leistung nach deutschem bürgerlichem Recht*, 1900, S. 10 Anm. 20 참조. 다만 그 개념 구별에 일정한 법률효과를 부여하는 것이 거부되고 있을 뿐이다. "이 구별이 학문상 무가치하다는 것은 명백하다. 다만 문헌의 완벽을 기하기 위하여 여기 서술하였다"(Titze, 同所).

169) 積極的 履行利益을 말한다. Hartmann(註 168), S. 186 참조.

170) 기타 물건의 一部滅失의 경우에 쌍방이 선의이면 무효이고(I, 11 §42), 매수인이 악의이면 매도인의 선의·악의를 불문하고 매매는 유효로서 매수인은 代金減額請求權도 없으며(§43), 매도인만이 악의이면 매수인은 계약을 해제하든가(아울러 손해배상의 청구도 할 수 있다) 담보책임을 묻든가 할 수 있다(§§44, 45).

을 "絕對的 不能"에 속한다고 한다면, "兩當事者의 善意"를 매매계약 무효의 요건으로 할 필요는 없을 것이다. 또 I, 11 §40의 규정은 條件的 不能에 관한 위의 I, 5 §53과 대응하고 있다. 그러므로 목적물의 멸실은 "조건적" 불능에 속한다고 해야 할 것이고, 따라서 객관적 종국적 불능=절대적 불능이라는 이론은 ALR 의 체계와 부합하지 않는다.[171)]

5. 이와 같이 ALR 의 원시적 불능규정의 근저에는 당시의 이성법론 및 보통법이론에서 인정되고 있던 "絕對的"·"相對的" 不能의 구별이 그 구성의 핵심으로 자리잡고 있었다. 즉 절대적으로 불능한 급부를 목적으로 하는 계약은 무조건 무효이고 그 이외의 상대적으로 불능한 급부를 목적으로 하는 계약의 경우에는 계약당사자들의 주관적 용태에 따라 상이한 법률효과가 귀속된다. 그러면 이러한 규율은 어떠한 實質的 利益衡量을 전제로 하는 것일까? 이에 관하여는 ABGB 에 관한 논술에서 언급하고자 한다.

제 2 관 ABGB 에 있어서의 원시적 불능론[172)]

1. ABGB 제878조 제 2 항은 다음과 같이 규정하고 있었다. "給付

171) 한편 빈트뮐러는 "계약이행에 있어서 부담하여야 할 責任(Schuld)의 정도에 대하여 적용되는 것은 계약체결에 있어서 당사자의 일방이 부담하는 의무를 게을리한 때에도 적용된다"는 ALR I, 5 §284의 해석에 관하여, 위 규정은 원시적 불능과 후발적 불능을 동일하게 다룰 것을 정한 규정으로서 불능의 모든 경우에 이행이익의 배상을 확보한 것이라고 주장한다. Windmüller(註 160), S. 151ff.

172) 1804년 제정된 프랑스民法의 이에 대한 태도에 대하여 略述하여 둔다. 장 도마(Jean Domat)는 계약내용의 불능에 대하여 별로 주의를 기울이지 않았다. 또 뽀띠에도, 어떠한 것이 계약의 대상으로 허용될 수 있는가 하는 실제적인 문제에서부터 출발하여, 이에 대하여 物件과 行爲(res et factum)라고 답하고 있다. 「켈수스의 명제」는 그에 있어서 단지 行爲給付와 관련하여서만 언급될 뿐이다. 한편 그는 理性法論에서와는 달리, 단지 약속자에게만 불능인 급부라 하더라도 채무의 성립을 방해하지 않는다고 한다. 그러한 경우 약속자는 "'詐欺' 당하지 않음에 관한 利益"(quanti mea interest non esse deceptum)을 배상하여야 한다고 하나, 그 내용에 대하여 더 이상 상세히 논하지는 않는다. 이와 같이 법학자들이 不能이라는 개념 자체에 별로 주의를 기울이지 않는 태도를 이어받아, 프랑스민법전도 이에 관하여 일반적인 규정을 두지 않고 있다. 다만 "合意가 유효하기 위한 본질적인 조건"의 절(제 3 편 제 3 장 제 2 절)의 제 3 관 "契約의 目的과 內容"에서 그 冒頭 제1126조에 "모든 계약은 당사자가 주는 의무를 지거나 또

될 수 없는 것, 전혀 不能한 것(was geradezu unmöglich ist) 또는 禁止된 것은 유효한 계약이 대상이 될 수 없다."[173] "전혀 불능한 것"의 의미에 관하여 후기 보통법이론의 영향을 받은 학설은 이를 "객관적" 불능이라고 해석하는 데 거의 일치하고 있었다.[174] 그러나 이러한 해석론은 연혁상으로도 또 ABGB의 규정체계로 보아도 타당하지 않다.

(1) "전혀 불능한 것"이라는 법문은 마르티니草案에서 처음으로 나타나는데(Ⅲ, 1 § 23), 이것은 ALR Ⅰ, 5 § 51의 "絶對的으로 불능한" 급부라는 법문에서 차용해 온 것이다. 또한 이 조문이 어떠한 의미로 해석되어야 할 것이냐에 관하여 가장 중요한 지침이 되는 것은 법전 시행 후 되풀이하여 인용되어 온 예들의 분석이다. 즉, 주로 半人半馬의 인도나 鍊金術師의 약속과 같은 불합리하고 가소로운(absurd und lächerlich) 계약을 예로 들면서, 이러한 계약들에 관하여 다음과 같은 실질적인 이익형량을 하고 있는 것이다.

"그러한 급부에 관한 約定은 오직 농담으로 제의되고 받아들여진다. 만

는 당사자가 하거나 하지 않는 의무를 부담하는 어떤 것(une chose)을 목적으로 한다"고 정할 뿐이다. 이러한 규정은 오히려 불능한 것에 관한 계약이 무효인지 여부를 해석자에게 위임하는 것이라고 할 수 있을 것이다. 다른 한편 급부의 내용이 불융통물이거나 허용되지 않는 것일 경우에는 계약은 무효이다(제1128조). 그러나 이는 계약의 목적물에 관한 事實的 要件과는 이론적으로 별개의 것이라고 이해되고 있다. 한편, 매매에 관하여는 제160조가 "매매계약 당시 목적물이 이미 전부 소멸한 경우에는 매매는 무효이다"(제 1 항)라고 정하고 있다.

173) 1916년의 제 3 차 部分改正法(Teilnovelle)—1914년부터 1916년까지 사이에 3차에 걸쳐 공포된 이 부분 개정법의 작업경과와 성격 및 영향에 대한 간략한 서술에 관하여는 Zweigert-Kötz, *Einführung in die Rechtsvergleichung*, Bd. 1, 2. Aufl., 1984, S. 192를 보라—에서 전의 제878조 제 1 항("거래상의 모든 것에 관하여 계약이 체결될 수 있다")이 삭제되고, 아울러 제 2 항(개정 후는 제 1 항)도 "전혀 불능한 것은 유효한 계약의 대상이 될 수 없다."고 단순화되었다. 그리고 "금지된 것"에 관한 정함은 "선량한 풍속에 반하는 계약은 무효이다"라는 同法 제879조에 합하여져서, 제879조는 "법률상의 금지 또는 선량한 풍속에 반하는 계약은 무효이다"라고 규정하기에 이르렀다. 한편 위의 부분개정법은 제878조 제 3 항을 신설하여, 독일민법 제307조와 같은 내용의 契約締結上의 過失責任을 정하고 있다. 이러한 오스트리아 민법(현행)의 태도와 이에 대한 현재의 해석론(이에 대하여는 뒤의 註 184 이하의 본문 부분 참조)은 우리 민법 제535조의 해석에 극히 참고가 된다고 생각한다.

174) 이 점 및 이하의 서술에 대하여는 Rabel(註 159), S. 79ff. 참조.

약 그것이 진실한 의사로 성립되었다면 要約者나 諾約者는 제 정신이 아니거나 그렇지 않으면 일방 또는 상대방 또는 쌍방이 錯誤에 빠져 있음이 분명하고, 따라서 진정한 合意가 존재하지 아니한 것이다."[175]

이와 같이 하여 그러한 내용의 급부, 즉 절대적으로 불능한 급부에 대한 계약은 자명하게 無效로 인정되는 것이다.

(2) 이러한 해석은 ABGB에 있어서의 擔保責任規定과의 체계적 연관으로부터도 필연적으로 도출된다.[176]

ABGB는 "물건의 하자"와 "권리의 흠결"을 포괄하는 통일적인 하자담보제도를 수립하였다. 즉 그 제922조는 "물건(eine Sache)을 유상으로 타인에게 양도한 자는 명시적으로 조건이 되거나 통상 전제되는 성질을 그 물건이 갖추는 것 또는 그 물건이 법률행위의 성질이나 당해약정에 좇아 이용되고 사용될 수 있는 것을 담보한다"고 정하고 있다.[177]

이렇게 담보책임의 통일적 원리를 확정한 다음, ABGB는 제923조에서 예시적으로 그 적용범위를 열거하고 있는데, 그 중에는 通常의 瑕疵擔保責任과 追奪擔保責任의 여러 가지 경우와 함께 "더 이상 존재하지 아니하는 물건(eine nicht mehr vorhandene Sache) 또는 제3자 소유의 물건을 자신의 소유물로서 양도한 자"의 책임이 거시되고 있다.[178] 이렇게 볼 때 제878조에서 말하는 "전혀 불능한 것"이 '객관적' 불능을 의미하는 것이라고 이해하는 것은 목적물의 멸실의 경우에 계약의 성립을 전제로 담보책임의 성립을 인정하는 ABGB의 體系를 전혀 無視하는 것이다. 즉 ABGB는 ALR과 마찬가지로 자연법칙에 반하여 누구에게

175) Martini, *Natürliches Privatrecht*, Bd. 2, n. 161 S. 83. Rabel(註 159), S. 84에서 재인용.

176) Rabel(註 159), S. 85ff. 참조.

177) 이 조문상의 "物件"이 비단 有體物뿐만 아니라, ABGB 제285조, 제292조의 규정에 좇아 無體物 기타 權利를 포함하는 의미임에는 이론이 없다.

178) 1909년의 改正小委員會(Subkomitee)의 초안은 同條에서 "더 이상 존재하지 아니하는 물건"이라는 귀절을 삭제하고 있다. 그러나 이 개정의견은 받아들여지지 않았고, 현재도 이러한 규정은 유지되고 있다. 이에 대하여는 Rabel(註 17), S. 121 Anm. 2 참조.

라도 명백히 불합리한 絶對的 不能의 급부에 관한 계약을 無效라고 하고, 客觀的 不能의 실제적으로 그리고 역사적으로 가장 중요한 예인 목적물의 멸실의 경우에는 그 계약을 有效하다고 함으로써 그러한 물건의 有償的 讓渡人의 담보책임을 구성할 수 있었던 것이다.

한편 ABGB는 제1397조에서 債權을 유상으로 양도한 자는 그 채권의 眞正(Richtigkeit)을 담보한다고 규정한다. 이 조문은 위에서 본 제923조의 직접적인 적용에 불과하다고 이해되고 있다.[179] 따라서 채권뿐 아니라 기타의 권리의 유상적 양도의 경우에도 제922조로부터 그 "存在의 瑕疵"(Existenzmangel)에 대한 담보책임이 발생한다[180](또한 상속재산의 매매에 대하여는 제1283조 제 2 문이 명백히 마찬가지로 규정하고 있다).

2. 그러므로 ABGB에 있어서는 적어도 법전상으로는 객관적·주관적 불능의 구별이 배제되어 있다. 債務不履行의 要件에 관하여는 제918조 제 1 항이 "적시에, 적당한 장소에서 또는 약정된 방법으로 이행되지 아니한 때", 제920조가 "의무자의 귀책사유 또는 그에게 유책한 事故(Zufall)에 의하여 이행이 좌절된(vereitelt) 때"라고 규정하고 있을 뿐이다.[181] 다만 後發的으로 발생한 무책한 불능이 면책사유로서 일정한 의미를 가지게 될 뿐이다(제1447조 제 2 문 : "채무관계의 실현이나 어떤 채무의 지급이 事故로 불능하게 되었을 때").

---

179) Rabel(註 159), S. 85 참조.

180) 그 담보책임의 내용에 대하여 ABGB는 제932조가 정한다. 즉 (i) 解除權(하자가 제거될 수 없고, 물건의 통상의 사용을 방해하는 경우), (ii) 代金減額請求權 또는 瑕疵補修請求權의 선택적 행사(하자가 제거될 수 있거나 물건의 통상의 사용을 방해하지 않는 경우), (iii) 매도인에게 책임 있는 사유로 인한 損害의 賠償請求權이 그것이다.

181) ABGB 제918조 내지 제921조는 1916년의 제 3 차부분개정법에 의하여 새로이 정식화된 것이다. 그 이전에는 제919조가 채무불이행에 대하여 "전혀 이행되지 않거나, 適時 또는 適所에서 이행되지 않거나 또는 약정된 방법으로 이행되지 아니한 때"라고 규정하고 있었다. 새로운 규정 제920조에 있어서의 "履行挫折"(Erfüllungsvereitelung)이라는 표현은 독일민법 제325조가 정하는 "不能"이라는 개념을 의도적으로 회피하여 선택한 것이다. 라벨에 의하면, 이 "이행좌절"이라는 표현에는 소위 定期行爲에 있어서의 期限의 徒過, 不作爲債務의 違反行爲 등이 쉽게 포섭될 수 있다고 한다. Rabel(註 17), S. 180 참조.

그러므로 독일民法典을 해석함에 있어서는 피할 수 없는 과제인 객관적·주관적 불능의 구별을 위하여 그 기준을 설정하는 노력이 독일민법이론에 있어서는 끊임없이 경주되었던 것에 반하여 ——그 수많은 시도 중 어느 하나도 만족스러운 것은 없었다—— 오스트리아 민법이론에 있어서는 이러한 노력을 기울일 필연성이 없었다. 그런데 독일의 후기 보통법이론의 영향을 받은 학자들은 그 구별 자체를 ABGB의 해석에 관하여 도입하려는 경향을 보인다. 이미 독일 민법이론의 강한 吸引力 이외의 사실로써는 설명될 수 없는 것이다.

3. 이렇게 볼 때 ABGB에 있어서 불능개념은 계약책임의 체계에 있어서 그다지 중요한 위치를 차지하지 못하고 있음을 알 수 있다. 즉 불능은 債務不履行으로 인한 損害賠償請求權의 발생요건으로서의 적극적인 의미가 없으며, 다만 일정한 경우에 한정하여 免責要件으로서 소극적으로 기능할 뿐이고, 계약의 一般的 成立要件으로서는 "절대적 불능"에 국한하여 의미를 획득하고 기타의 경우에는 착오, 사기 등의 "總則的" 규정[182]에 의하여 규율되고 있는 것이다.[183]

4. 오스트리아 민법학상의 현재의 통설[184]은, "전혀 불능한 것"

182) 원래 ABGB에는 "總則" 부분이 마련되어 있지 않다. 행위능력, 착오·사기·강박의 계약에의 영향, 法律위반 및 良俗위반 방식 등에 관한 규정은 제2편("財產法" Von dem Sachenrechte)의 제2장("人的 財產法") 안에 마련되어 있다. 그런데 同法 제876조 ——이도 역시 제3차부분개정법에 의하여 새로이 삽입된 것이다——는 착오, 사기 및 강박에 관한 규정(제869조 내지 제875조)이 "타인에 대하여 행하여진 다른 의사표시"에도 적용된다고 정하고 있다. 다른 한편, 위와 같은 부분개정 이전에도 웅거(Josef Unger)가 1856년 이래 간행된 민법교과서에서 독일의 가령 작센민법전이나 학설의 영향 아래 오스트리아 민법전의 개정을 노리고 "總則" 부분을 마련한 이후, 그 후의 민법교과서는 이러한 태도를 취하고 있다. Zweigert-Kötz(註 173), S.190 참조. 웅거에 관하여는 Landsberg(註 50), S.917ff., insb. S.921f. 참조.

183) Rabel(註 159), S.95f. 참조. 라벨은, 原始的 給付障碍가 있는 경우에 계약당사자를 계약에 구속시키는 것이 불합리한 때에는 錯誤規定(동법 제871조)의 적용이 구제수단이 된다고 하고, 이 때에는 당사자들의 告知義務의 有無가 중요한 판단요소가 된다고 한다.

184) 가령 Koziol-Welser, *Bürgerliches Recht*, 6. Aufl., 1983, S.112 m.w.N; Rummel, *Kommentar zum ABGB*, Bd.1, 1983, § 878 Rdnr.2(S.896) 참조.

(geradezu Unmögliches)이라는 개념을 "法的 不能"의 일부[185]와 ―事實上 不能인 것 가운데에서는― 不條理한 것(das faktisch Absurde)에 한정한다. 이는 종래의 통설에 대한 라벨의 비판을 수용한 결과이다. 이에 따르면 비록 누구에게나 불능한 것, 즉 客觀的 不能의 경우이더라도[186] 理性的인 去來當事者라면 계약체결 당시 그 의무의 이행이 있을 수 없는 것으로 생각하였어야만 했을 경우에만[187] 그 계약이 無效인 것이다. 가령 상대방에게 일정한 지방을 지배하는 왕국의 왕으로 만들어 주겠다거나, 동시에 다른 두 장소에 머물겠다거나, 장래를 예언해 주겠다거나, 또는 반인반마의 괴물을 인도하겠다는 계약 등이 그것이다.[188] 그러나 급부의 목적물인 特定物이 계약 당시 이미 소멸된 경우는 이에 속하지 않는다고 한다.

한편 ABGB 제878조 제 3 항은 이와 같이 계약이 무효인 경우에 그 불능을 알거나 알 수 있었던 자는 그것을 몰랐고 또 알 수 없었던 상대방에 대하여 "계약의 有效를 信賴함으로 말미암아 입은 손해"를 배상하여야 한다고 정한다. 이 손해배상책임은 契約締結上의 過失責任의 一例라고 이해되고 있다. 그러나 소위 부조리한 계약에 있어서는 불능을 몰랐던 것에 대하여 잘못이 없는 경우란 거의 생각할 수 없으므로, 이 규정은 法的 不能에 있어서만 의미를 가진다고 한다.[189]

185) 종래 "法的 不能"으로 다루어 온 예에 대하여도, "不條理"한 경우에 사실상 유사한 경우에만 ABGB 제878조의 적용을 받고, 단순히 법에 의하여 금지된 급부에 대하여는 同法 제879조(이에 대하여는 위의 註 173 참조) 前段의 적용을 받는다고 한다. Rummel(註 184), §878 Rdnr. 2(S. 896) 참조.

186) 채무자의 특수한 사정으로 인하여 급부가 불능인 경우, 즉 主觀的 不能의 경우도 "전혀 불능인 것"일 수 있다고 한다. 가령 맹인이 상대방의 초상화를 그리겠다고 하는 계약에서와 같이.

187) 라벨의 표현을 빌면 다음과 같다. "약속된 급부가, 사정을 이성적으로 평가하는 그러나 구체적인 사정을 양 당사자보다 더 잘 인식하고 있지는 않은 모든 第3者에 의하면, 불능인 것으로 인식될 것이고, 또 동시에 사태를 모두 알고 있는 法官에 의하여 불능인 것으로 여겨지는 경우에는 그 법률행위는 無效이다." Rabel(註 159), S. 88.

188) 따라서 오스트리아 민법학에서 同法 제878조 제 1 항은 그 일반적 표현에도 불구하고, 실제의 규율범위는 별로 의미 없는 것이라고 평가된다. Rummel(註 184), §878 Rdnr. 1(S. 896) 참조.

189) Rummel(註 184), §878 Rdnr. 6(S. 899) 참조.

제 3 관 사비니의 不能論

1. 위에서 본 바와 같이 근대 초기의 중요한 법전인 ALR 이나 ABGB 에 있어서 原始的으로 불능한 급부에 관한 계약이 무효라는 법리는 극히 한정된 범위에서밖에 인정되지 못하였고, 오히려 일반적으로는 "계약에의 拘束"(pacta sunt servanda)의 사상이 두드러지게 나타나고 있다. 즉 당사자 사이에 급부의 약정이 있으면 원칙적으로 그 계약은 유효하게 성립하고 특별한 사정이 있는 경우에 한하여 예외적으로 그 의무자가 그 계약으로부터 해방된다는 것이다.

또한 프리드리히 몸젠의 履行不能에 관한 저서가 출간되기 이전의 보통법이론에 있어서는 이해불능의 개념이 계약책임의 중추적인 지위를 차지하는 일은 없었고, 다만 일정한 경우에 免責을 인정하는 근거가 된다는 소극적인 의미밖에 없었다. 19세기 전반의 보통법이론에 있어서의 계약책임법은 유스티니아누스帝法에서 誠意債務에 관하여 확립된 過失(culpa) 개념을 중심으로 전개되었다.[190] 이 때 과실이란 最廣義로 이해되어 "타인의 이익의 유책한 침해(verschuldete Verletzung)"라는 의미로 쓰여져서, 객관적 측면과 주관적 측면을 모두 포함하고 있었다.[191] 최광의의 과실 개념으로 설명되고 있는 계약책임요건의 객관적 측면은 그 이론에 있어서는 극히 빈약하게밖에 설명되지 아니하였다.[192]

이러한 보통법이론으로부터 過失의 客觀的 側面을 "불능"개념을 매개로 하여 적출함으로써 그 개념을 계약책임의 중심에 놓은 것이 바로 몸젠의 이론이었고, 그러한 이행의 과정에서 이를 준비한 것이 사비니였다고 할 수 있다. 사비니는 로마의 法源에 의거하여 이전의 보통법이

190) 北川善太郎, 「契約責任の研究」, 1964, 12면 이하 참조.
191) "過失"(culpa) 개념의 역사적 전개과정에 대하여는 우선 ―불법행위만에 논의를 한정하고 있기는 하나― 鄭淇雄, 불법행위법상 '과실' 개념에 대한 역사적 고찰(상)(하), 「法曹」 34卷(1985) 2號 57면 이하, 3號 60면 이하 참조.
192) 불능에 관하여 Mommsen(註 51), Vorwort, S. V 참조.

론의 실용적 접근과는 달리 解釋學的(dogmatisch) 觀點에서 보통법이론을 새롭게 정립하려 하였다. 그러나 개개의 법문들을 하나의 통일적인 체계 속에 포괄하는 것은 아무래도 법원의 取捨選擇 또는 부분적 내용의 법문을 일반화함을 요구하였다.[193] 이는 불능론에 대하여도 마찬가지였다.

2. 사비니가 불능론을 전개한 것은 결국 미완성에 그친 『債務法』에서이다. 그는 『현대로마법체계』에서는 의사표시에 있어서의 錯誤를 논하면서, 착오와 구별되어야 할 경우로서 "법률행위가 이루어진 때에 이미 그 법률행위의 이행(Ausführung)이 불능한 경우", 가령 매매목적물이 불융통물이거나 매매 당시 이미 멸실한 경우 등을 들고 있다. 즉, "이 경우에도 통상 물건의 去來能力이나 存在에 대한 착오가 존재할 것이고, 또 그 효과도 본질적 착오에 있어서와 마찬가지로 원칙적으로 법률행위의 무효이다. 그러나 이 경우는 전혀 다른 성질을 가지고 있으며, 이제 고찰한 영역[=착오]에 속하지 않는다. 이 경우에는 착오가 필연적인 것은 결코 아니며, 무효는 행위당사자의 의식을 고려할 여지 없이 무조건 인정되는 것이다. 매도인이 무효의 원인[=급부가 불능한 사실]을 알고 있어도 무효가 명백히 인정되고 있다. 그러므로 이 경우에는 하자 있는 意思表示는 애초에 문제되지 않는다."[194]

3. 사비니는 급부의 가능·불능에 대하여 그 개념은 債務關係 一般과 관련하여 논하고,[195] 그 법률효과는 契約의 效果에 관한 이론에 있어서 논한다.[196]

(1) 사비니는 우선 채무의 대상인 급부의 가능 여부를 논하는 實際的인 必要는 만약 그 급부가 불능한 경우에는 그 채무관계가 무효(un-

193) Wieacker(註 47), S. 381ff. 참조. 소위 "현대"와 "로마법"과 "체계"의 대립.
194) Savigny(註 168), S. 302f.
195) Savigny, *Das Obligationenrecht*, Bd. 1, 1851, § 37(S. 381ff.).
196) Savigny(註 133), § 81(S. 284ff.).

gültig)가 된다고 논하여지는 데 있다고 한다. 그에 의하면, "債務는 그 자체로서는 우연적이고 불확실한 사건이라고 보여지는 자유로운 行爲를 필연적이고 확실한 것으로 변화시키는 데 目的이 있다. 그 이전에, 채무에 있어서 급부를 형성하는 바의 그 行爲가 不能이라면, 그것은 債務의 이러한 性質과 모순된다."[197] 즉, 불능한 급부를 필연적이고 확실하게 이행하도록 한다는 것은 矛盾이므로, 이렇게 채무의 본질에 반하는 급부내용의 채무는 성립할 수 없다는 것이다.

사비니의 이러한 言明은 후의 불능이론에 대하여 중요한 의미를 가진다.

첫째, 사비니는 不能이 항상 채무로부터의 解放과 연결되어 논하여지는 근거를 ―그 可否는 차치하고서라도― 제시하고 있다는 것이다.

둘째, 사비니가 제시한 근거는 뒤에서 보는 대로 끊임없이 반복되어 인용되고 있다. 특히 채무는 하나의 必然性(Notwendigkeit)을 내포한다는 지적[198]은 뒤에서 보는 대로 하르트만이 원시적으로 불능한 급부를 목적으로 하는 계약은 무효라는 명제를 해명하면서 사용하는 유명한 必然性의 論理와 직접으로 연결된다.

(2) 위와 같이 債務解放效果를 가지는 바로서의 不能이란 어떠한 것일까?

사비니는 먼저 自然的 不能(natürliche Unmöglichkeit)과 法的 不能(rechtliche Unmöglichkeit)을 구분한다.[199] 전혀 존재한 일이 없거나 이미 소멸하였거나 전혀 존재할 수 없는 물건을 인도하기로 하는 것은 前者의 예이고, 소유권이 성립할 수 없는 물건을 급부하기로 약속한 것은 後者의 예이다. 또 채권자가 이미 소유하고 있는 물건의 소유권이전의무나 혼인이 불가능한 사람들 사이의 혼인채무도 後者의 예이다. 違法

197) Savigny(註 195), S. 382.
198) 이미 Savigny, *System des heutigen römischen Rechts*, Bd. 1, 1840, S. 338, 339 참조. 또한 Savigny(註 195), S. 6: "행위의 필연성이 채무의 본질을 형성한다."
199) Savigny(註 195), S. 383f.

하거나 反倫理的인 급부는 유효한 채무의 대상이 될 수 없고, 특히 이에 대하여는 그 실현을 위하여 법원의 조력을 보장받을 수 없다는 점에서 불능한 급부와 유사하나, 이 경우에는 다만 그것이 법에 의하여 금지되었고 형벌이 가해질 뿐, 그 실현 자체는 가능하므로 "법적 불능"과는 구별되어야 한다고 한다.

한편 사비니는 불능조건과 관련하여서 "絕對的 不能"과 "相對的 不能"을 구분한다.[200] 前者는 자연법칙에 따라 그 자체 있을 수 없는 경우이고, 後者는 우연한 사정에 의하여 불능이 되었으나 그 사정이 다르다면 가능하게 될 수 있는 경우, 예를 들면 특정인에 대한 금전지급이나 특정노예의 해방 또는 債務免除처럼 그 자체는 가능하나 그 특정인이나 노예가 이미 죽었거나 그 채무가 이미 소멸한 때에 인정된다.

그러나 사비니의 불능에 대한 개념 구별 중 後代에 대한 영향력의 점에 있어서 가장 중요한 것은 客觀的 不能과 主觀的 不能의 구별이다.[201] 前者는 불능이 급부 자체의 성질에 의하여 발생한 경우이고, 後者는 채무자의 특수한 人的 事情(besondere persönliche Verhältnisse des Schuldners)에 의하여 발생한 경우를 말한다. 법적으로 고려되어야 할 불능, 즉 소위 眞正不能(wahre Unmöglichkeit)은 前者뿐이다. 예컨대 금전채무자가 지급할 금전도 가지고 있지 않고 남에게 차용할 수 있는 신용도 없어서 그 채무를 이행하지 못하는 경우에는 금전의 급부 그 자체는 가능하나, 다만 채무자의 개인적인 사정 때문에 급부하지 못하고 있을 뿐이다. 따라서 이 경우에는 主觀的 不能이 성립하는데 이 경우 채무의 성립을 인정하지 아니할 하등의 이유가 없는 것이다.

이와 같이 사비니에 의하면 채무자가 그 채무를 이행하지 못하게 되는 여러 가지 사유 중에는 채무자가 그러한 사유의 존재에 관하여 무조건 책임져야 할(einstehen) 것이 있다. 사비니가 客觀的 不能·主觀的

200) 위의 註 168 및 그 본문부분 참조. Savigny(註 195), S.382는 條件의 불능에 관하여 논한 것은 대부분 給付의 불능에 관하여도 적용될 수 있다고 한다.
201) Savigny(註 195), S.384ff. 그 스스로도 "특히 중요한 구별"이라고 한다.

不能을 구별하는 실제적인 이유는 그러한 사유를 주관적 불능의 개념을 매개로 하여 적출하려는 데 있다고 할 것이다. 사비니는 위와 같은 구별을 베눌레이우스의 D. 45. 1. 137. 4를 근거로 하여[202] 거기서 구별된 自然的 障碍(impedimentum naturale)의 供與의 능력(facultas dandi)의 不存在와의 대비에 기하여 도출하였다.

그런데 주목되는 것은 사비니가 자연적 및 법적 불능 이외에 "法的意味의 不能"의 경우도 이를 불능의 한 예로 들고 있는 점이다. 불능조건에 관한 설명 중에서 사비니는 "수단과 결과 간의 통상의 관계에서 보아 실현될 수 없다고 보아야 할 일"[203](그는 unerschwinglich라는 표현을 쓴다)은 불능과 동일시하여야 한다고 주장하였다.[204] 이러한 實現不可能(Unerreichbarkeit)은 일반적인 사정으로 인하여 발생하는 것이고, 개인의 특수한 사정으로 인한 것이 아니므로, 주관적 불능은 전혀 고려되지 아니한다. 이러한 實現不可能과 단순한 實現困難(Schwierigkeit)을 구별할 일반적 기준은 설정될 수 없고, 개개의 경우에 좇아 법관의 自由裁量에 의하여 설정된다고 한다. 예컨대 자신의 死後 몇 시간 내에 자신의 기념비를 세울 조건으로 재산을 遺贈하였을 경우 그 조건은 不能條件으로 간주되어야 한다.

이와 같이 불능 개념의 내용 내지 범주를 설정한 다음, 사비니는 불능한 급부가 계약에 미치는 영향에 대하여 논한다.

먼저 사비니는 履行의 不能을 논의함에 있어서는 불능이 채무관계의 성립 당시, 즉 계약 체결시에 이미 존재하는 경우(소위 原始的 不能)만이 문제된다고 한다. 왜냐하면 그 時點 이후에 발생하는 불능은 일단 성립한 債務의 變形(Matamorphose)에만 관계가 있기 때문이다.[205] 앞에

202) Savigny(註 195), S. 385f.가 베눌레이우스의 이 법문을 다루고 있다.

203) 이와 같이 급부가 가능하기는 하나 그 실현을 위하여는 채무자에게 기대할 수 없는 막대한 비용의 지출이 필요한 경우와 "불능"과의 관계에 대하여는 Rabel, Über Unmöglichkeit der Leistung und heutige Praxis, in: *Gesammelte Aufsätze*, Bd. 1, 1965, S. 72ff.(원래는 *Rheinische Zeitschrift für Zivil- und Prozessrecht* 3(1911), S. 483f.) 참조.

204) Savigny(註 168), S. 164f.

205) Savigny(註 133), S. 286.

서 말한 대로 사비니는 불능 개념의 실제적 필요는 그것이 채무관계를 무효로 만드는 데 있다고 보는데, 계약 체결 후 이행 이전에 발생한 불능은 이미 성립한 채무의 존속을 전제로 하여 그 채무를 다른 모습으로 變更(Umwandlung)시키는 데 불과하고,[206] 또 그 변경에 관하여는 故意, 過失, 不可抗力, 遲滯 등 전혀 별개의 요소들이 적용되므로 계약 체결 이전에 성립한 불능만이 문제되어야 하는 것이다.[207]

이러한 사비니의 입장은 이행불능이론의 전개에 있어서 매우 중요한 의미가 있다. 첫째, 사비니는 로마법의 불능에 관한 법리와 이미 거리를 두고 있다. 앞에서 본 대로 로마법에 있어서는 契約締結時뿐 아니라 爭點決定時에도 계약의 목적물이 현존하고 있어야 하였으므로 —물론 "債務의 永久化"가 성립하는 경우를 別論으로 하면— 적어도 問答契約에 있어서는 後發的 不能의 경우에도 그 계약을 무효로 하는 효과가 인정되었다. 그런데 사비니는 후발적 불능의 경우에는 그러한 효과를 인정하지 않는다. 추측컨대 사비니는 후발적 불능에 대하여는 유스티니아누스帝法에서 誠意契約에 관하여 전개된 過失(culpa) 개념에 의한 계약책임의 일반화 경향에 생각이 미친 것이 아닐까? 둘째, 계약체결의 시점이 이행불능이론에 있어서 중대한 의미를 가지게 되었다. ALR 이나 ABGB 에 있어서처럼, 계약을 무효로 하는 불능의 범위가 "絶對的 不能"에 한정되는 경우에는 이 時點은 별로 의미가 없었다. 왜냐하면 이는 어느 때, 어느 사정 아래서도 그 급부를 실현할 수 없는 경우이기 때문이다.[208] 그러나 사비니에 있어서와 같이 절대적 불능이 아니라도

206) 따라서 後發的 不能에 대하여는 채무의 "變更"(Umwandlung)에 관련하여 설명된다. Savigny(註 133), S. 1ff. 참조.

207) 이와 관련하여 다음과 같은 사정을 지적하여 둘 필요가 있다. 즉 계약을 무효로 하는 사유로서의 "불능"을 "絶對的 不能"에 한정하는 오스트리아 민법 제878조의 해석으로서, 가령 "障碍事由의 사후적인 소멸에 의하여 법률행위가 유효로 되는 것은 아니다"라는 설명이 있으나, 이는 일시적 불능에 관한 독일민법 제308조의 영향을 받은 것으로 부당하다는 지적이 있다는 것이다. 왜냐하면 "절대적 불능"에 있어서는 그 "장애사유의 사후적인 소멸"이란 있을 수 없는 것이기 때문이다. 이에 관하여는 Rabel(註 159), S. 91 참조.

208) 위의 ALR, ABGB에 대한 서술 참조.

“客觀的 不能”이 채무관계를 무효로 하는 진정불능으로 인정된다면 객관적 불능의 발생시점이 문제되지 않을 수 없는 것이다. 이에 관하여 사비니는 앞서 본 이유에 따라 “계약체결시”를 기준으로 내세운다.

이러한 原始的 不能과 後發的 不能의 關係(峻別)는 그 후의 이행불능이론의 하나의 출발점인 동시에 확고한 내용이 되는 것으로서, 그 이론에 대한 비판도 이러한 관계를 주요한 목표로 삼게 된다.

(3) 이와 같이 볼 때 원시적·객관적 불능급부에 관한 계약이 무효라는 법리는 사비니의 고찰의 출발점이라고 할 것이다. 그는 그 引證으로 유명한 켈수스의 命題를 내세우고, 이 명제의 타당범위를 로마法源에 비추어 검토한다.

그는 우선 이 명제가 問答契約에 대하여는 전면적으로 적용됨을 확인한다.[209] 이는 供與(dare)를 목적으로 하건, 行爲(facere)를 목적으로 하건 마찬가지이며, 또한 계약당사자의 주관적인 인식 여부와도 상관이 없다. 불능과 함께 채권자의 不知를 말하고 있는 法源(Gai. D. 44. 7. 1. 9)을 근거로 채권자의 부지가 무효의 요건이며 채권자가 불능을 알고 있다면 문답계약은 유효라고 반대해석하는 것은, 그 법문이 단지 채권자의 부지의 경우에도 무효임을 강조하기 위한 것에 불과하므로 허용되지 아니한다.

그러나 매매 기타 이에 유사한 계약에 있어서는 사정이 다르다.[210] 몇몇의 일반적인 언명의 外見上의 表現(D. 18. 1. 15. pr.; D. 18. 1. 34. 1.)에 의하면 이 법리가 매매에 있어서도 전면적으로 타당한 것처럼 보이나, 보다 상세히 파고든 법문에서는 채권자의 인식 여하에 따른 차이가 있는 것이다. 즉, 매수인이 불능을 모르고 계약을 체결하였으면 그 계약은 有效로서 매도인의 인식 여하에 관계 없이 자신에게 공여되지 못하는 물건 또는 권리에 관한 손해의 塡補를 구할 수 있다. 그것은 불능

209) Savigny(註 133), S. 288f.
210) Savigny(註 133), S. 289ff.

을 모르는 매수인이 매도인에게 사기당한 경우일 수도 있으며 이 때에는 매도인의 損害塡補義務는 특히 명백하나, 사기를 그 의무의 근거로 하는 것은 옳지 않다. 왜냐하면 매도인이 불능을 모르고 있었던 경우에도 그 의무는 성립하기 때문이다.[211] 그러나 매수인이 불능인 사실을 알고[212] 계약을 체결한 경우에는 그 계약은 무효이다. 사비니는 매매에 있어서의 이러한 법리가 追奪擔保責任에 관한 법리로부터 추론된다고 한다.[213][214]

그러면 매매에 관하여는 문답계약에 관하여서와는 다른 법리가 인정되는 이유가 무엇인가? 이미 인용한 대로, "우리가 이러한 규율을 문답계약에 있어서의 전혀 상이한 無條件的인 규율과 비교할 때, 우리는 그 근거와 한계로서 매매와 이에 유사한 계약의 誠意性(bonae-fidei-Charakter)과 雙務性(Zweiseitigkeit)을 인정하여야 할 것이다."[215] 말하자면 계약당사자 쌍방이 서로 상대방에게 신뢰를 부여하여 계약목적의 달성에 성실하게 노력할 것을 약속하였으므로 급부장애로 인하여 야기된 당사자의 책임문제를 논함에 있어서는, 문구의 형식적 해석에 기하여 유효·무효를 가리는 일방적 의무부담행위인 문답계약에 있어서와는 달리, 추탈담보책임의 법리를 유추하여 당사자의 主觀的 容態를 신의칙에 의거하여

211) Savigny(註 133), S. 291: "약간의 法源은 emtor deceptus(원문대로. "사기당한 매수인")에 언급한다. 그러나 매수인의 被詐欺를 손해배상의무의 원인 및 조건이라고 보는 것은 전적으로 잘못이다. 이것은, 매도인이 설사 불능을 알지 못하였다고 하더라도 그 의무가 발생한다는 것만으로도 받아들일 수 없는 것이다."

212) 重過失은 故意와 동일시된다. Savigny(註 133), S. 290.

213) 이와 같은 사비니의 견해는 로마法源에 의거하면서도 그것으로부터 떠나 있다. 로마법에서는 위에서 본 대로 비록 賣買의 경우라고 하더라도 목적물이 不存在하는 경우에는 매수인의 선의, 악의를 불문하고 무효이었다. 이 점을 지적하는 것으로서 가령 Windscheid-Kipp, *Lehrbuch des Pandektenrechts*, Bd. 2, 9. Aufl., 1906, §315 Anm. 5(S. 290); Hartmann(註 168), S. 170 참조. 그러나 사비니는, 부존재하는 목적물의 매매에 대한 로마법의 법리가 계약의 성립 자체에 목적물의 현존을 요구하는 古代人 특유의 實物性의 반영이라고 파악하고, 따라서 이를 받아들이기를 "현대로마법"의 관점에서 거부한 것이라고 할 수 있지 않을까 생각한다. 한편 Dernburg, *Pandekten*, Bd. 2, 4. Aufl., 1894, §16 Anm. 13(S. 47)도 이 문제를 다루면서, 빈트샤이트의 견해를 배척하고, 사비니의 견해가 "역사적인 發展傾向"(historische Entwicklung)을 존중한 것이라고 하여 그에 동조한다.

214) Savigny(註 133), S. 392.

215) Savigny(註 133), S. 291.

평가하지 않을 수 없다는 것이다. 그런 뜻에서 사비니는 매매 등의 계약에 관한 위와 같은 법리의 “限界”까지도 말하고 있는 것이다.

4. 이와 같이 사비니의 不能論은 한편으로 原始的·後發的 不能 및 客觀的·主觀的 不能이라는 카테고리를 각기 구별하였는데, 이 중 특히 후자의 區別은 그 후의 이행불능이론의 중요한 골격으로 계승되어 갔다. 다른 한편 嚴正·一方契約과 誠意·雙務契約의 영역을 나누어 그 효과를 고찰하면서 그 효과의 차이를 실질적인 利益衡量으로써 뒷받침하는 측면은 그 불능이론을 비판하는 계기로서의 역할을 하게 되었다. 사비니는 原始的 不能論의 先驅者인 동시에 그 批判理論의 기초를 닦은 사람이기도 한 것이다.

제 3 절 몸젠의 不能論

1. 독일 普通法理論에 있어서의 계약책임법은 19세기 중엽 몸젠의 이론이 등장함으로써 급속하게 통일되어 갔다. 애초 그 통일의 방향은 대개 2개의 계열로 나누어질 수 있다고 한다.[216] 하나는 로마의 嚴正契約에 관한 법리를 좇는 것으로서 몸젠과 빈트샤이트에 의하여 履行不能의 개념을 그 중심으로 하는 것이었고, 또 하나는 로마의 誠意契約에 관한 법리에 따르는 것으로서(예링, 브린츠, 하르트만, 데른부르크 등) “過失”(culpa) 概念을 중심으로 구성하는 것이었다. 그런데 독일普通法理論의 그 후의 전개는 이미 사회경계적 기반을 상실한 로마의 엄정계약에 의한 법리에 연하여 이루어졌다. 그 이유는 여러 가지가 있을 수 있겠으나, 우선은 몸젠이 제시한 履行不能論의 體系的 簡明性과 首尾一貫性 그리고 論理的인 明證性에서, “판덱텐의 現代的 慣用” 이후로 카주이스틱

216) 北川善太郎, 契約責任におけるドイツ民法の位置, 「法學論叢」 66卷 4號(1960), 46면 이하 (「契約責任の硏究」, 1964, 15면 이하 所載).

한 로마법을 지양하여 통일적인 체계를 수립하려는 꾸준한 경향을 가진 契約責任法이 그 통일화에의 단서를 발견하였기 때문이라고 할 수 있다.

몸젠의 계약책임법이론은 매우 포괄적인 것이었다.[217] 그러나 이하에서는 本稿의 과제와 관련하는 한에서 살펴 보기로 한다.

2. 몸젠은 먼저 給付의 不能 및 그것이 債權關係에 미치는 영향에 관하여 포괄적으로 논술한 연구성과가 없음을 지적하고,[218] 자신의 연구과제를 "로마법상 給付不能과 그 효과에 관한 法源들을 모아 그 내적 관련을 탐구하는 것"으로 설정한다.[219] 그런데 로마의 法源은 주로 賣買契約과 供與(dare)를 목적으로 하는 問答契約에 있어서만 이에 관하여 言明하고, 행위(facere)를 목적으로 하는 債務關係에 있어서는 거의 언급이 없으므로, 前者에 나타난 법리를 後者에 유추적용하여야 한다. 다

217) 몸젠은 1853년부터 1855년까지 *Beiträge zum Obligationionenrecht* 라는 이름으로 도합 3卷의 著書를 公刊하였다. 그 제1권은 給付不能論(뒤의 註 218 참조)이고, 제2권은 利益論(*Zur Lehre vom dem Interesse*, 1855)이며, 제3권은 遲滯論(*Die Lehre von der Mora nebst Beiträgen zur Lehre von der Culpa*, 1855)이다. 몸젠이 債務不履行法의 包括的인 體系를 제시하는 것을 주된 目的으로 한 것은 아니라는 견해(가령 Harting, *Die "positive Vertragsverletzungen" in der neueren deutschen Privatrechtsgeschichte*, S.112, insb. Fn.1 참조)가 있으나, 어쨌든 몸젠은 다음과 같은 3개의 유형으로 이루어진 不履行體系를 구상한 것으로 생각된다(*Die Lehre von der Mora*, S.17ff. 기타 *Zur Lehre von dem Interesse*, S.65f.도 참조하라). 즉 不履行은 (i)「債務者가 이행하려고 하지 않는 것」과 (ii)「債務者가 이행할 수 없는 것」으로 나누어지고, (ii)는 다시 (a)「法에 의하여 眞正不能으로 인정되지 않는 給付의 不能」, (b)「法에 의하여 眞正不能으로 인정되는 給付의 不能」으로 나누어진다. 이러한 유형들과 culpa와의 관계는 다음과 같다. (i)의 경우에 대한 法的 强制, 즉 現實履行强制는 "違法保有(rechtswidriges Haben)에 근거를 가지는 것이며, 歸責(Zurechnung)은 문제가 되지 않는다." 또 (ii) (a)의 경우에 "法的으로 債務者는 履行可能이므로 債務者는 항상 有責判決을 받으며, 履行되지 않은 경우에는 채무자에게 culpa가 있는지 여부에 관계 없이 損害賠償責任을 진다." 나아가 (ii) (b)의 경우에 "不能이 dolus 또는 culpa에 기한 경우에 한하여 損害賠償義務가 발생한다." 결국 "culpa의 이론은, 채무불이행이 문제되는 한, 眞正不能의 경우, 올바르게는 眞正不能에 기한 不履行의 경우에만 意味를 가진다."

218) Mommsen, *Die Unmöglichkeit der Leistung in ihrem Einfluß auf obligatorische Verhältnisse*, Beiträge zum Obligationenrecht, 1. Abt., 1853, Vorwort, S. V, VIII. "原始的 不能에 관한 理論은 우리가 아는 바로는 몸젠 이전에는 全體로서는 전혀 논의된 바 없다"고 Brinz, Die Prästation ummöglicher Leistungen, in: *Kritische Überschau der deutschen Gesetzgebung und Rechtswissenschaft* 5(1857), S. 286은 말한다.

219) Mommsen(註 218), Vorwort, S. IV.

만 "不能의 限界와 效果는 많은 경우 본질적으로 그 給付와 그를 目的으로 하는 債務關係의 특수성에 따라 결정되므로"[220] 그 유추적용은 매우 신중하게 수행되어야 한다고 한다.

그러므로 첫째, 몸젠의 작업은 로마법에 관한 연구이다. 그러나 그것은 후에 말하는 바와 같이 역사적 관점에서 시행되는 것이 아니라, 영구히 타당하는, 따라서 당대에도 적용될 수 있는 하나의 典範을 찾는 작업의 일환이었다. 그러므로 그는 각 法源이 그 시대 속에서 어떻게 위치하고 있는가 하는 것에는 주목하지 않고, 관련된 잡다한 法源들을 모두 동일한 평면에 놓고 무엇이 로마法이어야 하는가만을 탐구하였다. 따라서 그에게는 法理의 발전경향이나 사회적 연관 또는 로마인의 기본적 법개념과의 관련은 별로 중요시되지 않았다.

둘째, 위에서 본 바와 같이 몸젠은 "給付나 債務關係의 特殊性"을 고려하는 입장에서 問答契約과 誠意契約을 별도로 다루고자 하였다. 그러나 이러한 노력은 이에 상응하는 歷史的·社會的 관심을 결여하고 있었기 때문에 결국 결실을 보지 못하고, 이 두 契約을 동일한 주형으로 다루지 않을 수 없었다.[221]

(1) 몸젠의 기본적인 출발점은 履行不能에는 債務解放效果(Befreiungswirkung)가 인정된다는 것이다. 그런데 債務者가 이행할 수 없다고 하여 모든 경우에 그를 債務로부터 벗어나게 할 수는 없으므로 그는 可能에 대한 不能뿐만 아니라 不眞正한 不能에 대한 眞正不能(法的으로 意味있는 不能)의 한계를 확립하는 것에서 출발하고, 이어서 그러한 眞正不能의 법률 효과를 검토한다.[222]

(2) 그는 먼저 眞正不能(wahre Unmöglichkeit)을 不眞正不能으로부

220) Mommsen(註 218), Vorwort, S. Ⅶ.
221) Rabel(註 90), S. 18 참조.
222) 그는 그 第1章에서 不能의 限界를 논하고, 이어서 第2章, 第3章에서 原始的 不能과 後發的 不能의 各 "實際的 取扱"(praktische Behandlung)이라는 題目 아래 그 法的 效果를 다루고 있다.

터 구별한다. 不眞正不能은 債務障碍事由로서의 법적인 의미가 없으므로 그러한 급부는 법적으로는 履行可能한 것과 같아서 "履行하려고 하지 않는"(nicht leisten will) 경우와 마찬가지로 취급된다.[223] 이 구별에 있어서 중요한 것은 原始的・後發的 不能 및 客觀的・主觀的 不能의 區別이다.[224]

(가) 原始的[225]・後發的 不能의 區別에 대하여 그는 不能의 效果는 給付가 애초부터 不能인가, 나중에야 비로소 不能하게 되는가에 따라 달라진다고 하고, 결정적인 시점은 채무가 완전하게 성립하는 때가 아니라, 雙方當事者 또는 적어도 문제된 급부에 대한 의무를 부담하는 자에 있어서 그 인수한 의무로부터 스스로를 일방적으로 해방시킬 권리가 소멸하는 때라고 한다.[226] 그러므로 가령 條件附 契約에 있어서는 條件成就時가 아니라, 그 契約締結時이다.[227]

또 몸젠은 사비니에 좇아,[228] 客觀的 不能과 主觀的 不能을 구분한다.[229] 그는 前者를 不能의 原因이 "債務의 對象 자체에 存在하는 경우", 後者를 그것이 "債務者의 순수히 개인적 사정 또는 채무의 대상에 대한 채

223) Mommsen(註 218), S. 2.

224) 몸젠은 그 외에 絶對的・相對的 不能, 全部・一部 不能, 永久的・一時的 不能을 구별한다. Mommsen(註 218), S. 4ff.

225) "이미 存在하는 不能"(sogleich vorhandene Unmöglichkeit)이라고 표현된다.

226) Mommsen(註 218), S. 1.

227) 몸젠은 그 理由에 관하여, 條件附 契約에 있어서는 有責性(Verschuldung)의 모멘트가 채무가 완전하게 성립하기 이전이라도 그 이후에 不能이 발생한 경우와 "類似한 意味"를 가지기 때문이라고 설명한다. Mommsen(註 218), S. 102 N. 1.

228) 몸젠은 사비니의 不能論, 특히 그의 『債務法』 第1卷 第37章(앞의 註 195 참조)과 『現代로마法體系』 第3卷의 不能條件에 관한 敍述(앞의 註 168 및 그 본문부분 참조)에서 많은 영향을 받았음을 스스로 인정하고 있다. Mommsen(註 218), Vorwort, S. Ⅷf. 보다 일반적으로 사비니와 몸젠과의 連繫는 權利에 관한 다음의 言明을 비교하여 보면 명백하다. "우리들을 現實的인 生活에 있어서 모든 면에서 감싸고 나아가는 法狀態를 관찰할 때, 거기에는 먼저 個別的인 人格에게 귀속하는 힘(Macht)이 나타나 보인다. 그것은 그 人格의 意思가 지배하는, 우리의 同意 아래 지배하는 領域이다. 이러한 힘을 우리는 그 人格의 權利라고 부른다"(*System des heutigen römischen Rechts*, Bd. I, 1840, S. 7). 이것이 바로 사비니의 權利意思說이다. 몸젠도 權利에 대하여 다음과 같이 말한다. "權利는 個別意思(Einzelwille)에, 그 안에서 그 支配를 행할 수 있는 領域을 할당한다."(Mommsen, *Die Lehre von der Mora*, 1855, S. 14)

229) Mommsen(註 218), S. 5ff.

무자의 관계에 존재하는 경우"라고 정의한다.[230] 몸젠도 이러한 구별을 사비니와 같이 베눌레이우스의 法文(D. 45. 1. 137. 4)에서 도출하고 있다.

이 구별은 眞正不能의 限界를 정함에 있어서 매우 중요하다. 왜냐하면 主觀的 不能은 통상 有效한 債務關係의 성립을 방해하지 않으며 많은 경우에 "不能"으로 여겨지지 않기 때문이다. 이와 같이 몸젠은 主觀的 不能이 眞正不能으로 인정되는 경우가 생길 여지를 남겨 두고 있고, 실제로 뒤에 말하는 바와 같이 後發的 不能에 있어서는 실상 이를 眞正不能이라고 한다. 이와 같이 後發的으로 발생한 障碍事由에 대하여도 眞正不能이 인정됨으로써 불능의 개념은 債務不履行의 要件에 있어서 중추적 지위에 오를 길을 닦은 것이다.[231]

(나) 그러면 法的으로 意味 있는 不能 내지 眞正不能이란 어떠한 경우인가? 이에 관하여 몸젠은 特定物債權의 경우, 選擇債權·種類債權·金錢債權의 경우 및 "하는 給付"에 관한 債權의 경우로 나누어 고찰한다.

(a) 特定物債權　　原始的 不能의 경우 客觀的不能은 항상 眞正不能이다.[232] 이 때 불능이란 自然的 不能뿐만 아니라, "法的" 不能도 포함된다. 또 채무의 대상이 有體物인 경우뿐만 아니라, 채권과 같은 無體物인 때에도 마찬가지이다. 또 問答契約의 경우뿐 아니라, 賣買의 경우도 그러하다. 나아가 그 불능이 불가항력에 의하여 발생하였는가, 아니면 후에 債務者가 될 자의 행위에 의하여 발생하였는가도 문제가 되지 아니한다.[233]

그러나 主觀的 不能은 채무자의 선의·악의를 불문하고 원칙적으로

230) 이에 대하여 Titze(註 168), S. 59 Anm. 2는, 채무자의 순수히 개인적인 事情도 客觀的 不能으로 인정하여야 할 경우가 있으므로(예컨대 非代替的 行爲), 이러한 區別基準은 부당하다고 한다.

231) 사비니는 後發的 不能의 구체적인 효과에 대하여는 자신의 論議를 충분히 전개할 기회를 가지지 못하였다. Savigny(註 195), Vorwort, S. 3에 의하면, 그는 債務法에 대하여 다음의 4個 章에 걸쳐서 敍述할 豫定이었다. 즉 第1章 : 債權의 性質, 第2章 : 債權의 成立, 第3章 : 債權의 消滅, 第4章 債權의 侵害에 대한 保護가 그것이다. 그러나 同書 全2卷(1851, 1853)에서 다루어지고 있는 것은 第1章과 第2章뿐이다.

232) Mommsen(註 218), S. 11f.

233) Mommsen(註 218), S. 228.

不眞正不能이다.[234]

몸젠은 特定物債權에 관한 原始的·主觀的 不能을 다음의 두 유형으로 나눈다. 첫째는 債務者가 이행에 필요한 권리를 가지고 있지 못한 경우, 즉 권리의 하자로 인한 給付障碍이고, 둘째는 채무자가 채무의 이행에 있어서 불가결의 前題를 이루는 給付物과의 事實的 關係(事實的 處分可能性)를 가지지 못하는 경우, 즉 사실상 장애(faktische Hindernisse)로 인한 履行不能이다. 가령 제3자 소유의 물건의 매매나 임대와 같이 賣渡人이나 賃貸人에게 목적물의 소유권이 없는 경우는 前者의 例이고, 가령 賣渡人이 목적물의 所有權을 가지고 있기는 하나 매매계약 체결 전에 그것을 도난당하여 그 행방을 알지 못하고 있음으로써 채무를 이행할 수 없는 경우가 後者의 예이다.

몸젠은 兩者의 法的 效果를 동일하게 취급하지 않는다. 前者의 경우에 대하여는, "만일 물건의 권리자가 어떠한 협력도 거부한다면, 타인의 물건의 급부를 약속한 債務者에 있어서 그 債務를 履行하는 것은 곤란할 뿐만 아니라, 事實上 不能이다. 그러나 그러한 不能은 眞正不能으로 債務者에게 歸屬(anrechnen)될 수 없다."[235] 즉 그러한 경우의 不能은 계약의 효력에 아무런 영향을 미치지 않아서 계약은 완전히 유효하며 債務者는 損害賠償을 하여야 한다. 이것은 채무자의 선의·악의를 불문하고, 또 問答契約·賣買·使用貸借인가에 관계 없이 인정되는 것이다. 몸젠은 이러한 規律은 특히 매매에 관하여는 追奪擔保責任의 法理에 비추어서도 당연하다고 한다.[236]

그러나 後者의 類型에 대한 規律은 一律的이 아니다.[237] "障碍로서

234) Mommsen(註 218), S. 12ff.

235) Mommsen(註 218), S. 12f,

236) Mommsen(註 218), S. 14. 追奪擔保의 法理는 매매계약의 有效를 당연한 전제로 하는 것이다.

237) Mommsen(註 218), S. 19ff. 이 제2의 유형에 대한 法的 處理는 BGB 제정 후에도 學者들 사이에 많은 論難을 일으켰다. 이는 보다 일반적으로는 主觀的 不能의 概念에 대한 批判과 통한다. 가령 Biermann, Zur Lehre von der Unmöglichkeit der Leistung, in: *AcP* 91(1900), S. 85; Titze(註 168), S. 247ff.; Oertmann, Anfängliches Leistungs-

발생한 事實的 狀況(tatsächliche Umstände)은 한편으로 결코 繼續的 性質을 가지는 것이 아니고 一時的 不能을 발생시킬 뿐이다. 다른 한편으로 이러한 事實的 狀況은 예견할 수 없이 돌연히 발생한 것이고 債務[設定契約]가 給付物의 所在 가까이에서 체결되지 않는 한 자신이 계약 체결시에 급부의 착수에 필요한 給付物에 대한 事實的 處分權을 가지는지 여부를 명확하게 아는 것은 不可能하다. 그럼에도 불구하고 債務者가 무조건 의무를 부담한다고 하면, 이는 명백히 부당하다." 그리하여 이 경우의 主觀的 不能은 眞正不能, 즉 채무자를 채무로부터 免責시킬 수 있는 不能이라고 하여, 一時的 客觀的 不能과 거의 동일한 法的 效果를 부여한다. 그 내용은 다음과 같다. (i) 兩 當事者 또는 債權者만이 악의인 경우에는 계약의 유효는 장애의 소멸 여부에 달리게 되고, 또 이행기는 그 소멸까지 연기된다. (ii) 債務者만이 악의인 경우에는 債權者는 바로 이행을 청구할 수 있고, 따라서 債務者는 履行利益의 賠償義務를 부담하게 된다. (iii) 兩 當事者가 선의인 경우에는 債權者는 계약을 소멸(해제)시키든가, 債權의 행사를 장애 소멸시까지 연기하든가의 선택권을 가진다. 결국 債務者가 선의인 때——그리고 예외적으로 양 당사자가 모두 악의인 때——에는 그는 債務로부터 免責될 수 있는 가능성을 가지게 되는 것이다.

이러한 原始的 主觀的 不能의 경우에 대한 法的 處理의 相對化는 客觀的 不能과 主觀的 不能의 구별의 의의를 감소시키는 효과를 가져옴은 의문의 여지가 없다. 이러한 결과는 實務法曹의 경력을 가지는 몸젠이 일반적으로는 개념의 준별과 이에 따른 법률효과의 획일적 부여라는 後期普通法學의 主流的 에토스에 휩쓸렸으면서도 당사자들의 구체적인 이익 내지 행태에 대한 평가라는 요소를 고려한 데서 온 것이 아닌가

unvermögen, in: *AcP* 140(1935), S. 129ff, 148f. 참조. 라벨은 보다 端的으로, 盜取되거나 紛失한 물건이 매매된 경우를 不存在物이나 滅失物이 매매된 경우와 同等視하고, 原始的·客觀的 不能에 관한 규정의 類推適用을 주장한다. Rabel(註 90), S. 36f., 54 참조.

추측된다. 그러나 이러한 지향은 그 이후의 普通法學者, 특히 빈트샤이트에 의하여서 무시되었다.[238]

後發的 不能의 경우에 있어서도 客觀的 不能은 自然的 不能·"法的" 不能을 불문하고 항상 眞正不能이다.[239] 그러나 主觀的 不能은 原始的 不能의 경우에 있어서와는 달리 一般的으로 眞正不能에 속한다.[240] 그러므로 채무자가 그 채무의 이행에 필요한 권리를 후발적으로 상실한 경우도 역시 "不能"으로 고려된다. 이렇게 원래 법적으로 의미 있는 불능으로 생각되지 아니하는 主觀的 不能의 영역에까지 眞正不能의 限界가 확장되는 것은 어떠한 이유에서인가? 그것은 債務者의 意思가 不能의 발생에 대하여 어떠한 관계가 있느냐 하는 점이 後發的 不能에 있어서는 하나의 본질적인 모멘트이기 때문이다.[241] 즉, 後發的 不能의 경우에는 이미 債務關係의 당사자가 된 채무자가 고의로 스스로를 給付할 수 없는 위치에 놓이게 하거나 또는 예견이나 주의를 게을리한 잘못으로 급부할 수 없도록 되었다면,[242] 그렇게 하여 발생한 급부에 대하여 債務障碍事由로서의 의미를 인정하지 않을 수 없고, 따라서 채무는 존속한다. 다른 한편 채무자의 그러한 고의나 과실 없이 給付가 不能하게 되었다면, 그러한 不能은 비록 主觀的 不能이라고 하더라도 眞正不能으로서 債務障碍事由로서의 의미를 가지지 않으면 안 된다. 이와 같이 主觀的 不能은 "有責性"(Verschuldung)이라는 새로운 모멘트를 매개로 하여 眞正不能으로 인정된다.

(b) 選擇債權·種類債權 및 金錢債權 　選擇債權의 경우에는 모든 개개의 給付에 관하여 不能이 성립하여야(어떤 경우가 不能인가는 그

238) Windscheid, Rezension von Mommsens Beiträge zum Obligationenrecht, Ab. 1, in: *Heidelberger Kritische Zeitschrift für gesammte Rechtswissenschaft*, 2(1885), S. 107f. 참조.
239) Mommsen(註 218), S. 27.
240) Mommsen(註 218), S. 27, 44, 228f.
241) Mommsen(註 218), S. 228f.
242) 이러한 "過失"에 대하여도 책임이 확장되는 것은 去來의 必要에 의하여서이다.

給付의 性質에 따라 결정되는데, 역시 眞正不能이어야 한다) 眞正不能이다.[243]

種類債權의 경우에는 그 대상이 속하는 종류가 존재하지 아니하거나 전적으로 거래로부터 배제되었을 때라야 眞正不能이다.[244]

金錢債權의 경우에는 債務者가 자력 불충분이나 무신용 때문에 그 금전을 조달할 수 없다고 하더라도 그것은 眞正不能이 아니다. 그 사유가 채무자에게 닥쳐 온 예상 밖의 불운에 의하여 야기되었다고 하더라도 마찬가지이다.[245]

(c) "하는 給付"에 관한 債權 몸젠은 이 경우를 外界에 존재하는 行爲의 對象 또는 그 行爲의 遂行을 위한 道具(소위 "行爲의 전제요건")에 관련되는 障碍事由와 채무자의 능력에 직접으로 관련되는 장애사유로 나누어 고찰한다.

前者에 있어서는 그러한 전제요건의 불충족 자체가 眞正不能을 의미할 수 있다. 그 판단의 기준은 개별적인 경우에 그 前提要件을 成立시킬 義務가 債權者에게 존재하느냐 여부이다. 이를 긍정하면 그 전제요건의 불충족만으로도 眞正不能이 성립한다. 그러나 이를 부정하면 그 전제요건의 충족이 불능이어야 비로소 眞正不能이 성립한다.[246] 예를 들면 運送契約의 경우, 그 운송의 대상인 물품(이 경우 "행위의 前提要件")이 존재하지 아니한다면 통상 운송물이 존재하는 것에 대하여는 送荷人이 책임을 부담하므로 이 때에는 眞正不能이 성립한다. 그런데 가령 어느 박물관에 있는 명화의 사본을 그리는 계약의 경우 그 명화가 돌연 없어졌다면 그 명화의 존재에 대하여 債權者가 책임질 사유는 없으므로 이 때에는 그 명화가 멸실되었다든가 하여 그 명화의 존재 자체가 불능하게 되어야 비로소 眞正不能이 성립한다는 것이다.

後者의 경우에는 債務者가 스스로(persönlich) 그 행위를 하여야 하

243) Mommsen(註 218), S. 46.
244) Mommsen(註 218), S. 47.
245) Mommsen(註 218), S. 49f.
246) Mommsen(註 218), S. 55.

는가에 따라 다르다.[247] 행위가 소위 專屬的 性質(persönlicher Charakter)을 가졌다면 채무자의 인격 또는 능력에 관련된 障碍事由는 客觀的 不能인 데 반하여, 그렇지 아니하면 그 장애사유는 主觀的 不能에 불과하여 債務者가 그 대리인을 세울 수 없는 때에만 법적으로 의미 있는 不能이 존재한다.

(3) 이러한 眞正不能은 契約에 대하여 어떠한 영향을 미치는가?[248] 몸젠은 이 문제를 다음과 같이 파악한다. "不能한 給付가 그 자체로서 履行될 수 없음은 不能의 概念으로부터 明白하다. 문제는 그러한 給付를 이행이 가능한 金錢等價物(Geldaequivalenz)로 대체함으로써 그 채무의 존속을 인정할 것이냐 여부이다."[249] 몸젠은 이 문제에 부정적으로 답하면서 켈수스의 명제를 기본원리로서 제시한다.

(가) 몸젠에 의하면 이 命題는 다음과 같은 意味를 가진다. 즉 片務契約에 있어서는 그 급부의 이행의무가 계약의 유일한 내용이므로[250] 그 義務의 否定은 필연적으로 계약의 무효를 의미한다. 한편 雙務契約에 있어서는 不能의 效果는 不能한 給付의 義務에만 미치나, 그 給付와 反對給付의 直接的 關聯性(unmittelbarer Zusammenhang)으로 인하여[251] 결국 全債權關係(ganze Obligation)의 무효, 즉 계약의 무효를 초래한다.

그러나 몸젠은 債務의 成立을 부정하는 것이 債務者의 債權者에 대한 損害賠償義務가 전혀 없음을 의미하는 것은 아니라고 한다. 문제는 損害賠償義務의 발생요건 및 책임범위 여하이다.[252] 損害賠償의 範圍는 約定한 給付의 等價物 즉 채권자에 대하여 급부가 이행되었을 때 주어

247) Mommsen(註 218), S. 65.
248) 여기서는 論議를 原始的 不能의 경우에 한정한다.
249) Mommsen(註 218), S. 108.
250) 몸젠은 債務不履行을 履行義務에만 관련되는 것으로 본다. "債權者의 權利는 채무의 履行만을 목적으로 한다. 따라서 채무자에 의한 채권자의 權利의 侵害는 모두 不履行(Nichterfüllung)이라고 불리운다." Mommsen(註 228), S. 17.
251) 이는 독일 민법학상 소위 發生上의 雙務關係(genetisches Synallagma)의 문제로 다루어지는 것이다. 그 개념과 역사에 대하여는 우선 Ulrich Klinke, *Causa und genetisches Synallagma. Zur Struktur der Zuwendungsgeschäfte*, 1983, S. 94ff. 참조.
252) Mommsen(註 218), S. 106ff.

지는 이익(履行利益)에 미칠 수도 있고, 또는 급부의 이행과는 관계 없이 債權者가 給付의 진실한 성질에 관하여 잘못 알지 않은 것에 관한 利益(信賴利益)에 미칠 수도 있다.[253] 그런데 前者는 契約의 有效를 전제로 한다. 그러므로 原始的 不能의 給付를 목적으로 하는 계약에 있어서는 後者만이 문제가 된다.

그러면 이러한 범위의 損害賠償義務의 發生要件은 일반적으로 어떠한가? 우선, 債權者에게 급부의 성질에 대한 無責한 錯誤가 있어야 한다. 이 때 無責(Entschuldbarkeit)이란 故意(dolus)가 없는 것을 말한다.[254] 다음, 계약 체결을 함에 있어서 債務者에게 고의가 있어야 한다(dolus in contrahendo).

이 損害賠償義務는 契約 외의 dolus責任이다(actio doli). 왜냐하면 로마법상 계약 외의 債務發生原因(causa obligationes)으로서는 原則으로 dolus 만이 認定되기 때문이다.[255]

(나) 그러면 原始的으로 不能한 給付를 목적으로 하는 계약을 무효라고 하는 근거는 무엇인가? 몸젠은 우선 로마인들이 위와 같은 法理를 "自然의 理致"(naturalis ratio)로부터 도출하였음을 든다.[256] 그리고 더욱 중요한 것은 그가 이 法理를 契約當事者들의 의사에 환원시키고 있다는 것이다.[257] 原始的 不能論이 "계약상의 채무와의 관련 아래서 근거를 획득하기 위하여는 계약 당사자의 意思에 들어가야만 한다. 무릇 이 의사는 고려되어야 할 특별한 모멘트를 이룬다"는 것이다. 즉, 첫째, 만

253) 소위 "積極的"·"消極的" 利益의 구별의 歷史에 대하여는 D. Medicus(註 110), S. 313f. 참조. 이에 의하면, 消極的 利益이 사비니에 의하여 처음 구별되어 인식된 후(가령 Savigny(註 168), S. 294 Anm. d: "詐欺가 있는 경우에는 매도인은 매수인으로 하여금 그 行爲가 없었던 것과 같은 상태에 놓아야 한다.") 몸젠이 여기에서 이를 이어받고, 예링의 契約締結上의 過失論에 의하여 명확하게 되었다고 한다.

254) 重過失(culpa lata)은 故意와 동일시된다. Mommsen(註 218), S. 108.

255) Mommsen(註 218), S. 109, 136 Anm. 6. 여기서 몸젠은 사비니의 견해에 좇고 있는 것이다. Savigny(註 168), S. 294 Anm. d: "culpa는, 詐欺가 확실히 그러한 것과는 달리, 일반적으로 결코 causa obligationis(債務發生原因)이 아니다."

256) Mommsen(註 218), S. 103은 Gai. D. 44. 7. 1. 9를 제시한다.

257) Mommsen(註 218), S. 106.

약 當事者들이 그 給付가 不能임을 알고 그러한 계약을 체결한 것이라면 그 급부를 목적으로 하는 채무를 설정할 "진지한 意思"(ernstlicher Wille)가 결여되었다고 할 것이므로 그 계약의 유효성은 부인되어야 한다. 둘째, 만일 그들이 그 사실을 알지 못하고 계약을 체결한 경우라면 그러한 "진지한 意思"는 있다고 할 것이나, 이 경우에는 "만일 當事者들이 給付不能을 알았더라면 그 給付를 目的으로 하는 계약을 체결하지 않았을 것이 명백하므로", 즉 錯誤가 存在한다고 할 것이므로, 역시 계약의 유효성은 부정된다는 것이다.[258]

이러한 當事者意思에의 還元은 原始的 一部不能을 목적으로 하는 계약을 原始的 全部不能의 경우와는 달리 원칙적으로 유효하다고 함에 있어서도 그 근거로 동원된다.[259] 즉, 만일 매도인이 계약체결 당시 給付의 一部不能을 알고 있었다고 하여도, 그는 給付可能한 부분의 가치에 상당하는 대금을 취득하기 위하여 급부가능한 부분을 양도하기를 거부하지 않을 것이다. 이 경우 減額된 후의 代金과 애초 約定된 代金의 비율이 급부가능한 부분과 약정된 급부 전부의 비율과 일치한다면, 賣渡人의 利益은 계약의 효력을 유지하는 것에 의하여 침해된다고 할 수 없다. 또 買受人이 一部不能을 알고 있었다고 한다면 買受人은 給付可能한 부분만을 취득할 의사였다고 통상 인정되어야 할 것이다. 다른 한편 買受人이 一部不能인 사실을 몰랐다고 하더라도, 매수인이 의도한 것이 給付 全體이고 따라서 그 일부만을 취득하려고는 하지 않았을 것이라고는 반드시 단정할 수 없다. 이 경우 買受人은 一部不能事實을 알았다면 給付對象을 비례적으로 감액된 금액으로 취득하려 하거나 또는 애초 계약을 체결하려 하지 않았을 것이다. 그 중 어느 것을 선택할 것인

258) 이러한 當事者意思에의 還元論에 대한 批判에 관하여는 Hartmann(註 168), S. 175; Titze(註 168), S. 240 Anm. 41("계약당사자가 일정한 事情을 알고 있었다면 그들이 체결하지 아니하였을 모든 契約이 無效라고 한다면, 예를 들어 後發的 不能의 많은 경우에도 계약이 애초부터 무효가 되어야 할 것이다. 왜냐하면 이 경우에도 當事者는 급부가 후발적으로 불능인 사실을 알았다면 처음부터 계약을 체결하지 않았을 것이기 때문이다").
259) Mommsen(註 218), S. 163f.

가는 일반적으로 규정될 수 없고, 따라서 그 판단은 사후적으로 買受人에게 맡겨져야 한다(代金減額請求權과 契約解除權의 選擇的 行使). 이와 같이 몸젠은 當事者意思의 탐구를 통하여 原始的 一部不能의 法理를 획득하고, 이를 로마法源(Paul. D. 18. 1. 57)으로부터 확인한다.[260]

(4) 몸젠은 이어서 이와 같은 法理가 로마法上의 개별적인 계약에 있어서 어떻게 전개되었는가를 살핀다.

(가) 問答契約에 있어서 이 法理는 무조건 타당함을 확정한다.[261] 그러나 賣買에 있어서는 약간 경우가 다르다. 몸젠은 이를 不融通物의 경우와 目的物의 不存在의 경우로 나누어 고찰한다.

우선 不融通物에 대한 賣買는[262] 買受人의 인식 여하를 불문하고 모두 무효이며, 損害賠償債務도 앞에서 말한 일반원칙에 따라 발생한다. 몸젠은 약간의 法源을 검토한 결과 不融通物 賣買의 무효를 확인하고,

260) 原始的 不能論을 이와 같이 당사자의 意思에 환원하는 입장은 近者에 플루메(Flume)에게서 다시 나타난다. 그는 *Eigenschaftsirrtum und Kauf*, S. 19f.(1933년 당시의 베를린대학에 제출된 그의 교수자격논문이다. 1948년에 이르러 비로소 출간되었다가 1974년 서문을 붙여 다시 간행되었다)에서 契約 또는 給付의 合意에 있어서의 당사자의 意思는 給付의 대상의 存在 그 자체에 미치지 않으며, 따라서 給付의 대상의 存在에 관하여는 어떠한 義務도 合意되지 않는다는 것, 存在 그 자체가 法律行爲의 客體일 수 없음은 자명하다고 한 바 있다. 이러한 言明은 아마도 給付의 可能性에 대하여서도 마찬가지일 것이다. 물론 給付의 可能性에 관하여 保證(Garantie)이 이루어진 경우나 그것이 條件이 된 경우는 별론으로 하고, 給付의 可能性 자체가 法律行爲의 내용이 될 수는 없는 것이다. 그러나 그는 그 후의 *Allgemeiner Teil des Bürgerlichen Rechts*, Bd. 2: Rechtsgeschäft, 3. Aufl., 1980, S. 497, 507f.에서는 계약당사자 쌍방이 給付의 不能에 대하여 알지 못하였던 소위 雙方錯誤(공통착오)의 경우에 대하여 다음과 같이 논하여 原始的 不能論의 근거를 옹호하고 있다. 즉 이 경우 兩當事者가 債權關係를 설정하려는 效果意思를 가지고 있으며 또 그 의사와 表示가 합치함은 의문이 없다. 그러나 兩當事者의 意思는 給付의 可能性에 관한 잘못된 관념(Vorstellung)을 그 기초 내지 전제로 하고 있다. 단일 契約締結 당시 이미 給付가 不能인 경우에 그들이 給付對象에 관한 바른 표상을 가지고 있었다면 그들은 그러한 不能한 給付를 목적으로 하는 意思表示를 하지 않았을 것이고 따라서 合意도 있을 수 없었을 것이다. 原始的 不能論은 給付의 可能性에 관한 契約當事者들의 표상을 고려에 넣으려고 하는 法 또는 制度에 다름아니라는 것이다.

또한 D. Rothoeft, *System der Irrtumslehre als Methodenfrage der Rechtsvergleichung*, 1968, S. 192ff., insb., S. 194 Anm. 7은 原始的 不能論을 규정한 BGB 제306조를 立法者에 의한 契約의 補充解釋의 한 경우로 이해한다.

261) Mommsen(註 218), S. 113ff.

262) Mommsen(註 218), S. 118ff.

나아가 이 경우 買受人에게 損害賠償請求를 인정하는 法源에 관하여 다음과 같이 말한다. 우선, 그 경우 賣渡人은 그 惡意(또는 重過失)의 경우에만 損害賠償義務를 부담하는가, 아니면 買受人이 善意의 경우에는 賣渡人은 비록 善意라도 언제나 損害賠償을 하지 않으면 안 되는가 하는 물음을 제기한다(사비니가 後者로 답하였음은 위에서 본 바와 같다). 몸젠은, 모데스티누스의 法文(D. 18. 1. 62. 1)의 "'詐欺' 당하지 않음에 관한 利益"의 decipi 가 명확히 매도인의 악의를 지시하는 것은 아니라고 하면서도(따라서 사비니와 같은 이해가 가능함을 인정하면서도), 그것이 악의와 관련되는 것일 수 있다는 蓋然性을 이유로 前者와 같은 입장을 취한다.

그러나 이에 대하여는 하나의 "例外"가 存在한다.[263] 즉 자유인을 노예로 매매한 경우에 買受人이 賣買의 目的物을 奴隷라고 잘못 알고 있었다면 이 계약은 유효이다. 이러한 예외의 허용은 "賣買의 절박한 實際的 必要"에 의하여 正當化된다. 노예거래가 로마에 있어서 가지는 크나큰 經濟的 意味에 비추어 그와 관련하여 발생할 가능성이 있는 여러 가지 모습의 詐欺에 대한 보다 강력한 대책이 강구되어야 하는 것이다. 그러면서도 몸젠은 이러한 "例外"는 現在에 있어서는 意味를 상실하고 있다고 한다. 왜냐하면 노예의 매매는 이제 더 이상 있을 수 없기 때문이다. 따라서 不融通物에 대한 위와 같은 法理는 현재는 전혀 예외 없이 타당한 것이 된다.[264]

그러면 유스티니아누스帝法이 自由人의 賣買에 관한 法理를 不融通物 全般에 확장하고 있는 것(Inst. 3. 23. 5)은 무엇이냐? 몸젠은 이를 로마賣買法의 발전과정이라는 관점에서 파악하지 아니하고, 단지 로마法大典의 法學提要(Institutiones)上의 法源과 學說彙纂(Digesta)상의 법원 중 어느 것이 우선하여야 하느냐에 관하여서만 언급한다. "法學提要의 우월은, 그 속에서 종래의 법률을 변경하거나 종래의 법에 대한 의문을

263) Mommsen(註 218), S. 127ff.
264) Mommsen(註 218), S. 136.

해결하려는 立法者의 의도를 읽을 수 있는 경우에만 인정될 수 있다. 그런데 위 法源에서는 그러한 의도를 시사하는 바가 없으므로" 그 法源에는 그 비중을 둘 수 없다는 것이다.[265] 이리하여 몸젠에 있어서는 사비니에 나타난 原始的 不能論 극복에의 단서는 원칙적으로 계승되지 않는다.

나아가 目的物이 不存在하는 경우[266]에도 不融通物의 경우와 마찬가지로 이에 관한 계약은 무효라는 法理가 인정됨을 확정한다. 그런데 이 경우에도 하나의 "例外"가 存在한다. 즉, 債權의 賣買에 있어서는 그 目的物인 債權이 不存在하더라도 有效하다. 그 이유는 다음과 같다. 채권의 매매에 있어서 不能은 오직 그 채권이 不存在하거나 법률상(ipso iure) 존재할 수 없는 경우에만 성립하는데, 그러한 경우란 사실상의 효과에 있어서 抗辯이 附着된 債權의 賣買와 동일하다. 따라서 후자의 경우가 유효인 것처럼 로마인들은 전자도 유효라고 하였다는 것이다.[267] 그러나 후에 몸젠은 예링의 견해에 좇아 不存在하는 債權의 매매의 경우에는 단지 主觀的 不能이 존재할 뿐이라고 하여[268] 이를 眞正不能으로 보지 않기에 이른다.

(나) 이와 같이 하여 몸젠에 있어서는 問答契約과 賣買에 대하여 전적으로 동일한 法理가 타당하기에 이른다.[269] 原始的으로 不能한 給付에 관한 계약이 무효라는 법리는 의심할 여지 없이 무조건 적용되는 하나의 원리가 된 것이다. 그것은 몸젠이 자유인의 매매나 不存在하는 債權의 賣買에 있어서 그와 같은 法理가 타당하지 않는 것을 "例外"的 현상으로 봄으로써 가능하였다. 그러나 몸젠은 그것들에 있어서 그와 같은 예외를 인정하게 된 이유가 과연 "現在에 있어서" 주장될 수는 없는가 하는 점

265) Mommsen(註 218), S. 130.
266) Mommsen(註 218), S. 131ff.
267) 몸젠은 不存在하는 債權의 賣買가 유효하다는 例外도 Lex Anastasiana에 의하여 본질적인 의의를 상실하였다고 본다. Mommsen(註 218), S. 136.
268) Titze(註 168), S. 64. Anm. 11 참조.
269) Mommsen(註 218), S. 138.

은 깊이 천착하지 않았다. 만일 이 점에 대한 熟考가 이루어졌다면 問答契約과 賣買와의 —이미 사비니에 의하여 지적된 바의— 구조적 차이에 대한 통찰에 도달할 수 있었을는지도 모른다. 실제 몸젠은 이러한 차이를 인식하고는 있었다.[270] 즉, 만약 賣買에 있어서 買受人의 不知의 경우에는 다른 요건에 상관 없이 損害賠償請求를 할 수 있다고 假定한다면, 이것은 그 債務의 雙務性과 그 계약이 보다 자유롭다는 성질 때문일 것이라고 하면서, 問答契約에 있어서는 그 嚴格性 때문에 dolus에 국한하여 損害賠償請求를 인정하는 일반원칙을 넘어서지 못할 것이라고 한다. 그리고 이는 현행법상 不能給付에 관한 規律을 그 급부가 반대급부와 관련되어 있는가 여부에 따라 달리하여야 함을 의미한다고 한다. 그러나 몸젠은 "假定"에 기초한 이러한 區別을 받아들이지 않음을 명백히 한다. 이와 같이 몸젠은 이러한 차이를 무시함으로써 또는 그의 法學方法論의 時代的 限界에 의하여 간과하게 됨으로써, 그는 불능의 한계와 효과는 각 給付와 債權關係의 特殊性에 따라 정하여진다는 애초의 입장을 스스로 버린 것이다.

3. 몸젠의 理論을 요약하면 다음과 같다.

그는 履行不能理論의 基礎로서 Impossibilium nulla obligatio 命題를 定立하고, 이러한 命題에 의하여 債務解放效果를 인정할 수 있는 不能만을 법적으로 의미 있는 불능, 즉 眞正不能이라고 한다. 그리고 眞正不能을 한계짓기 위한 전제로서 原始的·後發的 不能 및 客觀的·主觀的 不能의 각 범주를 설정한다. 그리하여 原始的 不能에 있어서는 원칙적으로 客觀的 不能만이 眞正不能으로 인정되었고, 後發的 不能에서는 "有責性"의 不存在라는 제 2 의 모멘트를 附加함으로써 客觀的 不能 이외에 主觀的 不能도 眞正不能으로 인정하였다. 그리하여 원시적으로 "不能"인 給付를 목적으로 하는 계약은 무효이다. 이는 問答契約에 대

270) Mommsen(註 218), S. 139 Anm. 12.

하여뿐만 아니라, 賣買에도 타당하다. 다만 例外的으로 자유인과 부존재하는 채권의 매매의 경우에는 그 유효가 인정되나, 이는 현재로서는 ..미가 없거나 대상의 특수한 성질에 기한 것일 뿐이다.

몸젠의 業績은 다음과 같이 요약할 수 있다. "不能論의 主된 內容은 그에 앞선 사람들에 의하여 이미 형성되어 있었다. 그러나 몸젠은, 로마法源을 包括的·批判的으로 註釋함으로써 최초로 그 不能論을 검증하고, 또 그것을 歷史法學派가 '現代로마法'에 관하여 설정한 妥當要求(Geltungsanforderungen)에 맞추어 새롭게 견고한 것으로 만든 공로와 책임이 있다."[271]

몸젠의 이러한 입장은 契約責任의 體系에 관하여 다음과 같은 意味를 갖는다. 첫째, 사비니가 매매가 유효한 여러 가지 경우를 하나의 "原則"으로 고양될 소지를 인식하고 있었음에 반하여, 몸젠은 이를 별로 意味가 없는 "例外"라고 위치시킴으로써 결국 問答契約에 관한 法理를 契約責任法의 하나의 典範으로 제시하였다. 둘째, 原始的 不能을 바로 계약 무효와 직결시킴으로써 不能概念은 단순히 일정한 경우에 면책을 인정하는 근거가 되는 소극적 의미뿐만 아니라, 모든 契約의 有效·無效의 기준으로서의 적극적 의미를 가지게 되었다. 이는 계약의 유효요건의 客觀的 모멘트(Tatbestandselement)를 抽象化·孤立化함으로써 契約當事者의 全行態를 信義則에 비추어 판단함이 없이 그 모멘트의 存否에만 계약의 유효 여부를 의존시킨 것이다. 셋째, 그러한 구성을 위한 전제로서 행하여진 原始的·後發的 不能 및 客觀的·主觀的 不能의 각 구별은 그 構成 자체가 견고함에 비례하여 부정할 수 없게 되는 범주로 인정되었다.

한편 몸젠의 理論은 契約責任法 일반의 역사에 중대한 의미가 있다. 즉 종래에는 最廣義의 "過失"概念으로써 債務不履行이 논의되어 왔는데, 몸젠에 이르러 적극적으로 그러한 "過失"의 客觀的 側面을 不能概念을

271) Wollschläger(註 90), S. 123.

매개로 적출하게 됨으로써, 불능 개념은 債務不履行 체계의 중심이 된다. 過失은 權利侵害와 침해자의 의사 내지 태도와의 관계라는 主觀的 側面에 기울어지게 된다. 이러한 包括的 "過失"槪念으로부터의 탈피는 로마法的 債務不履行 構成과의 분수령을 이루는 것이다.

제 4 절 몸젠의 理論에 대한 批判과 그 理論의 純化

제 1 관 브린츠의 批判과 예링의 純化

1. 빈트샤이트가 몸젠의 不能論을 純化 또는 圖式化하는 書評을 발표한지 얼마 되지 않아서(1857년) 브린츠(Aloi von Brinz)는 몸젠의 不能論 및 이에 대한 빈트샤이트의 서평[272]에 대하여 비판적인 評論을 가하고 있다.[273]

브린츠는 우선, 몸젠 이래 결정적인 의미가 부여된 켈수스의 命題, 즉 "不能한 것에 대하여는 債務가 成立하지 아니한다"는 命題(D. 50. 17. 185)는 급부의 불능이라는 관점에서 볼 때에는 "체계상 어떠한 확고한 지위도 차지하지 않고 있다"고 한다. 그는 이 命題를 給付의 不能이라는 관점에서가 아니라, 責任(또는 給付保障. "責任을 져야 한다" praestare oportere)의[274] 관점에서 설명하려고 한다. 브린츠에 의하면, 供與(dare) 또는 行爲(facere)라는 1차적인 給付義務의 배후에는 항상 "責任"(Praestationspflicht)이 존재하여 사정에 따라 표면에 나타나게 된다. 만일 供與또는 行爲의 1차적인 給付義務가 不能한 경우에 채무자가 "責任"—

272) 이에 대하여는 뒤의 註 313 및 그 본문 부분 참조.

273) Brinz, Die Prästation unmöglicher Leistungen, in: *Kritische Überschau der deutschen Gesetzgebung und Rechtswissenschaft* 5(1857), S. 278ff. 또한 Ders., *Lehrbuch der Pandekten*, Bd. 2, Abt. 1, 1879, S. 121ff.도 참조.

274) 로마法에 있어서 訴訟方式書에 채무의 내용으로서 dare, facere와 함께 나타나는 praestare의 의미에 대하여는 의문이 많다. 우선 Kunkel/Honsell, *Römisches Recht*, 4. Aufl., 1987, § 91 I (S. 221f.) m.w.N. 참조.

給付義務의 代替物로서의, 또는 不法行爲 등에 기한—을 부담하는가 여부, 즉 2차적인 의무인 損害賠償責任을 지는가 여부가 문제될 수 있는 것이다. 만일 계약의 일방당사자가 不能인 給付를 目的으로 하는 계약의 체결에 의하여 他方當事者에게 손해를 준 경우에는 과연 "責任"이 발생한다고 할 것인가? 이 때 "責任"의 발생이 부인된다면 이는 "責任"의 근거가 결여되어 있기 때문—그 例로, 가령 給付의 對象인 物件(res)이 存在하지 않는 경우를 든다—이고 給付의 不能과는 직접적인 관계가 없는 것이라고 한다.

이와 관련하여 브린츠는 原始的 不能論을 當事者의 意思에 還元하는 것은 전혀 불필요하다고 한다.[275] 契約當事者 雙方이 給付不能에 관하여 善意인 경우 몸젠이 말하는 대로 만일 그들이 不能을 알았다면 契約締結을 "의욕하지 않았을 것이다"(nicht gewollt hätten)라고는 할 수 있어도, "의욕하지 않았다"(nicht gewollt haben)라고는 단언할 수 없다. 兩當事者가 不能을 몰랐음을 이유로, 현실로 존재한 意思가 존재하지 않은 것으로 간주되는 것은 로마法上 특이한 일이라고 한다.[276]

나아가, 브린츠는 몸젠에 있어서의 不能槪念의 애매함, 또 客觀的 不能과 主觀的 不能의 峻別의 不毛性을 지적한다.[277] 우선, 몸젠의 "不能"은 可能과 구별되어야 하고, 또 "不眞正不能"과도 구별되어야 한다. 도대체 어떠한 기준에 의하여 眞正으로 不能한 給付와 不眞正으로 不能한 給付를, 또 不眞正으로 不能한 給付와 不眞正으로 可能한 給付를 구별하는가? 그 기준을 계약의 무효 여부라고 한다면, 이는 너무나 經驗的—즉 그때 그때의 사정에 따르는 것—이고, 또 欺瞞에 찬 증명(eine trügliche Probe)이다. 또 客觀的·主觀的 不能의 구별도 실은 主觀的 不能을 債務者 個人의 無能力(Ohnmacht)으로 이해하는 데서 출발하는

275) Brinz(註 273), Prästation, S. 288f.; *Lehrbuch*, S. 121 Anm. 2.

276) 여기서 브린츠는 以上의 경우와 소위 客體의 錯誤(error in corpore)와의 차이를 강조한다. 後者에 있어서는 "契約當事者는 자신이 알고 있다고 생각하는 事情을 실제로는 모르고 있기 때문에, 意思는 현실적으로는 전혀 존재하지 않는다"고 한다.

277) Brinz(註 273), Prästation, S. 281ff.

것이 아닐까? 만일 그렇다면 이는 오히려 可能한 給付라고 하여야 할 것이다.[278] 따라서 소위 主觀的 不能[279]이 빈트샤이트에 있어서와 같이 契約의 有效에 아무런 영향을 미칠 수 없는 것은 오히려 당연하게 된다.

이와 같이 몸젠의 原始的 不能論에 대한 의문은 또한 몸젠의 "契約締結上의 惡意責任"에 대하여도 연장된다. 브린츠는 그 책임의 발생원인의 不法行爲 類似性을 인정하면서도 다른 한편 보다 적극적으로 契約責任的 性格을 시사한다. "이것[給付約束을 말한다]은 그 특수한 내용인 '供與할 것을 요한다'(dare oportere)에 관하여는 분명히 無效이나, 債務者는 그 惡意에 대하여 약속에 기하여 책임을 져야 할 것이므로 일반적 내용인 '惡意를 責任져야 한다'(dolum malum praestare)에 관하여는 구속력이 있는 것이 아닌까? 무릇 오늘날 모든 계약은 信義誠實(bona fides)에 기한 法律行爲이므로 그것은 惡意에 관한 '責任'(Praestation)의 約束을 묵시적으로 포함한다."[280] 그렇다면 不能給付를 目的으로 하는 契約은 전혀 무효인 것은 아니고, "그 상태의 말하자면 半"만이 인정되는 것이고,[281] "契約의 특수한 내용은 설사 無效라고 하여도, 역시 無效한 契約이라고는 말하기 어렵다"고 한다.[282]

이러한 진술은 우리의 입장에서는 극히 시사적인데—물론 그는 여전히 信賴利益의 배상에 한정하고 있기는 하다—, 그 배경에는 앞서 본 켈수스의 命題에 대한 일정한 이해가 존재하고 있다. 즉, 켈수스의 命題는 본래 불능한 것에 대하여는 義務가 존재할 수 없다는 점을 말할

278) 브린츠에 의하면, 主觀的 不能의 경우 給付 그 자체는, 當該債務者의 給付能力을 分離·捨象한다면, 可能이라고 하여야 한다. 그리하여 몸젠에 의하여 다른 法的 效果가 귀속되었던 法的 障碍에 기한 主觀的 不能과 事實的 障碍에 기한 主觀的 不能은 모두 일률적으로 可能인 것으로 판단되고, 따라서 그러한 給付를 목적으로 하는 계약은 바로 有效한 것으로 취급된다.

279) Brinz(註 273), *Lehrbuch*, S. 123f.는 채무자에 있어서만 給付가 불능인 경우를, Unmöglichkeit der Leistung과 구별하여, Unvermögen der Person이라고 표현한다. 이러한 표현상의 구분은 BGB에 受容되었다.

280) Brinz(註 273), Prästation, S. 292f.

281) Brinz(註 273), Prästation, S. 299.

282) Brinz(註 273), S. 302.

뿐이고, 그것을 내용으로 하는 契約 전부가 무효인가에 관하여는 아무 것도 말하지 않고 있다는 것이다.

이러한 이해와 관련하여 브린츠는 —正當하게도— 로마法上 給付의 不能이 계약에 일정한 영향을 미치는 경우를 다른 관점에서 파악한다. "로마의 法學은 저자[몸젠]가 다룬 사항을 다른 관련에서 또 다른 출발점에서 고찰하고 처리하고 있다."[283] 즉, 賣買契約에 있어서 로마法源은 給付의 可能 여부가 아니라, 賣買目的物(res)이 現存하여야 한다는 관념[284]에 기하여 계약의 무효를 말하고 있다는 것이다.[285]

이상과 같이 브린츠의 原始的 不能論 비판은 다양한 점에 걸치고 있으나, 이를 정리하면 다음과 같다. 첫째, 給付의 可能 여부라는 관점에서 계약의 효력에의 영향을 다루는 것을 전제로 하는 原始的 不能論의 有效射程을 좁히고("責任"의 관점 및 賣買의 경우에 대한 새로운 설명), 둘째, 그것이 인정되는 범위 내에서도 債務者의 賠償責任이 인정되는 한 계약의 무효라는 효과가 이에 도식적으로 직결되지 않도록 하며(契約締結上의 惡意責任의 契約責任的 構成), 셋째, 不能槪念 자체 및 客觀的 不能과 主觀的 不能의 구별기준에 대한 의문제시를 통하여 이러한 개념에 의한 대상의 처리가 적절하지 못함을 지적하는 것이다. 이는 한 마디로 原始的 不能論이 보편적으로 적용되는 일반원칙으로 고양될 수 없다는 것이다.[286]

2. 履行不能의 存在 하나만으로 계약의 효과를 부정하는 것은 高

283) Brinz(註 273), S. 300f.

284) 몸젠에 있어서 켈수스의 命題가 賣買에 관하여도 관철되었다는 例證으로 인용된 nec emtio nec venditio sine re 라는 命題들은, 賣買가 자연적으로 뿐만 아니라 法律上으로도 필연적으로 契約임과 동시에 引渡이었던 時代(現實賣買)에 소급하여 起源을 둔 것이라고 한다.

285) 브린츠에 따르면 自由人賣買, 不存在하는 債權의 賣買, 그리고 不融通物의 賣買 — 이는 有效하다고 한다 — 는 이러한 觀點에서 再構成된다. Brinz(註 218), Prästation, S. 293ff., 302 참조.

286) 그러나 이 批判은, Hartmann(註 168), S. 66 Anm. 1에 의하면, "斷片的" 性格으로 인하여 큰 영향력을 미치지는 못하였다.

度의 信用 위에서 서로 信義則에 따라 행위할 것을 전제로 전개되는 近代的 去來秩序의 요청에 부합될 수 없다. 이러한 거래질서의 요청으로부터 그 이론의 극복 내지 제한을 도모하는 견해가 나오는 것은 당연한 일이었다. 이러한 見解는 "無效인 契約의 效果"라는 측면과 "契約의 無效 여부"라는 측면에서 각기 나타났다. 이러한 비판의 저변에는 法源上으로는 로마의 誠意契約에 대한 連繫가 있고, 이념상으로는 信義則을 原理로 계약 당사자의 全行態를 평가하려는 근대 계약법의 지향이 놓여 있었다.

우선 "無效인 契約의 效果"라는 측면에서 몸젠의 理論을 수정하여 실제적 거래의 필요에 적합시키려고 한 것은 예링이었다. 그는 그의 유명한 論文에서[287] 그의 가장 큰 관심의 대상이었던 錯誤者의 과실책임으로부터 출발하여, 나아가서 일반적으로 無效 내지 不成立한 契約에 있어서의 過失者의 責任을 인정하려 하였다. 그는 이러한 구성을 통하여 몸젠의 이론에 대한 비판의 중요한 근거를 제공하였다.

(1) 예링은 우선 몸젠의 이론을 계승, 순화한다. 그는 賣買에 있어서 買受人의 善意의 경우 계약의 유효를 인정하는 사비니의 입장을 취하지 아니하고[288] "客體의 無能力"(Unfähigkeit des Objekts), 즉 계약이 原始的으로 不能인[289] 급부를 목적으로 하는 경우 그 契約이 無效임을 전제로 이론을 전개한다. 특히 몸젠에 있어서 "例外"로 인정되었던 自由人 및 不存在하는 債權의 賣買의 경우도 이를 이미 "例外"로도 인정하지 아니한다. 前者에 대하여는 어떠한 로마法源도 그 유효를 말하고 있지 않고,[290] 또 性質上 그 有效를 따라서 履行利益의 賠償을 인정할 수도 없다. 왜냐하면 自由人의 價額(verum pretium)을 算定할 수 없기 때

287) Jhering, Culpa in contrahendo oder Schadenersatz bei nichtigen oder nicht zur Perfection gelanten Verträgen, in: *Jherings Jahrbücher* 4(1861), S. 1ff.

288) Jhering(註 287), S. 18.

289) 客觀的 不能에 한정된다. Jhering(註 287), S. 67.

290) 反對 : Windscheid-Kipp(註 213), § 315 Anm. 5(S. 290).

문이다.[291] 또 後者에 대하여는 그 계약의 목적물인 채권 그 자체는 존재할 수 있는(an sich existieren konnte) 것이므로 이 경우에는 主觀的不能이 成立할 뿐이다.[292] 이는 第3者의 所有地에 地上權을 設定하는 계약을 체결하는 경우에 그러한 지상권은 성립할 수 없으나, 그 토지에 대한 지상권 설정 자체가 불능인 것은 아닌 것과 마찬가지이다. 이와 같이 하여 예링에 있어서는 전혀 예외 없이 契約無效論이 승인된다.

또한 몸젠이 말한 損害賠償의 範圍에 관한 분류를 積極的 契約利益 및 消極的 契約利益(positives oder negatives Vertragsinteresse)이라고 命名하고,[293] 계약이 무효인 경우에는 후자만이 문제될 수 있다는 몸젠의 구성을 수긍한다.

(2) 그러나 原始的 不能給付에 관한 계약에 대하여 契約締結上의 故意(dolus in contrahendo)로 인한 책임만을 인정하는 몸젠――그리고 당시의 通說―― 에 반하여, 契約締結上의 過失(culpa in contrahendo)에 기한 책임을 긍정한다. 계약을 체결함에 있어서 주의를 다하지 아니한 자에 대하여 아무런 책임도 묻지 아니하고 그 자의 過失로 인하여 無效인 契約을 締結함으로써 損害를 입은 자에 대하여는 아무런 법적인 보호도 주지 않는 것은 그 결과가 法感情上 용납되지 아니할 뿐 아니라, 去來上의 불안을 야기하여 去來를 위축시킨다. 그러므로 "契約上의 주의(diligentia)에 대한 명령은 기존의 契約關係에 관하여서와 마찬가지로 형성 중인 契約關係에 관하여서도 타당하다. 그 履行은 前者에 있어서와 마찬가지로 契約上의 損害賠償訴權(Contractsklage auf Schadenersatz)을 성립시킨다."[294]

---

291) Jhering(註 287), S. 64. 여기서 예링은 로마方式書訴訟上의 金錢有責判決(condemnatio pecuniaria)의 原則, 즉 目的物 자체가 아니라 그것을 金錢으로 평가한 金額만의 支給을 명하는 訴訟上의 原則과 관련하여 논하고 있는 것이다.

292) Jhering(註 287), S. 69f. 그러나 그 자체 存在할 수 없는 債權, 예컨대 不能인 給付에 대한 債權의 경우에는 客觀的 不能이 성립한다.

293) Jhering(註 287), S. 16ff.

294) Jhering(註 287), S. 52.

이렇게 해서 "契約上의" 주의의무는 계약 체결 후에만 발생하는 것이 아니라, 계약을 체결하는 과정에서도 인정된다.[295] 이러한 구성은 나아가 "無效의 效果"에 대하여도 새로운 주장을 불가피하게 한다. 왜냐하면 契約이 無效이더라도 契約上의 損害賠償債務가 생긴다고 하려면 종래와 같이 "無效는 契約의 모든 效果의 不發生을 의미한다"고 해서는 안 되기 때문이다. 그리하여 예링은 유효·무효의 기준은 계약의 현실적인 주요목적인 履行義務의 消滅 여부에 있는 것이고, 무효인 계약도 이행의무 이외의 내용, 예컨대 給付物의 반환, 契約金의 반환 또는 損害賠償 등의 請求權을 발생시킬 수 있다고 한다.[296]

(3) 이와 같이 契約締結上의 過失을 인정하는 것 자체가 몸젠의 이론에 대한 비판이 된다. 몸젠에 있어서 契約締結의 시점이 不能의 限界 및 效果에 대하여 결정적인 의미를 가지게 되는 것은 앞에서 본 대로 계약의 성립 이전에는 "過失"(또는 有責性)이 별다른 의미를 획득할 수 없다고 보기 때문이었다. 그러므로 契約의 성립 이전의 형태에 대하여도 "過失"이 문제될 수 있다고 하면, 벌써 契約締結의 시점에 결정적인 의미를 부여할 근거는 없어지게 된다. 또한 契約締結上의 過失의 인정은 단순한 어느 하나의 客觀的 要件의 존부에 契約의 全效果를 매달리게 하는 태도와는 상용될 수 없다. 말하자면 예링의 이 理論에는 "過失" 개념을 매개로 하여 계약의 효과를 契約當事者의 全行態에 대한 평가에 의하여 정하려는 지향이 내재해 있다고 할 것이다.

이렇게 하여 예링은 몸젠의 理論을 철저하게 純化하는 外觀을 보이면서도 실질적으로는 그 이론을 돌파하는 발판을 마련하였다고 할 수 있다.

---

295) Jhering(註 287), S. 36은 契約當事者는 그 目的物의 狀態에 대하여 충분히 알고 있어야 하며, 그것을 모르고 그 물건의 讓渡을 약속하였을 때에는 "過失"(culpa)이 존재한다고 인정하여야 한다고 한다. 이에 대한 빈트샤이트의 反對에 관하여는 뒤의 註 330 및 그 本文 部分 참조.

296) Jhering(註 287), S. 29, 32.

제 2 관 하르트만의 批判

1. 예링의 주장은 커다란 반응을 일으켰고, 여하튼 결과는 시인되었다. 이와 같이 "無效인 契約의 效果"라는 방향에서 접근하는 입장에 대하여, 보다 철저하게 그 契約無效論 자체에 대하여 비판적인 태도를 취하는 學者도 없지 않았다. 이러한 입장을 최초로[297] 상세하게 전개한 學者는 하르트만이었다.

(1) 하르트만은 不能의 槪念 내지 意味로부터 출발하여 로마법상 Impossibilium nulla obligatio의 命題[298]의 진정한 의미를 탐구한다.[299] 그에 의하면 不能이란 否定的 必然性, 즉 "必然的으로 일어나지 아니함" (Notwendigkeit des Nicht-Geschehens)에 다름아니다. 그런데 債務는 그 성질상 法的 强制手段에 의하여 보장되는 어떠한 윤리적 當爲, 소위 윤리적 必然性을 내포한다. 그런데 원래 否定必然的(negativ-notwendig)인 것은 어떠한 윤리적 의미에 있어서도 肯定必然的(positiv-notwendig)으로 될 수 없다. 다시 말하면 그것은 "필연적으로 일어나게 해야 할 것"의 對象이 되지 못한다. 따라서 그 실현이 不能인 給付는 윤리적 必然性을 내포하는 바의 債務의 對象이 될 수 없는 것이다. 하르트만은 켈수스의 命題의 유일한 의미는 바로 이것이며, 이는 論理學上의 矛盾律의 適用에 불과하다고 한다. 그렇기 때문에 로마의 法學者들은 이 命題를 自然의 理致(naturalis ratio)로부터 도출하였다고 말할 수 있었던 것이다.

그런데 이 命題는 이와 같이 당연한 것을 말하였을 뿐이지, 不能給

297) 하르트만 以前에 Zimmermann, Zwei Rechtsfälle, in: *Jherings Jahrbücher* 13 (1870), S. 381ff.는 단편적이기는 하나, 사비니에 유사한 構成을 보인다. 즉 "要約者가 그 不能을 알면서도 그것을 모르는 諾約者에 대하여 그 給付를 약속한 경우에는 그 契約意思는 諾約者에 있어서는 단순히 우연적인 것이나, 要約者에 있어서는 원칙적이고 唯一한 것으로 받아들여져야 한다"(S. 391). 말하자면 그러한 자는 履行利益의 賠償責任이 있다는 것이다.

298) 하르트만에 의하면 이 命題가 "通說"의 출발점이다. Hartmann(註 168), S. 166f. 이미 몸젠의 不能論은 통설이 된 것이다.

299) Hartmann(註 168), S. 172f.

付에 관한 契約으로부터 현실적인 給付義務 대신에 어떠한 義務, 예컨대 그 급부의무에 갈음하는 金錢的 等價物(履行利益)의 支給義務가 발생하는가 여부나, 만일 발생한다면 어떠한 要件 아래서 발생하는가 하는 보다 어려운 문제에 대하여는 조금도 언급하고 있지 않다. 나아가 不能給付에 관한 契約이 無效라고는 말하고 있지 않다. 만약 그 契約이 무효라고 한다면, 그것은 전혀 별개의 이유로 인한 것이라고 한다.[300]

(2) 나아가 하르트만은 法律行爲의 有效要件으로서의 "法律行爲의 내용은 可能하여야 한다"라는 法理를 살핀다.[301]

當事者에 의하여 표시된 법률행위의 목적의 실현이 不可能하면 위에서 말한 바와 같이 論理法則上 그에 관한 의무는 존재할 수 없다. 따라서 몸젠처럼 이에 관한 근거로서 "當事者의 意思를 드는 것은 전혀 불필요한 것이다." 그런데 그러한 法律行爲를 無效라고 할 때 그 "無效"란 위와 같은 의미에 한정된다. 즉, "어떠한 法律行爲는 어떤 하나의 관계──아마도 주된 관계──에 있어서는 無效이어서 그 의도된 결과를 달성할 수 없을 것이나, 다른 관계에 있어서는 전혀 다른 방식으로 전적으로 有效일 수 있다."[302] 그러므로 실현이 不可能한 給付에 관한 法律行爲가 無效라고 할지라도, 그것은 현실적인 給付義務가 성립하지 아니하여 그 契約의 주된 目的이 달성될 수 없다고 하는 것뿐이고, 다른 관계, 예컨대 損害賠償義務가 발생할 수 없다는 것은 아니다.

이와 같이 하여 하르트만은 현실적인 給付義務의 否定과 그 給付에 관한 契約의 無效와의 직접적인 연결을 단절한다.

8. 하르트만은 이와 같이 로마法上의 "불능한 것에 대하여는 債務가 성립하지 아니한다"는 命題나 "法律行爲의 目的이 可能하여야 한다"

300) Hartmann(註 168), S. 173.
301) Hartmann(註 168), S. 175ff.
302) Hartmann(註 168), S. 177.

는 法理가 實定法에 대하여 무조건 타당하는 실질적인 原理가 아니라, 단순히 不能給付에 대한 給付義務는 존재할 수 없다는 形式論理上의 言明임을 확인한 다음, 不能인 給付에 관한 계약의 효과가 실정법상 어떠하였는가를 로마法에 비추어 살펴 본다.

이 단계에서 그는 契約의 有效·無效 여부, 다시 말하면 履行利益의 賠償義務의 인정 여부가 "그 給付 및 그에 관한 契約의 性質"에 따라 決定된다는 것을 밝힌다.303) 不存在하는 債權 또는 自由人(나아가서 不融通物)의 賣買가 유효한 것은, 우선 그 목적물의 성질 때문이고, 다음 그 계약이 誠意契約이기 때문이다.

예컨대 不存在의 債權의 賣買에 관하여 보면, 그 賣買는 채권을 취득하는 것 그 자체가 목적이 아니고 그것은 그 채권에 기하여 이행받을 특정한 財產的 利益을 얻기 위한 수단이다. 따라서 債權賣買의 최종적인 의미는 대상인 채권 그 자체의 취득에 있는 것이 아니라, 그 履行結果(Obligationenerfolg)에 있다. 그러므로 계약의 목적물인 채권이 存在하지 않더라도 그러한 효과를 다른 방법으로 부여하면 족한 것이다. 또한 債權은 有體物과는 달리 그 存在 여부를 확인할 수 없다. 그러므로 그 債權賣買의 安全性을 확보하기 위하여는 그 賣渡人에게 그 債權이 存在함을 擔保시킬 필요가 있다. 즉, 誠意契約에 있어서는 典型的 契約當事者(Muster-Kontrahenten)가 合理的으로 意慾하였을 바를 자유롭게 고려하여 契約內容이 확정된다. 그러므로 이에 있어서는 위와 같은 債權賣買의 特殊性이 본질적으로 고려되어, 그 매도인이 채권의 존재를 담보한다는 것이 의욕되었어야 한다(gewollt sein müssen). 이와 같이 法의 高次的인 理性에 의하여 보충수정된 계약 내용에 따라, 不存在하는 債權의 賣買는 有效이다.

그러나 하르트만이 로마法源의 구속으로부터 전적으로 자유로웠던 것은 아니다. 그는 不存在하는 物件의 賣買에 관하여는 "로마法은 一般

303) Hartmann(註 168), S. 180ff., 224.

的으로 모든 賣買에 있어서 賣渡人은 買受人에게 그 目的物의 存在를 保證한다는 根據를 발견하지 못하였기" 때문에, 賣渡人이 惡意이고 買受人이 善意라고 하여도 매수인에게 이행이익의 청구권은 없다고 한다.

3. 하르트만에 있어서 不能이 문제되는 것은 債務障碍事由 발생의 경우 그 채무자가 면책될 것인지 여부에 관한 "尺度"와 "限界"를 탐구하기 위한 목적에서이다.[304] 通說은 불능의 개념을 그 척도와 한계로 설정하고, 이를 原始的 障碍事由뿐만 아니라 後發的인 그것에도 적용된다.

그러나 이와 같은 劃一的·平面的 基準은, 그 실현이 보장되는 채무내용을 엄격히 文字의 一義性과 確實性에 의하여서만 창출하는 問答契約에 있어서는 "尺度"로서의 그 타당성을 인정 받을 수 있으나, 誠意에 좇아 당사자의 全容態를 考量함으로써 채무의 존부 및 그 내용을 정하는 誠意契約에는 적용될 수 없다. 通說은 問答契約에 관련된 法理를 "잘못 一般化"한 것이다.[305]

여기에서 하르트만은 그의 독특한 債務觀을 피력한다(소위 努力說 Kraftanstrengungstheorie). 즉, 債務의 內的 構造는 "미리 규정된 結果의 實現을 위한, 구체적으로 설정되고 法的으로 보장된 當爲(Soll)"이고, 이 當爲는 "目的到達에 적합한 행위"에 지향된다.[306] 그러므로 채권관계는 채무자에게 그 결과의 달성을 요구하는 것이 아니라, 그 성취를 위한 노력을 요구한다. 따라서 債務의 目的達成이 不能이라는 것에 일률적으로 결정적인 의미를 부여할 수는 없으며, 目的達成을 방해하는 사유는 채무자에게 그 채무의 성질에 따라 개별적으로 요구되는 努力의 정도와 상응하여 평가되어야 한다.[307] 그러므로 不能槪念은 앞서 말한 바와 같은 "尺度"와 "限界"가 될 수 없다. "主觀的 不能이라는 잘못된 표상을

---

304) Hartmann(註 168), S. 166.
305) Hartmann(註 168), S. 224.
306) Hartmann(註 168), S. 161f.
307) Hartmann(註 168), S. 224, 249f.

버리고, 특히 意思의 解釋에 의하여 債務設定原因(obligations-begründende Tatsache)을 파헤침으로써, 채무의 當爲가 어떠한 범위에서 또 어떠한 수단을 사용하여, 窮極目的의 실현을 방해하는 특정한 法的(또는 事實的) 障碍事由를 제거할 것을 요구하는가를 확정하여야 한다. 만약 義務者가 그만큼의 노력을 기울였다면 그는 給付義務로부터 眞正不能의 存否와 전혀 상관없이 免責된다."[308]

이와 같이 하여 사비니 이래 인정되어 온 客觀的·主觀的 不能의 구별을 부정하며 나아가 不能概念 자체를 무의미하다고 보고, 하르트만은 이를 債務의 性質에 따라 個別的으로 평가되는 "法的 및 事實的 障碍事由"로 대치한다."[309]

제 3 관 빈트샤이트에 의한 純化

1. 로마法上 問答契約과 誠意契約의 구조적 차이를 인정하고 原始的 不能 給付에 관한 法理의 一般原理性을 부인하는 이론은 19세기 후반의 독일普通法理論에 있어서 명백히 하나의 조류를 이루고 있었다. 그러나 빈트샤이트의 판덱텐교과서가 몸젠의 이론을 기본적으로 계승함에 힘입어[310] 몸젠의 이론은 이제 통설이 되었다.[311] 빈트샤이트의 이 책은 民法典이 제정되어 있지 않고 또 最上級民事法院이 존재하지 않고 있었던 당시의 독일 법률계에 있어서 가장 중요한 學問的 權威였다.[312]

빈트샤이트는 이미 몸젠의 저서에 대한 書評에서 그 이론에 대한 원칙적인 贊成의 의견을 피력하였다.[313] 그 후 그는 그 이론에 대한 수

308) Hartmann(註 168), S. 199.

309) Titze(註 168), S. 73 Anm. 19은 하르트만이 기능적으로 不能概念에 대체시키려고 한 債務의 "目的"과 "當爲"는 매우 막연하고 不確定的이어서 法典이 이를 受容할 수 없다고 비판한다.

310) Windscheid, *Lehrbuch der Pandekten*, Bd. 2, 1. Aufl., 1865, §§ 264, 315, 360 참조. 그의 판덱텐 教科書 全3卷은 1862년부터 1870년 사이에 출판되었고, 빈트샤이트 生存中의 最終版은 1891년의 第7版이었다. 그 후는 키프(Kipp)에 의하여 BGB에 맞추어 補充되었다(앞의 註 213 참조).

311) Wollschläger(註 90), S. 125는 이 점을 강조한다.

312) Wieacker(註 47), S. 446.

313) Windscheid(註 238) 참조.

정·비판·보충론 등을 신중하게 고려한 결과로[314] 또 그 일류의 엄격한 개념 사용으로 하여, 판덱텐교과서에 나타난 不能理論은 보다 선명한 체계와 일관성을 갖추게 되었다.

2. 몸젠의 原始的 不能論이 발표되자, 빈트샤이트는 이에 대한 서평을 발표하여, 이것이 종래의 民法學上의 하나의 欠缺(Lücke)을 보충한 것으로서 매우 높이 평가하였다.[315] 특히 몸젠이 로마法源에 나타나는 抽象的 規則과 즉각적인 판단의 배후로부터 법률관계의 구체적인 현실(Leben)을 끌어내어 이 현실의 관점에서 그 규칙 등의 타당성을 조명하려고 노력하고 또 그러한 방법으로 발견된 것을 法源上 未解決의 문제에 대하여도 적용하려고 한 점을 크게 샀다. 다른 한편 그는 몸젠의 서술상의 결함, 즉 平易함, 透明함의 결여를 지적한다. 그러나 그는 동시에 그것이 연구대상의 고유한 난해함에 기한 것이기도 하다고 하고, 따라서 讀者 스스로의 노력(Selbstthätigkeit)이 상당히 요구된다고 하여, 이 결점의 지적을 희석시키고 있다.

그리고 빈트샤이트는 몸젠의 不能論을 그의 판덱텐교과서에 대부분 수용하였다. 가령 그는 原始的 不能論으로부터의 예외를 不融通物의 매매에까지 확장하는 것——사비니에 있어서 "債權者 善意→契約有效"論의 典據가 된 Inst. 3.23.5 등——을 몸젠과 마찬가지로 부인하였다.[316] 그리고 그 교과서의 權威에 의하여 몸젠의 不能論은 후기 보통법학의 공유재산이 되었으며, 독일민법전의 기초자들에게 그것은 "自明한 것"이 되었다. 그러나 몸젠의 不能論과 빈트샤이트의 그것 사이에는 미묘한 차이가 있으며, 이러한 차이는 우리에게 있어서는 중요한 점에 관련하고 있다.

먼저 빈트샤이트는, 原始的 不能 給付를 목적으로 하는 계약의 무효를 당사자의 假定的 抽象的 意思로부터 끌어내는 것을 비판한다. 그

314) Windscheid-Kipp(註 213), §264 Anm. 4(S. 93) 참조.
315) Windscheid(註 238), S. 107f.
316) Windscheid(註 238), S. 116.

러한 推論은 "作爲的일 뿐만 아니라, 결정적으로 틀린" 論證이다. 빈트샤이트에 의하면, 현실적으로 어떠한 것을 意慾한 자가 불능인 사실을 알고 있었다면 그것을 의욕하지 않았을 것이라는 사정은 意思表示의 無效를 발생시키는 것은 아니며, "오직 法(Recht)만이 그러한 의사표시[의 유효]를 물리칠 수 있을 뿐"이라고 한다. 그러면서 "不能한 것에의 意思의 구속은 그 자체 모순"이라고 할 뿐이다.[317] 이러한 진술이 原始的 不能論의 근거로서는 후에 맹렬한 비난의 대상이 됨은 뒤에 보는 대로이다.[318]

또한 빈트샤이트는, 몸젠의 眞正不能·不眞正不能의 구별을 비판한다. 그러한 概念으로써는 給付不能이 어떠한 경우에 存在하는가, 또 債務者는 어떠한 경우에 그 債務로부터 免責되는가 하는 ──실제로 가장 중요한── 문제에 대한 해답을 획득할 수 없다는 것이다.[319] 실제로 몸젠에 있어서 眞正不能·不眞正不能의 개념은 그 자체 명확한 내용이 부여되고 있지 않으며, 단지 어떠한 給付不可能(Nichtleistenkönnen)이 債務者의 免責을 가져오는 것이면 眞正不能, 그렇지 않으면 不眞正不能이라고 불리우고 있음에 불과하였다. 즉, 그 부분은 단지 給付不可能과 계약의 무효 내지 무효가능성──가령 一部不能에 있어서의 代金減額請求權 또는 契約解除權의 부여를 생각하여 보라──을 매개하는 개념에 불과하였다.

이제 빈트샤이트는 이러한 槪念區分을 해체하고,[320] 그에 대신하여 客觀的 不能과 主觀的 不能을 위치시킨다. 그는 眞正不能·不眞正不能의 개념구분을 客觀的 不能·主觀的 不能에 각기 그에 상응하는 효과를 부여하기 위한 "서술의 外的 調和"(äussere Harmonie)의 산물에 불과하다고 한다.

---

317) Windscheid(註 238), S. 115. Dernburg(註 213), S. 45도 "必然的 論理의 命題"(ein Satz zwingender Logik)라고 한다.

318) 가령 Enneccerus-Lehmann, *Recht der Schuldverhältnisse*, 15. Bearb., 1958, S. 129 ff.는 불능인 것에의 意思의 拘束은 그 자체 모순이라거나 "論理的으로" 있을 수 없다는 前提야말로 何等 論理必然的이 아니며, 또한 로마法에서도 일반적으로 승인되고 있었던 것이 아니라고 비판한다. 그는 不存在하는 債權의 賣買가 有效한 것(BGB 제437조)을 예로 들어, 法律은 다른 效果를 부여할 수도 있다고 한다.

319) Windscheid(註 238), S. 107.

320) Windscheid-Kipp(註 213), S. 91ff., 289ff.에는 眞正不能·不眞正不能의 구별은 전혀 언급되어 있지 않다.

그러한 "客觀的 不能→契約의 無效", "主觀的 不能→契約의 有效"라는 도식은 다음과 같은 과정을 통하여 이루어진다.

우선, 몸젠에 있어서는 原始的 主觀的 不能에 관하여 그것이 法的 障碍에 기한 것인가, 事實的 障碍에 기한 것인가에 의하여 다른 효과가 귀속되었음에 대하여, 이제 이러한 구분은 거의 주목되지 않는다. 그리고 主觀的 不能은 法的 障碍에 의한 것인가, 事實的 障碍에 의한 것인가를 불문하고 계약의 유효·무효에 영향을 미치지 못한다.[321] 이에는 약간의 우여곡절이 있다. 빈트샤이트는 몸젠의 저서에 대한 書評에서는 몸젠의 이에 관한 문제처리를 비판적으로 흡수하여, 給付가 본래 可能한데 계약 체결시까지 債務者에게 알려지지 아니한 사정――그것이 法的 障碍에 기한 것이라도――에 의하여 (主觀的) 不能이 된 경우에는 債務者의 免責을 인정하였었다.[322] 그러나 후에 빈트샤이트는 이를 거부하였다. 왜냐하면 "可能을 不能으로 轉化시키는 事實의 不知는 가능을 애초부터 배제하는 사실의 부지 또는 所與의 사실의 부적절한 평가 이상으로 債務者에게 歸責될 수 있는 것이기 때문이다."[323]

다음, 客觀的 不能의 경우이면서도 그에 관한 契約이 有效가 되는 例를 위와 같은 도식의 설정에 방해가 되지 않도록 한다.[324] 첫째, 자유인 매매의 경우 매수인이 善意이면 契約은 유효이다. 이는 保證의 관점에서 설명되나, 현재에는 自由人 賣買란 있을 수 없으므로 실제적으로 무의미하다. 둘째, 不存在하는 債權의 賣買도 역시 유효하기는 하다. 그러나 이 경우는 몸젠이 말하는 것처럼 客觀的 不能인 것이 아니라, 主觀的 不能이라고 하여야 한다. 왜냐하면, 債權賣買에 있어서 債權이 不存在하다는 사실은 ――物件의 賣買에 있어서와는 달리―― 權利의 하자

321) 이러한 意味에서 라벨은, BGB上의 主觀的 不能에 대한 態度는 몸젠(그의 태도에 대하여는 註 234 이하 및 그 본문 부분 참조)이 아니라, 빈트샤이트에 유래한다고 한다. Rabel(註 203), S. 59.
322) Windscheid(註 238), S. 108ff.
323) Windscheid-Kipp(註 213), § 315 Anm. 3(S. 289).
324) Windscheid(註 238), S. 116ff.

에 해당하는 것이고 權利의 存在가 不能인 것은 아니며, 權利의 하자는 他人의 物件의 賣買의 例에서 보듯이 바로 法的 장애에 의한 主觀的 不能이라고 하여야 하기 때문이다.

이리하여 위와 같은 도식은 예외 없이 인정되는 것이다. 이러한 도그마化는 "近代的 去來法의 요청인 簡明性과 首尾一貫性을 내포"하는 일면이 있다고 하여도, 그 근거부여 내지 정당화라는 측면에서는 오히려 몸젠보다 후퇴하여 형식적 논리에만 의존하고 있고, 또 原始的 主觀的 不能의 취급에서 보는 劃一的 處理는 몸젠이 그나마 고려한 바 있던 去來上의 正義를 전적으로 외면한 것이었다. 애초 客觀的·主觀的 不能의 구별에 내재하고 있는 無基準性에다가 이러한 약점을 더하여 보면, 이 原始的 不能論에 대한 비판은 必至의 사실이라고 할 것이다.

3. 그의 不能論의 골자는 다음과 같다.

(1) 우선 그는 原始的·後發的 不能 및 客觀的·主觀的 不能을 峻別한다.[325] 客觀的 不能은 예컨대 멸실한 물건의 급부의 경우로서 "不能 그 자체"(Unmöglichkeit an sich)이고, 主觀的 不能은 예컨대 제 3 자의 소유물의 급부의 경우로서 "債務者에 있어서의 不能"(Unmöglichkeit bloss für den Schuldner)이다. 또 하르트만이나 브린츠가 "主觀的 不能"이라는 표현 대신 "障碍事由"라는 표현을 쓰자고 주장하는 데 대하여, 이미 관용된 표현을 버리는 것은 아무런 이익도 없다고 하여 이를 거부한다.

(2) 그리하여 原始的 主觀的 不能 給付에 관한 契約은 유효하다. 債務者의 善意·惡意 여부는 문제되지 않는다.

다른 한편 原始的 客觀的 不能 給付에 관한 계약은 무효이다. 債務者는 그 급부 자체에 대하여서도, 그 金錢等價物에 대하여서도 의무를 부담하지 않는다. 이는 債務者나 債權者의 인식 여하와는 아무런 관

325) Windscheid-Kipp(註 213), §264(S. 93).

계가 없다.[326]

그러나 이 경우 채무자는 자신이 不能을 알았거나 몰랐거나 간에 債權者가 그것을 過失 없이 알지 못한 때에는, 債權者가 有效한 契約의 성립을 신뢰하였음으로 인하여 발생한 손해를 債務者는 배상하여야 한다.[327] 원래 빈트샤이트는 몸젠의 "契約締結上의 惡意責任"(dolus in contrahendo)에 기한 信賴利益賠償義務도 전면적으로 계승하였다.[328] 즉, 債務者가 不能에 관하여 惡意—重過失은 이와 동시된다—인 경우에는 惡意(dolus)가 독자적인 責任原因이라고 하는 一般原則에 의하여 信賴利益의 賠償責任이 긍정된다. 그렇지만 채무자의 악의 자체에, 不能한 것에의 구속은 그 자체 모순된다는 원칙을 깨뜨리는 효력, 즉 契約有效, 나아가 履行利益의 賠償責任을 인정하는 효력은 부여되지 않는다고 하였었다. 그러나 예링의 "契約締結上의 過失責任"에 관한 논문이 발표되자, 빈트샤이트는 그 판덱텐교과서에서 契約締結上의 惡意責任의 法理를 완전히 버리고, 抽象的 "過失"責任을 채택한 예링도 뛰어넘어, 事實上의 無過失責任을 주장하기에 이르렀다. 債務者는 不能을 알았거나 알지 못하였거나에 상관없이, 또 그 알지 못한 데 대하여 過失이 있거나 없거나에 상관없이, 善意의 債權者에 대하여 信賴利益의 賠償責任을 지지 않으면 안 된다는 것이다.

이러한 消極的 契約利益에 대한 債務者의 賠償責任을 인정하는 근거는 "契約締結上의 過失"이 아니라, "모든 契約當事者는 자신의 표시에 의하여 상대방에 그 契約의 有效에 대한 信賴를 발생시킨 경우에는 그 계약이 상대방이 過失 없이 알지 못하는 원인으로 인하여 無效가 되었다면 그 信賴로 인하여 발생한 不利益에 대하여 자신의 過失 有無를 불문하고 책임을 져야 한다"는 일반적인 法理이다.[329] 빈트샤이트는 예

326) Windscheid-Kipp(註 213), §315(S. 289ff.).
327) Windscheid-Kipp(註 213), §315 Anm. 7(S. 291).
328) Windscheid(註 238), S. 118.
329) Widscheid-Kipp(註 213), §307 Anm. 5(S. 250f.).

링의 "契約締結上의 過失"이라는 구성에 대하여 다음과 같이 말한다.[330] 그것에 의하면 不能을 過失 없이 알지 못한 債務者는 責任을 지지 않는 결과가 된다. 그러나 이러한 결과를 뒷받침하는 로마法源은 존재하지 않는다. 뿐만 아니라, 예링 스스로도 그러한 결과를 용인하는 것은 아니다. 왜냐하면 그는 자신의 일을 잘 알지 못하면서 契約을 締結하는 것에 이미 過失이 있다고 하는데, 이것은 결국 不能이 존재하는데도 불구하고 可能이라고 믿고 계약을 체결한 자에게는 언제나 過失이 인정되는 것과 같기 때문이다. 따라서 전혀 過失이 없는 경우에도 "過失"이 인정되는 결과가 되므로 "契約締結上의 過失"이라는 구성은 채택될 수 없다는 것이다.

(3) 後發的 不能에 있어서는 客觀的·主觀的 不能을 불문하고, 債務者가 그에 관하여 過失이 있느냐에 따라 달라진다. 이 때 債務者가 不相當한 희생을 치루어야만(mit unverhältnismässigen Opfern) 給付를 할 수 있는 경우에도 不能으로 인정되지 않는다.[331]

제 5 절 獨逸民法 制定過程에서의 原始的 不能論

1. 獨逸民法典의 制定過程에 있어서[332] 그 중 債權編에 대한 豫備草案(Vorentwurf)의 기초는 폰 퀴벨(Franz von Kübel)[333]에게 委任되었다.

그에 의하여 마련된 債權法部分草案(Teilentwurf)[334]은 다음과 같은

330) Windscheid-Kipp(註 213), §315 Anm. 7(S. 291f.).
331) Windscheid-Kipp(註 213), §264(S. 96).
332) 독일민법의 제정과정 일반에 대하여는 W. Schubert, Entstehungsgeschichte des BGB, in: *Materialien zur Entstehungeschichte des BGB*, 1978, S. 27-68; H. Coing (Hrsg.), *Handbuch der Quellen und Literatur der neueren europäischen Privatrechtsgeschichte*, Bd. 3, Teilbd. 2, 1983, S. 1572-1625(Barbara Dölemeyer 집필) 참조.
333) 폰 퀴벨에 대하여는 W. Schubert(註 332), S. 75ff. 참조.
334) 이 部分草案과 그 理由書는 W. Schubert(Hrsg.), *Die Vorlagen der Redaktoren für die erste Kommission zur Arbeitung des Entwurfs eines Bürgerlichen Gesetzbuches*

條文을 마련하고 있다.

契約의 對象(Abschn. I Tit. 2. I. 1. b)

제 1 조 : "可能하지 아니한 給付, 法規 또는 善良한 風俗에 반하는 給付에 관한 契約은 無效(nichtig)이다.

不融通物의 給付 또는 不融通物上의 給付에 관한 契約은 특히 無效이다."

제 2 조 (一部不能——생략)

제 3 조 : "상대방에게 給付를 약속한 자는, 스스로 給付의 不能을 알거나 重過失로 인하여 알지 못한 경우에 상대방이 不能을 알지 못하고 또 알 수 없었을 때에는 상대방에 대하여 損害賠償의 責任을 부담한다."

제 4 조 (物件의 장래의 生成의 경우나 障碍消滅의 경우 등에 대한 契約의 有效——생략)

제 5 조 : "제 3 자의 物件 및 權利에 관하여는 有效하게 契約이 締結될 수 있다."

債務不履行의 效果 일반(Abschn. I Tit. 3. Ⅲ. 1)

제 1 조 : "債務者가 자신에게 全部 또는 一部 不能한 給付를 약속하였기 때문에, 또는 債務者의 歸責事由로 인하여 給付가 全部 또는 一部 不能이 되었기 때문에, 債務者가 자신이 負擔하는 債務를 履行할 수 없거나 완전히는 履行할 수 없는 경우에는 債務는 그럼에도 불구하고 存在하며, 債權者는 不履行에 의하여 자신이 직접 또는 간접으로 입은 損害의 賠償을 請求할 수 있다."

폰 퀴벨은 이에 대하여 다음과 같이 그 立法理由를 밝히고 있다.335) 우선 「契約의 對象」 제 1 조에 관하여. 眞正不能, 즉 客觀的 不能의 原始的인 존재가 계약을 무효로 하는 것은 絕對的 原則이다("自然의 理致" naturalis ratio). 이것은 當事者意思에 환원되는 것은 아니다. 당사자들의 불능에 대한 인식 여부나 契約締結 前의 약속자의 容態 여하를 불문한다. 나아가 同 제 3 조에 관하여. 계약의 무효는 필연적으로 契約上의

—*Unveränderter photomechanisher Nachdruck der als Manuskript vervielfältigten Ausgabe aus den Jahren 1876—1883. Recht der Schuldverhältnisse, Teil 1: Allgemeiner Teil,* 1980에 收錄되어 있다.

335) W. Schubert(註 334) 收錄의 각 理由書(Begründung) 참조.

給付나 그 대상인 履行利益에 대한 請求權의 不發生을 의미한다. 그러므로 受約者가 계약성립을 신뢰함으로 말미암아 입은 손해의 賠償請求權만이 문제될 수 있다. 그러나 대개는 受約者도 역시 급부불능을 알 수 있을 상황에 있기 때문에 그 청구권은 인정되지 않을 것이다. 草案은, 受約者에게 歸責事由가 없을 것과 아울러 약속자의 歸責事由——이것은 重過失을 요하다——를 요구한다. 왜냐하면, 契約에 의한 去來는 쌍방의 신뢰 위에 성립하는 것이므로 계약을 맺을 때에는 각 당사자가 상대방의 신뢰를 저버리지 않도록 할 주의의무가 있기 때문이다. 다른 한편, 過失이나 保證引受를 의제함으로써 責任을 확장하는 것은 실제상의 필요도 없고, 衡平에도 맞지 아니한다. 나아가 同 제 5 조와「債務不履行의 효과 일반」제 1 조에 관하여. 主觀的 不能은 眞正不能이 아니고, 따라서 계약을 무효로 하지 않는다. 이것은 당사자들의 인식이나 債務者의 錯誤와는 관계가 없다. 그 전형적 예는 給付되어야 할 權利를 債務者가 가지지 못하는 경우이다(위 제 5 조). 그러나 主觀的 不能의 경우에 債務者가 履行利益의 賠償責任을 진다는 것은 어디까지나 원칙이고, 이를 수정하여야 할 경우도 있다. 가령 債務者의 原始的 主觀的 不能을 債權者만이 알고 있는 경우에 債務者는 惡意의 抗辯(exceptio doli)을 할 수 있고, 쌍방이 이를 알고 있는 경우라면 이 때의 義務引受가 무엇을 의미하는가에 관한 意思解釋이 본질적인 문제이다. 草案은, 個別的 例外는 法文化하지 아니하더라도 상관 없다는 입장에서 일반적 규범을 설정한 것이다(위 제 1 조).

퀴벨의 이러한 草案과 그 理由는 대체적으로 빈트샤이트의 충실한 복사라고 할 수 있다. 특히 原始的 客觀的 不能의 給付를 내용으로 하는 契約의 無效를 "絶對的 原則"이라고 하여, 當事者意思의 환원 등 별도의 정당화를 시도하지 않는 점에서 이는 특히 두드러진다. 그러나 原始的 主觀的 不能의 처리에 있어서는 빈트샤이트 이후의 비판, 특히 하르트만의 비판을 고려하여 일정한 동요를 보이고 있다. 하르트만은

主觀的 不能의 概念을 부인하고, 履行의 事實的·法的 障碍의 극복에 관하여 채무자가 부담하여야 할 責任을 정하는 것은 개별적인 債務關係의 性質과 內容이라고 주장한 바 있고, 이러한 주장은 퀴벨에 의하여 兩當事者가 그러한 履行障碍를 알고 있었던 경우의 처리에 관하여 수용되고 있다. 그럼에도 불구하고, "一般的 規範"으로서는 역시 主觀的 不能→契約의 有效라는 法理가 관철되고 있는 것이다.

2. 제 1 위원회에서는 다음과 같은 심의가 이루어졌다.[336]

「契約의 對象」 제 1 조에 관하여는, 우선 제 2 항이 독자적인 규정을 둘 의미가 없다는 이유로 삭제되었다. 또 公用物의 賣買는 公用廢止의 가능성이 있고 또 타인 소유의 물건을 매매한 경우에 유사하므로 有效로 하자는 수정의견은 그러한 경우는 客觀的 不能에 해당한다고 하여 받아들여지지 않았다. 한편 제 1 항은 그대로 받아들여져서 제 1 草案 제344조("契約이 不能이거나 法律에 의하여 금지되었거나 良俗을 해하는 給付를 목적으로 하는 경우에는, 그 契約은 無效이다")로 나타났다. 不能 給付를 目的으로 하는 契約을 無效로 하는 根據에 대하여, 理由書는 다만 "給付可能性의 欠缺은 契約의 대상이 없음을 의미한다: impossibilium nulla est obligatio."라고만 한다.[337] 한편 이 때 不能이란 客觀的 不能만을 의미하고, 主觀的 不能은 이에 해당하지 않는다. "法的 不能", 즉 "法律이 허용하지 아니하거나 거부하는 法的 效果 또는 法律關係의 설정을 目的으로 하는" 계약의 경우는 自然的 不能과 동일시된다. 기타 不能의 개념은 일반적으로 定義되는 것은 아니며, 개별적인 契約의 態樣의 문제라고 한다.

同 제 3 조에 관하여는,[338] 우선 履行利益의 한도 안에서 消極的 損

336) H.H. Jakobs u. W. Schubert(Hrsg.), *Die Beratung des Bürgerlichen Gesetzbuchs* in systematischer Zusammenstellung der unveröffentlichten Quellen. *Recht der Schuldverhältnisse I:* §§ 241 bis 432, 1978, S. 370ff.

337) Mugdan, *Die Gesammten Materialien zum Bürgerlichen Gesetzbuch*, Bd. 2, S. 97.

338) Jakobs/Schubert(註 336), S. 373ff.

害를 배상한다는 것을 明文化하였다. 그러한 제한을 둔 것은 絶對的 不能의 대부분의 경우에 履行利益이란 무의미하며, 또 규정은 보통의 경우로부터 출발하여야 할 것이기 때문이다. 나아가 두 가지 점에서 수정이 있었다. 첫째, 責任要件은 —예링에 좇아— 過失로써 족한 것으로 하고, 둘째, 비단 約束者뿐만 아니라 受約者도 責任을 져야 할 수도 있음을 분명히 한다. 後者는 契約締結上의 過失責任이 個別規定에 맡겨진 것을 계기로 一般原理로부터 해방되어 規定의 完全化(Vervollständigung)를 꾀한 것이다. 그리하여 제 1 草案 제345조("不能인 給付를 目的으로 하는 契約을 締結함에 있어서 당사자의 一方이 그 不能을 알았거나 過失로 인하여 알지 못한 경우에는 상대방에 대하여 損害賠償의 責任을 진다. 그러나 損害額은 어떠한 경우에도 契約이 有效한 때에 不履行을 이유로 賠償하여야 할 금액을 넘지 못한다. 상대방이 給付의 不能을 알았거나 알았어야만 하였을 경우에는 賠償의 責任은 발생하지 아니한다")가 마련되었다.

그리고 제 5 조는 그대로 승인되어 제 1 草案 제348조 제 1 항("契約은 제 3 자의 物件이나 權利의 給付에 관한 것이라도 無效가 아니다")이 되었다.[339] 또한「債務不履行의 效果 一般」제 1 조 중 原始的 主觀的 不能에 관한 부분은 삭제되었다.[340] 그 이유는 契約의 對象에 관한 條項의 심의에서 이미 명백하게 되었다는 데 있다.

3. 帝國 法務部 第二讀會 準備委員會의 심의과정(1891년)에서 제 1 草案 제344조에서 法令 違反과 善良한 風俗 위반에 관한 부분은 總則과의 관계상 삭제되었고, 현재의 독일민법 제306조와 같은 모습이 되었다.[341] 同 제345조는 그대로 승인되었다.[342] 그러나 同 제348조 제 1 항은 자명하다는 이유로 삭제하자는 제안이 채택되었다.[343]

339) Jakobs/Schubert(註 336), S. 387.
340) Jakobs/Schubert(註 336), S. 259.
341) Jakobs/Schubert(註 336), S. 372.
342) Jakobs/Schubert(註 336), S. 377f.
343) Jakobs/Schubert(註 336), S. 389.

4. 1891년의 제 2 위원회에서 修正後 第 1 草案 제344조는 그대로 채택되었다. 이 때 本條를 삭제하자는 제안이 있었다.[344] 그 이유는 本條는 한편 자명하고, 다른 한편 부당하다는 것이다. 債務關係가 給付可能性이 없이는 성립할 수 없다는 것은 債務關係의 본질상 명백하다. 또 不存在하는 債權의 讓渡 등의 경우와 같이 대상이 없음에 불과한 契約은 그 하자의 제거와 함께 有效性(Wirksamkeit)을 획득할 수 있으므로, 契約이 絶對無效(nichtig)라는 것에서 출발하여서는 안 된다는 것이다. 다수의견은 이 제안을 받아들이지 않았다. 첫째, 本條는 체계상의 명료성을 위하여 필요한 규정이고, 둘째, 本條는 法律行爲는 不能한 給付를 목적으로 하는 한 無效(unwirksam)이고, 有效한 것이 될 여지가 없기 때문에 絶對無效이다. 다음 조항, 특히 제 1 草案 제346조(物件의 장래의 生成의 경우나 障碍消滅의 경우 등을 위한 契約의 有效)와 擔保責任에 관한 규정은 本條를 제한함과 동시에 本條의 임의성(保證引受에 의한 履行利益賠償責任의 허용)을 명확하게 보여 준다는 것이다. 이와 같이 하여 제 2 草案 제259조 제 1 항이 마련되고, 이는 그대로 聯邦參議院提出案 제300조, 帝國議會提出案 제300조를 거쳐 현행 BGB 제306조가 되었다.

한편 제 1 草案 제345조도 그대로 채택되었다.[345] 우선, 受約者의 責任은 故意의 경우에 한정되어야 한다는 수정제안이 있었다. 契約에의 촉발(Anstoss)은 受約者에 의하여 주어진다고 하더라도, 給付의 可能性을 조사하여야 할 사람은 約束者이며, 受約者에게 이와 같은 정도의 주의를 요구하는 것은 정의에 반한다는 것이다. 다수의견은 이를 받아들이지 않았다. 거래상의 信義에 좇는다면, 兩當事者는 일정한 주의를 하여야 한다. 그 정도가 각 當事者마다 다르다고 하더라도, 受約者가 注意義務로부터 해방될 수는 없다. 따라서 受約者에게도 過失責任이 인정되어야 한다. 다음, 約束者에게는 無過失責任을 과하여야 할 것이라

344) Jakobs/Schubert(註 336), S. 372f.
345) Jakobs/Schubert(註 336), S. 378ff.

는 수정제안이 있었으나 이 역시 받아들여지지 않았다. 修正提案은 다음과 같이 주장한다. 約束者의 意思表示에 대한 受約者의 信頼, 去來安全을 고려하여야 한다. 주로 事實的 事情에 대한 錯誤가 문제될 것인데, 약속자는 그 사정을 알 수 있는 가능성이 더 크므로 그 착오에 대하여도 책임을 지는 것이 自然的 法感情과 衡平에 맞는다는 것이다. 이에 대하여 다수의견은 다음과 같이 반론한다. 意思欠缺은 表意者의 내부에서 생기기 때문에 表意者의 無過失責任을 정당화하나, 本條의 경우에는 兩當事者 모두가 給付對象의 存否에 대하여 탐지할 수 있으므로 서로 사정이 다르다. 雙方이 잘못 안 경우 給付不能이라는 불행한 偶然事(unglücklicher Zufall)에 대한 保證責任을 약속자에게 부담시키는 것은 불공평하다. 따라서 約束者에게도 過失責任만을 인정하는 것이 타당하다는 것이다. 그리하여 제 2 草案 제259조 제 2 항이 마련되었고, 이것이 후에 BGB 제307조가 되었다.

또 제 1 草案 제348조는 준비위원회의 삭제제안에 따라 삭제되었다.[346]

5. 한편 BGB 上의 債務不履行 體系에 있어서 履行不能의 범주는 機軸的 지위를 점하고 있다. 그리고 그 범주는 原始的·後發的 不能, 客觀的·主觀的 不能, 全部·一部 不能, 永久的·一時的 不能, 歸責事由 있는 不能과 歸責事由 없는 不能으로 각기 구분되고, 다시 그들의 조합에 의하여 수많은 종류(모두 32개)로 나누어진다.

그 중에서 중요한 규정을 들면 그 내용은 다음과 같다. 첫째, 위와 같이 原始的 客觀的 不能의 給付를 목적으로 하는 契約은 無效이다. 그러나 信頼利益의 賠償責任이 인정되는 수가 있다(BGB 제306조, 제307조). 둘째, 原始的 主觀的 不能 給付에 관한 契約에 대하여는 明文의 규정이 없으나, BGB 制定 당시 그리고 그 이후의 通說에 의하면 債務者의

346) Jakobs/Schubert(註 336), S. 389.

인식 기타에 관계 없이 무조건 有效하다.[347] 셋째, 계약성립 후의 債務不履行事由는 "遲滯"(BGB 제284조 이하)와 "不能", 즉 後發的 不能(BGB 제275조 이하)의 두 범주로 수렴되는데 이 경우에 主觀的 不能은 客觀的 不能에 等置된다(BGB 제275조 제 2 항).

그러나 債務不履行에 관한 이러한 規定體系는 BGB 시행 당시부터 열화와 같은 비판에 직면하였다. 그 대표적인 예는 소위 積極的 契約侵害論인데, 原始的 不能論도 그 예외가 될 수는 없었다.

(서울大「法學」27권 2·3호(1986. 9), 126면 이하, 同 28권 3·4호(1987. 12), 241면 이하, 同 29권 1 호(1988. 3), 136면 이하 所載)

[後　　記]

1. 원래 이 글은 6個의 章으로 구성되는 것으로 예정되어 있었다. 여기서 보는 제 3 장까지에 이어서, 原始的 不能論에 관한 독일민법 시행 후의 批判理論이나 원시적 불능론의 우리 나라에의 受容過程 등을 살펴 보고, 마지막으로 이에 대한 解釋論을 제안할 것이었다. 그러나 이 글을 연재 중이던 서울대 「法學」誌의 編輯者들은 이와 같은 長文의 논문은 單行本으로 발표되어야 하고 同誌와 같은 定期刊行物에 게재하기에는 적합하지 않다는——필자로서는 이해하기 어려운——理由로 더 이상의 게재를 불허할 방침임을 통고하여 왔다.

이 통고는 그 때까지 原稿를 착실히 준비하고 있던 필자에게 상당한 衝擊을 주었다. 그리고 달리 그 결과를 발표할 길도 없는 作業을 계

347) Evans-von Krbek, Gleichstellung des anfänglichen Schuldnersunvermögens mit dem nachträglichen?, in: *AcP* 177(1977), S. 35 N. 1의 여러 文獻 참조.

속한다는 것이 그리 쉽지 않았다. 그리하여 상당한 草稿가 이미 마련되어 있었던 상태에서 그 작업은 일단 중단되었다. 그 후로 이 글을 마무리하여야 한다는 생각은 항상 마음 한 구석에 남아 있었으나, 일단 손을 놓은 일은 좀처럼 다시 始作하게 되지 않았다.

2. 이 글을 이 상태로 本書에 수록하여도 좋은가에 대하여는 筆者 스스로 의문이 없지 않다. 그러나 필자가 교수생활의 初入에서 어렵게 써 내려간 이 글에 대한 愛情 때문에 아마도 무리일 것이나, 여기에 싣기로 하였다. 原始的 不能論이 「完成」되기까지의 學說史로서는 의미가 전혀 없지는 않을지도 모르기 때문이기도 하다.

5. 解除의 效果에 관한 學說들에 대한 所感

Ⅰ. 序　　說

契約의 解除에 관한 현재의 學說은 안정되어 있지 않다. 물론 얼마 전까지는 안정되어 있었다. 그러나 독일의 이에 대한 “새로운” 學說이 우리 나라에 소개되고 또 一部에 의하여 支持됨으로써, 학설은 분열되기에 이르렀다. 「독일의 학설」은 이 경우 우리에게 무슨 의미가 있는가? 우리의 학설은 「독일의 학설」을 “輸入”함으로써 解除의 效果에 관하여 구체적으로 어떤 변화가 생겨야 한다고 주장하는 것일까? 그에 있어서 우리 民法의 다른 制度들 전반에 대하여 충분한 고려를 베풀었던 것일까?

Ⅱ. 學說의 年代記

(1) 애초에 학설의 대립이 있었다. 이 대립은 우리 나라에서 시작된 것이 아니고, 19세기 후반에 독일에서 비롯되었다. 우리 나라의 교과서에서 장황하게 나열되고 설명되고 있는 間接效果說, 直接效果說, 그리고 折衷說이 그것이다. 그것이 일본에서 되풀이되었고 우리 나라에

서도 반복되었다.[1)]

그리고 "흩어지면 반드시 다시 합"하듯, 학설은 直接效果說로 낙착되어 갔다.[2)] 大法院判決에서도 이 입장을 취하는 듯한 설시를 한 것이 나왔다. 大法院 1977년 5월 24일 判決 75다1394사건(集 25-2, 44)은 "契約이 解除되면 그 계약의 履行으로 變動이 생겼던 物權은 당연히 그 계약이 없었던 原狀態로 복귀한다고 봄이 타당하다"고 한다(同 46면). 이 설시에서 주목할 것은 "그 계약이 없었던 원상태"라고 하는 부분이다. 이것이 直接效果說의 핵심적인 내용이기 때문이다. 그러므로 만일 이 부분의 설시가 "판례"가 될 수 있다고 한다면, 「판례」는 직접 효과설을 취하고 있다고 할 수 있다. 그리고 大法院 1982년 11월 23일 判決 81다카1110사건(集 30-4, 45)은 이것이 "當院의 判例"라고 한다.[3)]

여기서 우리가 주의하여야 할 것은 독일에서의 직접효과설, 간접효과설 등의 대립과 위 大法院 1977년 판결에서 문제되고 있는 物權의 復歸에 관한 문제, 즉 物權的 效果說과 債權的 效果說과의 대립과는 서로 다른 것이며, 兩者는 엄밀히 구별되어야 한다는 것이다. 말하자면 독일에서는 직접효과설을 취하더라도 物權行爲의 無因性으로 인하여 「물권적 효과설」은 성립할 기반을 상실한다. 이를 뒤집어서 극단으로 밀고나가면, 우리 民法에서 直接效果說은 「物權的 效果說」의 전제로서만 의미가 있다고도 할 수 있다.

(2) "합하면 다시 흩어진다." 1978년 10월 『考試硏究』에 金亨培 교

1) 郭潤直, 「債權各論」, 再全訂版, 1990, 151면: "이들 3學說은 舊民法時代부터 우리 民法上의 解除의 法的 構成에 대한 理論으로서 輸入·主張되었다."(이하 머리점은 引用者가 가한 것이다)

2) 郭潤直(註 1), 152면: "民法의 解釋으로서는 直接效果說이 타당하다는 데 현재로서는 異說이 없다." 그러나 이 서술은 현재의 학설상황에 대한 설명으로서는 적절하지 않다.

3) 이러한 自己規定에도 불구하고 이 점은 의문이다. Kelsen, *Allgemeine Staatslehre*, 1925, S. 129: "헌법이 스스로를 共和的이라고 칭한다고 해서 그것만으로 그 헌법이 공화적이라고 할 수 있는가? … 특정한 인간행위가 스스로에게 부여한 주관적·법적 의미를 처음부터 객관적 의미로서 받아들이는 것은 不當前提[petitio principii]이다."

수가 "解除의 效果에 관한 法理構成"을 발표하였다.[4] 직접효과설의 難點을 지적하고, 결론적으로 契約의 解除로 "원래의 채권관계는 契約關係의 淸算을 목적으로 하는 返還債務關係(Rückgewährverhältnis)로 變形된다고 보는 것이 옳을 것이다"라고 끝맺었다. 그리고 그의 스승인 Ernst Wolf와 또한 Staudinger/Kaduk을 인용하였다. 그러나 다른 경우와 마찬가지로 일단 아무런 반응이 없었다.

약 5년 후인 1983년에, 독일 유학에서 돌아 온 實務家 金龍潭 판사가 이번에는 위의 논고에는 전혀 언급하지 않으면서도 "解除의 效果에 관한 一考察"을 발표하였다.[5] 그리고 결론으로, 계약의 해제로 인하여 原契約上의 債權關係는 "淸算關係로 변형된다"고 하였다.

「독일」은 역시 강대한 것처럼 생각되었다. 그 이후에는 이 「淸算關係說」에 찬성하는 ―단지 찬성하는― 입장이 장면을 압도하였다.[6] 그러나 그 후에도 직접효과설에 입각한 전통적인 설명이 택하여지기도 하였다.[7]

여기서 주의할 것은 淸算關係說은 어느 경우에나 直接效果說을 相對로 하여 주장되었다는 점이다.

(3) 그럼에도 여전히 通說이라고 지칭되고 있는(도대체 누가 어떻게 해서 「通說」 여부를 정하는 것일까?) 直接效果說은 계속 침묵하고 있었다. "그러나 아무말도 하지 않았다." 그러다가 1990년 金旭坤 교수가 "解除의 效果에 관한 法理 小考"라는 長文의 논문을 발표하였다.[8] 이 논문은 그야말로 直接效果說의 反擊이라고 할 만한 것이다.

---

4) 그 후 「民法學研究」, 1986, 21면 이하 所載. 以下에서는 後者에 의하여 인용한다.
5) 「司法行政」 1983년 5월, 7월, 11월 各號. 나중에 「民事法學」 4·5 합병호(1985), 118면 이하 所載. 이하 後者에 의하여 인용한다.
6) 權五乘, 契約解除의 效果, 「司法行政」 1983년 4월호, 42면(후에 「民法의 爭點」, 1990, 361면 이하 所載. 이에 의하여 인용한다); 黃迪仁, 「債權法各論」(방송통신대학교재), 1987, 126면 이하; 金曾漢, 「債權各論」, 1988, 100면; 李銀榮, 「債權各論」 1989, 182면.
7) 가령 金疇洙, 「債權各論(上)」, 1986, 132면.
8) 「황적인 박사 화갑기념논문집」, 711면 이하.

Ⅲ. 學說上의 pro 와 contra

(1) 우리의 직접효과설은 말한다. 解除로 인하여 契約은 遡及的으로 그 效力을 상실하며, 계약에 기한 모든 債權關係는 소급적으로 복멸된다. 그러므로 未履行의 債務는 당연히 소멸하고, 이미 이행된 給付는 "법률상 원인"을 잃게 되므로 不當利得으로서 서로 반환되어야 한다. 다만 그 반환의 범위는 민법 제548조의 "특칙"에 따라 善意의 受益者의 경우(民法 제748조 제 1 항 참조)보다 확대된다. 그리고 그 중에서 「物權的 效果說」을 취하는 자는 민법 제548조 제 1 항 단서가 "그러나 제 3 자의 權利를 해하지 못한다"고 하는 것은 바로 이러한 소급적 무효——및 물권등의 당연복귀——를 전제로 하여 이를 제한하는 규정이라고 풀이한다.

그렇다면 민법 제551조가 "契約의 解除는 損害賠償의 請求에 影響을 미치지 아니한다"는 규정은 소급적으로 소멸되어 버린 債務가 不履行되었다고 損害賠償을 인정하는 것으로 모순이 아닌가? "민법상의 解除를 직접효과설에 따라서 理論的으로 설명하는 데는 여기에 커다란 難點이 있다."[9] 그러나 "形式論理를 떠나서 實際的 公平이라는 관점에서 살핀다면, 채무자가 그의 債務不履行으로 채권자에게 준 損害는 비록 解除에 의하여 채무가 소급적으로 소멸한다고 하더라도 現實的으로는 그대로 남게 되므로 그 손해배상의 歸責者인 채무자가 賠償責任을 지는 것은 당연하다고 할 수 있다"(머리점은 引用者가 가한 것이다. 이하 같다).[10]

(2) 이에 대하여 淸算關係說은 주장한다. 해제는 원계약상의 채권관계를 遡及的으로 消滅시키는 것이 아니라, 장래를 향하여 원계약상의 채권관계와 同一性을 가지는 淸算關係(Rückabwicklungsverhältnis)로 變形

9) 郭潤直(註 1), 153면. 이를 이유로 해서 이 경우의 손해배상은 信賴利益의 전보를 내용으로 한다는 입장이 있다. 가령 金疇洙(註 7), 140면.

10) 郭潤直(註 1), 162면.

시킨다. 그리하여 未履行의 債務는 장래를 향하여 소멸하고, 이미 이행된 급부는 원상회복을 위한 채권관계로 전환한다는 것이다. 그리고 이 원상회복의무에 대하여는 원래의 계약관계에 대한 법리, 가령 同時履行의 抗辯權 등이 적용되고, 또 保證人의 義務는 이에도 미치게 된다. 여기까지는 論者들의 주장이 일치하는데, 더 나아가 세부적인 점에서는 상이한 점이 다수 있다.[11]

그리고 直接效果說에 대하여 다음과 같이 비판한다(주요한 것만을 든다).

첫째, 原狀回復義務의 法的 性質을 不當利得返還義務라고 할 수 없다. 왜냐하면 부당이득제도는 채무자의 종전 상태를 염두에 둠에 반하여 해제에 있어서의 원상회복의무는 채권자측의 계약 이전 상태의 회복에 주목하고 있어,[12] 그 본질을 달리하기 때문이다.[13] 이미 契約上의 反對給付를 이행한 당사자가 自己債權의 만족이 안 되었음을 이유로 契約을 解除함으로써 原狀으로 돌아가서 반대급부가 이행되지 않은 상태로의 回復을 구하는 것은 "당연한 것"으로서, 원상회복의무는 法律行爲에 기한 것이며, 결코 法定債務關係일 수 없다.[14]

둘째, 損害賠償責任을 진다는 민법 제551조를 설명하지 못한다. 「實際的 公平」은 손해배상책임을 발생시키는 기본적 법률관계를 탄생시킬 수 없다.[15]

셋째, 「物權的 效果說」은 (i) 給付受領者나 그로부터 目的物을 轉得한 제3자를 解除權의 行使에 의하여 처음부터 당연히 無權利者로 만든다는 것은 "實在했던 權利關係에 부합하지 않는 解釋"이거나,[16] (ii) "적어도 解除制度를 창설한 獨逸民法立案者들의 의사에 반하여 本末을 전도

11) 이에 대하여는 本文에서 든 金旭坤 논문 참조.
12) 이는 원래 E. Wolf가 그렇다고 하는 바이다.
13) 金龍潭(註 5), 142면.
14) 金龍潭(註 5), 142면; 李銀榮(註 6), 182면 이하.
15) 金亨培(註 4), 219면 이하; 金龍潭(註 5), 147면, 149면.
16) 金亨培(註 4), 221면; 權五乘(註 6), 364면.

시켜 놓은" 것이다.[17]

넷째, 직접효과설을 취하는 입장에서는 원상회복의무의 내용으로 原物의 滅失·毁損이 채무자에게 責任있는 事由로 인한 때에만 價額返還義務를 부담한다고 한다. 그런데 契約關係가 소급하여서 존재하지 않았던 것처럼 擬制한다면, 「債務者의 歸責事由」를 판단하여야 할 기준적 법률관계가 막연해진다.[18]

(3) 이러한 비판에 대하여 直接效果說은 새로이 다음과 같이 擁護되고 있다.

첫째, 契約을 解除하는 者의 意思는 계약관계를 단지 將來에 대하여 淸算하고자 하는 데 있는 것이 아니라 오히려 "처음부터 契約을 체결하지 않은 것으로 함으로써 全契約的 關係로부터의 解放을 원하는 것이라고 보아야" 한다.[19]

둘째, "解止의 效果에 관한 제550조의 규정에 비추어 보거나 우리 민법이 따랐다고 볼 수 있는 當時의 學說에 비추어 볼 때,… [민법 제548조 제1항 본문의 '원상회복의 의무가 있다'는 표현은] 당연히 계약의 소급적 소멸을 전제하는 것으로 보아야 하고" 이는 立法者의 意思를 볼 때 더욱 분명해진다.[20]

셋째, 계약의 소급적 소멸과 손해배상청구는 양립될 수 있다. "契約解除는 法律行爲로서의 契約關係, 즉 계약의 法律行爲的 效果로서 발생하는 채권·채무관계만을 소급 소멸시키는 것이지, 契約債務不履行이라고 하는 非法律行爲的 事實로부터 발생한 손해배상채권관계까지 소급 소멸시키는 것은 아니라고 보아야 할 것이다."[21]

넷째, 해제의 遡及效認定을 擬制라고 假定하더라도 입법기술상으로

---

17) 金龍潭(註 5), 143면 및 148면.
18) 金亨培(註 4), 217면 이하.
19) 金旭坤(註 8), 741면.
20) 金旭坤(註 8), 742면 이하.
21) 金旭坤(註 8), 747면 이하.

추정, 의제 등의 방법이 널리 이용되고 있다. 문제는 "우리 민법상 해제의 효과를 소급적으로 구성했다고 볼 수 있는 규정이 있는가"이다.[22]

(4) 나아가 淸算關係說에 대하여는 다음과 같은 批判이 이루어지고 있다.

첫째, 原狀回復義務가 解除의 意思表示에서 意慾("願意")되었기 때문에 발생하는 법률관계라고 한다면 해제자는 해제의 의사표시를 하면서 원상회복의무관계가 아닌 다른 법률관계의 발생을 의욕하는 것도 가능하며, 그러한 다른 법률관계의 발생도 유효한 것으로 인정해 주어야 한다. 그러나 이는 계약의 내용을 一方的 意思表示에 의하여 당사자들이 의욕하지 않은 내용으로 任意로 변경할 수 없다는 계약법의 일반이론상 부당하다.[23]

둘째, 청산관계설에 의하면 그 原狀回復義務가 債權的인 性質을 가지는 것이기 때문에 채권자가 경합하는 경우에는 "解除制度 본래의 취지인 [解除]債權者保護에 충분하다고 할 수 없다."[24]

셋째, 우리 民法은 명백히 解除로 인한 契約의 遡及效를 전제로 하여 규정을 마련하고 있다. 민법 제548조 제 1 항 단서가 그러하고 또한 민법 제550조(解止의 效果)의 反對解釋으로도 그러하다. 원상회복의무 상호간의 동시이행관계를 정하는 제549조도 청산관계설에 의하면 오히려 불필요한 규정이다.[25]

Ⅳ. 評價 내지 所感

(1) 우선 눈에 띄는 것은 이상의 견해의 대립이 대부분 理論構成

22) 金旭坤(註 8), 740면.
23) 金旭坤(註 8), 750면.
24) 金旭坤(註 8), 751면.
25) 金旭坤(註 8), 752면.

上의 差異는 강조하여도 구체적인 法律要件이나 效果에 관한 그 歸結(가령 所有權의 復歸時期 등)은 그렇게 열심히 주장되지 않고 있다는 점이다. 이미 法律要件이나 效果는 정하여져 있으며, 단지 그것을 어떻게 首尾一貫하게 설명할 것인가에 대하여 차이를 보이고 있을 따름이다. 이미 독일민법의 制定過程에서도 당시의 입장의 대립이 理論構成(Konstruktion)의 문제라고 지적되었었다.[26]

가령 다음과 같은 경우를 생각하여 보자. 甲이 乙에게 자기 소유의 부동산을 매도하고 등기를 이전하였는데, 乙의 잔금채무불이행을 이유로 매매계약을 적법하게 해제하였다. 甲은 그 동안 받은 매매대금을 반환하여야 하고, 乙은 甲에 대하여 登記를 말소하여야(또는 이전하여야) 함에는 의문이 없다. 그런데 乙이 甲의 해제 후에 그 부동산을 丙에게 매도하고 등기를 丙 앞으로 이전하여 주었다. 甲은 여전히 所有者이어서, 丙에 대하여 소유권에 기한 청구를 할 수 있는가.

淸算關係說에 의하면, 이를 할 수 없다. 중요한 것은, 甲은 乙에 대하여 債權的인 반환청구권을 가짐에 그치므로, 설사 丙이 惡意라고 하더라도 乙이 소유자로서 丙에 대하여 한 處分은 유효하다는 점이다. 청산관계설은 이러한 결론을 긍정하는 것일까. 判例(大法院 1985년 4월 9일 判決 84다카130등사건[集 33-1, 167])는 주지하는 대로 이에 대하여 丙이 善意인 경우에 한하여 보호를 받는다고 한다.

(2) 독일에서 근래에 명백하게 多數說이 된 立場이 "輸入"됨에 있어서 우리 民法의 規定들에 대한 고려가 이루어지지 않고 있다. 물론 민법 제551조나 제548조 제1항 등 解除에 관한 규정들에 대하여는 相應한 應答이 행하여지고 있으나, 가령 解止의 效果에 대한 민법 제550조에 대하여는 별다른 말이 없다. 이는 淸算關係說에 대한 反批判에서 최초로 지적되었다.

26) Mugdan Ⅱ, S. 726.

그 反批判에서 지적된 규정들 외에도 가령 민법 제548조 제 2 항을 보자. 만일 解除가 將來를 향하여 債務를 消滅시키는 데 불과하다면 왜 "그 받은 날로부터" 利子를 붙여 반환하여야 할까? "그 받은 날"로부터 해제의 의사표시가 있을 때까지는 유효하게 존재하는 채권에 기하여 보유하고 있는 것인데도 말이다. 또 민법 제551조를 보자. 만일 채무가 유효하게 존재하는 동안에 불이행되었다면 이는 응당 그 동안에 대하여 당연히 債務不履行責任을 발생시킬 것인데(계약이 解止된 경우를 생각하여 보라), 왜 굳이 일부러 解除가 損害賠償의 請求에 영향이 없다는 것을 정하였을까?

나아가 민법 제548조 제 1 항 단서에 관하여도 이러한 文言("그러나 제 3 자의 권리를 해하지 못한다")의 다른 규정들을 고려에 넣은 論議는 전혀 제기되지 않았다. 이러한 文言은 민법에서 가령 選擇債權에서 選擇의 效力과 관련하여 민법 제386조, 債務引受의 效力과 관련하여 민법 제457조, 相續財產의 分割과 관련하여 민법 제1015조 등에서도 꼭 같은 내용으로 등장하고 있다. 여기서 주목되는 것은 이들 규정들은 모두 遡及效를 制限하는 의미를 가진다는 것이다. 解除制度를 언필칭 "창설"한 나라(이 주장 자체에도 의문이 있다)로부터의 「理論의 輸入」은 우리 민법 자체의 규정을 무시하여서 행하여져도 좋은 것인가?

(3) 淸算關係說에서는 ──종전의 間接效果說에서와 같이── 우리 민법의 규정, 가령 민법 제548조 제 1 항 단서를 "당연한 규정"이라고 하고 또 "불필요한 규정"이라고 한다. 이것이 바람직한 해석일까? 그와 같이 당연하여서 불필요한 규정을 왜 우리 立法者들은 굳이 채택하였을까? 특히 民法案에도 없던 것[27]을 왜 일부러 넣었을까? 무릇 法律의 規定은 일정한 規律意圖 아래서 마련되는 것이다. 특히 다른 중요한 문제들에 대하여조차 立法的 決斷을 缺하고 있는 우리 민법이, 다른 규정들

27) 그 입법과정에 대하여는 金旭坤(註 8), 742면 이하 참조.

로부터 "당연히 도출되는" 내용을 다른 이유 없이 "注意를 위하여" 명문화하였다고 보아야 할까?

(4) 논의는 항상 점잖게 "무슨무슨 제도란 원래 …" 운운 이렇게 시작된다. "解除制度란 원래 契約締結時에는 아무 흠이 없었던 채권관계에 기하여 권리가 이전되었거나 급부가 행하여졌으나 事後的으로 雙務的 均衡이 喪失(채무불이행)됨으로써 발생한 狀況을 바로잡기 위한 제도이다."[28] 거기까지는 좋다고 하자(물론 이 점에도 의문이 있다. 約定解除權 또는 민법 제555조나 제601조에 의한 解除는 쌍무적 균형의 상실과는 아무런 관계가 없다). 그런데 거기서부터 "그러므로 해제는 계약 자체에 흠이 있는 [그리고 법률행위의 소급적 무효를 가져오는] 取消의 경우와는 다르다"라는 귀결이 도출된다. 그러나 필자의 생각으로는 거기서 "그러므로"는 하등 필연적인 것이 아니다. 「事後的인 雙務的 均衡의 喪失」을 바로잡는다는 것이 解除에 의한 清算關係로의 전환이라는 해석이론으로 직결되지는 않는다. 그 균형을 회복하는 방법은 소급적 무효에 의한 원상회복일 수도 있고, 장래를 향한 계약관계의 청산일 수도 있다. 이는 요컨대 立法者의 選擇의 문제이지 하등 「制度의 本質」의 문제가 아니다.

또 "不當利得返還制度는 債務者측의 從前狀態를 염두에 두고 있음에 반하여, 解除時의 원상회복은 債權者측의 契約以前狀態의 回復을 주목하고 있어 서로 그 本質을 달리 한다고 할 수 있다."[29] 本質! 本質? 우선 이러한 설명은 즉각, 契約이 無效이거나 取消된 경우, 즉 의문의 여지 없이 그 原狀回復이 不當利得法에 의하여 이루어져야 할 경우에도 그러한가라는 의문을 일으킨다. 이 경우에도 그 원상회복의 법리는 債權者측의 契約以前狀態의 回復에는 주목하지 않고 債務者측의 從前狀態만을 염두에 두고 있는가? 도대체 契約의 「원상회복」을, 특히 雙務契約의 「원상회복」을 債權者측의 그것과 債務者측의 그것으로 峻別하여

28) 金亨培(註 4), 221면.
29) 金龍潭(註 5), 142면.

각각을 따로 논할 수 있을까? 또한 나아가 필자의 생각으로는 그렇게 말한 Ernst Wolf는 원칙적으로 "現存하는 利益"의 반환만을 요구하는 독일민법의 규정(제818조 제3항)에 기하여 그에 입각한 설명을 하고 있을 뿐이다. 그리고 부당이득제도를 그렇게 파악하는 데 대하여는 비판하는 견해가 다름 아닌 독일에 있고 또 최소한 有力하다.[30] 그런데도 本質! 그러나 本質은 지나치게 거창하여 들먹이기가 겁이 난다.

(5) 解除에 관한 독일의 새로운 多數說을 "輸入"하여, 原狀回復義務가 원래 不當利得返還義務의 성질을 가진다는 입장을 비판하려면, 그 나라에서의 不當利得理論의 전개도 주목하여야 하지 않을까? 가령 不當利得의 類型論의 전개에 의하여 소위 「給付利得返還請求權」(Leistungskondiktion)」가 獨自性을 획득하고 그에 連動하여 계약이 무효이거나 취소가 된 경우에 그 原狀回復義務에 소위 「事實的 雙務關係(faktisches Synallagma)」가 인정되고 있음은 청산관계설을 주장하는 분이 스스로 우리 나라에 이를 소개한 바 있다.[31] 만일 이 이론을 "輸入"한다면, 청산관계설이 이를 주장할 만큼 매력이 있는 것일까.

독일에서 근래에 나온 解除에 관한 가장 포괄적인 연구인 H.G. Leser의 *Der Rücktr.tt vom Vertrag*, 1975는 解除制度의 理解에 부당이득법에서 새롭게 전개된 법리의 고려를 적극 주장하고 또 실행하고 있다. 필자의 생각으로도 이것이 순서라고 본다.

(6) 민법 제551조가 直接效果說의 "理論的 難點"이라고 위에서 본 대로 직접효과설에 입각한 설명을 하는 분 스스로가 인정하고 있다. 그러나 이론적 난점이 있다는 것은 「理論家」들의 한계를 폭로하는 일이 될 뿐,[32] 민법의 태도에 대한 비난이 되지는 않는다. 清算關係說을 주

30) 이에 대하여는 金曾漢 편집대표, 「註釋 債權各則(Ⅲ)」, 1986, 216면 이하(梁彰洙 집필).

31) 金龍潭, 雙務契約의 無效·取消와 不當利得, 「民事裁判의 諸問題」 3권(1985), 124면 이하.

32) 郭潤直(註 5), 153면은 이를 이렇게 설명한다. 이러한 難點은 獨逸民法에는 없는 규

장하는 입장에서도 우리 민법의 태도가 "獨逸의 그것에 비하여 一步前進한 제도"임을 인정하고 있다.[33] 만에 하나 그 "일보 전진한" 규정에 대한 설명은 더 잘 할 수 있다고 가정하더라도 그것이 우리 민법의 다른 규정들도 더 잘 설명할 수 있다는 保障이 될 것인가? 우리는 여기서 독일에서 한때 세력을 떨쳤다가 최근에는 그 가장 중요한 옹호자인 라렌츠마저 포기한 「事實的 契約關係論」의 운명을 상기한다.[34] 그 이론은 소위 「生存配慮」의 영역에서 보다 잘 사태를 설명한다고 생각되었으나 결국은 버림을 받았다.

V. 小 結

결국 清算關係說은 民法의 規定과 調和되지 않는다고 필자는 생각한다. 필자는 단순히 解除로 인한 契約의 遡及的 消滅은 이미 발생한 損害賠償請求權을 害하지 않는 "범위에서"의 소멸이라고 解하면 그만이라고 본다. 이 때의 소급적 소멸은 손해배상청구권 발생의 기초가 되는 債權關係까지를 복멸하는 내용을 가지는 것이 아니라고 하면 된다. 적어도 이 관계에서는 成文規定이 1차적인 것이다. 그것을 「설명」하려고 다른 成文規定을 무시할 수는 없는 일이다. 앞서와 같은 「說明」이 아직 「理論構成上」 약점이 있다고 하는 것이라면, 그러한 「理論構成」이란 도대체 무엇을 위한 것인가? 더욱 생각해 보아야 할 문제이다.

정이 우리 民法에는 있는 데서 생기는 것이다. 바꾸어 말하면 민법 제551조와 같은 규정이 없는 獨逸民法의 해석상의 理論을 그대로 계승해서 민법상의 해제의 효과를 이론적으로 설명하려는 데서 일어나는 문제이다."

33) 金龍潭(註 5), 147면.

34) Larenz, *Allgemeiner Teil*, 7. Aufl., 1989, Vorwort 참조.

6. 독일民法上 解除排除에 관한 規定의 沿革

—雙務契約에 있어서의 原狀回復關係 一斑—

I. 序　說

(1) 우리 民法 제553조는 "해제권자의 故意나 過失로 인하여 契約의 目的物이 현저히 훼손되거나 이를 반환할 수 없게 된 때 또는 加工이나 改造로 인하여 다른 종류의 物件으로 변경된 때에는 해제권은 소멸한다"고 정한다. 이 규정은, 소위 「주는 債務」에 있어서 債務者가 契約目的物의 전부 또는 일부를 債權者에게 이행하였으나 債權者가 해제권을 취득한(위 이행과의 시간적 前後는 문제가 되지 않는다) 경우를 前提한다고 하겠다. 債權者가 해제권을 취득하게 되는 이유는 여러 가지가 있을 수 있을 것이다. 契約當事者間의 約定에 의하여서 해제권이 유보된 경우(約定解除權)는 물론이고, 分割債務에 있어서 契約目的物의 일부가 이행된 경우 殘餘目的物에 관하여 이행지체 등 債務不履行事由가 발생하고 이 잔여의무의 履行이 없으면 契約目的이 달성될 수 없어서 契約 全部에 관하여 해제권을 취득하는 때(不動產賣買에 있어서 목적부동산이 買受人에게 인도는 되었으나 등기이전을 제때에 하지 못한 경우[1])도 마찬가지일 것

1) 반대로 買受人에게 이전등기는 경료되었으나 引渡가 이루어지지 않은 경우 買受人이 目的不動產을 제 3 자에게 處分하여 그에게 등기를 넘김으로써, 買受人이 애초의 契約을 해제하더라도 賣渡人에게 등기명의를 회복시킬 수 없게 되었을 때도 민법 제553조의 적용을 인정할 수 있을 것인가는 문제이나, 뒤에서 보는 同條의 立法趣旨 및 沿革 등에 비추어 肯定하여야 하리라고 생각된다.

이다), 定期行爲(제545조. 이하 民法條項의 引用은 따로 法名은 지시하지 아니하고 한다)에 있어서 때늦은 급부가 이루어진 때, 매매목적물에 법률적 또는 물적 瑕疵가 있어서 그 擔保責任을 추급하는 一內容으로 買受人이 해제권을 취득하는 때(이상 法定解除權) 등이 그것이다.

(2) 위 규정에 대하여는 몇 개의 의문이 있다.

(a) 우선, 債權者는 채무자로부터 채무의 이행으로 수령한 給付에 대하여 處分權이 있다고 할 것이다. 따라서 그가 수령물을 임의대로 소비하거나 심지어 부수어 버렸다고 해서 그에게 무슨 義務違反, 즉 違法이 발생하는 것은 아니다. 그렇다면 위 條文에서 말하는 "故意나 過失"이란 어떠한 의미인가.

원래 故意나 過失이란 周知하는 바와 같이 不法行爲에 있어서뿐 아니라 債務不履行에 있어서도 違法한 結果의 발생에 대한 인식 또는 不注意에 의한 그 不認識이므로[2] 行爲의 결과가 하등 위법한 것이 아닐 때 과연 고의나 과실이란 무엇에 대한 것인지 또는 무엇에 대한 것이어야 하는지 의문이다.

(b) 다음, 위 條文의 반대해석으로 해제권자가 수령한 契約目的物이 해제권자의 故意나 過失 이외의 사유, 특히 계약당사자가 쌍방에 책임 없는 사유로 인하여 이를 반환할 수 없게(「현저한 훼손」은 반환불능과 신의칙상 동일시되는 사유의 一態樣이라고 볼 수 있으므로 이를 포함하여 생각하기로 한다) 된 때에는 해제권은 소멸하지 않는다. 이 경우 해제권이 行使되었다면, 해제권자가 수령한 目的物의 반환의무는 發生하지 않을 것이다. 왜냐하면 故意나 過失 없이(위 條文의 경우에 이 文言의 의미는 위에서 본 바와 같이 의문이기는 하나, 이는 일단 보류하고 말한다면) 자신의 義務의 履行이 불능하게 된 자는 그 義務를 면한다고 하는 것이 債權法의 원칙이기 때문이다(제390조 但書. 通說).

---

2) 奧田昌道, 「債權總論(上)」, 1982, 125면.

이 때 해제권자는 자신이 이행한 給付(雙務契約을 전제할 때)의 반환을 청구할 수 있을 것인가. 다시 말하면 雙務契約이 해제된 경우에, 契約總則上 債務者危險負擔主義를 정한 제537조가 적용될 것인가. 만일 적용된다고 하면 해제권자는 자신이 한 給付의 返還을 청구할 수 없을 것이다. 그러나 그와 같이 해석하면, 해제권자에 대하여 해제권을 인정하는 것이 무의미하게 된다. 왜냐하면 이 경우 제537조의 적용을 인정하면, 해제권자가 해제권을 행사하여도 자신이 한 給付의 반환청구권을 취득하지 못하고 또 자신이 수령한 給付의 반환의무도 存在하지 않는다는 結論이 되어, 해제로 인하여 기존의 법률관계에 아무런 변화를 가져오지 못하기 때문이다. 즉 이 경우 제537조의 적용을 인정하는 것은 제553조가 "故意나 過失로 인한" 반환불능 등에 대하여만 해제권의 소멸을 정한 것을 내용 없는 虛文으로 만드는 것이 된다.

그러나 다른 한편으로 채무자가 그 채무의 이행으로 목적물을 채권자에게 인도하면, 그때로부터 그 물건에 대한 危險은 채권자에게 이전된다. 그때로부터 그 물건에 대하여 발생한 事情, 특히 쌍방에 책임 없는 事情으로 인한 滅失·毁損 등은 채권자가 그 不利益을 받아야 하는 것이다. 그런데 위와 같이 雙務契約으로 인한 給付의 교환의 경우 해제권자가 수령한 물건이 우연한 사정으로 멸실한 때에 제537조가 적용되지 않는다면 해제권자는 자신이 한 給付의 반환을 받을 수 있게 되어 앞서 본 바와 같은 危險이 債務者에게 전가되게 된다. 즉 해제의 상대방은 자신이 한 對價는 반환받을 수 없으면서, 자신이 수령한 해제권자의 給付는 반환하여야 하는 것이다(소위 反對給付危險 Gegenleistungsgefahr의 負擔). 이러한 결과는 위와 같은 危險負擔의 原則을 근거 없이 전도하고, 또한 雙務契約에 있어서의 諸義務의 牽聯性의 原則에 반하는 것처럼 느껴진다.

따라서 문제는 이러한 結果의 回避를 위 제553조의 해석 테두리 내에서 어떻게 이룩할 수 있을까 하는 데 귀착된다.[3)]

3) 이는 계약해제의 效果를 어떻게 풀이할 것인가 하는 문제와도 긴밀한 관련을 가진다.

(c) 또한 이 條文의 적용을 위한 要件事實의 時間的 限界에 관하여도 의문이 있다.

예를 들면 해제권의 발생과 수령물의 返還不能과의 시간적 前後는 위 條文의 해석에 관련이 없는가. 일단 해제권이 발생한 후 행사되기 전까지 사이에 수령물의 반환불능이 일어난 경우 해제권이 소멸됨을 규정하였다는 점에는 의문이 없다.[4] 그러면 해제권의 발생 이전에 수령물의 반환이 불가능하게 된 경우는 어떠한가. 위 條文은 "… 때에는 해제권은 소멸한다"고 하였으므로 同條는 일단 발생한 해제권이 해제권자의 수령물 반환불능 등 그 후의 사정으로 소멸하는 것에만 관한 것이라고 해석될 수도 있을 것이다. 그러나 해제권이 일단 발생하였다고 해도 그것이 행사되지 아니한 이상 從來의 법률관계에 아무런 변화도 가져오는 것이 아니므로, 해제권의 발생사실을 경계로 하여 위 규정의 적용을 결정지을 필요가 없지 않을까 하는 생각도 든다.[5]

(3) 이러한 여러 의문에 대하여, 우리 나라의 代表的인 民法教科書[6]는 제553조를 해제권의 소멸원인 중에 다루면서 단지 同條文을 그대로

즉 계약해제가 契約關係를 소급적으로 소멸시킨다고 한다면, 그 경우 雙方의 原狀回復義務는 애초 給付의 원인이 되었던 契約과의 관련이 단절되어 소위 "變形된 不當利得返還義務"라고 할 것이므로, 契約上 義務에 관한 제537조는 적용되지 않는다고 보게 되기가 쉬울 것이다. 한편 계약해제는 契約關係의 내용을 소위 原狀回復關係(Rückabwicklungsverhältnis)로 변경시킬 뿐이고, 이 원상회복관계도 애초의 契約上의 義務임에는 변화가 없다고 한다면, 제537조는 당연히 적용된다는 결론이 가깝다고 하겠다. 이에 대하여는 Glaß, *Gefahrtragung und Haftung beim gesetzlichen Rücktritt*, 1959, S. 11f. 참조.

4) 물론 이 경우에도 위에서 본 바와 같은 "故意나 過失"의 해석을 둘러싼 의문과 관련하여 문제가 있을 수 있다. 위 條文의 적용을 위하여는 해제권의 발생사실에 대한 認識 또는 有責한 不認識이 필요하다는 주장도 있는 것이다. 해제권이 발생하였을 뿐만 아니라, 그 발생사실을 알고(또는 過失로 인하여 알지 못하고) 있는 경우에만 독일민법 제351조 제1문(우리 民法 제553조 해당)의 적용이 있다는 Leonhard, *Allgemeines Schuldrecht des Bürgerlichen Gesetzbuches*, 1929, S. 411 참조.

5) 오래 되었으나 末弘嚴太郎, 「債權各論」, 1918, 276면은 이와 같이 해석한다. 즉 "해제권은 소멸한다"라는 文言은 해제권이 발생하지 않는다는 意味로 해석하여야 한다는 것이다.

6) 가령 郭潤直, 「債權各論」, 全訂版, 1977, 150면.

옮겨 쓰는 외에는 “公平을 위해 둔 規定이다”라는 一節을 가하고 있을 뿐이다.

日本의 代表的인 民法敎科書[7]는 우리의 제553조와 동일한 日本民法 제548조에 대하여 “해제권자에게 그러한 사정이 생겼다 해도 價格에 의한 原狀回復義務를 인정할 수 있다. 그러나 그것으로는 상대방에게 충분한 利益을 줄 수 없으므로 오히려 해제권을 소멸시키는 편이 공평하다는 理由에 의한 것”이라고 설명한다.

그러나 契約解除의 경우와 利益狀況이 거의 같은 取消에 관하여는 제553조와 같은 규정을 두고 있지 않다. 또 위 규정은 반드시 公平하다고 볼 수 없다. 왜냐하면 위에서도 본 바와 같이 給付物에 관한 위험부담이 引渡와 함께 채권자에게 이전된 이상 그 物件이 멸실·훼손되었다면 이는 전적으로 債權者의 支配範圍內에서 발생한 것으로서 이에 관하여 채권자에게 귀책사유(이 경우 그 내용이 어떠한 것이건 간에)가 있는지에 따라 그 取扱을 달리할 필요가 없을 것인데[8] 위 규정은 이를 구별하여 전혀 다른 法律效果를 귀속시키고 있는 것이다.

(4) 위 제553조는 결국 契約解除에 있어서 給付物의 事後的 變更이 契約當事者間의 法律關係에 어떠한 영향을 미치는가에 관한 규정으로서, 일본민법 제548조를 통하여 독일民法 제351조 제1문을 繼受한 것이다.[9]

우선 BGB에서 本稿에서 다루는 문제와 관련되는 條文 중 중요한 것을 들어 둔다.[10]

---

7) 我妻榮, 「債權各論」 上卷, 1954, 206면.

8) 물론 給付物의 瑕疵로 인하여 그것이 멸실·훼손한 경우와 같이 債務者가 책임져야 할(통상 故意·過失이 이에 해당하는 기술적인 의미의 Verschulden과는 구별되는 바의 Vertretenmüssen) 경우는 다르다.

9) 우리 民法에 대한 獨逸民法의 영향에 대하여는 郭潤直, 「民法總則」, 全訂增補版, 1979, 53면. 독일民法의 日本民法에 대한 영향에 대하여는 奧田昌道, 日本におけるドイツ法の攝取, 「外國法と日本法」(岩波講座 現代法 14), 1966, 220면 이하.

10) 번역은 法制處 刊, 「西獨民法典」, 法制資料 第26輯, 1966에 주로 따랐다.

제346조(해제의 효과) 제 1 문 : 契約에 의하여 계약당사자의 一方이 해제권을 유보한 경우에 해제가 행하여진 때에는 各當事者는 수령한 給付를 서로 반환할 義務를 진다.

제347조(책임의 범위) : 해제의 경우 훼손·멸실 또는 기타의 사유로 인하여 발생한 반환의 不能으로 인한 손해배상청구권은 급부의 수령시부터 소유권에 기한 청구권(Eigentumsanspruch)의 소송이 제기된 후의 소유자와 점유자와의 사이의 관계에 대하여 적용하는 규정에 따라 정하여진다. 受益(Nutzungen)의 반환 또는 배상의 청구권 및 費用의 상환청구권에 관하여도 또한 같다. 金錢에는 수령시로부터 利子를 지급하여야 한다.

제348조(상환이행) : 해제로 인하여 발생하는 各 當事者의 義務는 서로 相換으로 이를 이행하여야 한다. 이 경우에는 제320조[=同時履行의 抗辯], 제322조[=상환급부를 명하는 判決]의 규정을 준용한다.

제350조(우발적 멸실) : 해제권자가 수령한 목적물이 우발적으로(durch Zufall) 멸실한 때에는 해제권은 이로 인하여 소멸하지 아니한다.

제351조(有責한 멸실) : 해제권자가 수령한 목적물의 본질적 훼손, 멸실 또는 기타의 반환불능에 관하여 責任 있는 事由가 있는 때에는 해제를 할 수 없다(ausgeschlossen). 目的物의 중요한 部分의 멸실은 목적물의 본질적 훼손과 동등시하며, 제278조[=履行補助者의 過責]에 의하여 해제권자가 책임져야 할 他人의 過責(Verschulden)은 해제권자 자신의 過責과 동등시한다.

제352조(變形) : 해제권자가 수령한 물건을 加工 또는 改造로 인하여 다른 종류의 물건으로 변형한 때에는 해제를 할 수 없다.

제353조(讓渡 또는 負擔設定) 제 1 문 : 해제권자가 수령한 목적물 또는 그 중요부분을 양도하거나 또는 이에 제 3 자의 권리를 설정한 경우에 그 處分으로 인하여 그 목적물을 취득한 자에 있어서 제351조 또는 제352조의 요건이 발생한 때에는 해제를 할 수 없다.

제323조(책임 없는 給付不能) : 雙務契約當事者의 一方이 부담하는 給付가 당사자의 어느 측도 책임지지 아니할 事情으로 인하여 불능하게 된 때에는 그 者는 反對給付請求權을 상실하며, 一部의 不能인 때에는 反對給付는 제472조, 제473조에 의거하여 감축된다.

제327조(해제권에 관한 규정) 제 1 문 : 제325조[=債務者가 책임져야 할 給付不能], 제326조[=이행지체, 拒絕豫告와 함께 행하는 期間指定]에 규정한 해제권에 대하여는 約定解除權에 관한 제346조 내지 제356조의 규정을 준용한다.

아래에서는 위 제553조를 둘러싼 解釋上 疑問을 해소하기 위한 하나의 기초자료로서 독일民法(이하 단지 「BGB」이라고만 한다) 제351조 제1문의 제정에 이른 歷史的 經過를 살펴 보는 데 그치기로 하며, 위 의문에 대한 일응의 應答은 독일民法 制定 이후의 學說의 發展을 뒤따라가는 作業을 수행한 후로 미루고자 한다.

Ⅱ. 로마法上의 actio redhibitoria

(1) 위 BGB의 條文에서 보는 바와 같이 BGB는 일단 約定解除에 관하여 규정을 두고, 이를 法定解除의 경우에 준용하는 형식을 취하고 있다.[11] 解除의 主適用分野를 이와 같이 간접적으로 규율하는 것은 우연한 일이 아니고 BGB制定의 歷史的 背景으로부터 설명된다. 法定解除는 BGB에 이르러서 비로소 다양한 개별적인 制度로부터 一般的인 原則으로 확립된 것이다.[12] 그 중에서도 이미 이행된 給付의 반환(Rückabwicklung)에 관하여서는 로마法上의 物的 瑕疵擔保責任에 관한 actio redhibitoria에 대한 普通法學說을 받아들인 것이었다.

(2) 로마法上[13] 賣渡人은 目的物의 瑕疵에 대하여 信義違反의 경우에만 책임을 졌다. 즉 그가 스스로 알고 있는 하자에 대하여 침묵하였다든가, 賣買時 또는 握取行爲(mancipatio)時에 목적물에 결함이 없음이나 일정한 성질을 가지고 있음을 보증(dictum)한 경우가 그러하다(소위 買受訴權 actio empti 取得). 이 때 매도인의 책임은 단지 目的物 자체

11) 이러한 규정형식은 契約解除制度가 주로 債務不履行을 원인으로 하는 給付義務로부터의 解放(法定解除)이라는 측면에서 문제됨을 이유로 일찍부터 Strohal과 Heck에 의해서 비판되었다. Glaß(註 3), S. 9f. 참조.

12) 이것은 BGB가 이룩한 하나의 進步라고 평가되었고, Stammler는 해제를 BGB의 "寵兒的 理論"(Lieblingslehre)이라고 한다(*Recht der Schuldverhältnisse in seinen allgemeinen Lehren*, 1897, S. 129).

13) 주로 Kaser, *Römisches Privatrecht*, Bd. 1, 2. Aufl., 1971, S. 556ff.에 의하였다.

의 價値低下를 보전하는 것뿐만 아니라, 소위 結果責任(병든 가축으로 인하여 다른 가축이 죽은 경우 등)에도 미쳤다.

그러나 市場에서 행하여지는 奴隷 및 役畜(iumenta)의 매매는 高等按察官(aediles curules)의 告示[14]로 특별한 취급을 받았다. 우선 그 告示는 奴隷의 매도인에 대하여 病, 신체상의 결함, 일정한 性格上의 결함 등을 매수인에게 명백히 하도록 명하였다. 매도인이 이러한 하자를 告知하지 않은 경우에는, 그 하자에 대한 知悉 여부를 불문하고 매수인은 노예의 반환과 상환으로 매매의 대금반환을 목적으로 하는 契約解除訴權(actio redhibitoria)을 취득한다.[15]

유스티니아누스帝는 이 책임을 모든 物件의 賣買에 확대하였고, 따라서 市場賣買에의 限定도 철폐되었다.[16] 위에서 본 바와 같이 歸責事由 유무에 관계 없이 責任을 지는 대신 책임을 이행된 給付의 교환에 한정한다는 調和的인 解決이 거래 실제에 타당한 것으로 인식되었다고 한다.[17]

(3) 한편으로 賣買에 있어서는 解除權을 부여하는 다음과 같은 3개의 從된 合意가 전형적으로 행하여졌다.[18] 즉 賣渡人을 위하여서는, 그가 일정한 기간 내에 보다 나은 買受人, 특히 보다 높은 代金을 支給하려는 者를 발견한 경우의 高價請約의 留保附 賣買(in diem addictio)와 代金이 適時에 지급되지 않은 경우의 解除約款(lex commissoria)이 행하여졌고, 買受人을 위하여는, 그가 일정한 기간 내에 목적물이 마음에 들지 않을 경우의 試驗賣買의 約款(不滿時에 관한 無方式의 合意 pactum displicentiae)이 행하여졌다.

이러한 합의는 소위 pacta adiecta(附加的인 無方式의 合意)에 속한다. 매매가 停止條件的으로 이루어지는가, 解除條件的으로 이루어지는

14) D. 21. 1(Deaedilitio edicto et redhibitione et quanti minoris).
15) 매수인이 노예를 계속 보유하고자 원하는 경우에는 代金減額訴權(actio quanti minoris)을 갖는다.
16) Kaser, *Römisches Privatrecht*, Bd.2, 2. Aufl., 1975, S. 392.
17) Leser, *Der Rücktritt vom Vertrag*, 1975, S. 42.
18) 約定解除權 留保에 유사한 이들 合意에 관하여는 Kaser(註 13), S. 55ff. 참조.

가는 特約에 의하였다. 특히 중요한 lex commissoria에 있어서 소유권은 매매 즉시 이전하였다. 그러나 당사자는 條件이 성취하면 이미 행하여진 給付의 반환을 구할 수 있다. 이러한 목적을 위하여 Sabinus學派의 學者들은 각기 買受訴權 및 賣渡訴權(actio venditi)을 부여하였다. 그들은 이들 賣買訴權이 給付의 返還(原狀回復)에 대하여도 주어지는 것이 信義誠實(bona fides)에 합치한다고 생각하였다.

Ⅲ. 19세기 普通法學說에 있어서의 Redhibition

(1) 보통법학은 로마法源[19]의 해석을 통하여, 契約의 雙方當事者가 契約 以前의 상태로 돌아가는 것을 actio redhibitoria(Redhibition)의 核心으로 포착하였다. 그러나 買受人이 인도받은 물건이 멸실·훼손한 경우에 "契約 以前의 상태"는 어떻게 복구될 수 있을까?

보통법에 있어서, 매매목적물을 原狀대로 반환하는 것은 매수인의 自意에 기한 先給付(Vorleistung)——그것 없이는 매매대금의 반환청구는 認容될 수 없는——로 간주되었다. 매수인은 원하지 않으면 목적물을 반환하지 않을 수도 있다. 말하자면 Redhibition은 매수인의 권리이지, 의무는 아니다. 매수인은 事後的으로도 Redhibition을 철회할 수 있으나, 매도인이 먼저 목적물의 반환을 청구할 수는 없는 것이다.[20] 그러나 매도인이 매매대금을 반환받으려면 목적물을 반환하여야 한다. "買

19) D.21.1.60: "Facta redhibitione omnia integrum restituuntur, perinde ac ci neque emptio neque venditio intercessit."(大意 : 모든 것이 매수도 매도도 행하여지지 않았던 것과 같은 以前의 狀態에 다시 놓여져야 한다)

D.21.1.23 §1: "ut uterque resoluta emptione nihil amplius consequatur, quam non haberet, si venditio facta non esset."

D.21.1.23 §7: "iudicium redhibitoriae actionis utrumque, id est venditorem et emptorem, quodammodo in integrum restituere debere."

20) Dernburg, *Pandekten*, Bd.2, 6.Aufl., 1900, §101, 1b. 이는 당시 買受人이 一方的인 意思表示로 새로운 法律關係가 창설적으로 이루어지는 소위 形成權(Gestaltungsrecht)의 개념이 성숙되지 않았었다는 사정과도 관계가 있다.

受人이 이미 물건을 반환하였거나 또는 그에 착수하였다는 사실은 訴의 請求原因에 속한다."[21]

이러한 買受人의 先給付로서, 그는 그가 취득한 狀態 그대로의 目的物을, 수취하였거나 또는 상당한 注意를 하였으면 수취하였을 모든 果實과 함께 반환하는 것이다.[22] 물론 "수취하였을 과실"의 반환은 문자 그대로 하면 契約 이전의 상태의 회복에 해당하지 않으나, 賣買契約에 의하여 買受人이 취득하는 果實收取可能性도 계약목적물에 속한다고 보아 반환의 대상이 되었다.

이에 대하여 매도인은 매매대금을 利子附로 반환하여야 했다. 이에 대하여는 危險分配의 문제는 생기지 않는다. 즉 歸責事由의 有無를 불문하고 무조건 責任지는 것이다. 그 외에 매도인은 매수인이 목적물에 지출한 비용과 契約費用을 배상하여야 한다.[23] 또 하자 있는 목적물로 인하여 야기된 별도의 손해를 배상하여야 하는가에 대하여는 다툼이 있었다.[24]

(2) 한편 買受人이 하여야 할 先給付의 구체적인 내용에 관하여는 문제가 많았다.

(a) 목적물이 有責하게 **훼손**된 경우에 매매대금을 반환받고자 하는 매수인은 남은 물건의 반환과 함께 그에 상응하는 損害賠償을 해야 한다는 것이 지배적인 學說이었다.[25] 그러나 목적물이 매수인의 귀책사유로[26] **滅失**한 경우는 이제 위에서 본 바와 같은 先給付는 불가능하게 된다. 이 때 매수인은 原物의 代償으로서 塡補賠償을 하고 매매대금의 반환을 청구할 수는 없는가가 문제된다.

---

21) Koch, *Recht der Forderungen nach preußischem Recht*, Bd. 2, 2. Aufl., 1859, S. 491.

22) Windscheid/Kipp, *Lehrbuch des Pandektenrechts*, Bd. 2, 9. Aufl., 1906, § 394, 2 및 Dernburg(註 20), § 101.

23) Windscheid/Kipp(註 22), § 394 N. 6-8.

24) Windscheid/Kipp(註 22), § 394 N. 9는 이를 매도인의 物的 瑕疵에 대한 認識과 연결시킨다.

25) Windscheid/Kipp(註 22), § 355 N. 5 및 Dernburg(註 20), § 101 N. 6.

26) 그러나 이 때 책임 있는 사유가 구체적으로 무엇에 대한 것인가에 대하여는 명백한 言及이 없다.

Dernburg는 목적물의 有責한 滅失이 매수인으로부터 매매대금반환청구권을 박탈하는 것은 아니라고 하고, 매수인은 다만 賠償金(Ersatzbetrag)을 지급하면 된다고 한다.[27] 그러나 이와 같은 경우에 매수인이 賠償金을 지급하면서까지 매매대금의 반환을 구하는 일은 없을 것이다. 앞서 본 바와 같이 Redhibition은 매매목적물에 瑕疵가 있는 경우 매수인을 보호하기 위한 제도인데, 하자담보책임은 반드시 契約의 해제(Redhibition)을 통해서만 추급되는 것은 아니고 代金減額請求權이 그와 선택적으로 매도인에게 인정된다. 이 때 매수인이 Redhibition을 통하여 賠償金을 지급하고 매매대금을 반환받을 때 매수인에게 돌아오는 利益은 결국 代金減額請求權이 행사되는 경우와 같게 된다. 왜냐하면 매수인이 지급할 賠償金은 결국 하자 있는 목적물의 實價일 것이고, 그것과 자신이 지급한 賣買代金과의 差額이야말로[28] 대금감액청구권 행사의 경우 매수인이 반환받을 金額이기 때문이다.

그리하여 1865년의 작센民法은 이렇게 현실적인 可能性이 없는 규율을 거부하고, 이러한 경우에는 賣買契約解除를 인정하지 않고 오직 代金減額請求權만을 허용한다(제918조 제3문).[29] 이러한 規律은 1866년의 소위 드레스덴草案에도 받아들여졌다(제184조).

(b) 한편 매수인이 수령한 목적물을 제3자에게 양도한 경우에도 賣買契約解除는 배제된다는 것이 지배적 견해였다. 그러나 그 근거에 대하여는 重點이 양도행위 자체에 대한 평가에 있느냐 아니면 그로 인하여

27) Dernburg(註 20), §101 N.70. Windscheid/Kipp(註 22), §394 N.12도 같은 취지. 물론 이 경우에도, 매수인에게 賠償金을 지급할 義務를 부담시키고 그 반면 매도인이 賠償金支給請求權을 취득한다는 것은 아니고, 매수인이 배상금을 지급하면 대금의 반환을 구할 수 있다는, 그의 權利가 문제되는 것이다.

28) Dernburg(註 20), §101 N.70는 매매대금의 반환청구에 있어서 그로부터 매수인이 목적물의 반환 대신 배상할 금액을 差減할 것이라고 한다.

29) 이미 Thibaut가 *System des Pandektenrechts*, Bd.1, 6.Aufl., 1823, §498에서 이러한 주장을 했다. 그러나 Bechmann, *Kauf nach gemeinem Recht*, 3.Teil, 1905-1908, 2, §342은 매매대금의 반환청구의 前提로서 현실적인 先給付가 요구된다고 하여, 賠償金의 支給으로도 Redhibition이 가능하다는 견해에 명백히 반대하였다.

일어난 반환의 主觀的 不能에 있느냐에 따라 견해가 나뉘어졌다. Windscheid는 하자 있다는 것을 알면서 목적물을 제 3 자에게 양도한 자가 후에 계약을 소멸시키고 원상회복을 구하는 것은 그 자체 앞뒤가 맞지 않는다고 보고, 목적물의 處分은 일종의 권리포기행위로 인식하였다.[30] 이에 반하여 Eck는 단순한 毁損의 경우에 손해배상의 이행을 통하여 해제권의 행사가 허용된다면, 그와의 衡平上 일단 처분한 물건이라도 이를 다시 취득한 경우에는 해제가 허용되어야 한다고 주장한다. 그는 해제로 인한 目的物의 返還을, 위에서 본 바와 같이 매매대금을 반환받기 위한 條件으로서의 先給付로서가 아니라 하나의 給付義務로서 이해하고(이 점에서 時代를 앞선다), 履行不能——客觀的 不能(Unmöglichkeit)이든 主觀的 不能(Unvermögen)이든——이라는 槪念을 구사하여 목적물의 반환에 대한 장애사유 如何 및 그 時點에 따라 그 효과를 細分化하였다.[31] 또한 Bechmann은 Redhibition의 前提要件으로서의 目的物의 現實的인(real한) 반환이 좌절된 것에 그 근거를 찾고 있다.[32]

그러나 어느 경우에도 그에 대한 해제권자의 有責 與否는 문제되지 아니하였다. 19세기에 있어서 普通法이 일정한 法律效果를 관계자의 歸責事由의 有無에 연결시키고자 많은 努力을 경주한 것은 周知의 事實이라 할 것인데, 위와 같은 경우에는 그 전형적인 利益對立狀況에 맞추어 개별적으로 발전된 "經驗에 기한 法則"이 이를 거부하였다고 하겠다.

判例도 제 3 자에의 양도가 매매계약해제를 배제한다는 데 일치하였다.[33] 그리하여 작센民法은 제918조 제 3 문에서 다음과 같이 정하였다.

30) Windscheid/Kipp(註 22), § 394 N. 12a.

31) Eck, Beitrag zur Lehre von den Adilizischen Klagen, in: *Juristische Abhandlungen*. Festgabe für G. Beseler zum 6. Januar 1885, S. 159ff. Dernburg도 Eck에 좇아 목적물의 반환에 대한 장애사유에 따라 해제의 許否를 나눈다(Dernburg(註 20), § 101. 1).

32) Bechmann(註 29), 2, § 342.

33) Lübeck 上級抗訴法院(Oberappellationsgericht) 1841년 12월 31일 판결(Seuff. Arch. 10, Nr. 149); Celle 抗訴法院(Appellationsgericht) 1874년 10월 2일 판결 (Seuff. Arch. 32, Nr. 122) 및 Braunschweig 高等法院(Oberlandesgericht) 1880년 3월 11일 판결(Seuff. Arch. 37, Nr. 302) 등. Celle 抗訴法院의 위 판결은 매수인이 목적물을 다시

"매수인이 목적물을 처분하였고(verfügt) 이로 인하여 이를 다시 취득할 수 없는 경우에는… 그는 계약의 해제(Aufhebung)를 청구할 수 없고 다만 反對給付의 減縮을 청구할 수 있을 뿐이다."

(c) 또한 해제권자가 수령한 물건에 가한 加工(Verarbeitung)이나 改造(Umbildung)도 해제를 배제하는 사유로 인정되었다.[34] 학자들은 이를 目的物을 원래의 상태대로 반환할 수 없다는 것으로 설명하였으며,[35] 이에 대하여도 有責 與否는 거론되지 않았다. 계약의 이행으로 수령한 물건을 그 성질에 좇아 또 경제적 合理性의 요구대로 이용한 것에 대하여 有責을 운위할 여지는 애초 없었을 것이다. Reichsgericht(帝國法院)은 일반적으로, 수령한 물건을 사용, 소비하여 그 價値를 자신의 고유한 이익을 위하여 다하게 한 자가 그 후 그 殘餘를 반환하고 代金의 반환을 구하는 것은 허용되지 않는다고 한다.[36] 이는 加工 등의 경우에도 讓渡 등에 있어서와 같이 venire contra factum proprium 禁止의 원칙이 작용하고 있음을 말한다고 하겠다.

(3) 반면에 목적물이 매수인에게 있어서 그 또는 매도인의 귀책사유 없이, 즉 우연한 사정으로 멸실 또는 훼손된 경우에는 그의 소위 先給付는 감축된다.[37] 즉 이 때 매수인은 殘存物을 반환하면 매매대금 전액의 반환을 구할 수 있다(소위 mortuus redhibitur).[38] 이 경우의 "우연

취득하였으면 비록 그가 하자를 알고 제3자에게 양도했다고 하더라도 解除는 배제되지 않는다고 한 반면, RGZ 39, 170(1897)은 그 처분에 대하여 「선행행위에 반하는 행위 금지의 원칙」이 적용된다고 한다.

34) Eck(註 31), S. 163f. 및 Gesterding, Sieben Abhandlungen aus der Lehre vom Edikt der Ädilen über verkäufliche Gegenstände und besonders von der actio redhibitoria, in: *Zeitschrift für Civilrecht und Prozeß* 6(1843), S. 39f. 判例로서는, 마호가니原木이 매수인에 의하여 木板으로 製材된 경우에 관한 Nürnberg 高等法院의 1886년 12월 17일 판결(Seuff. Arch. 43, Nr. 285)가 있다.

35) 혹자는 목적물의 特定(Spezifikation)이라는 관점에서 접근하였다. 즉, 동일성의 변경으로 "애초 인도된 물건"의 반환이 불가능하다는 것이다. 또 혹자는 이를 滅失·毁損과 동일시하는 입장에서 접근하였다.

36) 帝國法院의 1888년 4월 18일 판결(Seuff. Arch. 44, Nr. 92).

37) Windscheid/Kipp(註 22), § 394, 2 및 Dernburg(註 20), § 101, 1c.

38) 매수한 奴隸가 사망하여 그 屍體를 반환함을 뜻함.

한 사정"에는 목적물에 존재하는 物的 瑕疵가 그 멸실 등의 원인인 경우가 포함된다. 이는 1794년의 프로이센一般란트法(이하 단지 「ALR」이라고만 한다)의 해석상 인정된 것이었다. ALR은 보통법학설과는 反對로 우연한 사정으로 인한 滅失의 危險도 매수인이 부담하는 것으로 규정한다(I, 5 §§ 327, 328).[39] 그러나 物的 瑕疵로 인한 滅失은 항상 예외로서 이 경우는 매도인이 그 책임을 진다고 해석되었다.[40]

보통법학설에 좇아 작센民法 제918조는 제1문 및 제2문 前段은 "目的物이 그 瑕疵 또는 우연한 사정(Zufall)으로 인하여 멸실되었기 때문에 매수인이 이를 반환할 수 없는 경우에도 그는 계약의 해제(Aufhebung)를 할 수 있다. 이 경우 매수인은 殘存物을 반환한다"고 규정하고, 1881년의 스위스債務法[41] 제254조도 같은 취지로 규정하고 있다.

이에 반하여 프랑스民法(제1647조)[42]과 앞서 본 대로 ALR은 매수인이 우연한 사정으로 인한 滅失의 위험을 부담한다고 정한다. 또 보통법시대의 학설 중에도 Hanausek은, 다른 학자들의 위와 같은 입장이 買受人을 지나치게 보호하는 것이라고 보고, 이를 수정하기 위하여 로마法源(D. 21. 1. § 1의 按察官告示)上의 opera를 단지 해제권자의 "行爲"라고 해석하고,[43] 해제권자의 行爲에 기하여 멸실된 것이기만 하면 그 有責

39) ALR I, 5, §§ 327, 328: "매수인은 목적물을 그 수령 당시의 狀態로 반환하여야 한다. 그가 이를 할 수 없거나 하지 않은 경우에는 契約은 유지되며, 매수인은 매도인으로부터, 목적물의 그 하자 있는 성질로 인하여 감소된 가치에 대한 賠償을 청구할 수 있을 뿐이다."

40) Förster/Eccius, *Preußisches Privatrecht*, 6. Aufl., Bd. 1, 1892, § 85, V N. 58. 프로이센의 判例도 마찬가지였다. Leser(註 17), S. 50 N. 85 참조.

41) 이 때의 스위스債務法은 1911년 3월 30일 제정된 現行의 스위스債務法에 의해 폐기되었다.

42) 프랑스民法 제1647조: "瑕疵 있는 物件이 그 粗惡한 性質로 인하여 滅失된 경우에 그 滅失은 賣渡人의 負擔으로 한다. 賣渡人은 買受人에 대하여 代金을 반환하고, 前 2條에 규정한 다른 損害도 배상할 義務를 진다. 그러나 偶然한 事情(cas fortuit)으로 인한 멸실은 買受人의 負擔으로 한다."

43) 그러나 대부분의 普通法學者는 法源의 文言을 故意行爲, 즉 좁은 의미에서의 歸責事由 있는 行爲라고 해석하였다. 왜냐하면 위 法源에서 opera는 過失을 의미하는 culpa와 함께 사용되었기 때문이다. 한편 우리 民法 제553조에 해당하는 日本民法 제548조("行爲") 참조.

與否를 불문하고 해제할 수 없는 것이라고 주장하였다.[44]

(4) 이와 같이 보통법상 物的 瑕疵로 인한 解除(Redhibition)에 의한 원상회복에 관한 規律에 있어서는 소송상의 役割分擔, 즉 매매목적물의 반환을 매수인의 「先給付」로 취급하는 것에 의하여 매매목적물의 運命 그리고 이와 결합된 危險의 分配가 결정적인 역할을 하게 되었다.

매도인은 우연한 사정으로 인한 멸실에 대하여 그 危險을 부담한다는 것이 대체의 경향이었다. 목적물이 이미 그의 영향범위를 벗어났는데도 매도인이 그와 같은 危險을 부담하여야 하는 根據가 무엇인지에 대하여는 별로 논하여진 바가 없다. 이를 논한 드문 學者 중의 하나인 Bechmann은 이것을 "매도인은 애초 하자 있는 물건을 팔아서는 안 되었다는 基本的 思考의 필연적인 結果"라고 설명하였다.[45] 이러한 私罰(Privatstrafe)的 要素[46]는 거의 모든 法制에 있어서 契約上 責任의 最初段階에는 발견할 수 있는 것이나, 일반적으로 意思의 合致만에 의하여 契約上 責任, 즉 履行義務가 발생하는 현재의 私法制度 아래서는 이러한 설명은 충분치 못하다.

또한 매도인의 危險負擔의 根據에 관하여, 물건의 멸실 등이 物的瑕疵에 의하여 야기될 가능성이 항상 현존한다는 고려가 云謂된다.[47] 이에 의하면, 물적인 하자는 매수인에 있어서는 우연한 사정인데 이는 단순한 우연과는 달리 매도인이 책임져야 할 사정에 속한다. 한편 滅失 등이 그 瑕疵에 의한 것인지 與否는 확정하기가 어렵다. 이에 刑罰的 思考가 함께 작용하여, 매도인에게 단순한 證明責任(그 滅失 등이 物的 瑕

---

44) Hanausek, *Haftung des Verkäufers für die Beschaffenheit der Ware nach römischem und gemeinem Recht mit besonderer Berücksichtigung des Handelsrechts*, 1883, S. 142ff.

45) Bechmann(註 29), 2, §342, 1.

46) Rabel, *Grundzüge des römischen Privatrechts*, 2. Aufl., 1955, S. 109는 로마법상 actio redhibitoria의 刑罰的 性格을 특히 강조한다.

47) Koch, *Allgemeines Landrecht für die Preußischen Staaten*, Bd. 1, 7. Aufl., 1878, Anm. zu I, 5 §237.

疵로 인한 것이 아니라는 점에 대한 證明責任)에 그치는 것이 아니라 우연한 사정으로 인한 滅失 등에 대한 全責任을 지운다는 것이다.

또한 이와 관련하여 BGB의 審議過程에서는 계약해제에 관한 통일적인 원칙을 만들어내면서 다음과 같이 논의되었다.[48] 즉 계약으로 인하여 위험이 매수인에게 이전되었다면, 해제로 인한 계약의 폐기, 즉 계약 이전의 상태의 回復과 함께 危險도 애초대로 매도인이 부담하는 것으로 되어야 한다는 것이다. 普通法上 매매목적물에 관한 危險이 목적물의 인도시가 아니라 계약체결시에 매수인에게 이전된다고 인정되었으므로(危險은 買受人에게 속한다[periculum est emptoris]), 계약체결의 결과로서 이루어진 危險移轉이 계약의 소멸과 더불어 무효화된다는 것도 그럴듯한 論理이다. 그러나 매수인에의 위험이전이 목적물의 인도시에 발생하는 것으로 하여 事實的인 物件支配의 要素를 중시하는 BGB(제446조) 아래서 위와 같은 論理가 관철될 수 있을지는 의문이다.

Ⅳ. 독일民法 制定過程에 있어서의 Redhibition 法理

이와 같이 賣買目的物의 物的 瑕疵로 인한 解除에 관하여 논의된 Redhibition 法理는 BGB의 制定過程을 통하여 모든 解除 일반에 적용되는 原則으로 高揚되었다.

(1) 독일民法 제1草案의 제426조(이하에서의 引用은 EI §426과 같은 식으로 한다) 내지 제436조는 解除(Rücktritt)를 契約 일반에 타당하는 統一的인 制度를 규정하였다. 보통법상의 산만한 個別規定들을 이러한

48) Denkschrift 52/53. *Die gesamten Materialien zum BGB für das Deutsche Reich*, hrsg. und bearbeitet von Mugdan(이하 「Mugdan」이라고 引用한다), Bd. 2, 1899, S. 1240: "이러한 法理는, 사정이 변경된 경우 해제권자를 계약체결의 어떤 不利益한 結果—危險의 移轉도 이에 속한다— 로부터 보호하려는 해제제도의 경제적인 목적에 합치한다."

독자적인 法制度로 발전시킨 것은, 1874년 聯邦參議院(Bundesrat)으로부터 독일民法의 草案作成을 위촉받은 소위 第一委員會의 공적이었다.[49] 그 第一委員會의 작업을 위하여 民法의 各編마다 그 委員 중에서 한 사람의 起草委員(Redaktor)을 정하여 部分草案의 작성을 맡겼는데, 債權編에 대하여는 von Kübel이 지명되었다. 그러나 von Kübel은 지명 직후 臥病하여 그 직무의 수행이 지지부진하였고, 그가 사망한 1884년에는 von Mandry가 후계자로 지명되었다.

그래서 1881년 第一委員會에서 部分草案에 대한 審議가 시작되었을 때 債權法에 대한 심의는 주로 1866년의 드레스덴草案을 문제삼을 수밖에 없었다.[50] 이 草案은 독일同盟(Deutscher Bund)에 의하여 全獨逸領邦을 위한 統一債權法의 기초로서 작성된 것이었다.

드레스덴草案은 일반적인 解除制度에 관한 통일적인 규율을 두지 않고 개별적으로 계약으로부터의 解放이 문제되는 곳에서 이를 규정하였다. 試驗賣買(제457조 이하) 및 高價請約의 留保附賣買(제468조 이하)는 解除條件으로서 구성되었다. 한편 lex commissoria는 보다 일반적인 救濟手段으로서 "契約에 대한 强化方法"이라는 表題 아래 違約金 및 契約罰과 함께 규정되었다(제132조 내지 제135조). 이상의 셋은 로마法上 約定解除의 원인으로 인정되는 것을 19세기에 발전된 소위 條件的 構成(Bedingungskonstruktion)이라는 骨組에 갖춘 것이었다.[51]

그러나 解除法의 發展에 대한 드레스덴草案의 寄與의 하나는 Redhibition上의 원상회복수단을 다른 원인으로 인한 해제에 있어서의 원상회복방법에 근접시킨 것이었다. 賣買에 있어서의 權利의 欠缺[52]에 대

49) 보통법학자인 Windscheid도 그 11인의 위원 중에 속해 있었다. 독일民法의 制定經過 일반에 대하여는 Schubert, *Entstehung der Vorschriften des BGB über Besitz und Eigentumsübertragung*, 1966, S. 3-56.

50) Schubert(註 49), S. 10.

51) 로마法上의 解除留保約定, 특히 lex commissoria 및 그에 관하여 19세기 普通法學이 발전시킨 條件的 構成에 대하여는 Leser(註 17), S. 16-25 참조.

52) 로마法上 權利欠缺擔保責任 또는 追奪擔保責任(Eviktion)은 物的 瑕疵擔保와는 別個의 制度로 인식되었고, 19세기 普通法에서도 별도로 발전되었던 것을 드레스덴草案이 統合

한 救濟手段은 분화되어 있었다. 즉 賣買目的物의 一部가 他人에 속해 있거나 다른 權利에 의해 負擔을 지는 경우에, 매수인은, 損害賠償請求權 이외에, 매수인이 만일 그 하자를 알았다면 계약을 체결하지 않았을 것이라면 계약을 해제할 수 있다(제167조). 이 때 해제의 결과로 쌍방당사자 간에 원상회복관계가 발생하는데, 그 내용은 전혀 앞서 본 Redhibition 에 있어서와 동일하다(제168조, 제169조). 즉, 매수인은 原物을 수취한 果實과 함께 반환하여야 하며, 또 不注意로 취득치 못한 과실 및 유책하게 目的物이 훼손된 데 대하여는 損害를 배상하여야 한다는 것이다. 그리고 드레스덴草案에서는 權利의 欠缺에 대한 擔保責任에 관한 規定이 物的 瑕疵에 대한 擔保責任에 관한 규정보다 앞서서 위치하도록 되었기 때문에, 우선 원상회복관계의 내용을 전자와 같이 규정하고, 이를 物的 瑕疵擔保, 즉 Redhibition 에 준용하는 형식을 취하였다(제182조).[53] 이 때 actio redhibitoria 上의 法理를 권리의 一部移轉不能의 경우에 적용하는 根據에 대하여는 단지 "로마法源에 이에 관한 명확한 규정이 없기 때문"이라고 할 뿐이고, 이에 관한 아무런 論議가 없었다.[54]

이와 같이 하여 해제로 인한 原狀回復關係에 대하여는 actio redhibitoria 上의 규율이 적용된다는 前例가 생긴 것이다.

(2) 이미 이행된 給付의 原狀回復關係는 第一委員會에 있어서 새로운 解除制度(Rücktritt)의 불가결한 구성부분으로 인식되었다. 그 내용을 어떻게 정할 것인가에 관하여는 3가지의 範型이 거론될 수 있었다. 즉 Redhibition 및 로마法上의 解除留保約定, 특히 lex commissoria 에 관하여 普通法學說이 발전시킨 2개의 構成, 즉 계약 이전의 狀態를 회복함을 목적으로 하는 채권적 청구권을 발생시키는 停止條件附 解除合

的으로 규율하려고 시도한 것이다. Kaser(註 13), S. 553f. 및 Leser(註 17), S. 28. 참조.

53) 다만 드레스덴草案에서는 우연한 사정으로 인한 目的物의 滅失의 危險을 매도인이 부담한다는 것은 物的 瑕疵로 인한 해제에 대해서만 적용되도록 한 것(제183조)에 注意로 요한다.

54) Leser(註 17), S. 28 N. 9.

意 및 物權的인 效果를 가지고 遡及的으로 작용하는 解除條件[55]이 그 것이다.

物權的 效果를 수반하는 解除條件이라는 구성은 해제권이 행사되기 이전에 목적물을 수령한 해제권가 한 처분을 전혀 無效로 하는 것이어서 去來安全의 요구를 만족시킬 수 없다는 것이 분명하여 채택될 수 없었다.[56] Windscheid 는 이 구성을 극복하기 위한 前提作業을 수행한 바 있고,[57] 또한 第一委員會의 委員으로서 이 구성의 拒否에 있어서 결정적으로 작용하였다. 그에 있어서 解除條件이란 채권적 효과를 수반하는 契約消滅約定(Aufhebungspaktum)이 停止的으로 조건지어진 것을 의미하였다. 즉 契約當事者는 契約 以前의 상태를 회복하여야 할 債權法上의 의무를 부담하는 것이다.[58] 이러한 관점은 BGB 의 條件에 관한 규정에서 관철되었다.[59] 그러나 契約解除에 있어서 그 관점은 채택되지 않았다. 그 이유 중의 하나는, Windscheid 가 말하는 바의 "契約 以前의 狀態의" 回復이라는 命題는 너무 일반적인 것이어서, 구체적인 경우에 바로 적용할 수 없는 만큼 細部的인 規定을 갖춘 것이 아니었다. 특히 이 이론은 實際에 적용된 바 없어서, 事實上의 有用性 有無를 판단할 기회가 없었다.

---

55) Dernburg, *Pandekten*, Bd. 1, 1900, §112, 2b 및 Koch(註 21), S. 258f.

56) Motive Ⅱ, 281 = Mugdan Ⅱ, S. 156.

57) Windscheid, *Die Wirkung der erfüllten Bedingung*, 1851.

58) Windscheid/Kipp(註 22), §323 N. 6 및 Windscheid/Kipp, *Lehrbuch des Pandektenrechts*, Bd. 1, 1906, §91 N. 3. Windscheid 는 解除條件의 效果에 대하여 일종의 折衷說을 취하였다. 그는 解除條件成就時 物權的 遡及效가 발생한다는 입장에 반대하고, 本文에 본 바와 같은 債權的 構成을 주장하였다. 그러나 다른 한편 賣買에 있어서 목적물을 양수한 買受人이 條件成就時까지 한 處分의 效力을 전혀 부정하였다. 그는 그 根據로, 매매계약에 있어서는 條件未成就 중에도 이미 체결한 契約消滅約定 ―비록 停止條件附이기는 하나― 에 기속되어 買受人은 유효하게 處分할 수 없다는 것을 들고 있다. Windscheid/Kipp, 위의 책, Bd. 1, §91 N. 3 및 Windscheid(註 57), S. 27 참조. 따라서 결과적으로 그의 입장은 遡及的 物權效說에 가까왔다.

59) §159 BGB: "法律行爲의 내용이 조건성취의 效果를 그 성취 이전에 소급시키는 것인 경우에는, 조건이 성취되면 當事者들은 만일 그 效果가 성취 이전의 時點에 발생하였다면 相對方이 취득하였을 것을 서로 供與한 義務를 진다."

이에 반하여 actio redhibitoria 의 경우는 그 로마法源上의 文言이 "契約 以前의 狀態의 回復"의 命題와 거의 유사할 뿐 아니라(앞의 註 19 참조), 보통법시대를 통하여 실제에 적용됨으로써 축적된 具體的인 結果는 契約解除라는 새로운 제도를 실제적으로 유용한 것으로 만들려는 立法者의 意圖에 부합하는 점이 있었다. 그리하여 actio redhibitoria 의 이미 형성된 法理를 契約解除(Rücktritt)에 있어서의 原狀回復關係에 轉移하고, 이를 이 새로운 制度에 融合시킨다는 것은 위에서 본 드레스덴 草案의 前例도 있고 하여 당연한 것으로 간주되었다.

(3) 그리하여 현재의 독일民法 제350조, 제351조(이들 규정의 문언은 앞의 I. (4) 참조)에 각 해당하는 E I §§ 429, 430[60]이 탄생하였다.

(a) E I § 429는 해제에 관한 규정 중 가장 다투어진 것이었다. 애초 의견이 일치되었던 것은 단지, 해제권자가 수령한 給付를 그 귀책사유 없이 반환할 수 없을 경우에 대한 규정이 필요하다는 것 뿐이었다.[61]

E I § 429는 단지 목적물의 우연한 멸실에도 불구하고 해제권자는 해제권을 행사할 수 있다는 것뿐 아니라, 그는 자신이 이행한 給付의 返還請求權을 ―비록 자신이 수령한 物件의 반환의무는 소멸하였더라도― 계속 보유하고 이를 실행할 수 있다는 것을 의미한다. 즉 위 條項은 소위 反對給付危險(Gegenleistungsgefahr)를 해제상대방이 부담한다는 것이다. 이것은 § 323 BGB 에 나타난 雙務契約의 原則, 즉 債務者危險負擔主義에 정면으로 反對되는 결과가 된다. 立法者들도 이것을 의식하고 있었음은 § 348 BGB 가 쌍방의 원상회복의무의 관계에 대하여 §§ 320,

60) E I § 429는 § 350 BGB과 다름없고 E I § 430은 다음과 같다. "다음과 같은 경우에는 해제를 할 수 없다. 1. 해제권자가 그 수령한 목적물(Gegenstand)의 멸실을 고의 또는 과실로(vorsätzlich oder fahrlässig) 야기하였을 때 또는 그가 이를 처분하였을 때. 2. 해제권자가 그 수령한 목적물에 자신이 소멸시킬 수 없는 제 3 자의 권리를 설정하였을 때. 3. 해제권자가 그 수령한 물건(Sache)을 加工 또는 改造로 인하여 다른 종류의 물건으로 變形하였을 때."

61) 이는 第二委員會의 審議經過에서 뚜렷하다. Vgl. Mugdan Ⅱ, S. 728. 한편 Strohal은 約定解除와 法定解除를 통괄하는 단일한 규율이 불가능하다는 의견이었다. 이에 대하여는 Glaß(註 3), S. 9.

322 BGB를 준용하면서 § 323 BGB를 누락시킨 것에서 드러나고, 또한 立法資料[62]도 이를 명백히 증명한다.[63]

다수의견은 위에서 본 작센민법, 스위스民法(1881년), 드레스덴草案 외에 1853年의 헷센草案 제254조를 자신의 입장에 대한 先例로 동원할 수 있었다. 이에 대하여 § 350 BGB의 立場에 반대하는 少數意見은 ALR, 프랑스民法 및 1861년의 바이에른民法草案(제324조)이 수령물의 반환이 가능한 경우에만 物的 瑕疵로 인한 해제를 허용한[64] 것을 인용하였다. 또한 이들은 雙務契約上 義務의 牽聯性을 주장한다.[65] 즉 目的物에 대한 危險이 이전되는 한 매매대금의 반환은 孤立的인 것으로 보아서는 안 되며, 目的物의 반환과 연결되어야 한다. 또 이것이 당사자의 內心의 意思와도 一致한다는 것이다. 그러나 이 진보적인 意見은 actio redhibitoria의 위광에 가리워져 채택되지 않았다.[66]

해제가 허용되는 "우연한 사정"의 범위를 축소하려는 修正提案도 第二委員會의 第二讀會에서 제기되었다. 즉 이 때 우연한 사정이란 目的物受領者에 특유한 사정과는 아무런 관계가 없는 事件을 의미하고, 그렇지 않은 事情, 즉 자신의 領域에서 발생하는 모든 情況에 대하여 그는 책임을 져야 하며 따라서 이 경우에는 解除는 배제된다는 것이다. 그

62) Motive Ⅱ, 231 = Mugdan Ⅱ, S. 127은 "危險分配"를 云謂하며, 第二委員會(Mugdan Ⅱ, S. 729)에서 多數意見은 雙務契約에 있어서의 牽聯性을 이 경우에는 배척하고 있다.

63) 따라서 Honsell, Gefahrtragung und Schadenersatz bei arglistiger Täuschung, in: *MDR* 1970, S. 719이 § 350 BGB의 적용범위를 立法史的인 관점에서 物的 瑕疵가 滅失을 야기한 경우에만 한정시키려고 하는 것은 부당하다고 하겠다. 또한 Schwenn, Die Gefahrtragung beim Rücktritt, in: *AcP* 152(1952), S. 138ff., 특히 S. 152이, 立法者는 § 350 BGB가 目的物이 해제상대방의 지배 하에 존재했다고 하더라도 멸실하였을 天災地變 등이 발생한 경우에 대하여만 적용된다고 생각하였다고 주장하는 것도 부당하다.

64) 물론 목적물의 멸실·훼손이 物的 瑕疵를 포함하여 매도인이 책임질 사유에 기인한 경우는 例外이다.

65) Mugdan Ⅱ, S. 728.

66) 第二委員會의 多數意見은 다음과 같다. "해제로 인한 法律關係는 雙務契約에 타당하는 諸原則의 적용을 받을 수 없다. [解除로 인하여 발생하는] 諸義務는 서로 상환으로 이행되어야 한다는 限에 있어서만 일정한 연관을 가진다." Mugdan Ⅱ, S. 729.

러나 이러한 提案[67]은 이를 뒷받침하기에 적합한 합리적인 旣成의 法的 槪念을 발견할 수 없는 것이었다.

결국 Redhibition의 法理는 우연한 사정으로 인한 滅失의 危險의 分配에 관하여 관철되었다. 그러나 이 結論의 正當性에 대하여 전적인 확신을 가질 수 없었다는 것은, "一應의 硬直은 감수되어야 한다", "危險負擔에 관한 特約은 가능하다"는 Motive上의 言及[68]에서도 간취될 수 있다.

(b) 매수인이 목적물을 양도하였거나 加工했거나 또는 유책하게 목적물이 滅失되었기 때문에 그가 이를 반환할 수 없는 때에는, 代償(Surrogat)을 지급함으로써 물건에 대신하게 하여 雙方給付의 반환을 실현하든가, 아니면 아예 原狀回復關係가 발생하지 못하도록 하는 두 가지 方法밖에 없다. 19세기에는, 특히 새로이 編纂된 法典들에 있어서는 後者를 선택하는 경향이 두드러졌고, 이는 E I § 430에 대하여도 하나의 模範으로 작용했다. 이러한 解除不許容은 物件을 수령한 자의 그 물건 반환이라는 先給付에 결정적인 意味를 부여함으로써 물건의 멸실에 대한 危險을 분배하려는 것이었다.

개별적인 해제배제원인은 Redhibition으로부터 傳受되었으나 심의과정에서 상당한 변화가 있었다. 독일민법 제1초안에서는 滅失, 加工 및 處分이 하나의 規定으로 포섭되어 있었던 것이 審議의 終局段階에서 나누어 규정되었다.

a) 유책한 滅失 E I § 430 第一號 前段은 目的物의 滅失(Untergang)에 대해서만 규정하였다. 훼손(Verschlechterung)의 경우는 해제를 배제하는 것이 아니라 損害賠償을 하는 것이 허용되었다. 第二委員會에서 본질적(wesentlich) 훼손이 滅失과 경제적인 동일한 것으로서 멸실과

67) Antrag 3 zu E I § 429. Mugdan Ⅱ, S. 727f. 참조. 앞서 註 63에서 본 Schwenn의 견해는 이 修正案을 다시 제기하여 이로써 § 350 BGB를 제한하려는 것이다.

68) Motive Ⅱ, 282/83 = Mugdan Ⅱ, S. 156.

같은 취급을 받게 되었다.[69]

第二委員會의 第二讀會에 이르러서야 비로소 歸責事由(Verschuldien)에 관한 論議가 있었다. 그러나 그것도 目的物受領者가 第三者의 過失에 대하여 책임을 질 것이냐 하는 문제(우리 民法 제391조에 해당하는 履行補助者의 과실에 관한 §278 BGB 참조)만이 거론되었다.[70] 約定解除의 경우에는 解除權者가 자신이 解除權을 행사하면 반환하여야 될지도 모르는 目的物에 대한 保護義務(Obhutpflicht)가 있다고 생각하는 것, 다시 말하면 約定解除權者가 그 故意 또는 過失로 目的物을 滅失시킨 다음에는 해제권을 行使할 수 없다는 것은 信義則 또는 venire contra factum proprium 禁止의 원칙상 쉽게 이해될 수 있었다. 瑕疵擔保責任上의 解除(Wandlung)에 대하여는 이러한 논의는 성립할 수 없는 것이나, Redhibition 의 확고한 原則의 힘이 문제를 해결하는 것처럼 보였다. 그리고 法定解除의 경우는 Wandlung 과 같이 취급된다는 것뿐 다른 논의가 없었다.

b) 加　工　　19세기의 보통법학설은, 加工의 경우를 해제권자의 有責한 行爲와 연결시켜, 加工에 있어서도 "해제권자가 유책하게 목적물을 반환할 수 없을 때"에는 어쨌든지 해제를 허용하지 않으려는 태도를 취하였다. 그러나 그 加工이 경제적으로 합리적인 行爲인 경우에 그에게 귀책사유(Verschulden)를 돌린다는 것은 필연적으로 무리를 낳는다. 따라서 BGB 의 심의과정에서는 작센民法(제918조)이나 드레스덴草案(제184조)에 좇아 귀책사유와는 무관계하게 해제를 배제하는 것으로 결정되었다(E Ⅰ §430 제 2 호. 뒤의 §352 BGB).

瑕疵擔保로 인한 解除에 대하여는 歷史的으로 인정되는 特別規定이 마련되었다. 즉 그 瑕疵가 그 加工過程에서 비로소 발견된 때에는 해제는 배제되지 않는다(E Ⅰ §387. 뒤의 §467 BGB).[71]

c) 讓渡 및 負擔設定　　E Ⅰ §430 第 1 號 後段은 보통법에 좇아 目

69) Mugdan Ⅱ, S. 730.
70) Mugdan Ⅱ, S. 732.
71) 우리 民法은 이에 상응하는 규정을 두지 않고 있다.

的物의 處分이 해제를 배제한다고 규정하였었다. 그러나 이 文言은 第二草案 제303조에서 "해제권자가 수령한 물건을 양도하였기 때문에 그 반환이 불가능하게 된 때 또는 그 물건에 대하여 제 3 자의 권리를 설정하고 그 권리를 소멸시킬 수 없게 된 때에는 해제를 할 수 없다"로 변경되었다. 따라서 Windscheid와 같이 수령물의 處分을 일종의 해제권 포기로 보는 견해나, 處分 후의 Redhibition의 요구를 venire contra factum proprium으로 이해하는 관점은 뒤로 물러서고 목적물반환의무의 履行可能 여부에 초점을 두게 되었다.

그런데 이 返還不能의 基準時期에 대한 異論이 제기되어, 解除로 인한 目的物의 현실적 返還時期(이것이 다수 意見이었다) 대신에 解除의 意思表示時까지 해제권자가 目的物을 재취득하지 못하였을 경우에는 返還不能으로 해제할 수 없도록 하여야 한다는 주장이 있었다.[72] 이 주장은 거부되었으나, 이를 契機로, 目的物이 해제권자로부터 이를 양수받은 자의 占有 중에 멸실하였으면 해제를 할 수 있는지 여부라는 문제를 의식하게 되었다. 이에 第二委員會의 第二讀會에서는 이 문제를 뚜렷이 明文化할 필요가 있는지를 검토하도록 編輯委員會(Redaktionskommission)에 위임하였다.[73]

그 결과로 오늘날의 § 351 BGB에 목적물의 본질적 훼손·멸실 이외에 "기타의 반환불능"을 삽입하는 한편, § 353 BGB("해제권자가 수령한 목적물 또는 그 중요부분을 양도…한 경우에 그 처분으로 인하여 그 목적물을 취득한 자에 있어서 제351조 또는 제352조의 요건이 발생한 때에는 해제를 할 수 없다")가 새로이 만들어졌다.

그러나 이 법전편집상의 손질은 실상 중대한 문제를 포함하게 되었다. 왜냐하면 목적물의 양도의 경우에는 원래 歸責事由가 문제되지 않았던 것인데, 위 § 351 BGB의 문언상으로는 목적물의 양도 등으로 인

72) Eck의 영향이 看取된다. 앞의 註 31의 本文部分 참조.
73) Mugdan Ⅱ, S. 731.

한 "기타 반환불능"에 대하여도 歸責事由가 필요하게 되었기 때문이다.

V. 小　結

이와 같은 經過로 우리 民法 제553조의 元祖라고 할 §§350, 351 BGB 등의 규정이 法典化되었다. 그 歷史的 經過를 흠미해 보면 몇 가지 눈에 띄는 것이 있다.

우선, §§350, 351 BGB는 賣買目的物의 物的 瑕疵로 인한 解除에 있어서의 原狀回復關係, 즉 매매대금과 하자 있는 목적물과의 再交換(Redhibition)에 관하여 로마法 이래 특히 19세기의 普通法學說에 의하여 형성된 法理를 近代의 계약해제제도 일반에 보편화한 것이다. 그런데 物的 瑕疵가 있어 해제권을 취득하는 것은 買受人이다. 따라서 Redhibition에서 해제할 수 있는가 여부가 문제될 때에는 항상 목적물수령자로서의 買受人을 염두에 두고 論議가 전개되었다.[74] 그러나 解除制度가 契約 全般에 보편화되고, 특히 債務不履行을 발생원인으로 하는 解除權이 일반적으로 인정되면, 賣渡人 기타의 契約當事者도 해제권을 취득한다. 따라서 이러한 경우에는 위 立法史로 보아서는 想定하기 어려운, 그러나 그 條文의 文言으로부터는 당연히 제기되는 문제가 續出하게 된다. 쉬운 예를 들면 해제권을 취득한 賣渡人이 자신이 수령한 代金을 他에 사용하고 달리 이를 반환할 財力이 없을 때 위 규정들은 적용될 필요는 없는가 등.[75]

또 위 규정들의 法典化에 이르는 과정에서 歸責事由의 내용에 대하여는 별로 論議가 없었던 것이 注目된다. 해제권자가 수령물을 양도한

74) Leser(註 17), S. 62 N. 141.

75) 일반적으로 資力不足은 主觀的 不能에 불과하므로 위 규정상의 요건을 충족하지 않는 듯하나, 그에게 해제를 허용하여 ―자신이 수령한 代金은 반환할 수도 없으면서― 자신의 契約上 義務를 免하게 하는 것은 買受人에 대한 해제 不許의 경우와 均衡에 맞지 않는 느낌이다.

경우에 대하여 애초 過責에 관계 없이 해제권을 배제하는 것으로 하였다가 나중에 이에 過責이 필요한 것으로 法典化된 것에서도 알 수 있듯이, 해제권의 배제에 있어서의 故意나 過失(註 60)의 E I §430 제1호 1 참조)은 어떠한 違法의 認識 또는 不注意로 인한 不認識을 의미하는 것이 아니고, 目的物의 반환불능을 일으킨 事由에 대하여 누가 책임을 져야 하느냐(Vertreten-müssen)의 문제, 다시 말하면 해제권자가 그러한 사유에 대하여 일정한 관련을 가지기 때문에, 후에 해제권을 행사하여 이미 목적물 취득의 基礎가 된 계약의 효력을 覆滅시키는 것이 신의칙상 허용되지 않게 하는 諸般事情을 의미하는 것으로 보인다. 이는 해제권의 배제에 관하여 venire contra factum proprium 禁止의 原則이 항상 背後의 理致로 등장하는 것에 비추어 알 수 있다. 따라서 해제권자에게 목적물의 반환불능에 대한 엄격한 의미의 故意나 過失이 있는지 여부를 불문하고도 ―그 有無는 解除權이 發生하였다는 事實에 대한 認識 내지 重大한 過失로 인한 不知를 전제로 한다고 하여야 하지 않을까―, 그 자신의 行爲로 목적물을 滅失시킨 경우 또는 목적물의 經濟的 用法에 의한 使用 도중 파손된 경우(예를 들면 목적물인 自動車를 운행하다가 交通事故가 일어난 車輛이 全破된 때. 그때 事故가 전혀 타인의 과실에 기인되었다고 하더라도)에는 해제가 배제된다고 해석될 여지가 있는 것으로 생각된다.[76)]

이와 같이 해제배제의 許否에 대하여 보다 신축성이 있는 카테고리로써 對處하여야 한다는 것은 결국 위 규정들의 沿革에서 看取되는 바인, 契約目的物의 현실적 반환을 思考的 前提로 삼는 태도 내지 이익상황을, 해제제도가 현대사회에서 기능을 가지는 기초가 되는 雙務契約에 있어서의 諸義務의 牽聯性이라는 관점에서 새로이 조명해 볼 필요가 있다는 데서 연유한다고 하겠다.

(法院行政處 刊, 「外國司法硏修論集[6]」, 裁判資料 24집(1984), 105면 이하 所載)

76) 그렇다고 해도 債權者는 損害賠償請求權을 가지므로 債權者에게 不當하게 苛酷한 결과는 생기지 않는다.

[後 記]

1. 위의 미숙하기 짝이 없는 글은, 筆者가 1983년 10월에 독일의 유학에서 돌아온 후에, 소위 海外硏修法官에게 부여된 논문 1편의 작성이라는 課題를 다하기 위하여 서둘러 쓰여진 것이다.

필자는 당시 서독의 국제학술교류처(DAAD)의 장학금을 받아 독일의 콘스탄츠대학과 베를린대학에서 주로 不當利得法, 특히 그 類型論을 공부하였었다. 그 과정에서 H.G. Leser, *Der Rücktritt vom Vertrag* (1975)라는 문헌에 접하였고, 그를 통하여 급부부당이득(Leistungskondiktion)과도 관련이 깊은 「쌍무계약에 있어서의 원상회복관계」라는 문제에 흥미를 느끼게 되었다. 이에 대하여는 이미 우리 나라에서 金龍潭, 解除의 效果에 관한 一考察, 「民事法學」 4·5합병호(1985), 118면 이하; 同, 雙務契約의 無效·取消와 不當利得, 「民事裁判의 諸問題」 3권(1985), 124면 이하 등 약간의 연구가 없지 않다.

이 글은 그 동안 별로 주목을 끌지 못하고 있는 우리 민법 제553조의 문제점을 통하여 「쌍무계약에 있어서의 원상회복관계」라는 문제의 어느 한 작은 側面을 드러내려고 한 것이다. 이를 위하여 우선 그 規定의 沿革에서 드러나는 논점들을 파악하고자 하였다.

2. 위의 글은 약 10년 전의 것이고, 거기서 말한 바 있는 "독일民法 制定 이후의 [독일민법 제350조에 관련한] 學說의 發展을 뒤따라가는 作業"조차 아직도 행하지 못하고 있다.

그러나 위 글의 발표 후에도 「쌍무계약에 있어서의 원상회복관계」라는 문제에 대한 흥미는 여전히 유지되고 있고, 다른 기회에 단편적으로 약간의 所見을 피력한 바는 있다. 가령 「註釋 債權各則(Ⅲ)」, 1986,

233면 이하;「民法注解(Ⅳ)」, 1992, 361면 이하; 賃貸借終了 후 賃借人의 目的物繼續占有와 不當利得, 서울대「法學」27권 1호(1986), 197면 이하 등이 그러하다.

7. 不法行爲法의 變遷과 可能性

—그 制度目的과 關聯하여—

I. 序　說

불법행위법에 의하여 처리되어야 할 事實關係가 극히 다양함은 물론이다. 이에 비하여 이를 규율하는 法規定은 민법 제750조 이하의 몇 條 등 그리 많지 않다. 그러므로 불법행위법과 관련한 문제가 解釋論·立法論을 막론하고 거의 조감할 수 없을 정도로 많고 복잡한 것도 당연한 일이라고 할 수 있다. 이들 문제 전체를 몇 개의「源泉」으로 환원하고 그 각각에 대하여 해결방향을 제시할 수 있다고 하면, 우선 思考의 經濟 한 가지 측면에서만 보더라도 매우 바람직한 作業이라고 하겠다. 그러나 이는 요원한 장래의 일이고, 또한 아마도 불가능한 일일지도 모른다.

여기서는 다른 深重한 문제들, 가령 過失責任主義의 緩和, 法經濟學의 불법행위법에 대한 寄與의 가능성과 한계, 그리고 不法行爲法과 보험 등 다른 損害塡補制度와의 관계라는 문제들을 음미하는 데 있어서 그 배경적인 지식으로서 조금이라도 보탬이 되지 않을까 하는 관점에서 다음의 두 가지 점을 주로 擧論하여 보고자 한다. 우선 하나는, 不法行爲法制度의 중추를 이루고 있는 민법 제750조가 근래 문제된 일련의 不法行爲를 원인으로 하는 損害賠償訴訟에서 구체적으로 적용됨에 있어서 드러내 보이고 있는 종전과는 다른 樣相—이라고 생각되는 것—을 지적하고(아래 Ⅱ), 이러한 '특이한' 樣相이 전개되는 이유라고 생각되는 불법행위법을 둘러싼 제반 環境의 변화를 밝히는 것이다(아래 Ⅲ). 그리고 다른 하나는, 그러한 변화된 환경 속에서 不法行爲의 法制度가 가질 수 있다고 여겨지는 새로운 可能性을 모색하여 보는 것이다(아래 Ⅳ).

이와 같이 보다 구체적인 문제를 음미하기 위한 「배경적인 지식」으로서는 보다 單純化된, 어떻게 보면 圖式的이라고도 할 수 있는 서술방식이 오히려 유용하지 않을까 여겨지기도 한다. 그래서 이하에서는 事態의 구체적인 세부는 捨象하고 기본적인 傾向이라고 생각되는 것 몇 가지 점을 單純化하여 추출하고 이에 초점을 맞추어서 생각하여 보기로 한다. 그러므로 관점에 따라서는 牽强附會라는 비난을 살는지도 모르겠다. 그리고 文獻의 引用도 필요한 최소한에 그치기로 하였다.

Ⅱ. 不法行爲法의 現狀

1. 불법행위소송의 現況

법원의 사건관련통계를 보면, 불법행위를 원인으로 하여 손해배상을 청구하는 사건들은 民事本案事件 중에서 별로 현저한 지위를 차지하지 못하고 있다는 인상을 받는다. 가령 1991년에 법원에 접수된 제 1 심 민사본안사건은 그 총수가 308,806건인데, 그 중에서 손해배상사건은 28,444건으로 그 9.2%에 불과하다. 그리고 1982년부터 1991년까지 10년간의 통계를 보아도, 손해배상사건의 민사본안사건 전체에 대한 비율은 적은 해가 6.8%(1984년), 많은 해가 9.6%(1989년)에 그친다.[1] 여기서 말하는 「손해배상사건」에는 채무불이행사건을 원인으로 하는 것도 포함되어 있는 것이므로, 불법행위를 원인으로 하는 것만으로는 그 비

1) 「司法年鑑」 1992년, 515면 참조.

율이 더욱 적어질 것이다.[2] 물론 불법행위를 원인으로 하는 손해배상청구는, 가령 원고가 부동산의 인도를 청구하면서 그에 부가하여 그 인도시까지의 不法占有를 이유로 하여 임료 상당액의 손해배상을 구하는 것과 같이, 그것이 統計에 반영이 되는지 의심스러운 형태로 행하여지는 경우도 많을 것으로 추측된다. 그러나 그 점을 고려에 넣는다고 하여도 역시 법원이 처리하는 民事本案事件 중에서 不法行爲를 원인으로 하는 損害賠償事件이 차지하는 비중은 그리 크지 않다고 해야 할 것이다.

그러나 이와 같이 불법행위가 訴訟事件으로 되는 경우가 많지 않다고 하여서, 불법행위법이 우리 사회에서 별다른 機能을 수행하지 못하도 있다고 速斷하여서는 안 된다. 이 점은 현재 번창하고 있는 損害保險業界를 보더라도 명백하다. 이 분야에 대하여는 그 깊은 내용을 잘 알 수 없으나, 責任保險이 그 상당한 부분을 차지하고 있음에는 의문의 여지가 없다. 그런데 주지하는 대로 책임보험이란 피보험자가 제3자에 대하여 배상책임을 지는 경우에 이를 보상하여 주는 것을 내용으로 한다(상법 제719조). 이 경우 被保險者가 제3자에 대하여 부담하는 「배상책임」이란 대체로 불법행위를 원인으로 하는 손해배상책임으로 귀착된다고 할 수 있다. 그러므로 책임보험은 결국 불법행위법을 바탕에 두고 전개되는 보험체계인 것이다. 그런데 가령 自動車事故로 인한 損害塡補의 문제가 책임보험의 일종인 自動車保險에 의하여 소송에까지 이르지 아니하고 처리되는 경우가 얼마나 많은가 하는 점은 우리가 일상의 경험을 통하여 알고 있는 바이다. 그리고 여기서 중요한 점은 그러한 보험에 의한 처리가 사고로 인한 責任의 所在나 그 책임의 額數 등에 대하여 당사자들 사이에서 다툼의 여지가 있는 경우에 대하여도 행하여지

---

2) 前註의 문헌에 의하면, 1991년의 손해배상사건 28,444건 중 자동차사고로 인한 것이 16,643건, 산업재해로 인한 것이 3,433건, 의료사고로 인한 것이 128건, 공해를 원인으로 하는 것이 9건, 지적소유권 침해를 이유로 하는 것이 18건이라고 한다(그 외 '其他'가 8,213건이다). 적어도 이들 합계 20,231건(물론 이에 한정된다는 말은 아니다)은 불법행위를 원인으로 하는 것으로 볼 수 있다고 생각된다. 이들의 제1심민사본안사건총수에 대한 비율은 약 6.5%가 된다.

고 있다는 것이다. 바꾸어 말하면 保險은 불법행위를 둘러싼 紛爭을 상당 부분 흡수하여 그것이 법원에까지 가지 아니하도록 하는 측면이 있으며, 오히려 訴訟에까지 갈 필요 없이 불법행위로 인한 분쟁을 처리할 수 있다는 바로 그 점이 관계자들을 保險으로 유인하는 요인의 하나가 되고 있다고 할 수 있다.

물론 책임보험이 일단 불법행위법을 前提로 하고 있다고 하더라도, 뒤에서 보는 대로 실제로는 책임보험의 존재가 불법행위책임의 성립 여부나 그 내용에 영향을 미치는 측면도 없지 않다. 그러나 적어도 論理構造로서는 불법행위법은 이 분야에서 여전히 그 골간을 이루고 있다고 할 수 있다.

2. 불법행위소송의 새로운 樣相

불법행위에 관한 一般規定인 민법 제750조는 불법행위의 成立要件을 "故意 또는 過失로 인한 違法行爲로 타인에게 損害를 가한 자"라고 정하고 있다. 그리고 學說은 이론의 여지 없이 이로부터 4개의 요건을 추출한다. 즉 (i) 고의 또는 과실로 인한 가해행위, (ii) 가해행위의 위법성, (iii) 손해, 그리고 (iv) 가해행위와 손해와의 因果關係가 그것이다.

그러나 이러한 要件들은 구체적인 사건들을 처리하는 국면에 있어서는 실제로 '요건'으로서의 實質을 갖추지 못하거나, 變質된 내용으로 적용되고 있다.

(1) 製造物責任에 관한 드문 판례 중의 하나인 大法院 1977년 1월 25일 판결 77다2092사건(集 25-1, 21)을 보자. 이 사건에서 원고는 자신이 키우는 닭들이 피고로부터 사들인 飼料를 먹은 다음에 갑자기 산란율의 급격한 저하를 보이자 이들을 폐사시키고 그 손해의 배상을 청구하였다. 원고와 피고와의 사이에는 매매계약관계가 존재함은 물론인데,

그럼에도 불구하고 원고는 이 사건에서 불법행위책임을 물었던 것이다.[3] 결국 피고의 책임은 肯定되었다. 그 과정에서 대법원(또는 그에 의하여 수긍된 원심판결)은, (i) 피고의 過失 및 (iv) 因果關係의 두 가지 점에 관하여 전통적으로 요건사실을 인정하여 오던 방식과는 다른 방식의 推論을 행하고 있다. 우선 前者에 대하여는, "적어도 그 사료에 어떤 불순물이 함유된 것이 틀림 없어 제조과정에 과실이 있다"고 한다. 이 판단을 주사기바늘사건에 대한 大法院 1979년 12월 26일 판결 79다1772 사건(判例月報 199, 17)과 합하여 보면, 판례는 손해를 일으킨 제조물에 「결함」이 있으면 그 제조자에게 「과실」을 인정할 수 있다는 취지라고 이해할 수 있다.

물론 이러한 실무의 태도는 단지 過失의 소송상 立證에 관한 것이라고 밀어버릴 수도 있겠다. 그러나 실체법의 입장에서도, 이 판결에서 과연 민법 제750조가 내거는 法律要件들이 法律效果(손해배상책임)의 발생 여부를 실질적으로 통제하고 있는가, 만일 하고 있다면 어느 범위에서 하고 있는가 하는 점에서 문제를 제기할 수 있다고 생각된다. 사태를 솔직하게 파악하면, 위의 판결들은 「결함」의 인정만으로 피고의 책임을 긍정하고 있는 것이며, 여기서 '과실' 운운하는 것은 그 판단이 법규정, 즉 민법 제750조에 기하여 이루어졌음을 보이기 위한 하나의 假裝理由에 불과하다고까지 말할 수 있을 것이다. 過失要件의 판단기준이 비록 객관화되었다고 하더라도, 過失은 전통적으로 어디까지나 행위자의 有責性(Verantwortlichkeit), 즉 개별적인 비난가능성을 핵심적인 개념요소로 하는 것이라고 한다면(責任能力에 관한 민법 제753조, 제754조를 상기하라), 위와 같이 단순히 객관적인 缺陷의 존재만으로 過失責任을 긍정하는 것은 적어도 전통적인 설명방식과는 조화되기 어려운 점을 안고 있다고 하겠다.[4]

3) 이는 아마도 우리 學說이 賣渡人이 부담하는 瑕疵擔保責任의 한 내용으로서의 損害賠償責任에 관하여 대체로 그 책임내용을 信賴利益에 한정된다는 입장을 취하는 것과 관련되는지도 모른다.

4) 또한 위에 1977년 판결에서 주목되는 것은 그 판결이유에서는 過失判斷의 전제가 되

(2) 違法性의 문제도 결코 그렇게 간단하지 않다.

가령 所有權과 아울러 가장 중요한 法益으로 인정되고 있는 人格權에 관하여서 大法院 1988년 10월 11일 판결 85다카29사건(集 36-3, 1)은 "법익의 충돌"을 운위하고 있다. 즉 한편으로 헌법 제17조에 의하여 보장되고 있는 「사생활의 비밀과 자유」 기타의 인격적 법익과 다른 한편으로 헌법 제21조에 의하여 보장되고 있는 언론, 출판 등 표현의 자유가 서로 충돌할 때 "그 조정을 어떻게 할 것인지는 구체적인 경우에 사회적인 여러 가지 이익을 비교하여 표현의 자유로 얻어지는 이익, 가치와 인격권의 보호에 의하여 달성되는 가치를 형량하여 그 규제의 폭과 방법을 정하여야 할 것"이라고 전제한 다음, "타인의 명예를 훼손하는 행위를 한 경우에도 그것이 공공의 이해에 관한 사항으로서 그 목적이 오로지 공공의 이익을 위한 것일 때에는 진실한 사실이라는 증명이 있으면 위 행위에 위법성이 없으며 또한 그 증명이 없더라도 행위자가 그것을 진실이라고 믿을 상당한 이유가 있는 경우에는 위법성이 없다고 보아야 할 것"이라고 결론짓는다.

여기서 흥미를 끄는 것은 소유권 기타의 절대권이 침해된 경우에 대하여 종래 인정되어 왔던 違法性의 '推定', 즉 가해자가 違法性阻却事由를 주장하고 입증하지 않는 한 위법성은 당연히 인정된다는 論理는 여기서는 이미 자취를 감추고, 충돌되는 다른 法益과의 형량을 거쳐서만 비로소 違法 여부가 결정된다는 점이다(이에 대하여는 뒤의 Ⅲ. 1. (1)도 참조하라). 그러므로 위법성판단은 보다 착종된 推論過程을 거쳐야만 행하여지게 된다. 따라서 종래 절대권의 침해의 경우에 피해자로서는——손해요건을 제외한 '행위'요건과 관련하여서는——가해자의 고의 또는

어야 할 피고의 「행위」가 구체적으로 어떠한 것인지 전혀 제시되지 않고 있다는 점이다. 위 판결은 "제조과정에" 과실이 있다고 설시하는데, 그것을 가지고 피고의 과실행위가 구체적으로 지적되었다고는 할 수 없을 것이다. 나아가 여기서 논의하고자 하는 것이 피고의 책임을 긍정한 그 結論이 타당한가의 여부나 위와 같은 판례의 태도가 제조물책임의 규율에 대한 다른 나라에서의 發展傾向(가령 유럽 각국에서의 새로운 製造物責任法의 내용 등)과 적어도 결론에 있어서 일치한다는 사실과는 무관함은 물론이다.

과실만을 입증함으로써 적어도 '일단은' 할 바를 다한 셈이 되던 것과는 다르게 되었다.

그리고 이와 같이 단순한 違法性의 推定이 포기되는 경우는 오히려 점점 늘어나리라고 생각된다. 가령 大企業이 현재 일정한 사업을 실제로 영위하고 있는 중소기업을 경쟁상대로 하여 그 사업영역에 뛰어들어서 당해 중소기업을 倒産시킨 경우를 생각하여 보자. 그러한 競爭行爲는 중소기업주에 대하여 불법행위가 되는가, 또는 어떠한 요건 아래서 불법행위가 되는가. 당해 대기업에게 過失, 나아가서는 故意까지도 인정하는 데는 별다른 문제가 없을 것이다. 그러므로 불법행위의 성립 여부는 주로 그 경쟁행위가 違法한가를 판단하는 차원에서 행하여질 것이다. 그리고 그 판단에 있어서 위법성의 추정이 인정된다고는 누구도 말하지 않으리라. 오히려「他人의 營業上 利益」에 대한 침해에 대하여 不正競爭防止法에서 정하는 바(동법 제5조 참조) 이외에도 일반적인 불법행위규정에 의한 救濟를 이론상 또는 특히 실제상 인정할 수 있을 것인가가 논의되어야 할 것이다.

이와 같이 하여 위법성요건에는 점점 더 많은 負荷가 걸리게 된다. 그리고 不法行爲를 이유로 하는 救濟手段이 비단 損害賠償에 그치지 아니하고 더욱 多樣化되어서,[5] 가령 과거의 또는 현재의 불법행위를 이유로 하여 또는 단지 장래의 불법행위의 위험성을 이유로 하여 장래의 침해를 금지하는 청구가 인정되게 되면[6] 실제적으로도 이러한 違法性要件

---

5) 독일에서는 장차의 不法行爲를 예방하기 위하여 소위「豫防的 不作爲訴訟(vorbeugende Unterlassungsklage)」이 인정되고 있다. 이에 대하여는 우선 K. Larenz, *Schuldrecht*, Bd.2, 12.Aufl., 1981, §76(S.662ff.) 참조. 이것의 법적 성격이 실체적인 청구권인가(多數說), 아니면 단지 소송상의 구제수단에 불과한가(少數說. 그러나 Esser/Weyers, *Schuldrecht* Ⅱ, 7.Aufl., 1991, §62 Ⅳ(S.635f.); v. Caemmerer, Wandlungen des Deliktsrechts, in: *Gesammelte Schriften*, Bd.1, 1968, S.457ff. 등 일부의 유력한 학자들이 이에 찬동한다)에 대하여는 견해의 대립이 있다.

6) 실무상으로는 實體的인 被保全權利가 무엇이냐를 엄격하게 따지지 아니하고, 이러한 假處分이 빈번하게 행하여지는 것으로 추측되나 단정할 수는 없다. 한편 絕對權이라고는 생각되지 않는「營業上 利益」의 침해 또는 침해우려에 기하여 부정경쟁행위의 금지 또는 예방청구권을 인정하고 있는 不正競爭防止法 제4조도 참조하라.

은 결국 사람들이 사회생활을 하는 데 있어서 할 수 있는 것(허용되는 것)이 무엇인가 하는 自由의 範圍를 확정한다는 의미에서 결정적인 중요성을 가지게 될 것이다.

(3) 한편 大法院 1989년 6월 27일 판결 88다카9524사건(集 37-2, 157)은 더욱 '체계파괴적'이다. 이 판결은 새로운——외국에서는 이미 주목되고 있는——불법행위영역으로서의 情報提供責任(Haftung für Auskunft)이[7] 문제되는 사안에[8] 대한 것이라는 점에도 흥미롭다. 이 사

---

7) 우선 H.-J. Musielak, *Haftung für Rat, Auskunft und Gutachten*, 1974; W. Lorenz, Das Problem der Haftung für primäre Vermögensschäden bei der Erteilung einer unrichtigen Auskunft, in: *Festschrift für K. Larenz*, 1973, S. 575ff. 참조.

8) 참고로 이는 다음과 같은 事案에 대한 것이다. 전자제품대리점을 경영하는 A는 피고(한국상업은행)의 중랑교지점과 당좌거래를 하고 있었다. A은 1981는 8월 22일부터 그 당좌예금구좌에 결제자금이 없게 되는 '실질적인 부도상태'에 빠졌다. 그런데 위 은행지점의 차장 B나 당좌담당대리 C는 그 전에 A로부터 당좌결제자금이 부족하더라도 부도처리하지 말고 은행의 자금으로 결제하여 달라는 부탁을 받고 있었으므로, 이에 따라 위 날짜부터 1982년 10월 29일까지 34회에 걸쳐 액면 합계 금 3억 6천만원 이상의 지급제시된 당좌수표를 결제하여 주었다. 원고는 A로부터 그가 발행한 위 은행지점을 지급장소로 하는 당좌수표를 그때 그때 담보를 받고 A에게 금전을 대여하는 金錢去來를 하여 왔다. 원고는 A가 실질적인 부도상태에 빠진 후인 1982년 9월 25일경 A로부터 금전대여를 부탁받자 스스로 B에게 전화를 걸어 또 자신의 친구들을 위 은행지점으로 보내어 C 등에게 A의 신용상태에 대하여 문의하였는데, 그때마다 "A의 신용도가 좋다"는 취지의 말을 들었다. 그런데도 위 은행지점이 1982년 10월 30일부터는 A 발행의 당좌수표를 지급하지 아니함으로써 원고가 A에 대한 대여금의 담보로 소지하고 있던 액면 합계 8천3백만원 이상의 당좌수표 18매도 그 후 부도처리되었고, 결국 원고는 A로부터 대여금을 반환받지 못하였다. 그러자 원고는 불법행위를 이유로 위 당좌수표 액면금에 상당하는 손해의 배상을 구하여 이 사건 소송을 제기하였는데, 그 주장은 다음과 같다. 위 은행지점의 차장이나 당좌담당대리는 위와 같이 A가 실질적인 부도상태에 이렀음에도 어음교환소로부터 거래정지처분을 받게 하고 A와의 당좌거래를 解止하여 미사용수표 등을 회수하는 등의 조치를 취하지 아니하였을 뿐만 아니라, A의 신용도를 묻는 원고나 그의 使者에게 이를 정확하게 알려 주지 아니한 사무집행상의 過失이 있으므로, 피고은행은 使用者로서 손해배상책임이 있다는 것이다. 원심법원은 원고의 청구를 모두 기각하였다. 그 이유는, 우선 부도된 당좌수표 18매 중 15매에 관하여 그것들이 A가 실질적인 부도상태에 빠진 이후에 원고에게 발행, 교부되었다는 증거가 없으므로, 위 은행지점의 직원들에게 불법행위가 있다고 하더라도 그것과 이들 수표와는 무관하다는 것이다. 나아가 나머지 수표 3매 중 2매에 대하여는, 그것들이 1982년 8월 22일 이후에 A에게 교부된 당좌수표용지를 사용하여 발행된 것이기는 하나 "A가 어음교환소로부터 거래정지처분을 받지 아니한 상태에서 B 등이 수표용지를 계속 공급한 것을 가리켜 어음교환소규약을 위배한 것이라고 할 수 없으며, B 등이 時在金으로 부정결제하여 준 행위와 A가 발행한 담보수표의 수취인인 원고가 위 담보수표를 담보로 변제능력 없는 A에게 동액 상당의 금원을 대여함

건에서는 은행지점의 직원들이 그 지점에 당좌예금구좌를 개설한 고객(실제로는 無資力狀態에 있다)이 발행한 당좌수표를 취득하려고 하는 사람의 問議에 대하여 "신용도가 좋다"는 虛僞의 대답을 한 경우에 그 직원들의 불법행위를 인정하여 은행에게 사용자로서의 책임을 인정할 것인가가 문제되었다. 원심판결은 그 책임을 부정하면서, 그 이유로 "은행원이 고객의 신용도에 관한 문의에 대하여 자세한 거래내역을 밝힐 의무까지 있다고는 할 수 없으므로 A가 아직 부도처분을 받지 아니한 것을 가리켜 신용도가 좋다는 표현을 하였다고 하여 그것이 B 등의 사무집행상의 고의, 과실이라고는 할 수 없"다고 판단하였다.[9] 원고의 上告를 받은 대법원은 결국 이를 기각하였는데, 특히 信用照會와 관련하여서는 다음과 같이 판단하여 피고은행의 책임을 부정하였다.

> "은행은 법률(현행법은 「금융실명거래에 관한 법률」, 이 사건 당시에는 「예금, 적금 등의 비밀보장에 관한 법률」)에 의해서도 그렇거니와 은행업의 본질에 터잡아서도 은행거래에 의하여 알게 된 거래선에 관한 예금의 비밀은 물론, 거래선에 관한 내정관계, 인물, 신용상태 등에 관한 은행 자신의 가치판단까지도 비밀로 하는 것이 일반적인 관례라는 것은 현저한 사실이므로, 은행이 자기의 거래선에 대하여 제 3 자로부터 직접 신용조사를 받고 은행비밀에 속하는 사항에 관하여 은행종사자가 '신용이 있다'든지 '튼튼하다'든지 '염려 없다'는 등의 대답을 한 경우에도, 거래선의 일방적인 이익을 도모하기 위하여 고의로 거짓정보를 제공하는 등은 특별한 사정이 없는 한, 그것은 단지 조회에 대한 응답에 불과한 것이라고 볼 것이어서, 그것을 어떻게 받아들이느냐의 판단은 조회자의 책임사항인 것이지 은행이 당해 응답에 대하여 바로 어떤 책임이 있다거나 그 신용을 보증한 것이라고 볼 수는 없는 것이다."

이 判決은 법원이 불법행위사건을 판단함에 있어서 過失, 違法性

으로써 입은 손해와 사이에 상당인과관계가 있다고 볼 수도 없"다는 것이다. 여기서 특히 흥미를 끄는 것은 마지막 1매의 당좌수표(액면 8백만원)에 대한 法院의 判斷이다.

9) 그리고 나아가 실질적인 당좌거래부도일에 A에게 부도처분하였으면 원고가 그 부도처분 후에 그 대여금을 환수할 수 있었으리라는 특별한 사정에 관하여 아무런 입증도 없다고 하였다.

등의 요건에 의하지 아니하고, 총체적인 妥當性判斷 내지 일종의 政策判斷에 의존하고 있음을 보여 준다. 위의 대법원판결에서는, 원심판결과는 달리, 과실이니 위법성이니 하는 요건은 단지 假裝理由로서조차도 보이지 않는다. 다만 법원이 피고의 책임이 부인되어야 하는 여러 가지 考慮要素들을 나열하여 보여 줄 뿐이다. 말하자면 사실로부터 법률효과가 바로 도출되거나 또는 도출되지 않거나 하고, 그 법률효과의 인정 여부를 제어하는 중간장치로서의 法律要件은 별로 기능하지 못하고 있는 것이다.

(4) 한편 因果關係의 인정에 있어서 종전에 쓰여져 오던「절대적 제약의 논리(conditio sine qua non)」, 즉「이것이 없었더면 저것도 없었을 것인지」의 검증은 상당 부분 形骸化하고 있다. 이러한 형해화는 다양한 형태로 나타난다.

우선 公害事件(그리고 위의 (1)에서 본 닭사료사건을 필두로 하는 제조물 책임사건에서도 이와 유사하다)에서는 피고의 유해물질 배출과 원고의 손해간의 인과관계를 인정하는 데 그 논리에 일정한 내용변화가 인정되고 있다. 이 점에 관한 획기적인 예는 大法院 1984년 6월 12일 판결 81다558사건(集 32-3, 53)이다. 이 판결은 원고가 피고의 비료공장에서 배출된 폐수 안에 포함되어 있는 유해물질로 말미암아 원고가 그 부근에서 운영하던 김養殖事業이 결국 포기되지 않을 수 없었음을 주장하여 그로 인한 손해의 배상을 구한 사건에 대한 것이다. 원심법원은 피고가 배출한 폐수 안에 유해물질이 포함되고 그 폐수가 피고의 김양식장에 도달하기는 하였으나 그 유해물질의 양이 김을 폐사시키기에 족한 것인지에 대한 증거가 없다고 하여 원고의 청구를 기각하였다. 그러나 대법원은 다음과 같이 판시하여 원심판결을 파기하였다. "공해로 인한 손해배상을 청구하는 소송에 있어서는 … 인과관계를 구성하는 하나하나의 고리를 자연과학적으로 증명한다는 것은 극히 곤란하거나 불가능한 경우가 대부분이므로 … 가해기업이 어떠한 유해한 원인물질을 배출하고 그것이 피해물건에 도달하여 손해가 발생하였다면 가해자측에서 그것이 무해하다는 것을 입증하지 못하는 한 책임을 면할 수 없다고 보는 것이 사회형평의 관념에 적합하다.” 이것은 직접적으로는 공해로 인한 손해배상에 있어서는 적어도 인과관계의 인정에 있어서 立證의 程度 내지 必要와 관련하여 다른 유형의 손해배상사건과는 달리 취급하겠음을 정면으로 시인하는 것이다(이러한 결론은 蓋然性理論, 「一應의 推定」의 이론, 間接反證의 이론 등 여러 가지 보다 一般化된 理論에 의하여 설명되고 있다). 그리고 이는 결과적으로 보면 다름아닌 공해사건의 피해자에게 보다 용이한 救濟를 인정하는 데 귀착된다.10)

그런데 이와 관련하여서는, 가령 甲이 자기 소유의 토지를 굴착하는 공사를 행하였는데 그 이웃에 있는 乙 소유의 건물이 붕괴하였다는 경우를 생각하여 보자. 乙이 건물붕괴가 甲의 공사로 생긴 震動으로 말미암아 발생하였음을 주장하여 그 손해의 배상을 청구하였다. 이 경우 乙이 그 건물이 붕괴한 원인이 굴착공사로 인한 진동에 있음을 입증하는 데 있어서, 乙은 굴착공사로 진동이 발생하고 그 진동이 자기 소유의 건물에 도달하였음을 증명하는 것으로 족하고, 그러면 甲이 나서서 그 건물붕괴가 그 진동으로 인한 것이 아님을, 즉 그 이외의 원인에 기인한 것임을 입증하여야(그것이 本證이든 反證이든 간에) 할 것인가. 만일 그렇지 않다면(아마도 그렇지 않다는 데는 대부분 동의할 것이다) 공해사건의 경우와 이 건축공사사건의 경우와는 어디가 어떻게 다른 것인가. 위 판결은 공해사건에 있어서는 인과관계의 고리를 하나하나 ‘자연과학적으로’ 입증하는 것은 극히 곤란하거나 불가능한 경우가 대부분이라는 사정을 특히 이 別途取扱의 이유로 들고 있다. 그러나 이러한 사정은 굴착공사에서 생기는 진동으로 인한 건물붕괴의 경우에도 마찬가지라고

10) 이 판결에 대하여도 여기서 문제삼는 것이 그 결론이 부당한지 여부가 아님을 다시 한번 밝혀 둔다.

할 것이고, 나아가서는 그 이외에도 엄밀히 따져 보면 인과관계의 고리를 하나하나 '자연과학적으로' 증명할 수 없는 경우는 적지 않을 것이다.11)

또한 각도를 달리하여, 大法院 1989년 7월 11일 판결 88다카26246 사건(공보 855, 1228)도 인과관계의 인정이라는 관점에서 매우 흥미롭다. 이 사건에서는, 의사인 피고가 환자의 부상한 頭部를 진찰함에 있어서 발견할 수 있었던 상해부위를 발견하지 못한 경우에 과연 피고가 이를 제대로 발견하였다고 하더라도 그에 대한 施術로 환자가 사망의 결과를 회피할 수 있었을 것이냐가 다투어졌다. 원심은 適時의 발견 및 시술에 의하더라도 蘇生할 수 있는 가능성은 50%에 지나지 않는다고 하여, 피고의 과실과 환자의 사망과의 인과관계를 부인하고 亡人의 유가족인 원고들의 청구를 기각하였다. 그러나 大法院은 그 경우에도 인과관계를 긍정하고 있다. 여기서 문제된 因果關係, 즉 피고가 그러한 행위를 하지 않았더라면 사망의 결과가 발생하지 않았을 것이라는 증명은 결국 50%에 그친다. 다른 한편 大邱高法 1990년 4월 12일 판결 88나3049 사건(法律新聞 1934, 10)은, 중금속에의 노출과 현재의 질환과의 인과관계를 인정함에 있어서 현재의 질환에 대하여 가능한 원인으로 4가지를 들고 그 하나하나에 대하여 原因適合性이 없다고 消去해 가면서 결국 나머지 하나의 원인, 즉 중금속에의 노출이 그 원인임이 "강력하게 의심된다"고 하여 인과관계를 '일응' 추정하고, 피고의 反證이 인정되지 않는다고 하여 그의 책임을 긍정하고 있다.

이상과 같이 인과관계의 관점에서 흥미있는 판결들은 모두 피해자에게 유리한 방향으로 결론을 내리고 있다. 바꾸어 말하면 위의 판결들이 피해자측이 하여야 할 因果關係의 立證을 완화하는 것은 종래의 不

---

11) 가령 甲이 던진 돌에 맞아서 乙이 사망하였다고 하는 경우에도, 엄밀하게 따질 때 그 원인결과의 관계를 '自然科學的으로' 증명하는 것이 과연 가능할까. 심지어 量子力學의 공인 이후에는 인과관계를 자연과학적으로 증명하는 것은 이미 불가능하게 되었다고 하는 見解조차 있는 것이다.

法行爲法의 구조에 基本的인 變更을 가하지 않으면서도 가해자측(즉 피고)의 손해배상책임을 긍정하여 피해자의 救濟를 도모하기 위하여서라고도 말할 수 있다. 이와 같이 보면 이들 판결에 있어서 피고가 企業(특히 대기업)이나 醫師 등과 같이 財力 있는 당사자(소위 deep pocket)라는 사실도 우연은 아닌 것이다.[12]

Ⅲ. 不法行爲法의 環境變化

이와 같이 불법행위법의 중추를 이루는 민법 제750조가 정하는 법률요건들이 실제로는 구체적인 사건의 해결에서 별로 법률효과의 발생 여부를 통제하는 「要件」으로서의 기능을 수행하지 못하는 원인은 어디에 있을까. 이는 아마도 원래 불법행위의 성립을 통제하기 위한 要件들이 수행하도록 예정되어 있던 機能들이 그 후 불법행위법을 둘러싼 環境의 변화로 말미암아 이제 더 이상 새로운 時代의 필요에 대응할 수 없는 측면이 발생하였기 때문이 아닐까. 그리하여 법의 적용을 통하여 「正義」를 실현하고자 하는 법관들이 불법행위의 요건들을 이러한 새로운 必要에 맞추어 운용하는 과정에서 위와 같은 變質을 의식적 또는 무의식적으로 감행하게 된 것이 아닐까. 만일 그렇다면 이는 동시에 不法行爲法의 目的 또는 그 法制度의 目的에 관하여 일정한 觀點의 변화가 일어났음을 의미하는 것이기도 하다.

1. 「古典的」 不法行爲法

근대의 민법전은 예외 없이 불법행위법의 원칙으로서 과실책임주의

12) John Fleming, *The American Tort Process*, 1988, p. 12 et passim에 의하면, 여전히 過失責任(negligence)을 근간으로 하고 있는 미국의 불법행위소송에 있어서도 財力 있는 當事者에게 불리한 결론이 내려지는 명백한 경향이 있다고 한다.

(Verschuldensprinzip)를 채택하고 있다. 물론 각 나라마다 그 나라에 고유한 학설사적 배경으로 인하여 여기서 말하는 '과실'의 내용이 무엇인가에 대하여는 이를 일률적으로 말할 수는 없을 것이다. 가령 프랑스 민법전(제1382조)이 불법행위의 한 요건으로 요구하고 있는 faute는 독일민법전(제823조 제 1 항 등)이 정하고 있는 違法性과 責任(고의 또는 과실은 그 責任形式이다)의 요건을 모두 합한 것이라고 통상 설명되고 있다. 그것은 어떻든 간에 이와 같이 과실책임주의를 "불법행위책임의 공리"로[13] 채택한 이유는 다음과 같은 데 있었다고 일치하여 지적되고 있다.

우선 불법행위법의 기본적인 出發點은, 이 세상에서 살아가는 자는 자신에게 발생한 불이익을 스스로 甘受하여야 하며 이것을 다른 사람에게 전가하여 그로부터 그 不利益의 塡補를 받기 위하여는 그러한 전가를 정당화하는 특별한 이유, 즉 소위 歸責根據(Zurechnungsgrund)가 있어야 한다는 것이다.[14] '過失' 또는 過責은 적어도 애초에는 유일한 또는 원칙적인 귀책근거로서, 이와 같이 자신에게 발생한 손해를 제 3 자에게 전가하여 그로부터 손해의 배상을 받기 위하여 특별히 요구되는 要件이다. 그것은, 어쨌거나 社會的으로 容納되지 않는 자신의 '잘못된 행동(wrongdoing)'으로 타인에게 손해를 가하였다면 그 타인의 손해를 배상하도록 하여야 하며, 또한 손해의 부담이라는 制裁에 의하여서 그러한 잘못된 행동은 抑制되어야 한다는 생각에 의하여 뒷받침되었다.

13) Motive Ⅱ, S. 28=Mugdan Ⅱ, S. 15: "불법행위능력이 없는 자는 법적 의미의 어떠한 행위에 의하여서 채권적인 의무를 위반할 수가 없다. 이 원칙은 비록 그것이 보다 高次의 법적 公理(ein höheres juristisches Axiom)이기는 하나 … 역시 초안에서 명시적으로 규정되어야 한다."

14) O.W. Holmes, *The Common Law*, 1883, p. 50: "손해는, 그에 개입할 특별한 이유가 발견되지 않는 한, 그것을 입은 사람이 부담하도록 두는 것이 정당한 정책이다." 註 50도 참조. 한편 오늘날도 독일의 불법행위법 교과서의 初入에서 다음과 같은 言明을 발견할 수 있음은 흥미로운 일이다. E. Deutsch, *Unerlaubte Handlungen und Schadensersatz*, 1987, S. 1: "法益을 보유하는 사람은 그에 발생한 손해를 스스로 부담하여야 한다는 原則으로부터 출발하여야 한다." 물론 兩者 사이에 가로놓인 100년 사이에 不法行爲法의 基礎에 엄청난 변화가 일어났고, 따라서 後者가 '오늘날의' 독일불법행위법을 개관함에 있어서, 「원칙」으로서의 過失責任과 아울러 그에 대한 「보충」으로서의 危險責任 등과 같은 별도의 손해배상책임의 「근거」를 인정하는 것(S. 3ff.)은 당연한 일이라고 하겠다.

다시 말하면 '過失'은, 그 積極的인 機能의 관점에서 보면, 일차적으로 사회적으로 바람직하지 않은 손해를 종국적으로 누구에게 부담시킬 것인가를 결정하는 요건으로서 요구되었으며, 그 背後에는 잘못된 행동에 대하여 제재를 가하고 이를 통하여 그러한 逸脫行動을 억제한다는 목적을 추구하는 것이었다. 그러한 한도에서 과실책임주의는 단순한 法的인 責任原理일 뿐 아니라 일정한 범위에서는 명백하게 道德的 含意를 가지고 있었다고 할 수 있다.

나아가 과실책임주의는 消極的으로는 '과실'이 없는 한에서는 자신의 행위가 다른 사람에게 不利益한 結果를 초래하더라도 그 행위에 대하여 어떠한 법적인 책임도 지지 않음을 의미한다. 그러므로 다른 사람과 공동체를 이루고 살아가는 사람은 '과실'이 없도록 행동하는 한은, 적어도 私法的으로는, 모든 행동을 자유롭게, 다시 말하면 그에 대한 制裁를 두려워 함이 없이 행할 수 있도록 보장된다. 이러한 行動自由의 보장이라는 측면은 가령 독일민법전의 제정과정에서 강조되었다. 다음의 언명을 들어보자.

> "[과실책임주의는] 보다 高度한 문명발달의 성과이다. 그것은 개개인이 그의 個性을 전개할 수 있는 각자의 權利領域을 획정하는 데 있어 결정적인 의미가 있는 것이다. 사람은 그의 행위와 부작위에 있어서 他人의 법적으로 보호되는 利益을, 그 행위에 의하여 그것이 위태롭게 될 수 있음을 정상적인 注意(ordnungsgemässe Sorgfalt)를 하면 인식할 수 있는 한도에서만 존중함으로써 족하다. 주의를 기울여 조사하더라도 타인에 대한 위험성을 인식할 수 없는 행위는 자유롭게 할 수 있어야 한다. 그럼에도 불구하고 그것이 타인의 권리범위에 해로운 영향을 미쳤다면 그 피해자는 그러한 효과를 偶然事(Zufall)와 마찬가지로 감수하여야 한다."15)

그리하여 責任形式으로서의 過失(Fahrlässigkeit)은 주지하는 대로 "去來上 要求되는 注意(die im Verkehr erforderliche Sorgfalt)의 懈怠"로 정의되었고(同法 제276조 제 1 항 제 2 문), 여기서 「거래상」 요구되는 주의

15) Protokolle Ⅱ, S. 568f. = Mugdan Ⅱ, S. 1074.

라고 함은 사람이 할 수 있는 最善의 注意가 아니라[16] 가해자가 속하는 去來圈에서 통상 행하여지는 주의라는 의미로 이해되었는데, 입법자들은 만일 그 이상으로 무거운 책임을 지운다면 "행동자유(Bewegungsfreiheit)는 과도하게 제한될 것"이고, 자신에 고유한 이익의 추구가 제한될 것이라고 논하였다. 나아가 結果責任主義(Veranlassungprinzip)는 "예측불가능한 책임에 의하여 개인의 자유에 부담을 줄 것이고 그 자유가 억눌림 없이 스스로를 펴나갈 수 있는 여지를 남기지 않게 될 것이다."[17] 이러한 자유의 보장이 경제적으로 보면 특히 自由主義的인 經濟原理와 연관되어 있음은 의문의 여지가 없다.[18]

한편 가령 독일민법전의 제정과정에서도 이미 無過失責任을 도입하여야 할 것이 아닌가 하는 점이 논의되었다. 그 결과, 극히 단편적인 경우(動物保有者의 책임. 독일민법 제833조 제1문 참조)를 제외하고서는,[19] 이를 인정하지 않기로 결정되었다. 그 과정에서는 다음과 같은 점이 강조되었다.[20] 그러한 책임의 도입은 제품의 가격을 상승시킬 수밖에 없고 그렇게 되면 외국의 상품들과의 경쟁에서 뒤지게 되어, 국내 그리고 국외에서 판매가 부진하게 된다. 그러면 기업은 倒産하거나 大量解雇를 하지 않을 수 없다는 것이다. 이러한 고려는 비단 大企業의 이익을 보

16) 이미 오스트리아民法典에 대한 註釋에서 그 기초자인 폰 짜일러는 "자신의 주의를 여러 방면에 또 광범위하게, 따라서 결과적으로 분산적으로 행하여야 하는 거래생활을 하는 사람이 어느 경우에나 最上의 注意(seine höchste Aufmerksamkeit)를 하여야 한다면 그러한 去來生活을 행할 수 있을 것인가?"라고 말하였다. F. v. Zeiller, *Commentar über das allgemeine bürgerliche Gesetzbuch* Ⅲ 2, 1812, §1295 Anm. 5(S. 707).

17) 이상 Protokolle Ⅱ, S. 569, 585=Mugdan Ⅱ, S. 1074, 1084.

18) 이 점에 대하여는 H.-P. Benöhr, Die Entscheidung des BGB für das Verschuldensprinzip, in: *Tijdschrift vor Rechtsgeschiedenis* 46(1978), S. 1ff., bes. S. 10ff.; H. Kötz, Haftung für besondere Gefahr, in: *AcP* 170(1970), S. 2ff. 참조.

19) 동물보유자의 책임은 원칙으로는 그의 過責 유무를 불문하고 인정되나, "그의 職業이나 營業活動 또는 生活에 기여하기 위하여 보유하는 동물"의 경우에는 과책에 대한 立證責任의 轉換이 인정될 뿐이어서 "동물보유자가 그 동물의 감독에 있어서 거래상 요구되는 주의를 한 경우 또는 그러한 주의를 하였더라도 그 손해가 발생하였을 경우"에는 그는 면책되었다(동법 제833조 제2문. 우리 민법 제759조 제1항 단서 참조). 그러므로 결국 無過失責任은 오로지 소위 愛玩動物(Luxustier)에 대하여만 인정되었다.

20) Benöhr(註 18), S. 20ff.

호하고자 행하여지는 것이 아니다. 무과실책임의 부과에 의하여 中產層(Mittelstand) 또는 中小企業(Kleingewerbe)에 대하여 부담을 가중하는 것은 더욱 피하여야 할 것으로 생각되었다.[21] 가령 使用者責任을 무과실책임으로 인정하는 것은, "보호를 필요로 하는 많은 產業分野", 특히 "小農"이나 "小企業, 手工業, 소규모의 運送業(Fuhrherr) 등"의 보호를 위하여 거부되었다. "대체적으로 보면 위험책임의 진출을 민법의 입법과정에서 저지한 결정적인 論據는 이러한 財政的인 理由에 기한 것이었다."[22]

이렇게 보면 우리는「古典的」불법행위법은 피해자에게 그 손해를 전보하여 주기보다는 적어도 故意가 없는 가해자에게 함부로 책임이 부과하지 않도록 하는 데 더욱더 큰 比重을 두고 있지 않은가 하는 느낌을 버릴 수 없다. 영미법에 관하여는 다음과 같은 진술이 행하여지고 있는데,[23] 이는 아마도 大陸法의 경우에도 마찬가지가 아니었나 하는 것이다.

> "19세기 말까지는 불법행위법(the law of torts)은, 慈善의 경우를 제외하고는 외부의 財源으로부터 얻어지는 유일한 損害塡補의 방법이었다. 그리고 불법행위법의 경우에도 그것이 제공하는 救濟는 미미한 것이었다. … 公衆의 안전을 도모할 注意義務는 엄격한 제한 아래서만 인정되거나(예를 들

---

21) 한편 독일민법 제98조는 從物을 열거함에 있어서 "방아간, 대장간 그리고 양조장"을 운위하고 있다. 그리하여 경우에 따라서는 독일민법전이 그러한 시설을 갖춘 소규모의 시골마을을 전제로 하는 것이 아닌가 하는 인상을 준다는 지적이 있다. H.G. Isele, Ein halbes Jahrhundert deutsches Bürgerliches Gesetzbuch, in: *AcP* 150(1950), S. 2 참조. 그러나 이는 그야말로「印象」일 뿐, 그 立法者들의 觀念과는 거리가 있다고 할 것이다.

22) Benöhr(註 18), S. 21.

23) 한편 영미법상의 불법행위책임의 원칙적인 형태인 negligence책임에 대하여는, 홈즈(Holmes)가 한 다음과 같은 유명한 言明을 들어 두는 데 그치기로 한다. "어떤 한 사람이 반드시 이 행위를 하거나 저 행위를 하여야 할 필요가 없다는 것은 사실이다. 행위(act)라는 말 자체가 어떠한 선택가능성을 암시하고 있다. 그러나 그는 어떻든 간에 행위하지 않으면 안 된다. 그리고 公衆은 일반적으로 개인의 활동에 의하여 이익을 얻는다. 행위를 하는 것을 어차피 피할 수 없고 또 그것이 公共善(the public good)에 기여하는 것인 이상, 이와 같이 행위 당시 바람직하고 불가피한 것이 발생시키는 不利益을 나중에 행위자에게 부담시키는 것을 명백히 옳지 못하다"(*The Common Law*, 1883, p. 95).

면 占有者의 책임[occupiers' liability]) 아니면 아예 부인되었다(製造者의 책임[manufacturers' liability]). 自意에 기한 危險引受(assumption of risk)나 寄與過失이라는 대항사유는 過失이 입증된 경우에도 그 피해자에게 구제가 거부되도록 하였고 이들 사유는 노동재해에 대한 불법행위청구를 실제로는 전면적으로 인정되지 않게 하였다. 거기에 부과하여 각종의 장애, 즉 사회적인, 정보면에서의 그리고 경제적인 장애들이 대부분의 사람들에게 「법원에의 접근(access to justice)」을 막았다."[24]

그리고 여기서 주목되는 것은 이러한 制裁(또는 抑制)와 自由保障이라는 고전적 불법행위법의 두 가지 기본정책은 어디까지나 가해자 개인과 피해자 개인 사이의 손해전보라는 메카니즘을 통하여 추구된다는 사실이다. 가령 제재나 억제라는 것만 하더라도 그러한 목적은 가해자가 피해자의 손해를 자신의 재산으로 전보해 주어야 함으로써만 달성될 수 있는 것이다. 따라서 이러한 법제도는 어디까지나 피해자에게 행하여진 不正義를 가해자 개인으로부터 보상받는다는 「矯正的 正義」의 차원에서 행하여지는 것이다.

2. 事情의 變化

(1) 우선 지적할 수 있는 것은, 19세기 후반 이래 事故의 發生이 급격하게 증가하였다는 사실이다. 그것은, 다양한 機械 등 設備(대부분 그것은 종래에 없던 새로운 '危險'을 동반한다)의 사용이 보편적으로 되었다는 현상, 그리고 都市化가 진행되면서 사람들 사이의 간격이 좁아졌다는 현상과 밀접한 관련이 있다. 물론 이미 19세기 말부터 일정한 설비의 사용과 관련되어 특별한 責任法律이 제정되지 않은 것은 아니었다. 특히 자동차나 기차 등 交通手段의 이용에 수반한 사고와[25] 다른 한편

24) John G. Fleming, Is There a Future for Tort?, in: *The Australian Law Journal* 58(1984), p. 131.

25) 철도사고에 대한 철도운영자의 가중된 책임을 인정하는 프로이센의 법률은 이미 1838년에 제정되었고, 이를 이어받아 전독일 차원에서 유사한 책임을 인정한 Haftpflicht-

勞動災害에 대하여 그러하였다. 이러한 제한적으로 구획된 특수한 유형의 사고에 대하여는 過失責任의 완화, 잠정적인 加害者(위험원창출자)의 義務的인 責任保險加入 등의 특수한 손해전보장치가 法定되었다.

그러나 그러한 법률의 적용이 없는 영역, 그러므로 원칙적인 과실책임주의가 적용되는 영역에 대하여도, 그러한 特別立法의 基底를 이루는 생각은 영향을 미치지 않을 수 없었다. 만일 자동차에 치인 사람이 사고 당시 그 자동차를 운전하지 아니한 自動車保有者로부터 그 자신의 과실, 특히 使用者로서의 피용자에 대한 선임, 감독상의 過失 유무를 묻지 않고 그 손해를 배상받을 수 있다고 한다면, 도로공사 중인 길을 가다가 파놓은 웅덩이에 빠져 다친 사람이 工事의 主體로부터 그의 공사인부에 대한 선임, 감독상의 과실 유무를 묻지 않고 그 손해를 배상받지 못한다고 할 이유는 무엇이겠는가?[26]

극히 중요한 사실은, 이와 같이 事故가 '보편화'되면서 피해자의 事故損害가 ―어떠한 방식으로든― 塡補되어야 하지, 이를 피해자의 부담으로 놓아 두어서는 안 된다는 社會的인 共感帶가 점차 形成되었다는 점이다. 어느 사회에서 事故가 아주 드물게밖에 일어나지 않고 따라서 그로 인한 피해자가 극소수에 불과한 경우에는 事故가 그 피해자 개인에 대한 運命의 장난 또는 「偶然事」로 돌려져 참을 수 있을지 모르나, 사고가 증가하고 피해자가 여기저기 생겼는데도 그 피해가 塡補되지 않고 있게 되면 이는 이미 피해자 개인의 운명이 문제가 아니라 그 社會體制의 정당성 여부가 문제된다. 헤겔식 표현을 빌리자면, 여기서 量의

gesetz는 이미 1871년에 제정되었다. 그리고 1908년에는 자동차사고에 대한 특별법률이 제정되었다. 이들 및 다른 나라의 엄격책임특별입법에 대하여는 우선 Zweigert/Kötz, *Einführung in die Rechtsvergleichung*, Bd. 2, 2. Aufl., 1984, S. 393ff. 참조.

26) 독일민법에서 제823조 제1항에서 정하는 過失로 인한 絶對權 侵害와 관련하여 판례와 학설에서 인정된 소위 去來安全義務(Verkehrspflicht 또는 Verkehrssicherungspflicht)는 애초에는 본문에서 말한 것과 같은 事案에서 인정된 것인데, 그러한 의무의 일반적인 是認은 실제적인 결과에 있어서는 "결과책임과 과실책임의 中間領域"을 설정한 것이라고 평가되고 있다. 우선 MünchKomm/Mertens, § 823 Rdnr. 180(Bd. 3 2. Halbbd., 2. Aufl., 1986, S. 165f.) 참조.

문제가 質의 문제로 비약하는 것이다. 물론 이러한 轉換에는 19세기 후반 이래 꾸준히 증가하여 온 社會主義의 압력도 무시할 수 없을 것이다.

이제는 '企業의 보호'를 위하여, 즉 그에게 비용의 부담을 가중시키지 않기 위하여, 그로 하여금 불법행위책임을 부담시키려면 엄격한 내용의 過失이 증명되어야 한다고 요구하는 것은 時代錯誤的인 것으로 여겨졌다. 그것은 社會國家(Sozialstaat)의 이념에 반하는 것이다.[27] 이는 損害塡補範圍의 확대를 요구하며, 이러한 지향은 불법행위법에도 영향을 미치지 않을 수 없는 것이다.

다른 한편, 사고로부터 발생하는 사회적 비용을 그 가해자와 피해자 개인 사이의 문제로 다루는 것이 반드시 合理的인 손해전보체계인가 하는 점에서 반성이 일어났다.[28] 過失責任主義의 범위 내에서 한정하여 보더라도 사고로 인한 피해가 가해자에 의하여 제대로 전보되지 않는 이유는 대체로, 첫째, 그 가해자에게 책임이 있음이 확정된다고 하더라도 그에게 그 賠償能力이 부족하기 때문이든가, 둘째, 피해자가 가해자에 대하여 법적인 權利實現節次를 추구하여 갈 능력이 부족하기 때문이든가에 집약될 수 있을 것이다. 우선 첫째의 이유에 대하여 보면, 이는 피해자가 그 피해를 전보받지 못하여 경우에 따라서는 심각한 社會扶助의 필요를 일으키거나(가령 事故의 後遺症으로 身體가 불구된 경우) 아니면 가해자가 그 손해배상으로 말미암아 전적인 無資力狀態에 빠지든가 둘 중의 하나를 의미한다. 이는 어느 경우나 적어도 福祉國家的인 관점에서 보면 바람직하지 않다. 둘째의 이유에 대하여는, 사고로 인하여 발생한 사회적 비용의 부담문제를 다름아닌 불법행위의 「訴訟」, 즉 피해자 개인의 가해자 개인에 대한 불법행위청구권의 存否와 그 내용, 특히 過失의 유무와 구체적인 손해액을 사실의 확정과 법률의 적용이라는 번잡한 절차를 거쳐야 하는, 그리고 上訴가 허용되므로 시간과 노력을 더욱

27) 우선 Kötz(註 18), S. 5ff. 참조.
28) 이는 위에서 말한 事故損害塡補에 관한 思考의 轉換과도 관련되는 측면이 없지 않다.

요구하는 소송에 의하여 처리하는 것이 과연 合目的的인가 하는 문제를 제기한다. 이러한 節次費用에다가 궁극적으로 加害者가 배상할 것을 재판에 의하여 명받는 額數를 합친 것이, 경우에 따라서는 그러한 節次를 생략하여 過失의 유무를 불문하고 일정한 제한된 액의 손해를 피해자에게 전보하도록 하는 것보다 잠재적 가해자에게 더 많은 지출을 요구한다고 한다면, 前者의 손해전보체계를 굳이 유지할 이유가 없지 않은가 하는 것이다.[29]

(2) 위와 같은 事故의 普遍化는 나아가 자신의 사회활동이 뜻하지 않게 손해배상책임의 부담을 야기할 가능성이 높아짐을 의미한다. 만일 그러한 책임의 내용이 자신의 앞으로의 경제적, 사회적 활동을 위태롭게 할 수 있음이 예상된다면, 개인은 이러한 위험을 어떠한 방법으로 회피할 수 있을 것인가. 여기서부터 保險의 普遍化現象이 일어난다. 말하자면 보험에 의하여 잠재적 가해자들은 자신의 위험을 분산하고 나아가 일정한 보험료의 납입이라는 부담만을 짊어지면 족할 것이다.

保險의 普遍化는 부득이하게 불법행위법에도 영향을 미친다.[30] 우선 하나의 미시적인 그러나 현저한 예를 들면, 가령 好意同乘者에 대하여는 자동차보유자의 책임이 완화되어야 하지 않는가 하는 문제에 있어서는 자동차보유자가 보험, 그것도 책임의 전부를 付保하는 보험에 가입되었는지 여부가 큰 영향을 미친다고 이해되고 있다. 가령 프랑스의 판례가 호의동승자에 대하여는 자동차보유자의 소위 保管者責任의 적용을 부인하던 종래의 태도를 변경한 것은 프랑스에서 全額義務保險制度가 도입된 것과 밀접한 관련이 있음이 지적되고 있다.[31] 이는 특히

29) 이에 대한 古典的인 立論은 André Tunc, Traffic Accident Compensation: Law and Proposals, in: *Int. Enc. Comp. Law*, XI: Torts, 1971, ch. 14이다.

30) 이에 대하여는 많은 문헌이 있으나, 우선 J. Fleming Jr. & J. Thornton, The Impact of Insurance on the Law of Torts, in: *Law and Contemporary Problems* 15 (1950), p. 431ff. 참조.

31) 이에 대하여는 우선 梁彰洙, 好意同乘者에 대한 自動車保有者의 賠償責任, 「民法硏究」, 2권, 1991, 489면 이하 참조.

책임보험과 관련하여 지적될 수 있는 바이다.[32)]

(3) 이러한 불법행위법의 말하자면 周邊環境의 변화와 아울러 불법행위법 내부에서도 일정한 座標의 변화가 간취될 수 있다. 그것은 소위 政策型訴訟의 증가 또는 政策議論의 증가라는 이름으로 요약될 수 있다.[33)]

종전의 불법행위법은 개인의 '잘못된 행동'을 제재하고 억제하는 것에 지향되어 있었다. 가령 건물의 신축공사장에서 일하는 사람이 지나가는 사람이 있는지를 제대로 살펴 보지 아니하고 쓰다 남은 목재를 창 밖으로 내던지는 행위는 명백히 '不注意한' 행위라고 비난할 수 있었다. 그러나 가령 기업이 일정한 새로운 제품을 설계함에 있어서 그 製品의 危險性을 제거 또는 저하시키기 위하여 어느 만큼의 고려를 행하여야 하는가 하는 문제는 그렇게 간단하게 처리될 수 있는 성질의 것이 아니다. 예를 들면 자동차에 충격방지용 공기주머니(에어백)를 장치하지 않는 것은 자동차제조자로서의 「주의의무」를 다하지 않은 것이 아닐까. 분명 자동차충돌사고에 있어서 그 設備의 有效性이 인정되고 있음에도 그것을 장치하지 않는 것을 쉽사리 '과실'이 있다고 단정하지 못하는 것은 그 장비로 인한 제조비용의 증가, 나아가 자동차판매가격의 상승으로 말미암아 일어날 製造者의 市場競爭上의 고려를 어느 만큼은 존중하여야 하지 않겠는가 하는 생각이 깔려 있기 때문일 것이다. 또 가령 公害物質을 배출하는 공장의 운영주는 淨化裝置의 설치로 말미암아 — 그것을 위한 직접적인 지출 때문에 또는 그로 인한 생산비의 증가 때문에— 倒産할 수밖에 없다고 하더라도 그 정화장치를 설치하지 않은 데

32) 더욱 중요한 것은 보험제도가 불법행위법에 대한 하나의 代替모델을 제시한다는 점에 있다. 이에 대하여는 본 심포지엄에서 다른 보고자의 발표가 있을 것이므로 여기서 상론하지 않기로 하겠다.

33) 이에 대한 손쉬운 문헌으로서는 우선 平井宜雄, 現代不法行爲理論の一展望, 1980 참조. 또한 영미의 不法行爲判例에 있어서의 「정책적 요소」를 종합적으로 분석한 것으로서 우선 P.S. Markesinis, Policy Factors and Law of Tort, in: *The Cambridge Lectures* 1979, pp. 199-227 참조.

대하여 '과실'이 인정되어야 할 것인가. 이런 종류의 문제는 일일이 열거할 수 없을 만큼 흔히 제기된다. 이러한 문제들이 바로 경제학에서 흔히 논의되고 있는 費用/效果分析(cost-benefit analysis)과 연관됨은 물론이다.

이러한 문제는 단순히 '注意(Sorgfalt: prudence)', 즉 精神의 緊張의 정도를 측정함으로써 해결될 성질의 것이 아니다. 이는 오히려 법원이 사회에서 발생하는 각종의 위험을 분배하고 줄여 나가는 데 있어서 그 관계당사자들의 행동을 어느 편으로 嚮導할 것인가 하는 政策的 判斷에 달려 있다고 보아야 할 것이다.

3. 損害塡補制度로서의 不法行爲法

이러한 배경 아래서 보면 불법행위법은 사회생활을 영위하는 과정에서 부득이하게 발생하는 사고로 인한 社會的 費用을 누가 어떻게 부담할 것인가 하는 문제를 처리하는 장치로서는 그 機能이 현저히 떨어지지 않을 수 없게 된다. 특히 過失의 유무를 판단하고 피해자에게 발생한 損害의 액수를 정확하게 산정하는 작업의 어려움은 당사자들로 하여금 많은 경우에 不法行爲訴訟을 회피하게 만들었다.

그리고 한편으로 우연한 사고의 발생이 거의 必然的이라고까지 말할 수 있게 되고, 다른 한편 그로 인한 손해는 가해자가 무슨 '잘못된 행동'을 한 것이 아니라도 塡補되어야 한다는 요청이 커지고 이 요청에 부응하기 위하여 「過失」의 요건이 언필칭 客觀的인 기준에 의하여 보다 엄격하게 판단되기에 이르면, 이제 不法行爲法은 인간행태의 '過誤'에 대한 제재라는 측면이 후퇴하게 되는 것은 물론이고 나아가 인간이 自由롭게 활동할 수 있는 領域을 확보한다는 종래의 목적에도 부응할 수 없게 된다. 또한 오히려 일정한 활동에는 그에 따르는 必然的인 費用으로서 손해배상책임이 부착되는 것이므로 事前에 이에 대비하여 그 비용을 자신의 활동에 대하여 지급될 反對給付 속에 포함시키는 것이 현명한 방책이 된다. 가령 물건을 생산하는 사람은 그가 현재 可用한 기술이나 설비를 다하였더라도 또는 그 자신으로서는 그렇게 생각할 수밖에 없었던 경우에도, 그 생산물이 사람에게 미치는 副作用으로 말미암아 손해배상책임을 질 수 있다. 그러므로 그로서는 그 예상되는 책임의 내용과 정도를 고려하여 이를 미리 그 물건의 販賣價格에 반영하여 두는 것이 현명한 방식이 된다. 그로서는 만일 그 손해배상책임의 위험을 분산할 수 있는 保險이 시장에 존재한다면 그 보험에 가입하고 그 보험료에 상당하는 비용을 가격에 산입하는 것이 합리적인 社會行態라고 하지 않을 수 없을 것이다. 그리고 그 경우에는 결국 그러한 배상책임으로 인한 비용은 결국 消費者의 부담으로 돌아가게 된다. 이와 같이 하여 불법행위법이 가지는 道德的 含意는 후퇴하고, 그것은 차가운 經濟的 '計算'의 문제로 환원되는 것이다.

이러한 행태가 普遍化되면, 이제 손해의 전보는 가해자 개인과 피해자 개인 사이에서 가해자가 피해자의 손해를 전부 떠안느냐 아니면 전혀 떠안지 않고 피해자가 혼자서 이를 감수하여야 하는 微視的 次元에서가 아니라, 사회 전체에서 일어나는 사고비용을 어떻게 분배하느냐 하는 巨視的인 制度設計의 문제로 논의하는 것이 보다 더 사태에 적합한 把握方式이 될 수 있다. 다시 말하면 그것은 불법행위법이 노리던 「矯正的 正義」의 문제가 아니라, 「配分的 正義」의 문제가 되는 것이다. 그리고 최근에 빈번히 논의되고 있는 法經濟學은 분명 이러한 관점과 연결되어 있다고 생각되며, 그렇다면 오히려 불법행위법의 개별적인 해석론에서보다는 이러한 制度設計의 차원에서(또는 그에 한정하여) 그 유용성을 발휘할 수 있을지도 모른다.

Ⅳ. 不法行爲法制度의 새로운 局面

1. 不法行爲法의 새로운 領域

(1) 그러나 不法行爲法은 일방적으로 후퇴만을 해 온 것이 아니다. 전통적인 불법행위법은 그 동안 별로 주목받지 못하였던 새로운 機能領域을 획득하기에 이르렀다.

우선 하나의 예를 들자면, 근래에 人格的 法益에 대한 침해를 호소하는 경우가 현격하게 증가하였다. 이러한 경우에 대하여도 불법행위법이 그 當否를 결정하게 된다. 종래에는 인격적 법익이라고 하더라도 주로 생명이나 신체, 건강과 같은 有形的인 법익의 침해가 문제되었었다. 그러나 근래에는 상대적으로 명예, 프라이버시, 초상 등과 같은 精神的인 法益의 보호가 문제되는 경우가 현격하게 증가한 것이다. 이에는 두 가지 이유가 있다고 할 수 있다.

하나는, 삶 또는 그의 가치에 대한 사람들의 意識에 변화가 왔다는 점이다. 종래에는 생존의 物質的인 基礎를 획득하고 유지하는 것이 많은 사람들의 주요한 관심사이었던 데 반하여, 소위 高度資本主義 아래서는 그러한 문제는 그 해결의 안정된 기반을 획득하였다고 보고 오히려 그 삶의 質을 문제삼게 되었다. 거기서는 각자의 個性을 다양하게 전개하는 데에 사람들의 관심이 집중된다. 그러한 개성의 왕국(多元化社會!)에서는 개성의 기초로서의 個人의 人格에 대한 강한 보호가 당연히 요청된다.

다른 하나는, 타인에 대한 情報가 그 자체 하나의 이익이 되었고, 이와 아울러 타인에 대한 정보를 획득하고 보관하고 전파하는 데 쓰이는 각종의 장치가 飛躍的인 발달을 하였다는 점이다. 이러한 현상을 標語的으로 드러내 주는 것은 근래 우리의 귀에 많이 들리는 「情報化社

會」라는 말이다. 이러한 현상이 보편화됨과 발을 맞추어서 타인에 대한 정보를 수집하고 이용하는 과정에서 타인의 名譽나 프라이버시를 침해한 가능성이 많아지게 되었다. 대중들에게 흥미거리를 제공하는 것으로 영업실적을 올리는 大衆媒體들은(쉬운 예로 우리 나라에서 어떠한 類의 여성잡지들을 상기하여 보라) 타인의 일 중에서 흥미거리가 될 만한 것을 수단방법을 가리지 않고 수집하고, 경우에 따라서는 大衆들의 흥미를 끌고 높이기 위하여 고의적으로 事態를 과장하거나 왜곡하거나 감정을 흥분시키는 표현을 쓴다.

이러한 事態들로 말미암아 人格的 法益 또는 人格權은, 원래 그러한 것으로 예정된 것은 아니었으나, 특히 제2차大戰 후에 학설과 판례에 의하여 불법행위법의 보호를 받는 法益으로서 확고한 지위를 차지하게 되었다. 아마도 이는 불법행위법의 展開에 있어서 ──嚴格責任의 확장과 더불어── 가장 중요한 局面의 하나일 것이다.[34)]

그런데 이러한 「정신적 인격」은 사람의 感情世界와 맥을 닿고 있는 側面이 있고 사람마다 그 主張內容이 다를 수 있는 것이어서, 법적으로 보호받을 具體的인 內容을 정하기가 매우 어렵다.[35)] 이는 뒤집어 말하면, 원고가 주장하는 「人格」의 침해를 인정하여 그 가해자에게 損害賠償責任(대개는 慰藉料가 될 것이다)을 부과하는 데 그만큼 미묘하고 어려운 문제가 제기된다는 것이다. 그러므로 통상 여기서는, 예를 들면 소유권에 대한 침해의 경우와는 달리 인격권의 客觀的 侵害 자체만으로 그 침해행위의 違法性이 推斷되지는 않으며, 개별적인 事案類型에서 인간의 私的 領域에의 침입이 있더라도 이것이 忍容되어야 하는 것인가 아니면 그것이 법에 의하여 저지되어야 할 것인가(즉 違法한 것인가)를

---

34) v. Caemmerer(註 5), S. 513ff.도 이를 독일 불법행위법의 중요한 發展의 하나로 지적하는 바이다.

35) D. Klippel, Neuere Entwicklungen des Persönlichkeitsrechts im deutschen Zivilrecht, in: G. Weick(Hrsg.), *Entwicklung des Deliktsrechts in rechtsvergleichender Sicht*, 1987, S. 13ff. 참조.

판단하여 보아야 한다고 일반적으로 인정되고 있다.[36]

이러한 違法性判斷이 어려운 예를 하나 들어 보자. 精神的인 인격적 법익이 특히 언론에 의하여 침해된 경우에 있어서는 많은 경우에 다음과 같은 문제가 提起된다. 즉 타인에 대한 정보를 수집하고 전파하고 나아가 타인의 사상이나 행동, 나아가서는 인격 자체에 대하여 평가를 내리는 것은 민주사회의 운영에 필수적인 意思形成의 자유를 실현하는 데 있어서 不可缺의 基礎가 된다. 이러한 側面의 重要性을 표어적으로 잘 드러내 주는 것이 「알 권리」라는 말이다. 그렇다면 가령 언론이 어느 公職者의 사생활을 들추어 비난을 가하는 것은 과연 위법한가. 여기서 그 공직자의 인격권이 침해되었음에는 의문의 여지가 없다. 그러나 미국의 판례 등의 영향을 받아, 소위 公的 人物(public figures)의 프라이버시는 통상의 私人과는 달리 오로지 원칙적으로 보호되지 않는다는 주장이 오히려 강력하며, 나아가서는 언론의 자유를 보호하기 위하여 ── 만일 이러한 경우 쉽사리 손해배상책임을 부과하면 언론이 自己檢閱을 가하게 되고, 따라서 그 자유가 간접적으로 위축된다는 것이다── 그 보도내용이 허위임을 알면서 또는 중대한 과실로 알지 못한 경우에만 名毁譽損이 성립된다는 立論도 존재하는 것이다.[37] 이렇게 보면, 여기서 불법행위법은 違法性判斷의 이름 아래 실제로는 헌법적인 문제를 판단하고 있는 것이라고 할 수 있다.

(2) 나아가 소위 專門責任(professional liability)의 분야도 불법행위법의 새로운 영역으로 들 수 있을 것이다. 의사나 변호사의 예로부터 쉽사리 알 수 있는 대로 그 동안 분업화의 진행으로 수많은 종류의 專門家集團이 생겨났다. 그 중에서도 長期間의 교육과 경험을 통하여서만 획득되는 전문가로서의 직업(그것은 많은 경우에 일정한 시험이나 수련과정

---

36) 우선 Esser/Weyers(註 5), §55 Ⅰ1d(S. 546ff.) 참조.

37) 이것이 유명한 New York Times Co. v. Sullivan, 376 U.S. 254(1964); Time Inc. v. Hill, 385 U.S. 374(1967); Curtis Publishing Co. v. Butts, 388 U.S. 130(1967) 등에서 천명된 미국연방대법원의 입장이다.

을 거쳐야만 그 일을 계속적으로 종사할 수 있는 자격이 주어지고, 그 이외의 사람은 그 일의 직업으로 하는 것이 법적으로 허용되지 않는다는 형태로 나타난다)을 가지는 사람에 대하여는 다른 사람들이 특히 그 지식과 기술을 믿고 자신의 일의 처리를 맡기는 것이 대부분이다. 그러한 專門家가 그 일의 처리를 사회에서 요구되는 수준에 떨어지게 행하여서 그 결과 손해가 발생한 것인지 여부가 다투어지는 경우를 생각하여 보자.[38] 이러한 경우에는 다른 불법행위소송에서는 보이지 않던 특색이 바로 눈에 띈다.

그것은 전문가의 '過失'이 확인되어 피고의 패소가 확정된다면 많은 경우에 그 사실은 그의 장래의 業務遂行에 중대한 결과를 초래할 수 있다는 점이다. 대부분 이러한 전문가의 활동은 顧客의 信賴에 바탕을 두고 있는데, 그가 그러한 '과실'을 범하였다는 것이 밝혀지게 되면, 그러한 신뢰는 이제 더 이상 존속하기 어렵게 되기 때문이다. 또 다른 관점에서 보면 그가 '과실'을 범하였는가 하는 문제는 피고가 된 전문가 자신에게도 자신의 업무수행에 대한 廉潔性(integrity) 내지 自矜心에 대한 도전이기도 하다.[39] 그러므로 전문가책임을 묻는 불법행위소송은 가령 交通事故로 인한 신체상해를 이유로 그 손해배상을 구하는 소송(이 경우에는 통상 상대적으로는 배상을 명받는 金額에 더욱 많은 관심이 갈 것이다)과는 당사자들에게 다른 의미를 가지게 되고, 그에 따라 특이한 뉘앙스를 보이게 된다.

---

38) 물론 이러한 소송은 많은 경우에 契約違反(많은 경우에 委任契約의 不完全履行)의 문제로서 계약법의 차원에서도 다루어질 수 있을 것이다. 그러나 당사자 사이에 계약관계가 존재하지 않는 경우도 드물지 않다. 앞의 Ⅱ.2.(3)에서 본 1989년 6월 27일의 대법원판결에서도 보는 것처럼, 많은 경우에 전문가는 자신과의 사이에 계약관계가 존재하지 않는 경우에도 타인을 위하여 일정한 助言이나 忠告 기타 자신의 전문적인 지식이나 경험에 입각한 「급부」를 제공한다. 이 경우에도 부적절한 「급부」로 말미암아 발생하는 손해의 배상문제가 제기될 수 있고 이는 不法行爲法에 의하여 다루어진다고 말할 수 있다.

39) John Fleming(註 24), p.134는 일정한 피고들에게는 "불법행위책임의 위협적 효과(admonitory effect)"가 매우 커서, 그들은 금전적 부담보다 패소한 사실 자체에 더욱 민감하다고 지적하면서, 그 대표적인 예로 醫師를 들고 있다.

이러한 專門家의 責任을 묻는 과정에서는 그의 過失 유무를 판단함에 있어서, 특히 나날이 진보되어 가고 있는 새로운 技術이나 知識에 대하여 법이 어떠한 태도를 취할 것인가가 문제되는 경우가 많을 것이다. 이는 醫療過失의 경우를 생각하여 보면 쉽게 알 수 있다. 한편으로 새로운 技術은 아직 후유증 등 그 위험성이 충분히 검증되지 않은 경우가 많으므로, 이를 적용하지 않았다고 해서 막바로 法的인 非難을 가할 수는 없을 수도 있다. 다른 한편으로 어떠한 전문가에게 지나치게 엄격한 水準의 지식이나 기술을 발휘할 것을 요구하게 되면, 대부분의 전문가에 있어서 그 능력발휘의 전제조건이 되는 自發性을 위축시키게 될 수 있고, 나아가 施術 자체의 거부와 같이 오히려 사회적으로 바람직하지 못한 結果를 자아낼 우려도 있다.

그렇게 보면 專門責任의 영역에서도 불법행위법은 피해자의 손해를 가해자로부터 배상받아야 할 것인가 하는 문제와 아울러 專門技術 등의 사회적, 역사적 의미에 대한 省察 또는 評價를 행하여야만 하는 것이다.

(3) 또한 불법행위법은 營業活動의 自由에 한계를 긋는다는 새로운 임무를 떠맡게 되었다. 어느 나라가 市場經濟, 즉 自由競爭을 원칙로 하는 체제를 기본적인 경제제도로 채택한 경우에라도 경제의 주체인 企業은 단지 시장법칙의 지배만을 받고 그 이외에는 어떠한 제약도 받지 않는 것은 아니다. 비교적 오래 전부터 발달하기 시작한 공정거래법이나 부정경쟁방지법 등 소위 經濟法의 영역은 바로 이러한 제약을 그 핵심적인 규율대상으로 하고 있다. 그러나 그러한 법에 의하여 금지된 행위가 행하여진 경우에는 그로 인하여 피해를 입은 당사자에게 손해배상청구권이 주어지는 것이 통상인데(우선 「獨占禁止 및 公正去來에 관한 法律」 제56조 이하, 不正競爭防止法 제11조만을 들어 두기로 한다), 이 권리가 不法行爲法的인 性質을 가지는 것에는 의문이 없을 것이다. 또한 위와 같은 特別法은 영업활동의 구석구석을 모두 그 규제범위 안에 두는 것은 아

니다. 오히려 상당히 넓은 領域이 그러한 特別法律에 의하여 다루어지지 않은 채로 남아 있으며, 그 영역은 여전히 민법 제750조에 의하여 규율될 수밖에 없다.

2. 不法行爲法의 새로운 任務

(1) 불법행위법의 새로운 進出은 우선 다음과 같은 사정과 연관이 있다. 사회에서 무게를 가지는 價値들이 점차로 다양하게 될수록, 다시 말하면 多元的인 社會가 될수록, 그 價値 사이의 충돌도 빈번하게 일어난다. 물론 종전부터 거의 의문의 여지 없이 존중받아 왔고 현재도 존중받고 있는 또 존중되어야 하는 가치들이 없는 것은 아니다. 가령 生命이나 身體, 그리고 所有權 등을 그 예로 들 수 있을 것이다. 그러나 확실히 현재에는 사회에서 인정되는 價値의 階序가 전보다는 명확하지 않은 것으로 생각된다. 그러한 상황에서 자신의 가치 또는 이익이 타인의 行態에 의하여 침해되었다고 주장하는 사람이 그 타인을 상대로 하여 그 침해로 인한 結果의 除去, 그리고 경우에 따라서는 더욱 중요한 관심사항인 將次의 再侵害의 防止를 법적으로 청구하여 온 경우에, 상대방은 자신의 행태가 역시 이 사회에서 존중되는 또는 존중되어야 할 가치를 추구하는 활동의 일환으로 행하여진 것임을 주장하고 따라서 그로 인한 「피해」가 설령 있다고 하더라도 그에 대하여 손해배상책임을 진다는 것은 적어도 간접적으로는 결국 자신의 활동에 대한 制限이 되는 것이므로 타당하지 않다는 주장을 하는 데 주저하지 않을 것이다.

불법행위법은 이러한 「價値의 衝突」을 법적으로 처리하는 장치의 중요한, 아마도 가장 중요한 부분을 차지한다. 불법행위법은 이러한 문제를 처리하는 데 적합한 法技術로서 '過失' 또는 특히 '違法性'이라는 범주를 내장하고 있다. 그리고 법적 효과의 차원에서도, 아직 우리 나라에서는 별로 논의되지 않고 있으나, 소위 豫防的 不作爲請求(vorbeugende Unterlassungsklage)가 허용된다고 하면,[40] 위와 같은 문제의 처리에 있어서 새로운 국면이 전개될 것이다. 또한 불법행위법은 政策的 判斷이 개재된 분야에서 그 眞面目을 발휘하게 될 것이다.

불법행위법의 「후퇴」는 단지 법적용의 방식에 대한 전통적인 보수적인 관념을 전제로 할 때에만 운위할 수 있는 것이며, 法適用을 보다 창조적이고 적극적인 과정으로 이해하는 한에서는 그와 같은 「후퇴」는 오히려 前進의 교두보가 될 것으로 생각된다. 이제 법관은 더 이상 단순히 確定的으로 주어진 법률요건에 사실을 대입함으로써 법률효과를 산출해 내는 自動機械일 수는 없다. 법관은 오히려 바람직한 社會像에 대한 일정한 관념을 가지고 그것을 뒷받침하는 가치 또는 가치들을 실현하기 위하여 필요한 合理的인 手段들을 선택하여 나가는 社會工學者(social engineer)의 역할을 떠맡지 않을 수 없다.

(2) 또한 事故補償의 綜合體系가 설정된다고 하더라도 그 안에서 불법행위법적인 관점은 여전히 중요한 역할을 할 것이다. 왜냐하면 사고보상을 위한 財源을 마련함에 있어서는 아무래도 사고의 발생에 대한 歸責을 따져서 그 부담을 정하는 것이 바람직하고(계속적, 습관적으로 사고를 일으키는 사람과 단순히 피해를 당하는 사람과의 사이에 그 부담이 동일하다는 것은 正義에 맞지 않는다), 그렇다면 역시 누구에게 過責이 있는가를 따짐에 있어서는 불법행위법적인 범주를 사용하지 않을 수 없을 것이기 때문이다. 실제로 事故補償의 綜合體系를 주장하는 입장에서도 그 財源으로서의 保險料의 부과 등에 있어서 이러한 관점을 채택하는 경우가 많다. 또한 불법행위법적 책임의 유무는 일단 피해를 보상한 사람이 그 사고의 원인을 제공한 사람에 대하여 求償을 하는 단계에서도 당연히 문제될 것이다.

한편 사고보상의 종합체계가 수립된다고 하더라도, 피해자가 사고전보다 보상을 받은 후에 그 재산상태가 더욱 양호하게 되는 일이 있어

40) 위의 註 5의 문헌도 참조.

서는 안 될 것이다. 사고의 발생이 利益取得의 계기가 되어서는 안 되기 때문이다. 이러한 손해전보로 인한 不當利得이 허용되어서는 안 된다는 요구는 가령 친지들로부터의 扶助金, 피해자가 수령한 각종의 保險給與, 社內共濟金 등의 副次的 利益(collateral sources)을 어느 범위에서 손해배상액의 산정에서 고려할 것인가, 각종의 社會保障給與와 손해배상책임과의 관계는 어떻게 설정할 것인가 등의 문제가 제기된다. 말하자면 불법행위법은 비단 성립요건의 측면에서뿐만 아니라 그 법률효과의 측면에서도 여전히 事故補償體系 전체의 출발점 내지 기초를 이룬다고 할 수 있다.

V. 結　　論

이렇게 보면 불법행위법의 위기는 확정된 사실관계를 이미 주어진 법률요건에 代入하는 것(法的 三段論法)을 理想으로 하는 전통적인 法思考의 危機를 말하는 것일 뿐, 不法行爲法 자체의 위기는 아니다. 불법행위의 성립요건인 「過失」과 「違法性」, 그리고 그 법률효과인 「損害賠償責任」 등은 미리부터 확정된 내용을 가지지 않으며, 미리 확정할 수 있는 것이 있다고 하더라도 그것은 단순한 하나의 윤곽에 불과하여 결국 구체적인 적용에 있어서는 극히 다양한 각종의 事情要素들을 고려하여 '決斷'하지 않으면 안 된다.[41] 그리고 이것은 비단 불법행위법에 한정되는 것은 아니고, 오늘날의 법이 일반적으로 가지는 특징의 하나로서는 「不確定性」(Unbestimmtheit)의 발현이라고 할 것이다.[42] 그리고

41) 이러한 현상을 法의 「實體化」라고 부르기도 한다. 이에 대하여는 R. Wiethölter, Materialisierungen und Prozedualiserungen von Recht, in: G. Brüggemeier/Ch. Joerges(Hrsg.), *Workshop zu Konzepten des postinterventionistischen Rechts*, ZERP-Materialien 4, 1984, S. 25ff. 참조.

42) Ch. Joerges, Die Überarbeitung des BGB-Schuldrechts, die Sonderprivatrechte und die Unbestimmtheit des Rechts, in: *Kritische Justiz* 20(1987), S. 167f.: "自明性을 주장하는 「지배적인」 理論과 이를 비판하는 새로운 思考가 1960년대에 이르러 대립

오히려 다양한 불법행위사례의 등장은 불법행위법의 기능을 재평가하고 그 가능성과 한계를 더욱 명료하게 하는 면이 있다.

불법행위법은 여전히 그 유용성과 기능을 유지할 수 있고 또 유지하고 있다고 생각된다. 이는 설사 불법행위법을 전제로 하는 책임보험제도가 사고보험제도에 의하여 대체된다고 하더라도, 또한 불법행위법에 의한 事故損害塡補의 구조가 결국 사고보상의 종합체계에 해소된다고 하더라도 마찬가지이다. 왜냐하면 위에서 본 대로 불법행위법은 단지 事故, 즉 우연한 접촉으로 인한 피해발생의 경우만을 規律對象으로 하는 것이 아니기 때문이다. 오히려 불법행위법은 「價値의 對立」(conflict of value)이 문제되는 경우에는 '과실'과 '위법성'이라는 범주에 의하여 그 가치의 타당범위를 그때 그때의 사안에 맞추어 확정할 중대한 임무를 가지게 된다. 이는 특히 「神들의 鬪爭」(Kampf der Götter)의 시대인 오늘날에 있어서는[43] 사회 전체의 입장에서도 극히 중요한 임무인 것이다.

(「民事判例硏究」 15집 (1993. 4), 371면 이하 所載)

하게 된 출발점은 다음과 같은 오래된 洞察을 재발견한 데 있다. 즉 구체적인 분쟁에 대한 判斷과 법률의 규정이나 다양한 學說는 그리고 법학방법론이 제시하는 각종의 方法들과의 사이에는 우연적인(kontingent) 관계밖에 없다는 것이다. 하나의 紛爭事例에 대하여 서로 반대되는 방향으로 결론이 날 수 있는데, 그 각각의 결론에 대하여 모두 법적으로 그럴 듯한 이유가 제시될 수 있는 것이다. 原則에는 예외가 설정될 수 있고, 법원의 判例나 법학상의 原理에 대하여도 이와는 다른 傳統을 배경으로 한 論據에 의하여 의문이 제기될 수 있으며, 다양한 解釋方法論들은 서로 자신의 타당함을 다툰다. 요약하면, 법적인 作業道具들을 모두 동원하더라도, 權威를 가진다는 前提的 材料들과 法發見節次에서 내려진 구체적인 結論 사이의 필연적인 관련이 정립되지 않는 것이다." 그렇다고 해서 법률의 규정이나 학설 또는 방법론 등이 포기되어야 한다는 말은 아닐 것이다. 오히려 이들의 「動的 相互作用」(bewegliches Zusammenwirken)의 구체적인 양상을 탐구하는 것은 충분히 가능하고 또 유의미한 작업이라고 생각된다.

43) M. Weber, Wissenschaft als Beruf, in: *Gesammelte Aufsätze zur Wissenschaftslehre*, 5. Aufl., 1982, S. 608: "삶은, 그것이 스스로에 근거하고 또 스스로에 비추어서만 이해되는 한, 저 神들의 영원한 鬪爭일 뿐이다. 즉 삶에 대한 終局的이고 또한 可能한 여러 觀點들의 화해불가능성 및 해결불가능성, 그리하여 그러한 관점 중의 하나를 必然的으로 선택하여야 하는 것…"

[後　　記]

이 글은 民事判例硏究會가 1992년 여름에 「不法行爲制度의 基礎」라는 主題 아래 개최하였던 심포지엄에서 발표하였던 主題論文에 약간의 손질을 가한 것이다. 註 32에서 “本심포지엄”이라고 한 것은 이러한 사정에 따른 것이다.

8. 民法 제60조에서 정하는 "第 3 者"의 範圍

──大法院 1992년 2월 14일 판결 91다24564사건*

[事實關係]

이 사건 대법원판결로부터 알 수 있는 한도에서 事實關係와 訴訟經過를 정리하여 보면 다음과 같다.

(1) 피고는 財團法人(「재단법인 대구애락보건병원」. 이하 「피고법인」이라고 부르기로 한다)인데, A 建設會社에게 도로공사포장을 도급주었다. A 회사는 그 공사의 시행을 위하여 원고로부터 도로포장에 쓰이는 레미콘을 구입하였다. 그리고 피고법인의 대표자는 원고와의 사이에 A 회사가 원고에 대하여 부담하는 위 레미콘의 代金債務에 관하여 연대보증계약을 체결하였다.

그런데 피고법인의 定款에는 "법인의 대표자가 법인의 채무를 부담하는 계약을 하려면 理事會의 결의를 거쳐 老會와 설립자의 승인을 얻고 주무관청의 인가를 받아야 한다"는 취지의 내용이 정하여져 있었다. 그럼에도 불구하고 위와 같이 連帶保證을 함에 있어서 피고법인의 대표자는 위 定款에 정하여진 節次를 밟지 않았다.

(2) 원고는 이 사건 訴로써, 피고에 대하여 위 레미콘대금을 청구하였다.

---

* 대법원판례집 40권 1집 98면.

原審法院(大邱高法 1991년 6월 13일 판결 90다4724사건)은 원고의 청구를 인용하는 판결을 하였고, 이에 피고가 상고하였다. 그러자 대법원은 다음과 같이 판시하여, 피고의 上告를 기각하고 원고의 勝訴判決을 확정지었다.

[判決趣旨]

"법인의 대표자가 법인의 채무를 부담하는 계약을 함에 있어서 이사회의 결의를 거쳐 노회와 설립자의 승인을 얻고 주무관청의 인가를 받도록 정관에 규정되어 있다면 그와 같은 규정은 법인 대표권의 제한에 관한 규정으로서 이러한 제한은 등기하지 아니하면 제3자에게 대항할 수 없다고 할 것인바(當院 1975. 4. 22. 선고, 74다410판결; 1987. 11. 24. 선고, 86다카2484 판결 각 참조), 피고법인의 정관 제10조에 그와 같은 취지의 법인 대표권의 제한에 관한 규정이 있음은 소론과 같으나 그와 같은 취지가 등기되어 있다는 주장 입증이 없는 이 사건에서 피고법인은 원고가 그와 같은 정관의 규정에 대하여 선의냐 악의냐에 관계 없이 제3자인 원고에 대하여 이러한 절차의 흠결을 들어 이 사건 보증계약의 효력을 부인할 수 없다고 할 것이다. 같은 취지의 원심판단은 정당하고 이와 반대되는 논지는 이유 없다."

[研　　究]

Ⅰ. 序

(1) 민법이 정하고 있는 法人에 관하여 그 代表權의 제한에 대하여 판시하는 대법원판결은 많지 않다. 특히, 소위 舊民法이 아니라, 1960년부터 시행된 우리 民法上의 이에 관한 규정을 적용한 예는 극히 드물다. 이 사건 대법원판결(이하 「對象判決」이라고 한다)은 그 드문 예의 하

나이다.

그런데 對象判決은 민법 제60조("理事의 代表權에 대한 制限은 登記하지 아니하면 제3자에게 對抗하지 못한다.")의 해석과 관련하여 중요한 내용을 판시하고 있다. 뒤에서 보는 대로, 同條에서 정하는 「제3자」의 범위와 관련하여서는 학설이 일치를 보지 못하고 있으며, 오히려 오늘날까지도 첨예하게 대립하고 있는 狀態라고 할 것이다. 그런데 이번에 나온 對象判決은 이 점에 대하여 분명한 태도를 보여서, 소위 無制限說을 취하고 있다(위 판시 중의 "그와 같은 정관의 규정에 대하여 善意나 惡意나에 관계 없이"라고 하는 부분). 그리고 필자는 뒤에서 보는 이유로 이러한 입장이 옳다고 생각하며,[1] 이 점에서 對象判決을 환영하는 바이다.

(2) 한편 그와 같은 판시부분이 이 사건을 解決하는 데 있어서 어떠한 논리적인 위치를 차지하고 있는가는, 대법원판결문만으로 보아서는 반드시 명확하지 않다. 그러므로 위의 판시부분이 主理由(ratio decidendi)에 속하는 것인지 아니면 단지 傍論에 불과한지 여부도 쉽사리 단정할 수는 없다. 그러나 그것은 어찌되었건 간에, 위의 판시부분을 뒤의 Ⅱ.1.(2)에서 보는 大法院 1975년 4월 22일 판결의 판시와 합하여 보면, 대법원의 이 論點에 대한 태도는 이제 분명하게 되었다고 생각한다.

위의 1975년 판결에 있어서는 뒤에서 보는 대로 그 점에 대하여 약간 불분명한 구석이 있었기 때문에, 「判例」의 태도를 확정하는 데에는 주저가 없지 않았던 것이다. 그러나 이제 對象判決을 보아서는 의문이 없게 되었다고 생각된다. 대상판결의 意義는 바로 이 점에 있다고 할 것이다.

(3) 그 외에 對象判決과 관련하여서는, 이 사건에서 문제된 것과 같은 定款規定을 법인 이사의 대표권의 제한에 해당된다고 한 점, 또한

1) 이미 梁彰洙, 法人理事의 代表權制限에 관한 若干의 問題, 「金斗熙 박사 華甲紀念論文集」, 1987, 3면 이하(이하 「民法研究」 1권, 1991, 111면 이하에 의하여 引用한다)에서 필자의 입장을 밝힌 바 있다. 同論文을 아울러 참조하여 주기 바란다.

그 제한이 효력을 가지기 위하여 요구되는 登記에 대하여는 그 등기의 흠결을 주장하는 측, 다시 말하면 대표권의 制限을 주장하는 측에서 입증하여야 한다고 한 점도 주목된다. 이들에 대하여도 기회가 닿는 대로 간단하게 살펴 보기로 한다.

Ⅱ. 民法 제60조에서 정하는 "第3者"의 範圍에 관한 從前의 學說과 判例

1. 學 說

제60조에서 정하는 "제3자"의 범위에 관하여는, 이를 善意의 제3자에 한정할 것인가(이하 「制限說」이라고 부르기로 한다), 아니면 그러한 한정을 두지 않고 제3자의 善意·惡意를 불문하고 代表權의 제한에 대항하지 못한다고 할 것인가(이하 「無制限說」이라고 부르기도 한다)에 대하여는, 견해가 팽팽하게 대립하고 있다.

制限說은,[2] "惡意의 제3자를 보호할 이유는 없다"는 이유를 내세운다. 최근에 제기된 보다 상세한 論據에 대하여는 뒤에서 보기로 한다.

無制限說은, 첫째, 이사의 대표권의 제한을 登記事項으로 규정하고 있는 이상 그 등기를 强制하는 의미에서, 둘째, 법인에 관한 다른 등기사항을 선의·악의를 불문하고 제3자에 대한 對抗要件으로 하고 있는 경우(민법 제54조 제1항 참조)와의 균형을 위하여, 셋째, 法律關係를 간명하게 처리할 필요에서, 넷째, "文理上으로 보더라도", 선의·악의를 구별하지 않는 것이 타당하다고 한다.[3]

---

2) 郭潤直, 「民法總則」, 新訂版, 1992, 261면; 金疇洙, 「民法總則」, 1991, 201면; 李英俊, 「民法總則」, 1987, 877면; 張庚鶴, 「民法總則」, 1985, 333면. 오래 되기는 하였으나, 方順元, 「新民法總則」, 1959, 116면; 金顯泰, 「民法總則」, 1973, 189면도 그러하다.

3) 高翔龍, 「民法總則」, 1990, 225면; 金容漢, 「民法總則論」, 全訂版, 1986, 184면; 李好珽, 社員總會의 決議에 의한 理事의 代表權의 制限, 「考試界」 1986년 8월호, 108면 이하; 「註釋 民法總則(上)」, 1980, 460면(千慶松 집필). 그 외에 金曾漢, 「新稿 民法總則」, 1983, 209면; 李英燮, 「新民法總則講義」, 1959, 206면도 그러하다.

2. 判　例

(1) 이 문제에 대한 판례의 태도와 관련하여서, 위의 제한설을 취하는 학자들은 판례가 제한설을 취한다고 하고 大法院 1962년 1월 11일 판결 4294民上473사건(대법원판결집 10권 1집 민사편 22면)을 인용하고 있다.[4] 그러나 이 판결은 명백하게 依用民法이 적용되는 事實關係에 대한 것으로서, 현행 민법과 관련하여서는 인용될 것이 아니다.[5] 왜냐하면 依用民法 제54조는, 이사의 대표권에 대한 제한은 "善意의 제3자에게 대항할 수 없다"고 명문으로 정하고 있으므로, 의용민법을 적용한 위 판결이 그와 같이 판시한 것은 너무나 당연한 것이고, 現行 民法 제60조와 같이 단지 "제3자"라고만 정하는 규정에 있어서 그 범위에 관한 實務의 태도를 아는 데는 전혀 참고가 되지 않고 또 참고가 되어서도 안되기 때문이다.

(2) 현행 민법의 해석에 관한 것으로서는, 우선 大法院 1975년 4월 22일 판결 74다410사건(대법원판결집 23권 1집 민사편 224면)을 들어야 할 것이다.

이 판결은, 피고가 된 사단법인의 정관에 그 소유의 財産을 處分하는 데는 社員總會의 決議를 요한다고 정하여져 있었음에도 불구하고, 그 理事가 그러한 결의를 거침이 없이 被告法人을 대표하여 원고에게 이를 처분한 事實關係에 대한 것이다. 위와 같은 사항은 피고법인에 대한 法人登記簿에는 기재가 되어 있지 않았다. 원고가 所有權確認請求를 한 데 대하여, 피고법인은, 원고는 피고법인의 발기인으로서 위와 같은 정관내용을 잘 알고 있었으므로 비록 그 등기가 되어 있지 않더라도 이것을 들어 위 處分의 효력을 인정할 수는 없다고 다투었다. 대법원은 다음과 같은 이유로 피고법인의 주장을 받아들이지 않았다. 즉, "법인의

4) 이 점은 최근에 새로이 制限說을 주장한 崔基元 교수의 경우도 마찬가지이다. 「民法注解(Ⅰ)」, 1992, 684면 註 3(崔基元 집필) 참조.

5) 이 점을 상세히 밝히고 있는 것으로 「註釋 民法總則(上)」(註 3), 460면 註 3이 있다.

정관에 법인재산의 처분에 사원총회의 결의를 요한다는 취지의 기재가 있어도 이는 내부관계에서 효력을 가짐에 불과하며, 대외적 관계에 있어 정관에 정한 절차를 밟지 아니하였다고 하여 그 효력에 消長이 있는 것은 아니다. 이를 대외적으로 주장하려면, 그러한 취지의 대표권 제한을 등기함으로써만 가능할 것이다"라고 하고, 나아가서 "그러한 登記가 없는 이상 총회결의를 필요로 하는 정관규정 있음을 알았거나 알 수 있었다고 하여도 그 효력에 다를 바 없다"는 것이다(이상 머리점은 引用者가 찍은 것이다. 이하 같다).

이 판결은 無制限說을 취한 것으로 이해된다. 그런데 이 판결에 있어서 사소하나마 석연치 않은 점이 있는 것은, 이 사건에서 문제된 定款規定이 "내부관계에서 효력을 가짐에 불과"하다고 판시한 부분이다.

周知하는 대로, 법인 이사의 권한은 대내적인 事務執行과 대외적인 法人代表로 나누어 설명된다. 그리고 이러한 구별은 民法 자체에서도 채택되어서, 前者는 제58조에서, 後者는 제59조에서 규정되고 있다. 그렇다면 定款에서 법인의 업무에 관하여 그 절차·방식 또는 내용상의 제한 등이 정하여져 있는 경우에, 그 전부가 이사의 대외적인 대표권의 제한이라고 해석될 수는 없지 않을까. 가령 독일에서는, 정관에 의하여 이사회(독일민법 제26조 제1항 제1문에 의하면, 법인을 대표하는 것은 理事會[Vorstand]이고, 그 구성원인 理事[Vorstandsmitglied]가 아니다)의 행위를 제한하는 것은 일단 내부적인 事務執行上의 제한이라고 해석하여야 하며, 단지 그 定款規定이 명백한 文言에 의하여 또는 적어도 그 目的에 비추어 對外的 效果(Außenwirkung)를 가질 것이 요구되는 경우에만 대외적인 대표권의 제한이 존재하는 것이라고 해석하여야 한다는 견해가 주장되고 있다.[6] 그리하여 判例(NJW 1980, 2799)도, 定款에서 법인이 어떠한 聯合團體의 회원이 되어야 한다고 정하는 것은 대표권을 제한하는 것이

6) 예를 들면 MünchKomm/D. Reuter, §26 Rdnr. 14(Bd. 1, 2. Aufl., 1984, S. 415) 참조.

아니므로, 비록 이사회가 그 연합단체로부터 脫退하는 의사표시를 하였다고 하여도, 이는 비록 법인에 대하여는 義務違反이 된다고 하여도 대외적으로는 대표권의 범위 내의 행위로서 有效하다고 판시하는 것이다. 그리하여 가령 定款規定이 명문으로 法人代表權을 가지는 理事를 특정하거나 또는 共同代表를 요구하는 경우는 당연히 「理事의 代表權에 대한 制限」이 있다고 보겠으나, 특히 정관에서 빈번하게 발견되는 재산처분이나 채무부담 등에 사원총회 또는 이사회의 결의나 주무관청의 허가를 요한다는 등의 規定은 통상은 단지 내부관계에서의 事務執行上의 制限이라고 보아야 하지 않을까 생각되는 것이다.[7]

이러한 이해를 배경으로 하여서 보면, 위 판결에서 "내부관계에서 효력을 가짐에 불과" 운운하고 판시하는 것은, 그 정관규정이 단지 內部關係에서만 효력을 가지고 이에 반하는 법인대표자의 행위가 법인에 대한 관계에서 義務違反이 되기는 하는 것이지만, 나아가 理事의 法人代表權을 제한하는 의미는 없다고 본다는 취지라고는 해석될 수 없을까. 만일 그렇다고 한다면, 문제된 정관규정은 애초 「理事의 대외적인 代表權」을 制限하는 것이 아니므로, 登記 여부를 물을 필요조차 없이 理事의 대표행위의 효력에 영향이 없다고 하여야 할 것이다. 그리고 위 판결에서 "이를 대외적으로 주장하려면 그러한 취지의 대표권제한을 登記함으로써만 가능할 것이다"라고 판시하는 것도, 반드시 문제된 定款規定이 대외적인 대표권을 제한하는 규정임을 당연히 前提하여서 하는 말은 아니고, 法人登記簿에 그러한 내용이 대표권제한으로서 등기되었다고 가정하면 그러한 내용을 정하는 정관규정은 대외적인 대표권제한으로 해석될 素地가 있다는 의미라고도 볼 수 있지 않을까.[8]

물론 위 판결의 내용을 이와 같이 理解하는 것은 지나친 臆測이기 쉬울 것이다. 그러나 앞서 본 대로 "내부관계에서 효력을 가짐에 불

7) 이에 대하여는 梁彰洙(註 1), 128면 이하 참조.
8) 이에 대하여는 梁彰洙(註 1), 129면 이하 참조.

과" 운운하는 판시부분은, 위 판결이 위와 같은 정관규정은 민법 제60조에서 말하는 「理事의 代表權에 대한 制限」에 해당하는 것이라고 판단하였다고 기꺼이 斷定하는 것을 조금이나마 주저하게 하는 바가 있었다. 그리하여 위 판결의 뒷부분, 즉 "그러한 登記가 없는 이상 총회결의를 필요로 하는 정관규정 있음을 알았거나 알 수 있었다고 하여도 그 효력에 다를 바 없다"고 하는 부분도 반드시 민법 제60조에서 정하는 "第3者"의 범위에 관한 고유한 의미의 先例라고 말하기에 꺼려질 수도 있었던 것이다. 왜냐하면 민법 제60조의 "제3자"의 범위의 문제는 그 定款規定이 「理事의 對外的인 代表權에 대한 制限」이라고 할 때에만 정면에서 제기될 수 있는 것임에는 의문의 여지가 없기 때문이다.

(3) 그러나 그 후의 대법원 1987년 11월 24일 판결 86다카2484사건(대법원판례집 35권 3집 261면)은, 법인의 채무를 인수함에는 총회나 이사회의 결의를 요한다는 定款規定은[9] "법인대표권에 대한 제한"이라고 정면에서 판시하였다. 물론 이 판시부분은 附加的 判斷에 해당되는 것이기는 하나(그에 앞서서 "위 채무인수에 관하여 총회나 이사회의 결의를 따로이 거쳐야 한다는 論旨는 이유 없을 뿐만 아니라"라는 판단이 행하여지고 있으므로, 그에 이은 법인대표권의 제한에 관한 판시부분은 上告人의 주장을 배척하는 데 불가결하게 필요한 것이라고는 할 수 없다), 이는 위의 대법원 1975년 판결의 의미확정에 대한 앞서 본 바와 같은 사소한 未盡함을 떨쳐버리기에는 충분하다고 생각된다. 물론 위 1975년 판결에서는 법인재산의 처분이, 이 판결에서는 채무인수가 각각 문제되고 있으나, 그러한 事項이 법인에 대하여 가지는 일반적인 경제적 의미 등을 생각하여 볼 때, 兩者를 달리 볼 이유는 없다고 할 것이다. 그러므로 그 當否의 문제는 별론으로 하고라고, 적어도 이 점에 대한 판례의 態度는 확정되었다고

9) 이 대법원판결 자체로부터는 그것이 定款으로 규정된 것인지 確然하지 않으나, 그 판시 전후의 문맥, 특히 對象判決이 이를 그러한 취지로 원용하고 있는 점 등에 비추어, 그와 같이 推測된다.

할 수 있다. 그러므로 이번에 나온 對象判決은 이 점을 다시금 확인하여 준다는 점에서도 意義가 없지 않다.

이어서 위 판결은 "이러한 제한은 등기하지 않으면 제 3 자에게 대항할 수 없는 것"이라고 하고, 위의 대법원 1975년 판결을 참조판결로 인용하고 있다. 그리고 나아가 "그러한 등기가 되어 있다는 주장입증이 없는 이 사건에서 원고에 대하여 이러한 결의의 欠缺을 들어 위 채무인수의 효력을 부인할 수도 없다"고 한다. 이 판시부분은, 이사의 대외적인 대표권에 대한 제한이 있다고 하더라도 그 제한이 효력을 가지기 위하여 요구되는 登記에 대하여는 그 登記의 欠缺을 주장하는 측, 다시 말하면 代表權의 制限을 주장하는 측에서 입증하여야 한다는 태도를—적어도 간접적으로 또는 陰畫的으로— 취한 것으로 이해된다. 그리고 이번의 對象判決도 이러한 태도를 이어받고 있어서, 이 점에 대하여도 판례의 태도는 더욱 확고하게 되었다고 할 것이다.

이러한 立證에 관한 問題는 그 동안 학설 등에 의하여 별로 의식되지 못하였다고 추측된다. 입증책임의 분배에 관한 通說인 法律要件分類說에 따르면, 이는 결국 제60조를 포함한 代表權의 制限에 관한 민법규정을 原則規定이라고 볼 것이냐 例外規定(또는 反對規定 Gegennorm)이라고 볼 것이냐에 달린 문제이다. 민법은 원칙적으로 법인의 이사는 各自가 모두 전면적인 代表權을 가진다는 태도를 취하고 있으므로(제59조 제 1 항 본문), 이러한 원칙에 반하여 대표권의 제한을 주장하는 사람은 그 예외의 成立要件을 입증하여야 할 것이다. 그렇다면 그 사람이 定款에 대표권에 대한 制限이 정하여져 있음(민법 제41조 참조: "理事의 代表權에 대한 制限은 이를 定款에 記載하지 아니하면 그 效力이 없다)을[10] 입증하여야 한다는 점에 대하여는 의문이 있을 수 없다.

10) 이 규정에도 불구하고, 多數說이 定款에의 記載 없이도 사단법인의 의결만으로 이사의 대표권에 대한 제한이 있다고 해석하는 것은 "現行民法의 규정체계가 依用民法과는 달라졌음에도 불구하고 이를 전혀 고려하지 아니하고 依用民法의 해석을 그대로 現行民法의 해석에 끌고 들어" 오는 잘못을 범하였다고 생각된다. 이 점에 대하여는 梁彰洙(註 1), 126면 이하 참조.

나아가 제60조에서 요구되고 있는 登記에 대하여는 어떠한가. 즉, 이는—민법 제41조와 아울러—대표권제한의 根據規定인가 아니면 障碍規定인가. 필자의 생각으로는 제60조의 文言이나 規定形式은 뚜렷한 근거를 제시하여 주지 못하고 있다. 그러므로 결국 이는 대표권제한과 관련하여 등기를 요구하는 趣旨를 어떻게 이해할 것이냐에 달린 문제이다. 그리고 대표권제한에 관한 規律에 있어서는 登記의 유무가 거의 결정적인 의미를 가지고 있다고 할 것이다(뒤의 Ⅲ.1. 참조). 그러므로 登記를 단순한 障碍規定으로 보아서는 안 되며, 根據規定이라고 할 것이 타당하다고 생각된다. 그러한 점에서 판례의 위와 같은 태도는 타당하다고 생각된다.

Ⅲ. "第 3 者"의 範圍

1. 無制限說의 辨證

위에서도 잠깐 본 바와 같이 민법 제60조는 依用民法 제54조가 "理事의 代表權에 대한 제한은 善意의 제 3 자에게 대항할 수 없다"라고 하던 것을 "… 제한은 등기하지 아니하면 제 3 자에게 대항할 수 없다"라고 바꾸어 정한 것이다. 이는 우리 민법의 制定過程에서 國會法司委의 심의과정에서 새로이 修正案으로 제시되었던 것이다(국회에 제출된 民法案은 의용민법과 동일한 규정을 제안하고 있다).[11] 그런데 그 立法理由는 궁극적으로는, 다수의 이사를 두는 法人의 경우에 발생할 수 있는 대표권제한의 필요를 충족시켜야 한다, 즉 그러한 法人의 "便宜를 圖謀"하여야 한다는 데 있다. 그리고 그러한 이사의 대표권제한으로 발생할 수 있는 제 3 자에 대한 관계에서의 문제는 바로 제 3 자에의 公示를 肝要의 制度目的으로 하는 登記의 유무에 의하여, 그리고 그것만에 의하여 판단하도

11) 이 입법과정 및 입법이유에 대하여는 梁彰洙(註 1), 113면 이하에 상세하게 검토하였다.

록 한다는 것이다. 이와 같이 현행 민법에 있어서의 代表權制限에 대한 규율은 이러한 登記制度에의 의존을 고려하지 않고서는 정당하게 이해될 수 없다.

登記制度의 가장 큰 長點 중의 하나는 그 일률적 처리를 위한 法律關係의 明確化이다. 그것은 不動產의 이중처분의 경우를 생각하면 쉽게 이해될 것이다.[12] 이러한 法律關係의 簡明化는 비단 登記가 적극적으로 이루어진 경우뿐만 아니라 登記가 행하여지지 아니한 경우에도 관철되어야 한다(「消極的 公示」). 이러한 이치는 이사의 대표권에 대한 제한에 관하여도 어려움 없이 적용된다고 생각된다. 따라서 그 制限이 登記되지 않은 이상 제 3 자의 善意·惡意를 가릴 것 없이 원칙으로 돌아가 이사는 각자 制限 없는 代表權을 가지는 것으로 취급되어야 하는 것이다. 만일 그렇지 아니하고, 登記가 없는데도 다시 제 3 자의 선의·악의를 따져서 대표권제한의 效力 유무를 판단하여야 한다면, 그 선의·악의 여부의 判斷과 관련한 紛爭이 발생할 可能性이 항상 있어서 이제 法律關係簡明化의 이익은 대폭적으로 후퇴하지 않으면 안 되게 된다. 制限說은 단지 "惡意의 제 3 자는 보호할 필요가 없다"고 하나, 이러한 이유는, 특히 登記 기타의 법률관계의 일률적인 처리를 主案으로 하는 제도와 관련된 문제에서는 별로 설득적이지 못한 것이다. 이는, 단지 부동산물권변동과 등기와의 관계에 대하여 정하는 朝鮮民事令 제13조와 이와 동일한 내용의 日本民法 제177조("… 등기를 하지 아니하면 제 3 자에게 대항할 수 없다")에 대한 解釋論만을 상기하여 보아도, 족할 것이다. 그 경우에는 "惡意의 제 3 자는 보호할 필요가 없다"는 이유로 同條의 제 3 자를 「善意의」 제 3 자에 한정하는 견해는 거의 없었던 것이다.

또 무제한설과 같이 해석하는 것이 균형에도 맞는 것으로 생각된다.

---

12) 물론 不動產登記에 있어서는 物權의 排他性이라는 특수한 契機가 있으므로, 그러한 계기가 없는 法人登記와는 모든 점에서 동일한 次元으로 논할 수는 없을 것이다. 그러나 적어도 法律關係의 簡明化라는 이익의 추구가 부동산등기냐 법인등기냐를 막론하고 그 제도의 중요한 목적임에는 의문의 여지가 없다.

登記를 하면 法人은—의용민법에 있어서와는 달리—「善意」의 제3자에게도 대표권제한을 주장할 수 있다고 하면(이러한 주장이 가능하다는 것이 立法者가 말하는 "法人의 便宜"의 핵심적인 내용이다), 登記를 하지 않으면 法人은—역시 의용민법에 있어서와는 달리—「惡意의」 제3자에게도 그 제한을 주장할 수 없다고 해석하는 것이 상당하다. 이렇게 보면 위의 無制限說이 드는 또 하나의 근거, 즉 登記의 履行을 이러한 불이익의 부과에 의하여 강제한다는 취지도 수긍될 수 있을 것이다.

물론 登記에 어떠한 효과를 결합시킬 것인가는 立法的인 決斷의 문제이고, 이를 모든 事項에 대하여 동일한 내용으로 규율하여야 할 필요는 없다. 가령 商法은 商業登記에 관하여 "登記할 사항은 登記와 公告후가 아니면 善意의 제3자에게 대항하지 못한다"라고 정한다(同法 제37조 제1항). 그리고 그 反對解釋으로 惡意의 제3자에 대하여는 登記와 公告가 이루어지기 전이라도 대항할 수 있다고 해석되고 있다.[13] 물론 이 규정과 민법 제60조를 비교하여 보면, 이들의 차이를 단순히 성질이 다른 사항에 대한 다른 내용의 규율이라고 설명할 수는 없고, 오히려 私法體系內의 評價矛盾이라고 하여야 하지 않을까 하는 생각도 없지 않다.[14] 그러나 위 규정이 있다고 하여 이것이 민법 제60조의 "제3자"를 「善意의」 제3자에 한정할 근거는 되지 못한다고 하겠다. 오히려 이러한 현저한 法文上의 대비는 제60조의 "제3자"를 文理대로 해석하도록 하는 측면이 있기 때문이다.

이와 관련하여 말하자면, 민법 제60조의 文言은 그 적용이 「善意의」 제3자에 한정된다는 해석을 거의 배제하는 것처럼 생각된다.[15] 우선, 위에서 본 대로 民法案에는 "善意의 제3자"라고 되어 있었던 것을 法司委의 修正案으로—등기와 관련시킴과 동시에—"善意의"를 삭제하였으

13) 任泓根, 「商法總則」, 1986, 411면; 崔基元, 「商法總則·商行爲」, 1989, 176면 등 通說.
14) 이는 특히 商法이 일반적으로 法律關係의 획일적 처리 또는 간명화가 강조되는 法域임을 생각할 때 그러하다.
15) 「註釋 民法總則(上)」(註 3), 460면도 이를 강조한다.

며,[16] 다음으로, 민법의 다른 모든 규정에서 단순한 "제3자"(그 대표로서, 계약해제에 있어서의 원상회복의무의 制限에 대한 민법 제548조 제1항 단서 참조)와 "善意의 제3자"(그 대표로서, 착오로 인한 취소의 무효를 제한하는 민법 제109조 제2항 참조)를 의식적으로 확연하게 구별하고 있는 것이다. 나아가 民法은 제54조 제1항에서도 "設立登記 이외의 本節의 登記事項은 그 등기 후가 아니면 제3자에게 대항하지 못한다"라고 하여, 위에서 보아온 제60조와 같은 내용을 정하고 있다. 그런데 민법 제60조에 관하여는 制限說을 취하는 분들은 제54조 제1항의 "제3자"에 대하여는 아무런 制限도 붙이지 않는다. 이는 前後矛盾된 태도라고 할 것이다.[17]

이렇게 볼 때, 민법 제60조에서 정하는 "제3자"의 범위를 善意의 제3자에 한정하는 것은 타당하지 아니하며, 그 규정의 적용에 있어서는 제3자의 善意·惡意를 구별하여서는 안 된다고 생각된다. 다만, 그 제3자가 단순한 惡意에 그치지 아니하고, 法人과의 거래에 있어서 특별히 主觀的으로 不法性이 강한 反社會的인 行態를 보인 경우(예를 들면, 법인의 理事와 공모하여 그의 대표권제한에 관한 등기를 지연시킨 다음 그와 契約을 체결한 경우 등)에는 信義則의 法理를 적용할 여지가 있다고 할 것이다.

2. 최근의 制限說에 대한 反批判

(1) 그런데 최근에, 그 論據를 다음과 같이 전개하면서 제한설을 지지하는 분이 있다.[18]

---

16) 한편 李好珽(註 3), 108면 이하는, 依用民法과 條文과의 對比라는 관점에서 依用民法의 "善意의"를 삭제한 立法者의 의도를 존중하는 것이 "健全한 解釋"이라고 한다. 다름 아닌 民法案의 조문과의 대비라는 관점에서 본다면, 이 점은 더욱 强調될 수 있을 것이다.

17) 현행민법 제54조 제1항에 해당하는 依用民法 제46조 제2항 제2문은 앞서 본 依用民法 제54조와는 달리 단지 "제3자"라고만 규정한다. 의용민법의 해석으로 이를「善意의」제3자에 한정하는 견해는, 필자가 탐색한 한에서는 찾지 못하였다.

18)「民法注解(Ⅰ)」(註 4), 685면 이하. 특히 필자의 위 註 1에서 든 논문에서 전개한

첫째, "무제한설에 의하여 惡意의 제3자에게도 대항하기 위하여 理事의 代表權에 대한 모든 제한을 등기하여야 한다면 法人과 거래하는 자는 물론이고 法人의 내부관계자도 우선 登記所를 들러 理事의 代表權에 대한 制限關係를 열람한 다음에만 안심하고 去來를 할 수 있게 될 것"이므로, 무제한설은 "去來의 安全을 고려하지 않는 해석"이라고 한다.

둘째, 입법자가 「善意의」라는 문구를 삭제한 것은 오히려 그러한 문구가 없더라도 당연히 惡意者는 제외된다는 전제에서 구태여 「善意의」라는 표현을 할 필요가 없다고 생각한 것이 아닌가. "세계의 어느 나라의 立法이나 解釋原則에도 없는 登記 전에는 惡意者에게도 대항할 수 있도록 하여야 되겠다는 意圖였다면 오히려 '善意의'를 삭제하는 대신에 「惡意의 제3자에게도 대항할 수 있다」고 특별히 강조하였을 것으로 생각된다"는 것이다. 또 입법자도 "제3자의 不測의 불이익을 예방"하는 것을 목적으로 하고 있으므로, 惡意의 제3자는 제외된다고 보아야 한다고 한다.

셋째, 무제한설에서는 "惡意者도 포함된다고 하면서도 경우에 따라 현저하게 正義觀念에 반하는 것으로 느껴지는 경우도 例外的으로는 없지 않을 것이다고 하지만, 예외적이 아니라 正義의 觀念에 반하는 경우가 허다하게 발생된다는 것은 의문의 여지가 없다고 할 것인데, 구태여 무리하게 立法者의 의도를 전혀 通常的인 觀念에 어긋나는 방향으로 해석을 하면서 信義則의 규정에 補完的 機能을 바라고 있는 것은 無制限說의 妥當性이 결여됨을 自認하는 것과 같다고 할 것"이라고 한다.

(2) 그러나 위와 같은 비판 내지 주장은 타당하지 않다고 생각된다.

첫째의 論據에 대하여 보면, 이는 우선 제한설을 택하는 이유가 되지 못한다. 위의 立場에서도 "登記를 하면 登記의 積極的 公示原則에 의하여 제3자가 善意라도 惡意가 擬制되어 선의의 제3자에게 대하여

論旨(그 주요한 내용은 위 본문의 1. 참조)에 응대하고 있다.

도 대항할 수 있다"고 해석하고 있다.[19] 그러므로 法人의 대표를 자처하는 理事와 거래하려는 사람은 위의 立場에 의하더라도 "우선 登記所에 들러" 그 理事의 대표권에 대한 제한이 등기되어 있지 않은가를 확인하여 보아야 하는 것이다. 그러므로 만일 위와 같이 "우선 登記所에 들러" 보아야 하는 것이 去來安全의 이익에 반한다고 하면, 그는 제한설에 대하여도 마찬가지로 타당하다.

만일, 위의 論據가 惡意의 제 3 자에게 대항하기 위하여서는 理事의 代表權에 대한 制限을 등기하지 않아도 되지 않느냐 하는 의미라고 한다면, 이는 일종의 循環論法이다. 惡意의 제 3 자에게 대항하기 위하여는 登記를 하지 않아도 되는 이유는 무엇인가 라고 되묻는다면, 위의 입장에서는 다시, 그 제 3 자가 惡意이니까 라고 답하기 때문이다. 그러므로 위의 論據는 위와 같은 의미에서는 하등의 「論據」가 될 수 없다.

둘째의 論據에 대하여 본다. "登記 전에는 惡意者에게도 대항할 수 있다"는 법리(이 '있다'는 말은 두 번이나 쓰이고 있다)는 세계 어느 나라의 立法이나 解釋原則에도 없다고 하는데, 우선 무제한설은 登記 전에는 惡意者에게도 대항할 수 '없다'고 주장하고 있는 것이다. 또한 그러한 법리는 세계 어느 나라의 立法이나 解釋原則에도 없다는 全稱命題는 검증되지 아니한 것일 뿐만 아니라, 검증을 해본다고 하더라도 이미 우리 나라(민법 제54조 제 1 항의 해석이나 부동산의 이중양도에 관한 판례와 통설), 나아가서는 가까운 日本(무엇보다도, 同民法 제177조에 대한 壓倒的 多數說과 判例)에 이러한 법리가 존재하므로, 그러한 단정은 잘못이 아닐까 생각된다.

또한 위의 1. 에서도 보았듯이, 우리 민법은 「제 3 자」(이 경우에는 惡意者들도 포함된다)와 「선의의 제 3 자」를 분명히 구분하여 규정을 두어서, 만일 악의자를 배제하려는 경우에는 명백하게 "善意의 제 3 자"라고 정한다. 따라서 "'善意의' 라는 문구가 없더라도 당연히 惡意者는 제외

19) 「民法注解(Ⅰ)」(註 4), 686면.

된다는 前提"를 취하였다고 이해하는 것은, 민법의 일반적인 태도와는 거리가 있는 것이라고 생각된다.

나아가 立法者가 "第3者의 不測의 不利益을 예방" 운운한 것은, 대표권제한에 대한 등기를 하지 아니한 경우에 대한 것이라고는 단정할 수 없고, 오히려 그 등기를 한 경우에 대한 것이라고 보인다. 그 부분을 原文대로 인용하면, "登記는 新時代의 발달된 제도이고 이 제도를 활용함으로써(草案 제51조 참조) 제3자의 不測의 不利益을 예방하는 동시에 法人의 利益을 충족하여 운영의 妙를 기할 수 있다면 그 제도를 신설함이 적절할 것이다"라는 것이다.[20] 그 취지는 대표권제한에 대한 등기제도를 설치하면, 법인 이사와 거래하려는 제3자는 그 등기를 열람함으로써 그 理事의 대표권제한 유무를 확인할 수 있어서, 「不測의」 불이익은 막을 수 있다고 하는 데 있다고 이해된다. 따라서 여기서 "不測의" 운운하였다고 하더라도, 이는 대표권제한에 대한 등기가 행하여지지 아니한 경우와는 무관하다고 보아야 하지 않을까. 따라서 이로부터, 등기가 없어도 惡意의 제3자는 배제된다는 推論을 하기는 어렵다.

마지막으로, 셋째의 論據에 대하여 본다. 이 論據는, 제3자가 「惡意」이면 대부분이("허다하게") 「현저하게 正義觀念에 반하는 것」이 된다는 주장을 기초로 한다. 우선 여기서 「惡意」란 단순히 어떠한 事情을 안다는 뜻이고, 그 말의 일상적인 의미, 즉 도덕적으로 非難받을 만한 意圖라는 의미가 아니라는 周知의 事實을 상기하고자 한다. 나아가 필자가 무제한설을 주장하면서도, "사정 여하에 따라서는 현저히 正義觀念에 반하는 것으로 느껴지는 경우도 예외적으로 없지는 않을 것"이라고 附言한 것은, 제3자가 단순한 惡意에 그치지 않고 法人과의 거래에 있어서 특별히 主觀的으로 不法性이 강한 反社會的인 行態를 보인 경우, 예를 들면 앞에서도 들었듯이, 法人의 理事와 공모하여 그의 대표권한에 관한 등기를 지연시킨 다음 그와 契約을 체결한 경우 등을 머리

20) 「民法案審議錄」, 上卷, 1957, 42면.

속에 그렸었다. 그리고 信義則의 적용은 어느 경우에나 具體的인 경우의 個別的인 諸般事情에 달려 있는 것이기 때문에, 이를 일률적으로 표현하는 데 어려움이 있어 그냥 "경우에 따라 현저하게 正義觀念에 반하는 것으로 느껴지는 경우"라고 표현하였던 것이다.[21] 결국 이는 민법 제60조와 같이 법률관계의 일률적 처리를 내세우는 규정에 있어서도, 다른 한편으로는 구체적인 경우의 개별사정을 고려하는 法裝置로서의 信義則이 적용될 여지가 있음을 지적하고, 그 적용의 기준을 信義則 자체만큼이나 불명확하게 지적하였던 것 뿐이다. 따라서 이 附言은 "무제한설의 타당성이 결여됨을 自認하는 것과 같은" 것이 될 수는 없다.[22] 물론 그에 있어서 「正義觀念」이라는 애매모호한 기준을 제시한 점은 피하였어야 했다고 생각된다. 그러나 위의 견해가 필자의 "현저하게"라는 限定과는 무관하게, 그냥 "正義의 觀念에 반하는 경우가 허다하게 발생된다는 것은 의문의 여지가 없다"고 하는 것은 필자의 眞意에 대한 비판이 되지 못한다. 왜냐하면 필자가 무제한설을 취하는 기본적인 이유는 바로, 여기서 惡意者가 등기의 흠결을 주장하는 것이 정의의 관념에 반할지는 몰라도, 민법은 여기서 다른 法利益을 위하여 보다 高次元의 정의를 앞세우고 그러한 단순한 「정의의 관념」을 뒷전으로 돌리고 있다는 데 있기 때문이다. 다만, 그 「정의의 관념」이 '顯著하게' 훼손되었을 경우라면, 그 때에 비로소—다른 法制度에 대하여와 마찬가지로—信義則의 적용을 생각해 볼 수 있다고 말하는 것일 뿐이다.

---

21) 梁彰洙(註 1), 126면.

22) 高翔龍(註 3), 225면은, 무제한설을 취하면서, 나아가 "거래의 상대방이 背信的 惡意者라고 판단될 때에는 그러한 악의자의 권리행사에 대하여 信義則에 반하는 權利濫用의 문제로 다툴 수 있음은 가능한 일이지만, 이는 別個의 문제"라고 하는데, 여기서 「背信的」 악의자라고 하는 표현도 필자가 말하였던 "顯著하게 정의관념에 반하는 것으로 느껴지는 경우"라고 하는 것과 거의 동일한 의미일 것이다. 그리고 권리남용의 문제로 "다툴 수 있다"고 하는 것과 민법 제60조의 "제 3 자"의 범위문제와는 "별개의 문제"라고 하는 것이 바로 본문에서 말하는 바와 같은 의미라고 생각된다.

Ⅳ. 小 結

對象判決은 민법 제60조에 관하여 선행하는 판결들과 결부시켜 보면, 그 의의가 분명하여진다. 그것은 결국 同條에서 정하는 "제3자"의 범위에 관하여 판례의 태도를 無制限說로 확정한 것, 법인의 채무부담에 이사회 등의 결의나 주무관청의 허가 등의 절차를 밟도록 하는 定款規定이 同條의 의미에서의 「理事의 代表權에 대한 制限」에 해당함을 확인한 것, 그리고 그러한 제한에 있어서 登記의 유무에 관한 입증책임이 대표권의 제한을 주장하는 측에 있음을 확인한 것의 셋으로 歸着시킬 수 있겠다. 그리고 특히 同條의 "제3자"의 범위에 관하여는 見解의 대립이 있으나, 判例가 취하는 無制限說이 타당하며, 최근에 새롭게 제기된 制限說에 대한 새로운 근거 부여의 시도는 성공적이라고 하기 어렵다.

(「判例月報」 262호(1992. 7), 46면 이하 所載)

9. 時效利益의 拋棄와 保證關係

──大法院 1991년 1월 29일 판결 89다카1114사건*

[事實關係]

(1) 피고 A는 전자제품 대리점을 경영하는 원고에 대하여 약 2천 3백만원의 物品代金債務를 부담하고 있었고, 피고 B와 C는 이를 連帶保證하였다. 위 물품대금의 최종지급기일은 1981년 3월 20일이었다. 그런데 원고는 1986년 12월에 이르러서야 피고들을 상대로 이 사건 訴訟을 제기하여, 피고들이 連帶하여 위 물품대금을 지급할 것을 請求하였다.

피고들은, 위 채무는 소멸시효의 완성으로 소멸되었다고 항변하였다. 즉 위 채권은 商人이 판매한 商品에 대한 代金債權으로서 3년의 단기소멸시효가 적용되는데(민법 제163조 제5호), 이 사건 소송은 위와 같이 최종지급기일로부터 3년이 훨씬 지난 뒤에야 제기되었다는 것이다.

(2) 原審法院(서울고법 1988년 12월 7일 판결 88나22188사건)은 피고들 전원의 항변을 배척하고 원고의 청구를 모두 認容하는 판결을 하였다. 그 理由는, 1985년 12월에 원고가 피고 A를 찾아가 위 대금의 지급을 독촉하자 피고 A는 그 支給期限을 연기하여 달라고 요구하였는데, "위와 같은 의사표시는… 시효완성 후의 기한유예요청으로서 그 때에 소멸시효의 이익을 포기한 것으로 보아야 할 것"이라는 데 있다(점선은 引用者가 생략한 부분을 가리킨다. 이하 같다).

* 대법원판례집 39권 1집 83면.

(3) 이에 대하여 被告들은 다음의 [上告理由]에서 보는 이유로 상고하였고, 大法院은 다음의 [判決趣旨]에서 보는 이유를 들어 피고 B, C에 관하여 原審判決을 파기하였다.

[上告理由]

"원심의 판시대로, 주채무자인 피고 A가 시효완성 뒤에 그 시효이익을 포기한 것이 사실이라고 인정한다 하더라도, 그 효력을 연대보증인인 피고들에게까지 미친다고 판시한 것은 연대보증과 시효이익의 포기에 관한 법리를 오해한 데서 나온 것이라고 하지 않을 수 없습니다. … 보증인은 주채무자가 채권자에 대하여 가지는 항변권을 행사하여 채권자에게 대항할 수 있고(민법 제433조 제1항), 주채무자가 채권자에게 그 항변권을 포기하더라도 보증인에 대하여서는 그 영향이 미치지 않게 되어 있습니다(민법 제433조 제2항). 그러므로 … 주채무가 시효로 소멸한 경우에는 연대보증인도 당사자로서 소멸시효를 원용할 수 있고, 주채무자가 시효이익을 포기한 후에도 연대보증인은 독자적으로 그 시효의 이익을 받을 것을 원용할 수 있기 때문에, 주채무가 소멸시효로 인하여 소멸한 후에 주채무자가 시효이익을 포기함으로써 채무를 승인하더라도 그 효과는 보증인이나 연대보증인에게는 미치지 않는다고 보아야 할 것입니다."

[判決趣旨]

첫째는, 피고 A가 위와 같이 지급기한의 연기를 요청한 것이 시효이익의 포기에 해당한다고 한 原審의 判斷은 정당하다는 것이다.

둘째는, "민법 제433조에 의하면 主債務가 시효로 소멸한 때에는 保證人도 그 시효소멸을 원용할 수 있으며 주채무자가 時效의 利益을 포기하더라도 保證人에게는 그 효력이 없다고 할 것"이므로, 피고 A가 위와 같이 시효이익을 포기하였다고 하여도 "연대보증인인 피고 B와 C는 위

主債務의 時效消滅을 원용할 수 있다고 할 것"이다. 그러므로원심이 피고 A가 시효이익을 포기하였다고 하여 피고 B와 C의 보증채무도 여전히 존재한다고 판단한 것은 法理誤解의 잘못을 저질렀다는 것이다.

[研 究]

I. 時效利益의 抛棄에 관하여

우선 첫번째의 判旨, 즉 채무자가 소멸시효의 완성 후에 그 支給期日의 猶豫를 요청한 것이 時效利益의 抛棄에 해당한다고 판시한 점에 대하여 보기로 한다.

1. 時效利益의 抛棄에 대하여 우리 나라의 通說은 이를 시효의 완성으로 인한 法的인 利益을 받지 않겠다고 하는 意思表示라고 하며, 그 중에서도 相對方 있는 單獨行爲라고 이해한다. 다시 말하면 시효이익의 포기를 이유로 時效完成의 效果가 覆滅되는 것은 위와 같은 意思表示에 기한 法律行爲的 效果라고 한다. 그리고 그러한 의사표시는 明示的으로뿐만 아니라 默示的으로도 할 수 있고, 또 裁判上으로뿐만 아니라 裁判外에서도 할 수 있다고 한다. 그러므로 시효이익의 포기가 있었는지 여부는 결국은 意思表示解釋의 문제가 된다.

이상과 같은 理解는 實務에 의하여서도 공유되고 있는 것으로 보인다. 종전의 裁判에 나타난 例를 살펴 보면, 몇 가지 事案類型이 파악된다.

(1) 하나는, 所有權의 取得時效가 완성된 후에 占有者가 원래의 소유자에 대하여 買受의 의사표시를 하거나, 원래의 소유자가 한 買受提

議를 승낙한 경우이다. 이러한 事案類型에 대하여 大法院은 일관하여 시효이익의 포기를 否認하고 있다. 大法院 1980년 8월 26일 판결 79다1사건(공보 642, 13108); 大法院(全) 1983년 7월 12일 판결 82다708등사건(集 31-4, 7); 大法院 1986년 2월 25일 판결 85다카771사건(集 34-1, 62); 大法院 1988년 4월 25일 판결 87다카2003사건(공보 825, 890) 등이 그러하다. 그 이유는 주지하는 대로, "일반적으로 점유자는 취득시효가 완성된 후에도 소유자와의 분쟁을 간편히 해결하기 위하여 매수를 시도하는 사례가 허다"하다는 데 있다.

그러나 점유자가 소유자에 대하여 買受의 의사표시 등을 하는 것은 일반적으로는 相對方이 所有者임을 인정하는 것이 전제된 行態라고 할 것이다. 그렇다면 뒤의 (2)에서 보는 대로 채권의 소멸시효가 완성된 후 채무자가 채무를 승인하는 것이 시효이익의 포기로 해석된다고 하면, 위와 같은 所有權의 認定도 시효이익의 포기로 해석된다고 하여야 首尾一貫한 태도가 아닐까? 그리고 취득시효 완성 후에 점유자가 소유자와의 분쟁를 간편하게 해결하려고 매수를 시도하는 사례가 허다하다는 事情만으로, 그러한 買受提議 등이 시효이익의 포기가 아니라고 해석될 수는 없다고 생각된다.

(2) 다른 하나는, 債權의 消滅時效가 완성된 후에 채무자가 그 債務를 承認하는 경우이다. 이러한 사안유형에서는 반대로 대체로 時效利益의 抛棄가 긍정되고 있다. 가령 大法院 1965년 11월 30일 판결 65다1996사건(集 13-2, 261) 등이 그러하다.

(a) 그리고 이 유형에 포함될 수 있는 것으로서, 본연구의 대상이 되는 관결(이하 對象判決이라고 한다)의 사안에서와 같이 채무자가 소멸시효의 완성 후에 그 履行의 猶豫 내지 履行期日의 延期를 구한 경우를 들 수 있을 것이다. 채무자가 이러한 요청을 하는 것은 그 행위의 성질상 당연히 자신에게 債務가 있음을 承認하는 의미가 포함되기 때문이다. 이러한 사안에 대하여는 이미 大法院 1965년 12월 28일 판결 65다2133사건

(集 23-1, 321)이 對象判決과 마찬가지로 시효이익의 포기를 긍정한 바 있다. 그 사건에서는, 이미 1954년 12월에 소멸시효가 완성된 保險料債務에 관하여 1961년 12월에 이르러 원고가 그 이행을 청구하자, 피고는 "그 보험료채무를 1962년 1월 31일까지 틀림없이 지급하겠노라는 의사를 표시"하였다는 것이다. 大法院은, 그렇다면 피고는 이로써 소멸시효의 이익을 포기한 취지로 보아야 한다고 판시하였었다. 그렇게 보면, 對象判決은 종전의 趣旨를 되풀이한 것으로서, 별로 새로운 것은 아니다.

(b) 그러나 여기에는 약간의 制限이 필요하다. 이 제한은 특히 大法院 1988년 1월 19일 판결 87다카70사건(集 36-1, 1)과 관련이 있다.

이 사건에서 원고는 부과된 相續稅를 납부한 바 있다. 그런데, 그 租稅債權의 消滅時效가 이미 완성된 후에 나라는 追加로 상속세를 부과하면서 "이를 납부하지 아니하면 재산을 압류하고 중가산금을 징수할 뜻을 기재한 독촉장을 발부"하였다. 그러자 原告는 "이 사건 과세처분이 상속개시 당시 시행되던 국세기본법 및 상속세법의 관계규정에 의하여 소멸시효가 완성된 후에 이루어진 부과처분이기는 하지만 그 집행성(실효성) 등을 감안하여" 이를 일단 納付하였다는 것이다. 그리고 이 사건 소송을 제기하여, 위 과세처분은 소멸시효가 완성된 후의 것으로서 무효라고 주장하고 위 추가로 납부한 稅金의 返還을 청구하였다는 것이다. 그런데 大法院은 "위와 같은 사정에 비추어 원고가 비록 소멸시효 완성 이후에 있은 이 사건 과세처분에 기하여 세액을 납부하였다 하더라도 이를 들어 바로 소멸시효의 이익을 포기한 것으로 볼 수 없다"고 판단한 원심판결을 肯認하였다.

이 판결은, 非債辨濟의 경우에 辨濟者가 자신에게 債務가 없음을 알고 있었더라도 "변제거절로 인한 사실상의 손해를 피하기 위하여 부득이 변제하게 된 경우 등 그 변제가 자유로운 의사에 반하여 이루어진 것으로 볼 수 있는 때"에는 그 返還請求權을 상실하지 않는다는 大法院 1988년 2월 9일 판결 87다카432사건(集 36-1, 29) 등 대법원판례의 태도와 맥을 통하는 것으로 보아야 할 것이다.

그렇다면 時效利益의 抛棄와 관련하여서도, 履行期限의 猶豫要求 등에 의하여 債務를 承認하는 것이 시효이익의 포기로 해석되려면, 채무자가 그러한 유예요구 등이 自意에 기하여 이루어져야 하고, 어떠한 事情의 抑壓에 의하여 「不得已하게」 행하여진 것이 아님이 요구된다는 것이 判例의 태도라고 일반적으로 말할 수 있을 것이다.

2. 일반적으로 소멸시효의 완성 후에 채무자가 그 채무를 승인하는 경우에는, 承認이 消滅時效의 中斷事由가 되는 것(민법 제168조 제 3 호)과의 균형으로 보아서도, 역시 이로부터 시효이익의 포기를 인정하여도 좋을 것이다. 문제는 그러한 행위를 할 당시에 채무자가 소멸시효가 완성된 사실을 알고 있어야 하는 점이다.

(1) 學說은 대체로 시효이익의 포기를 인정하려면 채무자가 시효완성의 사실을 알고 있어야 한다는 태도를 취한다.[1] 이에 대하여 判例는 시효이익의 포기가 있기 위하여는 채무자가 시효완성의 사실을 알았어야 한다고 하면서도,[2] 다만 채무자가 채무를 승인할 때에는 그것을 알고 있었던 것으로 推定된다는 태도를 가지고 있다. 가령 大法院 1967년 2월 7일 판결 66다2173사건(集 15-1, 89)은, "채권이 법정기간의 경과로 인하여 소멸한다는 것은 보통 일반적으로 아는 것이라고 인정할 수 있는 것이므로, 채무자가 시효완성 후에 채무의 승인을 한 때에는 일응 시효완성의 사실을 알고 그 이익을 포기한 것이라고 추정할 수 있다"고 判示하였다. 그 전에 앞의 1. (2)에서 본 大判 65. 11. 30. 도 같은 취지로 판시하였었다.

1) 高翔龍, 「民法總則」, 1990, 766면; 李英俊, 「民法總則」, 1987, 766면 등. 한편 金疇洙, 「民法總則」, 1991, 487면은, 그 사실을 모르고 채무자가 변제한 경우에도 그것은 민법 제744조에서 정하는 "道義觀念에 적합한 辨濟"로서 그 返還을 論求할 수 없다고 한다. 그러나 소멸시효의 완성 후에 이루어진 給付에 대하여 반환청구를 할 수 있는가 하는 문제는 時效利益의 抛棄를 인정할 것인가 하는 것과는 일단 별도로 考察되어야 할 것이다.

2) 大法院 1968년 1월 31일 판결 67다2652사건(要集 I-1, 283)도 참조하라.

이러한 종전의 판례가 前提되어 있었기 때문에, 本硏究의 對象이 되고 있는 이번의 大法院判決(이하 「對象判決」이라고 부른다)도 피고 A가 시효완성의 사실을 알았는지에 전혀 언급하지 아니하고 그냥 채무승인의 사실로부터 시효이익의 포기를 끌어낸 것이 아닐까 추측하여 본다.

그리고 지금까지의 裁判例를 보면, 시효완성 후 채무자가 채무를 승인한 事案에서 債務者가 시효완성의 사실을 알지 못하였다는 事實을 주장·입증하는 데 成功함으로써 時效利益의 抛棄가 否認된 예는 단 하나도 없다.

(2) 이와 같이 채무자가 시효완성을 모르고 承認한 것임을 특히 立證하여야만 한다는 태도를 취하고, 나아가 실제의 사건에서 그 立證을 거의 또는 전혀 認定하지 아니함으로써 후에 다시 시효완성으로 인한 채무소멸을 주장하는 것을 차단하는 態度는 依用民法 시행 당시부터 日本判例가 취하던 것이다.

그러나 學者들 중에는 그러한 結論에는 찬성하면서도 위와 같은 推定은 통상의 경험에 맞지 않는다고 하여 그 理由의 論理에 반대하는 見解가 유력하였다. 그리하여 후에 日本의 最高裁도 이를 받아서, "채무승인을 한 이상, 시효완성의 사실을 모르고 한 경우에도, 그 후에 그 채무에 관하여 그 완성된 시효를 원용하는 것은 허용되지 않는다"고 하여 그 태도를 바꾸었다.[3] 그 이유는, 첫째, 시효가 완성된 후 채무를 승인하면 채권자는 채무자가 이제 시효를 원용하지 않는다고 생각할 것이므로 그 후에는 채무자에게 시효의 원용을 인정하지 않는 것이 信義則에 비추어 상당하고, 둘째, 그렇게 해석하여도 永續的인 사회질서의 유지를 목적으로 하는 時效制度의 存在理由에 반하지 않는다는 데 있다.[4]

우리 나라에서도 이러한 일본에서의 論議를 받아서, 시효완성 후의

3) 日最裁(大法廷) 1966년 4월 20일 판결(民集 20, 702).

4) 이상에 대하여는 우선 遠藤厚之助, 時效完成後の債務の承認と時效利益の放棄, 「民法判例百選 I」, 第3版, 1989, 96면 이하 참조.

債務承認과 같은 것은 비록 그 시효가 완성된 사실을 모르고 한 경우에도 "抛棄에 준하는 效力"을 가진다고 하는 입장이 있다.[5)]

(3) 이 문제는 애초에 「時效利益의 消滅」이 오로지 債務者의 意思表示만에 의하여서만 가능하다고 보는 데서 연유한다고 생각된다. 意思表示(「時效利益의 抛棄」)가 없는 경우에도 그와 評價上 동일한 債務者의 일정한 行爲가 있으면, 時效利益의 消滅을 인정할 수 있다고 할 것이다(이 경우는 시효이익의 「抛棄」와 구별하여, 시효이익의 「喪失」이라고 부르는 것이 보다 적절할는지도 모른다). 그러한 채무자의 행위로서 우선 消滅時效의 完成 후에 債務를 명백하게 承認하여 채권자로 하여금 채무자가 시효를 주장하지 않을 것이라는 合理的인 期待를 품게 한 경우를 들 수 있을 것이다.

(a) 이와 관련하여서는 독일에서의 다음과 같은 論議가 흥미를 끈다. 독일민법은, 소멸시효의 완성 후에 契約上의 債務承認(vertragsmäßiges Anerkenntnis)이 이루어지거나 擔保가 제공된 경우에는, 비록 채무자가 시효완성의 사실을 알지 못한 채로 행하여진 것이라도 그것은 有效하며 그 반환을 청구하지 못한다고 명문으로 정하고 있다(제222조 제2항 제2조). 여기서 말하는 「계약상의 채무승인」이란 독일민법 제781조에서 정하는 "채권관계의 존재를 인정하는 독자적인 계약"을 의미하며 소멸시효의 중단사유인 承認과는 그 의미가 다른데, 이 계약의 유효한 체결에는 承認의 의사표시가 書面에 의하여 행하여질 것이 요구된다(제781조 제1문). 그러므로 종전에는 債務承認이 書面에 의하지 아니하고 이루어진 경우에는 時效利益의 抛棄로서만 효력을 가질 수 있으며, 따라서 시효완성의 사실을 알고 행하여져야 한다고 해석되고 있었다. 이러한 배경 아래서, 下級審은 가령 消滅時效의 完成 후에 채무자가 口頭로 일부의 변제를 약속한 경우에도 그는 그 후에 채권자가 채무의 이행을 訴求

5) 張庚鶴, 「民法總則」, 1986, 742면 이하.

한 데 대하여 時效消滅을 적법하게 주장할 수 있다고 하였고, 따라서 채권자의 청구는 기각되었다.

이에 대하여 레만(Lehmann)은 다음과 같은 主張을 한다. 消滅時效制度의 주된 근거는 채권자가 자신의 권리를 장기간 행사하지 아니함으로써 그 권리가 성립하지 아니하였거나 소멸되었다는 일정한 蓋然性을 불러 일으킨 데 있는 것이고, 또한 그러한 경우에 채무자는 立證의 困難에 빠지게 되므로 이러한 곤란을 구제하기 위한 것이다. 그러므로 채무자가 一般的인 衡平感覺에 반하는 태도를 취한 경우에 그에게 시효소멸의 주장을 허용하는 것은 위와 같은 시효제도의 목적에 반하는 것이다. 그런데 채무자가 시효완성 후에 채무의 일부를 이행하거나 이행기한의 연장을 요청하는 등으로 스스로 債務를 承認하였는데 후에 시효소멸을 주장하는 것은 특히 부당하며 도덕적으로 용인될 수 없는 것으로 느껴진다. 이는 설사 채무자가 시효완성의 사실을 알지 못하였다고 하여 다를 바 없다. 중요한 것은 채무자가 그러한 債務承認으로써 채권자로 하여금 채무자가 시효소멸의 주장을 하지 않을 것이라는 正當한 期待를 불러 일으켰다는 점이라는 것이다.[6)]

이와 같이 時效完成 후의 債務承認의 경우에 시효소멸을 주장하는 것은 레만에 의하면 權利濫用으로서 허용되지 않는다고 한다.[7)] 그리고 이러한 법리는 信義則의 한 내용인 失效(Verwirkung)의 法理가 적용되는 것으로 이해할 수 있다고 한다.

이상의 主張은 우리에게도 시사하는 바가 많다고 생각된다.

(b) 물론 소멸시효의 주장을 신의칙에 비추어 허용하지 않는 것과 시효이익의 포기를 인정하는 것과는 理論上 구별되어야 할 것이다. 그

---

6) 이상 H. Lehmann, Das Anerkenntnis der verjährten Forderungen, *JW* 1937, S. 2169f. 그는 같은 견해로 Regelsberger, *DogmJ*(=*Jahrbücher für die Dogmatik des heutigen römischen Rechts und deutschen Privatrechts*) 41, 339를 인용한다.

7) 그러나 MünchKomm/von Feldmann, §222 Rd.6(Bd.1, 2.Aufl., 1984, S.1576)은, 書面에 의하지 아니한 債務承認契約이 있은 후에 시효소멸을 주장하는 것이 일반적으로 權利濫用에 해당한다는 데 反對한다.

러나 다른 한편 「시효이익의 포기」가 民法典이 정면에서 인정하는 制度도 아니면서, 주지하는 대로 學說이나 判例가 민법 제184조 제 1 항의 反對解釋에 기하여 우리 민법에서의 市民權을 인정하고 있다면, 이에 連接하여 시효이익이 소멸하는 또 하나의 경우를 형성하는 것도 허용된다고 할 수 있지 않을까? 물론 그 법률상의 근거로서는 信義則 등 一般條項을 들 수밖에 없다고 할지라도 말이다.

Ⅱ. 主債務者의 時效利益拋棄와 保證債務

두 번째의 判旨는, 主債務者가 한 시효이익의 포기는 保證人(이 사건에서는 連帶保證人)에게 그 효력이 미치지 않고, 그와 관계 없이 보증인은 여전히 주채무의 시효소멸을 주장할 수 있다고 한다. 이 점은 종전부터 學說에 의하여 異論이 없이 인정되어 온 바이나, 大法院이 그와 같이 명시적으로 판단한 것은 對象判決이 처음인 듯하다.

이와 같은 시효이익의 포기의 相對效는 時效中斷의 相對效(민법 제169조 참조)와 짝을 이루는 것이다. 실제로도 주채무자가 시효이익을 포기하였다고 하여서 債權者가 돌연 보증인에 대하여도 그 債務의 履行을 청구할 수 있게 되어야 할 이유는 쉽사리 이해하기 어렵다. 민법 제433조 제 2 항이 "主債務者의 抗辯拋棄는 保證人에게 效力이 없다"고 정하는 것은 바로 이와 같은 종류의 청구를 막기 위한 취지라고 생각된다.

原審判決은 보증채무의 「附從性」을 염두에 두고 있었을지도 모르나, 그 부종성은 시효이익의 포기와 같이 각 당사자의 獨自的인 意思에 의하여 정하여질 事項에 대하여까지 미치는 것은 아니다. 또 보증채무의 부종성은, 보증채무가 주채무의 이행을 담보하는 것을 목적으로 하는데 비추어서, 일반적으로 保證人이 主債務者보다 무거운 책임을 지지 않음을 내용으로 하는 것이고(가령 민법 제430조 : "保證人의 負擔이 主債務의 目的이나 形態보다 중한 때에는 主債務의 限度로 減縮한다"), 보증인이 주채무자보다 가벼운 責任을 진다거나 주채무자가 가지지 않는 독자적인 對抗事由를 주장하는 것을 막는 것은 아니다. 한편 민법 제440조가 主債務者에 대한 時效中斷의 효력이 保證人에게도 미친다고 정하는 것도 例外的으로 시효중단의 상대효를 제한하는 것으로서, 함부로 이를 다른 事項에 확장하여 적용할 것은 아니다.

(「法律新聞」 2036호[1991년 6월 13일자] 11면 所載)

10. 供託된 土地收用補償金에 대한 物上代位의 實行

—大法院 1992년 7월 10일 결정 92마380등사건*

[事實關係]

대법원결정의 문언만으로는 事實關係를 세밀한 부분에 이르기까지 알기 어려우나, 그 윤곽을 보이면 다음과 같다.

A 회사가 1990년 2월에 「원고」(정확하게는 '채권압류 및 전부명령'상의 債權者인데, 일단 이렇게 부르기로 한다)에게 액면 3억원의 약속어음을 발행하였다. 「피고」(정확하게는 위 命令에 대한 再抗告人이고 또한 複數이나, 일단 이렇게 부르기로 한다)은 그 약속어음금채무의 담보로 이 사건 임야에 대하여 원고를 위하여 根抵當權을 설정하여 주었다. 그런데 그 후 한국토지개발공사가 이 사건 임야를 收用하여 그 補償金으로 1억 4천여만원을, 피고를 공탁물을 수령할 자로 지정하여 供託하였다. 그리하여 결국 이 사건 임야는 위 公社 앞으로 소유권등기가 이전되고, 위의 根抵當權設定登記도 말소되었다(토지수용법 제67조 제1항 : "… 그 土地나 物件에 관한 다른 權利는 消滅한다").

그러자 원고는 위 根抵當權에 기한 物上代位로서 피고의 供託金出給請求權에 대하여 채권압류 및 전부명령을 얻었다. 이에 대하여 피고가 再抗告하였다.

---

* 법원공보 928호 2512면.

[判決趣旨]

대법원은 다음과 같이 판단하여 再抗告를 기각하였다.

1. "원고는 이 사건 임야의 변형물인 피고가 수령할 위 보상금이 특정성을 유지하는 한 거기에 追及하여 물상대위권을 행사하여 우선변제를 받을 수가 있고, 그 권리실행방법은 민사소송법 제733조에 의하여 채권에 대한 강제집행절차를 준용하여 채권의 압류 및 전부명령을 신청할 수 있다. 그러나 이는 어디까지나 담보권의 실행절차이므로 그 요건으로서 담보권의 존재를 증명하는 서류를 제공하여 개시하면 되는 것이고(당원 1990.12.26. 선고, 90다카24816 판결 참조), 일반채권자로서 강제집행을 하는 것이 아니므로 채무명의를 필요로 하지 아니한다."

2. "토지수용법 제69조가 담보물권의 목적물이 수용되었을 경우, 보상금에 대하여 당해 담보물권을 행사하기 위한 요건으로서 그 지불 전에 압류할 것을 요구하는 이유는, 보상금이 소유자의 일반재산에 혼입되기 전까지, 즉 특정성이 유지 보전되고 있는 한도 안에서 우선변제권을 인정하고자 함에 있다고 보아야 할 것이다. 그러므로 위와 같이 토지개발공사가 보상금을 변제공탁하였다고 하더라도 이 공탁금이 출급되어 피고의 일반재산에 혼입되기까지는 같은 법 제69조 단서가 규정하는 지불이 있었다고 할 수 없다. 이는 보상금의 변제의 효과와는 별개의 문제라고 할 것이다."

[研 究]

I. 머 리 말

物上代位에 관한 判例는 그리 많지 않다. 그리고 적어도 우리 나라의 경우에 관한 한, 물상대위에 관한 學說은 매우 안정된 상태에 있다.

그럼에도 불구하고 물상대위제도의 근거나 취지, 나아가서는 그 解釋論의 어떠한 부분에 관하여는 아직도 확연하지 않는 점이 없지 않다.

이러한 상황 아래서 위의 대법원결정(이하 「對象決定」이라고 부르기로 한다)은 物上代位制度에 대한 대법원의 태도를 확인할 수 있게 한다는 점에서 흥미롭다.

Ⅱ. 對象決定의 內容

對象決定은 다음의 몇 가지 意義가 있다고 생각된다.

첫째, 저당권이 설정된 토지가 수용된 경우에 收用補償金을 받을 권리에 物上代位가 성립함을 인정하였다. 종래 이를 명확히 한 判例는 보이지 않았지만, 이 점은 물상대위에 관한 민법 제342조(이는 민법 제370조에 의하여 抵當權에 준용되고 있다)의 文言에 비추어 명백할 뿐 아니라("公用徵收로 인하여 質權設定者[抵當權設定者]가 받을 金錢"), 특히 土地收用法 제69조 본문이 이를 정면에서 정하고 있다("擔保物權의 目的物이 收用 또는 使用되었을 경우에는 當該擔保物權은 그 목적물의 收用 또는 使用으로 인하여 채무자가 받을 補償金에 대하여 行使할 수 있다"). 그러므로 이 점에 대하여는 따로 논의하지 않기로 한다.

둘째, 收用補償金이 토지소유자에게 현실적으로 지급되지 않고 供託된 경우에도 物上代位를 인정하였다. 이는 直接的으로는 위에서 본 土地收用法 제69조 但書("다만 그 支拂前에 이를 押留하여야 한다")의 해석에 관한 것으로서, 對象決定은 여기서 支給前의 押留가 요구되는 이유를 "보상금이 소유자의 일반재산에 혼입되기 전까지, 즉 特定性이 유지 보전되고 있는 한도 안에서 우선변제권을 인정하고자" 하는 데 있다고 이해하고 있다. 그런데 위 토지수용법 제69조 단서와 같은 規定은 민법 제342조 단서에서도 발견된다. 그러므로 토지수용법의 위 규정에 대한 이러한 理解는 이 民法規定의 해석에도 타당하다고 보는 것이 옳을 것이다. 이하에서는 주로 이 점을 살펴보기로 한다.

셋째, 물상대위가 성립한 것을 전제로 하여 담보권자가 그에 기하여 대위목적물인 債權에 대하여 자신의 권리를 實行하는 方法에 대하여 판단하였다. 즉 담보권자는 물상대위의 목적물인 債權에 대하여 채권압류 및 전부명령을 신청할 수 있으며, 그 신청에는 擔保權의 존재를 증명하는 서류를 제출하면 족하고 債務名義를 요하지 않는다는 것이다. 이 점은 對象決定이 인용하고 있는 大法院 1990년 12월 26일 판결(集 38-4, 270)이, 비록 구체적인 사건의 前後의 脈絡은 약간 다르기는 하지만, 이미 판시한 바 있다. 1990년 개정 후의 민사소송법 제733조는 그 제 1 항에서 "… 擔保權의 實行은 擔保權의 存在를 증명하는 書類 … 가 제출된 때에 開始한다"고 하고, 그 제 2 항은 "민법 제342조에 의하여 擔保權設定者가 받을 金錢 기타 物件에 대하여 權利를 행사하는 경우에도 제 1 항과 같다"고 하며 나아가 제 3 항은 同條 제 1 항과 제 2 항의 權利實行節次에는 債權 등에 대한 强制執行節次에 관한 규정(제 7 편 제 2 장 제 2 절 제 3 관)을 준용한다고 정하여, 이러한 취지를 명문으로 규정하고 있다(이러한 규정은 종전의 競賣法에는 없던 것이다).

Ⅲ. 物上代位制度의 根據와 민법 제342조 단서의 "押留"에 대한 通說의 理解

우리 나라의 通說은, 物上代位制度를 담보물권의 「本質」이 價値權이라는 것에서 必然的으로 歸結되는 결과라고 이해한다(「價値權說」). 가령 "담보물권은 목적물의 실체를 목적으로 하는 권리가 아니라, 주로 그의 交換價値를 취득하는 것을 목적으로 하는 권리이므로, 비록 그 目的物이 멸실 또는 훼손하더라도 그 교환가치를 대표하는 것이 그대로 존재하는 때에는, 擔保物權은 다시 이 價値의 代表物 위에 존속하는 것으로 하는 것이 擔保物權의 本質에 적합할 것"이라고 설명된다.[1] 이러한 입장에 서면, 目的物이 가령 멸실되더라도 그 「價値의 代表物」이 존재하는 이상 담보물권의 효력은 당연히 그에 미치게 되는 것이고, 다른 부가적인 요건은 개재될 여지가 없게 된다.

그렇다면 민법 제342조 단서가 "그 支給 또는 引渡 전에 押留"할 것을 요구하는 이유는 무엇일까? 이는 物權의 客體에 관하여 일반적으로 과하여지는 特定性의 유지라는 요구에 의하여 설명된다. 즉 "질권설정자가 일단 지급 또는 인도를 받으면, 그 설정자의 다른 財產 속에 섞이어서 特定性을 잃게 되고, 또한 質權設定者의 재산 속에 혼입된 후에도 質權者의 追及을 허용한다면 法律關係의 분규를 초래하며, 다른 債權者의 이익을 해하게 되기 때문이다."[2] 그러므로 위 但書規定은 담보물소유자의 일반재산에의 混入으로 인하여 물상대위의 객체의 특정성이 상실되지 않는 한 적용의 여지가 없다고 보게 된다. 그러므로 「押留」를 하는 것이 물상대위가 애초 성립하기 위한 적극적 요건은 아니다. 원래의 목적물의 代位物("質物 또는 抵當物의 滅失, 毁損 또는 公用徵收로 인하여 質權設定者 또는 抵當權設定者가 받을 金錢 기타 物件")이 발생하면 그 「押留」 없이도 일단 당연히 물상대위는 성립하여 그 대위물 위에 저당권의 효력을 미치나, 단지 압류를 하지 않음으로 인하여 나중에 特定性이 상실되면 그 때 비로소 그 저당권은 終局的으로 소멸될 뿐인 것이다.

이러한 理解를 밀고 나가면, 결정적인 것은 대위물의 특정성이 유지되고 있느냐 하는 데 있을 뿐, 반드시 「押留」를 하여야 할 필요는 없고 제 3 채무자가 목적물을 공탁하는 등으로 특정되어 있으면 족하며, 설사 「押留」를 한다고 하더라도 그 「押留」는 擔保物權者가 한 것이 아니라도 된다는 결론에 이르게 된다. 또한 대위물이 채권인 경우에 그것이 양도되거나 전부되더라도, 제 3 채무자가 이를 讓受人 또는 轉付債

1) 郭潤直, 「物權法」, 新訂版, 1992, 501면. 金容漢, 「物權法」, 再全訂版, 1993, 467면 이하; 金曾漢, 「物權法」, 1981, 408면도 同旨.

2) 郭潤直(註 1), 543면. 또한 金容漢(註 1), 508면; 金曾漢(註 1), 496면; 李英俊, 「物權法」, 1990, 718면도 同旨.

權者에게 변제하여 이들의 다른 재산과 섞이지 않는 한, 여전히 담보권을 실행할 수 있게 된다.

Ⅳ. 어느 「判例」의 力學

判例는 이 점에 대하여 위의 通說과 같은 태도를 취하는 것이 아닌가 추측되기는 하였지만, 반드시 명확하다고는 할 수 없었다.

(1) 이와 관련된 裁判例로서는 우선 大法院 1987년 5월 26일 판결 86다카1058사건(集 35-2, 59)을 들 수 있을 것이다.

(a) 이 판결은 다음과 같은 事案에 대한 것이다.

A 앞으로 質權이 설정된 B의 預金債權을 조세당국이 滯納處分으로 압류한 후 이를 제3채무자(은행)로부터 추심하여 租稅滯納金에 충당하였다. 그런데 그 후 과세처분의 일부가 취소됨에 따라, B에게 2천8백여만원을 還給하여야 하게 되었다. 이 조세환급금채권에 대하여 B의 다른 채권자인 원고가 압류 및 전부명령을 받고, 이 사건 소송으로 국가에 대하여 그 지급을 청구하였다.

이에 대하여 피고와 피고보조참가인인 질권자 A는 質權의 效力이 위 債權에 미친다고 주장하면서 다투었다. 爭點은, 그 질권의 효력이 위 債權에 미치기 위하여서는 다른 채권자의 압류 및 전부명령이 있기 전에 민법 제342조 단서에서 요구하는 「押留」가 있어야 하지 않는가 하는 점에 모아진 것으로 보인다.

대법원은 다음과 같이 판시하여 原告의 請求를 棄却하였다. "國稅徵收法 제34조, 제80조 제2호, 제81조 제1항, 제84조를 종합하여 보면, 국가의 체납처분으로 인하여 질물인 금전채권들이 압류되어 그 질권 등이 상실되는 경우 이러한 질권자를 보호하기 위하여 세무서장으로 하여금 그 배분된 금원을 한국은행에 預託하도록 義務化한 것이라 할 것이고 이처럼 배분된 금원에 대하여 세무서장에게 공탁의무가 부과된 이상 위 금원은 押留된 것과 같이 特定되었다 할 것이어서 질권자는 민법 제342조 단서에 의한 압류를 하지 않더라도 당연히 그 물상대위권의 효력이 미쳐 국가로부터 이를 지급받을 수 있으며, 질권설정자 또는 이로부터 양도, 전부 받은 자는 그 배분된 금전 중에 위 담보채권을 초과한 잔액이 없는 한 국가에 대하여 직접 이를 청구할 수 없다"고 하고, 그리고 나아가 "위 국세환급금은 國稅徵收法의 규정에 따라 모두 질권자 A에게 배분되어야 할 금원이라 할 것이고, 그 殘餘金額이 존재하지 아니하는 이상, 비록 A가 위 환급채권에 대하여 민법 제342조 단서에 의한 압류를 하기 전에 원고가 미리 위 환급채권에 대하여 압류 및 전부명령을 받은 바 있다고 하더라도 위 압류 및 전부명령은 그 효력이 발생할 수 없다"고 하였다.

(b) 위 판결을 어떻게 이해할 것인가. 이에는 약간의 前提問題가 있다.

우선, 國稅徵收法 제80조 제 2 호에서 정하는 금전("債權의 押留로 인하여 제 3 채무자로부터 받은 金錢")이 일단 租稅滯納金에 충당되었는데 그 후 과세처분의 일부가 취소됨으로써 그에 해당하는 돈이 還給되어야 하는 경우에, 과연 그것이 同法 제84조 제 1 항에서 한국은행에 예탁하도록 정하여진 "配分金錢 중 債權者에게 지급하지 못한 것"에 해당하는가 하는 문제가 제기될 수 있다고 생각된다. 위 판결은 이를 긍정하는 전제 위에 서 있으나, 論議의 餘地가 있다고 할 것이다.

나아가, 위 판결의 事案에서는 위 환급되어야 할 돈이 실제로 한국은행에 예탁되었는지가 명확하지 아니하다.[3] 위 判文이 "배분된 금원에 대하여 세무서장에게 공탁의무가 부과된 이상 위 금원은 압류된 것과 같이 특정되었다 할 것"이라고 하여 「공탁의무」를 강조하는 것으로 미루

---

3) 위 판결에 대한 評釋인 高翔龍, 物上代位,「판례월보」1991년 9월호, 21면은, 한국은행에 예탁된 것으로 事實關係를 정리하고 있으나, 반드시 명확하지 아니하다.

어 보면, 오히려 실제로는 한국은행에 예탁되지는 아니한 것으로 추측되기도 한다. 그러나 이 점은, 위 판결이 취한 태도에 의한다면, A의 질권의 효력에는 영향을 미치지 않는 事情일 것이다.

(c) 위 판결은 민법 제342조 단서의 해석과는 직접적인 관계는 없는 것으로 이해될 소지도 있다고 생각된다. 즉 위 판결은, 質權이 설정된 金錢債權이 滯納處分으로 압류된 경우에 租稅滯納金에 충당되고 남은 돈은 質權者에게 우선적으로 배분되어야 하는가, 아니면 그를 제쳐두고 제 3 자가 이에 대하여 押留 및 轉付를 하는 것이 허용되는가, 하는 國稅徵收法 고유의 問題에 대하여 판단한 것이라고도 말할 수 있을 것이다. 위 判文이 "위 국세환급금은 위 국세징수법의 규정에 따라 모두 질권자 A에게 배분되어야 할 금원이라 할 것"(머리점은 引用者가 가한 것이다. 이하 같다)이라고 판단하는 부분에 주목한다면 특히 그러하다. 그렇게 보면 對象決定이 先行判例로서 위의 판결을 인용하지 않는 것도 이해되지 않는 것도 아니다.

이러한 觀點에서는, "질권자는 민법 제342조 단서에 의한 압류를 하지 않더라도 당연히 그 물상대위권의 효력이 미쳐 국가로부터 이를 지급받을 수 있다"고 하는 說示部分은, 그 돈에 대하여 제 3 자에 의한 押留 및 轉付는 허용되지 않으며 세무서장은 제 3 자에 의한 압류 및 전부에도 불구하고 그것을 質權者에게 우선적으로 配分하여야 한다는 앞서 본 문제에 대한 結論을 받아서 이로부터 도출되는 구체적인 귀결을 덧붙인 것(「傍論」)으로 이해하게 될 것이다.

(d) 그러나 위 판결에 대한 裁判研究官의 判例解說은[4] 위 판결을 전적으로 民法上의 物上代位制度의 性質, 나아가 그 要件이라는 관점에서 해설하고 있다.[5] 위 판결에 대한 評釋도 대체로 이러한 관점에서 이

4) 吳世立, 物上代位權의 目的으로 되어 있는 債權에 대한 轉付命令의 效力, 法院行政處刊, 「대법원판례해설」 7 호(1988), 249면 이하.

5) 가령 吳世立(註 4), 261면 이하는, 그 글의 「結論」으로 "本事件에 대하여 大法院이 國稅徵收法上 供託義務가 부과된 이상 위 金員은 押留된 것과 같이 特定되었다고 할 것이어서 債權者는 민법 제342조 단서의 押留로 하지 않더라도 당연히 그 物上代位權의

루어지고 있다.[6)]

그리고 이러한 입장에서는 모두 위 판결은 物上代位와 관련하여 담보권자에 의한 별도의 「압류」가 없다고 하더라도 代位物의 特定性이 유지되고 있기만 하면 질권의 효력은 당연히 그 代位物 위에 미친다는 취지라고 하고, 이는 앞서 본 通說과 궤를 같이 하는 것이라고 설명하고 있다.

(2) 또한 物上代位와 관련하여서는 大法院 1990년 12월 26일 판결 90다카24816사건(集 38-4, 270)이 주목된다.

(a) 위 判決의 事案을 本研究와 관련되는 범위에서 單純化하면 다음과 같다. 원고는 A에게 금전을 대여하고, 土地區劃整理事業이 시행중이던 A 소유의 이 사건 토지 위에 根抵當權을 취득하였다. 그 후에 세무당국은 A에 대한 滯納處分으로 A가 위의 토지구획정리절차에서 수령할 미확정의 淸算金債權을 압류하였다.[7)] 그 다음에 원고는 위 대여금채권의 보전을 위하여 위 청산금채권을 가압류하고, 나중에는 債務名義를 얻어 위 가압류에 기한 본압류 및 전부명령을 얻었다는 것이다.

이 사건에서는 원고가 얻은 위 押留 및 轉付命令이 유효한가가 다투어졌다.

원심법원은, "토지구획정리사업법상의 환지처분에 따른 청산금채권은 환지처분 전의 토지의 變形物로서, 그 토지상에 근저당권이 설정되어 있는 경우 물상대위의 법리에 의하여 근저당권의 효력이 그대로 청산금

效力이 미친다고 판시한 것은 價値權說의 입장에 서서 代位物에 대한 押留[의 의미]는 特定性을 유지하는 데 있으며 또한 법률의 규정 등에 의하여 供託 등이 명하여져 있는 때에는 押留하지 않더라도 그 자체로서 特定性이 유지되므로 위 金員에 대하여 당연히 物上代位權의 效力이 미치고 質權設定者(代位物所有者)나 그로부터 讓渡·轉付받은 자보다 우선한다는 것을 명확히 한 것으로서 타당한 判決"이라고 한다.

6) 高翔龍(註 3) 참조.

7) 그런데 환지처분공고가 있기 전날, A는 이 사건 토지의 소유권을 B에게 양도하였다. 그리하여 이 사건에서는 우선 청산금채권자가 누구일가가 문제되었다. 원심법원은 그 채권은 B에게 속한다고(따라서 원고의 假押留 또는 押留나 체납처분으로 한 押留는 원칙적으로 無效라고) 판단한 데 대하여, 대법원은 A가 그 債權者라고 판단하였다. 이에 대하여는 더 이상 논의하지 않기로 한다.

채권에 미치게 된다 할 것이고, 민법 제370조, 제342조에는 … 압류하여야 한다고 규정되어 있으나, 이는 담보물권자가 하는 압류에 의하여 제3채무자가 금전 기타의 목적물을 채무자에게 지급하거나 인도하는 것이 금지되고, 채무자가 제3채무자로부터 채권을 추심하거나 이를 제3자에게 양도하는 것이 금지되는 결과 물상대위의 대상인 채권의 특정성이 보전되고 이에 의하여 물상대위권의 효력을 보전케 함과 동시에 다른 한편 제3자가 불의의 피해를 입는 것을 방지하려는 데 그 취지가 있으므로, 이 사건 토지에 관하여 根抵當權을 설정한 원고가 위 가압류와 본압류 및 전부명령을 받음으로써 위 清算金債權이 特定되어 있는 이상 그것이 위 근저당권에 기하여 행하여진 것이 아니라 할지라도 위 근저당권의 효력이 위 청산금채권에 미친다 할 것이므로 근저당권자인 원고의 A에 대한 압류 및 전부명령은 그 효력이 있어 위 청산금채권은 원고에게 적법히 전부되었다 할 것"이라고 판단하였다(점선은 引用者에 의하여 생략된 부분이다).

그러나 大法院은 원심판결을 破棄하고 이를 원심법원에 還送하였다. 그 직접적인 이유는, "이 사건에서와 같이 물상대위권을 갖는 채권자가 동시에 채무명의를 가지고 있으면서 채무명의에 의한 강제집행의 방법을 선택하여 채권의 압류 및 전부명령을 얻은 경우에는 비록 그가 물상대위권을 갖는 실체법상의 우선권자라고 하더라도 원래 일반 채무명의에 의한 强制執行節次와 擔保權의 實行節次와는 그 개시요건이 다를 뿐만 아니라 다수의 이해관계인이 관여하는 집행절차의 안정과 평등배당을 기대한 다른 일반채권자의 신뢰를 보호할 필요가 있는 점에 비추어 압류가 경합된 상태에서 발부된 위 전부명령은 무효로 볼 수밖에 없는 것"이라는 데 있다.

그런데 그에 앞서서 위 판결은 傍論으로 다음과 같이 判示하고 있다. "민법 제370조, 제342조 단서가 저당권자는 物上代位權을 행사하기 위하여 저당권설정자가 받을 금전 기타 물건의 지급 또는 인도 전에 압류하여야 한다고 규정한 것은 물상대위의 목적인 債權의 特定性을 유지하여 그 效力을 保全함과 동시에 제 3 자에게 不測의 損害를 입히지 않으려는 데 있는 것이므로, 단지 일반채권자가 먼저 압류나 가압류의 집행을 함에 지나지 않은 경우에는 저당권자는 후에 목적채권에 대하여 물상대위권을 행사하여 우선변제를 받을 수가 있다"고 하고, 나아가「물상대위권」을 행사하는 방법에 대하여 "그 方法으로는 채권에 대한 강제집행절차에 준하여 채권의 압류 및 전부명령을 신청할 수도 있는 것이나, 이는 어디까지나 擔保權의 實行節次이므로 그 요건으로서 담보권의 존재를 증명하는 서류를 제출하여 개시된 경우이어야" 한다고 한다.

(b) 위 판결은 결국 원고의 轉付金請求를 棄却하여야 한다는 방향으로 結論을 내렸다. 그런데 그 棄却理由는 원고가 가지는 근저당권의 효력이 代位物인 清算金債權에 미치지 않는다는 데 있는 것이 아니다. 오히려 위 판결은 위 清算金債權에 대한 物上代位는 당연한 것으로 이를 肯定하고 있으며(이는 앞서 본 傍論의 설시부분이 명백하게 보여준다), 이 사건의 경우에 별도로「押留」등이 있어야 물상대위가 일어난다고 하지도 않는다.

오히려 위 판결은, 원고가 얻은 債權押留 및 轉付命令은 담보권실행절차로서 행하여진 것이 아니며, 이는 별도로 행하여진 强制執行節次에서 행하여진 것인데 그것이 다른 債權者의 압류와 競合한 상태에서 행하여졌기 때문에 無效라는 이유로 원고의 청구를 기각하고 있는 것이다. 즉 "물상대위권을 갖는 채권자가 동시에 채무명의를 가지고 있으면서 채무명의에 의한 강제집행의 방법을 선택하여 채권의 압류 및 전부명령을 얻은 경우"에는 物上代位를 이유로 하여 다른 압류채권자에 대하 優位를 주장할 수 없다는 것이다.

(c) 그러나 이와 같은 判斷은 아무래도 不自然스럽고, 또 不必要하게 강제집행절차와 담보권의 실행절차를 峻別하고 있는 것으로 여겨진다.

일반적으로 擔保權者가 별도로 債務名義를 얻었다고 하여 그의 法

的인 地位가 약화될 이유는 조금도 없다. 이는 그가 그 채무명의에 기하여 대위물인 債權에 대하여 압류 및 전부명령을 얻은 경우에도 마찬가지일 것이다. 한편으로는 물상대위에 기하여 대위물로부터 우선변제를 받을 수 있고 다른 한편으로는 채무명의에 기하여 강제집행을 할 수 있는 채권자 겸 담보권자가 다름아닌 代位物에 대하여 執行을 하였다면, 그리고 그 집행의 구체적인 내용이 物上代位權을 행사하는 데 필요한 바로 그 채권압류 및 전부명령이라면, 이것이 비록 債務名義에 기하여 행하여졌다고 하더라도 그것은 同時에 물상대위권의 행사로서의 의미를 가지고 있다고 하여도 좋지 않을까? 擔保權의 實行節次로서의 채권압류 및 전부명령에 債務名義가 요구되지 않는다고 하여도, 그것이 곧 債務名義에 기한 압류 및 전부로써 담보권의 실행을 하는 것이 허용되지 않는다는 의미는 아닐 것이다. 그리고 債務名義에 기하여 채권압류 및 전부명령을 얻었다는 事情은 일반채권자의 지위와 물상대위권자의 지위를 겸하고 있는 원고의 입장에서는 오히려 偶然的인 選擇이었다고 생각되는 것이다.

이 사건의 경우에 위 판결과 같이 원고가 얻은 채권압류 및 전부명령이 단지 채권자로서의 지위에서 행하여졌으며 물상대위권의 행사로서의 의미가 없다고 하고 나아가 그것이 다른 債權者의 압류와 경합한 상태에서 행하여진 것이어서 無效라고 하면, 원고는 ―물상대위권의 행사로서― 이번에는 「담보권의 존재를 증명하는 서류를 제출」하여 앞서와 동일한 채권압류 및 전부명령을 얻어야만 자신의 물상대위권을 실현할 수 있게 된다. 그러나 과연 이러한 別途의 節次를 밟을 것을 요구하여야만 할 것인지 의문이다. 어차피 채권압류(또는 가압류)가 있는 이상 제 3 채무자로서는 자신의 채무를 이행하지 않을 것이고, 다른 한편 물상대위권의 존속요건으로 위 판결 등이 요구하고 있는 대위물의 언필칭 「特定性」은 그로써 유지되고 있으므로, 언제든지 물상대위권을 행사할 수 있는 것이다. 그러한 상태에서 물상대위권자에게 다시 채권압류 및 전부명령을 얻으라고 요구하는 것이 어느 만큼의 의미가 있을까?

V. 對象決定의 位置

(1) 이러한 문제관심에서 보면 對象決定은 이 점에 대한 판례의 태도를 보다 잘 推測하게 하는 또 하나의 資料로서의 의미를 가진다고 생각된다.

事案에서 원고는 위 根抵當權에 기한 物上代位로서 피고의 供託金出給請求權에 대하여 채권압류 및 전부명령을 얻었는데, 이는 어디까지나 물상대위가 이미 성립하였음을 전제로 그 물상대위권의 「실행방법」으로서 한 것이고 이것이 物上代位가 성립하기 위한 要件의 차원에서 논의되고 있지는 않다. 對象決定은 오히려, 비록 저당권자가 대위물인 收用補償金債權에 대하여 압류를 하지 않더라도, 그것이 특정성을 유지하는 한 그 위에 物上代位가 성립한다는 태도를 취하고 있다고 이해할 것이다(특히 判決趣旨] 2. 부분).

그리고 나아가서 그 「특정성」은 補償金의 供託에 의하여 훼손되지 않음을 밝히고 있다. 이는 首肯되어야 할 것이다. 보상금이 유효하게 辨濟供託된 경우에 補償金債權者가 원칙적으로 그 채권을 상실함은 물론이나, 통상의 辨濟와는 달리 그는 이에 의하여 金錢 자체를 취득하는 것이 아니라 단지 공탁공무원에 대한 供託金出給請求權을 취득하는 데 그치는 것이다. 그러므로 이 채권은 여전히 원래의 저당권목적물을 대위하는 민법 제342조에서 말하는 "받을 金錢"에 해당한다고 할 것이고, 그 실제의 出給이 있기까지는 그 채권자(저당권설정자)의 다른 一般財産과 혼입되었다고는 할 수 없을 것이다.

(2) 그렇다면 이제 정작으로 논의되어야 할 것은 과연 앞서 본 物上代位制度에 대한 通說의 態度가 수긍될 만한 것인가 하는 점이다. 그

러나 이제 이미 이를 논할 여유가 없다. 이에 대하여는 별도의 機會를 기다리기로 한다.

(「法律新聞」 2181호[1992년 12월 28일] 15면 所載)

[後 記]

위 대법원결정이 나온 후에, 물상대위제도 일반에 대하여 高翔龍, 物上代位制度의 再檢討 小考, 「私法의 諸問題」(金洪奎 博士 華甲紀念論文集 2권), 1992, 71면 이하가 발표되었다. 이 논문은, 민법 제342조의 沿革을 이태리舊民法 제1951조에까지 소급하여 밝힌 다음, 제342조 단서의 "押留"는 제 3 채무자로부터 채무자에의 변제를 금지하는 데 그 주된 기능이 있는 「保全的 押留」로서의 성질을 가지는 것이고 이는 物上代位權保全의 要件으로서 물상대위권을 행사하는 담보물권자 자신이 하는 民事訴訟法上의 押留 또는 假押留에 한정되어야 한다고 주장한다.

11. 賣買目的土地의 收用과 補償金에 대한 代償請求權

—大法院 1992년 5월 12일 판결 92다4581등사건*

[事實關係]

(1) 원고(서울특별시)는 군포시에 있는 피고 소유의 토지 및 그 주변 일대의 토지 위에 社會福祉施設을 건립할 계획을 세웠다. 그리하여 1986년 7월 피고 소유의 A 토지 중 272평방미터와 같은 B 토지 중 18.2평방미터 도합 290.2평방미터(이하 이를 합하여 「이 사건 토지」라고 부르기로 한다)에 대하여 그 施設로 진입하는 道路의 敷地의 일부로서 都市計劃法 제12조, 제13조에 의한 都市計劃의 결정, 지적승인 및 고시가 이루어졌다.

그 후 원고는 토지소유자들과 協議買受를 시도하였는데, 결국 1986년 12월 11일 피고와의 사이에 이 사건 토지를 도합 10,238,010원에 매매하기로 하는 계약이 체결되었다. 그 계약에서는, 실제로 도로에 편입된 토지를 "實測한 후 面積에 증감이 있을 때에는 이미 정하여진 평방미터당 단가에 의하여 차액을 增減精算"하기로 하는 내용의 합의가 이루어졌다. 그리고 위 계약에 기하여 원고는 그 대금의 일부로 피고에게 9백만원을 지급하였다.

* 대법원판례집 40권 2집 21면.

(2) 원고가 1988년 8월경 위 계획에 기한 進入路造成工事를 마친 결과 실제로 도로로 편입된 토지부분은 A 토지 중 466평방미터이고, B 토지 중 51평방미터 도합 517평방미터이었다. 따라서 원래의 면적보다 도합 226.8평방미터가 증가된 셈이었다.

원고는 동년 9월부터 1990년 1월까지 사이에 3차례에 걸쳐 피고에 대하여, 위 517평방미터 전부에 대하여 원고 앞으로의 소유권이전등기절차를 이행하여 줄 것과 원래의 대금 중 잔금 및 초과면적에 대한 대금의 합계 8,788,850원의 精算金을 수령해 갈 것을 催告하였다. 이에 대하여 피고는 당초의 계약내용보다 부당하게 많은 토지가 도로에 편입된 부분에 대하여는 소유권이전등기를 해 줄 수 없다고 하여 원고의 催告에 응하지 않았다. 그러자 원고는 1990년 4월 3일 위 精算金과 그에 대한 法定利子로 도합 10,761,660원을 辨濟供託하였다.

(3) 그런데 1989년 9월에 이 사건 토지를 포함한 부근 일대가 군포산본지구택지개발사업지구로 고시되고, 이어서 1990년 2월 중앙토지수용위원회는 이 사건 토지를 동년 3월 30일자로 수용함과 아울러 그 收用補償金을 평방미터당 7만원으로 정한다는 내용의 收用裁決을 하였다. 그리고 위 택지개발사업의 사업시행자인 大韓住宅公社는 피고에게 그 보상금을 지급하고 이 사건 토지 등의 소유권을 취득하였다.

[訴訟의 經過]

(1) 원고는 이 사건 소송에서 우선 主位的 請求로서, 위 매매계약의 목적물인 위 517평방미터 전부에 대하여 피고는 소유권이전등기절차를 이행할 의무가 있음에도 그 이행을 遲滯하던 중 위와 같은 收用으로 1990년 3월 30일로써 그 의무가 履行不能이 되었으므로, 비록 그에게 그 이행불능에 대한 歸責事由가 없더라도 민법 제392조에 기하여 손해배상 의무가 있다고 주장하고, 그 당시의 위 토지의 시가 6천 9백여만원 중

에서 원고가 지급하여야 할 精算金을 공제한 나머지인 6천 1백만원을 지급할 의무가 있다고 주장하였다.

그리고 豫備的 請求(이는 抗訴審에 이르러 추가되었다)로서, "피고는 원고가 매수한 위 517평방미터에 대하여 收用補償金으로 수령한 3천619만원(517평방미터에 대하여 평당 7만원씩)을 원고에게 반환할 의무가 있다"고 주장하였다.

이에 대하여 피고는 反訴를 제기하여, 원고가 매매계약의 목적물도 아닌 토지 226.8평방미터 위에 함부로 도로를 개설한 불법행위로 말미암아 위 收用節次에서 원상대로 田이었다면 받을 수 있었던 평방미터당 135,000원의 補償金 대신 도로로서 평방미터당 7만원의 보상금밖에 받지 못하였으므로 그 差額에 상당하는 損害를 배상하라고 청구하였다(그리고 이 부분 토지에 대한 道路開設 후 위 收用까지의 토지무단사용으로 인한 不當利得의 반환도 아울러 청구하였다).

(2) 原審法院(서울고등법원 1991년 12월 10일 판결 91나26555등사건)은 원고의 주위적 청구는 棄却하고 그 예비적 청구는 그 一部를 認容하였다. 그리고 피고의 反訴請求는 전부 인용하였다.

原審判決은 그 理由에서, 우선 원고와 피고 사이에 체결된 매매계약의 효력이 후에 실제로 도로가 개설된 517평방미터 전부에 미치는가에 대하여, "그 목적물의 범위에 관한 계약당사자 간의 진정한 의사는 원고의 위 진입로 개설로 인하여 도로에 편입되는 토지부분 전부를 무제한으로 포함하기로 한 것이라고 해석하기보다는, 측량에 의하여 일응 결정되어 계약서상에 명시된 면적을 기준으로 하되 측량기술상 통상 발생할 수 있는 誤差를 예상하여 그 오차의 한계범위 내에서 진입로 개설 후 實測하여 가감하기로 약정한 것으로 해석함이 상당하다"고 하여, 당초의 매매면적의 1.8배에 가까운 위 517평방미터 전부가 매매의 목적물로 볼 수는 없다고 판시하였다. 따라서 원고가 위 517평방미터 전부에 대하여 피고에 대하여 이전등기를 요구한 것은 債務의 內容에 좇은 履行의 催告가 아니고, 따라서 피고가 그 移轉登記義務에 관하여 履行遲滯에 빠졌다고 할 수 없다는 것이다. 그러므로 그 후 그 의무가 履行不能이 되었어도 피고는 이에 대하여는 歸責事由가 없다고 할 것이어서 그로 인한 損害賠償義務를 부담하지 않는다고 판단하여, 원고의 主位的 請求를 기각하였다.

이어서 原審判決은 예비적 청구에 대하여 다음과 같이 판단하였다. "당초 契約時에 결정된 면적을 초과한 부분에 관한 주장은 이유가 없으나, 위 매매계약의 목적물이 되는 토지부분에 관한 피고의 소유권이전등기의무는 위 토지수용으로 인하여 履行不能이 되었다고 할 것이고, 이러한 이행불능이 생긴 것과 동일한 원인으로 채무자인 피고가 이행의 목적물의 代價로 볼 수 있는 이익을 취득한 때에는 채무자는 이행불능이 생기지 않았던 경우 이상으로 이익을 받을 이유가 없으므로 채권자인 원고는 위 이행불능으로 인한 손해를 한도로 하여 채무자인 피고에 대하여 위 이익의 상환을 구할 이른바 代償請求權이 있다고 봄이 상당하다"(머리점은 引用者가 가한 것이다. 이하 같다). 따라서 피고는 원고에게 이 사건 토지 290.2평에 대한 收用補償金에 해당하는 20,314,000원에서 "위 매매계약이 이행불능이 되지 아니하였더라면 원고가 추가로 지급하였어야 할 잔금 상당액"인 1,238,010원을 공제하고 그 나머지 1천 9백만여원을 지급할 의무가 있다고 판시하였다.

나아가 피고의 反訴請求에 대하여는 피고의 주장을 모두 인정하여 이를 認容하였다.

(3) 原審判決에 대하여는 원고와 피고가 모두 上告하였으나, 이들은 모두 기각되었다. 이하에서는 本判例硏究의 주요한 대상을 이루는 원고의 代償請求權에 한정하여, 이에 관한 被告의 上告理由 및 大法院의 판단을 보기로 한다.

[上告理由]

1. 원고가 예비적 청구로 주장한 것은 어디까지나 損害賠償을 함에 있어서 主位的 請求에서 주장한 대로 수용 당시의 時價가 기준이 될 수 없다면 收用補償金을 기준으로 하라는 것뿐인데, 原審法院이 이를 代償請求權의 주장이라고 판단한 것은 "원고가 주장하지 아니한 請求原因을 설시하여 원고의 청구를 인정한 違法"을 범한 것이다.

2. 代償請求權理論은 부당하다. "채권자에게 무조건 대상청구권을 인정하는 것은 채권자에게 이 건에서와 같이 우연히 채무자가 받은 代償이 채권자가 지불하여야 할 매매대금을 초과하는 경우에 대상청구권의 행사로 그 利益을 빼앗을 수 있는 길을 열어 주면서도, 逆으로 채무자에게는 보통의 경우라 할 매매대금보다 收用補償金이 적은 경우에(이는 요즈음과 같이 지가가 하락하는 경우 혹은 매매계약 후 얼마 되지 아니하여 수용재결이 이루어진 경우를 생각하면 쉽게 수긍할 수 있을 것이다) 수용보상금을 代償으로서 채권자에게 반환하는 대신 채권자에게 원래의 매매대금을 지급하라고 요구할 수 있는 길이 인정되지 아니함에 비추어, 代償請求權理論은 특정한 경우에 채권자에게 부당히 유리한 결과를 초래하는 弊端이 있음을 부인할 수 없다." 따라서 "단지 解釋論만에 의하여 대상청구권을 일반적으로 인정하는 것은 민법의 원래 취지를 무시하는 것으로 허용되기 어려운 일이고, 다만 장래 立法論으로 고려해 볼 만한 事項에 지나지 아니한다."

[判決內容]

1. "위 예비적 청구는 피고가 이 사건 토지에 대한 소유권이전등기의무의 이행불능을 발생케 한 원인인 土地收用으로 인하여 이 사건 토지의 代償인 補償金을 취득하였음을 이유로 그 보상금의 지급을 구하는 것으로서 이른바 代償請求權을 행사하는 취지로 볼 수 있다."

2. "우리 민법에는 이행불능의 효과로서 채권자의 전보배상청구권

과 계약해제권 외에 별도로 代償請求權을 규정하고 있지 않으나 解釋上 대상청구권을 부정할 이유가 없다."

[研 究]

I. 序 說

1. 위의 大法院判決(이하 「對象判決」이라고 부르기로 한다)은 이행불능의 효과로서 代償請求權을 정면에서 인정한 最初의 판결로서 극히 중요한 의미가 있다. 뒤에서 보는 대로 그 동안 우리 나라의 압도적인 多數說은 이행불능의 효과로서 代償請求權을 인정하고 있었다. 그러나 可否間에 이에 대하여 판단한 대법원판결은 쉽사리 발견되지 아니하였다. 이제 對象判決이 나옴으로써 代償請求權은 「현재 있는 법」으로서 확고한 지위를 차지하게 되었다고 할 수 있다. 우리 민법이 독일이나 프랑스와는 달리 이 점에 대하여 아무런 規定을 두지 않고 있는 점에 비추어 보면, 이러한 判例에 의한 法形成은 주목할 만한 일이라고 생각된다.

그런데 위와 같이 代償請求權을 결론으로서는 긍정하는 학설들도 정작 代償請求權의 요건이나 효과에 대하여는 대체로 세밀한 이론을 전개하지는 않고 있었다. 그리고 최근에는 代償請求權에 대하여 원칙적으로 부정적인 태도를 취하는 견해도 없지 않다. 그러므로 對象判決을 계기로 하여 代償請求權의 몇 가지 점에 대하여 疎略하게나마 살펴 보는 것도 의미가 있지 않을까 생각된다.

2. 이하에서는 우선 이행불능의 효과로서 일반적으로 代償請求權을 인정하는 것이 타당한가 하는 점을 살펴 보기로 한다(아래 II). 結論的으로 말하면, 筆者도 대부분의 학설과 같이 이를 인정하여야 할 것으로 생각한다.

나아가 原審判決은 代償請求權의 내용에 대하여 "債權者가 위 履行不能으로 인하여 입은 損害를 한도로 하여" 代償의 지급을 청구할 수 있다고 판시하였다. 즉 만일 代償이 채권자가 입은 손해를 넘는 경우에는 이 초과부분에 대하여는 청구할 수 없다는 태도를 취하였다. 大法院은 다만 代償請求權이 인정된다고 하였을 뿐이고, 그 내용에 대하여, 특히 原審判決이 가한 위와 같은 制限에 대하여 정면으로 판시하지 않고 있다. 그러므로 이 점에 대한 判例는 아직 알 수 없다고 하겠다. 그러나 對象判決을 계기로 이 점을 생각하여 보기로 한다(아래 Ⅲ).

한편, 對象判決은 收用補償金을 代償請求權의 내용이 되는 「代償」으로 인정하고 있는데, 이 점은 거의 의문이 없는 바이므로 여기서는 논의하지 않기로 한다. 또한 原審判決은 채권자인 매수인이 지급할 의무(반대의무)를 부담하고 있는 賣買代金의 殘金에 상당하는 액을 당연히 채무자인 매도인이 반환하여야 할 代償(이 사건에서는 收用補償金)으로부터 공제하고 있다. 이에 연유하여 보다 일반적으로, 代償請求權이 채권자의 反對債務에 어떠한 영향을 미치는가, 채권자가 대상청구권을 행사함에 있어서 이 반대채무는 어떠한 법적 수단을 통하여 精算되어야 할 것인가도 論議할 바가 많으나, 역시 여기서는 다루지 않기로 한다.

Ⅱ. 履行不能의 효과로서의 代償請求權

1. 우리 나라의 압도적인 多數說은 이행불능의 효과로서 代償請求權을 인정하고 있다.[1)] 그런데 이들 학설은 이 점에 대한 明文이 없는 우리 민법 아래서 이를 인정하는 근거에 대하여는 그냥 그것이 公平에

1) 郭潤直, 「債權總論」, 再全訂版, 1983, 143면; 金基善, 「韓國債權法總論」, 1975, 142면; 金容漢, 「債權法總論」, 1983, 146면; 金曾漢, 「債權總論」, 1981, 56면; 金亨培. 「債權總論」, 1992, 216면 이하; 李太載, 「債權總論新講」, 1977, 152면; 李好珽, 「債權法總論」, 1983, 122면, 124면; 玄勝鍾, 「債權總論」, 1979, 126면; 黃迪仁, 「現代民法論 Ⅲ」, 1983, 104면; 權五乘, 履行不能, 「民法의 爭點」, 1990, 229면; 宋德洙, 履行不能에 있어서 이른바 代償請求權, 「경찰대학논문집」 4집(1985), 63면.

맞기 때문이라고만 하는 것이 보통이다.[2] 그리고 다른 한편으로 대상청구권을 정면에서 규정하고 있는 獨逸民法 제281조와 프랑스民法 제1303조를 立法例로 들 뿐이다.

이 점과 관련하여 최근에는 "법률의 규정 없이 채권자에게 그러한 請求權을 인정할 수 있는가, 그리고 반드시 그러한 청구권을 인정해야 할 急迫한 必要性이 있는가가 면밀히 검토되어야 한다"고 전제하고, "제3자의 債權侵害・債權者代位權・危險負擔의 法理에 의하여서도 합리적으로 해결되지 않는 경우에는 權利의 정당한 歸屬의 法理를 기초로 예외적으로 代償請求權을 인정할 수 있다"고 하여, 대상청구권을 이행불능의 일반적 효과로서가 아니라, 다른 法制度에 의한 채권자의 구제가 충분하지 아니한 경우에만 인정되는 例外的인 救濟手段으로 이해하고자 하는 견해가 제기되었다.[3]

2. 그러나 우리 민법의 해석으로도 역시 代償請求權을 이행불능의 일반적인 효과로서 인정할 수 있고, 또 인정하여야 할 것이다.

(1) 代償請求權을 인정하지 않으면, 債務者는 원래 자신에게 속할 것이 아닌 利益을 보유할 수 있게 되는 결과가 초래될 수 있다. 가령, 引渡債務의 目的物이 채무자에게 責任 없는 사유로 滅失되거나 收用되거나 하여 그 인도채무가 履行不能이 된 경우에 채무자가 그 채무로부터 해방된다고 함에는 異論이 없다. 그런데 그러한 滅失이나 收用을 이유로 채무자가 제3자에 대하여 損害賠償이나 收用補償金을 지급받았거나 이에 대한 채권을 가지게 되었다면, 채무자는 자신의 채무는 면하면서 그 대신에 위와 같은 利益만을 보유할 수 있게 된다. 이러한 利益은 만일 채무자가 그 채무를 이행한 후에 발생하였다면 채권자에게 귀속되었을 것이므로, 이를 채무자가 영구히 보유할 수 있다고 하는 것이 부당함은 명백하다.

2) 다만, 李太載(註 1), 152면 이하는 이를 비교적 상세히 논하고 있다.
3) 李銀榮, 「債權總論」, 1991, 57면 이하.

물론 이에 대하여는 다음과 같은 反論이 제기될는지도 모른다. 즉 그 이행불능된 채무가 雙務契約으로부터 발생한 것이면, 채권자는 債務者危險負擔의 원칙에 따라 원칙적으로 자신의 반대채무를 면하고 따라서 채무자도 자신의 반대채권을 상실하게 되므로(민법 제537조 참조), 當事者들에게 별다른 不均衡은 없지 않은가 하는 것이다.

그러나 우선 채무가 契約에 기하여서가 아니라 가령 不當利得返還債務(원칙적으로 原物返還을 내용으로 한다. 민법 제747조 제 1 항의 反對解釋)과 같이 법률에 기하여 발생하는 경우나, 또 契約에 기하여 발생한 채무라도 그것이 쌍무계약으로부터 발생한 것이 아니라 片務契約으로부터 발생한 경우에 대하여, 이러한 反論은 적절한 것이 아니므로, 부분적인 論據가 될 수 있을 뿐이다. 또한 雙務契約의 경우에 대하여 보더라도, 위와 같이 채권자가 자신의 반대채무를 면하게 되면, 결국 그 계약 자체가 전적으로 효력을 상실하여 當事者들은 이제 부득이하게 原狀回復關係에 들어가게 된다.[4] 그러나 이것이 애초에 유효하게 계약을 체결한 當事者들의 통상적인 期待에 부응하는 것이 아님은 물론이다. 그러므로 채무자가 원래의 給付에 갈음하는 利益(독일 민법학에서 말하는 代償[stellvertretendes commodum])을 얻고 있어서 채권자가 그것과 교환으로 자신이 부담하는 반대채무를 원래대로 이행할 意思가 있다고 한다면, 이를 막을 이유가 없으며, 또 그것이 원래의 當事者意思를 일관성 있게 관철하는 길이라는 점에서 보면 이를 막아서도 안 될 것이다.

獨逸民法의 제 1 초안에 대한 理由書가 代償請求權에 관한 同草案 제238조의[5] 입법이유에 관하여, "이 원칙은 義務負擔의 意思(Verpflichtungswille)가 그것[후발적으로 불능이 된 급부를 대신하는 代償]에 미친다는 正當한 觀念에 근거를 두고 있다"(꺾음괄호 안은 引用者가 附記한 것이다)고

4) 이것이 通說은 물론, 大法院 1975년 8월 28일 판결 75다765사건(公報 522,8661) 등 判例가 인정하는 바이다.

5) 다만, 同草案規定은, 이행불능이 채무자의 책임 없는 사유로 발생하여 채무자가 그 채무를 면하는 경우에 대하여서만 代償請求權을 인정하고 있다. 그러나 후의 제 2 초안 제237조는 그러한 制限을 두지 않았고, 현행의 독일민법 제281조도 그러하다.

설명하고 있는 것도[6] 바로 이러한 취지라고 생각된다. 이와 같이 원래의 債權關係의 合理的인 意味는 그 후의 이행불능이라는 事情變更에도 불구하고 당사자 사이의 法律關係에 관철되어야 할 것이다. 이와 같이 代償請求權의 본질은 원래의 債權關係의 延長效(Fortwirkung)에 있다.

이는 이행불능이 채무자의 책임 있는 사유로 인하여 발생한 경우에도 마찬가지이다. 그 경우에 채권자가 損害賠償을 청구할 수 있음은 물론이다. 그러나 채무자가 그 이행불능을 일으킨 바로 그 事由에 기하여 원래의 급부에 갈음하는 利益을 얻고 있다면, 채권자에게는 塡補賠償請求 외에도 적어도 원래의 채권내용에 보다 가까운 모습으로서의 代償을 청구할 수 있어야 할 것이다.

(2) 우리 민법이 이에 대하여 아무런 규정을 두고 있지 않다는 것을 代償請求權을 부인하는 취지로 이해할 수는 없으며, 오히려 이는 法律의 欠缺(Gesetzeslücke)로서 法의 補充이 필요한 사항이라고 하겠다. 그리고 그러한 法補充에 있어서는 우리 민법의 다른 개별적인 규정들의 배후에 존재하는 보다 一般的인 法源則 내지 法의 理致(ratio legis)를 법률에 규정되지 아니한 사항에 적용하는 法類推 또는 全體類推에[7] 의하여 대상청구권을 인정할 수 있다.

(a) 日本舊民法에서는 대상청구권을 정하는 명문의 규정으로서 財產編 제543조가 "물건의 전부 또는 일부의 滅失의 경우에 있어서 그 滅失을 이유로 제 3 자에 대하여 어떠한 補償訴權이 발생한 때에는, 債權者는 잔여의 물건을 요구하고, 또한 이 訴權을 행사할 수 있다"고 정하고 있었다. 물론 이 규정은 프랑스민법 제1303조의 영향을 받은 것이다.[8] 그

6) Motive Ⅱ, S. 46=Mugdan Ⅱ, S. 25.

7) 법률의 흠결을 보충하는 방법으로서의 法類推(Rechtsanalogie) 또는 全體類推(Gesamtanalogie)에 대하여는 우선 K. Larenz, *Methodenlehre der Rechtswissenschaft*, 5. Aufl., 1983, S. 368ff. 참조.

8) 프랑스민법 제1303조는 "물건이 채무자의 過責 없이 멸실되거나 불융통물이 되거나 遺失된 경우에 그 물건에 관하여 賠償의 權利 또는 訴權(droits ou actions en indemnité)이 있는 때는 채무자는 이를 채권자에게 양도하여야 한다"고 정하고 있다. 그러나 學者들은 이 규정을 歷史的 遺物이라고 한다. 가령 Planiol/Ripert, *Traité pratique de*

러나 이는 日本民法의 제정과정에서는 채택되지 않았는데, 그 이유는 명백하지 않으나 代償請求權을 부정하는 취지는 아니라고 한다.[9)]

우리 민법의 제정과정에 있어서는, 오늘날까지 알려진 資料에 의하는 한, 代償請求權에 대하여 논의한 흔적을 찾을 수 없다.

(**b**) 우리 민법에는 소위 代位法理 또는 代償法理(Surrogationsprinzip), 즉 "일정한 사람에게 귀속된 財産價値가 그 기초에 존재하는 經濟的 關係에 비추어 보면 그에게 속할 것이 아니고 실제로는 다른 권리자에게 속하여야 할 경우에는 그 財産價値는 後者에게 이전되어야 한다"는 법리를[10)] 발현하고 있는 규정이 곳곳에 존재한다. 예를 들면, 債務不履行에 있어서 손해배상을 받은 債權者의 二重利得을 막기 위하여 인정되는 損害賠償者의 代位(민법 제399조), 辨濟者代位(민법 제480조 이하)나 物上代位(민법 제342조, 제370조) 등이 그러하다. 이들 규정은 모두, 비록 원래의 權利義務의 내용을 그대로 유지할 수 없는 事情이 발생하였더라도, 법률관계의 일방 당사자가 그 법률관계의 경제적 의미에 비추어 볼 때 자신에게 속할 것이 아닌(ihm nicht gebühren) 利益을 보유하게 된 경우에는 원래의 권리의무관계가 이러한 利益에도 연장됨을 정하고 있는 것이다. 이러한 理致는 비록 명문의 규정이 없는 事項에 대하여도 적용될 여지가 있는 하나의 보다 일반적인 法原則이라고 할 수 있을 것이다.

---

droit civil français, vol. Ⅶ, 1954, no. 1319(p. 730): "이 규정은 역사적 유물이다. 舊時代의 원칙에 의하면, 어떠한 물건을 주는 채무는 그 물건의 소유권을 이전시키지 않았다. 매도된 물건이 引渡되기 전에 매도인에게서 제3자에 의하여 盜取되거나 滅失당하였다면, 발생된 손해의 배상에 대한 청구권을 가지는 것은 賣渡人이었다. 매도인은 그 물건을 인도할 수 없는데, [이 규정에 의하여] 적어도 매수인에게 損害賠償을 받을 수단이 주어지는 것이다. 그러나 오늘날의 법에서는 소유권은 合意의 단순한 효과에 의하여 당연히 이전되므로, 그러한 청구권을 취득하는 것은 그 물건의 소유자가 된 채권자이고 채무자는 채권자에게 양도할 것을 아무 것도 가지지 못한다. 제1303조의 起草者들은 그 규정의 主旨를 포티에로부터 얻어 왔으나, 소유권의 이전에 관한 현대적인 체계에 대한 고려를 소홀히 하였다. 이 규정은 단지 소유권의 이전이 후로 미루어진 경우에 대하여만 實益이 나타난다."

9) 이에 대하여는 星野英一, いわゆる代償請求權の認められた事例…, 「民事判例研究」 2권 2: 債權, 1972, 375면(원래는 「法學協會雜誌」 85권 1호 所載) 참조. 이 글은 뒤에서 보는 日最裁 1966년 12월 23일 판결(民集 20, 2211)에 대한 判例評釋으로 쓰여진 것이다.

10) RGZ 120, 351의 表現.

그리고 채무자가 이행불능을 일으킨 事情에 기하여 채무자의 재산 속에 경제적으로 원래의 급부에 갈음하는 利益, 즉 代償이 발생한 경우에, "그것은 債權關係에 좇을 때 채무자에 대한 관계에서는 채권자에게 속하여야 하는 것이므로,"[11] 이제 채권자는 그 代償을 청구할 수 있는 법적인 可能性이 인정되어야 할 것이다.

다른 한편, 특히 雙務契約에 있어서 채무자가 이행불능으로 말미암아 자신의 채무로부터는 해방되는데 그로 인한 對價危險을 예외적으로 채권자가 부담하여 채권자의 반대채무는 그대로 존속하는 경우에, 채무자는 "자기의 債務를 免함으로써 利益을 얻은 때에는 이를 채권자에게 償還하여야 한다"(민법 제538조 제 2 항). 이 규정은 물론 채권자가 危險을 負擔하는 경우에 한정되는 것이기는 하나, 채무자가 자기의 채무를 「면함으로써 얻은」 利益을 償還할 것을 정함으로써[12] 근거 없이 利得하는 것을 막으려는 취지에서 마련된 것이다. 이러한 不當利得禁止의 정신은 가령 損害賠償 일반에 있어서의 損益相計法理(이는 법률에 명문의 규정이 없음에도 불구하고 異議 없이 인정되고 있다)에 있어서도 발현되고 있다. 그렇다면 앞의 (1)에서 보는 바와 같이 채권자가 자신의 채무를 면하면서 오히려 利益을 얻게 되는 경우에는 이 利益은 채권자에게 상환되어야 할 것이다. 이러한 관점에서도 代償請求權은 부분적이기는 하나 정당화될 수 있다고 생각된다.[13]

(3) "제 3 자의 채권침해의 법리나 채권자대위권이나 채무자위험부담의 원칙" 등으로써는 채권자의 이익을 충분히 고려할 수 없다. 이 중에서 債務者危險負擔의 원칙에 대하여는 이미 위의 (1)에서 본 바 있으므로, 더 이상 논의하지 않는다.

---

11) K. Larenz, *Lehrbuch des Schuldrechts*, Bd. 1, 14. Aufl., 1987, § 21 I b(S. 309).

12) 그러한 의미에서 同規定의 내용은 원래의 給付에 갈음하는 代償의 반환을 내용으로 하는 代償請求權과는 다르다. 이미 이 점을 지적하는 것으로서 宋德洙(註 1), 66면.

13) 위의 Ⅲ. 2.에서 보는 日最裁의 判決은, 우리 民法 제538조 제 2 항에 해당하는 일본민법 제536조 제 2 항 단서의 규정은 "代償請求權法理가 드러난 것"이라고 한다.

(a) 아마도 代償請求權의 認定 여부를 논함에 있어서 第3者의 債權侵害의 법리는, 제3자가 이행불능을 일으켰고 채권자가 그 제3자에 대하여 채권침해를 이유로 하는 不法行爲責任(가령 제3자가 채무자 소유의 給付目的物을 고의 또는 과실로 損壞함으로써 채무자는 자신에게 책임 없는 사유로 인한 이행불능으로 채무를 면한 경우가 이에 해당한다)[14]을 직접 물을 수 있는 한도에서는 채권자는 더 나아가 채무자가 그 제3자에 대한 관계에서 얻은 代償을 파악할 필요가 없지 않을까 하는 관점에서 제기된 것이라고 추측된다.[15]

그러나 그 한도에서라도 채권자는 代償을 파악할 필요가 있다. 가령 위의 예에서 보면 債務者도 제3자에 대하여 손해배상청구를 할 수 있다. 제3자가 채권자가 아니라 채무자에게 損害賠償을 하면, 이제 債權者의 不法行爲請求權도 소멸한다고 할 것이다.[16] 그 경우 채권자는 무슨 근거로 채무자가 수령한 損害賠償金의 인도를 청구할 수 있다고 할 것인가.

(b) 또한 債權者代位權에 관하여, 앞서 본 최근의 견해는, "제3자의 適法行爲(國家에 의한 土地收用 등)로 인하여 목적물의 소유권이전이 불가능하게 된 경우에는 債權이 소멸하지 않고 그 代償(代土 또는 補償金)으로 목적물이 변경되며, 채권자는 그의 확보를 위하여 債權者代位權을 행사할 수 있을 것"이라고 한다.[17] 그러나 여기서 債權者代位權이 어떠한 맥락에서 관련되는지 위의 서술만으로는 명확하지 않다. 혹시 채무자가 가지는 收用補償金請求權을 채권자가 代位行使할 수 있다는 뜻인지도 모른다. 만일 그렇다면 이는 代償請求權의 문제를 판단하는 데 있어 별로 관련이 없는 논의라고 할 수밖에 없다.

---

14) 우리 나라의 通說은 이와 같이 "給付의 侵害로 債權이 消滅한 경우"에 대하여 제3자의 채권침해로 인한 不法行爲의 성립을 긍정한다. 金亨培(註 1), 359면은 이 경우 제3자가 債權의 存在를 인식하였어야 한다고 덧붙인다.

15) 李銀榮(註 3), 57면 이하: "채권자가 직접 제3자에 대한 불법행위의 손해배상청구권을 갖게 된다면 구태여 대상청구권을 인정할 필요가 없을 것이다."

16) 만일 그렇지 아니하면 제3자는 二重으로 손해를 배상하여야 한다는 부당한 결과가 된다. 郭潤直(註 1), 113면 등 통설도 본문과 같은 결과를 인정하는 듯하다.

17) 李銀榮(註 3), 58면.

무엇보다도 債權者代位權은 채무자가 자신의 권리를 행사하지 않는 경우에 비로소 문제되는 권리이므로, 채무자가 그 권리를 행사하여 제 3자로부터 이미 만족을 얻는 경우에는 도대체 적용의 여지가 없는 것이다. 또 설사 채무자가 그 권리를 행사하지 않고 있다고 하더라도 채권자대위권에 기하여서 채권자는 원칙적으로 제 3채무자에 대하여 채무자에의 이행을 청구할 수 있을 뿐이므로,[18] 결국 債權者代位權은 債權者의 債務者에 대한 代償請求權을 인정할 것인가 하는 문제와는 관련이 없다고 할 것이다.

Ⅲ. 代償請求權의 내용적 한계로서의 債權者의 損害

1. 독일민법상 代償請求權을 정하는 同法 제281조의 해석으로서는, 채무자가 급부의 목적물을 法律行爲에 기하여 제 3자에게 양도하고 그 대가로 수령한 反對給付도 代償請求權의 목적이 된다고 한다. 이러한 「去來行爲에 기한 利益」(commodum ex negotiatione)에 대하여는 종전에 의견이 나뉘었으나, 오늘날은 학설과 帝國法院(RGZ 105, 84) 이래의 판례 모두 이 점에 태도가 일치하고 있다.[19] 그리고 이 경우의 履行不能은 채무자가 그 법률행위에 기한 의무를 이행(登記나 引渡 등)함으로써 비로소 야기되고 반대급부는 그 법률행위 자체에 의하여 얻어지는 것이므로, 反對給付는 "급부를 불능으로 만드는 사정에 기하여" 얻어진 것이 아니어서 이것을 代償이라고 할 수 없다는 지적에 대하여는, 이 경우에는 그 전체를 單一한 사건으로 파악하여야 한다고 설명하고 있다.[20]

---

18) 다만, 채무자가 제 3자의 이행은 수령할 수 없거나 수령하려고 하지 않을 때에만 채권자에의 直接履行을 청구할 수 있을 뿐이다.

19) 우선 MünchKomm/Emmerich, §281 Rdnr. 8(Bd. 2 2. Aufl., 1985, S. 743) m.w.N. 참조. 그 이유는, 채권자에 대하여 위법한 그러한 행위로부터 얻은 收益(Gewinn)은 채권자에게 돌아가야 하지 채무자가 보유하여서는 아니되며, 또한 그렇게 해석하지 않으면 그러한 계약위반의 행위가 채무자에게 아무런 위험을 수반하지 않는 셈이어서 채무자는 서슴치 않고 채권자의 희생 아래 투기적 거래를 행할 우려가 있다는 것이다.

20) 우선 Enneccerus/Lehmann, *Recht der Schuldverhältnisse*, 15. Aufl., 1958, §46 Ⅱ

그리고 독일에서는 가령 위의 예에서 그 反對給付가 원래의 급부의 가치보다 많은 경우와 같이 일반적으로 代償이 원래의 給付의 가치 또는 채권자가 약정한 反對給付보다 많은 경우에도 채무자는 그 超過利益(Mehrwert)을 포함하여 그 代償 전부를 채권자에게 양도하여야 한다는 데 오늘날 학설이나 판례(RGZ 138, 48 등)에서 거의 異論이 없다.[21] 이 점에 대하여, 특히 채무자의 거래수완 등의 寄與에 의하여 얻어진 利益도 채권자에게 귀속되어야 하는 이유에 대하여는 통상 다음과 같은 설명이 이루어지고 있다. "衡平은 채무자가 급부를 불능으로 만드는 사정*으로* *인하여* 취득한 것을 모두 채권자에게 반환하여야 한다는 것을 요구한다. 왜냐하면 그렇게 하지 않으면 그는 불능이 됨으로써 그 전보다 [그 재산상태가] 더 낫게 될 수도 있기 때문이다. 채무자가 한편으로 급부에 장애를 초래하는 자신의 行態를 免責에 이용하고 다른 한편으로 그에 의하여 얻어진 收益을 보유할 수 있다는 것은 信義誠實에 반할 것이다. 이는 채무자가 그의 계약상 의무를 위반하여 그 대가를 얻은 경우에는 명백하다. 채권자에게 채무를 지고 있는 목적물을 계약에 반하는 처분에 의하여 빼돌리는 과정에서 발휘된 去來手腕은 그로 얻어진 이익의 보유를 정당화하는 權原(Rechtstitel)이 될 수 없다. 또한 채무자가 有責하게 행위하지 아니한 경우에도 취득한 것 [전부]를 반환할 의무를 부담하는 것이 전적으로 衡平에 맞는다. 즉, 相續人이 나에게 遺贈된 물건을 遺贈事實을 과책 없이 알지 못하고 특히 유리한 가격으로 매도하였다면, 상속인이 이익을 보유하고 나는 손해를 입어야 할 이유를 납득할 수 없다."[22](머리점은 原文의 강조된 부분을 가리킨다).

다만, 헤크는 일반적으로는 이를 긍정하면서도, 위의 「거래행위에

(S. 203); 또한 Larenz(註 11), § 21 Ⅰb(S. 309) 참조.

21) 우선 MünchKomm/Emmerich(註 19), § 281 Rdnr. 15(S. 745) m.w.N.; 특히 문헌에 대하여는 Larenz(註 11), § 21 Ⅰb Fn. 13(S. 309) 참조. 그리고 그 외에 金錢의 利子와 같이 채무자가 代償으로부터 실제로 얻은 果實도 반환하여야 한다고 해석되고 있다.

22) Enneccerus/Lehmann(註 20), § 46 Ⅱ(S. 202f.).

기한 이익」의 경우에 대하여는 "채무자가 자신의 특별한 거래상의 재주를 채권자의 이익을 위하여 사용할 의무는 없고" 또 그러한 超過利益의 배상은 그의 "犧牲의 範圍(Opfergrenze)"를 확장하는 것이라고 하여 이를 부인한다.[23]

2. 그러나 일본의 판례는 적어도 추상론에 있어서는 이와 다르다. 代償請求權을 정면에서 긍정한 日最裁 1966년 12월 23일 판결(民集 20권 2211면)은 保險金이 문제된 事案에서, "일반적으로 이행불능을 발생시킨 것과 동일한 原因에 의하여 채무자가 이행의 목적물의 代償이라고 생각되는 利益을 취득한 경우에는, 公平의 觀念에 기하여 채권자가 채무자에 대하여 위의 이행불능에 의하여 채권자가 입은 손해의 한도에서 그 이익의 상환을 청구할 권리를 인정하는 것이 상당"하다고 판시하고 있다.

代償請求權은 그 전에도 학설에 의하여 긍정되고 있었는데,[24] 이 판결도 代償請求權을 긍정한 것 자체는 많은 학자들에 의하여 지지를 얻고 있다.[25] 그러나 나아가 債權者가 입은 損害의 한도에서 대상청구권을 인정한 점에 대하여는 별다른 언급이 없는 것이 일반이다.[26]

3. 本評釋의 對象이 되는 大法院判決의 原審判決이 "債權者가 위 履行不能으로 인하여 입은 損害를 한도로 하여" 代償의 지급을 청구할 수 있다고 판시하고 있는 것은 위와 같은 日本判例의 영향을 받은 것인지도 모른다.

우리 나라의 학설에서도 이 점에는 견해의 대립이 있다. 「손해의 한도」라는 제한을 부정하는 입장에서는 "代償請求權의 취지에 비추어 이

---

23) Ph. Heck, *Grundriß des Schuldrechts*, 1929, §34, 5 u. 7(S.105).

24) 我妻榮, 「新訂 債權總論」, 1964, 99면; 「注釋民法(13)」, 1966, 305면(甲斐道太郎 집필) 등 참조.

25) 星野英一(註 9), 375면 이하; 瀬戸正二, 代償請求權, 「民法判例百選 Ⅱ」, 1975, 39면 이하 등.

26) 다만, 澤井裕, 民法上いわゆる代償請求權が認められるか, 「民商法雜誌」 57권 1호(1968), 128면은 「손해의 한도」라는 제한을 긍정하는 입장을 취한다.

를 인정하는 한, 그 價額을 제한하지 않는 것이 타당하다"고 한다.[27] 한편, 이를 긍정하는 입장에서는 "우리 민법에서는 독일민법 제281조와 같은 明文의 規定이 없을 뿐더러 實損害보다 더 많은 利得을 얻는 것은 損害賠償法의 基本原則에도 반한다"는 이유를 든다.[28]

4. 생각건대, 채권자가 입은 損害를 한도로 代償의 返還을 청구할 수 있다고 보는 견해가 타당하다고 하겠다.

(1) 유사한 문제는, 無權利者의 處分이 가령 善意取得 등으로 인하여 유효한 경우에 원래의 권리자가 處分者를 상대로 그 처분으로 인하여 받은 利得의 返還을 청구하는 때에도 발생한다. 이 경우에 원래의 권리자가 처분자에 대하여 그가 그 처분의 대가로 얻은 반대급부를 不當利得으로서 반환청구할 수 있음에 대하여는 독일민법 제816조 제1항 제1문과[29] 같은 명문의 규정이 없는 우리 민법의 해석으로서도 의문의 여지가 없다.[30] 그런데 처분자가 그 處分의 代價로 목적물의 가치를 넘는 반대급부를 수령하였다면, 원래의 권리자는 이 超過利得의 반환도 청구할 수 있을 것인가.

앞서 본 독일민법 제816조 제1항 제1문의 해석으로서는 앞서 본 代償請求權에 관한 同法 제281조와는 달리 날카로운 견해의 대립이 있다.[31] 이것은 同規定 중의 "處分으로 인하여 取得한 것(das durch die Verfügung Erlangte)"을 어떻게 해석하느냐의 문제, 나아가서는 일반적

27) 權五乘(註 1), 229면, 특히 註 24; 宋德洙(註 1), 71면.

28) 金亨培, 「債權總論(上)」, 1985, 230면 이하; 李銀榮, 履行不能, 「考試界」 1985년 6월호, 140면. 그러나 이들은 후에 公刊한 敎科書에서는 이러한 견해를 명시적으로 밝히고 있지 않다.

29) 獨逸民法 제816조 제1항 제1문은 이 점을 명문으로 인정하고 있다("무권리자가 어떠한 對象에 대하여 권리자에 대하여 유효한 처분을 한 경우에 그는 권리자에 대하여 그 처분에 의하여 취득한 것을 반환할 의무가 있다").

30) 同旨 : 李英俊, 「物權法」, 1990, 235면 등.

31) 이에 대하여는 우선 MünchKomm/Lieb, § 816 Rdnr. 27ff. (Bd. 3 2. Halbbd., 2. Aufl., 1986, S. 1377f.): "학설의 상황은 극도로 착종되어 있다(überaus kontrovers)."

으로 타인의 권리를 「이용」(가장 넓은 의미에서)하여 얻은 利益을 어느 범위에서 반환할 것인가 하는 收益返還責任(Gewinnhaftung) 등의 문제와 연결되는 것이다.[32)]

그러나 이 점에 대한 독일에서의 論議는 여하간에, 우리 민법의 해석으로서는 制限說을 취하지 않을 수 없을 것이다. 즉, 우리 민법상 不當利得에 관한 一般規定인 제741조는 독일민법에 있어서와는 달리 그 要件으로 "法律上 原因 없이 他人의 財產 또는 勞務로 인하여 利益을 얻는" 것뿐만 아니라 "이로 인하여 타인에게 損害를 加할" 것을 요구하고 있고, 학설과 판례는 이를 받아서 受益者가 얻은 不當利得 중에서 상대방의 「損失」의 限度를 넘는 부분은 이를 반환할 필요가 없다고 새기는 데 일치하고 있는 것이다.[33)] 그렇다면 위의 경우에 타인의 권리를 유효하게 처분한 무권리자는 그가 그 처분으로 인하여 취득한 것 전부가 아니라 권리자의 「損失」의 한도에서의 「利益」, 보다 일반적으로 말하면 그 권리의 "通常의 價値(gemeiner Wert)"를 반환하면 족하다고 할 것이다.

(2) 이러한 理致는 아마도 代償請求權에도 관철되어야 할 것이다. 물론, 代償請求權은 不當利得返還請求權과 同列에 놓을 수는 없으나, 不當利得禁止의 이념이 그 하나의 존재이유임을 부정할 수는 없다. 도대체 다름아닌 他人의 所有權을 객관적으로 침해한 자도 위와 같은 제한 아래서 그 利得을 반환하면 족한데(不當利得의 경우), 단지 채무의 이행불능으로 채권이 객관적으로 침해된 것에 불과한 경우에 대하여는 (代償請求權의 경우) 그러한 제한을 두지 않는다는 것은 균형이 맞지 않은

32) 이 문제를 독일채권법 개정작업의 일환으로 입법론적으로 검토한 쾨니히는, 타인의 권리를 故意 또는 重過失로 침해한 자는 不當利得으로 그 收益(Gewinn)까지 반환하여야 하고, 그렇지 아니한 경우에는 단지 침해된 권리의 "통상의 가치"의 반환으로 족하다는 立法提案을 하고 있다. Detlef König, Ungerechtfertigte Bereicherung, in: Bundesminister der Justiz(Hrsg.), *Gutachten und Vorschläge zur Überarbeitung des Schuldrechts*, Bd. 2, 1981, S. 1515ff., 특히 S. 1524, 1554ff. 참조.

33) 학설 : 郭潤直, 「債權各論」, 再全訂版, 1990, 593면 등. 판례 : 大法院 1968년 7월 24일 판결 68다905등사건(要集 민 I-2, 1125); 大法院 1974년 7월 26일 판결 73다1637사건(공보 498, 8029); 大法院 1982년 5월 25일 판결 81다카1061사건(集 30-2, 80) 등.

것이라고 생각된다.

이에 대하여 독일에서 대상청구권에 대하여 超過利得의 반환을 긍정하는 論據들은 전적으로 說得力이 있는 것은 아니다. 그 중에서 가장 그럴듯하게 보이는 것, 즉 채무자가 자신의 계약상 의무에 반하여 채무의 목적물을 제 3 자에게 처분함으로써 얻은 초과이익을 보유할 수 있다는 것은 衡平이나 信義誠實에 반한다고 하는 주장도 그 초과이익이 단순히 채무의 목적물로부터만 얻어진 것이 아니라 채무자 자신의 활동과 능력의 성과이기도 하다는 점을 생각하여 보면 반드시 首肯되는 것은 아니다.[34] 만일 그 경우에도 초과이익까지 반환하여야 한다면, 이는 오히려 債權者에게 근거 없이 利益을 주는 것이 되지 않을까.

우리 민법의 관점에서 보면, 收益返還은 委任에 있어서 受任人이 위임사무의 처리로 인하여 취득한 권리 등의 인도의무를 정하는 민법 제684조 제 1 항을 적용(이 규정은 眞正事務管理의 경우에 준용되고 있다. 민법 제738조 참조) 또는 유추적용할 수 있는 한도에서만 인정되어야 할 것으로 생각되는데, 代償請求權의 당사자 사이에서는 이러한 關係를 인정하기 어렵다고 볼 것이다.

Ⅳ. 結　論

이상에서 본 바와 같이 對象判決은 여러 모로 환영할 만한 것이라고 생각된다. 그것은 우선 代償請求權을 전면에서, 그것도 履行不能의 일반적인 효과로서 인정하는 점이 그러하다. 그리고 나아가 收用補償金을 代償請求權의 내용이 되는 「代償」으로 인정한 점도 중요하다.

물론, 그 외에도 代償請求權의 세부에 대하여는 앞으로 더욱 論議

34) 이에 대하여는 Ernst von Caemmerer, Bereicherung und unerlaubte Handlung, in: *Gesammelte Schriften*, Bd. 1, 1968, S. 232ff.(원래는 in: *Festschrift für Ernst Rabel*, Bd. 1, 1954, S. 356ff.) 참조.

를 요하는 바이나, 그것은 판례평석을 本旨로 하는 本稿가 감당할 수 있는 바가 아니다.

(「判例月報」 268호(1993. 1), 28면 이하 所載)

12. 表見受領權者에의 供託金出給과 不當利得

—大法院 1990년 5월 22일 판결 89다카1121사건*

[事實關係][1)]

(1) 이 사건 부동산(춘천시에 있는 약 130평의 대지와 그 지상의 각 건평 27평의 단층건물 2동)은 A의 소유이었다. 그런데 이에 대하여 1978년 4월에 원인무효인 저당권설정등기가 행하여지고 이에 기하여 같은 해 임의경매가 진행되었다. 그 경매절차에서 원고(원래 원고가 된 사람은 여럿이고, 경락받은 사람은 보다 정확하게는 원고들 중 일부의 피상속인과 나머지 원고이나, 이 글에서는 그냥 「원고」라고 단순화하기로 한다)는 이를 경락받고 경락대금 1천 1백 5십만원을 납입하였다. 그리고 그 돈 중에서 채권자들에게 배당되고 남아 소유자 A에게 교부되어야 할 금 5,196,284원(이하 「이 사건 供託金」이라고 부르기로 한다)은 供託되었다. 그리고 원고는 이 사건 부동산에 관하여 競落을 원인으로 하여 소유권등기를 이전받았다.

그런데 A가 위 저당권설정등기가 원래 무효이고 따라서 이에 기하여 행하여진 위 경매절차에서 경락을 받아 이루어진 원고의 소유권이전

---

* 대법원판례집 38권 2집 17면.

1) 이 사건의 제 1 심판결과 원심판결, 그리고 상고이유서를 입수하는 데에 春川地方法院의 韓相鎬 부장판사와 서울고등법원의 金壽亨 판사의 도움을 얻었다. 이 자리를 빌어 감사드린다.

등기도 무효라고 주장하여, 원고를 상대로 등기말소청구소송을 제기하였다. 그리고 이 소송에서 A가 승소함으로써 결국 원고의 등기는 1981년에 말소되었다. 그 후 1985년에 이르러 A가 사망하고, 피고(원래 피고가 된 사람도 여럿이나 이 글에서는 그냥 「피고」라고 단순화하기로 한다)가 그의 재산을 상속하였다.

(2) 原告는 이 사건 소송에서, A가 1979년 4월 10일에 이 사건 供託金을 출급받았는데 이는 위 경매의 무효로 원고가 이 사건 부동산의 소유권을 취득하지 못함으로 말미암아 법률상 원인이 없는 利得이 되었다고 주장하여 그 반환을 청구하였다.

이에 대하여 피고는, 이 사건 공탁금은 A가 아니라 B가 서류를 위조하여 출급받은 것이므로 원고의 청구는 이유 없다고 다투었다.

그러자 다시 原告는, 이 사건 공탁금을 출급받은 것이 B라고 하더라도 "B의 그 행위는 적어도 민법 제126조 권한유월의 표현대리나 동법 제127조의 대리권 소멸 후의 표현대리행위로서 B의 행위의 결과는 A에게 귀속되어 이 사건 공탁금은 A가 취득한 셈이 된다"고 주장하였다.

(3) 제1심법원(춘천지방법원 1988년 4월 22일 판결 87가합205사건)은, 이 사건 공탁금을 출급받은 것은 A가 아니라 B라고 事實認定하였다. 나아가 表見代理主張에 대하여는 "B의 공탁금수령행위가 표현대리에 해당하더라도 이로써 곧바로 A가 위 공탁금 상당의 이익을 얻었다고 단정할 수도 없는 노릇이므로 원고의 위 주장은 더 나아가 살필 필요 없이 이유 없다"(머리점은 引用者가 가한 것이다. 이하 같다)고 판시하였다. 그리하여 同法院은 "A가 위 공탁금 상당의 이익을 얻었음을 전제로 한 원고의 이 사건 청구는 이유 없다"고 하여, 원고의 請求를 棄却하였다.

(4) 그러나 原審法院(서울고등법원 1988년 12월 7일 판결 88나22362사

건)은 제 1 심판결을 취소하고 원고의 청구를 認容하였다.

이 사건 供託金이 출급된 經緯에 관하여 원심판결이 인정한 사실은 다음과 같다. B는 1978년 2월에 A로부터 금전의 차용을 위임받고 그의 인감증명서와 인감도장을 제 3 자로부터 교부받아 5 십만원을 차용한 사실이 있고, 또 같은 해 4월에도 3 백만원을 차용하는 데 필요하다고 말하여 A로부터 인감증명서와 인감도장을 교부받은 사실이 있다. 그런데 1979년 3월 26일에 우편물집배원이 A에게 "이 사건 供託金의 「수령통지서」로 보이는 債權證書와 領收證이 든 우편물"을 교부하려 하자 A는 그 수취를 거절하여 留置送達이 이루어졌다. 그리고 B가 같은 해 4월 초에 A에게 "공탁관계에 필요하다"고 말하자, A는 '공탁금회수용'으로 된 인감증명서 1통을 직접 발부받아 B에게 교부하였다. 그리고 B는 이 인감증명서와 앞서 받은 인감도장을 사용하여 이 사건 供託金을 出給받았다(이와 아울러 원심법원은, "이 사건 공탁금을 수령함에도 위 채권증서 및 영수증을 지참함이 필수적이라고 할 것인데 이 사건에 있어서 B가 A의 의사에 반하여 이를 소지하게 되었다고 볼 만한 자료도 없다"고 설시하고 있다).

원심법원은, 그러한 사실을 근거로 "B에게 이 사건 공탁금을 지급한 공탁공무원은 정당한 수령권자인 외관을 갖는 자에게 이 사건 공탁금을 지급하였다 할 것이므로 A는 민법 제126조 내지 동조 제127조에 의한 표현대리의 본인으로서 이 사건 공탁금을 수령한 셈이 된다"고 판시하였다. 그리고 이어서, 그렇다면 A는 無效인 이 사건 부동산에 관한 경매에 의한 경락대금의 일부인 이 사건 공탁금 5,196,284원의 受領者로서 원인 없이 원고의 손해에서 이를 부당이득하였다"고 하고, 원고의 請求를 認容하였다.

(5) 그러자 피고는 다음의 [上告理由]에서 보는 바와 같은 理由를 들어 상고하였다. 그러나 대법원은 다음의 [判旨]와 같이 판시하여 上告를 棄却함으로써 원고의 승소를 확정지었다.

[上告理由]

"B의 공탁금수령행위가 표현대리에 해당하더라도 이로써 곧바로 A가 공탁금 상당의 이익을 얻었다고 단정할 수는 없는 노릇이며, 원심으로서는 A가 실질적으로 이익을 얻었는가 여부를 심리·확정한 후에 원고 청구의 인용 여부를 판단하였어야 했습니다. …결국 표현대리제도는 선의의 제3자를 보호하고 거래의 안전을 보장하기 위한 것이므로 이로써 당사자 사이의 어떠한 법률관계가 유효하게 성립, 변경 또는 소멸하였다는 것을 인정하는 것이라면 모르되, 원심판시와 같이 한편으로는 「이 사건 공탁금은 A가 교부받은 것이 아니라 B가 교부받은 사실을 인정할 수 있다」고 설시하면서도 다른 한편으로는 표현대리의 인정 결과로 A에게 공탁금 수령의 법률효과가 귀속된다 하여 이로써 곧바로 A가 위 공탁금 상당의 이득을 얻었다고 단정하는 것은 부당이득에 있어서 누구를 이득자로 보고 누구를 그 손실자로 볼 것인가 하는 당사자 확정의 문제, 즉 인과관계문제에 관하여 심리를 다하지 아니한 채 만연히 표현대리제도를 활용함으로써 '사회관념상 원고와 피고 사이에 동일성 있는 재산적 가치의 이동이 있다고 평가되는 연락관계'가 있는 양 판단하는 위법을 저질렀다 할 것입니다"(점선은 引用者가 생략한 부분이다. 이하 같다).

[判　　旨]

"공탁금의 대리수령에 있어서 공탁금수령권자인 본인이 대리인으로 칭하는 자에게 공탁금수령의 권한을 부여한 바 없다 하더라도 공탁수락과 출금의 권한을 부여한 것과 같은 외관을 발생시켜 민법 제126조 내지 제127조의 표현대리가 인정되는 경우에는 이러한 표현수령권자의 공탁금수령은 본인에게도 그 효과가 발생한다고 보아야 할 것이다.

따라서 원심이 적법히 확정한 바와 같이 … 공탁공무원이 정당한 수령권자인 외관을 갖는 B에게 이 사건 공탁금을 지급하였다면 A는 비록 그 공탁금을 현실로 수령하여 이득을 본 바 없다 하더라도 표현대리의 본인의 지위에서 그 공탁금을 수령한 셈이 된다 할 것이므로 원심이 같은 취지에서 이 사건 부당이득반환청구의 상대방을 A로 본 것은 정당"하다.

[研 究]

I. 序 說

(1) 이 사건 대법원판결(이하 「對象判決」이라고 부르기로 한다)은 다음과 같은 흥미로운 문제를 다루고 있다. 즉, 애초부터 무효인 저당권에 기한 임의경매절차에서 채권자들에게 교부되고 남아 부동산소유자(저당권설정자)를 위하여 공탁된 경락대금을 부동산소유자의 대리인이 적법한 권한 없이 그러나 유효하게 수령한 경우에, 競落人은 부동산소유자를 상대로 하여 부당이득을 이유로 그 금전 상당액의 返還을 請求할 수 있는가 하는 문제이다. 對象判決은 결론적으로 이를 긍정하였다.

소송당사자들의 주장이나 제 1 심 이래 법원의 판단은 주로, 설사 B의 공탁금수령행위가 「表見代理」로서 그 효과가 A에게 귀속된다고 하더라도, A가 그 금전을 실제로 취득한 일이 없는 이상 그것을 그것을 가지고 A의 不當利得이 성립된다고 할 수 없지 않는가 하는 論點에 향하여졌다. 대법원은 그러한 事情이 있더라도 A의 부당이득반환의무를 인정한 것이다.

이 문제가, 不當利得의 성립요건으로서의 「利益」이란 무엇인가, 특히 소위 給付利得返還請求(Leistungskondiktion)의 경우에 반환의 대상이 되는 바의 「利益」을 어떻게 파악할 것인가라고 하는 難問과 밀접한 관련을 가지고 있음은 물론이다. 특히 종전에 대법원은 추상론으로서 부당이득의 요건으로서의 「이익」은 實質的인 利得을 가리킨다고 여러 차례 판시한 바 있기 때문에, 이 抽象論과 대상판결의 태도가 어떻게 조화될 수 있는가 하는 문제도 제기된다.

이와 같은 「表見代理(또는 給付의 表見受領)와 不當利得과의 관계」라는 논점에 대하여는, 필자가 조사한 한도에서는, 對象判決이 최초로 판시한 것이다. 그리고 그 判示의 對象은 이 사건에 해결을 주는 데 불가결적으로 판단되어야 했던 法問題이기 때문에, 對象判決의 태도는 소위 主理由(ratio decidendi)에 해당하는 것으로서 대법원이나 하급법원의 장차의 판단을 구속하는 先例로서 중요한 의미가 있다고 하겠다.

(2) 미리 말하면, 필자는 대법원이 이 사건에서 원고의 부당이득반환청구를 인용함으로써 原告勝訴로 이 사건에 대한 결론을 내린 것에 찬성이다. 그런데 그 결론에 이르는 理由에 관하여 살펴 보기 전에 이 사건의 事實認定에 대하여 약간의 의문이 있다.

원심판결은, 위의 [事實關係] (4)에서 본 대로, 공탁금을 수령함에 필수적인 債權證書(즉 供託通知書)가 A에게 留置送達된 후에 B가 A에게 "공탁관계에 필요하다"고 말하자, B는 그 용도가 다름아닌 '공탁금 회수용'으로 된 印鑑證明書 1통을 직접 발부받아 B에게 교부한 사실, 그러자 B가 이 인감증명서와 종전부터 소지하고 있던 인감도장, 그리고 위와 같이 하여 송달된 供託通知書를 사용하여 이 사건 供託金을 출급받은 사실을 인정하고 있다. 그렇다고 하면, 이로부터 바로 A로부터 B에게 공탁금의 대리수령에 관한 권한의 수여가 있었고, 그 代理受領權限에 기하여 B가 이 사건 공탁금을 수령받았다고 추론하여도 무방하지 않을까. 그렇지 않다면, 도대체 A는 어떠한 의사로 B에게 '공탁금 회수용'으로 된 인감증명서를 교부하였다는 말인가.

이와 같이 A가 B에게 대리수령권한을 수여하였다고 하면, 事實審으로서 표견대리를 운운할 필요가 아예 없고 따라서 위의 1.에서 본 「表見代理와 不當利得과의 관계」라는 難問을 직접 다루지 아니하여도 되어서 부당이득 成否의 문제에 관하여도 보다 용이하게(그 의미에 대하여는 뒤의 Ⅱ. 2.에서 보기로 한다) 위와 같은 결론에 도달할 수 있었을 것이라고 생각되기도 한다. 그러나 本稿에서는 원심판결의 事實認定에 좇아 B가 A로부터 공탁금수령의 권한을 수여받지 아니한 것을 前提로 하여 論議를 진행하여 가기로 한다.

Ⅱ. 辨濟의 表見受領과 不當利得

1. 供託物出給과 表見代理

(1) 이 사건 공탁금은 任意競賣의 배당절차에서 공탁된 금전이다. 부동산경매에 있어서 채권자에게 배당할 금전의 공탁에 대하여는 민사소송법 제598조 제4항(동산강제경매에 관한 이 규정은 同法 제728조, 제658조에 의하여 부동산임의경매에 준용된다) 등에서 규정되고 있는데, 이는 각 채권자에게 배당되고 남은 금전이 있는 경우에 이를 교부받을 債務者나 物上保證人(또는 제3취득자)이 배당기일에 출석하지 아니한 경우에도 마찬가지라고 해석되고 있다.

이와 같이 경매채무자 등에 교부되어야 할 금전을 공탁하는 것은, 이를 私法的으로 파악하면, 매수인이 그가 지급하여야 할 매매대금의 일부를 辨濟供託한 것으로 보아야 할 것이다. 그리고 이 사건 공탁금의 出給이나 그 반면으로서의 受領에 대하여는 일반적으로 공탁물의 출급이나 수령에 관하여 적용되는 법리가 적용되어야 할 것이다.

(2) 공탁의 법적 성질에 관한 일반적인 논의[2] 여하에 불구하고, 공탁이 私法的인 측면에 있어서는 제3자를 위한 任置契約으로서의 성질을 가지고 있다고 일치하여 지적되고 있다. 그리고 변제공탁이 채무소멸의 효과를 가지는 것은, 그 임치계약에 있어서 수익자에 해당하는 債

2) 이에 대하여 公法關係說과 兩面關係說의 대립이 있음을 주지하는 대로이다.

權者가 공탁소에 대하여 出給請求權을 가지게 되기 때문이고, 따라서 이 出給請求權은 기능적으로는 원래의 채권에 갈음하는 것이라는 데에도 異論이 없다.

그런데 이와 같은 출급청구권은 공탁관계의 公法的인 側面에 의하여 제약을 받아서 법이 정하는 절차와 방식에 의하여 행사되어야 한다. 공탁물의 출급에 대하여는 주로 供託事務處理規則 제29조 이하에 규정되어 있다. 여기서 중요한 것은, 우선 피공탁자가 공탁통지서 등과 같은 부속서류를 첨부하여 공탁물의 출급을 청구하는 意思를 일정한 내용의 서면(공탁물출급청구서)으로 表示하여야 한다는 것이다(同規則 제29조, 제30조 참조). 이 때 대리인에 의한 출급청구도 가능한데, 다만 대리인은 "委任에 의한 代理人의 權限을 증명하는 書面에 날인된 인감"에 관하여는 인감증명서를 제출하여야 한다(同規則 제35조 제 1 항).

이와 같이 공탁물출급에는 供託所에 대한 出給請求의 意思表示가 반드시 요구된다. 따라서 일반적으로 債務辨濟에 있어서 변제수령자의 변제청구의 의사표시, 나아가 변제자와 변제수령자와의 사이의 무슨 合意가 반드시 있어야만 하는 것이 아닌 것과는 이 점에서 다르다. 물론 이 의사표시가 私法上의 法律行爲를 이루는 것이 아니고 그 자체로서는 어디까지나 公法上의 行爲임은 물론이다.[3] 그러나 역시 공법상의 행위에 다름아닌 登記申請行爲나[4] 强制執行受諾의 意思表示(소송법상의 행위)에[5] 대하여 表見代理規定의 적용 또는 유추적용이 있음과 마찬가지로, 공탁물출급청구에 관하여도 同規定의 유추적용이 있다고 보아도 큰 무리는 없다고 생각된다.[6]

3) 그러나 이것은, 특히 변제공탁에 있어서는 그것이 채무의 소멸이라는 사법관계의 변동을 직접의 목적으로 하기 때문에 많은 경우에 사법적 측면에서의 평가가 문제가 됨을 부인하는 것은 아니다.

4) 大法院 1978년 3월 28일 판결 78다282등사건(集 26-1, 257). 同判決은 주지하는 대로 기본대리권이 등기신청행위를 내용으로 하는 것일지라도 表見代理의 법리가 적용된다고 한다.

5) 이에 대하여는 同旨의 大法院 1983년 2월 8일 판결 81다카621사건(集 31-1, 66)이 있다.

6) 물론 현실적으로는 출급청구를 할 때가 아니고 실제로 공탁물보관자로부터 공탁물을

한편 이 사건의 事案에서와 같이 전체적으로 볼 때 변제(공탁물출급을 포함하여)의 유효 여부가 종국적으로 문제되는 경우에는 ―뒤에서 간단히 살펴 보는 바와 같이― 債權의 準占有者에 대한 辨濟에 관하여 정하는 민법 제470조에 의하여 처리하는 것이 더욱 적절하지 않은가 하는 의문이 전혀 없지는 않다. 그러나 다른 한편으로 위에서 본 바와 같이 공탁물출급청구가 代理人에 의하여 행하여질 수 있음은 법이 정면으로 시인하는 바인데, 그것이 단지 공법상의 행위임을 들어 굳이 이에 대하여 代理, 나아가 表見代理에 관한 민법규정이 아예 적용되지 않는다고 볼 이유는 없다고 할 것이다.

2. 給付의 代理受領과 契約上 給付의 原狀回復關係

(1) 앞서 본 대로 이 사건의 사안에서 경매부동산의 소유자인 원고에게 교부되어야 할 금전을 공탁하는 것은, 이를 私法的으로 파악하면, 경매절차, 즉 공적으로 진행된 매매에서 매수인(경락인, 즉 원고)이 그가 지급하여야 할 매매대금의 일부를 辨濟供託한 것으로 보아야 할 것이다. 그리고 아직 매도인(경매부동산의 소유자, 즉 피고)이 그 공탁물을 수령하지 아니한 단계에서라면, 경매의 무효를 주장하는 매수인은 賣渡人 자신에 대하여 바로 그가 경매로 인하여 얻은 이익, 즉 供託物出給請求權의 반환을 청구할 수 있을 것이다.

법률상 원인 없이 제 3 자에 대한 債權을 취득한 경우에 그 채권이 부당이득이 된다는 점에는 異論이 없다.[7] 이미 大法院 1984년 2월 14일 판결 83다카1645사건(集 32-1, 69)은 이 점을 정면에서 인정하고 있다.

지급받을 때에 공탁출급이 행하여지는 것인데, 이에 대하여도 별도의 의사표시가 요구되는지는 잘 알 수 없다. 그러나 설사 그것이 불필요하다고 하더라도, 실제의 공탁물지급은 앞서 행하여진 출급청구의 의사표시를 사실상으로 뒷처리하는 데 불과한 점이 있어서, 이를 들어 表見代理를 부정할 것은 아니라고 생각된다.

7) 同旨 : 權光重, 債權의 不當利得과 그 返還義務의 履行方法, 「민사판례연구」 12집(1990), 146면; 「註釋 債權各則(Ⅲ)」, 1986, 159면(鄭萬朝 집필) 참조.

이 판결은 부동산양도담보권자가 담보의 실행을 위하여 목적물을 매도하고 그 일부의 대금만을 수령한 상태에서 목적물의 소유자 겸 채무자가 채무원리금을 공제한 잔액을 부당이득을 이유로 반환청구한 사건에 대한 것이다. 原審이, 피고가 아직 수령하지 못한 매매대금에 대한 청구부분에 대하여 원고의 청구를 기각한 데 대하여, 대법원은 "채권도 물권과 같이 재산권의 하나이므로 그 취득도 당연히 이득이 되고 수익이 되는 것이므로… 이 잔대금채권의 취득 역시 반환하여야 할 부당이득이 됨은 당연한 법리라 할 것"이라고 하여 原審判決을 파기한 것이다.[8)]

(2) 위와 같은 경우에 매도인이 공탁금을 실제로 수령하였다면, 매수인이 그에 대하여 供託物出給請求權이 아니라 供託物 자체의 반환을 청구할 수 있음에는 의문의 여지가 없다.[9)]

그런데 그 때 공탁물출급이 피공탁자인 매도인 자신이 아니라 表見受領權者에 대하여 유효하게(즉 공탁물출급청구권을 소멸시키는 효과를 발생시키면서) 행하여졌다고 하면, 매수인은 매도인에 대하여 무엇을 不當利得으로 반환청구할 수 있는가. 이 경우에 賣渡人은 실제로 공탁물을 수령한 表見受領權者에 대하여 그가 수령한 공탁물을 부당이득으로 자신에게 반환할 것을 청구할 수 있는 권리를 갖는다. 왜냐하면 표현수령권자는 그 공탁물의 수령에 의하여 매도인이 가지는 공탁물출급청구권을 소멸시켰기 때문이다. 그렇다면 買受人은 매도인에 대하여 반환청구할 수 있는 것은 매도인이 가지는 위와 같은 부당이득반환청구권이고(소위 부당이득반환청구권의 부당이득반환청구[Kondiktion der Kondiktion]), 실제로 출급된 공탁물 그 자체는 아니라고 하여야 할 것인가.

(a) 이와 관련하여서는 독일에서는 소위 三角關係에서의 不當利得

---

8) 이 판결에 대한 평석으로서 權光重(註 7), 145면 이하 참조. 同評釋은 원고가 金錢의 支給을 구하고 있고 債權의 返還을 訴求하지 않음을 들어, 원심판결의 태도에 이해를 보이고 있다.

9) 權光重(註 7), 146면 이하도, "채권의 이득자가 이미 변제를 받은 때에는 그 전액을 손실자에게 반환하지 아니하면 아니된다"고 한다.

問題와 관련하여 다음과 같은 문제가 논의되고 있다. 가령 乙이 자신이 甲에 대하여 1백만원의 채권을 가지고 있고 또 丙에 대하여는 1백만원의 채무를 지고 있다고 생각하고, 채무자 甲에게 그 채무의 이행을 자신에 대하여서가 아니라 丙에게 직접 하도록 요청하였고, 甲은 이에 응하여 丙에게 1백만원을 지급하였다. 그런데 나중에 실제로 乙의 甲에 대한 채권도, 丙의 乙에 대한 채권도 존재하지 않는 것으로 밝혀졌다. 甲은 누구를 상대로 어떠한 내용으로 자신이 한 급부의 반환을 청구할 수 있는가? 다시 말하면 甲은 丙에 대하여 직접 그가 받은 1백만원의 반환을 청구할 수 있는가? 만일 그렇지 않고 甲은 단지 乙에 대하여만 반환청구를 할 수 있고 丙에 대하여는 乙만이 반환청구를 할 수 있다고 한다면, 甲이 乙에 대하여 가지는 반환청구권의 내용은 乙이 丙에 대하여 가지는 부당이득반환청구권의 반환인가 아니면 甲이 한 급부 그 자체, 즉 1백만원의 반환인가?

이에 대하여 通說은 甲은 乙에 대하여만 반환청구를 할 수 있으며, 그 내용은 그가 한 給付 그 자체(즉, 위의 예에서는 1백만원)라고 한다. 중요한 것은 그 結論이 아니라, 이를 뒷받침하는 그 理由이다. 즉, 이와 같이 넓은 의미에서의 채무이행관계(또는 급부관계)에서의 不當利得反還의 당사자를 확정함에 있어서는 다음의 세 가지 관점이 고려되어야 한다는 것이 일반적으로 인정되고 있다.[10] 첫째는, 하자 있는 원인관계에 있어서 그 당사자들이 취득하는 對抗事由를 상대방 당사자에게 주장할 수 있어야 하며, 제3자를 부당이득관계의 상대방으로 내세움으로써 그것을 주장할 기회를 박탈하여서는 안 된다는 것이다. 둘째는, 다른 한편 원인관계의 각 당사자는 상대방 당사자가 제3자와의 관계에서 취득하는 對抗事由로부터 보호되어야 한다. 만일 위의 예에서 甲이 乙의 丙에 대한 반환청구권을 반환받는다고 하면 丙은 乙에 대하여 주장할

10) 이를 종합적으로 서술하는 것으로서 C.-W. Canaris, Der Bereicherungsausgleich im Dreipersonenverhältnis, in: *Festschrift für K. Larenz zum 70. Geburtstag*, 1973, S. 799ff., 특히 S. 802f. 참조.

수 있는 대항사유, 가령 同時履行의 抗辯權을 甲에 대하여도 주장할 수 있게 되는 것이다(우리 민법 제451조 제2항 참조). 셋째는, 無資力危險(Insolvenzrisiko)은 정당하게 분배되어야 한다. 특히 계약당사자는 스스로 상대방을 선택하였고 그에 있어서 相對方의 資力을 신뢰한 것이다. 그러므로 원칙적으로 그가 그 신뢰의 결과, 즉 자신이 선택한 상대방이 무자력하다는 위험을 부담하여야 하며, 이를 제3자에게 전가하여서는 안된다는 것이다.

(b) 이러한 評價要素들을 여기서 논의되고 있는 供託物의 表見受領의 경우에 적용하여 보면, 역시 매수인은 매도인에 대하여 표현수령권자가 수령한 것 그 자체의 반환을 청구할 수 있다고 보아야 함에 거의 의문이 없으리라고 생각된다.

위의 論議를 이 사건의 結論을 이끌어 내는 데 관련시켜 보려고 한다면, 특히 그 중에서 세 번째 評價要素가 보다 이해하기 쉬운 논점을 이룬다고 생각된다(그러나 첫째와 둘째의 평가요소를 고려할 때에도 이하에서 보는 바와 마찬가지의 歸結에 도달함에는 의문의 여지가 없다). 만일 이 사건에서 원고가 피고에 대하여 부당이득을 이유로 반환청구할 수 있는 것이 피고가 실제로 공탁금을 수령한 B에 대하여 가지는 부당이득반환청구권만이라고 해 보자. 이 경우 원고가 자신이 지출한 금전을 실제로 반환받는 것은 그와 같이 하여 이전받은 부당이득반환청구권을 행사함으로써만 가능하게 된다. 그렇다면 이 권리가 실제로 만족을 얻을 것인가는 B에게 資力이 충분한가 여부에 달리게 된다. 말하자면 B의 無資力危險은 원고가 부담하는 셈이 된다. 그런데 만일 이 사건에서 원고가 피고에 대하여 직접 공탁금의 반환을 청구할 수 있다고 해 보자. 이 경우에 B가 권한 없이 수령한 供託金은 원래대로 피고에 대하여 반환되어야 할 것이다(이미 위에서 본 대로 表見受領權者인 B는 그 공탁금의 수령에 의하여 피고가 가지는 공탁물출급청구권을 소멸시켰기 때문이다). 그러나 피고가 B로부터 그 공탁금의 반환을 받을 수 있는가는 B의 資力이 충분한가에 달려 있다. 즉 B의 無資力危險은 피고가 부담하는 셈이 된다.

이 두 가지 해결방안 중 後者가 타당함에는 거의 의문이 없다고 생각된다. 피고는 원래 B의 공탁금수령에 의하여 자신의 공탁금출급청구권이 소멸하는 법률효과를 감수하여야 한다. 그는 그와 같이 하여 자신의 債權을 상실하는 대신 B에 대하여 그가 수령한 공탁금에 관하여 부당이득반환청구권을 가지게 된다. 이것은 그와 같은 경우에 法이 급부를 한 채무자(즉 원고)에 대하여는 ―단지 表見受領權者에 대하여 부당이득반환청구권을 가지게 되는 것이 아니라― 마치 채권자가 실제로 그 급부를 수령한 것과 같이 그의 채무를 소멸시킴으로써 그의 신뢰에 상응하는 법률효과를 부여하고, 다른 한편 채권자(즉 피고)에게 부당이득반환청구권을 부여함으로써 그 상대방인 반환의무자(즉 실제적인 변제수령자 B)의 無資力危險을 부담하도록 결단하였음을 의미하는 것이다. 이와 같은 法的인 決斷은 나중에 원고가 피고에 대하여 아무런 채무도 부담하지 않았음이 밝혀져서 원고가 한 급부가 그에게 반환되어야 하는 단계에서도 당연히 貫徹되어야 하는 것이다. 즉 채무자인 원고는 이 경우에 비록 자신의 채무가 소멸되는 효과는 ―소멸되어야 할 채무 자체가 존재하지 않으므로― 얻을 수 없다고 하더라도, 역시 채권자인 피고가 실제로 그 급부를 수령한 것처럼 그 급부의 반환을 피고에게 청구할 수 있어야 하고, 피고는 실제로 급부를 수령한 B에게 부당이득반환청구권을 취득함으로써(따라서 그는 여전히 B의 無資力危險을 부담하게 된다) 만족하여야만 한다. 만일 그렇지 않고 이번에는 원고가 피고에 대하여 그의 부당이득반환청구권의 이전만을 청구할 수 있다고 한다면, 이는 外觀에 대한 信賴를 보호할 것인가와는 아무런 상관 없는, 채무의 실제 존재 여부라고 하는 우연한 사정에 의하여 法的인 歸結을 달리하는 評價矛盾에 빠지게 되는 것이다.

Ⅲ. 小 結

대법원은 부당이득반환청구권의 내용으로서의 「利益」에 관하여 추상적 법률론으로서, "법률상 원인 없이 이득하였음을 이유로 한 부당이득의 반환에 있어 이득이라 함은 실질적인 이익을 가리켜 뜻한다 함이 본원이 견지하여 온 견해"라고 여러 차례 밝힌 바 있다.[11] 그리고 이러한 抽象論을 적용하여, 임대차계약의 종료 후 임차인이 목적물을 계속 점유하고 있는 경우에도 실제로 이를 사용하고 있지 않다면, 비록 그 不使用이 賃借人 자신의 의사에 기한 것이라도, 임차인은 使用利益, 즉 임료 상당의 이득을 반환할 의무가 없다고 판시하였다.[12]

그러나 필자는 이러한 태도에 의하여 반대하는 견해를 발표한 바 있다.[13] 그 이유를 요약하면, 임대차관계가 종료하여 그 계약당사자들이 원상회복의무를 부담하는 경우에 부당이득문제를 해결하는 데 있어서는 임대차계약관계의 법리가 계속적으로 고려되어야 한다는 데 있었다. 즉 위와 같은 경우에 임대차계약에 기하여 임차인에게 급부된 것은 목적물의 利用可能性(Nutzungsmöglichkeit)이고 使用利益 그 자체가 아니므로, 임차인이 그 계약관계의 종료 후에도 그 給付(즉 이용가능성)를 그대로 보유하고 있는 한, 반환의 대상이 되는 「이익」이 없다고 할 수는 없다는 것이다. 이를 보다 일반적으로 말하면, 부당이득의 내용이 당사자들이 행한 給付의 반환인 경우에는 그 給付의 原因關係에 관하여 적용되는 법리가 不當利得關係에도 영향을 미쳐야 한다는 것이다.

---

11) 가령 大法院 1979년 3월 13일 판결 78다2500등사건(集 27-1, 194); 大法院 1981년 10월 11일 판결 81다378사건(集 29-3, 192); 大法院 1984년 5월 15일 판결 84다카108사건(集32-3, 31) 등.

12) 특히 前註에서 본 大法院 1984. 5. 15. 판결 참조.

13) 梁彰洙, 賃貸借終了 후 賃借人의 目的物 繼續占有와 不當利得, 서울大 「法學」 27권 1호(1986), 197면 이하(「民法研究」, 2권, 1991, 329면 이하에 의하여 引用한다).

對象判決은, 물론 정면으로는 아니지만, 앞서 본 「실질적 이익」에 관하여 "본원이 견지하여 온 견해"에도 불구하고, 결과에 있어서는 이러한 「見解」로써는 설명될 수 없는 결과를 인정하고 있다고 하겠다. 물론 「실질적 이익」이라는 표현은 그 내용이 매우 불분명한 것이어서 판결이유의 전개과정에서 「실질적인」 論證力을 가지지 못한다는 점을 전제로 한다고 하더라도,[14] 이 사건의 事案에서 실제로 공탁금을 수령한 B가 그 금전으로 피고에게 어떠한 이익을 주었는지 事實確認되지 않고 있는 이상에는 단지 B의 공탁금수령만을 가지고 피고에게 무슨 「실질적 이익」이 있음을 긍정하는 것은 아무래도 무리한 판단이라고 여겨지기 때문이다. 그리고 이러한 결과는 이미 말한 대로 給付의 原因關係에 관하여 적용되는 법리, 즉 여기서는 表見受領의 법리가 부당이득관계에 영향을 미친 것이라고 설명될 수도 있다. 그를 새삼 확인하였다는 의미에서 對象判決은 환영할 만한 것이라고 생각된다.

(「民事判例硏究」 15집 (1993), 151면 이하 所載)

---

14) 이 점에 대해서는 이미 梁彰洙(註 13), 335면 참조.

13. 1992년 民法 判例 概觀

Ⅰ. 들어가기 전에

1992년도에 나온 민법에 관련된 裁判例들을 살펴 봄에 앞서서 미리 몇 가지 제한을 두고자 한다.

우선 「민법」이라고 하여도 여기서는 일단 總則, 物權, 債權의 各編에 관한 것에 한정한다. 당연히 「민법판례」에는 親族이나 相續에 관한 것도 포함되어야 할 것이다. 그러나 필자의 전공과의 관계상 부득이하게 이렇게 하기로 하였다. 이것은 민법을 財産法·家族法의 둘로 준별하고 이 兩者를 각기 독립된 單位로 별개로 다루고자 하는 것과는 아무런 상관이 없음을 미리 밝혀 둔다.

나아가 「판례회고」라고 하여도 당연히 公刊된 裁判例에 한정할 수밖에 없는데, 그 자료로서는 전적으로 『법원공보』에 의존하기로 하였다. 이는 자료의 집중이라는 차원에서 바람직하고 또한 중요판례를 망라한다는 점에서도 손색이 없다고 생각되었기 때문이다. 이하에서는 가령 『법원공보』 919호 1303면(당해연도분 통면)에 수록된 것이면 "公報 919, 1303"과 같이 인용하기로 한다.

마지막으로 시기적으로는 1992년도분 법원공보, 그 중에서도 시간관계상 932호(11월 15일자)까지에 수록된 裁判例를 대상으로 하였다. 따라서 1991년에 나온 것이라도 다룬 경우가 있다.

Ⅱ. 總 則

1. 信義則 또는 權利濫用

信義則(또는 權利濫用)의 法理는 1992년에도 그 「항상 확장되는 구성요건」으로서의 기능을 여실히 발휘하였다.

(1) 信義則이 적용된 가장 두드러진 예는, 繼續的 契約關係(그 중에서도 계속적 보증관계)를 事情變更을 이유로 修正 또는 補充하는 경우와 失效의 原則을 적용하는 경우이다.

(a) 그 중 繼續的 保證에 관하여 보면, 大判 92.5.26, 92다2332(公報 924, 2011)은, 회사의 「단순고용직 이사」로 재직하는 자가 그 회사가 은행과의 계속적 거래로부터 발생하는 채무를 "회사의 요구로 부득이" 연대보증하였으나 그 후 그 理事의 職을 사임한 경우에 대하여, 이는 "이 사건 연대보증계약 성립 당시의 사정에 현저한 변경이 생긴 경우에 해당하므로 事情變更을 이유로 이 사건 연대보증계약을 해지할 수 있다고 보아야 할 것"이라고 판시하였다. 이러한 경우에 事情變更을 이유로 하는 解止權은 이미 大判 90.2.27. 89다카1381(集 38-1, 78)에 의하여 긍정되었는데, 위 판결은 이와 궤를 같이하는 것이다.

계속적 보증에 대하여 신의칙이 개입하는 또 하나의 樣相은 일정한 예외적인 경우에 保證責任額을 감경하는 것이다. 이와 관련하여서는 入院治療費保證人의 책임액감경을 인정한 大判 92.9.22, 92다17334(公報 932, 2970)이 눈에 띈다. 이 사건에서는 병원의 의사가 아무런 관계 없는 重態의 應急患者를 위하여 보증을 하였다는 保證經緯의 特殊性(신원보증법 제6조도 참조)이 특히 참작된 것으로 보인다. 그런데 그 판시에서 주목되는 것은 "치료비 전액에 대한 보증책임을 묻는 것은 적어도 이 사건의 경우에 있어서는 신의칙상 심히 부당한 결과가 되는 것" 운운하여,

信義則에 일종의 事案正義(Fallgerechtigkeit)의 달성수단으로서의 기능을 정면에서 인정하고 있다는 점이다.

(b) 한편 失效의 原則은 특히 勤勞關係의 解消 여부가 문제된 경우에 빈번하게 원용되고 있다. 이는, 1980년경에 있었던 소위 「淨化計劃」에 의한 大量解雇가 법적으로는 무효인데 이에 대하여 1987년 6월 이후에 그 효력을 다투는 소송을 제기할 수 있는가 하는 사회적으로도 중요한 문제를 법원이 처리하는 과정에서 등장하였다.

이와 관련하여 적어도 추상적인 법률론의 차원에서 壓卷을 이루는 것은 大判 92.1.21, 91다30118(公報 916, 884)이다(이 판결의 법률론은 분명 大判 92.5.26, 92다3670[公報 924, 2013]에도 영향을 미치고 있다). 우선 이 판결은, 사용자와 근로자 사이의 勤勞關係의 存否를 둘러싼 분쟁에는 실효의 원칙이 다른 법률관계에서보다 더욱 적극적으로 적용되어야 할 필요가 있음을 정면으로 판시하고 있다. 그 이유로 위 판결이 드는 것은, "그러한 紛爭은 그 당시의 경제적 정세에 대처하여 최선의 설비와 조직으로 기업활동을 전개하여야 하는 사용자의 입장에서는 물론, 근로자로서의 임금수입에 의하여 자신과 가족의 생계를 유지하고 있는 근로자의 입장에서도 신속히 해결되는 것이 바람직"하다는 점이고, 그러한 적용의 필요성은 解雇無效確認의 訴 등의 提起期間에 대하여는 노동위원회에의 부당노동행위구제신청에 관한 노동조합법 제40조 제2항과 같은 제한이 없기 때문에 더욱 절실하다는 것이다.

나아가 失效의 原則을 적용하기 위한 구체적인 기준에 관하여 위 판결은, "이 사건과 같은 징계해임처분의 효력을 다투는 분쟁에 있어서는, 징계사유와 그 징계해임처분의 무효사유 및 징계해임된 근로자가 그 처분이 무효인 것을 알게 된 경위는 물론, 그 근로자가 그 처분의 효력을 다투지 아니할 것으로 사용자가 신뢰할 만한 다른 사정(예를 들면, 근로자가 퇴직금이나 해고수당 등을 수령하고 오랫동안 해고에 대하여 이의를 하지 않았다든지 해고된 후 곧 다른 직장을 얻어 근무하였다는 등의 사정),

사용자가 다른 근로자를 대신 채용하는 등 새로운 인사체계를 구축하여 기업을 경영하고 있는지의 여부 등을 모두 참작하여 그 근로자가 새삼스럽게 징계해임처분의 효력 등을 다투는 것이 신의성실의 원칙에 위반되는 결과가 되는지의 여부를 가려야 할 것"이라고 판시하고 있다. 이와 같은 구체적인 「基準」은, 당사자들에게 그들이 주장하고 입증할 事實을 명확하게 제시하는 데 큰 의미가 있는 것이다.

실제의 사건에서는 이 중에서 퇴직금 등을 이의 없이 수령하였다는 事情이 중시되는 경우가 많다. 가령 大判 92.3.13, 91다39085(公報 919, 1303)은, 해고근로자가 異議의 유보 없이 퇴직금 등을 수령하였다면 "특별한 사정이 없는 한 해고처분을 유효한 것으로 인정하였다 할 것"이라고 하고, 그 후 오랜 기간이 지난 후에(이 사건에서는 해고 후 8년 이상 경과된 후에) 해고의 효력을 다투는 소를 제기하는 것은 신의칙에 위반된다고 결론지었다. 위와 같은 판시는 퇴직금을 수령하고 10여년이 지난 후에 提訴한 事案에 대한 大判 92.7.10, 92다3809(公報 927, 2363)에서도 반복되고 있다. 이들 판결은 구체적인 사안에 비추어 보아서도 수긍될 수 있으리라 생각된다. 다른 한편 大判 92.4.14, 92다1728(公報 921, 1596)은, 위와 같은 판시를 반복하면서도 "다만 이와 같은 경우라도 해고의 효력을 인정하지 아니하고 이를 다투고 있었다고 볼 수 있는 객관적인 사정이 있다거나, 그 외에 상당한 이유가 있는 상황 하에서 이를 수령하는 등 반대의 사정이 있음이 엿보이는 때에는 명시적인 이의를 유보함이 없이 퇴직금이나 해직수당을 수령한 경우라고 하여도 일률적으로 해고의 효력을 인정하였다고 보아서는 안 된다"고 하면서, 구체적으로는 "해고무효의 확인청구소송이 늦어진 경우에도 먼저 부당노동행위구제신청을 하느라고 늦어졌다거나 사용자와의 복귀교섭 결과를 기다리거나 사용자의 복귀약속을 믿고 기다리다가 늦어졌다는 등 상당한 이유가 있어서 그렇게 된 경우에는 신의성실의 원칙에 어긋나지 않는다고 보아야 할 것"이라고 결론지었다. 이 판결은 失效의 原則을 勤勞關

係의 存否를 둘러싼 분쟁을 적용함에 있어서의 판단기준을 보다 세밀화한 것으로 평가할 수 있을 것이다.

위의 抽象論의 적용에 있어서는 결국 어느 정도를 「오랜 기간 후」라고 볼 것인가가 결정적으로 문제될 것인데, 가령 大判 91. 4. 12, 90다8084(公報 897, 1364)은, 이의 없이 퇴직금을 수령한 후 1년 7개월 후에 해고무효확인청구를 한 事案에서 이러한 청구는 신의칙상 허용되지 않는다고 판시한 바도 있다.[1] 그러나 다른 한편으로 大判 90. 8. 28, 90다카9619(集 38-2, 219)은, 조건부 징계해고처분이 있고(그에 따라 퇴직금을 수령하였다) 10년이 경과한 후 提訴한 事案에서도 이를 신의칙에 반하는 권리행사라고 할 수 없다고 판시하였었다.[2]

(2) 信義則의 적용과 관련하여 주목을 끄는 기타의 裁判例로서는 다음과 같은 것이 있다.

(a) 無權代理에 있어서 無權代理人의 지위와 本人의 지위가 동일인에게 귀속하게 되는 경우에는 그 대리행위는 유효하게 된다고 보아야 하지 않을까 하는 문제에 대하여는 종전부터 논의되어 왔다. 大判 92. 4. 28, 91다30941(公報 922, 1710)은, 애초 상대방이 무권대리인 사실을 알고 있었다면 나중에 무권대리인이 본인을 상속하더라도 그가 자신에의 효과귀속을 부인하는 것을 信義則에 반한다고 할 수 없다는 취지로 이해될 여지가 있다.

이는 甲(원고)이 그 아버지의 부동산을 자신의 단독명의로 이전등기하기 위하여 乙과 공모하여 인장을 도용, 일단 乙 명의로 이전등기를 하였는데, 乙이 이에 기하여 丙에게 다시 처분하였다는 事案에 대한 것이다. 위 판결은 여기서 甲과 乙 간의 행위를 "명의신탁계약의 무권대리

1) 이 판결의 태도에는 찬성할 수 없는데, 이에 대하여는 우선 「民法注解(Ⅰ)」, 1992, 184면 이하(梁彰洙 집필) 참조.

2) 이 사건에서는, 類似한 사건에 대하여 대법원에서 근로자승소의 확정판결이 내려지자 원고가 바로 提訴하였다는 사정을 「특별한 사정」으로 고려한 것으로 생각되나, 과연 그것을 「특별한 사정」이라고 하기에 적합한지에는 의문이 있다.

행위라고 평가할 수 있다고 하더라도… 乙이 그 대리권 없음을 알았다고 보여"(점선은 引用者에 의하여 생략된 부분이다. 이하 같다) 후에 甲의 상속이 있다고 해서 그 상속분의 범위에서 乙의 등기가 실체관계에 부합하여 유효가 되었다고는 할 수 없고, 乙 명의의 不實登記의 현출에 甲에게도 책임이 있더라도 "사실관계가 원심이 확정한 바와 같은 이상" 甲의 乙 또는 丙에 대한 등기말소청구가 신의칙에 반한다고는 할 수 없다고 판시하였다.

위 판결은 이와 같은 가정판단이나 구체적인 사실관계에의 의존으로 인하여 그 취지를 명확하게 이해하는 것이 쉽지 않다. 그러나 乙 앞으로의 이전등기가 명의신탁계약의 무권대리행위(甲이 그 아버지를 권한 없이 대리하여 乙과의 사이에 乙 앞으로 명의신탁하기로 하는 계약을 체결하였다는 것)에 기하여 이루어졌다고 보는 것 자체가 애초 甲이 그 아버지를 代理하여 행위할 意思가 애초 없었고 乙도 이를 알고 있었다는 점에서 무리이고, 오히려 이는 아무런 原因行爲 없이 이루어진 것으로서 絕對的으로 無效라고 할 것이다. 따라서 무권대리인이 본인을 상속한 경우와 관련하여 제기되는 앞서 본 법률문제는 이 사건과는 관련이 없다고 하겠다.

다만 문제는, 위 판결도 인정한 대로 현재의 권리자 甲이 애초 그 무효등기의 현출에 「책임이 있는 경우」에는 그보다는 오히려 善意의 第3者를 보호하기 위하여 민법 제108조 제2항을 적용 또는 유추적용하는 것이 타당하지 않을까 하는 점이다. 이에 대하여는 보다 깊은 논의를 요하나, 大判 91.12.27, 91다3208(公報 915, 763)은 이와 관련하여 주목을 요한다. 이는 원고로부터 담보권설정의 대리권을 수여받은 A가 자기 앞으로 소유권등기를 이전하고 다시 피고 앞으로 소유권이전등기를 경료한 事案에 대한 것이다.[3] 대법원은 이에 대하여 민법 제126조나

3) 담보권설정에 대리권을 가지는 사람이 자기 앞으로 소유권등기를 이전하고 제3자 앞으로 담보권을 설정하여 준 事案에 대하여 이미 大判 81.12.22, 80다1475(集 29-8, 264)은 민법 제126조와 제108조 제2항의 유추적용을 거부한 바 있다. 그러나 大判

제108조 제 2 항을 유추적용할 수 없다고 하면서, 그 이유로, 피고가 A를 원고의 대리인으로 믿고 등기의 원인행위를 한 것이 아니라는 것과 아울러 "원고가 A 명의로 이전등기가 된 데 대하여 이를 통정, 용인하였거나 이를 알면서 방치하였다고 볼 수 없다"는 것을 들고 있다. 이 판시는 不實登記의 현출에 관하여 통정한 경우는 물론이고 그것을 단지 容認하였거나 이를 알면서 放置한 경우에 대하여 민법 제108조 제 2 항의 유추적용을 긍정한 것으로 이해될 여지도 있는 것이다.

(b) 大判 92. 3. 31, 91다39184(公報 916, 1414)은, 登記의 流用에 합의한 자가 후에 그 무효를 주장하는 것이 禁反言의 원칙에 저촉하는가를 판단하고 있다. 이 사건에서는 종전의 건물을 헐고 신축한 자가 신건물에 대하여 저당권을 설정할 意思로 舊建物에 대한 등기부에 저당권설정등기를 하고 또 그 표제부를 신건물로 변경등기하였으며, 나아가 그 競賣節次에서 異議하지 않기로 약속하였다. 위 판결은, 그러나 그가 후에 저당권등기의 무효를 주장하는 것이 信義則에 반한다고는 할 수 없다고 판시하였다. 부동산거래질서에 불가결한 객관적인 설비라고 할 수 있는 登記의 有效·無效에 대하여는 구체적인 당사자들의 개별적인 行態에 의하여 영향이 미치지 않도록 하는 것이 바람직하다는 점에서 보면, 이 판결의 태도는 수긍할 수 있다.

(c) 大判 92. 6. 12, 92다12384등(公報 925, 2144)은, 대금의 약 7 분의 6 에 해당하는 殘金을 지급하지 않은 채로 목적물을 인도받은 부동산매수인(따라서 그의 登記請求權은 소멸시효에 걸리지 않는다. 大判(全) 76. 11. 6, 76 다 248[集 24-3, 277] 이래의 확고한 판례)이 매매계약이 체결되고 19년이 지난 후에 그 동안 가격이 많이 상승한 목적물에 대하여 이전등기청구를 하는 것도 信義則에 반하지 않는다고 판시하였다. 유사한 판례로 大判 91. 2. 26, 90다19664(公報 894, 1082)가 있다.

---

88. 2. 9, 87다카273(公報 821, 496)은 A를 위한 저당권설정등기의 신청에 관한 대리권을 부여받은 자가 자신이 본인인 것처럼 행세하여 B를 위하여 저당권을 설정하여 준 事案에서는 민법 제126조를 유추적용하여 抵當權의 성립을 긍정하였다.

이들 판결의 태도는 수긍되어야 할 것이다. 만일 위의 경우에 이전등기청구를 할 수 없다고 하면, 매수인이 장기간 하여 온 목적물점유는 「점유할 권리」에 기한 것인가 하는 문제가 즉각 제기된다. 만일 이를 부정하여 매수인이 목적물을 소유자인 매도인에게 반환하여야 한다고 하면, 이번에는 반대로 그 동안 아무런 권리주장을 하지 아니한 매도인에게 이제 물건으로부터의 이익취득을 전적으로 허용하는 것이 되어 명백하게 부당하다. 또 만일 이를 긍정하여 매수인이 목적물을 계속 보유할 수 있다고 하면, 등기는 매도인이, 점유는 매수인이 가지고 있게 되어 登記와 占有(또는 추상적 권리와 사실적 이익) 간의 괴리가 永久化하게 된다.

(d) 미성년자의 친권자(어머니)가 그 오빠의 채무를 담보하기 위하여 미성년자 소유의 부동산에 저당권을 설정하는 것은 민법 제921조 제1항에서 금하는 利害相反行爲에 해당하는가. 大判 91.11.26, 91다32466(公報 912, 297)은 이를 부인하고, 나아가 債權者가 이를 알고 있었다고 하여도 원칙적으로 親權의 濫用에 해당하지 않는다고 한다.

2. 法人 기타 團體

法人 또는 宗中 기타 法人格 없는 團體에 대하여도 매우 흥미로운 裁判例가 많이 있다.

(1) 法人의 設立에 대하여는 裁判例가 드무나, 法人格 없는 團體 또는 財團의 성립과 관련하여서는 상당수 있다.

大判 92.6.23, 92다12933(公報 926, 2265)은, 外國法人의 산하기관이라도 그것이 비법인사단(또는 비법인재단)인가의 여부는 國內法에 따라 판단되어야 한다고 하고, 그 산하기관 앞으로 부동산등기가 되어 있는 점에 비추어 비법인사단으로서의 實體를 갖추고 있다고 추정하는 것이 옳다고 판시하였다.

「麗水鮮魚仲買人組合」의 법적 성격이 그 이름대로 組合인가 아니면

非法人社團인가가 어음責任의 귀속과 관련하여 문제된 사건에서 大判 92. 7. 10, 92다2431(公報 927, 2360)은, “조합의 명칭을 가지고 있는 단체라 하더라도 고유의 목적을 가지고 사단적 성격을 가지는 규약을 만들어 이에 근거하여 의사결정기관 및 집행기관인 대표자를 두는 등의 조직을 갖추고 있고, 기관의 의결이나 업무집행방법이 다수결의 원칙에 의하여 행해지며, 구성원의 가입, 탈퇴 등으로 인한 변경에 관계 없이 단체 그 자체가 존속되고, 그 조직에 의하여 대표의 방법, 총회나 이사회 등의 운영, 자본의 구성, 재산의 관리 기타 단체로서의 주요사항이 확정되어 있는 경우에는 비법인사단으로서의 실체를 가진다고 할 것”이라고 敎科書的인 說明을 한 다음, 위의 「조합」을 비법인사단이라고 인정하였다.

한편 大判 92. 2. 25, 91다28344(公報 918, 1133)은, 아직 형성되지 아니한 宗中 또는 親族共同體에 대한 증여의 의사표시는 “아무런 효력이 없다”고 판단하고, 그 이유를 “증여는… 계약으로서 수증자의 승낙을 요건으로 하기 때문”이라고 제시한다. 이는 胎兒의 受贈能力을 부인하는 大判 82. 2. 9, 81다534(集 30-1, 48)의 태도를 연상시킨다.

자연발생적인 관습상의 혈연단체로서의 宗中과는 별도로 공동선조의 자손 중의 일부(가령 일정지역에 거주하는 자만으로)가 인위적으로 단체를 구성하는 예는 근자에 社會의 流動性이 극심하여지면서 드물지 않게 보인다. 자연적 혈연단체로서의 종중과 친족들의 지역단체와의 분화는 극히 흥미로운 현상으로서 장차는 오히려 후자가 더욱 중요한 기능을 영위하지 않을까 추측되기도 한다. 넓은 의미에서의 「宗中」의 법적 문제는 앞으로는 이 兩者의 구별 및 兩者 사이의 관계를 둘러싸고 벌어질 소지가 많다고 생각된다. 이러한 문제는 이미 大判 82. 11. 23, 81다372(集 30-4, 28)에서 제기된 바 있는데(이 판결은 後者의 인위적 단체가 非法人社團으로 인정될 수 있다고 판시하였다), 이번에 大判 92. 4. 24, 92다2899(公報 922, 1684)이나 大判 92. 9. 22. 92다15048(公報 932, 2964)도 이러한

「종중」의 社會的 分化와 관련된 법적 문제를 다루고 있다. 前者의 사건에서는 원고로서 소를 제기한 종중이 實在하는가가, 後者의 사건에서는 원고종중의 대표자라고 하여 소를 제기한 사람의 자격을 둘러싸고 그가 자연적인 宗中(위 판결은 이를 「고유한 의미의 종중」이라고 부른다)의 대표자인가 아니면 인위적인 親族團體(위 판결은 이를 「사회적 조직체」라고 부른다)의 대표자인가가 각기 다투어졌던 것이다.

(2) 나아가 法人의 機關에 관하여 본다.

大判 92. 7. 24, 92다749(公報 928, 2529)은, 재단법인의 이사는 법인에 대한 一方的인 意思表示로 사퇴할 수 있고 그에 法人의 承諾을 요하지 않는다고 판시하였다. 이사의 퇴임이나 해임에 대하여는 委任에 관한 規定이 준용되어야 할 것이므로(通說이고, 宗中理事에 관하여 이미 大判 91. 5. 10, 90다10247[集 39-2, 183]이 이를 명언한 바 있다), 타당하다고 하겠다(민법 제689조 참조).

민법상 法人의 代表權은 理事에게 있다. 大判 92. 2. 14, 91다24564(公報 917, 1022)은, 定款에 법인이 채무를 부담함에는 이사회의 결의 및 주무관청의 허가 등을 얻도록 정한 것은 理事의 代表權을 제한하는 것이며, 이러한 「제한」은 법인등기부에 登記하지 아니하면 제 3 자(위와 같이 하여 부담하는 債務의 債權者)의 선의·악의를 불문하고 그에 대하여 대항하지 못한다고 판시하였다. 종래 민법 제60조에서 정하는 "第 3 者"의 범위에 대하여는 선의의 제 3 자에 한정된다는 견해(制限說)와 그의 선의·악의를 불문한다는 견해(無制限說)가 학설상 대립되어 있었고, 大判 75. 4. 22, 74다410(集 23-1, 224)는 후자를 택하는 것으로 이해되었었다. 이번의 위 판결은 종전의 판례를 확인한 것이다.[4)]

회사 대표이사의 직무집행정지 및 직무대행자 선임의 假處分이 이루어진 경우에는 그 職務代行者만이 회사대표권을 가진다고 할 것이다.

---

4) 위 판결에 대한 評釋으로, 梁彰洙, 민법 제60조에서 정하는 "제 3 자"의 範圍, 「판례월보」 1992년 7월호, 46면 이하(本書, 341면 이하) 참조.

大判 91. 12. 24, 91다4355(公報 914, 664); 大判 92. 5. 12, 92다5638(公報 923, 1850)은 모두 이 점을 전제로 하고 있다. 그런데 前者의 판결은, 그 후 회사가 해산되고 새로운 가처분에 의하여 청산인 직무대행자가 선임된 사안에 대하여 그 경우에도 여전히 대표이사 직무대행자만이 청산인 직무대행자로서의 권한이 있다고 판시하였고, 後者의 판결은 그 후 원래의 대표이사가 해임되고 새로운 대표이사가 선임되었더라도 그 假處分이 취소되지 아니한 한은 마찬가지라고 판시하였다. 더욱 중요한 것은 두 판결 모두 위 가처분은 "성질상" 제 3 자에 대하여도 효력을 미친다고 하며, 특히 後者의 판결은 "위 가처분에 위반하여 대표권 없는 대표이사와 법률행위를 한 거래상대방은 자신이 善意였음을 들어 위 법률행위의 유효를 주장할 수는 없다"고 판시하였다는 점이다. 그 취지가 가령 表見代表理事에 관한 규정(상법 제395조)의 적용도 배제한 것이라면, 이 판결은 신중한 검토를 요한다. 이들 판결의 취지는 비단 商事法人에 대하여서뿐만 아니라 民事法人에 대하여도 적용되리라고 추측되어 주목을 끈다.

3. 法律行爲

(1) 우선 법률행위, 특히 契約의 解釋과 관련된 裁判例를 보기로 한다.

(a) 무엇보다도 自動車綜合保險普通約款 중의 無免許運轉免責條項의 해석에 관한 大判(全) 91. 12. 24, 90다카23899(公報 914, 652)을 들어야 할 것이다. 이 전원합의체판결은 결론적으로 위의 면책조항을 "무면허운전이 보험계약자나 피보험자 등의 명시적 또는 묵시적 승인 하에 이루어진 경우에 한하여 면책을 정한 규정이라고 해석하여야 하며, 이와 같이 해석하는 한도 내에서 그 효력을 유지할 수 있다"고 판단하고 있다. 이러한 결론은 보험실무에도 중대한 영향을 미칠 것으로 추측되

는데, 나아가 그러한 결론에 이르는 理由의 提示에 있어서도 이론적으로 여러 가지 음미하여 볼 만한 端緖를 제공한다.

이 판결은 約款, 그 중에서도 保險約款의 해석에 관하여 「約款의 規制에 관한 法律」 제 6 조 제 1 항을 근거로 하여 정면에서 그리고 의식적으로 修正解釋(단순히 制限解釋이 아니라)에 의한 直接的인 內容統制를 행한 것이다. 그렇다면 이 판결은, 위와 같은 법규정이 없는 경우에는 「修正解釋」(당사자의 의사가 명확히 표시된 경우에 그 명시적 내용을 수정하는 解釋)은 허용될 수 없다는 취지인가. 社會秩序에 반하는 법률행위는 무효라고 정하는 민법 제103조는 일반적으로 그러한 修正解釋의 법률상 근거가 될 수 있지 않을까 하는 생각도 든다.

또 위 판결은 그러한 수정해석은 "조항 전체가 무효사유에 해당하는 경우뿐만 아니라 조항 일부가 무효사유에 해당하고 그 무효부분을 추출, 배제하여 잔존부분만으로 유효하게 존속시킬 수 있는 경우에도" 가능하다고 판시하고 있다. 법률행위의 일부무효와 관련하여서는 이미 大判 90. 7. 10, 90다카7460(集 38-2, 170)이 1 개의 寄附採納行爲에 대하여 그 目的物인 1 필의 토지 중에서 量的인 一部에 한정하여 錯誤를 이유로 한 取消를 인정한 바 있다. 그런데 위 판결은 나아가 하나의 계약조항이 규율하는 대상인 事案을 entweder/oder 식으로 나누어 그 중 한 경우에 대하여는 그 합의는 유효하고 다른 한 경우에 대하여는 무효라는 식으로 판단하고 있다. 이러한 質的인 一部無效를 인정한 점도 흥미롭다.

(b) 상호신용금고의 임직원이 가까운 사람에게 信用貸出을 해 주고자 하는 경우 자신이 소개한 대출에 관하여 그 關係書類에 "회수책임"이라고 기재하였다면, 이는 그 대출금채무에 대하여 보증책임을 지는 의사표시로 해석할 것인가? 原審은 이를 긍정하였으나, 大判 92. 5. 26, 91다35571(公報 924, 1997)은 제반 사정을 종합하여 "회수각서를 작성하는 경우와는 달리 대출을 소개하는 임직원으로 하여금 신중을 기하게 하고 대출금채무가 연체되거나 끝내 대출금이 변제되지 않는 경우의 업무상

책임을 명백히 하려고 그와 같은 기재를 하도록 하였다고 보는 것이 상당하다"고 하여 반대로 이를 否定하였다.

大判 92.7.24, 91다38341(公報 928, 2517)은, 「매수인이 잔금을 지급하지 않으면 계약은 자동적으로 해제된다」는 계약조항은 매수인의 잔금미지급만으로 바로 계약이 효력을 상실한다는 것이 아니라 매도인이 자기 채무의 이행을 제공함으로써 매수인이 이행지체에 빠지면 催告나 解除의 意思表示 없이 계약이 효력을 상실한다는 의미로 해석된다고 판시하고 있다. 계약의 해석이 任意法規의 내용에 접근하려는 경향이 있다는 것, 바꾸어 말하면 任意法規는 단순히 당사자들의 합의가 없는 경우에 이를 補充하여 주는 規定에 그치는 것이 아니라 당사자 사이의 계약관계의 내용을 정하는 普遍的인 基準이라는 것을 보여 주는 예라고도 이해될 수 있겠다.

한편 約款을 이용하여 契約을 체결한 경우에 약관사용자는 그 약관의 "重要한 內容"을 고객에게 설명하여 줄 의무가 있고, 이 의무를 위반하면 당해 약관을 契約의 內容으로 주장할 수 없다(「約款의 規制에 관한 法律」제 3 조 제 2 항, 제 3 항). 실무에서 이 규정을 적용한 예로, 告知義務 위반을 이유로 하는 解止權의 발생을 정하는 조항에 관한 大判 92.3.10, 91다31883(公報 919, 1284)이 있다.

(2) 强行法規 여부에 대하여 판단한 裁判例를 본다.

우선 「火田整理에 관한 法律」에 의하여 정리된 경작지에 매도를 제한하는 同法 제17조 제 2 항은 强制規定이 아니라는 大判 92.1.17. 91다37331(公報 916, 866)이 있다. 나아가 大判 92.2.25, 91다44544(公報 918, 1147)은, 국민주택의 轉賣禁止를 정하는 주택건설촉진법 제38조의 3 은 强制規定이 아니라고 한다(한편 大判 91.4.9, 91다5310[公報 897, 1364]은, 임대용 주택의 양도금지를 정하는 임대주택건설촉진법 제11조는 强行規定이라고 판단하였었다). 또한 大決 92.4.21, 91마103(公報 923, 1817)은 기본재산의 취득과 처분을 이사회의 결의사항이라고 하는 농업협동조합법 제45조 제4항은 강행규정이 아니라고 한다. 또 大判 92.9.22, 92다24769(公報 932, 2930)은, 漁業權의 이전, 분할, 변경을 금하는 舊水産業法 제29조 제1항(현재의 水産業法 제18조 제1항에도 동일한 규정이 있다)은 强行規定이 아니라고 한다.

(3) 反社會秩序의 法律行爲 또는 暴利行爲인가를 다룬 裁判例도 상당수 있다.

去來上의 우월한 地位를 남용하여 상대방의 事業活動을 부당하게 구속하는 계약이 公序良俗에 반하는 법률행위가 되는 현저한 계약유형임은 周知하는 대로이다. 大判 92.5.26, 92다84(公報 924, 2007)은, 그 사건에서 문제된 환매약관부 주식양도계약이 이에 해당하는가가 다투어졌는데, 결국 부정되었다.

특이한 것으로는 大判 92.7.28, 92다14786(公報 929, 2645)이 있다. 이 사건에서 原審은 勞使 간에 농성 중의 행위를 이유로 근로자에게 민·형사상의 책임을 묻거나 신분상 불이익처분을 하지 않기로 합의한 것을 公序良俗 위반임을 들어 무효라고 하였다. 그러나 대법원은 이를 부정하였다. 또한 大判 92.3.31, 92므651등(公報 920, 1424)에서는, 離婚 후 봉급의 80%와 보너스 전부를 子의 양육책임을 맡는 상대방 배우자에게 지급하기로 하는 약정이 公序良俗에 반하는가가 문제되었는데, 대법원은 이를 부인하였다.

그런데 大判 91.11.22, 91다28740(公報 912, 269)은, 부동산중개업자 A가 원고 X의 자금으로 그러나 A의 이름으로 매수한 부동산을 A에 대하여 특정물채권을 가지고 있던 Y가 그 채권의 확보를 위하여 양도받은 事案에서 Y가 그 부동산의 실질적인 매수인이 X임을 알고 있었다는 등의 사정을 들어, Y의 그 부동산양수행위에 대하여 민법 제103조의 적용을 긍정하고, 이를 부정한 원심판결을 파기하였다. 그러나 적어도 대법원판결에 나타난 사정만으로는 과연 여기서 Y의 행태를 「배신행위에의 적극 가담」으로 평가할 수 있는지 의문이고, 또한 위 판결의 사안과 유사한 사건에 대한 大判 76.4.27, 75다1783(總覽 1-2(A), 190-68)의 태도와 비교하여 볼 때에도 쉽사리 수긍되지 않는 점이 있다.

그 동안 실무는 暴利行爲를 인정하는 데 적극적이었다고는 말할 수 없으며, 이러한 경향은 쉽사리 변하지 않을 것이고 또 변할 수도 없을 것이다. 그러나 大判 92.2.25, 91다40351(公報 918, 1144)은, 無學의 79세 老人이 감정가격의 30%에 못 미치는 가격으로 부동산을 매도하는 계약에 대하여 원심판결이 暴利行爲임을 부정한 것은 審理未盡이라고 하여 이를 파기환송하였다. 그리고 항상 문제되는 「상대방의 惡意」라는 요건과 관련하여서, 중도금이 계약한 다음날 지급된 사정 등을 보면 "원고가 이와 같이 극히 저렴한 가격인 줄 알고 계약의 해제를 곤란하게 하려는 생각으로 이 사건 매매계약의 내용을 위와 같이 異例的인 것으로 정한 것이라면, 원고에게 亡人의 경솔, 무경험을 이용하려는 악의가 있었다고 볼 여지가 있다"고 판단한 것도 흥미롭다. 또 大判 92.4.14, 91다23660(公報 921, 1562)도 窮迫에 의한 債權拋棄인가가 문제된 사건에서 폭리행위를 부인한 원심판결을 파기하고 있다.

(4) 代理 등에 관하여 본다.

(a) 任意代理權의 범위 여하는 授權行爲의 해석에 달려 있음은 물론이다. 大判 92.4.14, 91다43107(公報 921, 1582)은, 매매계약의 체결과 이행에 관하여 포괄적 권한을 수여받은 자는 다른 특별한 사정이 없는 한 대금지급기일을 연기해 줄 수도 있다고 하고, 大判 92.6.23, 91다14987(公報 926, 2223)은 예금계약을 체결할 대리권을 가진다고 하여도 그에 당연히 그 예금을 담보에 제공하는 등으로 이를 처분할 권한이 포함되어 있는 것은 아니라고 한다.

(b) 민법 제126조에서 정하는 表見代理와 관련하여, 大判 92.5.26,

91다32190(公報 924, 1996)은, 무권대리인이 단순한 事實行爲의 위임을 받은 데 불과하여 基本的 代理權이 없으면 表見代理가 성립할 여지가 없다고 한다. 이는 종래의 판례 및 다수설에 따른 것이다. 이 판결은, 증권회사의 지점에서 지점장의 묵인 하에 소위 投資相談士로 근무하면서, 고객유치, 투자권유 등의 업무를 하던 자가 고객으로부터 預託金을 수령한 事案에 대한 것인데, 결국 증권회사의 계약책임은 부정되었으나 使用者責任은 긍정되었다.

한편 민법 제126조 소정의 「정당한 사유」에 대하여는, 무권대리인에 의하여 체결된 保證契約의 효력에 관하여 각기 다른 결론을 내린 大判 91.12.27, 91다30668(公報 915, 774)와 大判 92.2.25, 91다490(公報 918, 1113)이 주목된다. 前者의 판결은, 대리인이 4백만원 정도의 小型트럭의 할부구입을 위한 보증보험계약상의 구상채무를 연대보증하기 위하여 교부한 印鑑과 인감증명서를 사용하여 5천6백만원 상당인 굴삭기의 할부구입계약상의 대금채무를 연대보증하는 계약을 체결한 事案에서, 상대방(채권자)에게 本人의 실제 의사를 확인하여야 할 의무는 없다고 하고 表見代理의 성립을 인정하였다. 이에 반하여 後者의 판결은, 계속적 물품공급계약상의 채무를 연대보증하는 계약을 主債務者가 본인(보증인)을 대리하여 체결한 事案에 대하여, 본인이 직접 발급받은 보증용 인감증명서와 재산세납입증명서를 대리인이 제시하였다고 하더라도 상대방이 본인을 만나거나 전화로 그 의사를 확인하지 아니한 사정 등을 들어 「정당한 사유」가 없다고 판단하였다. 종전의 법원실무가 表見代理, 특히 민법 제126조 소정의 越權代理의 성립에 지나치게 관대하였다는 느낌이 없지 않았는데, 그러한 점에서 이제 代理人과 계약을 체결하는 相對方에게 상당한 注意義務를 과하는 후자의 판결에 주목하고 싶다. 이러한 새로운 경향은 이미 大判 87.12.8, 85다카2340(公報 817, 254)이나 大判 90.1.23, 88다카3250(集 38-1, 26) 등에서도 看取될 수 있었다.

(c) 매도인의 소유가 아닌 부동산에 관하여 매매계약이 체결된 후에 진정한 所有者가 그 권리자임을 주장하여 買受人으로부터 중도금을 지급받았다고 하자. 이에는 法的으로 어떠한 意味가 주어져야 할 것인가. 大判 92.2.28, 91다15584(公報 918, 1150)은 이 흥미로운 문제에 대하여, "이 매매계약에 따른 처분행위는 所有者에게도 효력을 미치게 되고, 이에 따라 그는 買受人에게 목적부동산에 관하여 위 매매에 인한 소유권이전등기를 하여 줄 의무가 발생된 것으로 볼 수 있다"고 판시하고 있다. 이는 無權代理의 追認에 준하는 것이라고 이해되기도 한다.

이와 같은 경우에 매도인은 진정한 소유자를 대리하여 계약을 체결한 것이 아니므로, 이를 代理(無權代理)에 준하여 처리하는 데에는 의문이 있을 수 있다. A가 자기의 이름으로(B를 대리하여서가 아니라) 체결한 계약의 효력을 B에게 직접 귀속시킬 수 있는가, 즉 B가 A에게 소위 義務設定授權(Verpflichtungsermächtigung)을 하는 것(이는 일방적 의사표시에 의하여 주어진다)이 허용되는가에 대하여, 독일에서는 이를 부인하는 것이 通說이다. 이에 의한다면, 위와 같은 경우에 타인의 이름으로 체결된 계약의 채권적 효력을 나중에 일방적 의사표시에 의하여 직접 자신에게 귀속시키는 事後的 義務設定授權도 역시 부인되어야 할 것이다. 필자는 이 견해가 옳다고 생각한다.[5] 그러나 다른 한편 위 판결의 사안에서와 같이 中途金이 원래의 계약당사자 아닌 所有者와 買受人 사이에 授受된 경우에는 거기에 표현되고 있는 그들 사이의 合意를 어떠한 내용으로 합리적으로 解釋하는가에 달려 있다고 할 것이다. 그리고 그러한 관점에서 보면 위 판결의 결론은 수긍할 만한 점이 있다.

이와 관련하여 한꺼번에 말한다면, 大判 92.9.8, 92다15550(公報 931, 2842)은 無權利者의 處分이 있는 경우에 진정한 所有者가 처분자에 대하여 그 처분의 대가로 받은 것(매매대금)의 반환을 청구한 사안에 대

5) 이상에 대하여는 우선 梁彰洙, 無權利者의 處分과 權利者에 의한 追認, 「民事判例研究」 10집(1988), 26면 이하(「民法研究」, 2권, 1991, 45면 이하 所載) 참조.

하여 판단하고 있다. 原審은, 진정한 소유자가 처분의 상대방에 대하여 物權的 請求權(Vindikation)을 행사할 수 있으므로, 그와 별도로 처분자를 상대로 위와 같은 不當利得返還請求(Kondiktion)를 할 수는 없다고 판단하였다. 그러나 대법원은, "원고가 처분의 상대방을 상대로 하여 위와 같은 등기의 말소를 청구하는 경우라면 원고는 피고가 수령한 매매대금의 반환을 청구할 수 없는 것임은 당연하다고 하겠으나, 원고가 이와 같은 말소등기청구권을 행사하지 아니하고 피고가 수령한 매매대금 중 원고의 지분에 해당하는 돈의 반환을 청구한다면 피고는 이를 지급하는 것이 옳고, 이렇게 하여 원고가 피고로부터 원고들의 지분에 해당하는 매매대금을 반환받게 되면 피고의 처분행위를 인정하는 것이 되어 그 효력은 원고에게 미치고 원고들은 피고의 처분행위의 효력을 다툴 수 없게 된다고 보는 것이 상당하다"고 판시하여(머리점은 引用者가 가한 것이다), 原審判決을 破棄하였다. 無權利者의 處分의 경우에 권리자가 가지는 물권적 청구권과 부당이득반환청구권과의 관계에 대하여는 여러 가지 흥미로운 문제가 있는데, 위 판결에 대하여 결론적으로 말한다면, 원심판결을 파기한 위 判決의 結論은 정당하나, 다만 위 判示와 같이 처분자로부터 매매대금을 반환받음으로써 처분을 추인하게 된다고 할 것인지 아니면 "원고가 문제된 처분을 추인하는 것을 조건으로 매매대금을 반환하라"는 條件附 勝訴判決을 내리도록 유도할 것인지는 論議를 요한다.[6)]

4. 消滅時效 등

(1) 우선 消滅時效期間과 관련하여서는 大判 92. 4. 24, 92다4673(公報 922, 1690)이 주목된다. 이는 이미 나온 大判 91. 2. 22, 90다13420(集 39-1, 172)와 같이, 形成權의 행사로 인하여 발생하는 請求權(구체적으로

---

6) 이 판결에 대한 判例評釋으로 梁彰洙, 無權利者의 處分에 대한 追認과 處分代價에 대한 不當利得返還請求(현재 未發表) 참조.

는 還買權의 행사로 인한 所有權移轉登記請求權)은 그 形成權에 대한 除斥期間과는 별도로 그 形成權이 행사된 때로부터 一般債權과 같이 10년의 消滅時效에 걸린다고 판시하고 있다.

學說 중에는, 形成權의 除斥期間을 정한 趣旨는 법률관계를 속히 확정시키려는 데 있으므로 그 기간은 그 형성권의 행사로 생기는 권리관계를 처리하는 기간까지 포함하는 것이라고 하는 견해가 오히려 유력하다. 그러나 이러한 견해에 대하여는 쉽사리 찬성할 수 없는데, 그 이유는, 첫째 형성권이 행사되면 그것으로써 일단 法律關係는 확정되므로 형성권의 행사로 발생한 請求權이라고 하여 통상의 경우와 달리 이를 원래의 형성권의 존속기간 내에 행사되어야 한다고 해석할 필요는 없으며, 둘째 실제상으로도 명문의 규정도 없이 청구권자에게 지나치게 短期의 권리행사기간을 강요하는 결과가 되기 때문이다. 그렇게 보면 위 판결로써 확고하게 되었다고 볼 判例의 態度는 환영할 만한 것이다.

(2) 時效中斷에 관하여도 흥미로운 裁判例가 상당수 있다.

(a) 우선 中斷事由로서의「請求」에 대하여 본다.

過誤納稅金返還請求權과 관련하여 大判(全) 92. 3. 31, 91다32053(公報 920, 1406)은, 그 과세처분의 취소, 변경 또는 무효확인을 구하는 行政訴訟의 提起는「재판상 청구」에 해당한다고 한다. 또「催告」에 관하여, 大判 92. 2. 11, 91다41118(公報 917, 1003)은, 채권자가 확정판결에 기하여 민사소송법이 정하는 財産關係明示申請(同法 제524의 2 참조)을 하여 그 결정이 송달된 경우도 이에 해당한다고 판시하였다.

중요한 것은, 종중의 대표자가 아닌 사람이 소를 제기하였는데 후에 그에 대하여 적법한 追認이 행하여지면 그「裁判上 請求」로 인한 시효중단의 효력은 애초의 提訴時로 소급된다고 판시하는 大判 92. 9. 8, 92다18184(公報 931, 2843)이다. 민법과 민사소송법이 교차하는 지점에 위치하여 어느 쪽으로부터도 소홀히 다루어지기 쉬울 領域에 대한 소중한 判例라고 생각된다. 독일에서도 판례는 위 판결과 같은 태도를 취하고 있고,[7] 이는 학설의 지지를 얻고 있다.[8]

(b) 나아가 「承認」에 관하여는, 大判 92. 4. 14, 92다947(公報 921, 1595)이 행정소송에 증인으로 출석하여 차용사실이 있다고 진술한 것도 이에 해당한다고 판시한 것이 주목된다. 한편 大判 92. 4. 28, 92다3328(公報 922, 1718)은, 가해자를 대리하여 사고처리를 할 포괄적 권한을 가진 保險會社가 피해자에게 보낸 通知文에서 손해배상금을 지급할 것이라고 밝힌 것도 이에 해당한다고 한다.

(c) 한편 시효의 진행이 중단되는 債權의 範圍와 관련하여서는, 시효기간의 만료 후에 신체감정결과에 따른 청구취지확장을 한 事案에 대하여, 청구액수를 전부에 미치지 못하게 기재한 訴狀을 제출한 경우에도 그것이 全部請求의 취지를 담은 경우에는 시효중단의 효력은 全額에 미친다고 판시한 大判 92. 4. 10, 91다43695(公報 921, 1541)이 흥미롭다. 또한 大判 91. 12. 10, 91다17092(公報 913, 480)은, 임의경매의 신청으로써 시효중단이 되려면 경매신청서상의 청구금액에 포함되는 것만으로는 부족하고 債權計算書에도 기재되어야 한다고 한다.

Ⅲ. 物 權

1. 物權變動

우선 物權變動의 一般法理에 관한 것을 본다.

(1) 소유권양도의 원인행위에 해제조건이 부착되어 있었던 경우에

7) 독일연방대법원의 1960년 7월 7일 판결(BGH LM §209 BGB Nr. 10).

8) MünchKomm/von Feldmann §209 Rdnr. 11(Bd. 1, 2. Aufl., 1984, S. 1541); Soergel/Walter, §209 Rz. 10(Bd. 1, 12. Aufl., 1988, S. 1527); Palandt/Heldrich, §209 1 c (39. Aufl., 1980, S. 179); Baumbach/Lauterbach/Hartmann, ZPO §89 3)(38. Aufl., 1980, S. 136) 등 참조.

후에 그 조건이 성취되면 이는 그 소유권양도에 어떠한 效과를 미치는가. 大判 92. 5. 22, 92다5584(公報 924, 1981)은 해제조건부 증여에 기하여 不動產所有權이 양도된 경우에 대하여, (i) 해제조건이 성취되면 증여자에게 소유권은 복귀하며[9] 그러한 效과는 遡及하지 않는데, (ii) 그 조건성취 전에 수증자가 한 처분행위(이 사건에서는 假登記設定)는 그 效과(소유권복귀)를 제한하는 한도에서 무效가 되나, (iii) 단 그 條件이 登記되지 않았으면 그 처분에 기하여 권리를 취득한 제 3 자에게 대항할 수 없다는 태도를 취하고 있다. 위의 (i)은 민법 제147조 제 2 항에 의하여 명백하다고 생각되나, (ii)는 가령 독일민법 제161조 제 2 항, 제 1 항과[10] 같은 명문규정이 없는 우리 민법 아래서는 주목할 만한 것이다. 또한 (iii)은 부동산등기법 제43조의 2("등기원인에 등기의 목적인 권리의 소멸에 관한 약정이 있는 때"에 관하여 정한다)과 관련하여 소위 「登記의 對抗的 效力」으로 논하여지고 있는 바이다.

(2) 일반적으로 不動產物權의 拋棄에 등기를 요하는가에 대하여는 이를 긍정하는 견해와[11] 부정하는 견해[12]가 있다. 또한 占有를 수반하는 물권에는 점유의 포기를 요한다고 주장되기도 한다.[13] 大判 92. 6. 23, 92다14762(公報 926, 2268)은, 慣習上의 墳墓基地權을 포기하는 데는 그러한 내용의 意思表示로 족하고, 나아가 占有의 拋棄가 요구되지는 않는다고 한다. 이 판결은 「관습법」에 의하여 인정되는 물권에 대한 것으로서 그 拋棄에 관하여서도 관습상의 법리가 적용된 결과라고 이해될

9) 아마도 등기 없이도 복귀한다는 취지인 듯하나, 단정할 수는 없다.

10) 독일민법 제161조 제 2 항, 제 1 항은, 해제조건부 법률행위에 의하여 취득된 권리(따라서 해제조건이 성취되면 소멸하는 권리)가 조건미성취인 동안에 처분된 경우(소위 中間處分 Zwischenverfügung) 그 처분의 효력에 대하여 정하고 있다. 그에 의하면, 중간처분이 그 조건에 그 발생 여부가 의존하고 있는 效力을 좌절시키거나 침해하는 한도에서(als sie die von der Bedingung abhängige Wirkung vereiteln oder beeinträchtigen würde) 그 중간처분은 무效라고 한다.

11) 가령 郭潤直, 「物權法」, 新訂版, 1992, 233면.

12) 가령 李英俊, 「物權法」, 1992, 247면.

13) 郭潤直(註 11), 同所.

소지도 있어서, 이를 物權 일반에 대한 태도라고 봄에는 신중을 요할 것이다.

2. 登　記

다음 登記에 관한 裁判例 중에는 특이한 것은 많지 않다.

(1) 우선 登記의 推定力에 대하여.

大判 92.7.10, 92다9340(公報 927, 2365)은 滅失回復登記도 통상의 경우와 다를 바 없이 推定力을 가지며, 그 중 원래의 登記의 접수일자 및 번호난, 원인일자난 등이 "불명"으로 기재되어 있다는 것만으로는 추정력이 깨지지 않는다고 판시하였다. 또 大判 92.9.8, 92다20941등(公報 931, 2847)은 등기신청서류 중 인감증명서가 위조된 것이라는 사정만으로는 등기의 추정력이 뒤집히지 않는다고 한다. 한편 所有權保存登記의 추정력에 대하여 大判 92.9.22, 91다42852(公報 932, 2961)은, 종전의 판례대로, 土地査定을 받은 사람이 따로 있고 그가 양도사실을 부인하는 경우에는 추정력이 미치지 않는다고 한다.

(2) 假登記에 대하여.

18분의 12 持分에 대하여만 A 앞으로 가등기가 행하여지고나서 가등기의무자로부터 2분의 1 지분에 대하여 먼저 B 앞으로, 그 후 나머지 2분의 1 지분에 대하여 C 앞으로 이전등기가 경료되었고 그 후 그 假登記에 기한 本登記가 이루어진 경우, B, C의 각 지분이전등기는 어떻게 되는가. 大判 92.4.14, 92다4208(公報 921, 1600)은, "그 등기의 先後에 따라 優先順位가 정하여진다"고 하고, B의 등기는 A의 지분을 제한 나머지 18분의 6에 대하여만 유효하여 更正登記가 행하여지고, 시간적으로 늦은 C의 등기는 전부 말소되어야 한다고 한다.

大判 92.9.25, 92다21258(公報 932, 2997)은, 가등기는 順位保全의

效力만을 가지므로 그 후에 본등기가 있어도 물권변동의 시기가 가등기시로 소급되는 것이 아니며, 또한 가등기에 기한 본등기를 금하는 假處分은 이를 등기할 방법이 없어(이는 가등기상의 권리의 「處分」이 아니어서 부동산등기법 제 2 조에서 정하는 登記事項에 해당되지 않는다는 것이다) 實效가 없다고 한다.

3. 取得時效

가위 「取得時效의 王國」이라고 할 우리 나라에서는, 물권법상의 제도 중 다수가 取得時效의 成否를 판단하는 과정에서 논의되고 있다.

(1) 우선 취득시효의 요건에 대하여 본다.

(a) 이와 관련하여서는 自主占有 여부가 주로 문제된다.

實務는, 한편으로 大判(全) 83. 7. 12, 82다708등(集 31-4, 7) 이래 자주점유를 추정하는 민법 제197조 제 1 항을 본격적으로 적용하여야 한다는 태도를 유지하면서도, 다른 한편으로 그러한 태도의 엄격한 貫徹이 가져오는 부당함을 완화하기 위한 노력도 하여 왔다.[14] 이러한 노력은 大判 91. 11. 26, 91다25437(公報 912, 290)에 의하여 "자주점유의 추정을 번복하는 데는 임차권과 같은 전형적인 타주점유의 권원을 입증하지 않더라도, 타인의 소유를 배제하여 자기 소유물처럼 배타적 지배를 행사하는 의사를 가지고 점유하는 것으로 볼 수 없는 客觀的 事情을 증명함으로써 족하다"는 공식으로 집약되고 있다. 이 공식은 뒤의 大判 92. 6. 23, 92다11961(公報 926, 2262)에서도 반복되고 있다. 그런데 이들 판결은 모두 지방자치단체가 타인 소유의 토지 위에 권원 없이 도로를 개설함으로써 소유자가 부당이득반환을 청구한 사안에서 지방자치단체의 取

14) 이 점에 대하여는 본문에서 든 全員合議體判決에 대한 判例硏究인 鄭址炯, 取得時效의 要件인 自主占有의 立證責任, 「민사판례연구」 4 집(1984), 34면 이하를 보라.

得時效의 完成을 인정한 것인데(그 외에 大判 92. 6. 9, 92다8446[公報 925, 2125]도 유사한 裁判例이다), 利子를 받으려다가 元本을 떼인 격의 이러한 해결이 타당한 결론인지 얼른 수긍이 되지 않는다.

한편 大判 92. 5. 8, 91다37751(公報 923, 1818)은 학교법인의 기본재산을 관할관청의 허가 없음을 알면서 매수한 자의 점유는 자주점유가 아니라고 한다. 이는 점유취득의 권원인 매매계약이 무효임을 알면서 그에 기하여 점유한 자의 점유가 타주점유라고 하는 大判 72. 12. 12, 72다1856(集 20-3, 199) 등과 궤를 같이하는 것이다. 또한 大判 92. 9. 14, 92다20064(公報 931, 2882)은 부동산을 매도하여 인도의무를 지고 있는 매도인의 목적물 점유는 他主占有로 변경된다고 한다.

歸屬財産에 대한 점유는 그 성질상(아마도 법령의 힘에 의하여) 당연히 他主占有라고 하는 것이 일관된 판례인데, 大判 91. 11. 26, 91다24779(公報 912, 289)은 귀속재산을 타인으로부터 轉得한 사람이 귀속재산인 사실을 몰랐다고 하더라도 자주점유로의 전환은 일어나지 않는다고 판시하여 이러한 태도를 강인하게 관철하고 있다. 그러나 大判 92. 2. 14, 91다39917(公報 917, 1031)은, 귀속재산을 매수한 사람의 점유는 「귀속재산처리에 관한 특별조치법」 제 2 조 제 1 호, 부칙 제 5 조에 비추어 1965년 1 월 1 일부터는 자주점유로 전환되었다고 할 것이어서, 시효취득이 가능하다고 한다.

(b) 민법 제245조 제 2 항의 短期取得時效의 요건으로서의 「過失 없는 占有」 여부도 때로 문제된다. 大判 92. 2. 14, 91다1172(公報 917, 1005)은, "부동산매매에 있어 부동산등기부상 명의인과 매도인이 동일인인 경우에는 등기부상 매도인 명의를 의심할 만한 특별한 사정이 없는 한 그 부동산을 매수한 자는 과실 없는 점유자라 할 것"이라고 하여, 종전의 판례의 태도를 확인하고 있다. 이러한 취지는 大判 92. 6. 23, 91다8266(公報 926, 2239)에서도 반복되고 있다. 특히 大判 92. 1. 21, 91다36918(公報 916, 898)은, 현재의 등기명의인에 대하여 등기말소를 명하는 판결

이 확정되었으나 아직 실제로 抹消가 되지는 않은 事案에 있어서도 占有者의 過失을 부인하고 있다.

다른 한편 大判 92. 8. 14, 92다14724(公報 929, 2663)은, 토지대장상 시아버지 소유로 되어 있는 미등기토지에 대하여 일정한 사정 아래서 며느리의 過失 없는 占有開始를 인정하고 있다.

(2) 취득시효 완성의 효과에 관하여 본다.

(a) 長期取得時效에 있어서 시효완성으로 점유자가 그 당시의 소유자에 대하여 소유권이전등기청구권을 가진다고 함에는 異論이 없다. 大判 92. 3. 10, 91다24311(公報 919, 1274)은, 이 청구권은 점유자가 그 점유를 계속하는 한 消滅時效에 걸리지 않는다고 한다. 이는 시효제도의 취지에 비추어 타당하다고 할 것이다. 또한 大判 91. 12. 10, 91다32428(公報 913, 490)은 시효완성 당시의 점유자라도 그 후에 목적물을 제 3 자에게 인도하여 그 점유를 상실하였으면 등기부상 소유자에 대하여 이전등기를 청구할 수 없으며, 이는 그가 그 제 3 자에 대하여 移轉登記義務를 부담하는 경우라도 다름없다고 한다. 그런데 그와 같은 권리상실의 근거는 무엇이라고 할 것인가?

(b) 문제는, 그 請求權은 시효완성 당시의 소유자에 대한 것이어서 그 이후 소유권을 취득한 제 3 자에 대하여는 주장될 수 없다는 확고한 判例의 태도이다.[15] 이러한 태도로 말미암아 제 3 자가 언제 권리를 취득하였는가가 取得時效와 관련하여 매우 중요한 爭點으로 등장하게 되었다.

大判 92. 3. 10, 91다43329(公報 919, 1290)은 이 점을 克明하게 보여준다. 이 사건에서는 시효완성 당시의 등기명의인의 등기가 과연 유효한 것인가가 다투어졌는데, 만일 그 등기가 시효완성 당시는 무효이었으나

15) 한편 앞서의 大判 91. 6. 25, 90다4225(集 39-3, 78)은 시효완성 후 소유권이 양도되었으나 그 후 등기가 시효완성 당시의 등기명의인 앞으로 다시 넘어온 경우에는 그에 대하여 시효완성을 주장할 수 있다고 판시한 바 있다.

後에 적법한 권리자로부터 목적물을 매수하여 實體關係에 부합하게 되었다면 점유자는 그에 대하여 시효완성을 주장할 수 없으며, 그러나 만일 그 등기가 정당한 권리자에 대한 소송에서의 認諾調書에 기한 것이라면 準再審에 의한 취소가 없는 한 그 등기명의인은 점유자에 대하여 移轉登記義務를 부담한다고 한다. 앞서 본 大判 92.9.25, 92다21258(公報 932, 2997)이 가등기에 기한 본등기가 있어도 所有權讓渡의 時點이 가등기시로 소급되는 것은 아니라고 판시한 것도, 그러므로 취득시효 완성 후 점유자 앞으로 소유권등기가 되기 전에 제3자 앞으로 가등기에 기한 소유권이전의 본등기가 행하여지면 그에 대하여 취득시효의 완성을 주장할 수 없다는 결론을 이끌어내기 위한 전제로서이다. 그 외에 相續에 의한 占有承繼가 문제된 大判 92.9.22, 92다22602등(公報 932, 2979)도 마찬가지의 관점에서 고찰될 수 있다.

그러면 가령 시효완성 당시의 등기명의인은 명의수탁자이었고 그 후 명의신탁자 앞으로 登記名義가 넘어간 경우는 어떠한가? 大判 92.6.12, 92다12018등(公報 925, 2143)은 그 경우에 점유자는 현재의 등기명의인인 信託者를 상대로 이전등기를 청구할 수 있다고 판시한다. 그 경우에는 시효완성 후에 소유권변동이 있었다고 할 것임에도 새로운 取得者에 대하여 시효완성을 주장할 수 있는 근거는 무엇인가?

필자는 시효완성의 효과를 완성 후의 讓受人 기타 제3자에 대하여는 주장할 수 없다는 판례의 태도에 대하여 근본적으로 의문을 품고 있다.

첫째, 판례의 태도에 따르면 점유가 오래 계속된 후에 새로운 取得者가 발생하면 取得時效의 완성을 주장할 수 없고, 그렇지 않으면 시효취득을 주장할 수 있다는 결과가 되는데, 이는 궁극적으로 오래 된 점유상태를 보호하고자 하는 취득시효제도의 취지를 逆轉시키는 것이라고 밖에 할 수 없다.

둘째, 판례의 태도는 아마도 시효완성 후 권리자로부터 제3자가 목적물을 양수받는 행위가 행하여진 경우를 二重讓渡의 경우와 평행되게 생각하여, 그러한 경우에는 대립하는 利害當事者 중 먼저 등기를 얻은 자가 우선한다는 사고방식(소위 「對抗關係」의 긍정)을 취득시효의 경우에도 적용하였기 때문이 아닌가 추측된다. 그러나 이중양도에 있어서는 동일한 讓渡人과의 사이에 물권취득을 위한 법률행위가 중복하여 행하여졌으나 物權의 排他性 때문에 두 양수인 모두에게 물권의 취득을 인정할 수 없는 경우에 부득이하게 登記라는 획일적 기준에 의하여 兩者 간의 우열을 가리고자 하는 것이다. 그러나 取得時效가 완성된 경우에는 권리관계(추상적 소유권)와 사실관계(사실적 점유) 사이에 불일치가 있을 뿐이고 시효완성 후에 새로운 讓受人이 발생하였더라도 이는 前者의 권리관계상의 변동일 뿐 이와 괴리되는 後者의 사실관계가 존속하고 있다는 점에는 아무런 消長이 없는 것이다. 그러므로 어차피 권리관계를 사실관계에 일치시키고자 하는 것이 時效制度인 바에야 그러한 권리관계상의 변동을 이유로 시효완성의 효과가 달라질 이유는 없다.

셋째, 판례의 태도에 대하여는, 시효완성 후에는 점유자가 이전등기를 청구할 수 있었는데도 이를 게을리하였으므로 그보다는 새로운 讓受人이 보호되어야 한다고 하여 이를 정당화하려는 설명이 예상된다. 그러나 占有者는 상대방으로부터 권리를 행사당하여 비로소 시효의 완성을 알고 이것을 주장하는 것이 통상이어서, 그에게 등기를 청구할 수 있었는데도 이를 게을리하였다고 비난하는 것은 대부분 적절하지 않다.[16] 나아가 판례의 태도를 등기를 믿고 부동산에 관한 거래를 한 자는 가능하면 보호되어야 한다는 理想으로써 설명하려는 시도도 있을 것이다. 그러나 이에 대하여는 그렇다면 왜 아직 시효가 완성되기 전에 등기를 믿고 부동산거래를 한 자는 보호를 받지 못하는가 하는 근본적인 의문이 즉각 제기된다.

---

16) 나아가 설사 어느 정도 그러한 비난이 타당한 점이 있다고 하더라도 이를 이유로 時效完成의 利益을 전적으로 박탈하는 것은 균형을 잃은 것이 아닐까.

넷째, 새로운 讓受人으로서도 점유자의 점유개시의 시점 등은 전혀 알 수 없는 것이 통상인데, 그 시점 여하라는 우연한 사정에 의하여 권리의 취득이 좌우된다는 것은 法的 安定性이라는 관점에서도 바람직하지 않다.

그러므로 필자는 시효완성 후 목적물의 양수인 기타 제3자에 대하여도 시효완성의 효과를 주장할 수 있어야 한다고 생각한다. 물론 立法論的으로는 독일이나 스위스에서와 같이 타인의 명의로 登記되어 있는 不動産에 대하여는 아예 취득시효의 성립을 원칙적으로 부정하는 태도도 긍정적으로 검토할 필요가 있을 것이다. 그러나 우리 법에서와 같이 일단 이를 긍정하는 이상에는, 소유권등기명의의 시점 여하에 따라 시효완성의 효과를 좌우하는 것은 결코 수긍될 수 없다고 할 것이다.

4. 「假登記擔保 등에 관한 法律」 기타 非典型擔保

「假登記擔保 등에 관한 法律」은 해석상 많은 의문을 가지고 있는데, 이에 대한 대법원의 태도는 점차로 명확하게 되고 있다. 최근에 나온 關聯裁判例를 간추려 본다.

(1) 판례는 同法의 適用範圍를 넓게 잡고 있다고는 하기 어렵다.

(a) 同法은 借用物의 返還에 관하여 「대물변제의 예약」이 있었던 경우에 적용되는 것이므로 그 이외의 債權의 담보를 위하여 假登記가 된 경우에 대하여는 적용이 없다고 한다. 이는 大判 90.6.26, 88다카20392(公報 878, 1554)이 토지매매대금채권의 경우에 대하여 이미 밝힌 바인데, 大判 92.4.10, 91다45356등(公報 921, 1549)은 공사대금채권에 대하여 동일한 취지를 반복하고 있다.

(b) 大判 91.11.22, 91다30019(公報 912, 271)은 同法은 민법 제607조의 규정에 위반하는 경우에만 적용이 있으므로, 예약 당시 목적물의

時價가 借用元利金을 넘지 않는 경우에는 적용이 없다고 판시하였다. 이것도 이미 大判 90. 1. 23, 89다카21125등(公報 868, 515)의 태도를 이어받은 것이다.

(c) 大判 92. 2. 28, 91다25574(公報 918, 1156)은, 同法은 「대물변제의 예약」에 관하여만 적용되며, 원래의 代物辨濟에는 민법 제607조, 제608조의 적용이 없어서 同法도 그에 적용이 없다고 한다.

(2) 同法은 담보의 목적으로 경료된 가등기(또는 소유권이전등기)의 효력을 정하는 것을 목적으로 하는데(제 1 조 참조), 과연 擔保의 目的으로 한 假登記인지 여부는 어떠한 기준에 의하여 정하여질 것인가. 이는 매우 중요한 문제인데, 大判 92. 2. 11, 91다36932(公報 917, 1001)은, 등기부상의 표시나 등기신청시 제출된 서류의 종류(대물반환예약서냐, 매매계약서냐)에 의해서가 아니라, 去來의 實質과 當事者의 意思解釋에 따라 정하여진다고 판시하였다. 타당한 태도라고 하겠다. 이 사건에서는, 同法에 의한 淸算節次가 행하여지기 전에 强制競賣가 신청되어 競落이 행하여진 다음에 가등기권리자가 가등기에 기한 본등기를 청구할 수 있는가가 문제되었다. 그리고 위와 같은 기준에 의하여 擔保假登記라고 인정되어 그는 이제 본등기청구를 할 수 없다는 결론이 내려졌다.

이와 관련하여 大決 92. 3. 18, 91마675(公報 920, 1381)은, 가등기에 기한 본등기에 있어서 직권말소통지(不動産登記法 제52조 제 2 호, 제175조 참조)를 받은 후순위권리자(이 사건에서는 국세압류등기를 한 國)가 그 가등기가 담보가등기라는 소명자료를 제출하면 가등기 후의 등기를 직권말소할 수 없다고 한다.

(3) 同法에서 정하는 淸算節次에 관하여는 大判 92. 9. 1, 92다10043등(公報 930, 2760)이 중요하다. 이에 의하면, 담보권의 실행절차로서 하는 淸算金評價額의 通知는 담보권자가 主觀的으로 평가하는 액을 내용으로하면 족하고 그 액이 객관적 청산금에 미치지 않더라도 담보권실행

통지의 효력이나 청산기간의 진행에 消長이 있다고 한다. 그 경우에도 債務者 등은 그 액수를 다투어 자신의 本登記義務를 이행하지 아니하거나 적정한 청산금이 지급되기까지는 所有權移轉의 效力을 다툴 수 있고, 또 그것으로 족하다고 할 것이므로, 역시 위 판결의 태도는 정당하다고 생각된다.

大判 92. 3. 27, 91다44407(公報 920, 1392)은, 假登記擔保權의 설정 전과 후에 각기 假押留가 있는 경우에 그 채권자들에게 경매대금을 어떻게 配當할 것인가를 다투고 있다. 이에 의하면, 우선 그들 전부에 대하여 각 채권액에 따라 按分하되, 다만 가등기담보권자는 후순위의 가압류채권자에 대하여는 우선하므로 그에 대한 배당액을 자기 채권이 만족될 때까지 "吸收"하여 배당받을 수 있다고 한다.

(4) 同法은 목적물을 부동산으로 하는 비전형담보에 대하여만 적용이 있고 그나마 피담보채권이 일정한 내용의 것인 경우만을 규율대상으로 하고 있다. 그럼에도 同法의 시행 후에 대부분의 학설은 讓渡擔保 일반에 대하여 信託的讓渡說로부터 소위 擔保權說로의 理論轉換을 행하였다(필자는 「가등기담보 등에 관한 법률」의 적용이 없는 讓渡擔保에 관한 한 이러한 理論轉換에 의문을 가지고 있다). 그러므로 주지하는 대로 종전부터 신탁적 양도설의 입장을 고집하여 온 판례가 이제 어떠한 태도를 취할 것인지 주목되는 바이었다.

그런데 大判 92. 8. 18, 91다25505(公報 930, 2734)은 이 점에 대하여 일정한 단서를 제공한다. 이 판결은, 「가등기담보 등에 관한 법률」이 시행된 후인 1987년에 토지매매대금채권의 담보를 위하여 매수인이 그 토지 위에 그 비용과 노력으로 건축하는 건물의 건축허가를 매도인 명의로 받은 事案에 대한 것인데, "완성된 건물의 소유권은 일단 채무자가 원시취득한 후 채권자 명의로 소유권보존등기를 마침으로써 담보목적의 범위 내에서 매도인(채권자)에게 소유권이 이전된다고 보아야 할 것"이라고 판시하였다. 이 事案이 부동산양도담보에 해당함은 異論의 여지가 없는데(한편 판례는 앞서 본 대로 이러한 매매대금채권의 담보를 위한 양도담보는 同法의 적용이 없다는 태도를 취하고 있다), 이에 대하여 위 판결은 채권자에게 소유권이 이전된다고 하고, 현재의 多數說처럼 무슨 擔保權이 설정된다고는 하지 않는 것이다. 물론 이 판결이 양도담보의 이론적 구성의 문제를 명확하게 의식하고서 내려진 것이라고는 단정할 수 없으나, 여하간에 그 문제에 대한 판례의 태도를 추측할 수 있게 한다고는 분명히 말할 수 있을 것이다.

Ⅳ. 債　權

1. 債務不履行 기타

(1) 우선 債務不履行의 要件에 대하여 본다.

大判 92.6.26, 92다10425(公報 926, 2273)은, 傍論이기는 하나, 임대차의 목적이 된 토지의 일부가 임차인의 소유인 것으로 밝혀지더라도 임대차계약이 당연무효가 된다고는 할 수 없다고 한다. 일반적으로 賣買契約의 목적물이 매수인의 소유였던 경우는 原始的 不能이 인정되는 전형적인 예인데, 賃貸借의 경우에도 달리 볼 이유는 없다고 할 것이 아닌가 생각된다. 위 사건에서는 목적물 전부가 아니라 그 일부만이 임차인의 소유에 속한다는 점이 고려되었는지도 모르나, 그렇다고 하더라도 적어도 一部無效는 인정되어야 할 것이다. 한편 大判 92.6.23, 92다13684(公報 926, 2266)은, 토지거래신고대상인 토지의 매매에서 買受人이 아직 신고필증을 교부받지 못하였다고 하여도 매매계약이 이행불능이 되어 賣渡人의 소유권이전등기의무를 면하게 되는 것은 아니라고 한다. 타당하다고 생각된다.

不動産賣渡人이 부담하는 계약상 의무와 관련한 일련의 裁判例가 있다. 大判 92. 2. 14, 91다12349(公報 917, 1011)은, 買受人이 해놓은 처분금지가처분에 위반되는 登記가 존재하는 경우에도 매도인은 이를 말소하여 登記上 아무런 負擔 없는 권리를 이전해 줄 의무를 부담하며, 나아가 목적물이 토지거래신고구역 내의 토지라면 申告畢證도 교부하여야 한다고 판시하였다. 한편 大判 91. 11. 26, 91다23103(公報 912, 286)은, 목적물에 저당권이 설정되어 있는 경우에는 매수인이 피담보채무를 인수하여 그 채무금 상당을 매매대금에서 공제하는 등의 특별한 사정이 없는 한 매도인은 그 저당권을 말소하여 소유권을 이전할 의무가 있다고 한다. 따라서 매수인의 잔대금지급의무는 매도인의 그러한 이행제공이 없으면 履行遲滯에 빠지지 않는다는 것이다. 당연한 判旨라고 하겠다.

채무불이행책임의 요건으로서의 歸責事由의 입증책임과 관련하여서는 大判 92. 9. 22, 92다16652(公報 932, 2968)가 있다. 임차인의 임차물반환채무가 목적물 내에서 발화하여 일어난 原因不明의 火災로 이행불능이 된 경우 임차인은 그에 歸責事由가 없음을 이유로 책임을 면할 수 있는가? 위 판결은, "그 경우에도 그 건물의 보존에 관하여 선량한 관리자의 주의를 다하였음을 입증하여야 한다"고 판시하였다. 종전의 판례의 태도를 답습한 것이다.

(2) 채무불이행책임의 내용과 관련하여서는 우선, 履行不能의 경우에 代償請求權을 인정한 大判 92. 5. 12, 92다4581등(公報 923, 1849)이 주목된다. 이 사건에서는 매매목적물인 토지가 收用됨으로써 매도인이 수령한 收用補償金에 대하여 대상청구권이 긍정되었다. 이는 통설도 인정하는 것이고, 굳이 반대할 이유는 없다고 하겠다. 그런데 代償請求權의 내용에 대하여는, 채권자가 이행불능으로 입은 손해를 한도로 하여 채무자가 얻은 代償의 급부를 청구할 수 있느냐(일본판례의 태도) 아니면 그러한 제한 없이 代償 전부의 급부를 청구할 수 있느냐(독일의 통설·판

례)를 둘러싸고 논의의 여지가 있다. 이 사건에서 원심은 前者의 태도를 밝혔는데, 위 판결은 이 점에 대하여 별다른 言及이 없다.

채무불이행으로 인한 손해배상에 대하여도 흥미있는 裁判例가 있다. 우선 大判 92. 4. 28, 91다29972(公報 922, 1698)은, 綿製品輸出契約에서 제품의 하자를 이유로 계약이 해제된 경우 그 손해배상의 범위와 관련하여, (i) 轉賣利益에 대하여 원심은 채무자가 이를 알 수 없었다고 하여 기각한 것을 대법원은 판매할 목적으로 수입함을 채무자가 알고 있었으므로 이익을 얻을 것도 알 수 있었다고 하면서 "債權者가 확실히 이익을 얻을 것으로 믿었거나 그 액수까지 알아야 하는 것은 아니다"라고 판시하였고, (ii) 販賣社員雇傭費用과 같이 채권자가 채무자의 적법한 이행을 믿고 지출한 비용도 "그러한 지출사실을 상대방이 알 수 있었고 또 그것이 통상적인 지출비용의 범위에 속한다면 그에 대하여도 履行利益의 범위 내에서는 배상을 청구할 수 있으며, 다만 그러한 손해를 [전매이익과 같은] 逸失利益과 같이 청구하는 경우에는 重複賠償을 막기 위하여 일실이익은 제반비용을 공제한 純利益에 한정되어야 한다"고 판시하였다. 이 중 (i)에 대하여는 종전의 大判 67. 5. 30, 67다466(集 15-2, 36) 등에 비추어도 별다른 異論이 없으나, (ii)는 여러 모로 검토를 요한다고 생각한다. 여기서 문제되고 있는 판매사원고용비용 같은 지출은 원래 애초 債權者가 轉賣利益에 의하여 보전될 것으로 하여 자신의 危險 아래(auf eigene Gefahr) 행하는 것이므로, 이를 전매이익과 별도로 배상청구할 수 있는지 검토를 요한다고 생각된다.

또한 大判 92. 8. 14, 92다2028(公報 929, 2660)은, 토지매도인의 소유권이전의무의 이행불능을 이유로 한 損害賠償請求權이 매수인이 건립한 건물(진정한 토지소유자에 의한 철거청구소송에서 패소확정되었다)의 시가에도 미치는가 하는 흥미있는 문제를 다루고 있다. 위 판결은, 토지매도인이 "매매 당시" 매수인이 건물을 신축할 것임을 알았으면 배상의무가 있다고 한다. 여기서 「매매 당시」라고 설시한 것이 민법 제393조 제

2항의 특별한 사정에 대한 豫見의 基準時를 계약 당시가 아니라 채무불이행 당시라고 하는 大判 85.9.10, 84다1532(集 33-1, 1)의 태도를 의식적으로 뒤집는 것은 아니라고 추측된다.

2. 保證債務

(1) 채권자와 주채무자 간의 계속적 거래로 인한 채무를 보증하는 계약에 있어서 보증기간의 정함이 없는 경우에 채권자와 주채무자 사이의 계약이 자동갱신되었다면 보증책임은 갱신된 후의 기간에 발생한 주채무에 미치는가? 大判 91.12.24, 91다9091(公報 914, 665)은, 자동갱신조항에 대하여 "보증인이 이의나 유보 없이 보증계약을 체결하였다면 특별한 사정이 없는 한 그 계약에는 연장되는 全保證期間 동안 발생하는 채무에 대하여 책임을 부담하기로 하는 意思表示가 포함되어 있거나 위 기간의 연장에 대한 默示的 同意가 있었다고 보아야 할 것"이라고 판시하여, 보증인의 책임을 긍정하였다.

한편 大判 91.12.10, 91다24281(公報 913, 484); 大判 91.12.10, 91다29828(公報 913, 487)은 은행거래에서 관행으로 행하여지는 소위「貸換」의 경우에 모두 보증인의 책임을 부정하였다. 前者의 판결은 "貸換은 특별한 사정이 없는 한 형식적으로는 별도의 대출에 해당하나 실질적으로는 기존채무의 변제기의 연장에 불과하므로 그 법률적 성질은 기본채무가 여전히 동일성을 유지한 채 존속하는 準消費貸借로 보아야 할 것"이라고 하여 원칙적으로는 보증인의 책임이 새로운 대출금에도 미치는 것이라고 하면서도, 수출지원금융에 갈음하여 일반대출이 이루어진 그 사건에서는 보증인에게 당초의 채무만을 보증할 의사가 있었다고 하여 보증인의 책임을 부인하였다. 後者의 판결도 대환절차에 있어서 주채무의 내용이 변경되고 보증인을 새로 세우는 등의 특수한 사안에 대한 것이다.

또한 大判 92. 4. 28, 91다26348(公報 922, 1692)은, 채권자와 주채무자와의 사이에 주채무자의 外上賣出金이 거래보증금의 150%를 초과하였을 때에는 채권자가 계약을 해지할 수 있다는 특약을 맺었어도, 이것을 가지고 보증인의 책임액이 거래보증금의 150%에 한정된다는 취지로 解釋될 수 없다고 판시하였다. 타당하다고 생각된다. 위와 같은 약정을 가령 신용카드會員의 月利用限度額에 대한 약정(大判 86. 1. 28, 85다카1626[集 34-1, 24]; 大判 87. 7. 7, 87다카314[公報 807, 1316] 등은 신용카드보증인의 책임은 이 限度額에 제한되는 것으로 해석되어야 한다고 판시한 바 있다)과 동일시할 수는 없을 것이다.

(2) 기간의 정함이 없는 繼續的 保證에 있어서「不得已한 事由」가 있으면 보증인이 이를 解止할 수 있다는 것은 이미 판례의 확고한 태도라고 할 것이다. 이를 이어받아 大判 92. 7. 14, 92다8668(公報 927, 2400)은, 장래의 입원치료비채무를 보증한 사안에서 抽象論으로 "보증인의 주채무자에 대한 신뢰가 깨어지는 등의 상당한 이유가 있으면" 보증인이 해지할 수 있다고 하면서, 다른 한편 "계약의 해지로 인하여 채권자에게 신의칙상 묵과할 수 없는 특단의 사정이 있으면" 그러하지 아니하다고 한다. 그리하여 구체적인 사건의 해결로서는 解止權의 발생을 부인하였다.

나아가 계속적 보증에 있어서는 信義則에 비추어 일정한 경우에 책임을「합리적인 범위 내로」 제한하는 것이 大判 84. 10. 10, 84다카453(集 32-4, 54) 이래 인정되고 있음은 주지하는 대로이다. 어디까지나「예외」라고 평가되어야 할 이 法理가 실무에서 구체적으로 어떻게 운용되는가는 흥미로운 문제인데, 앞서 본 大判 92. 4. 28, 91다26348(公報 922, 1692)은, 보증인이 주채무자와 별로 친분이 두텁지 아니하고 경제적인 대가 없이 보증을 하였다는 사유는 보증인의 책임을 제한할 만한 사유가 되지 않는다고 판시하였다.

(3) 한편 大判 92. 9. 25, 91다37553(公報 932, 2984)은, (i) 채권자가 連帶保證人에 대하여 채무의 전부 또는 일부를 免除하였더라도 그 효력이 主債務者에게 미치는 것이 아니고, (ii) 연대보증인이 여럿 있더라도 그들 사이에 連帶關係의 특약이 없는 한 그 중 1인에 대한 면제가 다른 連帶保證人에게 효력을 미치지 아니하고, (iii) 연대채무에 있어서 면제의 절대적 효력을 정하는 민법 제419조에도 불구하고 채권자는 그 적용을 배제하여 절대적 효력 없는 면제를 행할 수 있으며, (iv) 수탁보증인의 사전구상권과 사후구상권은 그 발생원인을 달리하고 그 법적 성질이 다른 별개·독립의 권리이므로 事後求償權의 소멸시효는 事前求償權의 발생 여부와는 상관 없이 그것이 발생하여 행사될 수 있을 때로부터 진행된다고 판시한다. 어느 것이나 타당한 판단이라고 하겠다.

3. 契約解除

(1) 법정해제권이 적법하게 발생하였는지는 실제에 있어서는 주로 부동산매매에 있어서 매수인의 채무불이행을 이유로 매도인이 해제권을 가지는가 하는 형태로 문제된다. 이와 관련하여서는, 우선 買受人의 履行遲滯(매수인이 부담하는 대금지급의무는 金錢債務이므로, 그 이외의 債務不履行類型은 문제될 여지가 없다)가 인정되기 위하여서 매도인측에서 그에게 反對債務(소유권이전의무)의 적법한 履行提供을 하여야 하는 것이 원칙이다. 그러나 다른 한편 이러한 履行提供은 채무자(즉 매수인)가 자기 채무를 이행하지 아니할 의사를 명확하게 밝힌 때에는 요구되지 않는다는 것이 확고한 판례의 준칙이다. 거칠게 말하면, 결국 법정해제권의 발생요건에 관한 裁判例는 이 두 가지 점에 집약된다고 할 수 있다.

우선 前者에 관하여 보면, 종래의 裁判例는 이 점에 대하여 상당히 엄격한 태도를 취하는 경향을 보여 왔다. 이 점은 그대로 유지되어 가령 大判 92. 7. 24, 91다38723등(公報 928, 2520)은, 앞의 1. (1)에서 본 대로 저당권의 부담 있는 부동산의 매도인(이 사건에서는 法人)은 저당권 말소에 필요한 서류를 제공하여야 하는데 그 준비한 서류 중에 登記畢證과 법인등기부등본을 갖추지 못하였다면 적법한 履行提供이 있다고 할 수 없다고 하여, 解除의 효과를 부인한다. 또 大判 92. 2. 14, 91다12349(公報 917, 1011)은, 매매목적토지가 토지거래신고대상인 경우에는 매도인은 그 申告畢證도 이행제공하여야 한다고 한다. 나아가 大判 92. 9. 22, 91다25703(公報 932, 2953)은, 매도인이 잔금의 지급을 최고하면서 인감증명과 주민등록등본 등을 준비하기는 하였지만 그 뜻을 통지하고 수령을 최고하지 않았으면 적법한 이행제공을 인정할 수 없다고 하였다.

그런데 大判 92. 7. 14, 92다5713(公報 927, 2396)은, 이러한 태도가 구체적인 사정 아래서 緩和될 수 있음을 보여주는 경우로서 흥미롭다. 이 판결은 우선 抽象論으로, 이러한 이행제공을 엄격하게 요구하면 "오히려 불성실한 상대당사자에게 구실을 줄 수도 있으므로… 제공의 정도는 그 시기와 구체적인 상황에 따라 신의성실의 원칙에 어긋나지 않게 합리적으로 정하여야 할 것"이라고 한 다음, 구체적으로는 매수인이 대금을 준비하지 않는 등 수령할 준비가 되지 않은 경우에는 매도인은 매도용 인감증명서만을 발급받아 두었더라도 인감도장이나 권리증 등을 집에 소지함으로써 결국 잔대금수령과 동시에 법무사 등에게 위임하여 등기신청서류를 작성할 수 있도록 준비한 것만으로 충분하다고 판시하였다. 이 사건은, 매수인의 요청으로 잔대금의 지급기일이 수차 연기된 후에도 그 지급이 없자 매도인이 목적토지를 개발하였고 그 상태에서 주변환경의 변화로 地價가 급등하자 매수인이 이전등기를 청구하였다는 事案으로서, 위의 判示를 일반화할 수 있을는지는 의문이다.

나아가 後者의 「이행거절의 명백한 의사」에 관하여 본다. 大判 92. 2. 28, 91다15584(公報 918, 1150)은, 매도인이 소유자임을 전제로 제기한 제3자 명의의 소유권보존등기의 말소를 구하는 소송의 제1심에서 매도인이 패소하자 매수인이 등기명의인과 새로이 매매계약을 체결하고

抗訴審에서 보조참가하여 매도인의 권리를 다툰 事案에서 이를 긍정하였다. 또한 大判 92. 9. 14, 92다9463(公報 931, 2872)은 매수인이 매매목적물의 수량부족을 내세워 대금감액을 요구한 사안에서 이를 긍정하였다. 그러나 大判 91. 11. 26, 91다23103(公報 912, 286)은, 매수인이 계약서의 매수인난에 주소와 주민등록번호 등을 기재하지 아니한 것만으로는 이를 단정할 수 없고, "매도인의 해제권 행사를 회피할 목적으로 이를 기재하지 않았거나, 또는 매도인이 過失 없이 매수인의 소재를 알지 못하여 채무이행제공을 못하였다는 등의 사정이 있어야 한다"고 덧붙였다. 또 大判 92. 3. 10, 91다15744(公報 919, 1273)은, 매수인이 檢印契約書의 작성에 협력하지 아니하였다는 사정만으로는 이를 긍정할 수 없다고 하였다.

그와는 별도로 大判 92. 6. 23, 92다7795(公報 926, 2256)은, 검인계약서에는 과세표준대로 대금을 기재하기로 약정하고서 매수인이 그렇게 하지 않은 경우 매도인은 이를 이유로 계약을 해제할 수 있는가 하는 현실적으로 흥미로운 문제를 다루고 있다. 위 판결은, 이는 附隨的인 의무에 불과하여서 그 불이행에 의하여 계약의 목적을 달성할 수 없게 되는 등의 특별한 사정이 없는 한 이를 이유로 계약을 해제할 수는 없다고 판시하였다. 附隨的 義務의 위반으로 인한 解除의 可否에 관한 이러한 法理는 이미 大判 68. 11. 5, 68다1808(集 16-3, 160); 大判 76. 4. 24. 74다2151(集 24—1, 248) 등에서 채택된 바 있는데, 契約解除가 계약의 효력을 전면적으로 소멸시키는 강한 효력을 가지는 것에 비추어 보면 이러한 태도는 수긍될 수 있을 것이다. 그리고 위 판결이 다룬 것과 같은 附隨的 約定에 있어서 그 위반을 이유로 계약의 해제를 인정하는 것은 구체적으로도 타당하지 않다고 생각된다.

(2) 合意解除와 관련하여서는 특히 묵시적인 해제합의가 있었다고 볼 것인가가 다투어지는 예가 많다. 大判 92. 2. 28, 91다28221(公報 918,

1157)은, 일반론으로 "쌍방이 계약의 실현을 객관적으로 장기간 방치한 것만으로는 부족하고, 쌍방에서 그 실현의사가 없거나 계약을 포기할 동기에서 방치한 것이라는 사정이 인정되어야 한다"는 명제를 내걸고, 구체적인 사건의 해결에서는 이를 부정하였다. 이는 大判 92. 7. 28, 92다10197등(公報 929, 2639)에서도 마찬가지이다.

解除合意의 效力에 관련하여서는 大判 92. 8. 18, 92다6266(公報 930, 2748)이 눈에 띈다. 이 판결은, 토지의 매매계약을 체결하였다가 매수인의 사정으로 매도인이 위 토지를 다시 매수하고 원래의 계약을 해제하기로 약정한 경우에 "그 재계약상의 해제합의는 원계약을 소멸시킴으로써 그 효과가 완결되고 기타 그 이행의 문제는 발생할 여지가 없으므로, 원계약의 매도인(재계약상의 매수인)이 대금지급의무를 불이행하였다고 하더라도 이를 이유로 원계약에 대한 해제합의를 해제할 수는 없다"고 판시하였다.

4. 賃貸借

(1) 임대차와 관련하여 최근에 가장 흥미를 끄는 것은, 임차인에게 불리한 特約을 무효로 하는 소위 片面的 强行規定(민법 제652조)의 적용을 배제하는 일련의 裁判例이다.

우선 大判 92. 4. 14, 91다36130(公報 921, 1572)은 토지임차인의 建物買受請求權에 관하여, 大判 92. 9. 8, 92다24998등(公報 931, 2851)은 附屬物買受請求權에 관하여, 이를 포기하기로 하는 약정이라도 "그것이 임차인에게 불리한 것인지의 여부는 우선 당해 계약의 조건 자체에 의하여 가려져야 하지만 계약체결의 경위와 제반 사정 등을 종합적으로 고려하여 실질적으로 임차인에게 불리하다고 할 수 없는 특별한 사정을 인정할 수 있을 때에는 위 강행규정에 저촉되지 않는 것으로 보아야 한다"는 抽象論 아래 당해 각 사건의 구체적인 사정 아래서는 그러한 특약이 임차인에게 불리한 것이라고 할 수 없다고 하여 그 특약의 효력을 그대로 인정하였다. 그 중 前者의 판결은 토지임차권의 무단양도로 임대인이 계약을 해지함으로써 건물은 철거될 운명에 있었는데 임대인이 그 임차권양수인의 간청을 받아들여 그와의 사이에 3년 기간의 새로운 계약을 체결한 事案에 대한 것이고, 後者의 판결은 단지 보증금과 임료를 시가보다 저렴하게 해 주고 부속물에 대한 시설비·유익비 등을 청구하지 않기로 한 事案에 대한 것이다.

이러한 「實質的 不利」論은 이미 大判 82. 1. 19, 81다1001(集 30-1, 17)에서 채용되었었는데, 그 사건의 사안은 "피고들이 증·개축한 시설물과 부대시설을 포기하고 임대차 종료시의 현상대로 원고의 소유에 귀속하기로 하는 대가로 이 사건 임대차계약의 보증금 및 월임료를 파격적으로 저렴하게 하고 그 임대기간도 장기간으로 하였으며, 원고는 계약 종료 즉시 건물을 철거하고 새로운 건물을 건축하려 하였고 피고도 당초부터 이를 알고 있었다"는 특이한 것이어서, 구체적인 사례의 집적이 기대되던 바이었다. 이 판결과 대비하여 보면, 위의 새로운 판결들, 특히 後者는 그 요건이 현저히 완화되었음을 看取할 수 있다. 물론 이러한 경향은 片面的 强行規定을 정한 취지를 잠탈할 우려를 내포하고 있는 것이나, 다른 한편 그 규정은 經濟的 弱者인 賃借人을 보호한다는 취지를 담고 있는데 최근에는 오히려 賃借人이 경제적으로 强者인 경우가 드물지 않아서(특히 최근에 도시지역의 나대지의 소유자들은 각종의 토지규제를 피하여, 그 地上에 건물을 짓고자 하는 會社 등에게 불리한 조건으로라도 임대하고자 하는 경향이 없지 않다) 그 규정의 사회적 배경이 변화하였다는 사정도 은연중에 영향을 미치지 않았을까 추측하여 본다.

(2) 민법상으로는 기간의 약정 있는 임대차계약이 法定更新되면 이제부터는 기간의 약정이 없는 것으로 된다(제639조 제1항 단서 참조). 그런데 1989년 말에 개정된 후의 住宅賃貸借保護法에 의하면 同法의 적용을 받는 임대차는 원래 기간의 약정이 없었어도 그 기간을 2년으로 본

다(同法 제 4 조 제 1 항). 그렇다면 同法이 적용되는 임대차계약이 법정갱신되면 어떠한가? 大判 92. 1. 17, 91다25017(公報 916, 864)은, 그 경우 기간은 2 년이고, 기한의 약정이 없는 것으로 되는 것이 아니라고 한다.

5. 不法行爲

(1) 불법행위의 일반적 성립요건과 관련한 裁判例를 본다.

우선 大判 92. 3. 13, 91다30491(公報 919, 1297)은 原審判決과는 달리, 宗孫에게 분묘수호 및 봉제사 등의 권리가 있더라도 실제로 宗中이 선조의 분묘를 수호·관리해 왔으면 그 종중은 분묘훼손을 이유로 하여 손해배상을 청구할 수 있다고 한다. 이러한 경우에 종중이 침해당한「법적으로 보호받을 이익」의 내용은 무엇인지 얼른 이해되지 않는다.

한편 大判 92. 4. 14, 91다36710(公報 921, 1573)은, 자궁적출수술에 관한 의사측의 책임을 인정하였는데, 그 이유로 "더 이상의 보다 정밀한 확인검사를 하지 아니한 잘못으로 자궁외 임신임을 알지 못함으로써 결과적으로 위와 같은 진단상의 과오가 없었다면 당연히 설명받았을 판시와 같은 내용을 설명받지 못한 채 수술승낙을 하게 한 과실이 있다고 인정되므로 위 집도의사들이 설명의무를 다하지 못함으로써 원고의 承諾權을 침해한 과실이 있다는 취지의 판단은 정당하다"고 설시하고 있다. 그러나 이와 같은 경우에「설명의무의 위반으로 인한 환자의 승낙권 침해」라는 迂遠한 논리를 채용할 필요는 없고, 단순히 誤診으로 인하여 過剩施術이 있었고 이로 인하여 환자의 신체를 침해한 違法行爲가 있었다고 인정하면 족하지 않았을까.

因果關係에 관하여, 大判 92. 2. 11, 91다34233(公報 917, 998)은 感電당한 사람이 병원중환자실에서 치료를 받던 중 이틀 만에 발작적으로 유리창을 깨고 투신하여 사망한 경우에 감전의 원인을 제공한 행위와 피해자의 사망과의 인과관계를 긍정하였다.

또 大判 92. 9. 14, 92다3465(公報 931, 2866)은, 원고 소유의 공장기계의 인도거절과 원고가 그 기계를 돌려 제조할 물품의 수출계약이 불이행됨으로 입은 손해와의 사이에 인과관계가 존재하는가에 대하여, 원고가 그 제품의 생산에 필요한 각종의 人的·物的인 설비도 확보하지 못하고 행정당국의 제조허가절차도 밟지 않았다면 "직접적인 상당인과관계가 존재하지 않는다고 보아야 한다"고 판시하였다.

(2) 使用者責任에 관하여는 사용자관계의 인정 여부가 문제된 裁判例가 많이 보인다. 大判 92. 3. 31, 91다39849(公報 920, 1416)은, 지입차량을 운전사와 함께 지입차주로부터 약 8시간 동안 임차한 자는 그 운전사에 대하여 사용자관계에 있다고 판시하였다. 그런데 大判 92. 7. 28, 92다10531(公報 929, 2640)은 重機를 그 운전기사와 함께 임차한 사람을 민법 제756조 제2항 소정의 "운전사의 사용자(중기소유자)에 갈음하여 그 사무를 감독하는 자"라고 인정하였다. 한편 都給人에 대하여 下受給人에 대한 그의 사용자책임을 긍정한 大判 92. 6. 23, 92다2615(公報 926, 2249)이 있다.

한편 大判 92. 9. 25, 92다25595(公報 932, 3002)은 사용자의 피용자에 대한 求償請求를 신의칙에 비추어 전적으로 허용되지 않는다고 배척한 원심판단을 긍정하였다. 이미 大判 87. 9. 8, 86다카1045(集 35-3, 9)은, 抽象的인 法律論의 차원에서 피용자에 대한 求償請求뿐만 아니라 「피용자의 업무집행으로 인하여 사용자가 입은 직접의 손해」에 대하여도 "그 사업의 성격과 규모, 사업시설의 상황, 피용자의 업무내용, 근로조건이나 근무태도, 가해행위의 상황, 가해행위의 예방이나 손실의 분산에 관한 사용자의 배려정도 등의 제반사정에 비추어 손해의 공평한 분담이라는 견지에서 신의칙상 상당하다고 인정되는 한도 내에서만" 피용자에 대하여 청구권을 가진다고 판시한 바 있다. 실제로도 극히 중요한 이 법리는, 그 후 大判 91. 5. 10, 91다7255(集 39-2, 228)이, 렌트카회사의 야간경비원이 업무수행과 관련하여 회사 소유의 자동차를 운전하다가 교통사고를 일으켜 피해자가 사망하고 스스로도 사망한 事案에서 "피용자의 가해행위가 가지는 책임성에 비하여 사용자의 가해행위에 대한 기여도가 지나치게 크다는 점 등"을 참작하여 사용자가 피용자의 상속인 및 신원보증인들을 상대로 한 求償請求를 기각한 바 있다. 위의 大判 92. 9. 25. 으로써 이제 이 법리는 「현재 있는 법」으로서의 지위를 더욱 확고하게 굳히게 되었다.

(3) 工作物責任과 관련하여서는 大判 92. 9. 14, 92다3243(公報 931, 2864)이 주목된다. 이 사건에서는 고속도로 위에 타이어가 떨어져 있음으로 말미암아 발생한 사고에 대하여 고속도로의 관리자인 한국도로공사에게 책임을 인정할 것인가가 문제되었다. 위 판결은 道路의 保存上의 瑕疵 유무를 판단함에 있어서 "도로의 설치 후 제 3 자의 행위에 의하여 그 본래의 목적인 통행상의 안전에 결함이 발생된 경우에는 도로에 그와 같은 결함이 있다는 것만으로 성급하게 도로의 보존상 하자를 인정하여서는 안 되고, 당해 도로의 구조, 장소적 환경과 이용상황 등 제반의 사정을 종합하여 그와 같은 결함을 제거하여 원상으로 복구할 수 있는데도 이를 방치한 것인지 여부를 개별적, 구체적으로 심리하여"야 한다고 하고, 나아가 위와 같은 경우에 "도로의 안전상의 결함이 객관적으로 보아 시간적, 장소적으로 피고의 관리행위가 미칠 수 없는 상황 아래에 있는 경우에는 관리상의 하자를 인정할 수 없다"고 판시하였다. 「瑕疵」의 유무에 대한 이러한 판단부분은 그 논리구조가 통상의 「過失」에 대한 그것과 크게 다를 바가 없는 것으로 생각된다. 그 판단은 민법 제758조 제 1 항 본문에서 정하는 「瑕疵」에 대한 것이라기보다는 오히려 同項 단서의 "점유자가 손해의 방지에 필요한 주의를 해태하지 아니한 때"에 대한 것이라고 할 수도 있지 않을까.

또한 大判 91. 12. 24, 91다29767(公報 914, 676)은, 방 1 칸을 轉借한

사람이 연탄가스 중독으로 사망한 데 대하여 建物所有者인 원임대인에게 축조상의 하자를 인정하여 책임을 긍정하였다. 한편 大判 92. 4. 24, 91다37652(公報 922, 1678)은, 대학건물의 옥상에서 피해자가 선배로부터 기합을 받던 중 몸을 구르다가 떨어져 사망한 사고에 대하여 건물의 設置保存上의 瑕疵를 부정하여 대학측의 책임을 부정하였다. 그에 있어서는 "위험성에 대한 지각능력이 있는 대학생들이 출입이 제한되어 있는 옥상에서 추락 등의 사고를 일으킬 수 있는 행위를 하리라고 기대하기는 어렵다"는 등의 사정을 들어, 관리인을 두거나 난간을 설치하지 않았더라도 "그 공작물의 위험성에 비례하여 사회통념상 일반적으로 요구되는 정도의 방호조치의무"를 다하였다고 인정하였다.

(4) 불법행위로 인한 損害의 存否 또는 損害賠償의 범위에 관하여 본다.

(a) 우선 全員合議體判決인 大判(全) 92. 6. 23, 91다33070(公報 926, 2235)이 주목된다. 이 판결은, 소유자 아닌 사람이 서류를 위조하여 자기 앞으로 소유권등기를 이전하고 이후 그 부동산이 전전매도되었으나 소유자가 등기명의인들을 상대로 말소등기소송을 제기하여 승소판결이 확정된 경우 패소한 買受人들의 損害는 賣買代金의 지출이라는 積極的 損害에 한정되고, 소유권을 얻지 못하였다는 消極的 損害는 고려될 여지가 없다고 판시하고 있다. 이러한 趣旨는 위조수표를 수표할인의 방식으로 취득한 자의 損害와 관련하여 大判(全) 92. 6. 23, 91다43848(公報 926, 2245)에서도 반복되고 있다("액면에 상당하는 금액은 … 기대를 갖게 되는 이익에 지나지 아니할 뿐 그 수표의 위조행위로 말미암아 얻을 수 없게 된 이익은 아니다"라고 한다). 이로써 종전의 서로 엇갈렸던 大法院의 態度는 청산되게 되었다.

그런데, 이 판결들의 태도에 대하여는 의문이 없지 않다. 전전매수인들의 소유권 취득에 대한 확정적인 기대의 상실은 왜 배상되어야 할 손해가 될 수 없는가. 前者의 판결은 이에 대하여 文書僞造가 없었더라면 전전매도행위 자체가 있을 수 없고 따라서 원고의 소유권 취득의 가능성 자체가 봉쇄되므로, 그러한 소극적 손해는 인정되지 않는다고 한다. 말하자면 그러한 기대이익의 상실은 피고의 문서위조와는 因果關係가 없다는 논리이다. 그러나 이는 지나치게 形式的인 把握이라고 생각된다. 위와 같은 경우에 문서위조는 단지 부동산의 처분을 위한 수단일 뿐이므로, 重點은 오히려 문서위조하여 자기 앞으로 소유권등기를 이전한 사람이 부동산을 자신의 소유물로서 매도한 행위에 놓여져야 할 것이다. 그렇다면 문서위조와 부동산처분이라는 일련의 行爲經過를 모두 합쳐서 하나의 不法行爲로 보거나(이는 위조어음의 경우에도 마찬가지일 것이다), 적어도 그러한 부동산매도행위 자체를 문서위조와는 별도의 불법행위로 파악할 수 있을 것이다. 그렇게 보면 위 판결의 이유는 그 根據를 상실하게 된다. 왜냐하면 그러한 不動産處分과 소유권 취득에 대한 기대의 상실과의 사이에는 어떠한 의미에서도 因果關係가 있다고 할 것이기 때문이다. 그 외에도 위 판결들의 태도에 대하여는 논의의 소지가 많다고 생각된다.

한편 大判 92.9.25, 92다8453(公報 932, 2290)은, 부당한 不動産假押留로 인한 손해로서, 가압류의 집행취소를 위하여 공탁한 금전에 대한 民事法定利率과 供託金利率과의 차액을 인정하였다. 이는 부당한 金錢債權假押留로 인한 「통상의」 손해로서 그 채권금에 대한 法定利率 상당액을 인정한 大判 91.3.8, 90다17606(公報 895, 1159)과 짝을 이룬다.

(b) 후유장애로 인한 逸失利益의 산정과 관련하여서 大判 92.1.21, 91다36628(公報 916, 897)은, 특별한 사정이 없는 한 定期昇級되는 號俸上의 이익은 통상의 손해라고 한다. 이는 大判(全) 89.12.26, 88다카6761(集 37-4, 227)이 "확실하게 예측되는 장차의 증가된 임금수익을 기준으로 산정된 일실이익 상당의 손해는 통상의 손해"라고 판단한 태도의 연장선에 있다고 하겠다.

한편 物損에 대하여는 특히 자동차파손의 경우와 관련한 일련의 裁判例가 있다. 이에 대하여는 종래 통상의 손해액은 수리가 가능하면 수리비이고, 그것이 불가능하면 교환가치의 감소액이라는 것이 判例의 확고한 準則이었다. 그런데 양자의 경우가 중첩되는 경우에 대하여 大判 92. 2. 11, 91다28719(公報 917, 996)은, 수리를 한 후에도 일부 수리불가능한 부분이 남아 있는 경우에는 수리비 외에 수리불능으로 인한 교환가치의 감소액도 통상의 손해에 해당한다고 판시하였다. 그러므로 수리가 가능하기는 하나 수리 후에도 여전히 가치감소가 생긴 경우에 대하여는 이를 「특별한 사정으로 인한 손해」로 보게 된다. 이와 관련하여 大判 92. 3. 10, 91다42883(公報 919, 1288)은, 원심이 가해자가 그러한 손해를 알 수 없었다고 하여 배상청구를 기각한 것을, "파손부위와 수리에 소요된 비용액(4백 2십만원)에 비추어… 그 정도의 사고로 인한 자동차의 파손이 있는 경우에는 그 교환가치가 감소되리라는 것은 이를 알 수 있다고 보는 것이 경험법칙에 합치된다"고 하여 破棄하였다. 불법행위에 있어서 손해배상의 범위를 정하는 기준으로서의 「豫見可能性」("알 수 있었을 때")이 객관적 기준에 의하여 판단됨을 잘 보여주는 예이기도 하다(사실 過失로 인한 불법행위의 경우에는 대체로 損害의 豫見이란 있을 수 없는 것이다). 한편 大判 92. 5. 12, 92다6112(公報 923, 1850)은, 자동차수리기간 동안의 손해로서 休車損害와 代車使用料는 "선택적 관계"에 있어서, 車主는 휴차손해 대신 대차사용료의 지급을 청구할 수 있다고 한다.

(「人權과 正義」 199호(1993. 3), 35면 이하 所載)

14. 1993년 民法 判例 概觀

Ⅰ. 序

이하에서 주로 財産法에 대한 것을 중심으로 하여 1993년에 나온 民法裁判例를 살펴 볼까 한다.

다른 것은 전적으로 『법원공보』에 수록된 裁判에 한하였다. 또한 가능하면 종전에는 다루어지지 않았거나, 종전의 태도와의 대비에서 이해할 필요가 있거나, 적어도 새로운 경향을 보여준다고 생각되는 것을 중심으로 쓰려고 노력하였다. 그리고 종전부터의 태도를 답습한 것 중 疑問이 있는 것을 약간 덧붙였다.

1993년에 나온 민법에 관련된 裁判例를 網羅하여 概觀하여 보고자 하는 생각은 전혀 하지 않았다. 그리하여 자연히 판례로서의 위치파악이나 그 내용에 대한 의견에 많은 紙面이 갔다.

Ⅱ. 總　　則

1. 信 義 則

(1) 相續權의 주장과 信義則

신의칙이 적용된 예로서 가장 주목을 끄는 것은, 被相續人의 妻가

相續人임을 주장하는 것이 신의칙상 허용될 수 없다고 한 大判 93.9.28, 93다26007(공보 956, 2967)이다.

상속은 여러 사람의 利害와 관련되는 만큼, 상속인의 확정도 가능하면 簡明한 基準에 의하여 처리하는 것이 바람직하다. 그러므로 가령 사실상의 배우자에게는 상속권이 인정되지 않는다. 그러나 그렇다고 해서 법률상의 配偶者이기만 하면 어떠한 경우에나 상속권을 주장할 수 있다고 하여서도 안 될 것이다. 종전에 大判 69.7.8, 69다427(集 17-2, 292)은, 遺族給與請求權의 귀속과 관련하여서,[1] 피상속인의 처가 피상속인과 "사실상 이혼을 한 후 사실상 재혼"을 하였고, 피상속인은 그 후 원고와 사실상 재혼을 하여 사망 당시까지 동거한 事案에 대하여 판결한 바 있다. 원심법원은 위와 같은 사정에서 원고를 亡人의 '遺族'으로 인정한 데 대하여, 대법원은 원래의 처가 "亡人의 사망 당시나 현재 호적상 망인의 처로 되어 있는 이상 재산상속권을 상실할 이유가 없다"고 하고 그가 유족급여금을 청구할 권리가 있다고 판단하였었다.[2] 그런데 이번에 나온 위의 판결은, 피상속인의 법률상 처인 원고가 피상속인의 兄弟들을 상대로 하여, 피고들이 피상속인과 공동으로 상속받았던 부동산에[3] 관하여 피고들만의 명의로 경료한 移轉登記에 대하여 피상속인의 상속분에 한하여 말소등기청구를 한 事案에 대한 것이다. 위 판결은, 원고가 혼인 1년 만에 가출하여 다른 남자와 동거하면서 그와 이중으로 혼인신고를 마쳤고 또 아들 둘을 출산하였으며, 나아가 혼인후 약 20년이 지난 때에 이르러서는 "원고가 피상속인의 호주상속인으로 기재된 호적을 말소하라는 호적정정신청을 하여 그 결정을 받아 이를 말소하였다"는 등의 사정을 들고, "원고는 피상속인과의 신분관계를 사실상 해소하거나 단절하고 나아가 포기한 것으로서, 그러한 원고가 지금에 와

1) 공무원연금법상으로 「유족」에 속하는 '배우자'에는 당시나 지금이나 "사실상 혼인관계에 있는 자"가 포함된다고 규정하고 있었던 점을 고려하면(1982년 全面改正 전의 법 제2조 제2호, 그 후의 법 제3조 제2호 참조), 아래와 같은 判斷은 더욱 흥미롭다.

2) 가령 朴秉濠, 「家族法」, 1991, 331면 등은 이 판결에 대하여 비판적이다.

3) 피상속인은 그 후 子女가 없이 사망하였다.

서 이 사건과 같은 청구를 하는 것은 신의성실의 원칙상 허용될 수 없다"라고 판단하였다.

위 판결은 법률상 배우자의 상속권주장에 관한 從前의 劃一的인 態度를 수정하여 信義則을 근거로 그에 대하여 중대한 例外를 인정한 것이다. 앞으로의 전개가 주목된다.

(2) 土地所有者의 建物撤去請求와 信義則

건물을 토지의 구성부분으로 하지 않고 이와는 별개의 물건이라는 태도를 취하는 우리 민법 아래서는 토지소유자와 건물소유자가 서로 다른 경우에 여러 가지 법률문제가 발생한다. 당사자들이 토지이용권에 관한 약정을 하였으면 그 約定의 귀추에 따라 법률관계가 정하여짐은 물론인데, 그러한 約定이 없는 경우에는 어려운 문제가 제기된다. 그러한 경우를 규율하는 하나의 수단이 法定地上權 또는 慣習上의 法定地上權의 제도임은 주지하는 대로이다. 그런데 최근에는 건물소유자를 위한 방어방법이 그 외에도 信義則의 이름 아래 새로이 인정되어 가고 있다고 할 수 있다.

(a) 그 단서는 大判 91. 6. 11, 91다9299(공보 901, 1910)이다. 이 사건에서 토지소유자(원고)는 자신의 친딸에게 그 소유의 대지 위에 건물을 신축하도록 승낙하여 딸이 건물을 신축하고 소유권보존등기를 하였는데 피고가 그 딸의 채권자들에 의한 강제경매절차에서 이 건물을 경락받자 이제 피고를 상대로 그 건물의 철거를 청구하였다. 原審判決은 이 청구를 인용하였는데, 大法院은 "원고가 그의 친딸을 위하여 위와 같이 견고한 건물을 신축하게 하였다가 이것이 제 3 자의 강제경매신청에 의하여 피고들에게 경락되자 그 뜻을 바꾸어 신축한 지 얼마 되지 아니한 이 사건 건물의 철거를 구하는 것은 특별한 사정이 없는 한 신의성실의 원칙에 어긋난다고 볼 수 있을 것"이라고 하여 이를 破棄還送하였다.

그러나 이 사건에서 원고는 使用貸借에 의하여 그 딸에게 토지이용권을 인정하였고, 이 토지이용권은 建物에 從屬된 것으로서 피고가 건물을 경락받음에 따라 당연히 피고에게 귀속된다고 함으로써[4] 굳이 信義則을 동원하지 않았더라도 해결될 수 있지 않았을까 하는 생각이 든다. 그리고 부득이 신의칙을 원용하여야 했다고 하더라도, 이 사건에는 토지소유자와 원래의 건물소유자와의 밀접한 인적 관계 등 特殊한 事情이 무겁게 고려되었다고 생각되어, 이를 쉽사리 一般化할 것은 아니었다고 할 것이다.

(b) 그런데 그 후 같은 部(제1부)에서 나온 大判 91.9.24, 91다9756등(공보 908, 2596)은, 토지소유자인 원고가 182평방미터의 토지를 매매하면서 매수인에게 그 토지 위에 건물을 건축할 것을 승낙하였는데 매수인이 그 건물건축공사를 피고에게 도급주어 피고가 자신의 비용으로 기와지붕의 2층짜리 주택을 건축하고 자기 이름으로 소유권보존등기를 마쳤으나, 그 후 토지매매계약이 適法하게 解除되어 원고가 피고를 상대로 건물의 철거를 청구한 事案에 대하여 판단하고 있다. 원심판결은 원고의 청구를 인용하였는데, 위 판결은 이를 파기환송하였다. 그 이유는 "원고가 이 사건 대지에 건물을 신축함을 승낙하였고, 피고가 원고의 사용승낙에 터잡아 건물을 신축한 것 … 이라면, 이 사건 건물을 신축하게 한 원인행위를 한 장본인의 한 사람인 원고로서는 원고의 위와 같은 승낙과 허락을 신뢰하거나 전제하고 이 사건 건물의 신축에 관한 도급계약을 체결하고 적법하게 건축한 제3자 소유의 위와 같은 규모의 견고한 건물을, 그것이 적법하게 준공된 후에 대지에 대한 소외인들과의 위와 같은 매매계약이 해제되었음을 이유로 하여 철거를 요구하는 것은, 비록 그것이 이 사건 대지의 소유권에 기한 것이라고 하더라도 사회적, 경제적 측면에서는 물론이고, 신의성실의 원칙에 비추어서도 용인할 만한 것이 못 된다고 보는 것이 상당하다"(점선부분은 인용

4) 建物의 競落으로 채무자가 가지는 土地利用權도 당연히 경락인에게 귀속된다고 함은 확고한 판례의 태도임은 주지하는 대로이다. 우선 최근의 大判 93.12.10, 93다42399(공보 961, 353) 하나만을 들어 둔다.

자가 생략한 곳이다. 이하 같다)는 것이다.

그러나 이 판결에는 강한 疑問을 느낀다. 그리고 여기서 표명되고 있는 '建物優越主義'라고 부를 수 있는 태도에는 놀랄 수밖에 없다.

우선, 위와 같은 態度는 건물소유자가 토지소유자와의 사이에 토지의 이용에 관하여 먼저 정식으로 賃貸借契約을 맺고 건물을 건축한 경우와 비교하여 볼 때 현저한 不均衡이 있다. 이 경우에는 애초의 임차인이 그 건물의 소유권을 제3자에게 양도하였더라도 별도로 토지임차권의 양도에 대하여 賃貸人의 동의를 얻지 않으면 건물의 새로운 소유자, 즉 임차권양수인은 그 양수한 賃借權으로써 임대인, 즉 토지소유자에게 대항할 수 없고 건물을 철거할 수밖에 없음은 이미 대법원이 여러 차례 취한 바 있는 태도이고,[5] 최근에는 뒤의 Ⅳ.5.(3)에서 보는 大判 93.4.13, 92다24950(공보 945, 1379)에서도 명백한 바이다. 그런데 토지임차인이 건물을 건축하여 제3자에게 讓渡한 경우가 아니라 그가 제3자에게 건물의 신축을 都給주어 그 수급인이 건물소유권을 취득한 경우라고 해서, 兩者를 달리 취급하여야 할 이유는 없다고 생각된다.

특히 위의 사안에서는 매매계약이 토지이용을 승낙하는 原因이 되었는데 그 후 그 契約이 적법하게 解除되었다는 것이다. 그렇다면 토지이용의 승낙도 소급적으로 그 효력을 잃었다고 할 것이고, 그 경우 매수인으로부터 건물신축공사를 도급받은 수급인이 취득한 ―토지가 아닌― 건물의 소유권은 해제의 소급효가 제한되는 "제3자의 權利"(민법 제548조 제1항 단서 참조)라고 할 수도 없다. 그렇다면 토지소유자는 건물소유자인 수급인(피고)에 대하여 그 建物의 撤去를 청구할 수 있다고 함은 거의 論理必然的인 것으로 생각된다. 이미 大判 88.6.28, 87다카2895(공보 829, 1116)은, 토지매매계약을 체결하면서 매도인(원고)이 매수인에게 그 위에 건물을 신축할 것을 승낙하였는데 건물을 신축한 매수인이 代物辨濟로 피고에게 건물의 소유권을 양도하였으나 그 전에 토지매매계약이

5) 가령 大判 66.9.27, 66다1224(集 14-3, 101); 大判 74.5.28, 74다212(판례월보 50, 6) 등 참조.

合意解除된 事件에서 위의 판결과는 달리 토지소유자의 건물철거청구를 인용한 바 있다. 그 이유는, "토지의 매매에 수반하여 토지소유자가 매수인으로부터 토지대금을 다 받기 전에 그 토지 위에 건물을 신축할 수 있도록 토지사용을 승낙하였다 하더라도 … 그 매매계약이 적법하게 해제된 경우에는 토지매수인은 … 그 토지를 신축건물의 부지로 점유할 권원을 상실하게 되는 것이고, 또 당초에 건물과 그 대지가 동일인의 소유였다가 경매 등의 사유로 소유자를 달리하게 되는 경우가 아닌 이상 관습에 의한 법정지상권도 성립되지 아니한다"는 것이었다.

그리고 위의 사건에서 피고는 여전히 자신의 계약상대방인 도급인(원래의 토지임차인)에 대하여 報酬請求權을 가지므로, 원고의 청구가 인용되더라도 피고에게 특히 불리할 것은 없는 것이다. 반면에 토지소유자로서는 기존건물의 존재로 토지를 사용할 수 없게 되는데, 건물소유자와의 사이에 아무런 계약관계가 없으므로, 결국 不當利得을 이유로 使用利益 상당액의 지급을 청구할 수밖에 없을 것이다. 그리고 건물소유권이 전전양도되면 그 소유자 각각에 대하여 그 소유한 기간에 대한 사용이익 상당액을 따로 청구하지 않으면 안 된다는 결과가 된다.[6]

이와 같이 토지소유자의 정당한 이익을 전혀 고려하지 않는 판단이 信義則의 이름 아래 행하여진다면, 이는 그야말로 信義則의 濫用이라고 할 수밖에 없다.

(c) 그런데 이번에 대법원 제2부에서는 위 (b)의 대법원판결을 선행판결로 인용하면서, 토지소유자가 건물의 명도 또는 철거를 청구한 것을 기각하였다. 즉 大判 93.7.27, 93다20986등(공보 953, 2412)은, 토

6) 덧붙이자면, 信義則에 반하는지 여부는 당사자의 주장 없이도 법원이 職權으로 판단하여야 한다는 것이 판례의 확고한 태도이다. 그러므로 만일 앞서의 사건에서 원고의 청구가 信義則에 반하는 것이었다면 당연히 이를 적용하여야 할 것인데 이를 하지 않았다가, 이제 와서 유사한 사건에서 돌연 信義則을 내세워 토지소유자의 건물철거청구를 기각하는 이유를 잘 이해할 수 없다. 위의 판결은, 원고가 건물신축의 원인을 제공하였고, 지상건물이 堅固한 것이라는 것 등을 들고 있으나, 이들 사정 모두가 앞서 본 大判 88.6.28.의 사안과는 크게 다를 바 없다고 생각된다.

지매매계약의 契約金만 지급된 상태에서 매도인은 매수인에게 그 지상에 건물을 지을 것을 승낙하였고, 이에 기하여 매수인은 지하 1층 지상 8층으로 136세대의 건물을 完工하여 그 일부를 피고들에게 分讓하였는데, 이 사건에서 원고는 그 賣買契約이 解除되었음을 주장하여 피고들에게 그 건물의 철거를 청구하였다. 위 판결은 "원고가 이 사건 토지에 관하여 소외 회사로 하여금 이 사건 건물을 신축하는 데 사용하도록 승낙하였고 소외 회사가 이에 따라 이 사건 건물을 신축하여 피고들에게 분양하였다면 원고는 이 사건 건물을 신축하게 한 원인을 제공하였다 할 것이므로 이를 신뢰하고 136세대에 이르는 규모로 견고하게 신축한 건물 중 각 판시부분을 분양받은 피고들에게 이 사건 토지에 대한 소외 회사와의 매매계약이 해제되었음을 이유로 하여 그 철거를 요구하는 것은 비록 그것이 이 사건 토지에 대한 소유권에 기한 것이라 하더라도 신의성실의 원칙에 비추어 용인될 수 없다"고 하여 원고의 청구를 기각하였다.

이 사건에는 분명 위의 大判 91. 9. 24. 과는 다른 事實要素(건물의 크기, 구조 등)가 있는 것으로 추측되고, 아마도 이것이 무겁게 評價된다면 信義則을 적용하여도 무방하다고 할 여지가 있는지도 모른다. 그러나 그렇다면 그러한 사실요소를 정면으로 내세워 신의칙을 적용하였으면 좋았고, 자신의 태도를 앞서의 大判 91. 9. 24. 의 延長線上의 것으로 위치잡을 필요는 없지 않았는가 생각된다.

(3) 重婚을 이유로 하는 婚姻取消請求와 信義則

그 외에 이미 사망한 혼인당사자의 이복동생이 상대방당사자를 상대로 重婚을 이유로 혼인취소청구를 하는 것이 그 사건의 사실관계 아래서는 권리남용에 해당한다고 판단한 大判 93. 8. 24, 92므907(공보 954, 2629)도 흥미롭다.

2. 法律行爲

(1) 意思能力 없는 사람의 法律行爲

意思能力이 없는 사람이 한 법률행위가 無效라는 데는 異論이 없는데, 그 동안 이에 관한 裁判例는 잘 찾아 볼 수 없었다. 그러나 이번에 나온 大判 93. 7. 27, 93다8986(공보 953, 2403)은 그 법리를 확인하여 주고 있다. 그 사건에서는 아들이 아버지 소유의 不動產을 매도하여 처분하였는데, 아버지는 매매현장에 있었다고 한다. 그렇지만 아버지는 뇌질환으로 "사물을 판별할 능력이나 의사를 결정할 능력을 완전히 상실한 상태"이었다는 것이다. 위 판결은 "그 아버지가 의사를 결정할 능력이 없었다면 그 처분현장에 있었다거나 거기에서 동의의 의사를 표시한 것으로 볼 만한 어떤 몸짓이 있었다 하더라도 이를 동의 또는 승낙으로 볼 여지는 없다"고 판시하여 그 處分은 無效라고 결론지었다. 타당한 결론임은 물론이다. 그러나 사족을 달자면, 그 판단은 同意라고 볼 意思表示 자체가 없었다는 것인지, 아니면 그러한 의사표시("동의의 의사를 표시한 것으로 볼 만한 어떤 몸짓")는 있었는데 그것이 의사무능력자가 한 것이기 때문에 無效라는 것인지, 반드시 명백한 것은 아니다.

(2) 不動產未登記轉賣行爲의 反社會性 유무

세금의 부과를 회피하거나 투기할 목적으로 한 未登記轉賣行爲는 社會秩序에 반하는 법률행위로서 무효인가? 大判 93. 5. 25, 93다296(공보 949, 1853)은 "원고가 양도소득세를 회피하기 위한 방법으로 자신 앞으로 소유권이전등기를 하지 아니하고 미등기인 채로 피고와 매매계약을 체결하였고 또 그것이 투기의 목적으로 행하여진 것이라 하여, 그것만으로 그 매매계약이 사회질서에 반하는 법률행위로서 무효로 된다고 할 수 없다"(머리점은 인용자가 가한 것이다. 이하 같다)고 판단하였다. 不動產登記特別措置法 제8조 제1호는 바로 이러한 행위에 대한 罰則

을 정하고 있는데, 위의 판결에서 이 규정이 私法上의 行爲에 영향을 미치는 效力規定인지 여부는 다루어지지 않았다.

(3) 贈與契約의 不公正性

大判 93. 3. 23, 92다52238(공보 944, 1279); 大判 93. 10. 26, 93다6409(공보 958, 3173)은, "아무런 대가관계 없이 당사자 일방이 상대방에게 일방적인 급부를 하는 법률행위는 그 공정성 여부를 운위할 수 있는 성질의 법률행위가 아니다"라고 한다. 그러므로 贈與契約에 대하여는 민법 제104조를 적용할 여지는 없다는 것이다.

그러나 同條는 민법 제103조의 特則으로서 反社會秩序의 법률행위 중 어떠한 特殊類型을 따로 정한 데 불과하므로, 증여계약에 위 규정의 적용이 없다고 하더라도 그것이 증여자의 궁박, 무경험 또는 경솔에 기하여 행하여졌고 상대방이 이를 알고 이 점을 이용한 때에는 제103조에 기하여 이를 無效라고 하여야 할 것이다. 그리고 當事者가 증여계약에 대하여 제104조에 기한 무효를 주장하였더라도, 法院으로서는 당연히 제103조에 기하여 무효가 되지는 않는지를 審理하여야 할 것으로 생각된다.

(4) 重大한 過失 있는 錯誤者의 取消主張

錯誤에 관한 우리 민법규정의 특징 중의 하나는 착오자에게 "중대한 과실"이 있으면 비록 그 착오가 重大한 것이라도 그는 취소권을 가지지 못한다는 態度이다(민법 제109조 제 1 항 단서 참조). 이는 독일민법 제 1 초안의 제99조 제 1 항을 이어받은 日本民法 제95조 단서와 궤를 같이 하는 것인데, 독일에서는 그 후 제 2 초안에서 그러한 규정이 削除되었다. 착오에 관한 이론이 독일 학설의 영향을 많이 받아온 탓인지, 그 동안 위의 단서 규정은 정당한 대접을 받지 못하였다고 할 수 있다.

그 전에 大判 89. 12. 26, 88다카1507(공보 866, 361)은 착오자의 "중대한 과실" 유무를 문제삼았었는데 이를 否定한 바 있고, 위 규정에 기하여 취소권이 부인된 재판에는 찾기 어려웠다. 그런데 이번에 나온 大判

92. 11. 24, 92다25830(공보 936, 232); 大判 93. 6. 29, 92다38881(공보 951, 2122)은 모두 錯誤者에게 중대한 과실이 있음을 이유로 취소권의 발생을 부정하였다. 두 판결은 공장을 건축 또는 운영할 목적으로 부동산을 매입 또는 임차한 사람이 그 목적물에 공장의 건축 또는 신설이 가능한지를 관할관청에 알아 보지 아니하였던 事案에 대한 것인데, "이를 알아 보았다면 쉽사리 그것이 불가능한가를 알 수 있었다"고 판단하여 「중대한 과실」을 인정하고 있다.

(5) 代理人이 本人으로 행세한 경우의 法律行爲效果歸屬

대리인이 대리인임을 나타내지 아니하고 本人으로서 상대방과 법률행위를 하면서 그 權限을 넘는 행위를 한 경우에도 민법 제126조, 제129조 등의 表見代理에 관한 규정이 적용되는가? 이에 대하여 대법원이 어떠한 일관된 입장을 취한다고 하기는 어렵다고 생각된다. 이에 대한 裁判例를 정리하여 보면 대체로 다음과 같다.

우선 大判 72. 5. 23, 71다2365(集 20-2, 40); 大判 81. 12. 22, 80다1475(集 29-3, 264); 大判 91. 12. 27, 91다3208(공보 915, 763) 등은 대리인이 위임사무의 처리를 위하여 본인으로부터 교부받은 등기소요서류를 이용하여 자기 앞으로 소유권이전등기를 경료한 다음 자기 이름으로 상대방과의 사이에 계약을 체결하여 소유권등기 또는 저당권등기 등이 이루어진 事案에 대하여 表見代理의 법리를 적용하기를 거부하고, 상대방 앞으로 행하여진 등기를 무효라고 하였다. 또 大判 72. 12. 12, 72다1530(集 20-3, 184); 大判 72. 12. 26, 72다1531(集 20-3, 216)은 "본인의 내연의 남편으로서, 본인 소유인 본건 건물에서 본인과 근 3년간 동거하면서 본인이 거기서 경영하는 여관업과 목욕탕업을 돕는 한편 본인을 위하여 본인 소유의 토지나 점포 등을 관리하고 본인을 대리하여 그 점포 등의 임료징수나 세금납부 등의 사무를 처리하여 오던" A가 본인의 인감도장과 그 등기권리증을 盜用하여 자기 앞으로 소유권이전등기를 이전하고 이를 피고에게 매도한 事案에 대하여, "A가 본인의 대리인으로서 그 매매계약을 성립시키는 등 법률행위를 한 경우라고 한다면 몰라도…피고에 대한 그 매매계약의 당사자는 A이고 원고는 그 당사자가 아님이 자명"하다고 하여 表見代理의 법리를 적용할 수 없다고 판단한 것도, 이와 軌를 같이하는 것이라고 하겠다.[7]

또한 大判 74.4.9, 74다78(공보 488, 7838); 大判 74.4.9, 74다223(공보 488, 7839) 등에서는 대리인이 본인인 것처럼 행세하여(前者의 경우) 또는 본인을 허위로 내세워서(後者의 경우) 본인 명의로 계약이 체결된 事案에 대하여 이들 경우에는 대리행위가 행하여진 바 없으므로 역시 表見代理의 규정은 적용될 여지가 없다고 하였었다.[8] 그러나 이 사안유형에 대하여는 대법원도 大判 78.3.28, 77다1669(공보 585, 10755)에서는 "대리인을 본인 자신으로 잘못 믿은 것이 일반 거래관념에 비추어 당시의 구체적 상황에서는 무리도 아니었다고 할 수 있는 경우에 본인 자신의 행위로 믿었던 선의의 상대방을 위해서 본인 자신으로 자처한 대리인의 행위에 대하여 본인의 책임을 인정함이 상당하다"는 抽象論을 내세우고, "선의의 제3자를 보호함에 있어서 兩者 간에 차이를 인정할 수 없으므로 표현대리에 관한 제도를 유추적용하는 것이 부당하다고 하여야 할 이유가 없다"고까지 괄호 안에 덧붙이고 있다. 그리고 대리인이 본인인 것처럼 행세하여 행위한 事案에 대하여 본인의 책임을 인정하고 있다. 그 후 大判 88.2.9, 87다카273(공보 821, 496)은 본인으로부터 A를 위한 근저당권설정등기의 신청에 관한 대리권을 부여받은 사람이 그 교부받은 등기소요서류를 이용하여 자신이 본인인 것

7) 또한 大判 92.11.13, 92다33329(공보 935, 109)은, A로부터 임야 2필지를 매수한 B가 매매목적물이 아닌 A 소유의 다른 임야도 A로부터 매수하였다고 거짓말을 하여 이들 임야 전부를 C에게 매도하고 A로부터 받은 등기소요서류를 이용하여 이전등기를 마친 事案에 대하여 이는 表見代理의 경우가 아니라고 판단하였다.

8) 주목할 것은 이상 7개의 대법원판결은 이 중 大判 91.12.27.의 경우를 제외하고는 모두 그 원심판결이 예외 없이 表見代理의 규정이나 虛僞表示에 있어서의 제3자보호규정(민법 제108조 제2항)을 유추적용하여 相對方을 보호하는 결론을 내렸던 것인데, 대법원은 위와 같은 이유로 이들을 모두 破棄還送하였던 것이다.

처럼 행세하고 B를 위하여 근저당권을 설정해 준 事案에 대하여 민법 제126조를 유추적용하고 근저당권의 유효한 성립을 인정하였다.

이번에 나온 大判 93. 2. 23, 92다52436(공보 942, 1079)은, 後者의 事案類型에 대하여 이들 비교적 최근의 裁判例와 궤를 같이하는 것이라고 할 수 있다. 이 사건에서는 본인으로부터 아파트에 대한 임대 등 일체의 관리권한을 위임받아 자신을 본인으로 가장하여 아파트를 임대한 바 있는 대리인이 다시 본인으로 행세하여 임차인에게 아파트를 매도하였던 것인데, 위의 판결은 "표현대리의 법리를 유추적용하여" 본인에게 그 행위의 효력이 미친다고 판단하였다. 이로써 대법원이 적어도 대리인이 본인으로 위장하여 한 법률행위에 대하여는 表見代理의 규정을 준용 또는 유추적용한다는 태도를 취하게 된 것이 아닌가 하는 推測은 더욱 강한 뒷받침을 얻었다고 할 수 있다.

그런데 위의 판결은 다음과 같은 抽象論을 前置하고 있다. "민법 제126조의 표현대리는 대리인이 본인을 위한다는 의사를 명시 혹은 묵시적으로 표시하거나 대리의사를 가지고 권한 외의 행위를 하는 경우에 성립하고, 詐術을 써서 위와 같은 대리행위의 표시를 하지 아니하고 단지 본인의 성명을 冒用하여 자기가 마치 본인인 것처럼 기망하여 본인 명의로 직접 법률행위를 한 경우에는 특별한 사정이 없는 한 위 법조 소정의 표현대리는 성립할 수 없다"는 것이다. 이러한 추상론은 대리인이 본인으로 행세한 事案에서 본인의 책임을 인정한 앞서 본 大判 78. 3. 28.이나 大判 88. 2. 9.에서는 보이지 않던 새로운 것이다. 그러나 대리인이 본인으로 행세하고 상대방과 계약을 체결한 경우에 대하여 表見代理의 법리가 적용되는 경우와 그렇지 아니한 경우를 이러한 '代理意思의 결여', '詐術', '단순한 姓名冒用', '欺罔' 등의 징표에 의하여 구분한다는 것이 合理的인가는 극히 의문이다. 우선 대리인이 본인으로 행세한 경우에는 대부분 이러한 징표들은 충족된다고 할 수 있어 이들로써는 實效性 있는 區分은 불가능할 것이다. 나아가 앞서 본 大判 78. 3.

28. 이 말하는 대로, 表見代理의 규정을 유추적용하는 것은 善意의 第3者를 보호한다는 법의 취지가 대리인이 대리인으로서 행위하였는지 본인의 이름으로 행위하였는지를 가릴 것 없이 실현되어야 하기 때문일 것이다. 그렇다면 대리인이 대리의사를 가지고 본인으로 행세하였는지 여부에 따라 결과가 달라져서는 안 될 것이다. 그렇지 않고 대리의사를 요구하게 되면, 실제로는 그 의사의 의제가 해석의 이름으로 행하여지는 무리가 생기게 된다.

그런데 돌이켜 생각하여 보면, 위와 같은 抽象論이 나온 것은 앞서 본 두 가지의 事案類型 중 첫번째의 경우, 즉 대리인이 본인으로부터 받은 등기소요서류를 이용하여 자기 앞으로 소유권이전등기를 이전한 다음 ── 당연히, 자기 것으로서 ── 제3자에게 이를 처분한 경우를 표현대리의 법리가 적용되는 영역으로부터 배제하기 위한 苦心의 결과가 아닌가 추측되기도 한다. 그러나 무엇보다도 첫번째의 사안유형에 대하여 상대방의 보호를 거부하는 태도가 정당한가가 의문이다. 대리인 앞으로 無效인 所有權移轉登記가 중간에 개입되었다고 하여서, 그러한 허위의 등기가 행하여지는 데 대하여 原因을 提供한 本人의 책임이 가벼워져야 할 이유도 없고, 善意의 제3자를 보호할 價値가 덜한 것도 아니라고 생각된다. 물론 그 경우 대리인이 상대방 사이에 체결한 채권계약은 어떠한 의미에서도 '대리행위'라고 할 수는 없다. 그러나 그것은 두 번째의 事案類型에 있어서도 대부분은 마찬가지라고 해야 하지 않을까? 뿐만 아니라 가령 앞서 본 大判 91. 12. 27, 91다3208(공보 915, 763)은, 원고로부터 담보권설정의 대리권을 수여받은 A가 자기 앞으로 소유권등기를 이전하고 다시 피고 앞으로 소유권이전등기를 경료한 事案에 대하여, 다른 이유와 아울러, "원고가 A 명의로 이전등기가 된 데 대하여 이를 통정, 용인하였거나 이를 알면서 방치하였다"고 볼 수 없기 때문에 민법 제108조 제2항을 적용할 수 없다고 판시한 바 있다. 만일 이 판단부분을, 不實登記의 현출에 관하여 통정한 경우에는 당연히 민법 제

108조 제 2 항이 적용될 것인데, 나아가 그것을 단지 容認하였거나 이를 알면서 放置한 경우에 대하여 이 규정의 유추적용을 긍정한 것이라고 이해할 수 있다면, 이에서 한 걸음 더 나아가 대리인에게 등기소요서류를 교부함으로써 不實登記의 현출에 원인을 제공한 경우에도 민법 제126조나 제108조 제 2 항을 유추적용하여 본인에게 책임을 물을 수 있다고 하여도 좋지 않을까 하는 생각이 드는 것이다.

3. 消滅時效

(1) 遺留分返還請求權行使期間의 法的 性質

大判 93. 4. 13, 92다3595(공보 945, 1370)은 민법 제1117조에서 정하는 遺留分返還請求權의 행사기간은 제 1 문, 제 2 문 모두 제척기간이 아니라 소멸시효기간이라고 판시하였다. 그리고 原審判決이 이를 제척기간이라고 보고 당사자의 주장 없이도 職權으로 그 기간이 경과하였다고 하여 그 권리주장을 배척한 것을 파기하고, 당사자의 주장을 기다려야 한다고 판단하였다.

그러나 최근의 大判(全) 91. 12. 24, 90다5740(集 39-4, 282) 등 판례가 민법 제999조 제 2 항에서 정하는 相續回復請求權의 行使期間들에 대하여는 이를 모두 除斥期間이라고 함은 주지하는 대로이다. 相續權者가 상속회복청구를 하는 것이 상속이 개시된 때로부터 10년의 제척기간에 걸리는데, 遺留分權者가 유류분반환청구를 하는 것은 상속이 개시된 때로부터 10년의 消滅時效(이는 中斷이 가능하여, 제척기간보다 권리자에게 유리하다)에 걸린다고 하는 것은, 均衡이 맞지 않는다. 유류분권자가 상속권자보다 더 보호를 받을 수 없다고 하는 것은, 위 제999조 제 2 항이 상속회복청구권에 대하여 "그 侵害를 안 날로부터 3 년"의 期間을 따로 정하는 데 대하여 이에 대응하는 제1117조 제 1 문이 "相續의 開始와 返還하여야 할 贈與 또는 遺贈을 한 사실을 안 날로부터 1 년"이라고 하여 보다 短期의 期間을 정하는 데서도 나타난다. 우리 나라의 學說도

一致하여 민법 제1117조 제 2 문에서 정하는 권리행사기간은 除斥期間의 성질을 가지는 것이라고 하고 있다. 민법 제1117조 제 2 문의 期間은 除斥期間으로 보아야 하며, 위 판결의 태도에는 찬성할 수 없다.

(2) 商行爲의 解除로 인한 返還請求權의 消滅時效期間

大判 93. 9. 14, 93다21569(공보 955, 2775)은, 상행위에 해당하는 계약이 해제됨으로써 발생하는 원상회복청구권도 商事時效期間인 5년의 소멸시효에 걸린다고 판시하였다. 계약해제로 인한 원상회복청구권은 법률의 규정을 그 직접의 발생원인으로 하는 不當利得返還請求權의 성질을 가지는 것으로서, 그 계약으로부터 발생하는 채권이 아니라는 것이 通說의 이해이다. 그러므로 상사계약의 해제로 인한 원상회복청구권은 상법 제64조에서 정하는 "商行爲로 인한 債權"에 해당하지 않는다는 견해도 있을 수 있다.[9] 그러나 우리 나라에서는, 특히 상법학에서는, 상행위로부터 직접 발생한 채권이 아니더라도 그것이 變形된 것으로서 그와 實質的으로 동일한 債權은 상법 제64조가 적용된다는 견해가 지배적이다.[10] 위의 判決은 이러한 支配的見解와 같은 태도를 취한 것으로서, 거래관계의 신속한 해결을 꾀한다는 위 規定의 立法趣旨에 비추어 타당하다고 생각된다.[11]

이러한 태도는, 계약의 이행으로 이루어진 給付의 返還을 내용으로 하는 부당이득반환청구권(소위 給付利得請求權)에 있어서 그 권리의 내용·성질 등은 급부의 원인이 된 契約의 성질에 의하여 영향을 받는다는 一般的인 法理의 適用으로서 이해될 수 있다. 이번에 나온 大判 93. 5. 14, 92다45025(공보 948, 1698); 大判 93. 8. 13, 93다5871(공보 953, 2419) 등은 계약이 취소됨으로써 당사자 쌍방이 상대방에 대하여 부담하는 각 급부반환의무는 서로 同時履行의 關係에 선다고 판시하였다. 이는 전에 大判 76. 4. 27, 75다1241(集 24-1, 373)이 계약의 무효로 인한 급부반환

9) 가령 일본의 我妻榮 編著, 「判例コメンタール Ⅳ」, 1963, 58면 이하.
10) 가령 林泓根, 「商行爲法」, 1989, 287면; 鄭東潤, 「商法總則·商行爲法」, 1993, 305면; 蔡利植, 「商法講義(上)」, 1990, 176면 등.
11) 이미 「註釋 債權各則(Ⅲ)」. 1986, 220면(梁彰洙 집필)도 同旨.

의무에 대하여 판시하였던 바를 확인하여 주는 것인데, 이들도 모두 위와 같은 法理의 한 적용이라고 할 수 있을 것이다.[12)]

(3) 假登記假處分에 의한 時效中斷 여부

大判 93.9.14, 93다16758(공보 955, 2772)은, 1983년 개정되기 전의 부동산등기법 제37조 제2항에 의한 假登記假處分은 민법 제168조 제2항에서 정하는 소멸시효의 중단사유의 하나인 '假處分'에 해당하지 않는다고 판시하였다. 그 이유는, 가등기가처분은 "통상의 민사소송법상의 가처분과는 그 성질을 달리하는 것"이라는 데 있다. 물론 가등기가처분이 가등기의 간편한 실행을 위한 것으로서, 통상의 가처분과 그 성질을 달리하는 점이 있다는 것은 부인할 수 없다. 그러나 민법 제168조 제2항의 '가처분'이 반드시 通常의 假處分에 한정된다고 볼 근거는 없다. 민법이 '가처분'을 시효중단사유로 하는 것은 주로 권리자가 권리를 행사함으로써 권리불행사의 상태가 이제 끝났고 나아가 그 권리가 존재한다는 公的인 確認이 유력하게 행하여졌다는 데 있다고 이해되고 있다. 그리하여 민법이 정하는 중단사유는 제한적으로 열거한 것이 아니어서 이와 유사한 성질을 가지는 다른 사유, 가령 破産宣告의 申請이나 會社整理節次開始의 申請 등에도 시효중단을 인정하여야 한다고 일반적으로 주장되고 있다.[13)] 그렇다면 부동산등기에 관한 청구권을 가지는 사람이 이를 法院에 대하여 주장하고 그 원인을 소명함으로써 법원이 이를 인정하여 그 권리의 내용실현을 확보하는 假登記假處分命令을 내렸다면, 이로써 소멸시효의 진행은 중단된다고 하여도 좋지 않을까 하는 생각이 든다.

(4) 債權者代位訴訟의 第3債務者에 의한 時效利益援用의 可否

大判 92.11.10, 92다35899(공보 935, 90); 大判 93.3.26, 92다25472(공

12) 그 외에 大判 90.11.9, 90다카7262(集 38-3, 46)이 商事契約의 解除로 금전을 반환하여야 하는 경우에는 商事法定利率에 의한 利子(민법 제548조 제2항 참조)를 덧붙여 지급하여야 한다고 방론으로 판시하고 있는 것도 그 하나라고 할 수 있을지 모른다.

13) 金容漢, 「民法總則論」, 1993, 463면; 「註釋 民法總則(下)」, 1979, 687면(韓大鉉 집필); 「民法注解(Ⅲ)」, 1992, 487면(尹眞秀 집필) 등 참조.

보 944, 1288)은, 채권자대위권에 기한 청구에서 제 3 채무자는 被保全債權의 消滅時效가 완성되었음을 주장할 수 없다고 판시하였다. 즉 "채권의 소멸시효가 완성된 경우 이를 원용할 수 있는 자는 시효이익을 직접 받는 자뿐이고, 채권자대위소송의 제 3 채무자는 이를 원용할 수 없다"는 것이다.

그러나 判例가 소멸시효 완성의 효과에 대하여 소위 絕對的 消滅說을 취하여, 채권은 소멸시효의 완성으로 누구의 援用을 기다릴 것 없이 바로 소멸한다는 입장에 서며 다만 법원으로서는 이러한 時效消滅이 訴訟上으로 主張되는 것을 기다려서 비로소 이를 고려할 수 있다고 함은 주지하는 대로이다. 또 우리 민법은 依用民法 제145조("시효는 당사자가 이를 원용하지 아니하면 법원이 이에 따라 재판할 수 없다")와 같은 시효의 원용에 관한 규정을 두고 있지 않다.[14] 그렇다고 하여 소멸시효 완성의 효과에 관하여 더 이상 의논의 여지가 없게 되었다고 할 수 없음은 물론이다. 그러나 일단 절대적 소멸설을 취하는 이상에는, 시효완성으로 인한 채권의 소멸은, 마치 변제로 인한 채권소멸의 경우와 같이, 누구라도 필요에 따라 주장 또는 원용할 수 있는 것이고, 다시 '時效援用權' 또는 '時效援者用權의 範圍' 등의 문제는 제기될 여지가 없다고 할 것이다.[15] 그런데 이제 와서 새삼스럽게 시효완성을 원용할 수 있는 사람의 범위를 논하고 나아가 이를 "시효이익을 직접 받는 자"에 한정하는[16] 대법원판결은 보는 사람을 당혹하게 한다.

나아가 설사 판례의 태도를 실제적인 내용에 있어서는 소위 상대적 소멸설을 취하는 것으로 이해하고 '시효원용권자의 범위'가 여전히 액추

14) 이에 대하여 民法案이 국회에 제출된 후에 이를 심의한 民議院의 民法案小委는 민법안의 태도를 "時效에 관하여는 금후 絕對消滅說이 확정"된 것이라고 이해하고 있다. 「民法案審議錄」, 上卷, 1957, 103면 하단.

15) 물론 時效利益의 拋棄(민법 제184조 참조)와 관련하여 이를 '시효원용권'의 포기로 구성하기 위하여 그 개념을 인정하여야 한다고 할지도 모르나, 시효이익의 포기를 반드시 그와 같이 구성하여야 할 이유가 없다고 생각된다.

16) 시효원용권자의 범위에 관한 이러한 한정은 依用民法 아래서 판례가 취하던 태도이다. 이에 대하여는 우선 「注釋民法(5)」, 1967, 44면 이하(川井健 집필) 참조.

얼한 문제라고 하더라도, 채권자대위소송에서 제3채무자가 피보전채권의 시효완성을 주장할 수 없다고 하는 데에는 의문이 있다. 債權은 원래 채무자에 대한 관계에서만 효력을 가지는 相對權이다. 그러나 채권자가 그에 기하여 주장하는 債權者代位權은 흔히 말하여지는 대로 債權의 '對外的 效力'에 기한 것으로서, 채권자는 채무자가 가지는 권리를 자기의 이름으로 행사하는 것이다. 제3채무자의 입장에서 보면, 代位債權者는 원래 자기와는 무관한 사람이어서 그로부터 무슨 請求를 당할 이유가 없다. 그러한 사람으로부터 제3채무자가 자기 채무의 이행을 청구당하는 것은 오로지 법이 債權의 保全을 위하여 채무자의 권리를 대위행사할 권리를 인정하여 주었기 때문이다. 그러므로 제3채무자로서는 대위채권자에 대하여 그러한 지위를 다툼에 있어서 대위권의 발생요건인 피보전채권의 소멸 여부에 대하여 獨立的이고 直接的인 利害關係를 가진다고 해야 하지 않을까? 다시 말하면, 消滅時效의 完成으로 채권이 소멸하게 되면 채권자대위권도 소멸하기 때문에, 제3채무자는 債權者代位權 行使의 相對方이라는 입장에서 시효이익을 원용할 現實的인 理由가 있는 것이다. 또 이러한 '時效利益'은 설사 채무자가 이를 포기하였다고 하여도 제3채무자에 의하여 주장될 수 있어야 할 것이다. 그러므로 "시효이익을 직접 받는 자"라는 公式에 의하더라도, 채권자대위권이 행사되는 경우의 제3채무자는 이에 해당한다고 함이 타당하다고 생각된다.[17)]

만에 하나 그가 "시효이익을 직접 받는 자"가 되지 못한다고 하더라도, 이와 관련하여서는 다음과 같은 점을 주목할 필요가 있다. 依用民法 아래서도 일본의 학설 중에는, 앞서 본 依用民法 제145조의 '當事者'는 시효에 의하여 직접 권리를 얻거나 의무를 면하는 사람뿐만이 아니라, 그 권리 또는 의무에 기하여 권리를 취득하거나 의무를 면하는 사

17) 위의 판결은 "채권자대위권에 기한 청구에 있어서 제3채무자는 채무자가 채권자에 대하여 가지는 항변으로 대항할 수 없을 뿐더러" 운운하는데, 이 경우 제3채무자는 채무자가 채권자에 대하여 가지는 對抗事由를 주장하는 것이 아니고 시효원용권이라는 독자적인 대항사유를 주장하는 것이므로 위와 같은 설시는 초점이 맞지 않는 것이 아닌가 생각된다.

람도 포함된다고 해석하는 등으로[18] 이를 광범위하게 해석하려는 노력이 행하여져 왔고, 이는 一般的인 傾向이라고도 말할 수 있다.[19] 오래된 일본판례는 앞서 본 "시효이익을 직접 받는 자"라는 공식에 의하여 物上保證人에 대하여도, 抵當不動產의 第3取得者에 대하여도, 再賣買의 豫約完決權의 假登記 있는 不動產을 취득한 사람에 대하여도 시효원용권을 부인하였었다. 그러나 이러한 태도는 학설의 비판을 입었고, 日本最高裁는 태도를 바꾸어 그들도 시효를 원용할 수 있다고 판시하였다. 그리고 그 외에 종전의 일본판례가 다른 경우, 즉 詐害行爲의 受益者가 사해된 채권의 소멸시효를 원용하는 것이나 僭稱相續人으로부터 상속재산을 양수한 사람이 相續回復請求權의 소멸시효 완성을 원용하는 경우 등에서 이를 부인한 것에 대하여 學說은 하나같이 비판적이다.[20] 결론적으로 말하면 "시효이익을 직접 받는 자"라는 공식은 空虛하게 되었고 실제로 시효원용권이 인정되는 범위는 훨씬 넓게 인정되는 것이다.

Ⅲ. 物 權

1. 土地所有權에 기한 建物撤去請求의 相對方

대지 위에 존재하는 건물에 대하여 대지소유권에 기하여 그 철거를 청구하는 경우에 원칙적으로 그 건물의 소유자가 이에 해당함에는 의문

18) 我妻榮, 「新訂 民法總則」, 1965, 445면 참조. 그에 의하면 "시효의 원용은 시효에 의하여 발생하는 일반적인 법률효과(權利의 得喪)과 개인의 의사의 調和를 꾀하는 제도이므로, 이들 관계자의 각각에 대하여 원용과 포기의 자유를 인정하고 시효의 효과를 상대적·개별적으로 발생시키는 것이 그 목적에 적합하다"고 한다. 경청할 만한 의견이라고 생각된다.

19) 학설의 경향과 내용에 대한 간략한 槪觀은 우선 松久三四彥, 土地賃貸人の敷地所有權の時效完成と土地賃借人による援用, 「私法判例リマークス」 2호(1991), 15면 이하 참조.

20) 이상에 대하여는 우선 遠藤浩 등 編, 「民法注解 財產法」, 제1권 : 民法總則, 1989, 691면 이하(松久三四彥 집필) 참조. 그 후 나온 日最裁 1990년 6월 5일 판결(民集 44, 599)이 재매매의 예약완결권의 가등기 있는 부동산을 취득한 사람도 시효완성을 원용할 수 있다고 판결하였다.

이 없다. 그런데 건물의 소유자가 이를 매도하는 등으로 양도의 원인행위를 하고 그 점유를 인도하였으나 아직 등기가 이전되지 아니한 경우에도 대지소유자는 여전히 그 건물의 소유자를 상대로 건물철거청구를 하여야 하는가에 대하여, 우선 그 建物이 未登記인 경우에는 현재의 건물 점유자(매수인)를 상대로 할 수 있다는 것이 변함 없는 判例의 準則이다.

나아가 登記된 建物에 대하여도 그러한가에 관하여는 의문이 없지 않았으나, 大判 86. 12. 23, 86다카1751(공보 794, 233)이 甲 명의로 등기되어 있는 건물을 乙이 그로부터 매수하여 인도받고 "그 일부를 증·개축하여 현재 점유하고 있으나" 아직 이전등기를 받지 아니한 事案에 대하여, 乙이 건물철거의무를 부담한다고 판시한 바 있다. 이 판결은, 원심이 "이 사건 건물은 등기된 건물로서 그 법률상 처분권은 아직 소유자인 甲에게 남아 있으므로, 소유권이전등기를 경료하지 아니하여 그 소유권이 없는 피고에게 그 철거를 구함은 부당하다"는 이유로 원고의 청구를 기각하였던 것을 파기환송한 것으로서, 위의 문제를 종결지은 것이라고 볼 수도 있다. 그러나 다른 한편 이 판결은, 첫째, 위와 같은 경우에도 현재의 점유자를 상대로 철거청구를 할 수 있다고 하는 것이 "종래 당원이 표명한 견해"라고 하였는데, 종래 이 점에 대한 대법원의 裁判例는 미등기건물에 대한 것임에 비추어 보면 위의 판단은 문제를 명확하게 의식하면서 내려진 것이 아니라고 추측되고, 둘째, 乙이 건물을 증·개축하였다는 사정이나 乙이 건물을 인도받은 것이 1967년이어서 그 후 장기간이 경과한 사정[21] 등 事實關係上의 특성이 판결의 결론에 미친 것이 아닐까 의심될 여지가 있었고, 셋째, 다른 한편으로 제3자 명의로 소유권보존등기가 된 건물에 대하여는 그 소유자를 상대로 건물철거청구를 하여야 하고 "그에 대하여 내부적으로 소유권을 주장할 수 있는 것에 불과한 사실상의 소유자를 상대로 할 수는 없다"고 판단한 大判

21) 이러한 事情 아래서는, 대지소유자로서는 이미 건물의 등기부상 소유자를 용이하게 찾을 수 없어서 권리행사에 지장이 있고, 또 설사 찾는다고 하더라도 그는 이미 건물의 운명에 관심이 없어 內容 있는 訴訟이 되지 못할 우려가 크다.

65. 6. 15, 65다685(集 13-1, 196)이 엄존하고 있어서, 이 판결을 위의 문제에 대한 拘束的인 先例로 인정하기에는 미진하다는 느낌이 있었다.

이번에 나온 大判 93. 1. 26, 92다48963(공보 940, 863)은 건물소유자 중의 일부가 대지소유자가 얻은 건물철거소송의 승소판결을 가지고 강제집행하는 것을 막고자 第3者異議의 訴를 제기한 데 대한 것이다. 그 소송의 피고 甲은 건물을 신축하여 원시취득한 사람(그는 1974년 사망하였다)의 장남으로서, 그의 생전에 이를 증여받고 이를 혼자서 점유관리하여 왔다. 그런데 1989년에 이르러 甲 및 원고들을 포함하는 亡人의 상속인들이 그 이름으로 건물에 관하여 상속을 원인으로 하는 소유권보존등기를 하였다는 것이다. 위 판결은, 위와 같은 사정 아래서는 “甲이 위 건물의 양수, 점유자로서 이를 법률상 또는 사실상 처분할 수 있는 지위에 있으므로” 그가 건물철거의무를 부담한다고 판단하여, 원고들의 청구를 기각하였다.

얼핏 보면, 이 판결은 앞서 본 문제에 관하여 大判 86. 12. 23. 과 脈을 통하는 점이 있는 것 같기도 하다. 등기된 건물에 대하여도 소위 ‘사실상의 소유자’를 상대로 하는 건물철거청구를 인정하는 것처럼 보이기 때문이다. 그러나 쉽사리 그렇게 斷定할 수 없는 점도 있다. 일단 문제의 건물이 그에 대한 철거소송의 사실심종결 당시에 未登記였다면, 후에 이에 대하여 등기가 이루어졌다고 하여 그 소유자(등기명의인)의 第3者異議의 訴를 인정할 것은 아니라고 하겠다. 그런데 이 판결문만으로부터는 집행력 있는 판결의 기준시점을 확정할 수 없는 것이다.

2. 不動産登記特別措置法과 中間省略登記

1990년에 시행된 부동산등기특별조치법은 그 제2조 제2항, 제3항 및 제8조 제1항에서 중간생략등기를 신청하는 것을 금지하고 이에 위반한 사람을 처벌하는 규정을 두고 있다. 그 규정이 중간생략등기의 합의의 私法的 效力에도 영향을 미치는가? 大判 93. 1. 26, 92다39112(공보 940, 858)은 이를 否定한다. 이 사건의 피고는 부동산을 분양받는 계약을 체결하고 그 권리를 제3자에게 양도하면서, 만일 轉賣된 때에는 그 최종매수인에게 직접 소유권이전등기를 하여 주기로 약정하였다. 그 후 그 매수인은 다시 이를 원고에게 매도하였다. 이 사건에서 원고는 피고를 상대로 직접 소유권이전등기를 청구하였는데, 위 판결은 위와 같이 판단하여 원고의 청구를 인용하고 있다.

3. 名義信託

(1) 不動產登記特別措置法과 名義信託約定

앞서 본 부동산등기특별조치법은 그 제7조 제1항에서 "조세부과를 면하려 하거나 다른 시점 간의 가격변동에 따른 이득을 얻으려 하거나 소유권 등 권리변동을 규제하는 법령의 제한을 회피할 목적으로 타인의 명의를 빌려 소유권이전등기를 신청하여서는 아니된다"고 정하고 있다. 이것이 名義信託을 禁壓하려는 취지임은 그 규정의 表題로부터도 명백하다. 이 규정이 效力規定인가 아니면 團束規定에 불과한가에 대하여는 견해의 대립이 있다.[22] 이에 대한 判例의 태도가 주목되는 바이었다.

이번에 나온 大判 93. 8. 13, 92다42651(공보 953, 2413)은 부동산매매계약상의 매수인 명의를 빌린 소위 契約名義의 信託은 위 규정에 의하여 그 효력이 부인되는 것은 아니라고 판시하였다. 그 이유는 "위 규정 자체에 의하더라도 그 등기신청의 원인행위인 … 계약명의의 신탁약정 자체가 금지된다고는 해석할 수 없다"는 데 있다. 이에 비추어 보면, 이 판결이 원래의 의미의 名義信託(즉 소유권등기명의의 신탁)의 私法上 效力이 위 규정에 의하여 부인되는지까지를 판단한 것은 아니며, 따라서 위의 견해대립과 관련하여 판례의 태도를 보인 것은 아니라고 이해된다.

22) 가령 郭潤直, 「物權法」, 新訂版, 1992, 401면은 이를 단속규정에 불과하다고 하는데, 釜山地判 92. 4. 9, 92가단2901(下集 Ⅰ, 24)은 효력규정이라고 한다.

(2) 共同名義受託者의 共有物分割請求

大判 93. 2. 9, 92다37482(공보 941, 947)은 여러 사람이 공동으로 宗中으로부터 부동산소유권을 명의신탁받은 경우 이들 受託者는 共有物分割請求를 할 수 없다고 판단하였다. 그들이 공유물분할을 하는 것은 "명의신탁의 목적에 반하고 신탁자가 명의신탁을 한 취지에도 어긋나는 것이고, 특히 종중의 재산을 보존하고 함부로 처분하지 못하게 하기 위하여 다수의 종중원에게 공동으로 명의신탁한 경우에는 더욱 그 취지에 반하는 것으로서, 허용되지 않는다"는 것이다.

이전에 가령 大判 67. 4. 4, 66다314등(集 15-1, 273); 大判 85. 9. 24, 85다카451등(공보 764, 1416); 大判 89. 9. 12, 88다카10517(集37-3, 20) 등은, 1필의 대지 중 특정한 일부를 매수하여 인도받았으나 그에 관하여 持分移轉登記를 받음으로써 판례가 말하는 '상호명의신탁관계'에 있는 사람은 공유물분할을 청구할 수 없다고 하였고, 大判 92. 12. 8, 91다44216(공보 937, 415)은 그러한 사람으로부터 특정한 일부를 전전매수하고 지분이전등기를 받은 사람도 마찬가지라고 하였다.

그런데 그러한 '상호명의신탁관계'에 있지 아니한 통상의 명의신탁에 대하여는 大判 87. 2. 24, 86다215 등(공보 798, 513)이, 공동명의수탁자들이 協議에 의한 共有物分割을 하여 목적물의 특정한 일부에 대하여 서로 지분이전등기를 함으로써 각자의 단독소유가 된 사안에 대하여, 이는 "수탁자들이 대외적인 소유형태를 변경하는 것일 뿐 이를 들어 명의신탁관계를 소멸시키는 수탁부동산의 처분행위라고는 볼 수 없다 할 것이므로 비록 그 공유물분할이 신탁자의 의사에 반하여 이루어진 것이라 하더라도 그것이 신탁자에 대한 반사회적인 배임행위가 된다거나 이를 바탕으로 한 지분이전등기가 원인 없는 무효의 등기라고는 할 수 없다"고 판단한 바 있었다. 이를 읽어 보면 오히려 공동명의수탁자들이 공유물분할을 청구할 수 있다는 것이 대법원의 태도가 아닌가 하고 추측될 소지도 없지 않았다. 그러나 위의 大判 93. 2. 9. 은 이 점을 正面으로 否

認하였다.

이상을 종합하여 보면, 결국 통상의 공동명의신탁에 있어서 한편으로 수탁자들은 공유물분할청구를 할 수는 없으나, 다른 한편으로 일단 그들 사이의 협의로 공유물분할이 행하여지더라도 그것이 無效인 것은 아니며 그러한 單獨所有의 상태대로 신탁자와의 사이에 명의신탁관계는 계속된다는 것이[23] 판례의 태도라고 할 수 있을 것이다.

(3) 契約名義의 信託

大判 93. 4. 23, 92다909(공보 947, 1524)는, 부동산을 매매하는 계약을 체결하면서 타인으로부터 그 매수인으로서의 이름을 빌리기로 하여 그 타인의 이름으로 계약이 체결되었는데 그 후 그러한 "내부적인 신탁관계가 종료"된 事案에 대하여 판단하고 있다. 이 사건에서는 그 타인(受託者)이 매도인을 상대로 계약의 이행으로 소유권이전등기를 청구하고 있다. 위 판결은 이름을 빌려 준 사람이 당사자라는 입장("매수인 명의의 신탁관계는 그들 사이의 내부적인 관계에 불과한 것이고 대외적으로는 그 타인이 매매당사자라고 할 것")에서 원고의 청구를 인용하고 있다.

종전에 大判 89. 11. 14, 88다카19033(集 37-4, 25)은, 산업기지개발공사가 분양하는 工團敷地에 대하여 원고회사가 제1순위로 분양받을 수 있는 피고회사의 이름을 빌어 분양을 받은 事案에 대하여 "위 공사와의 관계에 있어서는 분양계약명의자인 피고회사가 당사자이고 따라서 피고회사만이 이전등기를 청구할 수 있으며 원고는 스스로가 분양계약 당사자임을 주장하여 그 이전등기를 구할 수 없다"고 하고, 나아가 "원고가 피고회사와의 관계에서 명의신탁을 해지함으로써 피고회사의 위 공사에 대한 소유권이전등기청구권이 당연히 원고에게 귀속되는 것은 아니"라고 판시한 바 있다. 위의 판결은 이와 궤를 같이하는 것이라고

23) 이와 같은 태도는 가령 中間省略登記에 대하여도 판례가 택하는 바임은 주지하는 대로이다. 즉 三者 간에 그에 관한 합의가 없으면 중간생략등기를 청구할 수는 없으나, 일단 이루어진 중간생략등기는 實體關係에 부합하는 것으로서 유효하다는 태도가 그것이다.

평가할 수 있다.

판례가 인정하는 바의 名義信託의 法理는 주로 등기 등 公簿上의 名義를 빌리는 경우를 대상으로 하고 있다. 그리고 그것이 賢明할 것으로 생각된다. 그렇다면 위의 판결이 앞서의 판결과는 달리 '명의신탁'이라는 용어를 쓰지 않고 있는 것도 심상하게 볼 일은 아닐지도 모른다. 그리고 타인의 이름을 빌려 계약을 체결한 경우 일반에 대하여는 결국 계약의 당사자가 누구인가 하는 法律行爲解釋의 문제가 제기되는데,[24] 부동산매매계약과 같이 상대방의 입장에서 볼 때 매수인이 누구인가가 重視되는 계약의 경우에는 매도인이 계약 당시 누구를 매수인으로 인식하였는가, 그리고 그것이 객관적으로 정당한가가 일응의 基準이 될 것이다.[25] 그리고 중요한 것은, 위 판결에서도 판시하고 있는 대로, 일단 법률행위의 해석으로 계약당사자가 정하여진 이상에는 명의를 빌려준 사람과 빌린 사람과의 사이에서 어떠한 일이 일어났던 간에 계약당사자의 변경은 상대방의 同意 없이는 일어나지 않는다는 것이다. 그러한 입장에서 보면 위의 판결은 극히 정당하고, 또 중요한 시사를 주는 바가 많다고 생각된다.

Ⅳ. 債　　權

1. 債務不履行의 한 유형으로서의 履行拒絕

채무불이행과 관련하여서는 大判 93. 6. 25, 93다11821(공보 951, 2111)이 주목된다. 부동산매도인(피고)이 중도금의 수령을 거절하고 계약을 이행하지 아니할 뜻을 명백하게 표시하자 매수인(원고)은 이를 이유로

24) 독일민법학에서는 이 문제가 '타인의 이름으로 한 법률행위(Rechtsgeschäft unter fremdem Namen)'라는 이름 아래 다루어진다.

25) 그러나 가령 호텔에 투숙하면서 숙박부에 남의 이름을 기재한 경우 등에는, 名義者가 아니라 실제로 행위한 사람이 계약당사자가 된다.

하여 殘代金支給期日이 되기 전에 이미 계약을 해제하는 의사표시를 한 경우에, 그 解除가 適法한가가 다루어졌다. 위 판결은 이를 적법하다고 결론내렸는데, 그 이유는, 만약 해제할 수 없다면 "원고로서는 중도금을 공탁한 후 잔대금지급기일까지 기다렸다가 잔대금의 이행제공을 하고 피고들이 자기들의 의무인 소유권이전등기의무의 이행제공을 하지 아니한 때에야 비로소 위 계약을 해제할 수 있다는 결론에 이르게 되는바, 어차피 피고들이 위 소유권이전등기의무의 이행을 제공하지 아니할 것이 분명한 이 사건에서 원고에게 이와 같은 방법을 취하라고 요구하는 것은 불필요한 절차를 밟고 또다른 손해를 입도록 강요하는 게 되어 오히려 신의성실에 어긋나는 결과를 초래할 뿐이라고 여겨진다"는 데 있다.

學說은 채무불이행의 유형으로 이행지체, 이행불능, 불완전이행의 셋을 드는 것이 통상인데, 채무불이행에 대한 일반조항으로 제390조를 가지고 있는 우리 민법 아래서는 채무불이행의 위에서 든 3개의 유형에 한정할 필요가 없을 것이다. 그러한 고정관념에서 벗어나고 보면, 가령 履行拒絶은 위의 셋 외에도 훌륭한 채무불이행유형이 될 수 있다.[26] 이는 우리 민법에도 그 단서가 될 만한 규정이 있을 뿐 아니라(제544조 단서), 가령 英美法에서는 履行期 전의 履行拒絶(소위 anticipatory breach)이 독자적인 계약위반의 유형으로 확고한 지위를 차지하고 있으며[27] 독일에서조차 이를 독자적인 유형으로 구성하려는 노력이 없지 않다.[28]

우리 민법학에서 이행거절을 독자적인 채무불이행유형이라고 하는 태도가 정착되었다면, 위의 판결은 위와 같이 '信義誠實'을 끌어들이지 않고도 쉽사리 같은 결과, 즉 解除權의 發生이라는 법률효과의 인정에 도달할 수 있었을 것이다. 어쨌거나 위 판결의 태도는 지극히 정당하며

26) 이에 대하여는 우선 梁彰洙, 「民法入門」, 1991, 182면 이하 참조.
27) 흥미로운 것은 영미법에서도 그 주된 법률효과가 계약해제에 있다는 점이다.
28) 가령 H. Leser, Die Erfüllungsverweigerung—Ein Typ der Leistungsstörungen, in: *Festschrift für Max Rheinstein*. Bd. 2, 1969, S. 643ff 참조.

앞으로의 전개가 기대된다.

2. 多數當事者의 債權關係

(1) 連帶債務

계약의 일방당사자가 여러 사람인 때 그들이 부담하는 계약상 채무를 어떠한 경우에 連帶債務라고 할 것인가는 흥미로운 문제이다. 이와 관련하여 大判 93. 2. 12, 92다42941(공보 941, 975)은, 변호사에게 공동당사자로서 訴訟代理를 委任한 경우의 약정보수금지급채무는, 소송사건의 결과에 따라 경제적 이익을 不可分的으로 향유하게 되거나 패소할 경우에는 상대방에 대하여 不眞正連帶債務를 지게 된다고 하더라도, 이러한 사정만으로 그것이 연대채무 또는 불가분채무가 된다고 할 수 없다고 판단하였다.

(2) 不眞正連帶債務者 간의 求償關係

사고의 발생에 여러 사람이 관여하여 그들이 피해자에 대하여 不眞正連帶의 불법행위책임을 부담하게 된 경우에, 채권자가 그들 중 1인에 대하여 권리포기나 채무면제 등의 의사표시를 하더라도 그 효력이 다른 채무자에게 미치지 않아서 다른 채무자는 그와 같은 면제 등을 이유로 채권자에게 대항할 수 없다고 함은 확고한 판례의 태도이다. 그런데 종전에는 다른 채무자와 채권자와의 관계라는 관점에서만 판단이 이루어졌는데, 이번에 나온 大判 93. 5. 27, 93다6560(공보 949, 1879)은 그러한 태도를 채무자들 사이의 내부관계에 연장하여, 위와 같이 면제 등을 받은 채무자는 다른 채무자가 그 出財로 손해배상을 하고 그에 대하여 求償하는 경우에 위와 같은 면제 등으로써 對抗할 수 없으며, 다른 채무자에 대한 관계에서는 여전히 그 負擔部分에 따라 償還義務를 부담한다고 명확하게 판시하였다.

3. 被押留債權을 受動債權으로 한 제3채무자의 相計

민법 제498조와 관련하여서는 주지하는 대로, 채권(수동채권)이 押留 및 轉付된 경우에 어떠한 조건 아래서 제3채무자는 채무자에 대하여 가지는 反對債權으로 하는 상계로써 압류채권자에 대하여 대항할 수 있는가 하는 문제가 제기된다. 이에 대한 判例準則의 대강은 이제 거의 확정되었다고 할 수 있다. 그것은 대체로, "압류의 효력 발생 당시 양 채권이 相計適狀에 있든가 그렇지 않더라도 자동채권의 변제기가 수동채권의 변제기와 동시에 또는 그보다 먼저 도래하는 경우에는 후에 상계적상에 도달하여 한 상계로써 압류채권자에게 대항할 수 있다"는 것으로 집약될 수 있다.[29] 그러므로 압류 당시 상계적상에 있지 않았다면, 그 후 피압류채권의 변제기가 먼저 도래하였으나 제3채무자가 이를 이행하지 않고 있는 동안에 자동채권의 변제기가 도래한 경우에는 제3채무자는 상계로써 압류채권자에게 대항할 수 없다는 결과가 된다. 이에 대하여는 이러한 제한을 인정할 필요가 없다는 견해도 없지 않으나,[30] 자신의 채무이행을 지체한 제3채무자는 보호될 필요가 없으므로 判例準則의 태도는 원칙적으로 옳다고 생각된다.[31]

이러한 상황에서 大判 93.9.28, 92 다 55794(공보 956, 2951)은, 채무자와 제3채무자가 캠프장운영계약을 체결하였는데 그에 기하여 채무자가 제3채무자에 대하여 가지는 투자금 4천만원의 반환채권이 압류 및 전부되었고 그 후 제3채무자는 채무자에게 역시 그 계약에 기하여

29) 大判 82.6.22, 82나카200(集 30-2, 157); 大判 87.7.7, 86다카2762(集 35-2,264); 大判 89.9.12, 88다카25120(공보 858, 1402) 등. 이 문제에 대하여는 우선 金炳宰, 제3채무자가 가압류채무자에 대한 반대채권으로써 상계할 수 있는 요건, 「民事判例硏究」 10집(1988), 75면 이하 참조.

30) 일본의 判例와 多數說의 태도이다. 우리 나라에서도 李英秀, 피압류채권을 수동채권으로 한 제3채무자의 상계, 「司法論集」 4집(1973), 222면 이하; 金炳宰(註 29), 90면 이하 등 참조.

31) 同旨 : 金亨培, 「債權總論」, 1992, 856면; 李銀榮, 「債權總論」, 1991, 511면; 鄭東潤, 押留와 相計, 「辯護士」 7집(1976), 193면 등. 또한 독일민법 제392조 후단도 참조.

4천만원 이상의 손해배상채권(자동채권)을 가지게 된 事案에 대하여 판단하고 있다. 原審判決은 앞서 본 判例準則에 따라 그 손해배상채권의 변제기가 수동채권인 위 투자금채권의 변제기보다 늦게 도달되었다고 하여, 제3채무자의 상계주장을 배척하고 있다. 그런데 위 판결은, 우선 "제3채무자의 압류채무자에 대한 자동채권이 수동채권인 피압류채권과 동시이행의 관계에 있는 경우에는, 압류명령이 제3채무자에게 송달되어 압류의 효력이 생긴 후에 자동채권이 발생되었다고 하더라도 제3채무자는 동시이행의 항변권을 주장할 수 있고 따라서 그 채권에 의한 상계로 압류채권자에게 대항할 수 있는 것으로서, 이 경우에 자동채권이 발생한 기초가 되는 원인은 수동채권이 압류되기 전에 이미 성립하여 존재하고 있었던 것이므로, 그 자동채권은 민법 제498조 소정의 '지급을 금지하는 명령을 받은 제3채무자가 그 후에 취득한 채권'에 해당하지 않는다고 봄이 상당하다"고 설시하고, 나아가 이 사건에서 문제된 손해배상채권과 투자금채권은 同時履行의 關係에 있으므로 제3채무자인 피고는 손해배상채권을 자동채권으로 하는 상계로써 압류채권자인 원고에 대항할 수 있다고 판단하고 있다.

여기서 첫번째의 판시부분, 즉 自動債權이 압류 당시 구체적으로 발생하지 않았어도 그것이 발생하는 基礎가 되는 原因이 성립하고 있었던 경우에는 제3채무자가 相計로써 대항할 수 있다고 판시하는 부분에는 찬성이다. 요컨대 제3채무자의 相計期待의 保護(Erwartungsschutz)는 자동채권이 현실적으로 존재하는 경우뿐만 아니라 그 기초가 되는 법률관계가 현존하는 경우에도 승인되어야 할 것이기 때문이다. 가령 자동채권인 수급인의 공사대금채권이 수동채권의 압류 당시 아직 공사완료 전이어서 확정적으로 발생하지 아니한 경우에라도 그가 그것을 가지고 도급인의 채권에 대하여 상계할 수 있다는 期待는 그 발생된 후보다 덜 보호될 이유는 없는 것이다. 채권양도의 경우에 대하여 민법은 채무자가 양수인에게 주장할 수 있는 對抗事由는 그가 "讓渡通知를 받은 때까지" 양도인에 대하여 가지고 있던 것에 제한된다고 규정하나(제451조 제2항), 이 규정은 통지가 있을 때에 양도인에 대한 대항사유가 현실적으로 발생하였을 것을 요구하는 것은 아니고 대항사유가 발생할 기초가 통지시에 존재하고 있었으면 족하다고 해석되고 있다.[32] 제3채무자가 피압류채권을 수동채권으로 하여 하는 상계로써 압류채권자에게 대항하는 경우에도 이와 달리 볼 이유는 없을 것이다.[33]

그런데 두 번째의 판시부분, 즉 위 판결이 自動債權과 受動債權이 원래 동시이행관계에 있는 것이면 그 상계로 압류채권자에게 대항할 수 있다고 하는 판단부분은 보다 세밀하게 음미될 필요가 있다.

우선 원래 同時履行의 抗辯權이 부착되어 있는 채권은 이를 自動債權으로 하여 상계할 수 없다는 것이 判例의 태도이고,[34] 또 通說이기도 하다. 그러한 상계를 인정하면 상대방은 근거 없이 항변권을 상실하는 결과가 되어 부당하다는 것이 그 이유이다. 그런데 위의 사건에서와 같이 서로 同種의 債權이 同時履行의 關係에 있는 경우에도 이를 자동채권으로 하여서 상계할 수 없다고 할 것인가? 상계할 수 있다고 하여도 좋지 않을까 생각된다. 이러한 경우에는 상대방이 동시이행의 항변권을 행사할 기회를 부당하게 박탈하는 것이 된다고 하기 어려울 뿐만 아니라, 오히려 상계를 인정함으로써 당사자 사이의 債務決濟를 용이하게 처리할 수 있게 되기 때문이다. 가령 賣渡人이 履行遲滯로 손해배상채무를 부담한다고 하면, 이는 그의 賣買代金債權과 동시이행관계에 있다는 데 異論이 없다. 그 경우 매수인이 자신의 매매대금채무를 이행하면서 동시에 매도인으로부터 손해배상의 지급을 청구하느니보다는, 相計의 意思表示를 함으로써 대등액에서 채권·채무를 소멸시키고 그 나머

32) 이에 대하여는 우선 梁彰洙, 賃借保證金返還債權의 讓渡와 賃貸借契約의 合意更新, 서울大「法學」31권 1·2호(1990), 191면(「民法硏究」, 2권, 1991, 318면) 참조.

33) 만일 위 사건에서 피고(제3채무자)는 자신의 손해배상채권으로 한 상계로써 압류채권자에게 대항할 수 없다고 하여도, 적어도 그 손해배상채권에 기하여 압류채권자의 전부금청구에 대하여 同時履行의 抗辯權을 대항할 수는 있을 것이다.

34) 大判 75.10.21, 75다48(集 23-3, 51) 참조.

지만을 청구할 수 있다고 하면, 매도인으로서도 별다른 不利益이 없고 오히려 당사자 사이의 支給關係를 簡易하게 처리할 수 있기 때문이다. 위의 판결은 자동채권과 수동채권이 동종의 채권이고 또 서로 동시이행관계에 있는 경우에는 例外的으로 동시이행항변권이 부착된 채권을 자동채권으로 하여서도 상계할 수 있다는 것을 전제로 하여서만 이해될 수 있을 것인데, 이 점을 명확하게 의식하고 재판한 것인지는 판결문만으로는 반드시 분명하지 않다.

나아가 위 판결은 앞서 본 종전부터의 判例準則, 즉 자동채권의 변제기가 수동채권의 변제기와 동시에 또는 그보다 먼저 도래하는 경우에만 후에 상계적상에 도달하여 한 상계로써 제3채무자가 압류채권자에게 대항할 수 있다는 것과 어떠한 관계가 있는가? 이 점을 판단하기 위하여는, 먼저 위의 사건에서 원고의 투자금반환채권(수동채권)과 피고의 손해배상채권(자동채권)의 각 변제기가 언제인가를 살펴 볼 필요가 있다. 原審은 위에서 본 대로 자동채권의 변제기가 손해배상채권보다 훨씬 후에 도래하였다고 판단하고, 종래의 判例準則에 좇아 피고의 주장을 배척한 것이다. 이에 반하여 大法院은 각 채권의 이행기에 대하여는 별다른 언급이 없으며, 兩者가 동시이행의 관계에 있다는 점, 그리고 피고의 상계대항을 인정하지 않으면 그의 동시이행의 항변권이 상실하는 결과가 된다는 점만을 강조하고 있다. 만일 위의 판결이 두 채권이 동시이행관계에 있으면 이는 변제기가 동시에 도달하는 경우에 해당한다고 이해하는 것이라면, 위의 판결은 종래의 판례준칙을 크게 벗어나지는 않는다. 그러나 위의 事案에서는 피고의 손해배상채권이 비록 사후적으로는 원고의 투자금반환채권과 동시이행관계에 있게 된다고 하여도 그 이행기는 後者가 前者보다 먼저 도래하였다고 하여야 하지 않을까?[35] 그렇게 본다면 위의 판결은 종래의 판결준칙에서와 같이 兩債

35) 판결문에 의하면, 4천만원의 투자금은 당사자들 사이의 약정으로 1989년 8월 11일까지 지급하기로 하였고, 피고의 손해배상채권은 1990년 2월과 1991년 3월에 施設物이 붕괴됨으로써 현실적으로 '발생'하였다.

權의 변제기의 先後라는 기준만에 의하여 「押留와 相計」의 문제를 처리할 수는 없다는 새로운 視角을 도입한 것으로도 이해될 수 있다.[36] 이 점에서 위 판결은 중요한 의미가 있다고 생각된다.

4. 賣 買

(1) 許可를 요하는 土地去來에 관한 「流動的 無效」의 法理

국토이용관리법에 의하여 허가를 받아야 하는 토지거래와 관련하여 대법원이 大判(全) 91. 12. 24, 90다12243(集 39-4, 303)에서 소위 「流動的 無效」의 법리를 채택하였음은 주지하는 대로이다. 그 후 그 법리의 구체적인 적용이 어떠한 내용으로 이루어질 것인지 주목되는 바이었다.[37] 이와 관련하여서는 大判 93. 3. 9, 92다56575(공보 943, 1159), 특히 大判 93. 6. 22, 91다21435(공보 951, 2092); 大判 93. 9. 14, 91다41316(공보 955, 2740) 등이 흥미를 끈다.[38]

(a) 大判 93. 3. 9.은, 허가를 받지 못한 상태에서도 토지매수인이 매도인을 대위하여 그 토지가 매도인의 소유라는 확인청구를 할 수 있다고 한다. 토지매수인이 매도인에 대하여 가지는 관할관청의 허가를 신청하는 데 협력을 구할 수 있는 권리가 債權者代位權을 발생시키는

---

36) 가령 李範柱, 民法 제498조와 相計契約, 「民事裁判의 諸問題」 2권(1980), 118면 이하는, 일본의 판례가 취하는 소위 無制限說과 辨濟期의 先後만을 기준으로 하는 소위 制限說을 모두 비판하면서, 相計의 擔保的 機能과 押留의 實效性 保護라는 두 이익의 조화를 위하여 "거래의 실질관계에 눈을 돌려 당해 거래에서 평가되는 상계의 담보적 기능의 강도와의 관련 아래서 탄력성 있게 그 조화점을 탐구하는 방향으로 발전되어야 한다"고 하면서 "相計의 담보적 기능에 대한 評價의 개별화"를 강조하고 있다.

37) 이 전원합의체판결이 토지거래허가 이외에도 私法上의 去來에 행정관청의 허가, 동의 또는 승낙을 얻어야 하는 것으로 정하여져 있는 경우 일반에 대하여 어떠한 형태로든 영향을 미칠 것임은 쉽사리 예상되는 바이었다. 소재지관서의 증명 없는 농지매매계약의 효력과 관련하여 「유동적 무효」의 법리를 적용할 것을 주장하는 金能煥, 소재지관서의 증명 없는 농지매매계약의 효력, 「民事裁判의 諸問題」 7권(1993), 553면 이하, 특히 568면 이하, 574면은 그 하나의 예이다.

38) 그 외에 大判 93.1.12, 92다36830(공보 939, 692)이 있으나, 별로 새로운 내용은 없다.

피보전권리가 된다는 것이다.

(b) 大判 93. 6. 22.은, 유동적 무효의 상태에 있는 동안에 "계약금을 교부한 상태에 있는 계약당사자 일방이 언제든지 계약의 무효를 주장하여 부당이득으로써 계약금의 반환을 구할 수 있다고 할 수는 없다"는 설시부분을 담고 있다. 이 판결은 결론적으로는 토지매매계약이 확정적으로 무효가 되었다고 하여 契約金의 返還請求를 인용하고 있어서, 위 설시부분이 先例로서의 의미를 가지는가를 검토하여 볼 필요가 있다.

그와는 별도로, 「유동적 무효」의 법리를 적용하는 이상에는 계약당사자의 일방이 계약의 이행으로 공여한 것은 그 반환을 청구할 수 있다고 하여야 하는 것이 아닌가 하는 의문이 제기될 수 있다. 위의 전원합의체판결이 스스로 계약이 유동적으로 무효인 상태에 있으면 "거래의 효력이 전혀 발생하지 않음은 확정적 무효의 경우와 다를 바 없다"고 하고(集 39-4, 312), 따라서 매수인에게는 代金支給義務가 없다고 명백히 설시하고 있다(同所, 316). 이와 같이 채무가 없으면서 그 채무의 이행으로 지급한 것이 不當利得에 해당된다는 것은 오히려 당연한 것이 아닐까?[39] 위 판결은 이에 대하여 "계약의 쌍방당사자는 공동으로 관할관청의 허가를 신청할 의무가 있다 할 것이고 따라서 … 계약의 무효를 주장하여 부당이득으로써 계약금의 반환을 구할 수 없다"고 설시하고 있다. 그러나 매수인 등 당사자가 관청에 허가를 신청할 의무를 부담하는 것은 아직 채권계약이 효력을 가지기 전에 "그 계약이 효력 있는 것으로 완성될 수 있도록 서로 협력할 의무"로서 인정되는 것이고

39) 그러나 매수인은 언제나 그가 지급한 계약금 등의 반환을 청구할 수 있는 것은 아니다. 민법 제742조는 非債辨濟의 경우에 변제자가 "채무 없음을 알았던" 경우에는 그 반환을 청구하지 못한다고 정하고 있다. 그러므로 매수인이 아직 허가가 없어 계약에 법적 효력이 없고 따라서 자신에게 債務가 없음을 알면서도, 가령 장차 허가가 있을 것을 기대하고 계약금 등을 지급하였던 경우에는, 그 반환을 청구하지 못한다고 할 것이다. 그러나 현재의 통상적인 거래에서는 이를 인정하기는 어렵다고 해야 하지 않을까?

(同所, 315), 이것이 계약이 유효하게 성립한 것을 전제로 계약을 이행할 의무가 있음을 의미하는 것이 아님은 명백하다.

각도를 달리하여 보면, 부동적 무효인 법률행위의 대표적인 예는 無權代理의 경우이다. 무권대리행위가 본인에 의하여 추인되지 않아서 부동적 무효의 상태에 있는 동안에는 그 상대방이 지급한 것에 '법률상 원인이 없음'(민법 제741조)은 의문의 여지가 없다.[40] 허가 없는 동안의 토지매매계약의 경우를 이와 달리 보아야 할 이유는 별로 없다고 생각된다. 또 실제적으로 보더라도, 위의 전원합의체판결이 말하는 대로, "허가받기 전의 상태에서는 거래계약의 채권적 효력도 전혀 발생하지 않으므로" 매수인은 "권리의 이전 또는 설정에 관한 어떠한 내용의 이행청구도 할 수 없다"고 한다면,[41] 그가 그러한 이행청구권의 對價로 지급하였던 계약금도 원칙적으로 원상회복되어야 한다고 봄이 타당할 것이다.

이번의 판결은, 현재의 토지거래실정이 대체로 허가를 받기 전에 이미 계약금 등 대금의 일부가 지급되는 것에 비추어 그 반환을 인정하게 되면 공연히 당사자들 사이에 분쟁을 일으킬 소지를 주지 않을까 우려하여서[42] 반환청구를 부인하는 설시를 붙인 것인지도 모른다. 그러나 그러한 태도는 위에서 본 대로 「부동적 무효」의 법리를 안으로부터 空洞化시킬 뿐만 아니라, 나아가 "개인 간 토지거래에 관할관청이 직접 개입하여 그 거래내용이 위 법의 투기방지목적에 저촉되는지의 여부를 검토한 후 허가를 하게 함으로써 이러한 허가 없이는 당사자를 구속하는 수인의 효력이 발생하는 것을 금지하려는"(同所, 311) 국토이용관리법의

---

40) 독일의 문헌으로 우선 MünchKomm/Thiele, §177 Rdnr. 16(Bd. 1, 2. Aufl., 1984, S. 1353); Erman/Brox, §177 Rdnr. 12(Bd. 1, 8. Aufl., 1989, S. 400) 참조.

41) 위의 전원합의체판결은, 허가를 얻을 것을 條件으로 하여 소유권이전등기절차를 이행할 것을 청구하는 것도 否認하고 있다.

42) 그러나 그 사안에서도 보는 것처럼 당사자들은 계약의 원만한 진행이 좌절되는 예외적인 경우에야 비로소 계약금의 반환청구에 이르는 것이 오히려 통상이라고 해야 하지 않을까?

입법취지를 잠식하는 결과가 되지는 않을까? 양수금 등의 반환청구가 허용되지 않는다면 나아가 매수인이 인도받은 토지의 반환을 청구하는 것 등도 허용되지 않아야 할 것이고,[43] 이는 결국 이미 이루어진 계약이행에 관한 한 계약의 유효를 인정하는 것과 크게 다를 바 없기 때문이다. 결국 위 설시부분은 장래의 재판에 대하여 구속력이 없는 傍論으로 취급되었어야 하리라고 생각된다.

(c) 그러나 大判 93.9.14.은, 원심판결이 허가 없는 토지매매는 무효이므로 계약금을 반환할 의무가 있다고 판단한 데 대하여, "매수인이 임의로 지급한 계약금은 그 계약이 유동적 무효상태로 있는 한 이를 부당이득으로 반환을 구할 수는 없고 유동적 무효상태가 확정적으로 무효로 되었을 때 비로소 부당이득으로 그 반환을 구할 수 있다"는 이유로 이를 破棄還送하였다. 이로써 이 점에 관한 한 대법원의 입장은 굳어진 것이라고 할 것이다.

(2) 賃借權讓渡契約의 效力

大判 93.6.25, 93다13131(공보 951, 2115)은 쉽사리 납득이 되지 않은 판단을 담고 있다. 그 사안을 보면, 賃貸아파트의 賃借權에 대하여 양도계약이 체결되었는데, 그 임차권의 양도는 주택건설촉진법의 규정에 의하여 금지되어 있었다. 그런데 그 후 양수인은 임대인과 별도의 임대차계약을 체결하고 임대차보증금을 지급하였다는 것이다. 그래서 이 사건에서 앞서 있었던 양도계약의 淸算이 문제되었다.

위 판결은, ① 주택건설촉진법의 규정에 의하여 임차권양도계약이 무효가 되는 것은 아니나, ② 이 사건에서는 계약당사자가 임차권의 양도가 법률에 의하여 금지되어 있음을 알고 계약을 체결한 것이므로 전형적인 임차권양도에 있어서와는 달리 양도인이 임차권양도에 대한 임

43) 대법원의 태도대로라면, 부동적 무효의 상태에서는 한편으로 계약이행청구를 부인하고 다른 한편으로 이미 이행된 것의 원상회복도 부인하는 것이 되어, 허가신청에 협력할 것을 청구하는 경우를 제외하고는, 쌍방당사자 누구에게도 법적 구제를 부인하는 셈이 된다.

대인의 동의를 받아야 할 계약상 의무는 없다고 할 것이고, ③ 그러나 임차권의 양도는 금지되더라도 임차보증금반환채권의 양도까지 금지되는 것은 아니므로 양도인은 양수인에 대하여 그 채권의 양도에 관하여 임대인에게 통지를 하거나 그에 대한 승낙을 얻어 주어야 할 의무가 있는데, ④ 이 의무는 그 채권에 대한 가압류로 인하여 임대인이 새로운 보증금을 납부하여야 새로운 임대차계약이 체결될 수 있다고 통보함으로써 이행불능이 되었는데, ⑤ 그 임차보증금반환채권양도계약은 유상계약이므로 민법 제567조에 의하여 매도인의 담보책임에 관한 규정이 준용되며, ⑥ 따라서 양도인은 담보책임의 법리상(!) 위 이행불능으로 인한 양수인의 손해를 배상하여야 할 것이고, ⑦ 이로 인한 양수인의 손해는 그가 임대인에게 새로이 지급한 임차보증금에 상당하는 액이라고 하였다.

그러나 그 중 ③ 내지 ⑥, 특히 ④, ⑥의 판단은 임차권양도인이 양수인에게 그가 임대인에게 새로이 지급한 임차보증금에 대한 책임을 진다는 결론을 이끌어내기 위한 牽强附會인 느낌을 떨쳐 버릴 수 없다. 이 사건은, 단순히 임차권양수인이 임대인과의 사이에 새로운 임대차계약을 체결함으로써 임차권양도계약으로 인한 양도인의 의무는 그 目的의 到達로 履行不能이 되었고, 채무자인 양도인은 그에 대하여 歸責事由가 있다고 할 것이므로 이로 인한 損害賠償責任을 부담하는데, 위와 같은 사정 아래서는 그가 배상할 손해는 임차권양수인이 임대인에게 지급한 임차보증금에 상당하는 액이라고 하면 족하였다고 생각된다.

5. 賃 貸 借

(1) 保證金을 返還한 讓受人의 償還請求

주택임대차보호법의 적용을 받는 賃貸借에 있어서, 임차권에 대항력이 갖추어지면 그 후 임대인으로부터 주택을 양수한 사람은 임대인의 지위를 당연히 승계한다(同法 제 3 조 제 2 항). 그리하여 그 讓受人이 임차인에게 保證金을 반환할 의무를 부담하고, 원래의 임대인은 그 의무를 면한다. 양수인이 실제로 임차인에게 보증금을 반환한 경우에 그는 원래의 임대인에 대하여 그 償還을 청구할 수 있는가? 大判 93. 7. 16, 93다17324(공보 952, 2293)는, "이는 양수인이 자신의 채무를 변제할 것에 불과할 뿐, 원래의 임대 인의 채무를 대위변제한 것이라거나 그가 반환채무를 면함으로써 법률상 원인 없이 이득을 얻은 것이 되지 않는다"고 판단하여 이를 否認하였다. 타당하다고 하겠다. 이와 같은 경우에 讓受人이 양도 당시 목적물에 대항력 있는 인차권이 존재한다는 사실을 몰랐다면, 그는 원래의 임대인에 대하여 민법 제575조에 기한 권리를 주장할 수 있었을 것이다(주택임대차보호법 제 3 조 제 3 항 참조). 그 권리는, 위 사건에서처럼 목적물의 취득이 競賣節次를 통하여 이루어진 경우에도 인정된다.

(2) 土地賃借人의 地上物買受請求權

토지임차인의 地上物買受請求權을 보장하는 민법 제643조는 片面的인 强行規定이다(민법 제652조). 그에 관한 裁判例로 大判 93. 6. 22, 93다16130(공보 951, 2096); 大判 93. 6. 27, 93다6386(공보 953, 2400) 등이 있다.

兩者는 모두, 각 사건에서 계약종료 등의 경우에 "지상건물을 포기"하기로 한 약정은 인차인에게 불리한 것으로서 무효라고 판단하였다. 한편 1992년에 나온 두 개의 대법원판결(그 중 하나는 부속물매수청구권에 대한 것이다)은 소위「實質的 不利論」을 내세워서 위와 같은 약정을 유효라고 하였었다.[44] 大判 93. 6. 22.은 "임대차계약의 조건이나 계약이 체결된 경위 등 제반 사정을 종합적으로 고려하여 실질적으로 임차인에게 불리하다고 볼 수 없는 특별한 사정이 인정되지 아니하는 한"이라는

44) 이에 대하여는 梁彰洙, 1992년 민법판례회고,「人權과 正義」199호(1993. 3), 54면(本書 459면 이하) 참조.

但書를 달아, 그 「실질적 불리론」의 내용을 유지하고 있다.

한편 大判 93. 6. 27. 은 민법 제643조와 관련된 다른 흥미 있는 문제에 대한 판단을 담고 있다. 토지임차인이 매수청구의 대상이 되는 지상물을 임대차 존속 중에 제 3 자에게 양도하였을 경우에는, 賃借人은 지상물매수청구권을 가지지 못하게 된다는 것이다. 임차인은 이미 매수청구의 대상을 가지지 않게 되었으므로 매수청구권을 인정할 필요는 없을 것이고, 위 판결의 태도는 타당하다고 생각된다.

나아가 그렇다면 그 讓受人은 지상물의 매수를 청구할 수 있는가 하는 문제가 제기된다. 민법은 제644조에서 "토지임차인이 適法하게 그 토지를 轉貸할 경우"에 한하여 轉借人의 지상물매수청구권을 인정하고 있을 뿐이다. 이와 관련하여서 後者의 판결은 민법 제644조의 권리는 임차인이 賃貸人의 同意 없이 목적물을 轉貸할 경우에는 인정되지 아니한다고 하고, 이에 덧붙여 이러한 法理는 임대인이 無斷轉貸를 이유로 임대차계약을 解止한 경우뿐만 아니라 아직 해지하지 않고 있는 동안에도 다름이 없다고 판시하고 있다. 문언에 비추어 보면, 이러한 해석에 의문을 제기할 여지가 거의 없다. 입법자가 이러한 해석의 결과로 인정되는 지상물의 무익한 철거를 막는 것을 의도하였다면, 가령 日本의 舊借地法 제10조("제 3 자가 임차권의 목적인 토지 위에 있는 건물 기타 借地權者가 권원에 기하여 토지에 부속시킨 물건을 취득한 경우에, 임대인이 임차권의 양도 또는 전대를 승낙하지 아니한 때에는, 임대인에 대하여 時價로 건물 기타 차지권자가 권원에 기하여 토지에 부속시킨 물건을 매수할 것을 청구할 수 있다")와 같은 규정을[45] 두었어야 했을 것이다. 그러한 규정이 없는 우리 법 아래서 지상물의 철거를 회피하면서 임대인의 이익을 충분히 고려할 수 있는 方途는 전혀 불가능한 것인지 장차의 論議를 요하는 점이라고 생각된다.

---

45) 종전의 借地法과 借家法을 합하여 1992년 새로이 제정된 借地借家法에도 그 제14조에 동일한 내용의 규정이 있다.

(3) 임대인의 동의 없는 賃借權讓渡와 解止權

임차인이 임대인의 동의 없이 임차권을 양도하거나 목적물을 轉貸할 경우에 인정되는 賃貸人의 解止權(민법 제629조 제2항) 등 임대인과 임차권양수인 또는 전차인과의 관계와 관련하여서는 매우 주목되는 裁判例가 나왔다.

약 20년 전 大判 72.1.31, 71다2400(集 20-1, 47)의 原審判決은 "임차인이 임대인의 동의 없이 임대물을 전대하더라도 그것이 임차인의 임대인에 대한 背信行爲라고 인정함에 족하지 아니한 특단의 사정이 있는 경우에는 임대인에게 해지권이 인정되지 않는다"고 판시하였다. 이러한 태도는 우리 민법 제629조와 동일한 문언을 가지는 日本民法 제612조 제2항에 관하여 日本最高裁가 1953년 이래 전개한 해석론에[46] 영향을 받은 것이라고 추측된다. 그러나 위 대법원판결은 그러한 해석은 "민법 제629조를 함부로 해석한 것"이라고 하여 파기환송하였었다. 이것은 임대인의 동의 없는 임차권의 양도나 전대에 대하여 임차인에게 훨씬 엄격한 책임을 묻는 태도이었다고 말할 수 있을 것이다.

그런데 大判 93.4.13, 92다24950(공보 945, 1379)은 傍論으로 위하급심법원의 태도를 復活시켰다. 이 사건에서는, 원고 소유의 토지를 임차한 사람이 그 지상에 건물을 건축, 소유하였었는데 그 건물에 대한 저당권이 실행되어 피고가 이를 경락, 취득한 후 원고가 그 건물의 철거 등을 청구한 것이다. 結論的으로 원고의 청구는 인용되었다. 그 理由는, 피고는 건물의 경락으로 토지의 임차권도 취득하였지만(제358조 본문 참조) 토지임대인의 동의가 없으면 임차권을 그에 대하여 대항할 수 없다는 것이다. 그러면서 이어서 "다만 위와 같은 경우에도 임차인의 변경이 당사자의 개인적인 신뢰를 기초로 하는 계속적인 법률관계인 임대차를 더 이상 지속시키기 어려울 정도로 당사자 간의 신뢰관계를 파괴하는 임대인에 대한 배신행위가 아니라고 인정되는 특별한 사정이 있

46) 이에 대하여는 우선 星野英一, 「借地借家法」, 1969, 319면 이하 참조.

는 때에는 임대인은 자신의 동의 없이 임차권이 이전되었다는 것만을 이유로 민법 제629조 제2항에 따라서 임대차계약을 해지할 수 없고, 그와 같은 특별한 사정이 있는 때에 한하여 경락인은 임대인의 동의가 없더라도 그 임차권의 이전을 임대인에게 대항할 수 있다고 봄이 상당하며, 그러한 특별사정에 대한 주장·입증의 책임은 임차권양수인이 부담한다"는 당해 사건의 해결과는 아무런 관련 없는 抽象論을 전개하였다.

그 후 大判 93. 4. 27, 92다45308(공보 947, 1553)은, 위 판결의 추상론에 직접 언급하지 않았으나 그와 동일한 내용의 법리를 전개하여,[47] 임대인의 동의 없이 토지임차권을 양수한 사람이 그 임차권을 임대인에게 대항할 수 있다고 판시하고, 토지소유자의 건물소유자에 대한 건물철거 등 청구를 기각하였다. 이 판결에서 주로 고려된 사정은, 임차권의 양도인과 양수인이 夫婦 사이로 임차토지 위에 있는 건물 안에서 함께 가구점을 경영하면서 동거하고 있다는 점이다(두 사람은 離婚하면서 慰藉料로 건물의 소유권을 妻에게 양도하였다가, 다시 혼인하였다). 그리하여 "실질적으로 임대인인 원고의 인적 신뢰나 경제적 이익을 해치는 것도 아니고, 이와 같은 경우에는 임대차관계를 계속시키기 어려운 배신적 행위라고 인정할 수 없는 특수한 사정이 있는 경우에 해당한다고 봄이 상당하므로, 원고에게는 계약해지권이 발생하지 아니하고 피고는 위 임차권의 양수나 이에 터잡은 사용·수익을 임대인인 원고에게 주장할 수 있다"고 판단하였다. 原審判決은 임차권의 양도에 대하여 임대인의 동의가 없다고 하여 원고의 청구를 認容하였던 것인데, 大法院은 이와 같은 이유로 이를 破棄한 것이다. 이로써 앞서 본 抽象論은 이제 判例의 대열에 자리잡게 되었다고 하여도 좋을 것인데,[48] 그 구체적인 적용이

47) 우리 나라에서 判例의 準則이 형성되어 가는 과정을 관찰하다 보면 곧잘 발견하는 대로, 앞선 재판에서 단지 '방론'이라고 할 것도 그 후의 재판에서 존중되는 경향이 있음은 부인할 수 없다.

48) 이것이 앞의 大判 72.1.31.의 판례를 판례변경절차에 의하지 아니하고 변경한 것이 아닌가 하는 문제는 보다 면밀한 검토를 필요로 한다.

앞으로 어떠한 모습을 보일 것인지 주목된다.

6. 不當利得

(1) 민법 제571조에 기한 契約解除와 原狀回復

大判 93.4.9, 92다25946(공보 945, 1358)은 善意의 賣渡人이 민법 제571조에 기하여 매매계약을 해제한 경우 매수인이 부담하는 原狀回復義務의 內容에 대하여 방론으로 판단하고 있다. 그에 의하면, 매수인은 일반적인 해제의 경우와 다름없이 반환의무를 부담하여서, "매매목적물 자체와 해제할 때까지 이를 사용함으로써 얻은 이익"을 반환하여야 한다고 한다. 그리고 이는 목적물의 소유자가 따로 있어서 "매도인이 목적물에 관한 「물권적」 사용권한을 가지지 못하고 따라서 매수인이 반환한 사용이익을 궁극적으로 정당한 권리자에게 반환하여야 할 입장이라도 마찬가지"라고 한다. 그리고 민법 제583조가 제571조의 경우에 대하여 동시이행의 관계에 있음을 따로 정하고 있지 않지만, 위와 같은 매수인의 목적물 및 사용이익의 반환의무는 매도인의 손해배상의무(민법 제571조 참조)와 동시이행의 관계에 있다고 판시하였다.

우선, 민법은 매매계약에서 賣買代金의 利子와 目的物로부터의 果實은 서로 그 취득권능에 있어서 대응하는 것으로 이해하고 있다(제587조 참조).[49] 그러므로 매매계약의 해제로 매도인이 취득한 대금에 이자를 붙여 반환하여야 한다면(민법 제548조 제 2 항 참조), 매수인이 인도받은 목적물로부터 받은 사용이익도 이에 대응하여 역시 반환되어야 할 것이다.[50] 이러한 취지는 이미 大判 76.3.23, 74다1383(要集 민 I-2, 901)

49) 예를 들면 大判 92.4.28, 91다32527(공보 922, 1704)은 토지매수인이 이전등기를 경료받아 소유권을 취득하였어도 아직 매매대금을 完給하지 않은 이상 果實收取權은 매수인에게 있지 않고 여전히 매도인에게 귀속되어야 한다고 판시하였다. 그리하여 매수인이 불법점유를 상대로 하여 소송을 제기하여 받은 使用利益 상당의 금전을 매도인에게 반환할 것을 명하고 있다. 또한 뒤에서 보는 大判 93.5.14, 92다45025(공보 948, 1698)도 참조.

50) 물론 우리 민법에서 사용이익은 엄격한 의미에서는 '果實'에 해당되지 않으나(제101

에서 설시된 바 있다. 그러므로 이 점은 타당하다고 생각된다.

나아가, 매매계약해제로 인한 목적물사용이익의 반환의무는 상대방이 궁극적으로 그 사용이익이 귀속되야 할 사람이 아니라도 인정된다고 하는 점도 수긍될 수 있다. 계약의 무효·취소·해제·해제조건성취 등으로 인한 清算關係에서 문제되는 不當利得(소위 給付利得)과 소유권 등 물권적 귀속관계의 침해로 인한 不當利得(소위 侵害利得)은 명확히 구별되어야 한다. 그러므로 위 판결의 사안과 같은 경우에 매매목적물을 인도받아 점유하는 매수인은 한편으로 그 계약의 해제로 말미암아 계약상대방인 매도인에 대하여 原狀回復義務를 부담하며, 다른 한편으로 소유권을 객관적으로 침해하여 이득을 얻은 사람으로서 소유자에 대하여 그에 상응하는 부당이득반환의무를 부담한다. 위 판결은 이를 명시적으로 밝힌 것으로서 극히 주목할 만하다. 남은 문제는 이와 같은 경우에 매수인이 부담하는 兩者의 반환의무가 어떠한 법적 관계에 있는가 하는 것인데, 이는 일단 매도인의 권리와 소유자의 권리는 不眞正連帶債權關係에 있다고 함이 타당하다고 생각된다. 따라서 두 권리자는 각자 이행을 청구할 수 있으나 일단 의무자가 그 중 어느 한 사람에게 변제하면 이로써 兩者의 권리는 모두 소멸한다고 할 것이다.

또한 매도인의 담보책임의 효과와 관련하여 매도인과 매수인의 각 의무가 동시이행의 관계에 있음을 정하는 민법 제583조가 제571조에 의한 계약해제의 경우를 명문으로 지적하고 있지 않더라도, 다른 경우에 인정되는 履行上의 牽聯關係는 이 경우에도 인정되므로, 同條의 계약해제로 인한 매수인의 원상회복의무와 매도인의 손해배상의무 사이에도 동시이행관계가 인정되어야 할 것이다. 이러한 주장은 일본에서도 보이는데,[51] 오히려 이는 그와는 별도로, 우리 판례가 동시이행의 항변권을, 가령 大判 92. 8. 18, 91다30927(集 402, 309)의 설시에 의하면, "공평의

조 참조), 사용이익을 果實에 준하여 취급함은 주지하는 대로이다.

51) 가령 我妻榮, 「債權各論」, 中卷(一), 1957, 298면 참조.

관념과 신의칙에 입각하여 각 당사자가 부담하는 채무가 서로 대가적 의미를 가지고 관련되어 있을 때"에는 법률이 명문으로 정하는 경우가 아니라도 일반적으로 인정될 수 있다고 하는 타당한 태도를 취하고 있는 데서 오는 것으로 이해할 것이다. 민법 제571조 제1항은 "매도인은 손해를 배상하고 계약을 해제할 수 있다"고 정하여, 민법 제565조 제1항의 解約金이나 제590조 제1항의 還買에서와 같이 손해배상을 제공하는 것이 해제의 요건인 것처럼 읽히나, 이는 일의 完成 전의 都給人의 解除權에 관한 민법 제673조에서와 같이 매도인은 먼저 解除를 할 수 있고 그 후 매수인에게 손해가 있으면 이를 배상하라는 취지라고 새길 것이다.[52] 위 판결에서 "위 규정에 따라 매매계약이 해제되면, 매도인은 매수인에게 손해배상의무를 부담하는 반면에" 운운하는 것은 이러한 취지라고 생각되는데, 이 역시 타당하다.

(2) 返還目的物의 滅失과 價額返還義務

부당이득반환의 대상이 되는 原物이 반환의무자의 귀책사유 없이 멸실된 경우에도 그는 價額返還義務를 부담하는가에 대하여는 論議가 있다.[53] 大判 93. 2. 26, 92다48635등(공보 942, 1086)은 이 문제에 대하여 示唆를 준다. 잉어매매계약이 매수인(피고)의 詐欺를 이유로 取消된 후 매도인(원고)이 보관하던 매매목적물인 잉어가 죽어버렸다. 원고가 매매대금의 반환을 청구한 데 대하여, 피고는 잉어의 가액의 반환을 反訴로써 청구하였다. 대법원은, 반환되어야 할 원물이 반환의무자의 귀책사유 없이 멸실하면 의무자는 그 반환의무를 면한다는 前提 위에서 판단

52) 同旨 :「註釋 債權各則(Ⅱ)」, 1985, 564면(金炫彩 집필).

53) 만일 이를 否定하그 그 경우에는 부당이득반환의무가 아예 소멸한다고 하면, 危險負擔(제537조)의 문제가 제기된다고 할 것이다. 즉 그 의무가 雙務契約의 무효·취소·해제 등으로 말미암아 발생한 것이고 상대방도 그 계약의 이행으로 받은 것을 반환하여야 할 의무를 부담하는 경우에는 위와 같이 일방당사자의 부당이득반환의무가 소멸됨으로써 상대방의 부당이득반환의무도 소멸한다고 할 것이다. 말하자면 雙務契約의 무효 등으로 인한 原狀回復關係에서도 원래의 쌍무관계는 아니라도 소위 事實的 雙務關係(faktisches Synallagma)가 인정된다.

하고 있다. 그리고 이 사건의 사안에서 잉어가 죽은 것에 대하여 원고에게 귀책사유가 있음을 긍정하였다.

나아가 부당이득의 수익자가 善意인지 여부는 오로지 법률상 원인 없는 이득임을 알았는지 여부에 의하여 정하여진다고 하고, 이 사건에서 원고는 詐欺를 당한 피해자이나 부당이득반환의무와 관련하여서는 역시 惡意者라고 하였다. 이 판단은 타당하다고 할 것이다.

(3) 賣買代金의 返還과 法定利子

(a) 그런데 大判 93.5.14, 92다45025(공보 948, 1698)는 이와 취지를 약간 달리한다. 이 판결은, 부동산매매계약이 매도인의 錯誤를 理由로 取消된 경우에 매도인이 매매대금에 이자를 붙여 반환하여야 하는가를 판단하면서, 이를 否定하고 있다. 즉 "원심은 원고가 선의의 수익자이므로 이자를 가산하여 반환할 필요가 없다는 취지로 판시하였는바 이러한 판단 또한 정당하다. 쌍무계약이 취소된 경우에 선의의 매수인에게 민법 제201조가 적용되어 과실취득권이 인정되는 이상 선의의 매도인에게도 민법 제587조의 유추적용에 의하여 대금의 운용이익 내지 법정이자의 반환을 부정함이 형평에 맞는 것이기 때문"이라는 것이다.[54] 그런데 앞서 본 판결이 판시한 것처럼 부당이득수익자의 善意 여부가 오로지 법률상 원인 없는 이득임을 알았는지 여부에 의하여 정하여진다고 하면, 이 사건에서 원고는 적어도 매매계약을 취소한 후의 기간에 대하여는 惡意라고 할 것이다.

그런데 일반적으로 계약이 취소된 경우 善意의 買受人에게 민법 제201조 제1항이 적용된다고 한 부분은, 비록 이것이 종전부터 判例가 취하여 온 태도이기는 하더라도, 의문이 있다. 우선 민법 제201조는 所有物返還關係(민법 제213조)만이 있는 경우에 그 附隨的인 利害調整으로 행

54) 금전에 관한 법정이자의 반환의무 유무가 문제된 이 사건에서 '運用利益'을 운위하는 것은 불필요한 설시라고 하겠다. 銀行이 금전을 부당이득으로 반환하여야 할 경우 '운용이익'의 반환의무 및 그 비용에 대하여는 日本의 最高裁 1963년 12월 24일 판결(民集 17, 1720)이 참고가 된다.

하여지는 果實返還問題에 대하여 예외적으로 적용되는 것이고, 그 외에는 부당이득법의 원칙, 즉 선의의 수익자라도 現存利益은 반환되어야 한다는 원칙(민법 제748조 제 1 항)이 적용되어야 한다.[55] 그리고 원래 받은 利益은 현존한다고 추정할 것이므로 그 不存在 또는 減少를 주장하는 사람이 이를 立證하여야 할 것이다. 그러나 이와는 별도로, 위의 사건과 같이 매매계약이 취소된 경우에는, 원고나 피고의 선의·악의를 불문하고 매도인은 매매대금에 이자를 붙여 반환하지 않아도 되며, 이에 대응하여 매수인도 목적물의 사용이익을 따로 반환하여야 할 필요가 없다고 해석함이 타당하다. 앞의 (1)에서 본 대로, 또한 위 판결도 들고 있는 민법 제587조가 前提로 하고 있는 것처럼, 매매계약에서 賣買代金의 利子와 目的物로부터의 果實이 서로 그 수취권능에 있어서 대응하는 것이라고 하면, 이 法理는 계약이 취소되어 雙務的 原狀回復關係가 발생한 후에 아직 매매대금이나 목적물이 모두 반환되지 않고 있는 기간에 대하여도 적용되어야 할 것으로 생각되기 때문이다. 그러므로 각 반환의무자는 매매대금에 대한 이자나 목적물에 대한 사용이익을 포함한 과실은 이를 반환하지 않아도 된다고 할 것이다. 그렇게 되면, 앞의 (1)에서 본 계약해제의 경우와는 달라지게 되는데, 이는 계약해제에 대하여는 민법 제548조 제 2 항이 金錢에 이자를 붙여 반환하도록 정한데서 오는 不得已한 差異라고 하겠다.

(b) 금전이 부당이득으로 반환되어야 할 경우에는 이에 이자를 붙여 반환할 것인가, 또는 어떠한 요건 아래서 이자를 붙일 수 있는가 등의 문제를 다룬 裁判例는 그 외에도 있다.

회사가 퇴직금의 누진을 막기 위하여 소위 중간퇴직처리를 하면서 퇴직금을 지급하였어도, 이러한 퇴직처리에는 법적 효과가 없고, 처음 입사한 때로부터 종국적으로 퇴직한 기간을 통산하여 새로이 퇴직금을

55) 이에 대하여는 「民法注解(Ⅳ)」, 1992, 361면 이하(梁彰洙 집필) 참조. 그것이 독일에서의 통설이기도 하다.

산정·지급하여야 한다고 함은 확고한 판례의 태도이다. 그 경우 이미 지급된 중간퇴직금은 회사에 반환되어야 함은 물론인데, 이에 대하여 법정이자 상당액을 가산하여야 할 것인가? 大判 93.5.25, 92다31125 (공보 949, 1839)는 이를 否認한다. 이러한 취지는 그 전에 大判 91.8.13, 91다6856(공보 905, 2336); 大判 92.5.26, 91다38075(공보 924, 2001)도 판시한 바 있고, 그 이유에 대하여는 앞의 大判 91.8.13.이 상세하다.

이들 판결은 모두 중간퇴직금의 지급을 민법 제743조에서 규율되고 있는 辨濟期 전의 辨濟라는 전제 위에 서 있다. 그리하여 회사는 "錯誤로 인하여" 辨濟하였다고 할 수 없으므로 법정이자 상당액의 반환을 청구할 수 없다고 한다(同條 단서 참조). 그러나 이와 같은 경우는, 채무가 존재하기는 하는데 아직 변제기가 도래하기 전에 그 변제가 이루어진 것이 아니라, 아예 채무가 존재하지 않는 경우에 해당하므로, 민법 제743조를 적용할 여지는 없다고 생각된다. 이는 피용자가 나중에 실제로 회사로부터 퇴직한 후라도 마찬가지이다. 그러므로 원칙으로는 비록 회사가 착오로 인하여 변제한 것이 아니라고 하더라도, 중간퇴직금을 수령한 피용자가 惡意의 수익자라면 당연히 이자를 붙여 반환하여야 할 것이고(민법 제748조 제2항), 만일 善意이면 그 금전으로부터 법정이자 상당의 이익을 얻었는지, 또 그 利益이 現存하는가를 따져 보아야 할 것이다(同條 제1항).

이상은 一般論을 적용한 것인데, 이 사건과 같이 退職金이 문제된 경우에는 중간퇴직금을 받은 피용자가 선의의 수익자라면 법정이자 상당액의 반환의무를 부인하는 것이 타당하다고 할 것이다. 독일에서는 過剩支給된 賃金에 대하여 근로자가 이를 유효한 지급으로 믿고 소비한 경우의 信賴保護를 위하여 그 경우에는 현존이익이 없다는 이유로(독일 민법 제818조 제3항 참조) 返還義務 자체를 부정하는 것이 일반이다.[56]

56) 이에 대하여는 우선 MünchKomm/Lieb. § 818 Rdnr. 83(Bd. 3 2. Halbbd., 2. Aufl., 1986, S. 1428f.) 참조.

이 태도의 배경을 이루는 생각은 우리 법의 해석으로도 참고할 만하며, 결국 반환의무 자체의 부정까지는 가지 않더라도 그에 대한 果實의 반환의무를 부인하는 것은 충분한 이유가 있다고 생각된다. 그러므로 위와 같은 裁判例의 태도는 비록 그 이유에 의문은 있으나 결론적으로는 찬성할 만하다.

7. 不法行爲

(1) 僞造어음에 관한 銀行職員의 事務處理의 違法性

불법행위법이 근자에 획득한 새로운 영역이라고 할 수 있는 소위 去來的 不法行爲와 관련하여서는 우선 大判 93. 9. 14, 93다15717(공보 955, 2768)이 주목된다. 판결문으로부터 알 수 있는 사실관계는, 위조된 銀行渡어음의 최종소지인인 원고(상호신용금고)가 이 어음을 지급장소인 피고은행에 지급제시하였는데, 은행직원은 그 위조자인 거래고객의 부탁을 받고 이를 부도처리하지 않고 그의 당좌예금으로 이를 결제하여 주었다는 것이다. 그 후 원고는 같은 종류의 위조어음을 담보로 받고 그에게 금전대출을 하여 주었는데 그 담보어음은 부도가 됨으로써 대여금을 회수하지 못하는 손해를 입었다는 것이다. 결국 은행이 이해관계자에게 일정한 정보를 전달하지 아니한 책임이 문제되는 事案이다.

대법원은 결론적으로 피고의 불법행위책임을 否定하였다. 그가 인용하는 원심판결에 의하면, "그 소지인이 그 후 같은 종류의 위조어음을 취득함으로써 손해를 입을 것을 예상하여 그 소지인에게 그 어음이 위조된 것을 알려주어야 할 의무가 있다고까지 할 수는 없고, 이 사건 사실관계 하에서 문제의 은행직원이 그 위조자가 다른 위조약속어음 등을 사용하여 원고로부터 금전을 편취할 것이라고 예측하였거나 예측할 수 있었다고 보기도 어렵고, 위 은행직원의 행위와 그 후 원고가 위조된 약속어음을 담보로 받고 부금대출을 하여 회수를 못한 손해와의 사이에 상당인과관계가 있다고도 할 수 없다"고 판단된다는 것이다. 이 판결을 大判 89.6.27, 88다카9524(集 37-2, 157) 등과 아울러 판단하여 보면, 아직 내법원은 '銀行의 情報責任'에 대하여 소극적인 태도를 취하고 있는 것으로 추측된다. 그러나 우리 사회에서 은행이 금융거래에서 가지는 절대적인 비중에 비추어 볼 때 그가 가지는 정보의 傳達(또는 不傳達) 내지 過誤傳達과 관련된 책임을 전적으로 배제할 수는 없을 것이고, 결국 그 범위를 어떻게 획정할 것인가가 중요한 문제이다.

(2) 不當搜査를 이유로 하는 不法行爲

수사기관의 수사상 과오로 인한 부당한 구속기소를 이유로 국가를 상대로 不法行爲責任을 묻는 소송은 별로 흔하지 않다. 大判 93.8.13, 93다20924(공보 953, 2422)은 그 한 예이다.

이는 버스와의 충돌사고를 이유로 구속되어 재판을 받고 나아가 면허취소를 당하였으나 재판에서 무죄가 확정되고 면허취소처분의 취소소송에서도 승소한 택시운전자(원고)가 버스회사와 나라를 상대로 그가 구속 및 면허취소로 인하여 입은 일실이익, 변호사선임비용, 정신적 고통 등의 손해배상을 청구한 사건에 대한 것이다. 그러나 우선 버스회사에 대한 청구는 버스운전사의 운전상의 과실과 구금 및 면허취소 사이에는 相當因果關係가 없다고 하여 기각되었다. 또한 나라에 대한 청구에 대하여 위 판결은 "수사기관인 사법경찰관이나 검사가 특정의 범죄사실에 관하여 당해 피의자에게 범죄혐의가 있고 유죄의 판결을 받을 가능성이 있는 경우에는 소정의 절차에 의하여 당해 피의자의 구속을 품신하거나 구속하여 공소를 제기할 수 있으므로 객관적으로 보아 사법경찰관이나 검사가 당해 피의자에 대하여 유죄의 판결을 받을 가능성이 있다는 혐의를 가지게 된 데에 상당한 이유가 있는 때에는 후일 재판과정을 통하여 그 범죄사실의 존재를 증명함에 족한 증거가 없다는 이유로 그에 관하여 무죄의 판결이 확정되더라도 수사기관의 판단이 경험칙이나 논리칙에 비추어 도저히 그 합리성을 긍정할 수 없는 정도에 이른 경우에만 귀책사유가 있다고 할 것"이라는 抽象論을 내세우고, 구체적으로 위 교통사고의 수사에 그러한 부당성을 인정하기 어렵다고 하여 이를 棄却하였다. 위 추상론은 대체로 타당하다고 생각되는데, 거기서 "도저히 그 합리성을 긍정할 수 없는 정도에 이른 경우에만"이라고 하는 부분은 지나치게 제한적이라는 생각도 든다.

(3) 相當因果關係와 規範目的

大判 93. 2. 12, 91다43466(공보 941, 958)은, 실무가 손해배상의 범위를 정함에 있어서 적용하고 있는 '相當因果關係'의 판단에 있어서 새로운 뉘앙스를 보이는 점이 있다고 생각된다. 엔진의 결함으로 배에 화재가 일어나서 船客이 다수 사망한 사고가 발생하였다. 원고들은 관계공무원이 직무상 의무를 위반하여 선박검사를 소홀히 한 채 선박검사증서를 발급함으로써 그 배가 계속 운항하게 되어 위와 같은 사고가 일어났다고 하여 나라를 상대로 그 損害賠償을 청구하였다. 공무원들이 선박검사를 함에 있어서 직무상 의무를 위반하였다는 것은 인정되었는데, 문제는 그 의무위반과 위 사고의 발생 사이에 상당인과관계가 있는가 하는 점이다. 이에 대하여 위 판결은 우선 "공무원에게 부과된 직무상 의무의 내용이 단순히 공공일반의 이익을 위한 것이거나 행정기관 내부의 질서를 규율하기 위한 것이 아니고, 전적으로 또는 부수적으로 사회구성원 개인의 안전과 이익을 보호하기 위하여 설정된 것이라면, 공무원이 그와 같은 직무상 의무를 위반함으로 인하여 피해자가 입은 손해에 대하여는 상당인과관계가 인정되는 범위 내에서 국가가 배상책임을 지는 것이고, 이 때 상당인과관계의 유무를 판단함에 있어서는 일반적인 결과발생의 개연성은 물론 직무상 의무를 부과하는 법령 기타 행동규범의 목적이나 가해행위의 태양 및 피해의 정도 등을 종합적으로 고려하여야 할 것"이라는 抽象論을 내걸고, 선박검사에 대하여 정하는 船舶安全法이나 「遊船 및 渡船業法」의 관계규정은 일반인의 인명과 재화의 안

전보장도 그 목적으로 하므로 위와 같은 직무상 의무의 위반과 위 사고 사이에는 상당인과관계가 있다고 결론지었다.

학설상으로는 손해배상의 범위를 정하는 기준으로, 당해 배상책임의 근거가 되는 규범의 보호목적과 보호범위에 의하여야 한다는 소위 規範目的說이 소개되고 있으며, 이는 '상당인과관계'에 의한 배상범위 확정과는 대립되는 입장으로 이해하는 것이 통상이다. 위의 판결은 規範目的說의 要點을 종래부터의 기준인 상당인과관계의 판단에 포섭하고 있는 점에서 흥미롭다. 나아가 위 판결은 통상 매우 막연하게 또는 직감적으로 행하여지던 '相當性'의 판단에 관하여 그에 있어서 고려되는 요소들을 보다 명확하게 밝혔다는 점에서 중요한 의미가 있다고 생각된다.

(「人權과 正義」 212호(1994. 4), 29면 이하 및 同 213호(1994. 5), 40면 이하 所載)

條文索引

[民　法]

9　139

12　139

27　136

41　349

54　344, 353

58　346

59　346, 349

60　341 이하

97　38

103　11, 432, 434, 475

104　11

106　50, 52

108　426, 427, 479, 480

109　353, 475

126　406, 407, 435, 436, 476, 480

127　407

129　476

146　11

147　442

163　359

169　368

184　65

186　132, 153

187　94, 153

192　15

193　15

194　15

195　15

196　15

197　443

201　510

209　16

213　510

271　58

272　62

273　60

289의2　136

290　136

303　136

304　21

305　21

312　136

312의2　137

317　22

318　22

342　373 이하, 380, 395

348　24

357　24

361　69

362　24

366　25

370　380, 395

386　275

390　160, 165, 280

391　301

395　162

398　27

조문	면
399	395
400	78
403	78
419	456
430	368
433	368
440	369
451	416
457	275
470	413
480	395
498	495
535	74, 159, 161, 165, 167, 168, 171
537	160, 281, 393
538	396
545	280
546	160
548	26, 270, 272 이하, 353, 507, 511
549	273, 274
550	27, 272 이하
551	270, 271, 275, 277
553	279, 281, 283, 285, 303
555	276
565	509
567	502
571	507 이하
574	76, 77, 165
575	28, 503
583	507, 508
587	507, 510, 511
590	509
601	276
607	26, 66, 448, 449
608	26, 66, 449
629	505, 506
635	29
639	29, 136, 460
643	503, 504
651	30
652	459
673	509
684	403
706	61
738	403
741	402, 500
743	512
747	393
748	270, 511, 512
750	76, 170, 310, 311, 336
753	311
754	311
756	77
768	138
775	138
777	138
784	139
789	130
792	139
797	139
798	139
799	139
808	134
826	139
826의2	134
833	139
836	134
837	139
839	139

843 139
871 140
872 140
874 140
876 140
880 140
909 134, 140
921 428
934 139
980 138, 139
983 139
988 139
990 139
991 139
996 139
999 480
1000 140
1003 140
1008의2 140
1009 135, 140
1015 275
1057의2 140
1112 135
1117 480, 481
1118 135

[朝鮮民事令]
1 121
10 121
11 121
13 122, 351

[依用民法(日本民法)]
54 350
92 121
95 475
145 63, 483, 484
177 122, 351
375 70
415 169
548 283
612 505
670 61

[獨逸民法]
118 73
122 72, 73
139 11, 13
140 12
161 441
229 16
306 172
307 73
309 73
323 284
327 284
346 284
347 284
348 284
350 284, 298
351 283, 284, 298
352 284
353 284
446 294
640 79
816 401
818 277
823 320

833 322
857 15
859 17
1149 68

[작센民法]
918 290, 292

[프로이센一般란트法]
39 209
40 209, 210
42 209
43 209
44 209
45 209
51 206, 211
52 206
53 206, 210
54 207
55 207
284 210
327 292
328 292

[스위스民法]
816 68

[스위스債務法]
20 13
26 72
40 11
254 292

[프랑스民法]
1303 394
1382 320
1647 292

[오스트리아民法]
878 210, 212, 215
918 213
922 212
923 212
1397 213

[中華民國民法]
91 72
151 17
873 68
960 17

[滿洲國民法]
268 21
296 21
311 21
560 28

判例索引

朝鮮高等法院 1927. 9. 23. 판결 …… 55

大法院 1962. 1. 11. 판결 4294民上473사건 …… 345
大法院 1965. 6. 15. 판결 65다685사건 …… 486
大法院 1965. 11. 30. 판결 65다1996사건 …… 362
大法院 1965. 12. 28. 판결 65다2133사건 …… 362
大法院 1966. 9. 27. 판결 66다1224사건 …… 471
大法院 1967. 2. 7. 판결 66다2173사건 …… 364
大法院 1967. 4. 4. 판결 66다814등사건 …… 489
大法院 1967. 5. 30. 판결 67다466사건 …… 453
大法院 1968. 1. 31. 판결 67다2652사건 …… 364
大法院 1968. 7. 24. 판결 68다905등사건 …… 402
大法院 1968. 11. 5. 판결 68다1808사건 …… 458
大法院 1969. 7. 8. 판결 69다427사건 …… 468
大法院 1972. 1. 31. 판결 71다2400사건 …… 505
大法院 1972. 5. 23. 판결 71다2365사건 …… 476
大法院 1972. 12. 12. 판결 72다1530사건 …… 476
大法院 1972. 12. 12. 판결 72다1856사건 …… 444
大法院 1972. 12. 26. 판결 72다1531사건 …… 476
大法院 1974. 4. 9. 판결 74다223사건 …… 477
大法院 1974. 4. 9. 판결 74다78사건 …… 477
大法院 1974. 5. 28. 판결 74다212사건 …… 471
大法院 1974. 7. 26. 판결 73다1637사건 …… 402
大法院 1975. 4. 22. 판결 74다410사건 …… 342, 345, 430
大法院 1975. 8. 28. 판결 75다765사건 …… 393
大法院 1975. 10. 21. 판결 75다48사건 …… 496
大法院 1976. 3. 23. 판결 74다1383사건 …… 507
大法院 1976. 4. 24. 판결 74다2151사건 …… 458

大法院 1976. 4. 27. 판결 75다1241사건 …… 481
大法院 1976. 4. 27. 판결 75다1783사건 …… 435
大法院(全) 1976. 11. 6. 판결 76다248사건 …… 427
大法院 1977. 1. 25. 판결 77다2092사건 …… 310
大法院 1977. 5. 24. 판결 75다1394사건 …… 268
大法院 1978. 3. 28. 판결 77다1669사건 …… 477
大法院 1978. 3. 28. 판결 78다282등사건 …… 412
大法院 1979. 3. 13. 판결 78다2500등사건 …… 418
大法院 1979. 12. 26. 판결 79다1772사건 …… 311
大法院 1980. 8. 26. 판결 79다1사건 …… 362
大法院 1981. 10. 11. 판결 81다378사건 …… 418
大法院 1981. 12. 22. 판결 80다1475사건 …… 426, 476
大法院 1982. 1. 19. 판결 81다1001사건 …… 460
大法院 1982. 2. 29. 판결 81다534사건 …… 429
大法院 1982. 5. 25. 판결 81다카1061사건 …… 402
大法院 1982. 6. 22. 판결 82다카200사건 …… 494
大法院 1982. 11. 23. 판결 81다카1110사건 …… 268
大法院 1982. 11. 23. 판결 81다372사건 …… 429
大法院 1983. 2. 8. 판결 81다카621사건 …… 412
大法院(全) 1983. 7. 12. 판결 82다708등사건 …… 362, 443
大法院 1984. 2. 14. 판결 83다카1645사건 …… 413
大法院 1984. 5. 15. 판결 84다카108사건 …… 418
大法院 1984. 6. 12. 판결 81다558사건 …… 316
大法院 1984. 10. 10. 판결 84다카453사건 …… 455
大法院 1985. 4. 9. 판결 84다카130등사건 …… 274
大法院 1985. 9. 10. 판결 84다1532사건 …… 454
大法院 1985. 9. 24. 판결 85다카451등사건 …… 489
大法院 1986. 1. 28. 판결 85다카1626사건 …… 455
大法院 1986. 2. 25. 판결 85다카771사건 …… 362
大法院 1986. 12. 23. 판결 86다카1751사건 …… 486
大法院 1987. 2. 24. 판결 86다215등사건 …… 489
大法院 1987. 5. 26. 판결 86다카1058사건 …… 376
大法院 1987. 7. 7. 판결 86다카2762사건 …… 494
大法院 1987. 7. 7. 판결 87다카314사건 …… 455

大法院 1987. 9. 8. 판결 86다카1045사건 …… 462
大法院 1987. 11. 24. 판결 86다카2484사건 …… 342, 348
大法院 1987. 12. 8. 판결 85다카2340사건 …… 436
大法院 1988. 1. 19. 판결 87다카70사건 …… 363
大法院 1988. 2. 9. 판결 87다카273사건 …… 426, 477
大法院 1988. 2. 9. 판결 87다카432사건 …… 363
大法院 1988. 4. 25. 판결 87다카2003사건 …… 362
大法院 1988. 6. 28. 판결 87다2895사건 …… 471
大法院 1988. 10. 11. 판결 85다카29사건 …… 312
大法院 1989. 6. 27. 판결 88다카9524사건 …… 314, 514
大法院 1989. 7. 11. 판결 88다카26246사건 …… 318
大法院 1989. 9. 12. 판결 88다카10517사건 …… 489
大法院 1989. 9. 12. 판결 88다카25120사건 …… 494
大法院 1989. 11. 14. 판결 88다카19033사건 …… 490
大法院 1989. 12. 26. 판결 88다카1507사건 …… 475
大法院(全) 1989. 12. 26. 판결 88다카6761사건 …… 465
大法院 1990. 1. 23. 판결 88다카3250사건 …… 436
大法院 1990. 1. 23. 판결 89다카21125등사건 …… 449
大法院 1990. 2. 27. 판결 89다카1381사건 …… 422
大法院 1990. 5. 22. 판결 89다카1121사건 …… 405
大法院 1990. 6. 26. 판결 88다카20392사건 …… 448
大法院 1990. 7. 10. 판결 90다카7460사건 …… 432
大法院 1990. 8. 28. 판결 90다카9619사건 …… 425
大法院 1990. 11. 9. 판결 90다카7262사건 …… 482
大法院 1990. 12. 26. 판결 90다카24816사건 …… 372, 379
大法院 1991. 1. 29. 판결 89다카1114사건 …… 359
大法院 1991. 2. 22. 판결 90다13420사건 …… 438
大法院 1991. 2. 26. 판결 90다19664사건 …… 427
大法院 1991. 3. 8. 판결 90다17606사건 …… 465
大法院 1991. 4. 9. 판결 91다5310사건 …… 433
大法院 1991. 4. 12. 판결 90다8084사건 …… 425
大法院 1991. 5. 10. 판결 90다10247사건 …… 430
大法院 1991. 5. 10. 판결 91다7255사건 …… 462
大法院 1991. 6. 11. 판결 91다9299사건 …… 469

大法院 1991. 6. 25. 판결 90다4225사건 ······ 445
大法院 1991. 8. 13. 판결 91다6856사건 ······ 512
大法院 1991. 9. 24. 판결 91다9756등사건 ······ 470
大法院 1991. 11. 22. 판결 91다28740사건 ······ 434
大法院 1991. 11. 22. 판결 91다30019사건 ······ 448
大法院 1991. 11. 26. 판결 91다23103사건 ······ 452, 458
大法院 1991. 11. 26. 판결 91다24779사건 ······ 444
大法院 1991. 11. 26. 판결 91다25437사건 ······ 443
大法院 1991. 11. 26. 판결 91다32466사건 ······ 428
大法院 1991. 12. 10. 판결 91다17092사건 ······ 440
大法院 1991. 12. 10. 판결 91다24281사건 ······ 454
大法院 1991. 12. 10. 판결 91다29828사건 ······ 454
大法院 1991. 12. 10. 판결 91다32428사건 ······ 445
大法院(全) 1991. 12. 24. 판결 90다5740사건 ······ 480
大法院(全) 1991. 12. 24. 판결 90다12243사건 ······ 498
大法院(全) 1991. 12. 24. 판결 90다카23899사건 ······ 431
大法院 1991. 12. 24. 판결 91다4355사건 ······ 431
大法院 1991. 12. 24. 판결 91다9091사건 ······ 454
大法院 1991. 12. 24. 판결 91다29767사건 ······ 463
大法院 1991. 12. 27. 판결 91다3208사건 ······ 426, 476, 479
大法院 1991. 12. 27. 판결 91다30668사건 ······ 436
大法院 1992. 1. 17. 판결 91다25017사건 ······ 461
大法院 1992. 1. 17. 판결 91다37331사건 ······ 433
大法院 1992. 1. 21. 판결 91다30118사건 ······ 423
大法院 1992. 1. 21. 판결 91다36628사건 ······ 465
大法院 1992. 1. 21. 판결 91다36918사건 ······ 444
大法院 1992. 2. 11. 판결 91다28719사건 ······ 466
大法院 1992. 2. 11. 판결 91다34233사건 ······ 461
大法院 1992. 2. 11. 판결 91다36932사건 ······ 449
大法院 1992. 2. 11. 판결 91다41118사건 ······ 439
大法院 1992. 2. 14. 판결 91다1172사건 ······ 444
大法院 1992. 2. 14. 판결 91다12349사건 ······ 452, 457
大法院 1992. 2. 14. 판결 91다24564사건 ······ 341, 430
大法院 1992. 2. 14. 판결 91다39917사건 ······ 444

大法院 1992. 2. 25. 판결 91다490사건 ……………… 436
大法院 1992. 2. 25. 판결 91다28344사건 ……………… 429
大法院 1992. 2. 25. 판결 91다40351사건 ……………… 435
大法院 1992. 2. 25. 판결 91다44544사건 ……………… 433
大法院 1992. 2. 28. 판결 91다15584사건 ……………… 437, 457
大法院 1992. 2. 28. 판결 91다25574사건 ……………… 449
大法院 1992. 2. 28. 판결 91다28221사건 ……………… 458
大法院 1992. 3. 10. 판결 91다15744사건 ……………… 458
大法院 1992. 3. 10. 판결 91다24311사건 ……………… 445
大法院 1992. 3. 10. 판결 91다31883사건 ……………… 433
大法院 1992. 3. 10. 판결 91다42883사건 ……………… 466
大法院 1992. 3. 10. 판결 91다43329사건 ……………… 445
大法院 1992. 3. 13. 판결 91다30491사건 ……………… 461
大法院 1992. 3. 13. 판결 91다39085사건 ……………… 424
大法院 1992. 3. 18. 결정 91마675사건 ……………… 449
大法院 1992. 3. 27. 판결 91다44407사건 ……………… 450
大法院(全) 1992. 3. 31. 판결 91다32053사건 ……………… 439
大法院 1992. 3. 31. 판결 91다39184사건 ……………… 427
大法院 1992. 3. 31. 판결 91다39849사건 ……………… 462
大法院 1992. 3. 31. 판결 92므651등사건 ……………… 434
大法院 1992. 4. 10. 판결 91다43695사건 ……………… 440
大法院 1992. 4. 10. 판결 91다45356등사건 ……………… 448
大法院 1992. 4. 14. 판결 91다23660사건 ……………… 435
大法院 1992. 4. 14. 판결 91다36130사건 ……………… 459
大法院 1992. 4. 14. 판결 91다36710사건 ……………… 461
大法院 1992. 4. 14. 판결 91다43107사건 ……………… 435
大法院 1992. 4. 14. 판결 92다947사건 ……………… 440
大法院 1992. 4. 14. 판결 92다1728사건 ……………… 424
大法院 1992. 4. 14. 판결 92다4208사건 ……………… 442
大法院 1992. 4. 21. 결정 91마103사건 ……………… 433
大法院 1992. 4. 24. 판결 91다37652사건 ……………… 464
大法院 1992. 4. 24. 판결 92다2899사건 ……………… 429
大法院 1992. 4. 24. 판결 92다4673사건 ……………… 438
大法院 1992. 4. 28. 판결 91다26348사건 ……………… 455

大法院 1992. 4. 28. 판결 91다29972사건 …… 453
大法院 1992. 4. 28. 판결 91다30941사건 …… 425
大法院 1992. 4. 28. 판결 91다32527사건 …… 507
大法院 1992. 4. 28. 판결 92다3328사건 …… 440
大法院 1992. 5. 8. 판결 91다37751사건 …… 444
大法院 1992. 5. 12. 판결 92다4581등사건 …… 385, 452
大法院 1992. 5. 12. 판결 92다5638사건 …… 431
大法院 1992. 5. 12. 판결 92다6112사건 …… 466
大法院 1992. 5. 22. 판결 92다5584사건 …… 441
大法院 1992. 5. 26. 판결 91다32190사건 …… 435
大法院 1992. 5. 26. 판결 91다35571사건 …… 432
大法院 1992. 5. 26. 판결 91다38075사건 …… 512
大法院 1992. 5. 26. 판결 92다84사건 …… 434
大法院 1992. 5. 26. 판결 92다2332사건 …… 422
大法院 1992. 5. 26. 판결 92다3670사건 …… 423
大法院 1992. 6. 9. 판결 92다8446사건 …… 444
大法院 1992. 6. 12. 판결 92다12018등사건 …… 446
大法院 1992. 6. 12. 판결 92다12384사건 …… 427
大法院 1992. 6. 23. 판결 91다8266사건 …… 444
大法院 1992. 6. 23. 판결 91다14987사건 …… 435
大法院 1992. 6. 23. 판결 92다2615사건 …… 462
大法院 1992. 6. 23. 판결 92다7795사건 …… 458
大法院 1992. 6. 23. 판결 92다11961사건 …… 443
大法院 1992. 6. 23. 판결 92다12933사건 …… 428
大法院 1992. 6. 23. 판결 92다13684사건 …… 451
大法院 1992. 6. 23. 판결 92다14762사건 …… 441
大法院(全) 1992. 6. 23. 판결 91다33070사건 …… 464
大法院(全) 1992. 6. 23. 판결 91다43848사건 …… 464
大法院 1992. 6. 26. 판결 92다10425사건 …… 451
大法院 1992. 7. 10. 결정 92마380등사건 …… 371
大法院 1992. 7. 10. 판결 92다2431사건 …… 429
大法院 1992. 7. 10. 판결 92다3809사건 …… 424
大法院 1992. 7. 10. 판결 92다9340사건 …… 442
大法院 1992. 7. 14. 판결 92다5713사건 …… 457

大法院 1992. 7. 14. 판결 92다8668사건 ………… 455
大法院 1992. 7. 24. 판결 91다38341사건 ………… 433
大法院 1992. 7. 24. 판결 91다38723등사건 ………… 456
大法院 1992. 7. 24. 판결 92다749사건 ………… 430
大法院 1992. 7. 28. 판결 92다10197등사건 ………… 459
大法院 1992. 7. 28. 판결 92다10531사건 ………… 462
大法院 1992. 7. 28. 판결 92다14786사건 ………… 434
大法院 1992. 8. 14. 판결 92다14724사건 ………… 445
大法院 1992. 8. 14. 판결 92다2028사건 ………… 453
大法院 1992. 8. 18. 판결 91다25505사건 ………… 450
大法院 1992. 8. 18. 판결 91다30927사건 ………… 508
大法院 1992. 8. 18. 판결 92다6266사건 ………… 459
大法院 1992. 9. 1. 판결 92다10043등사건 ………… 449
大法院 1992. 9. 8. 판결 92다15550사건 ………… 437
大法院 1992. 9. 8. 판결 92다18184사건 ………… 439
大法院 1992. 9. 8. 판결 92다20941등사건 ………… 442
大法院 1992. 9. 8. 판결 92다24998등사건 ………… 459
大法院 1992. 9. 14. 판결 92다3243사건 ………… 463
大法院 1992. 9. 14. 판결 92다3465사건 ………… 462
大法院 1992. 9. 14. 판결 92다9463사건 ………… 458
大法院 1992. 9. 14. 판결 92다20064사건 ………… 444
大法院 1992. 9. 22. 판결 91다25703사건 ………… 457
大法院 1992. 9. 22. 판결 91다42852사건 ………… 442
大法院 1992. 9. 22. 판결 92다15048사건 ………… 429
大法院 1992. 9. 22. 판결 92다16652사건 ………… 452
大法院 1992. 9. 22. 판결 92다17334사건 ………… 422
大法院 1992. 9. 22. 판결 92다22602등사건 ………… 446
大法院 1992. 9. 22. 판결 92다24769사건 ………… 434
大法院 1992. 9. 25. 판결 91다37553사건 ………… 456
大法院 1992. 9. 25. 판결 92다8453사건 ………… 465
大法院 1992. 9. 25. 판결 92다21258사건 ………… 442, 446
大法院 1992. 9. 25. 판결 92다25595사건 ………… 462
大法院 1992. 11. 10. 판결 92다35899사건 ………… 482
大法院 1992. 11. 13. 판결 92다33329사건 ………… 477

大法院 1992. 11. 24. 판결 92다25830사건 ······ 475
大法院 1992. 12. 8. 판결 91다44216사건 ······ 489
大法院 1993. 1. 12. 판결 92다36830사건 ······ 498
大法院 1993. 1. 26. 판결 92다39112사건 ······ 488
大法院 1993. 1. 26. 판결 92다48963사건 ······ 487
大法院 1993. 2. 9. 판결 92다37482사건 ······ 489
大法院 1993. 2. 12. 판결 91다43466사건 ······ 515
大法院 1993. 2. 12. 판결 92다42941사건 ······ 493
大法院 1993. 2. 23. 판결 92다52436사건 ······ 478
大法院 1993. 2. 26. 판결 92다48635사건 ······ 509
大法院 1993. 3. 9. 판결 92다56575사건 ······ 498
大法院 1993. 3. 23. 판결 92다52238사건 ······ 475
大法院 1993. 3. 26. 판결 92다25472사건 ······ 482
大法院 1993. 4. 9. 판결 92다25946사건 ······ 507
大法院 1993. 4. 13. 판결 92다24950사건 ······ 471, 505
大法院 1993. 4. 13. 판결 92다3595사건 ······ 480
大法院 1993. 4. 23. 판결 92다909사건 ······ 490
大法院 1993. 4. 27. 판결 92다45308사건 ······ 506
大法院 1993. 5. 14. 판결 92다45025사건 ······ 481, 507, 510
大法院 1993. 5. 25. 판결 92다31125사건 ······ 512
大法院 1993. 5. 25. 판결 93다296사건 ······ 474
大法院 1993. 5. 27. 판결 93다6560사건 ······ 493
大法院 1993. 6. 22. 판결 91다21435사건 ······ 498
大法院 1993. 6. 22. 판결 93다16130사건 ······ 503
大法院 1993. 6. 25. 판결 93다11821사건 ······ 491
大法院 1993. 6. 25. 판결 93다13131사건 ······ 501
大法院 1993. 6. 27. 판결 93다6386사건 ······ 503
大法院 1993. 6. 29. 판결 92다38381사건 ······ 476
大法院 1993. 7. 16. 판결 93다17324사건 ······ 503
大法院 1993. 7. 27. 판결 93다8986사건 ······ 474
大法院 1993. 7. 27. 판결 93다20986사건 ······ 472
大法院 1993. 8. 13. 판결 92다42651사건 ······ 488
大法院 1993. 8. 13. 판결 93다5871사건 ······ 481
大法院 1993. 8. 13. 판결 93다20924사건 ······ 514

大法院 1993. 8. 24. 판결 92므907사건 …… 473
大法院 1993. 9. 14. 판결 91다41316사건 …… 498
大法院 1993. 9. 14. 판결 93다15717사건 …… 513
大法院 1993. 9. 14. 판결 93다16758사건 …… 482
大法院 1993. 9. 14. 판결 93다21569사건 …… 481
大法院 1993. 9. 28. 판결 92다55794사건 …… 494
大法院 1993. 9. 28. 판결 93다26007사건 …… 468
大法院 1993. 10. 26. 판결 93다6409사건 …… 475
大法院 1993. 12. 10. 판결 93다42399사건 …… 470

서울高法 1988. 12. 7. 판결 88나22188사건 …… 359
서울高法 1988. 12. 7. 판결 88나22362사건 …… 406
서울高法 1991. 12. 10. 판결 91나26555등사건 …… 387
大邱高法 1990. 4. 12. 판결 88나3049사건 …… 318
大邱高法 1991. 6. 13. 판결 90다4724사건 …… 342

춘천地法 1988. 4. 22. 판결 87가합205사건 …… 406

事項索引

[ㄱ]

加工 291

假登記 442

假登記假處分 482

假登記擔保 448

家를 위한 養子制度 140

家族法改正私案 133

間接反證 317

間接占有 15

甲午更張 117

强制的 繼受 144

强行法規 433

概念强制 58

蓋然性理論 317

個人意思絕對 13

客觀的 不能 161, 219

去來安全 354

去來的 不法行爲 513

建物優越主義 471

檢印契約書 458

結果責任主義 322

經濟法 335

稧 84

繼續的 契約關係 422

繼續的 保證 422, 455

繼受法 141

契約金 27

契約名義의 信託 490

契約責任法 240

契約締結上의 過失 71, 161, 246

契約締結上의 惡意責任 244, 257

契約解除 26, 267, 279, 456, 507

契約解除訴權 285

契約解止 273

故意 280

共同所有 57

供與債務 185

共有物分割 489

工作物責任 463

공탁 411

供託金出給請求權 383, 413

公害 316, 328

過失 280, 311

過失相計 76

과실책임주의 319

慣習法 49

慣習上의 法定地上權 469

慣行調査 120

矯正的 正義 324

區分地上權 136

國家再建最高會議 131

權利濫用 422

歸責根據 320

歸責事由 452

規範目的說 516

給付利得返還請求 277, 409

寄與分 140

金炳魯 126

金曾漢 45, 57

[ㄴ]

諾成契約 163, 178, 187

努力說 251

[ㄷ]
短期賃貸借 24
短期取得時效 444
擔保假登記 449
擔保責任 296
對價辨濟 24
代金減額請求權 289
「代物辨濟의 豫約」 66
代償請求權 390, 452
代位法理 395
對抗關係 447
貸換 454
同姓同本禁婚制 128
同時履行의 抗辯權 271, 416, 496
同化(Assimilation) 146
등기의 공신력 96
登記의 對抗的 效力 441
登記의 流用 427
登記의 推定力 442
登記制度 351
登記主義 132

[ㄹ]
로마法 174, 285
——의 繼受 204

[ㅁ]
買受訴權 285
買受請求權 21
面接交涉權 139
名義信託 426, 488
몸젠 224
無過失責任 322
無權代理 425, 500
無權利者의 處分 437
無名契約 180
無資力危險 416
無效行爲의 轉換 10
問答契約 176, 222, 236
物權法定主義 49
物權變動 440
物權的 請求權 438
物權行爲 268
物理的 不能 160, 184
物上代位 371, 395
美軍政 123
未登記轉賣行爲 474
民法案 1, 33
民法案審議錄 6, 127
民法案審議小委員會 2, 33, 126
民法案審議資料集 6
民法案意見書 34, 39, 128
民法典의 改正 129
民法典編纂要網 87, 125
民法草案硏究會 34, 128
民事法硏究會 42

[ㅂ]
反對規定 349
反對給付危險 281, 298
反社會秩序의 法律行爲 434, 475
方式書 191
配分的 正義 330
法官養成所 118
法類推 394
法律起草委員會 118
法律行爲解釋 431, 491
法司委修正案 5, 33
法의 解釋 173
法人格 없는 團體 428
法人代表 342
법인 아닌 사단 53
法的 不能 184, 200, 218, 261
法典繼受 142

法典起草委員會 125
法典編纂委員會 86, 125
法定利子 510
法定分家制度 130
法定地上權 21, 25, 469
辨濟期 전의 辨濟 512
辨濟者代位 395
保管者責任 327
保證人 271
——의 구상권 456
保證債務 368, 454
——의 부종성 368
普通法學 172, 224, 287
福祉國家 326
不當利得 270, 401, 409, 438, 481, 499, 507
三角關係에서의 —— 414
不動產登記特別措置法 487, 488
不動產物權의 拋棄 441
부동산 이중양도 355
附屬物買受請求權 459
附隨的 義務 458
不眞正不能 227
不眞正連帶債權 508
不眞正連帶債務 493
不法行爲 307, 461
不完全履行 160
不融通物 188
브린츠 241
非債辨濟 363
빈트샤이트 252

[ㅅ]
事務管理 403
사비니 216
事實的 雙務關係 277
使用利益 418
사용자의 구상청구 462
使用者責任 462
事情變更 422
社會國家 326
相計 494
相當因果關係 514, 515
相對的 不能 219
상속분 134, 135
相續財產分割 275
相續回復請求權 485
善意受益者 270
善意取得 401
先取特權 94
選擇債權 275
선행행위에 반하는 행위 금지의 원칙 291
설명의무 461
成年擬制制度 134
誠意訴訟 193
消極的 契約利益 246
소급적 무효 270
消滅時效 94, 362, 438, 480
—— 원용 63
損益相計法理 396
損害賠償 453, 464
損害賠償者의 代位 395
授權行爲 435
數量指定賣買 77
受領義務 78
收用補償金 373, 391, 452
收益返還責任 402
順位確定의 原則 70
時效利益의 消滅 366
時效利益의 拋棄 65, 361
時效援用權 483
時效中斷 364, 439
信賴利益 166, 234
信義誠實 179, 202, 243
信義則 80, 353, 422, 455, 467, 164, 492

失踪宣告 81
失效의 法理 367, 423
雙務契約 233, 279

[ㅇ]
我妻榮 13, 79
惡意의 抗辯 260
알 권리 333
約定解除權 276
讓渡擔保 67, 450
嚴正訴訟 191
歷史法學派 240
連帶債務 493
豫防的 不作爲請求 313, 336
例外規定 349
要物契約 163
原狀回復 279
——關係 393
——義務 272
原始的 客觀的 不能 260
原始的 不能 74, 159
原始的 主觀的 不能 260
違法性 312, 332
違法性阻却事由 312
慰藉料 332
危險負擔 160
危險移轉 294
危險引受 324
流擔保約定 26
流動的 無效 498
遺留分返還請求 480
遺留分制度 135
流抵當約定 25, 66
有責性 231
留置權 20
義務設定授權 437
意思能力 474
依用民法 121
理論構成 274
理事
——의 代表權 430
——의 퇴임 430
理性法論 204
利益 209
2차繼受 143
利害相反行爲 428
履行拒絕 457, 491
履行補助者 76
履行不能 160, 290, 390
履行利益 188, 207, 234, 260
履行提供 456
履行遲滯 160, 206, 496
人格權 332
因果關係 316, 461
一般條項 147
日本民法 41
一部無效 10
一應의 推定 317
賃貸借 28, 459, 502
——保證金 502
——의 法定更新 29
——의 存續期間 29
任意法規 433
賃借權讓渡 501, 505
賃借人의 地上物買受請求權 459, 503

[ㅈ]
自力救濟 16
自然的 不能 200, 218
自主占有 443
張暻根 4, 9, 38, 46, 93
張庚鶴 4, 9, 41
長期取得時效 445
財產分割請求權 139
抵當權 23, 66
積極的 契約利益 246

積極的 契約侵害論 265
積極的 債權侵害 160
專門責任 333
塡補賠償 162, 203
傳貰權 18, 37, 152
傳貰金
——返還債權 22
——增減請求權 137
全額義務保險 327
轉抵當 69
全體類推 394
絕對的 不能 206, 213, 219
占有 15
——補助者 15
——保護請求權 16
定款規定 347
鄭光鉉 88
定期行爲 280
情報提供責任 314
祭祀相續 122
製造物責任 310
除斥期間 439
第 3 者의 債權侵害 397
第 3 者異議의 訴 487
條件的 不能 206
條理 148
組合財産 62
宗中 55, 80, 429
좋은 옛법 155
主觀的 不能 161, 219
住宅賃貸借保護法 460
準禁治産 94
中間省略登記 487
중세보통법 198
重婚 473
眞正不能 226, 259

[ㅊ]
錯誤 217, 475
錯誤取消 71
債權者代位權 397, 484, 498
債權者代位訴訟 482
債權準占有者에 대한 辨濟 413
債權者遲滯 78
債務名義 381
債務不履行 160, 451
債務承認 366
債務의 永久化 221
債務引受 275
債務者危險負擔主義 281, 298, 393
責任 241
責任保險 309, 325
滌除 24
淸算關係說 269
滯納處分 376
締約補助者 76
取得時效 361, 443
親權의 濫用 428
親族의 範圍 138

[ㅌ]
土地區劃整理 379
土地收用 373
通商權 186
特別失踪期間 2, 136
特殊地役權 60
特定物 182

[ㅍ]
暴利行爲 94, 434
表見代理 410, 435, 476
表見受領 410
프라이버시 331

[ㅎ]
하르트만 248
瑕疵擔保責任 27, 189, 197, 212,, 296, 311
學問化 171
學說繼受 151
韓國民事法硏究會 131
合意解除 458
解雇無效確認 423
解除約款(lex commissoria) 286
解除條件 297
行動自由 321
行爲債務 204
現代로마法 240
玄勝鍾 47
現實賣買 195, 203
現存利益 511
形式主義 37
戶主承繼制度 138
混合繼受 143
洪範十四條 117
後期註釋學派 199

著者略歷

서울대학교 법과대학 졸업
법학박사(서울대학교)
서울대학교 법과대학 교수
현재 大法官

主要著述

(著) 民法研究 제 1 권, 제 2 권(1991), 제 3 권(1995), 제 4 권(1997), 제 5 권(1999), 제 6 권(2001), 제 7 권(2003), 제 8 권(2005), 제 9 권(2007)
民法入門(1991, 제 5 판 2008)
民法散考(1998)
민법산책(2006)
民法注解 제 1 권, 제 4 권, 제 5 권(1992), 제 9 권(1995), 제16권(1997), 제17권, 제19권(2005)(分擔執筆)
註釋 債權各則(Ⅲ)(1986)(分擔執筆)

(譯) 라렌츠, 正當한 法의 原理(1986)
츠바이게르트/쾨츠, 比較私法制度論(1991)
독일민법전—총칙·채권·물권, 2008년판(2008)
포르탈리스, 民法典序論(2003)
독일민법학논문선(2005)(編譯)
로슨, 大陸法入門(1994)(共譯)

民法研究 第3卷

1995年 2月 28日 初版發行
2010年 1月 10日 三刷(修正)發行

著 者 梁 彰 洙
發行人 安 鍾 萬
發行處 (株) 博 英 社
서울特別市 鍾路區 平洞 13-31 番地
電話 (733)6771 FAX (736)4818
登錄 1959. 3. 11. 제300-1959-1호(倫)

www.pakyoungsa.co.kr e-mail: pys@pakyoungsa.co.kr

定 價 30,000 원 ISBN 978-89-6454-511-9